撰稿人（按撰写章节顺序为序）：

　　黄茂钦　王怀勇　陈　志　韩从容　叶世清

　　沈　萍　叶　明

西南政法大学
经济法学系列

经济法学

主　编　李昌麒　卢代富

副主编　陈　志

厦门大学出版社
XIAMEN UNIVERSITY PRESS
国家一级出版社
全国百佳图书出版单位

图书在版编目(CIP)数据

经济法学/李昌麒,卢代富主编. —厦门:厦门大学出版社,2016.9
ISBN 978-7-5615-6232-1

Ⅰ. ①经…　Ⅱ. ①李…②卢…　Ⅲ. ①经济法－法的理论－中国－高等学校－教材
Ⅳ. ①D922.290.1

中国版本图书馆 CIP 数据核字(2016)第 215375 号

出 版 人	蒋东明
责任编辑	甘世恒　邓　臻
装帧设计	李嘉彬
责任印制	许克华

出版发行	厦门大学出版社
社　　址	厦门市软件园二期望海路 39 号
邮政编码	361008
总 编 办	0592-2182177　0592-2181406(传真)
营销中心	0592-2184458　0592-2181365
网　　址	http://www.xmupress.com
邮　　箱	xmupress@126.com
印　　刷	厦门集大印刷厂

开本	787mm×1092mm　1/16
印张	27.25
插页	2
字数	580 千字
版次	2016 年 9 月第 1 版
印次	2016 年 9 月第 1 次印刷
定价	60.00 元

本书如有印装质量问题请直接寄承印厂调换

厦门大学出版社
微信二维码

厦门大学出版社
微博二维码

作 者 简 介

　　黄茂钦,男,法学博士,西南政法大学法学教授,硕士研究生导师。主要讲授本科生课程"经济法学(一)"和硕士研究生课程"经济法""经济法总论"。研究领域为经济法基础理论、市场监管和宏观调控领域的经济法制、经济领域的软法治理。在《现代法学》《法律科学》《社会科学研究》等学术刊物上发表论文 30 余篇,数篇论文分别被《中国人民大学报刊复印资料》《高等学校文科学术文摘》转载或摘登。出版专著 2 部,合著或编著著作 4 部,参加 5 部教材的副主编或编写工作。主持省部级、校级项目 8 项,主研或参研国家级、省部级、校级项目 10 余项。曾获省级优秀科研成果一等奖 1 项,国家级优秀教学成果三等奖 1 项,省级优秀教学成果一等奖、二等奖各 1 项。

　　王怀勇,男,法学博士,西南政法大学法学教授、博士研究生导师,经济法学院副院长。主持承担国家社科基金项目、教育部人文社科研究项目等各类科研项目 16 项;主研、参研国家社科基金重大项目、教育部哲学社会科学研究重大课题等科研项目 10 余项。出版《公司自治及其限度研究》《中国农村金融监管法律问题研究》等专著 4 部,参编教材 4 部。先后在《政法论坛》《政治与法律》《社会科学研究》等核心期刊上发表论文 30 余篇。荣获全国法学教材与科研成果二等奖、中国法学优秀成果奖二等奖、重庆市优秀教学成果一等奖、重庆市发展研究奖三等奖等奖励。

　　陈志,男,法学博士,西南政法大学法学教授,硕士研究生导师。主要著作有:《走出市场困境——弱者维权实证研究》(独著)、《中国物价规制的理论与实务》(独著)、《走向21 世纪的中国知识产权法》(参著)、《产品质量法学研究》(参著)、《中国市场管理法学》(主编)、《经济法学》(副主编)。在《法学》、《现代法学》、《东北亚论坛》、《日本研究》、《中国法研究》(韩)、《欧亚研究》(韩)、《江源法学》(韩)等中外核心期刊上发表论文 30 多篇。兼职担任中国重庆两江国际仲裁中心仲裁员、重庆仲裁委员会仲裁员、武汉仲裁委员会仲裁员、遵义仲裁委员会仲裁员、重庆坤源衡泰律师事务所律师。荣获国家级教学成果二等奖、重庆市人民政府优秀科研成果三等奖,荣获重庆仲裁委员会优秀仲裁员、西南政法大学优秀教师称号。

　　叶世清,男,法学博士,西南政法大学副教授、硕士研究生导师。主要著作和论文有:《征信的法理与实践研究》(个人专著)、《我国农村社会保障法制建设研究》(个人专著)、《经济法的抉择:在市场自由与国家干预之间》、《征信:一个法律悖论》等。

　　沈萍,女,法学博士,西南政法大学硕士研究生导师,主研房地产法学。中国法治系统工程专家组成员,北京实现者社会系统工程研究院专家,社会系统工程网指导委员会委员,"中国领导层系统思维"国际研究计划主持人,重庆人居周报专家组成员,国家教育委员会北京教授讲学团法治系统工程研究所研究员,中央政法管理干部学院法治系统工程中心特邀研究员。重庆第三中级人民法院顾问专家组成员,深圳市法制宣传教授团专家组成员。参编和主编各种学术著作 25 本,发表论文 40 多篇。

　　叶明,男,法学博士,西南政法大学法学教授,博士生导师,中国社会科学院法学研究所博士后,美国加州大学圣地亚哥分校访问学者,重庆市社会科学专家库成员,中国法学会经济法研究会理事,中国竞争法研究会会员,亚洲竞争协会会员,重庆市人大立法咨询专家,重庆市工商局执法顾问,主要从事竞争法学的研究。曾主持三项国家级课题和十多项省部级课题的研究,出版专著 1 本,在《现代法学》《法商研究》《法律科学》等学术期刊上发表论文 40 多篇。

　　韩从容,女,法学博士,西南政法大学副教授、硕士研究生导师。出版专著《突发环境事件应急立法研究》,参编《农业法》《经济法》等教材 3 部,先后在核心期刊发表《新农村环境社区治理模式研究》《转基因食品安全的法律规制》《论森林碳汇贸易的法制保障》等论文十余篇。

前　言

为适应全面推进依法治国战略布局对法律人才的需求,全面提高法律人才的培养质量,我们应厦门大学出版社之约,组织教师编写出版本教材。

2010 年 8 月,我们在厦门大学出版社出版《经济法学》,其时,该教材呈现两个特色:第一,该教材按照教育部关于普通高等学校法学专业开设专业主干课的通知的要求,力求正确处理经济法学与相关法学学科之间的关系,注重吸收国内外经济法理论研究和经济法教学的最新成果,面向 21 世纪的法学教育,准确阐述经济法学的基本理论和基础知识。第二,该教材遵循国家关于改革和完善司法考试制度的精神,参考国家制定的《司法考试大纲》中关于经济法科目的考试内容来设计其体系并阐释其知识点,由此使该教材具有很强的针对性和实用性。

但该教材出版至今已过六年,各方面情况已发生较大变化,一些章节所依据的法律法规已进行较大修改,经济法理论研究也产生不少新成果,对其修改完善十分必要。为此,我们组织原作者团队遵循之前出版的教材的知识框架和体系,保持其特色,要求作者团队吸收最新的法律、法规和中央经济政策、大政方针,跟进经济法理论研究的最新成果,充实权威机构统计的最新数据,以充分体现经济法学的时代性、前沿性和回应性。

本教材由李昌麒教授、卢代富教授任主编,陈志教授任副主编。

本教材作者分工如下:

黄茂钦　第一章

王怀勇　第二章、第十二章

陈　志　第三章、第四章、第五章

韩从容　第六章、第七章

叶世清　第八章、第九章、第十章、第十一章、第十四章

沈　萍　第十三章

叶　明　第十五章

西南政法大学经济法学科

2016 年 8 月 28 日

目录

第一章 经济法基本理论

[内容提要]了解经济法的基本理论是认识经济法的起点。本章介绍了经济法的若干基本理论,主要涉及经济法的兴起,经济法的定义和调整对象,经济法的基本原则、调整方法和功能,经济法律关系以及经济法责任等方面的内容。

第一节 经济法的兴起

一、经济法兴起的历史

关于经济法是什么时候产生的问题,国内外法学界有着不同的认识。有学者认为,经济法是在资本主义进入垄断阶段以后才出现的一种法律现象;[①]有学者认为,经济法没有自己的历史,它是随着国家和法的产生而产生的。[②] 我们认为,上述观点并没有实质上的分歧,它们都反映出在前资本主义"诸法合体"的法律体系中,存在着许多国家干预经济的因素,我们可以称这种经济法为"前资本主义经济法"或"古代经济法"。而作为一种独立的法律力量兴起的经济法,即"资本主义的经济法"或"现代经济法",则是在人类社会进入资本主义社会以后产生的。

(一)经济法在资本主义国家的兴起

资本主义国家的形成和发展经历了形成和巩固时期、自由资本主义时期和垄断资本主义时期三个发展阶段。与此相适应,经济法在资本主义社会中的发展也经历了三个阶段。[③]

在资本主义形成和巩固时期,经济法的发展深受重商主义理论的影响。重商主义

---

① [日]金泽良雄:《经济法概论》,满达人译,中国法制出版社 2005 年版,第 23～24 页;史际春、邓峰:《经济法总论》,法律出版社 1998 年版,第 68～71 页。

② 关乃凡:《中国经济法》,中国财政经济出版社 1988 年版,第 23～26 页;杨紫烜主编:《经济法》,北京大学出版社、高等教育出版社 1999 年版,第 10～14 页。

③ 李昌麒主编:《经济法学》,中国政法大学出版社 2011 年版,第 21～22 页。

理论在本质上是主张国家干预的,在这一理论的影响下,资本主义国家颁布了一系列体现国家干预经济的法律,从而为资本主义的原始积累提供了可靠的法律保障。

在完成原始积累、资本主义生产方式和资产阶级政权业已形成和巩固之后,重商主义政策和相应的法律制度就成了资本主义进一步发展的障碍,这就要求建立一个比较自由的社会经济结构以利于资本主义的发展。由此,资本主义进入自由发展阶段。在这个阶段,英国的反谷物法同盟和法国的重农学派首先阐明了经济发展中的"自由放任"原则,英国古典经济学家亚当·斯密提出的"看不见的手"的理论更是成为指导资本主义国家社会经济发展的重要纲领。这个纲领主张,国家作为"守夜人"不应主动介入社会经济生活,这就使得以国家干预为主要特征的经济法受到削弱,而以经济自由为特征的民法则得到了充分的发展。

在资本主义进入垄断时期之后,自由放任理论已经不能解决现实中的社会经济问题了。于是,在第一次世界大战期间及以后的一段时间里,出现了反对经济自由主义,大力宣扬国家在经济发展中的特殊作用的经济理论。如,在德国,以李斯特为代表的历史学派就主张国家干预。与此相应,在德国出现了为战争服务的"经济控制法"和直接以经济法命名的法律。从此,经济法作为一个新兴的法律领域,成为现代法学研究的对象。第一次世界大战之后,资本主义世界经历了一个短暂的发展时期,随即陷入了一场世界性的经济危机。为了缓解危机,美国总统富兰克林·罗斯福推行了由国家对社会经济生活进行全面干预和调节的"新政",颁布了许多体现国家对付经济危机的社会经济立法。但是,由于这些法律并没有从根本上解决美国经济所面临的困难和问题,因此,新政于第二次世界大战后宣告结束。为了找到更为有效的医治资本主义经济危机的"药方",英国经济学家凯恩斯推出了以国家干预为中心的理论主张,把国家干预经济的理论推到了一个极为完备的程度。这一理论对于摆脱经济危机、促进资本主义经济发展确实起到了巨大的作用。

然而,自 20 世纪 60 年代开始,西方国家相继出现以低经济增长、高通货膨胀、高失业率和高财政赤字为特征的"滞胀",这使得凯恩斯主义遇到前所未有的信任危机。西方国家开始寻求发展经济的新措施。此后,在整个 80 年代,新自由主义主张市场化和私有化,夸大市场调节作用,忽视国家调节作用,使得国家干预主义达到最低点。而从 90 年代开始,西方国家的经济理论又有了新的变化,该理论既反对过度的国家干预,也不赞成否定国家干预,而是认为应该给予适度的国家干预。① 与此相应,从 60 年代后半叶至今,各国逐渐修正了以凯恩斯主义为基础的具有"危机对策法"特征的经济法,从而使经济法具有体现国家对经济适度干预的发展趋势。

综上可见,资本主义国家的经济法理论和实践是与这些国家占主导地位的经济学主张相适应的。当某一经济理论成为官方经济学或政策目标时,立法者会为这一经济

---

① 郑秉文:《"合作主义"理论与现代福利制度》,载[加]R.米什拉:《资本主义社会的福利国家》,郑秉文译,法律出版社 2003 年版,第 161 页"跋"。

理论找出一种法律反映方法,使这种理论上升为法律规范。而资本主义国家在自身经济发展过程中逐渐认识到,要发展本国经济,既不能实行完全放任的纯粹的市场经济,也不能实行完全由国家干预的高度集中的经济,"看不见的手",即"市场之手",和"看得见的手",即"国家之手",总是互动合作地调节着资本主义经济的运行。与此相应,作为国家干预经济之基本法律形式的经济法,也成为各国市场经济法律体系中不可缺少的一部分。

(二)经济法在苏联、东欧社会主义国家的兴起

在回顾西方资本主义国家经济法产生历程的同时,我们也应了解苏联、东欧社会主义国家的经济法。对于这些国家的经济法,我们既要坚决消除其在高度集中的经济体制下所形成的法律现象及其学术观点对我国的经济立法和学术观点所产生的不符合我国实际情况的消极影响,也要认真研究这些国家在近期为适应建立"可调控的市场经济体制"的需要而制定的经济法律。

在苏联、东欧社会主义国家,实行的是一种不同于市场经济的计划经济体制。运用法律手段管理社会主义经济是这些国家的普遍现象。在这些国家,建构在计划经济基础上的经济法不仅进一步强化了西方国家在奉行凯恩斯主义时所实施的经济法(即"危机对策法")的全面干预特征,而且还呈现出以下三个方面的特质:[1]一是把经济法置于国家法律体系中的核心和主导地位。例如,世界上第一部经济法典《捷克斯洛伐克社会主义共和国经济法典》规定,国家在对国民经济实行计划领导和对社会主义公有财产进行管理的过程中发生的关系,国家在确立社会主义组织的地位和社会主义组织在经济活动中所发生的关系,社会主义组织之间的协作、支付和信贷关系,均由经济法典统一调整,从而使经济法无论是在立法实践上还是在理论上,都呈现出取代或者排斥民法作用的倾向。二是强调国家计划在资源配置中的基础性作用,忽视乃至反对市场在资源配置中的基础作用。这反映在立法实践上就是苏联、东欧社会主义国家均借助经济法乃至民法赋予了计划的强制执行效力。三是经济法的运行具有明显的人治倾向,经济法治程度不高。

鉴于经济发展的停滞,苏联、东欧社会主义国家自 20 世纪 80 年代开始了以市场为导向的改革,在这些国家经历政治剧变之后,市场体制得以最终导入并确立,而与之相应的经济法理论和实践也发生了重大变革。这种变革集中表现为:在理论上,由拉普捷夫创立的"纵横统一经济法论"受到越来越强烈的抨击,拉氏本人也开始调整自己的理论观点,主张以"经营活动法"代替"经济法"。在立法实践上,俄罗斯颁布了一系列体现市场经济运行要求的包括民法典在内的法律。

苏联、东欧社会主义国家经济法的发展历程表明,以高度集中的计划经济为基础颁行的、以全面干预为特征的经济法是不适应社会化大生产和其中的资源配置要求的。

---

[1]　李昌麒、鲁篱:《中国经济法现代化的若干思考》,载《法学研究》1999 年第 3 期。

社会化大生产和资源优化配置既需要国家干预,也需要发挥市场的作用,这在资本主义经济体制和社会主义经济体制中概莫能外。因此,颁行体现适度干预原则的经济法是市场经济的客观要求。

(三)经济法在中华人民共和国的兴起

我国经济法的实践自新中国成立起便开始启动,若以1978年中国共产党十一届三中全会召开为界,大致可分为改革之前的经济法实践和改革之后的经济法实践。改革之前,在最初的基本完成社会主义改造阶段,我国颁布了一系列经济法规,这些法规对于建立无产阶级政权赖以存在的物质基础和作为发展的前提条件,对于恢复国民经济,实现社会主义工业化,促进对农业、手工业和资本主义工商业的社会主义改造以及发展生产,起到了重大的推动和保证作用。在全面开始社会主义建设阶段,我国的经济立法有了新的发展,这对促进大规模经济建设起到了积极的作用。但是,由于在工作指导思想上受到"左"的影响,一些行之有效的经济法规被行政管理手段所取代,社会主义经济法制受到一定削弱。在"文革"时期,我国的经济立法遭到了严重的破坏,许多经济法规被否定,而新的经济法规几乎没有制定。党的十一届三中全会以后,随着党的工作重点转移到以经济建设为中心的轨道上,经济领域的法制建设也受到了重视。从1979年到1992年,国家制定了大量的经济法律和法规,从而使得我国经济法制的主要框架得以形成,经济活动的许多方面基本上有法可依。1992年年底,党的十四届三中全会把建立社会主义市场经济体制确立为我国经济体制改革的目标,并对加强法制建设作了系统而明确的要求。与此相适应,我国经济法迎来了全面革新的历史机遇,经济立法中限制政府的经济干预权力趋势日益显著。2003年,党的十六届三中全会召开,这次会议作出了完善社会主义市场经济体制的决定,这使得国有经济、金融体制、投融资体制、"三农"问题、社保改革、市场体系、分配制度等与经济法相关的问题受到了高度重视。目前,随着"十一五"规划的制定和实施,与之相应的经济法律制度的完善或建立正在科学发展观的指导下有条不紊地进行着,这些经济法律制度的发展也必将为构建社会主义和谐社会提供重要的制度保障。

在回顾了中国经济法实践的基础上,我们可以进一步了解中国经济法理论的发展过程。中国经济法理论研究开始于党的十一届三中全会以后。在1992年以前,由于我国的经济并未走出高度集中的窠臼,因而,我国经济法理论在很大程度上继受了苏联的经济法学说。这一时期的经济法理论反对和批判市场经济,把计划法作为经济法的"龙头法",反映了高度集中的计划体制的要求。随着我国对市场经济体制的确认,既往的经济法理论得到了全面的反思和检讨。在此基础上,经济法学者把目光转向已趋成熟的西方现代经济法,而苏东国家经济法理论的学术影响日趋弱化。目前,经济法这门年轻的学科在我国已经获得了长足的发展,取得了可喜的研究成果。尽管探索法与经济之间的关系是一个艰辛的过程,但经济法理论定会接受实践的检验,我们也定会在革故鼎新中发现更多的关于法与经济互动的真理性认识。

综上可见,我国经济法理论和实践正在社会主义市场经济条件下朝着具有现代化特征的现代经济法形态演进。

二、经济法兴起的原因

对经济法这一新兴法律领域在世界范围兴起原因的探究,需要我们从多个角度加以展开。在多角度视阈的交融下,我们可以看到,经济法的兴起是现代社会中法律实践深入发展的集中反映。

(一)经济法兴起的经济原因

从经济角度认识经济法的兴起,需要注意的是现代经济发展的形态和国家在现代经济发展中的作用。现代经济的发展形态是现代工业社会的大生产取代了传统农业社会自给自足的生产模式,现代工业社会的商品经济取代了传统农业社会的产品经济。在西方社会,直到17世纪初,经济还没有走出家长主导经营的范围,封建制经济是社会主流的经济形态。到了19世纪,经济才在以赢利原则为基础的商业实践中获得了其现代意义。随着商品经济尤其是其高级阶段即市场经济的发展,包括社会经济生活整体的"大"而"广"的现代经济才确立起来。[①] 现代经济在专业化程度变得越来越高的同时,实现了越来越广泛的社会分工,整个社会化大生产有了对各个生产部门进行协作的需要,社会总供给与社会总需求之间也需要平衡。在这样的背景下,社会经济的发展要求国家从社会总体利益出发,采取切实有效的措施,解决市场自身不能解决的问题,克服社会总供给和总需求之间失衡的矛盾。由此,现代社会的经济形态成为国家干预之下的有组织的经济。而对这种有组织的经济进行规范和调整需要有力的法律手段,这在客观上促成了以调整需要国家干预的经济关系为特征的经济法的兴起。

(二)经济法兴起的政治原因

从政治角度认识经济法的兴起,需要注意的是国家和国家干预对经济法形成的作用。自从国家产生以来,国家对经济的干预就随之产生。而国家干预的必然性导致了经济法兴起的必然性。在社会经济发展的不同时期,国家干预经济的方式、范围、目标和价值也不相同。总体而言,国家运用法律形式对经济进行干预经历了三个时期:一是古代国家对经济的干预,可以称为原始干预。在这一时期,奴隶制国家和封建制国家需要通过政权的力量来组织兴建水利工程、征收税赋、统一度量衡等,从而维系农业社会经济的发展。其间制定了规范此类干预关系的法律。二是近代国家对经济的干预,可以称为消极干预。在这一时期,自由资本主义国家的义务虽然限制在提供国防、维护治安、建设公用事业等方面,但仍然有许多国家在公用事业管理、金融、货币、对外贸易、价

---

① 方维规:《"经济"译名溯源考——是"政治"还是"经济"》,载《中国社会科学》2003年第3期。

格、关税以及劳动领域颁布了许多体现国家干预的法律。三是现代国家对经济的干预，可以称为积极干预。在这一时期，大量的社会经济问题需要国家去解决，国家已不能停留在消极被动地履行社会经济管理职能的状态，而需要积极主动地配合市场这只看不见的手发挥对经济的调控作用，这就促使大量社会经济立法得以制定和实施。

在政治层面了解经济法的兴起，我们应当明确以下两个问题：[①]其一，国家对经济生活的必要干预，是国家领导和组织经济职能的一部分。在有国家存在的不同社会形态下，国家都要为实现这种职能而采取干预政策，所不同的是实现其干预职能的范围、目的和手段。即使是宣称"无为而治"的自由资本主义国家的政府，也不会完全放弃对经济发展的组织和领导以及相应的国家干预经济的措施。因为在现代经济条件下，垄断和竞争必然造成无政府状态，进而必然加剧垄断资产阶级与中小资产阶级的矛盾，最终可能导致政权不稳。因此，资产阶级国家就不得不运用多种经济杠杆、行政权力以及相应的法律形式，调节由于垄断和竞争所产生的市场矛盾，以求得经济稳定和协调发展，最终达到巩固垄断资产阶级政治统治的目的。可见，对经济的干预是任何历史阶段的国家要巩固政权和履行经济职能所不可避免的，这就必须借助能够使国家对经济生活的干预实现规范化的经济法。其二，国家干预经济的过程，也就是国家干预经济的法制化和民主化的过程。比较而言，在国家原始干预阶段，即奴隶制和封建制阶段，国家干预是非法制化和非民主化的。在那里，国家干预往往以残酷的刑罚为手段，以维护皇权为目的，实际上是统治者对被统治者的财产权和人身权的侵害和剥夺，根本没有人权可言。在国家消极干预阶段，即自由资本主义阶段，国家干预受到"天赋人权""自由贸易""增进最大多数人的最大幸福"等思想的影响，作为国家干预经济的法律，如工厂法等因弥补民法之不足而产生，这类法律在一定程度上体现了对人的权利的重视，相对于原始干预来讲，无疑是一种进步。在国家积极干预阶段，即垄断资本主义阶段，国家对经济的干预是以经济法治、经济民主、经济公平、经济秩序以及经济效益为目标，这也是各国在行政法和民法之外，制定体现国家干预经济的经济法所追求的目标。综上可见，国家干预走过了一个从集权制、非法制化到民主化、法制化的过程，干预的形式也由全面的、直接的干预发展为适度的、间接的干预。而民主化、法制化、间接干预和适度干预也是以国家干预为己任的现代经济法所具备的基本特征。

（三）经济法兴起的法律文化原因

从法律文化的角度认识经济法的兴起，需要注意的是不同时空下的文化传统和文化因素对经济法形成的作用。在新法形成和发展的过程中，既有的法律文化对其形成和发展起着重要的作用。一般而言，法律文化是人们在文明进程中从事实践活动所创造的智慧结晶和精神财富，是社会法律现象存在与发展的文化基础。[②] 由于各国在各

---

① 李昌麒主编：《经济法学》，中国政法大学出版社 2002 年版，第 30～31 页。
② 刘作翔：《法律文化理论》，商务印书馆 1999 年版，第 81 页。

自的文明进程中从事实践活动而生成的文化基础不一样,因此,经济法在各国的形成和发展中也有着自身的特色。以各国文化影响各国经济法类型的形成为例,我们可以看到,美国在发展市场经济的过程中形成了"自由市场经济"的理念,相应的,美国的经济法就体现为自由市场经济法;德国在发展市场经济的过程中形成了"社会市场经济"的理念,相应的,德国的经济法就体现为社会市场经济法;日本在发展市场经济的过程中形成了"政府主导经济"的理念,相应的,日本的经济法就体现为政府主导经济法;瑞典在发展市场经济的过程中形成典型的"经济福利"理念,相应的,瑞典的经济法就体现为福利经济法。又如,大陆法系和英美法系各自的思维特征对各自经济法的形成也有重大影响。大陆法系之所以在法律部门、法学教育和法学研究中有经济法,是同大陆法系国家历来注重"建构理性"的运用、长于概念化地认识事物分不开的,而英美法系之所以仅在理论研究中有"经济法",在法律部门和法学教育中没有"经济法"这一说法,但在法律实践中有事实上的经济法,这也是同英美法系国家历来注重"经验理性"的运用、长于经验性地认识事物分不开的。由此可见,法律文化对于经济法的制定和实施都有着重要的影响。这是我们理解经济法的兴起和立足本国法律文化建构中国特色的经济法时应当注意的一个方面。

(四)经济法兴起的部门法原因

从部门法的角度认识经济法的兴起,需要注意的是,行政法和民法调整经济关系之不足为经济法的产生提供了契机。[①] 我们知道,每一个独立的法律部门都有自己质的规定性。就行政法而言,它所调整的社会关系的质的规定性是"隶属性";就民法而言,它所调整的社会关系的质的规定性是"平等性"。我们在考虑解决新的社会经济问题、调整新的社会经济关系时,不能强求法律部门背离其质的规定性去应对这些问题、处理这些关系,即既不能在民法中注入调整隶属性经济关系的内容,也不能在行政法中注入调整平等性经济关系的内容。具体而言,民法作为私法,不能解决整体经济发展中的无序状况,这是因为私法不足以防止私权的滥用,更无法遏制国家干预经济过程中公权的滥用;行政法作为公法,其依法行政的价值取向虽然可以在某种程度上防范公权对私权的侵扰,但行政法所担负的任务在于调整行政机关在行使行政职权和接受行政法制监督时所形成的行政关系和行政法制监督关系,它无力对公权与私权的界限作出全面而又合理的界定,尤其是不能对私权及其行使以及私权与公权的良性互动机制作出说明和安排。由于经济的发展客观上要求私权和公权在一个恰当的法律形式中互为作用,这就要求建立一个具有公、私兼容性质的法律形式。这样,具有这种性质的经济法就在补足行政法和民法调整经济关系之不足的现实要求下应运而生了。

[①] 李昌麒主编:《经济法学》,中国政法大学出版社 2011 年版,第 31~32 页。

(五)经济法兴起的理论原因

从理论的角度认识经济法的兴起,需要注意的是经济学、社会学、哲学等学科对经济法的兴起提供了丰富的理论资源。在经济法这一新兴法律部门兴起的过程中,一个不容忽视的事实就是其他学科的发展对法学研究和法律实践所产生的重要影响。如果说经济法是法学理论和法律实践在现代社会的一个发展成果,那么,这个成果的取得无疑得益于跨学科的理论资源的利用,这些学科的理论成果,一方面丰富了法学研究的内容,另一方面法学研究也为这些学科提出的经济问题、社会问题乃至哲学问题的解决找到了制度化的路径,并且,通过法律实践使这些问题得到切实的化解。例如,我们可以看到资本主义国家在一定时期占主导地位的经济学说对经济法理论和经济法实践的贡献。我们不难看出,亚当·斯密学说的最大贡献就是他对市场机制的作用即"看不见的手"的作用的认识和重视;凯恩斯学说最大的贡献就在于指出了完全的市场调节的局限性,分析了国家从宏观上对经济进行干预和调节的必要性。但是,这二者都把自己的理论推到了一个极端。而供给学派的最大贡献则在于,他们既强调了市场机制的必要性,又没有忽视国家干预与市场调节相结合的问题。事实上,现代资本主义国家也总是在自身经济的发展过程中交替采用"看不见的手"和"看得见的手"来调节经济的运行。相应的,资本主义国家的经济理论和经济政策影响着经济法理论(主要是大陆法系国家)和经济法实践的形成和发展。又如,社会学中的系统理论使我们看到,社会经济系统的变化引起法律系统作出回应性的变化,从而产生了新生的经济法;社会学中的结构—功能理论为我们提供了一个认识经济法体系和经济法功能的视角;社会学的整体性思维方式有利于我们理解经济法所调整的全局性、社会公共性社会经济关系。再如,哲学通过对现代社会里人与自然的矛盾冲突关系的反思,提出人与自然和谐发展的主张,这对经济法中可持续发展法律制度的形成具有重要意义。综上可见,经济法的兴起也是跨学科交流及其相应实践的成果。认识到这一事实有助于推进经济法理论的发展和使经济法实践获得正确的方法论指导。

第二节　经济法的定义和调整对象

一、经济法的定义

(一)国外学者对经济法的不同定义

1. 资本主义国家学者对经济法的定义

在资本主义国家,历来的经济法定义都具有各自不同的理论和主张,也都有助于经济法学的发展。以下,我们就德国和日本学者对经济法的界定加以介绍,以揭示国外学者从不同角度对经济法的理解。①

在德国,学者们对经济法的界定,按照历来的分类方法,可以分为:集成说、对象说、世界观说、方法论说和机能说。现将各主要学说分述如下:(1)"集成说"主张,凡是以直接影响国民经济为目的规范的总体就是经济法(努兹巴姆)。这一见解,虽没有提出以经济法为独立的法律部门的论据,但引人注目的是,它已经作出了以实际经济生活为根据,探求事实上的法律的尝试。(2)"对象说"主张,把经济法作为对象去研究,并作为法律的分支承认其独立性。例如,基尔德斯密特认为,经济法是组织经济固有之法。这一见解,是以国民经济形态的交易经济和共同经济为线索,同时着眼于这种经济的组织化,从而构成了组织经济,而以此组织经济固有之法称为经济法。(3)"世界观说"主张,以具有现代法特征,并渗透于现代法的经济精神为基调之法为经济法(赫德曼)。这一见解认为,正如18世纪以"自然"作为时代的基调一样,在现代则以"经济性"作为时代的基调,而经济法即具有这样的时代特征。(4)"方法论说"主张,以法学研究的社会学方法来研究经济法。例如,伦布把对法律领域中经济的客观实际部分所作的法学上的全面探讨,理解为对经济法的研究。由此论点出发,他主张综合民法和商法来建立经济法的基础,由此确立私人经济法与公共甚至国家经济法既相互制约,又在整个法学体系中相统一的关系。(5)"机能说"主张,应当着眼于法律的机能,以经济统制作为经济法的中心概念。例如,贝姆主张,作为经济法的中心概念,必须考虑到在国家统制经济和特定经济政策意义上的经济秩序以及有关的经济制度。

在日本,学者们对经济法的界定可以分为第二次世界大战结束前后两个阶段。二战之前,日本的经济法学说受德国学说的影响很大,"对象说"是其时具有代表性的学说。这一学说一面着眼于高度发展的资本主义阶段的经济现象,一面又按照法的适用对象规定了经济法的概念,承认了它是独立的法律分支。与此同时,为适应国家对经济统制的普遍化现象,它也把经济法看作是"统制经济固有的法"。二战之后,由于日本法学对于德国法学依存性的减小,加上日本经济政策由全体主义转向经济民主化,因此,经济法的定义得到了重新思考,形成了以下有代表性的观点:(1)与市民法对比来理解经济法的见解。这一见解认为,经济法应是作为"社会性所有之法"的后现代法,与之对应的是现代法,即市民法。其中,现代法是构成现代"经济之法"的基本法,而经济法则摆脱了现代法的框框,成为在这一基础上累积起来的一层"经济之法"。(2)将约束和统制列为经济法中心概念的见解。这主要有下列两种见解:其一是认为经济法是从国民经济整体立场来约束经济之法(高田);其二是着眼于国家对垄断和市场实施统制政策,说明规制市场的要求是所有权的社会性质的需要,并将这类有关的法律作为经济法加以统一研究。(3)"作为维持垄断阶段中资本主义经济体制的经济政策立法"的见解。这一见解认为,经济法是"以依靠政府的力量支持因垄断发展而失去其自主性的资本主义经济体制为目的的法律之整体"(今村成和)。(4)关于《禁止垄断法》与经济法的关系

---

① [日]金泽良雄:《经济法概论》,满达人译,中国法制出版社2005年版,第6～17页。

的见解。例如,丹宗昭信认为,经济法是"支配市场(即限制竞争)的国家规制之法"。这是着眼于维护竞争政策的重要性,并将《禁止垄断法》与适用除外法一并看作是经济法的观点。(5)经济法是以"经济性从属关系"为前提的见解。这一见解认为,经济法是以"在垄断资本主义阶段固有的垄断体与非垄断体之间的从属关系"为前提的法(正田彬)。

上述两国学者所揭示的经济法,尽管在界定的方法、角度、范围和内容上有所不同,但是,它们都有一个共同之处,那就是都反映出经济法具有国家干预社会经济生活的性质,这也是资本主义国家经济法最为基本的特征。

2. 苏联和东欧社会主义国家学者对经济法的定义

苏联和东欧社会主义国家学者所揭示的经济法有一个明显的特点,就是分歧大于共识。但总体说来,这些国家的经济法观点,均未摆脱这些国家实质上实行的集中体制的约束。我们现就这些国家学者对经济法的定义介绍如下:[1](1)苏联学者哥里班诺夫和克拉萨夫奇科认为,经济法就是苏维埃社会主义的不同部门的、在调整经济活动中起职能上的相互配合作用的规范和制度的总和,不是苏联法律体系中的独立部门。(2)苏联学者拉普捷夫认为,经济法是规定领导经济活动和进行经济活动的方法,调整社会主义组织及其所属内部单位之间的经济关系,并运用各种不同的法律调整方法以保证合理地进行社会主义经营管理的法律规范的总和,是苏联法律体系中的独立部门。(3)德意志民主共和国学者海尔和克灵格认为,经济法就是按照民主集中制原则,调整国家机关与作为劳动集体组织的企业及其经济单位的相互关系,以及调整社会主义经济单位之间相互关系的那些法律规范和实现这些规范的法律形式的总和。(4)前南斯拉夫学者安多列耶维奇认为,经济法是一种特殊的部门法,它包括调整在经济活动中作为主体的联合劳动组织法律地位的法律规范和旨在调整联合劳动组织和社会共同体机构相互关系的法律规范,包括为了调整连同业务活动在内的这些组织之间相互关系的法律规范。可见,上述国家的学者都已经注意到了在他们国家的经济生活中,既存在权力因素,又存在财产因素,他们都在力图找到一种恰当的法律形式来调整这些国家所存在的现实经济关系,只不过由于探索的路线和方法不同,经济法学派主张用经济法的形式来统一调整权力关系和财产关系,而民法学派则主张用行政法或"异化"民法来调整现实生活中所出现的与计划和某些行政相联系的经济关系。

值得注意的是,由于俄罗斯和东欧国家在向市场经济过渡的过程中颁布了许多为经营活动的发展创造司法条件的法规和其他规范性文件,学者们对经济法的定义也作了相应的改变,如拉普捷夫指出:"以前曾是反映计划经济的经济法律,现在正在变成经营活动的法律","经营活动法是市场经济的经济法"。他认为:"把经营活动(贸易、商业、经济)法,解释为法律调整的独立领域,在当前俄罗斯经济发展条件下是非常重要的"。可见,上述国家在走向市场经济过程中对经济法的重新界定更客观地反映了经济

---

[1]　李昌麒主编:《经济法学》,中国政法大学出版社 2002 年版,第 37～38 页。

法对经济活动的调整作用,这一发展趋势对于我们理解经济法也具有重要的参考意义。

(二)我国学者对经济法的不同定义

我国学者对经济法的定义可以分为市场经济体制确立之前和市场经济体制确立之后两个阶段:[①]

在市场经济体制确立之前,学者们是从两种意义上对经济法进行定义的。一是把经济法作为非独立法律部门进行定义。主要观点有:(1)综合经济法论。王家福、王保树教授认为,经济法是国家认可或制定的以经济民法方法、经济行政法方法、经济劳动法方法分别调整平等的、行政管理性的、劳动的社会经济关系的法律规范的总和。(2)学科经济法论。佟柔教授认为,经济法是综合运用各个基本法的方法和原则对经济关系进行综合调整的法律规范的总和。二是把经济法作为独立法律部门进行定义。主要观点有:(1)经济行政法论。梁慧星、王利明教授认为,经济行政法是国家行政权力深入经济领域,对国民经济实行组织、管理、监督、调节的法律规范的总称。(2)纵向经济法论。其中又有三种主张:孙亚明教授认为,经济法就是调整我国社会主义经济关系中的宏观纵向经济关系的法律规范的总和;郭锐、谢次昌教授认为,经济法是调整宏观国民经济管理关系和微观企业管理关系的法律规范的总和;谢怀栻教授认为,经济法是调整社会主义计划经济里的各种关系的法律部门的总和。(3)纵横经济法论。这是经济法学界广为主张的一种理论。该理论认为,经济法既要调整一定范围内的纵向经济管理关系,也要调整一定范围内的横向经济协作关系。这一理论由于对"一定范围"的界定不同,又有不同主张。如徐杰教授认为,经济法是调整经济管理和经营协作中所产生的经济关系的法律规范的总和。杨紫烜教授认为,经济法是调整经济管理关系和经济协作关系的法律规范的总和。潘静成、刘文华教授认为,经济法是确立国家机关、社会组织和其他经济实体在国民经济体系中的法律地位,调整它们在经济管理和与管理、计划密切相联系的经济协作过程中所发生的兼有商品性(财产)和行政性(权力)双重因素的经济关系的法律规范的总和。李昌麒教授认为,经济法是调整经济管理关系以及与经济管理关系有密切联系的经济协作关系的法律规范的总称。这是一种有限制的纵横经济法论。上述定义,可以说都是为了适应当时既存的体制或者当时的改革发展的需要而提出的,只是因为人们认识的角度不同,使各种理论对既存体制和改革方向的适应程度有所差异。

在市场经济体制确立之后,学者们对经济法的定义作出重新揭示,形成了以下几种主要观点。(1)新经济行政法论。王家福教授认为,经济法是国家从社会整体利益出发,对市场进行干预和调控、管理的法律。就性质而言,它是公法,也就是经济行政法。同时,他认为经济法大体包括两个部分:一是创造竞争环境、维护市场秩序的法律;二是国家宏观经济调控和管理的法律。这种观点明确肯定了经济法作为一个独立法律部门

---

① 李昌麒主编:《经济法学》,中国政法大学出版社 2011 年版,第 38~40 页。

的地位。① (2)经济协调关系论。杨紫烜教授认为,经济法是调整在国家协调经济运行过程中发生的经济关系的法律规范的总称。这种观点把企业组织管理关系、市场管理关系、宏观经济调控关系和社会保障关系纳入经济法的调整范围。② (3)平衡、协调结合论。刘文华教授认为,经济法是平衡协调法,是经济集中与经济民主对立统一的法,是社会责任本位法,是以公法为主、公私兼顾的法。从机能上说,经济法是综合调整法,是系统调整法。③ (4)国家调节论。漆多俊教授认为,经济法是调整在国家调节社会经济过程中发生的各种社会关系,以保障国家调节,促进社会经济协调、稳定和发展的法律规范的总称。④ (5)纵横统一论。史际春教授认为,基于纵横统一说,从调整对象的角度对经济法进行界说,即经济法是调整经济管理关系、维护公平竞争关系、组织管理性的流转和协作关系的法。⑤ (6)国家调制论。张守文教授认为,经济法是调整在国家对市场进行宏观调控和市场规制过程中发生的经济关系的法律规范的总称。⑥ (7)国家需要干预论。李昌麒教授认为,经济法是国家为了克服市场调节的盲目性和局限性而制定的调整需要由国家干预的具有全局性和社会公共性的经济关系的法律规范的总称。⑦ 上述诸种观点,虽然在表述上不尽相同,但是,各种观点都力图按照一种新的思维方法揭示社会主义市场经济条件下经济法的定义,都认为经济法最基本的特征是体现了国家对经济关系的干预,都把平等市场主体之间的合同关系排斥在经济法调整范围之外,结果表现出各种观点之间的一致性大于分歧点。

(三)本书对经济法的定义

本书采用把调整对象和功能结合起来对经济法进行定义的方法,揭示经济法的本质属性,包括它的外延和内涵。⑧

本书认为,经济法是国家为了克服市场失灵而制定的调整需要由国家干预的具有全局性和社会公共性的经济关系的法律规范的总称。或者简而言之,经济法是调整需要由国家干预的经济关系的法律规范的总称。这个定义表明经济法具有如下意蕴:

第一,经济法最基本的属性是它体现了国家运用法律对社会经济生活的干预。本书没有使用"协调""管理""调节""调制""调控"等词,是因为在我们看来,上述任何一个词都难以涵盖经济法对社会经济生活的全部作用,而"干预"则包括了协调、管理、调节、

---

① 王家福:《社会主义市场经济法律制度建设问题》,载《中共中央举办法律知识讲座纪实》,法律出版社 1995 年版,第 98~99 页。

② 杨紫烜:《经济法调整对象新探》,载《经济法制》1994 年第 2 期。

③ 刘文华:《掌握规律,揭示本质——经济法的几个基本理论问题》,第五届经济法理论研讨会论文。

④ 漆多俊:《经济法基础理论》,武汉大学出版社 2001 年版,第 84 页。

⑤ 史际春、邓峰:《经济法总论》,法律出版社 1998 年版,第 30 页。

⑥ 张守文:《略论经济法上的调制行为》,载《北京大学学报》2000 年第 5 期。

⑦ 李昌麒:《经济法——国家干预经济的基本法律形式》,四川人民出版社 1999 年版,第 208 页。

⑧ 李昌麒主编:《经济法学》,中国政法大学出版社 2011 年版,第 41~42 页。

调制、调控等全部内容。同时，与其他词相比，"干预"更能够体现经济法的权力属性。况且，在国际上，人们已经把国家意志对经济关系的深入约定俗成为"干预"。当然，这里所指的干预，是指符合现代市场经济体制要求的适度干预。

第二，经济法并不调整所有的经济关系，而仅仅调整具有全局性的和社会公共性的经济关系。这就揭示了经济法是以"社会本位"作为存在的基础的，从而划清了它同以国家为本位的行政法和以个体为本位的民法的界限。

第三，不是所有的全局性的和社会公共性的经济关系，都需要由国家进行干预。干预还是不干预，完全取决于国家的需要。国家需要就干预，不需要就不干预。这是因为经济关系本身就是一个变量，因此，国家干预经济关系的范围也不是一成不变的，有时可能广一些，有时可能窄一些。这里使用"需要由国家干预"这个不确定或者模糊的定语，正是为了使经济法能够适应可能不断变化的经济情势的需要，体现了经济法这种回应型法具有"更多地回应社会需要"的特征。[①] 并且，这里说"需要由国家干预"并不意味着给国家的干预留下了一个更大的空间。因为这里所谓的干预是指在经济法律、法规规定范围内的干预，而不是随意的干预。如果说，"需要国家干预"具有某种模糊性的话，那么，这正好反映了包括法律科学在内的人文学科所必然具有的某种模糊规律。

第四，经济法并不调整平等当事人之间的、体现意思自治的合同关系。显然，这类合同关系应当纳入民法的调整范围。然而，需要注意的是，并非所有以"合同"为外壳的关系都要纳入民法的调整范围。民法、行政法和经济法有着各自调整的合同关系范围：民法调整平等主体之间的合同关系；行政法调整上级行政机关及其领导人之间基于行政目的而签订的责任协议；经济法调整国家为实现一定的管理和调控目的而成立的合同关系，如经济组织的承包租赁合同、劳动合同、某些政府采购合同等。

二、经济法的调整对象

概括而言，经济法的调整对象是需要由国家干预的经济关系。通常，国家运用经济法促进、限制、取缔和保护的社会关系有一个具体的范围。按照本书对经济法的定义，经济法的调整对象的具体范围包括以下四个部分：[②]

(一)市场主体调控关系

所谓市场主体调控关系，是指国家从维护社会公共利益出发，在对市场主体的组织和行为进行必要干预的过程中发生的社会关系。

在市场经济条件下，市场主体所从事的市场活动，已经不再是自给自足的自然经济

[①] ［美］P.诺内特、P.塞尔兹尼克：《转变中的法律与社会：迈向回应型法》，张志铭译，中国政法大学出版社 2004 年版，第 81 页。

[②] 李昌麒主编：《经济法学》，中国政法大学出版社 2011 年版，第 46～54 页。

条件下的那种单纯为了自身需要而进行的活动,而是一种为满足社会日益增长的物质文化需要进行的活动。市场主体在从事这样的活动过程中,为了实现自己的要求,也有必要对其内部机构和成员的行为进行管理。这样,经济法所涉及的市场主体调控关系就包括两个层面的内容:一层是国家作为一种外部力量,在对市场主体进行宏观经济调控或其他管理活动的过程中发生的经济管理关系,其中包括如因市场准入、企业形态设定、企业社会责任规范等发生的经济关系;另一层是国家在对经济个体的内部进行管理的过程中所发生的经济管理关系。其目的在于优化经济个体的内部结构,实现多种形式的经济责任,完善计划、生产、劳动、质量、成本、财务等管理体系。我们所考察的经济个体内部治理关系,其体现的既不是一种应当由民法调整的独立法人之间的财产关系,也不是一种应当由行政法调整的纯粹隶属性行政关系,而是一种既体现国家和企业管理者的意志,又体现被管理者意志的符合经济法调整属性的社会经济关系。当然,国家对企业等经济个体内部关系进行调整,必须受到严格的限制,其干预行为在绝大多数情况下应当是基于经济法律、法规所进行的旨在实现国家宏观经济调控目标的间接干预。

在市场经济条件下,国家对企业的组织和活动进行干预的必要性体现在以下几个方面:

其一,所有权的社会目的导出的企业的社会责任决定了国家必须对企业的活动进行干预。当代的所有权制度正在走出传统的所有权绝对原则的约束,进行着从所有到利用、从所有权的个体目的到所有权的社会目的的革命。与此同时,企业制度也正在经历着从业主制度到现代企业制度,从企业的个体本位到企业的社会本位的转变。这种革命或转变单靠所有者或者企业自身的力量是难以达到的,这就为国家通过经济法干预企业提供了理论依据。

其二,对市场主体的经济运行实行干预是许多国家的共同取向。在社会化大生产条件下,无论是社会主义国家还是资本主义国家,都要对市场主体特别是企业进行管理。在对企业进行管理的实践中,社会主义国家所追求的是对企业的全面控制,以至达到了"无微不至"的程度;资本主义国家所追求的是自由企业的思想,以至放手让企业发展。这两种对企业的管理体制都被推向了极端,都被事实证明是不利于经济发展的。于是,社会主义国家在自己的改革进程中,资本主义国家在自己的发展进程中,都逐步改变了各自的极端做法,形成了各具特色的,既充分尊重市场主体的自主权,又进行适当干预的企业运行机制。

其三,对市场主体行为进行国家干预,既是国家的愿望,同时也是企业自身发展的要求。企业在自身的发展过程中,需要国家通过经济法律法规为其创造良好的外部环境,需要依靠国家把信息资源纳入调整范围,以指导企业的经济活动,需要国家对企业从事规模大、费用高、风险大的新技术开发和资本积累提供协调和服务,需要国家提供完善企业内部治理结构的法律法规来提高企业的管理效益,也需要国家通过经济法律手段来限制或禁止企业为追求自身利益最大化而损害国家或社会公共利益的行为。由此,其即为国家干预市场主体行为提供了又一个正当性依据。

其四,国家在干预市场主体经济行为的过程中形成的经济关系由经济法调整是法律部门分工协作的结果。一般而言,不同法律部门对市场主体的行为可以基于自身功能进行约束,即市场主体的犯罪行为由刑法约束,平等市场主体之间的民事行为由民法约束,市场主体需要国家干预的经济行为由经济法约束。国家对各个法律部门的权限合理分配,使其共同为市场主体创造一个生存和发展的法治空间。

(二)市场秩序调控关系

所谓市场秩序调控关系,是指国家在培育和发展市场体系过程中,为了维护国家、生产经营者和消费者的合法权益而对市场主体的市场行为进行必要干预而发生的社会关系。

市场体系是指由商品市场和要素市场所构成的有机整体。在市场经济条件下,市场资源的有效配置,必须要有一个发达的、结构合理的市场体系。而所要培育和发展的市场体系,不仅要着眼于满足市场主体自身利益的重要,同时,还要着眼于满足其他市场主体和全局性、社会公共性利益的需要,但这种需要单靠私法的维护是难以满足的,必须同时依靠经济法的作用才能形成。在任何一个国家,最能影响市场秩序的是垄断、限制竞争、不正当竞争、假冒伪劣产品以及其他损害消费者和经营者利益的行为。这些行为只能依靠国家干预才能得到有效制止。因此,经济法调整的市场关系主要是反垄断关系、反限制竞争关系、反不正当竞争关系、产品质量关系、广告关系以及消费者权益保护关系等。

在市场经济条件下,国家对市场关系进行干预的必要性体现在以下几个方面:

其一,按照法律法规所调整的社会关系的主导方面确立法律法规的部门法归属。从哲学上讲,事物的性质是由矛盾的主要方面决定的。就上述反垄断法等法律而言,它们主要体现的是国家运用权力对垄断等关系进行干预,由于垄断等导致的损害主要不是依据民法获得救济,因此,反垄断法等法律法规更符合经济法的属性。

其二,把反垄断等法纳入国家干预经济的法律体系是许多国家的通行做法。由于市场秩序的混乱必然会导致整个经济秩序乃至政治秩序的混乱,因此,各国无不利用强有力的法律手段,如颁行反垄断法、反不正当竞争法、产品质量法或产品责任法、消费者权益保护法等法律法规来维护公平、有序的国内外市场秩序。上述法律法规在很大程度上体现了对民法之"意思自治"等原则的限制,故把其划归入体现国家干预的经济法范围更加合理。

其三,单靠民法、行政法的力量难以形成良好的市场秩序。统一、开放、竞争、有序的市场秩序的实现需要许多法律部门的配合。但是,它们各自的作用又是有限的。比如,行政法对形成统一市场的作用是极其微弱的,因为我国现行的地区封锁和部门分割在很大程度上是行政性的,而行政机关很难超出自身利益和权力偏好来进行强有力的反分割和反封锁;民法难以就排除市场进入的国内国际障碍、引导市场开放符合全局和社会公共利益的需要发挥作用,难以就消除影响平等和公平竞争的不正当竞争行为和垄断行为发挥作用,难以就实现实质上的有序竞争发挥作用,难以就防止由普通的自由竞争发展成垄断发挥作用。而在实现市场的统一性、开放性、竞争性、有序性方面,经济法可以发挥积极的作用。

(三)宏观经济调控和可持续发展保障关系

所谓宏观经济调控关系,是指国家从全局和社会公共利益出发,对关系国计民生的重大经济因素实行全局性的调控过程中与其他社会组织所发生的关系。它主要包括产业调节、计划、财政、金融、投资、国有资产管理等方面的关系。可持续发展保障关系,是指国家在经济发展中,在平衡本代人和后代人的利益过程中所发生的人与人之间的关系。它主要包括人口、环境、资源等方面的关系。这两类关系既存在相互独立的一面,更存在相互统一的一面。这种统一性主要体现在,宏观经济调控本身要符合可持续发展的一般要求;宏观经济调控的手段要建立在环境、资源的可持续性之上;可持续发展战略的实施又对宏观经济调控的实效起着积极的促进作用。

具体而言,宏观经济调控和可持续发展保障关系由经济法调整的客观必然性主要体现在以下几个方面:

其一,宏观经济调控和可持续发展战略的目标决定了经济法调整此类关系。宏观经济调控的主要任务是要保持经济总量的基本平衡,促进经济结构的优化,引导国民经济持续、快速、健康发展,推动社会全面进步。这些目标必须符合可持续发展战略的要求。而在可持续发展战略中,人口问题直接涉及资源配置的效率和公平,资源和环境问题也与国家宏观经济调控目标的实现、资源的优化配置、经济的协调发展息息相关,它们都需要由国家进行干预。正是基于资源优化配置这一经济法价值目标的考虑,我们把宏观经济调控和可持续发展保障关系作为经济法的调整对象。

其二,宏观经济调控和可持续发展的国际化趋势以及各国的经验教训为经济法调整此类关系提供了依据。当代资本主义的一个重要特征,就是国家对社会经济生活进行大规模的干预,这已经成为一个世界性的发展趋势。同时,可持续发展也已超出了一国的范围,成为联合国《21世纪议程》签字国的共同承诺。宏观经济调控和可持续发展必须运用经济、行政和法律等多种手段才能得以有效开展。在上述诸种手段中,法律的规范性、稳定性和强制性等特性,决定了它在实施宏观经济调控和可持续发展战略中具有其他手段所不能企及的效果。事实上,发达国家既有利用法律手段,实现宏观经济调控和可持续发展目标的经验,也有因缺乏必要的法律手段造成经济秩序紊乱和不可持续发展的教训。而我国在多年改革开放和现代化建设中积累的经验,以及曾经出现过的经济问题和人口、资源、环境问题表明,国家必须对宏观经济和可持续发展进行有效的干预。这些经验和教训,为国家运用经济法律进行宏观经济调控和保障可持续发展提供了坚实的现实基础。

其三,市场自身的弱点和消极方面为经济法调整此类关系提供了依据。市场机制的最大弱点,莫过于缺乏足够的自我调节机能。诸如经济总量的平衡、基础设施的建设、公共产品的提供、区域经济的协调、城乡发展的统筹、产业结构的调整、资源的合理分配、生态环境的保护等,涉及全局性、社会公共性的经济关系,市场机制对其都无能为力。解决这些问题最好的办法就是通过体现国家干预的经济法律去解决。

其四,国家机构的职能决定了此类关系由经济法调整。国家机构担负着领导和组织经济建设的基本职能。在我国,国家机构领导和组织经济建设的职能在过去是通过行政手段对微观经济运行进行直接控制或干预来实现的。随着社会主义市场经济体制的确立和完善,政府也必须转变职能以适应市场经济条件下政府角色的需要,这就使国家职能只限于国家公权力对市场进行管理和宏观经济调控。经济法与经济手段一样,都是有别于行政手段的间接管理手段。

(四)社会分配关系

所谓社会分配关系,是指在国民收入的初次分配和再分配过程中所发生的关系。社会分配是指对物质生产部门的劳动者所创造的国民收入进行的分配,它是社会再生产过程中的一个重要环节。国家对国民收入的分配是通过初次分配和再分配实现的。初次分配是国民收入在物质资料生产部门进行的分配。这种分配最终可表现为多种收入,包括以按劳分配为原则形成的劳动者的个人收入、投资者基于投资而取得的回报、以税收形式形成的国家财政收入、以留用资金的形式形成的企业收入等。再分配是国民收入在初次分配的基础上,在全社会范围内进行的分配。它主要是在非物质生产部门、因种种原因缺乏基本生活保障的公民以及国家重点发展和扶植的产业部门中进行。再分配的结果形成以下各种收入:基本建设单位和国家储备部门来自国家的预算收入;科学文化、教育、艺术、保健、国家管理和国防事业来自国家的预算事业费收入;非物质生产部门因提供服务而从企业和公民等处取得的收入;非生产领域的职工、非生产领域劳动者的个人收入;享受社会保障待遇的公民的收入;等等。

经济法调整社会分配关系的客观必然性体现在以下几个方面:

其一,经济法调整此类关系有利于处理在分配中存在的各种矛盾。国民收入的初次分配必须受物质利益规律支配,必须正确解决整体利益与局部利益、长远利益与当前利益的矛盾,这就既排斥了纯粹按照当事人自己的意志进行分配的可能性,又决定了国家必须从全局和长远利益出发,运用经济法律正确处理和解决分配中所存在的各种矛盾。

其二,经济法调整此类关系是由社会分配关系的原则决定的。在我国,国民收入的分配应体现效率与公平兼顾的原则,而这种兼顾是当事人自身难以解决的,必须由国家运用经济法律进行必要的干预。

其三,由分配和再分配所形成的积累基金和消费基金必须按比例使用的要求为经济法调整此类关系提供了依据。积累和消费是国民收入使用中的两个方面,积累基金主要用于扩大再生产,消费基金主要用于个人消费。在国民收入总额中,如果积累基金占的比重过大,消费基金比例偏低,就会影响人民消费水平的提高,不利于调动劳动者的积极性,并最终影响生产的发展。反之,如果消费基金比重过大,积累基金比重偏低,也会影响扩大再生产的速度,并最终阻碍人民生活水平的进一步提高。可见,积累与消费之间也存在着矛盾,而这种矛盾的实质又反映着国家利益、集体利益和个人利益,社会需要和个人需要,长远利益和当前利益的矛盾。而这种矛盾的解决需要国家利用经济法律进行有效的协调才能完成。由此,这就形成国家干预经济的法律体系中又一自成一体的子体系,即社会分配法律体系。

第三节　经济法的基本原则、调整方法和功能

一、经济法的基本原则

法律原则是法律的基础性原理,或者是为法律规则、法律概念等其他法律要素提供基础的综合性原理或出发点。它对法律的制定、对理解法律规则具有指导意义,它可以作为疑难案件的断案依据或者直接作为审判的依据。[①] 经济法的基本原则,是指规定于或者寓于经济法律法规之中,对经济立法、经济执法、经济司法和经济守法具有指导意义和适用价值的根本指导思想或准则。它具有明确的准则性或导向性,表明了经济法的精神或价值,反映了经济法的基本属性,体现和适应了经济法体系中所有法律法规的本质要求。[②]

在市场经济条件下,经济法的基本原则构成如下:[③]

(一)资源优化配置原则

在经济法中,资源是一个内容广泛的概念,包括人力资源(如劳动力)、财力资源(如资本)、物力资源(如自然物)、技术资源(如科学技术成果)以及信息资源(如商业秘密)等。资源的优化配置,是指资源在生产和再生产各个环节上的合理及有效的流动和配备。把资源优化配置作为经济法的基本原则,是市场经济体制对经济法的基本要求。

一般来说,资源的配置有两种方式:一是以计划为主的配置方式,其显著特点是行政权力因素在资源配置中起着主导作用,其典型形式是通过国家计划配置资源,其主要出发点是企图通过国家的计划干预来解决经济短缺等问题;二是以市场为主的配置方式,其显著特点是价值规律在资源配置中起主导作用,其典型形式是通过经济杠杆促进经济的发展,其主要出发点是试图通过价值规律的自发作用来解决供需矛盾。各国历史都已证明,以市场为主的资源配置方式优于以计划为主的资源配置方式。目前,我国

---

① 张文显主编:《法理学》,高等教育出版社、北京大学出版社 2003 年版,第 74 页。
② 李昌麒主编:《经济法学》,中国政法大学出版社 2011 年版,第 57～58 页。
③ 李昌麒主编:《经济法学》,中国政法大学出版社 2011 年版,第 59～66 页。

在建立社会主义市场经济体制的过程中,就是要使市场在国家宏观调控下对资源配置起基础性作用。同时,我们也必须重视国家在资源配置中的作用。在经济法范围内,国家发挥配置资源的作用:一方面就是要通过制定和实施各种经济法律法规,保证市场在资源配置中的基础性作用,比如通过制定市场主体规制法保障多种形式的市场主体并存和发展,赋予其充分的权利,使其在竞争中处于平等的法律地位,实现生产要素和生产关系要素资源的优化配置;另一方面,要通过制定和实施各种经济法律法规,保障国家宏观调控措施在资源配置中发挥作用,比如通过颁行自然资源法、劳动法、财税法、金融法等,保证国家对自然资源、人力资源、财力资源的优化配置。这表明,所有的经济法律法规都必须贯彻资源优化配置原则。

(二)国家适度干预原则

该原则体现了经济法的本质特征。所谓适度干预,是指国家在经济自主和国家统制的边界条件或者临界点上所作的一种介入状态。在历史上,国家对社会经济生活的干预,既有经济状况比较恶劣情况下的"过多"干预,也有经济状况良好情况下的"过少"干预。如今,更多的国家都已从过多和过少干预的教训中走出来,寻求对经济生活的"适度"干预。在我国,随着社会主义市场经济体制的确立,国家已不能再像过去那样对经济生活进行过多的干预,而是开始寻求干预的适度。这里所指的适度,既包括干预范围的适度,又包括干预手段的适度。

不管是干预范围的适度,还是干预手段的适度,我们都应当强调其法定化。经济法将适度干预作为一个基本原则,目的是避免国家干预的随意性。例如,《中国人民银行法》第33条规定:"当银行业金融机构出现支付困难,可能引发金融风险时,为了维护金融稳定,中国人民银行经国务院批准,有权对银行业金融机构进行检查监督。"在这里,法定的干预范围是"银行业金融机构出现支付困难,可能引发金融风险时"这一前提条件,以及"银行业金融机构"这一对象范围,而法定的干预手段是"检查监督"。又如,《产品质量法》第15条规定:"国家对产品质量实行以抽查为主要方式的监督检查制度,对可能危及人体健康和人身、财产安全的产品,影响国计民生的重要工业产品以及消费者、有关组织反映有质量问题的产品进行抽查。"在这里,法定的干预范围是三类产品:危及安全的、有关国计民生的、被反映有质量问题的,而法定的干预手段是"抽查"。总之,在经济法体系中的一切法律和法规,都应当贯彻国家适度干预原则。而衡量干预是否适度的最根本的标准,就是看这种干预是促进还是阻碍了经济的发展。

(三)社会本位原则

法律部门的本位思想,是指体现在这个法律部门中的解决社会矛盾的基本立场。就调整社会经济关系的法律部门的本位思想而言,它主要有三种情况:一是"国家本位",这是以国家利益为主导的行政法的本位思想;二是"个体本位",这是以当事人利益为主导的民法的本位思想;三是"社会本位",这是以维护社会公共利益为出发点的经济法的本位思想。所谓社会公共利益,是指广大公民的利益。这里所指的"广大",一是指范围上的广大,即既有全国性的广大,又有地区性的广大,其外延取决于特定的法律法规的适用区域;二是指时间上的广大,即既包括生活在地球上的当代人,也包括未来将生活在地球上的人们。在国家利益、社会公共利益和个体利益之间,存在着既相互区别又相互联系的关系。具体而言,社会公共利益可以说是特定多数个人共同利益的总和。而在我国社会主义条件下,国家利益和社会公共利益从根本上讲是一致的,但在有的情况下,如果从国家利益出发,就会妨碍社会公共利益。比如,扩大积累、增加货币发行、加重税负等,可能暂时对国家有利,但对社会公共利益却有损。对于这种利益关系的矛盾,我们不能用以命令和服从为特征的行政法或以保护当事人利益为出发点的民法来调节,而应用以国家适度干预为己任的经济法进行调节。经济法把社会本位作为自己的调整原则,表明经济法在对产业调节、固定资产投资、货币发行、价格水平、反对垄断和不正当竞争、产品质量控制以及消费者权益保护等关系进行调整时,都必须以社会利益为本位。与此同时,任何市场主体在参与市场活动时,都不得一味地追求自身利益最大化而忽视社会公共利益,否则,就是对自己应当承担的社会责任的背离。

(四)经济民主原则

"经济民主"是作为经济高度集中或者"经济专制"的对立物存在的。在当今资本主义国家,在国家宏观经济调控下实行经济民主,已经成为资本主义市场经济获得发展的一个重要条件。在我国,自从党的十一届三中全会把加强社会主义民主和法制作为一个重要方针提出来之后,邓小平同志就提出在中国实行经济民主。在经济法视阈,经济民主主要强调的是经济决策的公众参与,包括宏观和微观两个层面:[1]在宏观层面,经济民主要求国家对经济进行干预时,应当广泛征求各方意见,协调各种利益冲突,将宏观调控决策建立在充分对话的基础上,从而保障和促进国家宏观决策的顺利实施,降低社会运行成本;在微观层面,经济民主则体现为国家在充分尊重企业自由的前提下,要求企业建立一套有效的经济民主机制,保障企业职工的民主权利,促进企业的民主化管理。就我国的经济法而言,实现经济民主最核心的问题是:(1)要改变高度集中的经济管理体制,实现政企分开,国家行政权与国家所有权分开,国家所有权与企业经营权分开,使企业真正拥有作为法人应有的权利;(2)要按民主集中制的原则,实现中央和地方经济职权的合理划分,以调动中央和地方两个方面的积极性;(3)要实现企业的现代化和民主化管理,使劳动者真正成为国家和企业的主人;(4)要实现国家机构的经济职权与经济职责的统一、经济主体的经济权利和经济义务的统一,以形成经济法主体的权、责、利的统一机制;(5)要坚持以按劳分配为主体,多种分配方式并存的分配制度,体现"初次分配注重效率"、"再分配注重公平"的分配原则。这表明,国家机关或经济实体等经济法主体,在依法从事经济活动时,都必须始终把实现经济民主作为自己的基本

---

① 李昌麒、鲁篱:《中国经济法现代化的若干思考》,载《法学研究》1999 年第 3 期。

目标。

(五)经济公平原则

经济公平最基本的含义是指任何一个法律关系的主体,在以一定的物质利益为目标的活动中,都能够在同等的法律条件下,实现建立在价值规律基础之上的利益平衡。在以契约关系为经济联系纽带的市场经济体制中,经济公平主要体现为交易公平。在法律体系中,作为调整经济关系最重要的两个法律部门——民法和经济法,在实现市场交易的公平原则中都起着重要的作用。在民法上,公平主要体现为形式公平,它意味着机会平等,而机会平等至少有四个方面的规定性,即各种社会资源平等地向市场主体一体开放;市场主体在市场竞争中处于同一条均等的起跑线上;市场主体享有同等的公正对待而不受歧视;市场主体平等地拥有实现其经济目标的手段。[①] 比较而言,经济法上的公平,是在承认经济主体的资源和个人禀赋等方面差异的前提下追求的一种结果上的公平,即实质公平。民法主要是通过意思自治来保证实现交易公平,是以平等求得形式公平;经济法主要是通过对意思自治的限制来实现公平,是以不平等而求得实质公平。从我国的现实情况来看,影响经济公平的因素主要有行政干预、权力经济、不适当的差别政策、税负不公、分配不公、不正当竞争和垄断等因素,而要克服这些因素,民法的作用是微乎其微的,因此,我们必须发挥经济法的作用,而经济法也必须把实现经济公平作为自己的一项基本原则。

(六)经济效益原则

经济效益,是指经济活动中占用、消耗的活劳动和物化劳动与所取得的有用成果之间的比较。经济效益包括微观经济效益和宏观经济效益。微观经济效益应当符合宏观经济效益的要求,而宏观经济效益又是微观经济效益的总和。当前,提高经济效益是我国全部经济工作的重点和归宿,同时也是我国加强经济法的制定和实施所要追求的终极价值目标。作为一项系统工程,提高经济效益需要许多要件的配合,其中,也包括加强经济法的立法和实施工作。具体说来,经济法要实现经济效益,至少应具备以下条件:(1)要有一个足以促进和保障提高经济效益的制度安排,其核心是要处理好政府的有效干预权与市场主体的充分自主权的关系;(2)要有一个足以保证市场主体实现利益价值的企业运行机制,其核心是赋予他们广泛的法律权利,并为他们实现自己的权利扫清障碍;(3)要把市场主体对经济效益的追求建立在正当手段之上,其核心是不得滥用权利。具体来讲,它是要通过建立和完善现代企业法律制度,转换企业的经营机制,充分发挥企业的主动性和积极性,为社会生产更多更好的产品;要通过建立和完善市场运行法律制度,逐步培育和发展市场体系,为市场主体创造一个统一、开放、竞争、有序的经济环境;要通过建立宏观调控法律体系,指导和促进市场主体提高经济效益,使市场

---

① 公丕祥:《论当代中国法制的价值基础》,载《法制与社会发展》1995 年第 2 期。

主体的生产经营活动符合社会需要;要通过建立和完善社会保障体系,使企业从沉重的社会负担中解放出来,使企业职工能够为全力提高企业的经济效益作出贡献,使农民能够无后顾之忧地积极从事农业生产。总之,无论是市场主体规制法、市场秩序规制法、宏观调控和可持续发展保障法,还是社会分配调控法,都要把促进和保障提高市场主体的经济效益和社会效益放在首位。

(七)可持续发展原则

可持续发展,是在人类面临文明加速进化与生态环境不断恶化、富裕与贫穷的差距不断拉大这两大失衡的背景下产生的一种新的发展模式和发展观。对于什么是可持续发展,我们可以从生态学、环境学、经济学、社会学、伦理学等多种角度进行解释。在所有这些解释中,以下六点内涵是共同的:(1)人类生命的连续支撑;(2)生物资源存量和农业系统生产力的长期维持;(3)控制人口增长;(4)有限增长的经济;(5)强调小规模;(6)保护环境和系统的质量。可见,可持续发展的核心,在于促进人与自然的和谐,实现经济发展与人口、资源、环境相协调,要求人类以最高的智力水平和泛爱的责任感去规范自己的行为,创造和谐的世界,要求人们在作出每一个行为选择时,不仅要考虑到本代人利益的平衡,同时要考虑到代际人利益的平衡。在经济法中,将可持续发展原则作为经济法的一个基本原则的理由是:(1)我国已经将可持续发展战略提到议事日程。《中国 21 世纪议程》明确提出,"要在 2000 年前后初步建立起与可持续发展有关的立法体系"。由于可持续发展目标的实现需要国家的干预,而这个法律体系中的法律,主要是经济法律。(2)虽然可持续发展的理念可以贯彻于经济法其他原则之中,但是,其意义和要求的分散,会增加可持续发展战略的不明确性,不足以突出可持续发展战略应有的地位,也不利于经济法对可持续发展关系进行有目的、有步骤的规范。(3)将可持续发展作为一个基本原则,可使经济法在调整社会经济关系时,始终把可持续发展放在应有的高度,综合考虑诸如人口增长的失控、资源和能源的无节制消耗、生态环境的日益恶化、技术落后以及企业和政府的短期经济行为等制约可持续发展的因素,从而有意识地通过相应的健全、完备的经济法律法规加以遏制。

二、经济法的调整方法

经济法的调整方法是与经济法本质属性和经济法调整对象相联系的一个概念。中外经济法学者一直都很重视经济法调整方法的研究,如日本学者金泽良雄认为,经济法的调整方法可以分为两类:一为国家权力的强制调整,二为非权力的调整;[1]俄罗斯学者拉普捷夫认为,经济法的调整方法可以归纳为强制性命令方法、自主决定的方法、许

---

[1] [日]金泽良雄:《当代经济法》,辽宁人民出版社 1988 年版。转引自李昌麒主编:《经济法学》,中国政法大学出版社 2011 年版,第 66~67 页。

可的方法和建议的方法；①我国学者佟柔教授将经济法的调整方法表述为经济法借以作用于社会经济关系的方式和方法。② 本书认为,经济法的调整方法是指由国家规定的、可用于干预社会经济生活的各种合理方式。

具体而言,经济法的调整方法可以概括为如下两种:

(一)公权介入的调整方法

公权介入的调整方法,是指国家以公权者的身份,依法对各种经济关系进行调整的措施或手段的总和。按照公权行使的具体方式的不同,公权介入的调整方法又可划分为指令性调整方法和指导性调整方法。

1. 指令性调整方法。这是指国家权力机关和国家行政机关以某种形式指令相对人应当作为或者不作为,相对人应予服从的一种调整方法。它所体现的是国家对社会经济关系的"刚性调整"或者"刚性干预"。这种调整方法是以国家最高权力机关颁布的法律、国家最高行政机关颁布的行政法规、有立法权的地方权力机关颁布的地方性法规以及国务院各部委和地方各级政府规章为依据的。根据我国现有的经济法律法规的规定,指令通常体现在命令、禁止、撤销、免除、确认等具体的经济干预活动中。经济法的指令性调整方法有两个显著的特点:一是指令总是为了直接或间接地实现某种经济目的,与经济目的无关的指令不具有经济法调整方法的性质;二是这种指令对于相对人来讲,具有必须服从的性质,经济法律关系当事人的权限和责任,许多就是通过这种调整方法形成的。

2. 指导性的调整方法。这是指国家机关为引导公民和法人的经济活动符合某种既定的经济干预目标而实施的非强制性的调整方法。与指令性调整方法相比,指导性的调整方法所体现的是一种"柔性调整"或者"柔性干预"。这种调整方法通常有三种表现方式,即行政指导、计划指导和行政协商。

行政指导从根本上来讲,是属于行政法的范畴,但是,由于现在为我国所认同的经济法,是指国家从社会整体利益出发,对社会经济生活进行适度干预的法,其中相当一部分是国家为了适应经济行政管理需要而由国家行政机关制定的,因此,行政指导也必然要成为经济法的一种调整方法。行政指导作为经济法的调整方法的法律依据在于,行政指导是宪法和其他法律法规赋予行政机关的可以在特定时期和特定情况下,对公民和法人实施某种行政措施的一种"特殊权力"。这表明行政指导不是行政机关的一种职权外行为,而是法律承认的一种职权行为。行政指导本身不具备法律效力,即行政指导对于其所涉及的相对人不会产生必须服从的法律上的义务。但一旦接受行政指导,即应承担相应的法律义务,并获得法律规定的相应权利。作为经济法调整方法的行政

---

① [苏联]拉普捷夫:《经济法》,法律出版社 1982 年版。转引自李昌麒主编:《经济法学》,中国政法大学出版社 2011 年版,第 67 页。

② 《中国经济法诸论》编写组:《中国经济法诸论》,法律出版社 1986 年版,第 25 页。

指导,与作为行政法调整方法的行政指导,在表现形式和本质特征上并没有多大区别,即它们在形式上都表现为指导、劝告、建议、告诫等具体的行政措施;在本质特征上都具有指导性或者说非强制性,对相对人不产生必须接受的法律效果。所不同的是,经济法上的行政指导相对而言更是以经济内容为指向的,或者说是为了达到经济法规定的经济干预的目的。

计划指导严格而言也可归入行政指导的范畴,但它以计划为其实现形式,故又有其特殊性。新中国成立以后的一个时期,我们把计划当成必须执行的法律。党的十一届三中全会以来,我们一方面抛弃了计划就是法律的观念,但另一方面又通过制定《经济合同法》等法律法规,使我国计划呈现出两种形式,即指令性计划和指导性计划,两者具有不同的法律效力。市场经济体制确立之后,违反计划作为无效经济合同的条件在修改后的《经济合同法》中被删除,在缩小指令性计划的同时,它只保留了指令性计划是签订经济合同的前提的规定,这表明计划的强制作用已被削弱。随着经济体制改革的逐步深入,我国指令性计划的范围也在进一步缩小,并有可能最终在经济生活中消失。但是,指导性计划仍将作为国家宏观调控的一个手段而发挥重要作用。

行政协商作为经济法的一个重要的指导性调整方法,是指国家经济行政机关为了达到某种目的而主动与相对人进行协商,在此基础上作出某种决定的决策方法。例如,发展经济计划编制前与计划实施单位的协商,政府有关部门任免国有企业领导前与职工的协商即是。行政协商的结果,可能是国家的一项经济决策,如作出经济计划、任免领导等,也可能是一项行政合同。

(二)私权介入的调整方法

日本经济法学者金泽良雄教授将私权介入的调整方法称为直接介入经济的调整方法。他认为,直接介入经济的调整方法,是指国家使用非权力的、私法的手段直接地介入经济生活的一种干预方式。这种调整方法一般在国家作为经济活动的主体和国家对于私人经济给予经济援助的情况下才发生。他认为,这是市场机制的国家介入,其目的在于发生人为的、政策的作用,以克服自由主义经济体制自动调节不充分的倾向。他指出,政府进行非权力的特定物资的购买、向特殊的金融机构出资、向执行一定经济政策的机构提供国家资金、向公共事业和特殊形态的生产部门投资以及向私人企业提供补助等,均属于国家对经济的直接介入。显然,日本经济法规定的由国家直接介入经济的调整方法,是建立在以私有制为基础的自由资本主义经济体制之上的。但是,日本直接介入经济的调整方法仍然具有启发意义:一是在以私有制为基础的市场经济体制下,国家尚需介入社会经济生活,在我国以公有制为主体的经济体制下,国家更应介入经济生活;二是这种介入没有采取直接的强制干预,而是采取了私法手段,这就把作为公权者的国家与作为私权者的国家区别开来了。事实上,我国现在已经实行的国债制度、政府采购制度、国家投资制度等,都体现了国家以私法主体的身份对社会经济生活进行的干预。显然,这种干预符合市场经济体制下国家干预的要求。这种干预与前述国家对私权关系的某些限制,从不同侧面共同构筑了市场经济所必需的私权秩序。

三、经济法的功能

一般而言,法律具有调整功能、保护功能、教育功能、指引功能和评价功能。就部门法而言,每一部门法因其本质属性和内在结构不同,因而可能具有不同的功能。经济法在克服市场失灵中具有独特的优势和作用,这是民法和行政法因其自身的功能界域所限而不具备的。在此,我们将通过揭示经济法、民法和行政法在功能上的联系和区别,从而说明经济法是克服市场失灵的最佳法律形式。

(一)市场失灵的一般分析

所谓市场失灵,是指由于内在功能性缺陷和外部条件缺陷引起的市场机制在资源配置的某些领域运作不灵。由于市场机制达到最优状态的前提条件在现实的经济运动中难以实现,市场在许多领域都会失灵。具体而言,市场失灵的类型有如下几种:[①]

1. 垄断失灵。它表现为市场上只有为数很少的几家供应商甚至是独家垄断的局面,垄断厂商通过操纵物价牟取暴利,使市场均衡作用失灵。市场本身有一个悖论:所谓市场的良好状态是竞争状态,不管是完全竞争的理想状态,还是垄断竞争这种市场常态,只有保持竞争,市场机制才能有效地发挥作用。可是,市场竞争本身具有走向垄断的趋势,尤其是在规模经济意义显著的行业,这种趋势更为明显,它导致积聚和集中,导致垄断,从而抑制竞争,妨碍经济效率的提高。在这种情况下,市场自身是难以克服垄断及其危害的。

2. 信息失灵。它表现为在交易过程中,交易双方对商品质量、性能等信息的了解程度不同,出现了信息不完全或信息不对称的现象。这种现象在市场持续一段时间后,就会破坏市场机制优胜劣汰的作用,甚至会出现"劣胜优汰"的奇怪现象——当交易前卖方比买方更多地了解自己商品的质量和性能,而买方只有将商品买回后才能真正了解商品的好坏时,就会出现劣等商品赶跑优等商品的情况。而当交易双方在交易后,一方因不能掌握足够的信息去监督另一方的行为时,则可能出现后者违背道德规范,在一味追求自己的利益的同时损害前者利益的情况。对于这样的信息失灵,市场自身也是难以克服的。

3. 外部性失灵。它的一种表现是当某些市场主体的活动,如环境污染,给外部(社会或其他主体)带来经济损失时,通过市场机制的自发作用来调节将难以达到有效配置资源的目的。在这种情况下,私人成本小于社会成本,私人收益大于社会收益,这就不能实现资源的有效配置。外部性失灵的另一种表现是,有益效应得不到鼓励,比如新发明在给社会带来较大效益时,其他人也跟着受益。在这种情况下,私人成本大于社会成

---

① 郭小聪主编:《政府经济学》,中国人民大学出版社 2003 年版,第 23～28 页。

本,私人收益小于社会收益,这就不利于鼓励私人以良好行为创造有益的外部效应,同样达不到资源的最优配置。可见,无论是有害还是有益的外部效应,市场配置都不是有效的。

4. 公共性失灵。它表现为在国防、市政建设、生态环境保护、教育和医疗保健等公共部门或准公共部门的产品,不能像面包、手机等私用产品那样,在市场上被自发有效地生产出来。这是由公共物品消费的特征决定的:首先,公共物品消费具有非竞争性,即同一公共物品可以被许多人同时享用,一个主体对它的消费,并不影响其他主体对该物品的消费;其次,公共物品的消费具有非排他性,即公共物品一旦被提供,则任何人都可以享用。所以,市场不可能自发有效地提供公共物品。准公共物品可以在自由市场上由私人提供,因为准公共物品通常具有排他性特征,如教育、医疗、邮政、公路、自来水、煤气、有线电视等,既可以供每个人享用,又可以收费,不付费便得不到。但是,准公共物品同样不能完全由私人按自由市场选择的原则来提供,因为市场上的准公共物品相对于需求来说,其供给不足,如果完全由私人按自由选择原则行事,则消费者对准公共物品的需求会受到其收入水平的制约,即只有收入较高的人,才能获得想要的商品。可见,在公共物品和准公共物品领域,市场的自由选择原则是行不通的,市场机制在这里无法实现社会资源的最优配置。

5. 分配失灵。它表现为,在分配领域,单纯依靠市场机制的自发作用不可能完全实现公正的收入分配。造成这类失灵的原因主要是:一是在存在垄断的条件下,会使价格严重背离价值,从而使部分人获得不合理收入;二是在市场机制的自发作用下,生产要素供求状况的不平衡必然形成要素收入的不合理差距;三是虽然市场交易在原则上是平等的和等价的,但由于人们的资源禀赋不同,收入水平就会有差别;四是由于收入分配具有公共性、外部性等特征,因而,市场本身无法保证其公正性;五是在市场纯经济效益的作用下,各经济利益主体追求各自利益的最大化,会使收入差距不断拉大,以至出现富者越富、贫者越贫的"马太效应"。可见,市场机制虽然也有分配功能,但就公正性而言,它又几乎是无功能的。

6. 宏观失灵。它表现为市场总供求关系发生以超额供给或超额需求为特征的宏观经济总量失衡。当存在超额供给时,国民收入以小于充分就业的水平达到均衡,引起生产过剩、经济衰退和大量失业;当存在超额需求时,以货币计算的国民收入增长超过以实物计算的国民收入增长,国民收入超分配,诱发过度需求,引起严重的通货膨胀;当二者交替出现或并存时,又引起经济停滞和通货膨胀交替出现或并存。上述情况出现时,就需要国家采取必要的宏观调控措施,对市场总供求关系加以引导和平衡。

(二)克服市场失灵的法律途径选择[①]

1. 市场失灵由行政法克服的困境
市场失灵由行政法克服,必然会面临以下困境:

---

① 李昌麒主编:《经济法学》,中国政法大学出版社 2011 年版,第 72~76 页。

（1）行政法价值的困境。公平与效率是法律的两大价值，它们之间存在着内在的矛盾：过多的公平会导致效率的减损，过多的效率则会导致公平的损伤。这说明公平和效率在相当程度上是不可调和的。这就决定了法律不可能把公平与效率放于同等地位，否则，法律将陷于矛盾的境地。我们认为，只应存在以公平为主兼顾效率或以效率为主兼顾公平的法律，而不应存在既追求公平又在同等程度上追求效率的法律。行政法是调整行政活动中所形成的各种社会关系的法律规范，它配置并控制行政权，确认和保障行政相对人的合法权益。行政法作为架构国家机构的基本法律，其首要价值是公平，而非效率，行政法对效率的追求只限于行政法自身的效率之层面，这与行政法追求公平的价值目标不能相提并论。而市场失灵实质上是一种市场的非效率，对市场失灵的克服正是为了使资源配置和资源运用得到理想的效率。如果行政法对市场失灵进行克服，则行政法的价值目标将发生变异，即既追求公平，又追求效率，这会使行政法在具体行事时无所适从，最终导致公平与效率都不可得的不良结果。

（2）法域归属的困境。对市场失灵的克服既要求干预主体运用公权，又要求干预主体尊重私权；在干预关系中，既存在着一定的公的关系，又包括一定的私的关系。由此可知，行政法作为最典型的公法对市场失灵进行克服，将导致行政法兼有公法和私法的属性，这与行政法作为架构国家机构的最基本法律的地位相冲突。

（3）行政性偏好困境。导致市场失灵的原因是多种多样的，我们无意否定行政法在克服市场失灵中所能够起到的作用，但是，行政机关自身的某些偏好的存在是客观的。这些偏好的存在，会导致政府干预的制度偏离市场的干预需求，甚至与市场的干预需求完全不相一致，从而导致诸如市场准入的不当限制、不当的行政性兼并以及行政垄断等行为。这些行为非但不能很好地克服市场失灵，反而会加剧市场失灵的程度，增加市场失灵的种类，使市场失灵更为复杂，从而增加克服市场失灵的难度。这些不当行为在行政法的框架内是难以克服的，因为让行政机关自身彻底消除其偏好并非易事。

（4）克服市场失灵的执行机构及其司法救济的困境。首先，当今世界各国在克服市场失灵的进程中，逐渐出现了一些集立法、司法、行政于一体的独立的经济管理机关，如美国的联邦储备委员会等。这些机构很难被归入行政机关的范畴。因为从权力的构成看，这些机构不仅拥有行政权，同时还拥有立法权和司法权；从内部运作程序看，这些机构有别于一般的行政机关，它们通常实行委员会制。而之所以出现这种机构，原因在于唯有它们才能适应克服市场失灵的要求。只有这种体制，才真正有助于干预主体摆脱行政机关的不良影响，有助于解决因行政机关更迭而产生的干预制度变迁的困境，同时还有助于干预主体进行科学、民主的决策。如果将克服市场失灵的执行机构归属于行政机构，那么，就会使行政法在理论构架上面临一些矛盾。其次，在我国，如果将因克服市场失灵而产生的案件一概按照行政法进行解决，那么，假如我国出现了类似微软垄断的案件，就不仅会产生谁作为原告的困境，同时也会产生依何种诉讼程序进行审理的困境。而要走出这种困境，只能通过制定有别于行政法的其他法律（如《反垄断法》）才能实现。

2. 市场失灵由民法克服的困境

市场失灵由民法克服,必然会面临以下困境:

(1)限权的困境。微观的市场失灵主要通过利益均衡得到克服,而利益的均衡主要是通过对行为人的权利限制实现的,这就使民法具有一定的克服微观市场失灵的可行性。如,民法中的侵权规则就可以在一定程度上解决已产生的负外部效应问题;民法上绝对所有权的突破,使所有权附带义务,这在一定程度上也可预防负外部效应的发生。但民法的本性毕竟不是限权法,而是确权法,民法不可能丧失它的本性而对私权进行全方位的限制,否则,民法将发生异化。近一个世纪以来,随着经济结构、社会思潮以及立法本位的变迁,民法自身确实发生了一些变化以适应形势的发展,但这种变化并没有达到变异的程度。我们认为,民法考虑社会利益是必要的,但必须有其自身的前提和限度:其前提是民法对社会利益的考虑必须立足于民事主体的私人利益;其限度是民法的社会化必须考虑民法自身的性格。如果把社会本位与个体本位置于同等地位,并基于社会本位而对市场主体的权利进行全面限制,不仅民法的规则将发生彻底变异,民法的原有价值也将丧失殆尽,同时还将导致和谐的法律体系受到破坏。

(2)有限性困境。著名制度经济学家科斯曾经提出,以协商等私力途径和诉讼等公力途径解决侵权这种负外部效应,但是,这在理论上必须具备以下相当严格的前提条件:第一,负外部效应必须有确定的受害人;第二,负外部效应的存在必须是明显的,其信息对受害人而言必须是及时的、充分的;第三,负外部效应的受害人的利益受损度必须达到一定程度;第四,负外部效应的受害人之间不存在搭便车的现象;第五,取得交易结果的交易成本必须足够小;第六,交易结果必须具有可预期性。但事实上,这些前提条件全部符合是不可能的。如果负外部效应没有确定的受害人;如果负外部效应的存在不是相当显然的;如果负外部效应对社会整体的损害很大,但对每个受害人的利益损害很小,或当负外部效应只对受害人或社会整体的远期利益损害很大,而受害人被损利益的现值很小;如果负外部效应的受害人足够多,以至于他们之间产生搭便车的现象;如果受害人认为取得补偿的交易成本过高,或者由于司法程序上的问题而使交易结果具有不可预期性……以上这些假设单靠民法的方法是难以解决外部效应问题的。

(3)作为私法的困境。民法通过物权法和债权法的设定,使经济人追求自身利益有了广阔的空间和法律保障,民法保护了经济人的这种理性行为,而正是这种理性行为促成了市场整体的非理性。所以,民法所保障的市场关系只是一种静态的、单一的关系,它保障静态的市场行为和单一的市场主体行为,对动态的、整体的市场运行结果,则无法进行有效调整。以合成谬误[①]为例,在经济萧条时,劳动者收入减少,因而减少消费,而消费的减少又使企业的产品积压,从而使企业减少产出或减少投资,而这进一步使萧

---

① 合成谬误,是指市场体制中某一团体或社会中的每一个体基于最有利于自身而做出行为选择,但因所有个体的这些选择而形成的结果则对这些个体都不利。这是个体理性与集体理性相矛盾的例子之一。

条状况恶化,对消费者产生更加不利的影响。当经济过热时,由于劳动者的收入增加而增加消费,消费的增加又使企业的产品供不应求,进而使企业做出增加产出或投资的决策,而这会增强经济的过热程度,导致对消费者的不利影响。在合成谬误方面,民法调整的是合成谬误的形成过程,即民法保障了合成谬误的形成,但对合成谬误的纠正却无能为力。可见,在经济萧条时期,宏观的失调不可能通过对财产权的使用限制而得到克服。对信息不足问题的克服,民法也会无从下手。因为市场总体的信息不足正是由于私权主体之间的搭便车行为所致,要让私权主体互相之间不再有搭便车的行为是不可能的,除非彻底抑制经济人追求利润最大化的特性,而这是行不通的,也是反市场的,因为市场主体的利益最大化是市场得以运行的动力和前提。所以,信息不足的问题只能由市场以外的主体来解决。公共产品提供不足的问题也无法由民法解决,因为民法不可能运用其关于物权和债权的规定来激励私权主体提供公共产品,更不能基于社会本位而强制性地要求私权主体提供公共产品,所以公共产品主要应当由非市场主体来提供。

3. 经济法克服市场失灵的优势

经济法对克服市场失灵具有其内在的优势,其主要表现是:

(1)经济法可以直接限制市场主体私权。经济法之所以能够实现对私权的限制,源于国家的存在。国家是能够合法运用强制力的唯一组织,它能够合法地取走市场主体的财产而不侵犯财产权,从而拥有干预能力;它能够赋予生产者和经营者对消费者的说明义务而不侵犯商业秘密,从而强制性地实现信息分布的均衡;它能够对垄断企业进行强制性解散而不侵犯其经营权,从而确保竞争的市场态势等。这些是民法的功能所不及的。更重要的是,对私权的剥夺使国家获得相应的干预能力,这使经济法对私权的剥夺意义不仅限于私权本身,也扩展到了公权层面,因为这种私权的被剥夺直接导致了公权的增加,从而增强了经济法对市场失灵的克服能力;而民法对所有权的限制完全是在私法层面上进行的,其影响也没有到达公法领域。

(2)经济法可以直接改变市场主体的利益结构。经济人是市场经济下人性的最恰当表述,一般而言,法律不应该从根本上改变经济人的这种本性。但是,一旦经济人对利益的追求损害了国家和社会公共利益,国家就应当实施必要的干预。对此,民法的功能是微弱的。经济法则可以通过直接改变经济人的利益结构以达到干预的目的。例如,经济人在进行"成本—收益"核算时,经济法可以通过改变经济人行为的成本构成或利益归属,从而使经济人在进行"成本—收益"核算时,做出既有利于其自身又有利于社会的选择。又如,对环境公害这种负外部效应问题,民法的处理方式是以负外部效应的存在为前提的事后处理,其处理效果要受制于交易费用等因素;而经济法则通过征收环境税和排污费等途径让企业的产品价格真正反映出产品制造过程中对环境造成损害的成本。可见,民法对排污企业的利益结构的影响是事后的,并且具有不确定性;而经济法对排污企业的利益结构的影响因其事先规定而具有确定性,环境税和排污费的征收能直接改变企业的利益结构,从而使企业理性地做出良性行为。

（3）经济法具有公共利益优势和远视优势。市场主体是自利性的，它一般不会主动追求公共利益；市场本身又具有"近视"的性格，它只追求眼前利益而忽视长远利益；市场在运行过程中还会迷失方向或越轨。而国家则是各市场主体利益的代表，它以追求公共利益和长远利益为己任，以适当抑制市场的自私和克服市场的"近视"的弱点为目的，还可能通过给市场安装虚拟的"大脑"和"心脏"使市场能够有效运行。国家的这种特性是其他任何主体不可能具备的。在民法框架下，由于只涉及个体利益，没有一个高于私权主体之上的主体存在，也不存在把众多的个体利益汇集成公共利益的程序，所以我们对民法自身所确认的私权主体的自利性和民法所放任的私的主体的"近视"是难以进行适当抑制或克服的。

第四节　经济法律关系

一、经济法律关系的构成

经济法律关系，是指经济法律关系主体根据经济法的规定在参加体现国家干预经济的经济活动过程中所形成的经济职权和经济职责，以及经济权利和经济义务关系。经济法律关系是一种既体现国家意志又体现当事人意志的思想社会关系，是一种由国家强制力保证实现的思想社会关系，是一种市场主体规制法律关系、市场秩序规制法律关系、宏观经济调控和可持续发展保障法律关系以及社会分配法律关系相互作用的法律关系。

经济法律关系由经济法律关系的主体、经济法律关系的内容和经济法律关系的客体三要素构成。

（一）经济法律关系的主体

1. 经济法律关系主体的定义

这里是指参加经济法律关系，拥有经济职权或经济权利，承担经济职责或经济义务的当事人。在经济法律关系中，拥有经济职权或经济权利的一方分别被称为职权主体或权利主体，承担经济职责或经济义务的一方分别被称为职责主体或义务主体。但是，双方当事人在许多情况下，既拥有经济职权或经济权利，同时又承担经济职责或经济义务。

2. 经济法律关系主体资格的取得

这里所指的主体资格，不是泛指一切事实上存在的社会组织和公民的资格，而是指特定的、具体的参加体现国家干预的经济关系的当事人的资格。它是依以下两种方式取得的：

（1）法定取得，即依法律的规定而取得。因此，凡是国家法律法规规定，能够对社会经济生活实行干预或者接受干预的社会组织和自然人,都可以作为经济法律关系主体。

(2)授权取得,即依据有权机关的授权而取得。如,中国人民银行根据宏观调控或维护金融稳定的需要,实施对银行间同业拆借市场和银行间债务市场的监管,可以自行发布市场信息,也可授权中介机构发布市场信息。该中介机构发布市场信息的资格是由中国人民银行授权取得的。

3. 经济法律关系主体的分类

(1)经济决策主体。这是指根据法律规定,在经济法律关系中享有经济决策权的各级国家机关和企业等其他经济活动主体。在我国,决策按其范围和作用的不同,可分为宏观决策和微观决策。前者是各级国家机关对关系全局和长远的经济利益的决策,如,制定和批准国民经济和社会发展计划;后者是指企业等经济主体根据宏观决策目标、市场的需要以及本身能力所作出的提高经济效益的决策,一般表现为确定生产经营计划和重大经济措施。这种决策权的层次性反映在经济法律上,是各级国家机关在各自的权限范围内享有宏观决策权,企业等经济主体在具体的生产经营活动中享有微观决策权。对于微观决策,国家可根据宏观调控目标,引导企业正确地进行。

(2)经济管理主体。这里是指根据法律的规定或者国家机关的授权,在经济法律关系中享有经济管理权限的各级行政机关、企业单位等经济主体。作为行政机关的管理主体只限于在各自的管理范围内通过政策指导、协调、监督等形式行使领导和管理经济工作的职权;企业单位等经济主体只限于在本单位范围内行使行政管理权。

(3)经济实施主体。这里是指按照法律规定,在经济法律关系中,为实现决策和管理主体所确立的目标和任务以及自身的需要,而具体进行生产经营管理活动的经济组织及其内部机构、承包户和个体经营者,以及执行国家经济决策的国家机关。

4. 经济法律关系主体的特征

(1)主体资格具有复杂性。这一方面表现为同一个主体因参加不同内容的经济法律关系或具有不同的相对人而拥有不同的主体地位。如,计划机关可以是管理主体,也可以是实施主体。另一方面,其表现为主体参加经济管理时,双方都不是以法人而是以管理者和被管理者的身份出现的,这就与民事法律关系主体区别开来了。

(2)主体的形式具有广泛性。这主要表现为法人、自然人、不具备法人资格的企业内部职能科室、生产单位、分支机构、承包经营户、个体工商户等都可以是经济法律关系的主体。

(3)主体之间往往具有一定的隶属性。这主要表现为:一是组织上的隶属性,如一方是国家机关、另一方是其下级机关,或者一方是企业、另一方是其下属单位或成员;二是意志上的隶属性,即享有经济职权的经济法律关系主体在行使经济职权时,相对人必须服从经济职权的要求。

(二)经济法律关系的内容

经济法律关系的内容,是指经济法律规范所确认的经济法律关系主体的经济职权、经济职责、经济权利和经济义务。其中,经济职权与经济职责、经济权利与经济义务形成对应关系;由于经济职权作为一种权力,具有不同于权利的必须行使的性质,因而,经济职权同时又是其享有者必须履行的经济职责。在经济权利与经济义务的对应关系中,一方的经济权利往往是对方的经济义务。

1. 经济职权。它是指国家机构依法行使领导和组织经济建设职能时所享有的一种具有命令与服从性质的权力,包括经济立法权、经济执法权、经济司法权和准经济司法权等。

经济职权具有五个法律特征:一是经济职权是一种国家权限,即各种政治实体以其实在权限代表国家行使经济职能,这种实在权限是国家通过法律规定或者授权,由政府及其职能部门行使的;二是经济职权是一种专属的职务权限,即这种权限只能由特定的机关对特定的管辖对象行使,且只能由享有经济职权机关的负责人或经依法授权的其他成员来行使;三是经济职权在通常情况下具有命令与服从的性质;四是经济职权是一种基于法律的规定而直接产生的权限;五是经济职权是一种权力和责任相统一的权限,即经济职权具有必须行使的性质,否则就是失职。

2. 经济职责。它是指国家机关依照法律的规定必须为或不能为一定行为的责任。它有两种表现形式:一是主动作为和不作为的经济职责。前者表现为承担经济职责的国家机关,必须主动地履行自己的职责。后者表明国家机关必须正确行使国家法律赋予的经济职权,不得有滥用经济职权的行为。滥用经济职权,是指政府机关超出法律的规定行使侵犯他人权利(力)的行为。二是被动作为和不作为的经济职责。前者表现为一方主体按照法律规定,本应主动履行某种职责而未履行时,在另一方主体的请求下,在有关机关和社会的督促下,或者在法院的裁决下所做的作为。后者表现为一方主体在另一方主体的请求下,在有关机关和社会的督促下,或者在法院的裁决下,被动地停止某种作为。

经济职责有两个显著的特征:一是专属性,即这种职责是专属于特定的机关的;二是范围的法定性,即当事人不得超出法律的规定要求对方履行职责。

3. 经济权利。它是指经济法律关系主体依法可以为或不为,要求他人为或不为一定行为的资格。我国法律赋予经济法律关系主体的经济权利主要有以下几项:

(1)国有资产管理权。它是指国家授权的单位对所有权属于国家的资产进行管理的权利。这里所谓的国有资产,既包括所有权属于国家的自然资源和能源,又包括所有权属于国家的其他有形的和无形的资产。

(2)经营管理权。它是指国有企业对于国家授予其经营管理的财产享有占有、使用和依法处分的权利,包括生产经营决策权、产品劳务定价权、产品销售权、物资采购权、进出口权、投资决策权、留用资金支配权、资产处置权、工资资金分配权、劳动用工权、内部机构设置权、人事管理权、拒绝摊派权、联营兼并权等。

(3)自主经营权。它是指集体所有制经济组织、个体经营者和私营企业对自己的财产依法享有的占有、使用、收益和处分的权利。集体经济组织、个体经营者和私营企业的自主经营权与国有企业的经营管理权相比,具有更大的"自主性",国有企业的经营管理权要受到国家较多的限制,而集体经济组织、个体经营者和私营企业的自主经营权实际上就是完全所有权的一种表现。

(4)承包经营权。它是指农民、农村承包经营户和企业的职工、班组、车间等为完成一定任务对集体或者国家的财产行使占有、使用和收益的权利。我国在改革中出现的承包经营关系主要有两种表现形式:一种是国家与全民所有制企业之间发生的承包经营关系;另一种是社会经济组织与它的内部成员或者生产单位之间发生的承包经营关系。前一种承包经营权实质上是企业经营管理权的一种形式。因此,这里只是从后一种意义上谈承包经营权,其可以表现为对土地、森林、山岭、草原、荒地、滩涂、水面等自然资源的承包权,也可以表现为对单项农副业生产活动的承包经营权;在企业中,其既可以表现为基于某项生产经营过程而产生的承包经营权,又可以表现为基于某项生产经营任务而产生的承包经营权。

(5)经济请求权。它是指经济法律关系主体享有的可以请求他人为一定行为或不为一定行为的权利,是一种救济性权利。它通常在一方主体不履行应尽的职责和义务时发生。它是经济法律关系主体为使自己的合法权益得以实现而必须拥有的权利。它主要有两种表现形式:一种是管理性的请求权。其是指在经营管理过程中,由于管理者没有为被管理者提供由法律规定的条件或者由于某种原因给被管理者一方造成损害时,被管理者享有的请求管理者满足自己要求的权利。如在税收法律关系中,因不可抗力不能履行纳税义务时,纳税人有权请求减免;国家机关不当罚款时,承受罚款的单位和个人,有权请求有关行政机关进行复议等。另一种是损害赔偿请求权。它是指一方主体致他方主体损害时,他方主体享有的请求赔偿的权利,如产品责任承担请求权以及环境污染损害赔偿请求权等。

(6)申诉、举报和起诉权。经济法律关系主体的合法权益受到法律保护,任何部门、单位和个人都不得干预和侵犯,否则,被侵犯的经济法律关系主体有权向政府和政府有关部门申诉、举报或者依法向法院提起诉讼。

4.经济义务。它是指经济法律关系主体一方为满足另一方的要求必须为一定行为或者不为一定行为之约束。经济义务的表现形式可以归纳如下:

(1)贯彻执行国家的方针、政策、法律和法规的义务。国家的方针和政策是经济法律关系主体行动的指南,法律和法规是经济法律关系主体行动的具体规则。现在,我们应当把经济法律关系主体是否贯彻执行党的方针、政策和法律、法规,提到是否切实履行应尽义务的高度来认识,以增强贯彻执行方针、政策和法律、法规的自觉性。

(2)正确行使经济权利的义务。其含义包括四个方面:一是不得滥用经济权利。构成滥用经济权利的要素为:滥用经济权利是以法律确认的合法权利的存在为前提的,滥用权利的后果具有社会危害性,权利滥用者具有故意和过失的心理状态。二是不得僭越权利,即被僭越的权利根本不存在,如无权减免税的机关作出减免税决定。三是不得随意放弃权利。权利本身是可以放弃的,但若放弃权利给他人的合法权益构成损害,则是法律所禁止的。四是不得非法转让权利,由于许多经济权利具有专属性,因而不得转让给其他主体行使。

(3)服从合法干预的义务。在我国,无论是国家对国民经济的干预,还是企业对自己内部机构和成员的干预,都是以国家的法律和授权或者企业的自律机制为依据的,这就决定了凡是干预所及的范围,被干预者都有服从的义务,否则,干预就没有任何意义。当然,对于干预有异议的,可以通过正当合法的途径寻求救济,但不能拒绝履行义务。

(4)征收、缴纳税金和其他合法费用的义务。税收是国家财政收入的重要来源,纳税的程序是国家法律规定的。这就决定了税务机关必须依法尽到征税的义务,积极、主动、正确地征税;纳税人必须及时、足额地向国家交纳税金。此外,凡是国家规定必须缴纳的费用,征收机关不得怠于征集,相对人不能借口抵制不合理摊派而逃避缴纳义务。

(5)承担经济法律责任的义务。经济法律责任就其实质而言,是国家对违法行为所作的一种否定性评价,其目的在于恢复被破坏的法律秩序。而这种恢复,又必须通过经济法律责任主体承担责任才能实现。在经济仲裁和经济审判实践中,较普遍存在的执行难问题,在很大程度上就是由于违法者不承担经济法律责任造成的。对此,我们应当通过对责任主体进行教育,以促使其自觉承担违法行为的后果;同时,也要通过专门机关强制其履行义务。

(三)经济法律关系的客体

1. 经济法律关系客体的定义

经济法律关系的客体,是指经济法律关系主体的经济职权和经济职责,或者经济权利和经济义务直接指向的对象。在经济法律关系中,如果仅仅只有主体和主体的职权、职责或者权利、义务的存在,而无它们所指向的具体事物,那么,作为经济法律关系内容的经济职权、经济职责、经济权利和经济义务就会落空,主体双方之间建立经济法律关系就失去了意义。因此,经济法律关系的客体,构成了经济法律关系不可缺少的要素。

2. 经济法律关系客体的范围

根据经济法律关系主体确立经济法律关系的动机,以及经济法律关系作用的事物的性质的不同,我们可以把经济法律关系的客体确定为以下四类:

(1)经济干预行为。这里是指经济法律关系主体在进行经济干预的过程中,为达到一定的干预目的而进行的有目的、有意识的活动。这种干预行为,既可以表现为具有权力因素的经济干预行为,如经济职权行为,又可以表现为具有财产因素的管理行为,如国家对国有资产的管理行为、企业的管理行为等。

(2)干预行为所及的物。物是民事法律关系的重要客体。物作为经济法律关系的客体则是受到一定的限制的。这种限制主要表现为与干预行为相联系的物才能作为经济法律关系的客体,如基于许可、税收、土地征用、环境保护、规费和罚没等而产生的法律关系所指向的物才是经济法律关系的客体。

(3)科学技术成果。智力劳动成果可分为文学艺术成果(如小说、诗歌、戏剧、乐曲、舞蹈、摄影、绘画、雕塑等作品)和科学技术成果(如发明创造、商标和技术秘密等)。前者由于一般不与生产发生直接关系,所以,只是民事法律关系的客体;后者由于直接对宏观经济运行和生产经营过程发生作用,所以,它既可以是民事法律关系的客体,又可以是经济法律关系的客体,即在转让科学技术成果的法律关系中,它是民事法律关系的客体;而在对技术成果进行管理所发生的法律关系中,它是经济法律关系的客体。

(4)经济信息。经济信息是反映社会经济活动发生、变化等基本情况的各种消息、数据、情报和资料的总称。当今时代,经济信息作为一种重要的资源,无论是对宏观经济调控,还是对微观经济运行,都起着十分重要的作用。因此,国家和企业都必须加强信息资源的管理,建立、健全完善的经济信息系统,这就需要把经济信息的收集、整理、汇总、计算、分析、加工、传递、储存和输出等全过程纳入经济法制建设轨道。这样,经济信息就成为经济法律关系的一类客体。

3. 经济法律关系客体的特征

经济法律关系客体主要有以下三个特征:

(1)作为经济法律关系客体的物既有广泛性的一面,又有限制性的一面。广泛性是指即使在民事法律关系中流转受到限制甚至禁止的物,在经济法律关系主体之间也可以流动,如限制流通的土地,可依经济法进行征用和划拨;限制性是指不是所有的物都可以作为经济法律关系的客体,能够作为经济法律关系客体的,只能是那些与调控因素相联系的物。

(2)经济法律关系的客体呈现出复杂的结构。作为民事法律关系客体的物、行为和智力成果,在具体的民事法律关系中往往是单独存在的。同时,民事法律关系的客体,通常不表现为一定的宏观经济指标。在经济法律关系中,行为、物和指标在许多情况下是作为一个不可分开的综合体而存在的。因为经济法律关系的确立,既要规定人们行为的具体目标,又要规定人们行为的具体标准。如计划法律关系的客体,在大多数情况下就是计划行为、计划指标和计划物资或项目的综合体。

(3)经济干预行为是经济法律关系的客体。作为民事法律关系客体的行为,通常是指转移财产、提供劳务和完成工作等行为,并不包括干预行为。由于经济法是国家干预经济的法,而经济法对此类关系的调整,又是通过制定相关的法律、法规,规定管理机关行为以及切实实施这些行为来实现的,这就决定了调控行为是经济法律关系最重要和最常见的客体。

二、经济法律关系的确立

(一)经济法律关系确立的含义

经济法律关系的确立,是指使特定的经济法律关系处于某种确定状态的过程。经济法律关系的确定状态有以下三种:

1. 经济法律关系的发生

它是指经济法律关系的最初形成。这种发生使得原本没有法律联系的当事人之间形成了由国家强制力保障实现的经济法律关系,从而产生一种新的处于确定状态的经济法律关系。这种最初形成的经济法律关系,在通常情况下可以持续到因建立经济法律关系的目的达到而终止之时。

2. 经济法律关系的变更

这是指由于出现了某种情况而使得业已存在的法律关系在主体、内容和客体上发生变更,从而达到另外一种新的确定状态。这种变更既可以是经济法律关系要素的部分变更,也可以是全部变更。当事人应当按照变更后的经济法律关系履行义务。

3. 经济法律关系的终止

它是指经济法律关系的消灭。经济法律关系可以依当事人的协议或者履行义务而消灭,也可以依不可抗力或者一方当事人依法实施的单方宣告行为而消灭。后一种情况通常是在具有行政隶属性的经济法律关系中存在。经济法律关系一经终止,即处于一种确定状态,只不过此时的确定状态表现为原本存在的经济法律关系不复存在。

(二)经济法律事实

1. 经济法律事实的含义

经济法律事实,是指能够引起经济法律关系发生、变更或终止的客观情况。这种"客观情况"包括自然现象和社会现象,它通常被称为"事实关系"。但是,不是所有的事实关系都能引起法律后果。只有那些能够引起法律后果的事实,才能被称为"法律事实"。经济法律事实可以归结为行为和事件。

2. 经济法律事实的分类

(1)经济行为。它是指经济法律关系主体为了实现一定的经济目的而进行的活动。经济行为按其性质可以划分为经济合法行为和经济违法行为。这两种行为都可以引起经济法律关系的发生、变更或终止。

①经济合法行为。它是指经济法律关系主体实施的符合法律规定的经济行为。这种行为又可以划分为以下几类:一是依法进行的经济干预行为,即国家权力机关、行政机关为了实现一定的经济目的而依法干预社会经济活动的行为;二是依法实施的经营管理行为,即企业或其他经济组织和个人为实现经营性财产的保值、增值而依法实施的一切行为;三是行政执法、经济仲裁、经济审判和行政审判等行为,即行政机关、仲裁机构、法院对经济纠纷或者经济违法行为的查处、裁决等行为。

②经济违法行为。它是指经济法律关系主体违反经济法律、法规的规定所实施的行为,如国家行政机关的不当罚款行为、市场主体的垄断和不正当竞争行为等。

(2)事件。这里是指不以当事人的意志为转移但能引起经济法律关系发生、变更或终止的客观情况。事件可以是自然现象,也可以是社会现象。但是,作为经济法律的自然现象,多限于足以引起经济法律关系主体之间的经济法律关系发生变化和终止的自然灾害,如严重的自然灾害可以引起计划法律关系、税收法律关系发生变化等。作为经济法律事实的社会现象,主要是指军事行动和政府禁令等,它们都可以引起某项干预行为的变化。

第五节　经济法责任

一、经济法责任的含义和属性

经济法责任是专指经济法作为独立法律部门所具有的责任,不是泛指所有具有经济内容的法律法规所确立的责任。它包括违反法律的规定而产生的否定性后果,以及虽不违法,但直接基于法律的规定而加于行为人的负担。

经济法责任的属性体现在以下四个方面:

第一,经济法责任是以经济职责和经济义务为存在前提的。一般的法律责任以法律义务的存在为前提,无法律义务,就无承担和追究法律责任的依据。这于经济法责任也是适用的。同时,国家经济管理机关在拥有国家法律赋予的经济职权时,也承担着必须履行经济职权的经济职责。如果经济管理机关滥用经济职权或者怠于履行经济职责而给相对人造成损失,也应承担相应的经济法责任。因此,经济职责也是经济法责任的存在前提。

第二,经济法责任不以给违法行为人带来经济上的不利后果为唯一结果。经济法责任在许多情况下会给违法行为人带来经济上的不利后果,此种不利后果,表现为加重违法行为人的经济负担。但在某些情况下,不加重违法行为人经济负担的否定性法律后果,在经济法律法规中也是作为一种责任形式而被规定的,如限期改正、没收非法所得、退回多收规费或税金等。

第三,经济法责任具有复合性。经济法责任是一个综合性的范畴,它是由不同性质的多种责任形式构成的统一体。在经济法责任项下,包括:公法责任和私法责任;过错责任、无过错责任和公平责任;职务责任和非职务责任;财产责任和非财产责任等性质相异的责任形式。它们共同构成完整意义上的经济法责任。这是其他部门法所不具有或不甚明显的现象。

第四,经济法责任是责任者必须承担的否定性法律后果或者其他后果。首先,经济法律关系主体对其负担的经济职责和经济义务表现出消极的不作为,或者经济法律关系主体不适当履行经济职责或经济义务时,即导致法律对其消极不作为或不适当作为的否定。这种否定性后果必须归于责任者,若责任者怠于承担,即会受到国家强制力的干预。其次,基于维护社会公共利益等方面的需要,经济法律法规规定了一些即使行为不违法,行为人仍需承担一定责任的情形。这是有别于否定性法律后果的一种责任方式。这也是其他法律责任所不具备或者表现不甚明显的。

二、经济法责任的构成要件和分类

(一)经济法责任的构成要件

法律责任的构成要件,是指行为人据以承担法律责任或者能够满足国家机关追究行为人法律责任的法定条件。学理上,一般从责任主体、行为人的心理状态、行为的违法性、损害事实以及因果关系等多个方面去把握法律责任的构成要件。经济法责任的构成要件也可以从这几个方面加以认识。

1. 责任主体

责任主体是指依法应当承担法律责任的当事人。经济法责任主体与其他法律部门的法律责任一样,具有两个基本条件:一是必须具备责任能力,二是不具备免责条件。但是,与行政责任和民事责任的主体相比,经济法责任主体兼有限制性和广泛性的特征,前者表现为责任主体多为从事生产经营活动的经济组织和具有经济管理职能的经济行政机关,后者表现为经济组织内部不具备法人资格的单位,经济组织的内部成员在某些情况下也可成为经济法责任主体。

2. 行为人的心理状态

在民事法律责任中,通常实行过错责任原则,特殊情况下也适用无过错责任原则。在经济法责任中,贯彻的是过错责任和无过错责任相结合的归责原则,且无过错责任得到了更为广泛的运用,即行为人虽无过错,但由于其给他人和社会造成了损害,基于经济法的规定,也要承担责任。无过错责任原则的确立,正好体现了国家运用其权力对受害人的保护。它是人权等原则在经济法责任中的具体运用。

3. 行为的违法性

行为的违法性具有多种表现,国家经济管理机关怠于履行或不适当履行其经济职责,经济组织违反国家的限制性或禁止性规定,不履行或不正确、不全面履行法定的或约定的经济义务等,均是行为违法的具体体现。经济法责任创设的目的之一,即在于对这些具有违法性的行为进行否定性评价,进而实现经济法的权威、社会的有序、当事人的权益等经济法的多重目的。此外,缘于经济法责任在某些情况下并不以违法行为的存在为前提,故行为的违法性有时于责任的承担和追究并非必要条件,在适用无过错责任和公平责任原则时,在基于国家利益、社会公共利益等原因而占用、征用或损害他人的财产时,即可能出现此种情形。

4. 损害事实

民事责任的追究和承担通常须以损害事实的存在为条件,无损害则不承担责任。而经济法责任的构成,在许多情况下,并不以损害事实的客观存在为必要,行为人即使没有给特定人造成具体损害,也要承担法律责任。如有的不正当竞争行为、销售不合格产品的行为,可能没有给具体人造成损害,但是,考虑到对这种行为如果不加以制裁,最终必然要给具体人或者社会造成损害,因此,我们也要追究行为人的经济法责任。这正好表明经济法具有行政法和民法难以起到的维护社会经济秩序的积极作用。

5. 因果关系

因果关系是原因与结果之间存在的不以人的意志为转移的必然联系。在民法中,损害事实的存在是追究责任的前提,因而民法特别强调损害行为与损害结果之间的因果联系。而在经济法中,主体的行为即使未造成损害事实,相关主体也可以依法要求行为人承担责任。在这种情况下,经济法责任就无所谓以损害行为与损害结果之间的必然联系作为构成要件。这就决定了在经济法责任中,在有的情况下,只要行为人实施了某种按照法律规定需要承担法律责任的行为,就可以根据法律的直接规定,追究行为人的责任。

(二)经济法责任的分类

经济法责任可以从不同角度进行分类,主要包括以下几种:

1. 公法责任和私法责任

这是根据法律责任据以确立的部门法的性质来划分的。

公法责任是指刑法、行政法等公法规定的行为人的责任。私法责任是私法(主要是民法)规定的行为人的责任。在纯属公法和私法的法律部门中,公法责任和私法责任是泾渭分明的。而经济法是公法和私法兼容的法律,因而,它的责任形式也具有公法责任和私法责任兼容的性质。其具体表现是,经济法不像行政法、民法和刑法那样,只分别采取单纯的行政的、民事的或者刑事的责任方式,而是采取三者兼而有之的责任方式。其对这三种责任方式,有时单独适用,有时一并适用。对于这种现象,有学者将其解释为是行政法、民法和刑法的责任在经济法领域中的综合适用,有学者将其解释为经济法特有的综合责任形式。我们认为,对经济法责任应有以下两个基本认识:一是三种责任形式同时存在于经济法之中,这是行政法、民法和刑法所不具备的。立法机关在经济法中所作的这种安排,主要是考虑到对于某一具有经济意义的行为,仅仅使用一种责任形式难以达到全面评价的效果。二是在经济法中同时使用行政、民事和刑事性质的责任形式,从立法技术上讲,有利于经济法律关系主体清晰而全面地认识到某一行为可能招致的各种不同程度的法律后果,这既有利于守法,又有利于执法。

2. 过错责任、无过错责任和公平责任

这是根据行为人的主观心理状态在追究法律责任中的地位来划分的。

过错责任是指以行为人存在故意或过失的心理状态为必要条件的一种责任。这种责任发端于罗马法的"无过错而无责任"的理念,发展和完善于许多资产阶级国家的民法典。过错责任的确定,对于保护财产所有权、契约自由以及权利平等有着重要的意义。

随着社会的进步,人和社会日益面临由于工业时代所必然带来的损害,而且这些损害有许多是在行为人没有过错的情况下造成的。在这种情况下,如果固守过错归责原则,就难以有效地保护人的权利。于是,无过错责任应运而生。无过错责任不以行为人的主观过错的存在为追究责任的必要条件,即行为人无过错也要对自己给他人造成的损害承担责任。这种情况在经济法中是一个越来越广泛存在的现象。无过错责任的普遍采用,无疑有助于更充分地保护人的权利。可以预料,随着知识经济时代的到来,信息科学技术、生命科学技术、新能源技术、新材料科学技术等高新技术必将有一个大的发展,并将广泛地运用于生产之中。与此相应,一些未可预见的且行为人无过错的损害也将越来越多地出现,无过错归责原则适用的范围也将越来越广泛。

公平是所有法律的共同的价值取向。一个法律是否实现了公平,最集中的体现就是法律责任的构造是否做到了公平。当然,过错责任或者无过错责任原则所追求的也是一种公平状态,但是,在有的情况下,比如在当事人对造成的损害都没有过错,且依照现行法不能适用无过错原则,但又确有必要追究一方责任时,就产生了一种特殊的责任,即公平责任。所谓公平责任,是指双方当事人对造成的损害都没有过错,根据实际情况,由当事人分担责任的一种责任形态。比如,某一洗涤剂产品对大多数人来说不会引起损害,但对某个特殊体质的人却造成了损害,在这种情况下,双方都没有过错,且依照法律规定,这属于本来可以作为"开发风险"而予以免责的条件,但是法官在自由裁量时,考虑到不给受害人以补偿就不足以体现公平精神,即可以说服有关各方适用公平责任原则,由生产者和销售者对受害者承担一定的补偿责任,以减轻受害人受到的损害。

在经济法中,只有过错责任、无过错责任和公平责任同时存在,才能有效地保护受害人,这种责任的设定从根本上表明了道德、社会责任和法律的有机统一。这是社会法治文明的表现。

3. 职务责任和非职务责任

这是根据承担责任的主体及其在经济法律关系中地位的不同进行的划分。职务责任是指行为人因履行公务而发生的责任。凡是国家机关的工作人员、经济组织成员在执行公务时,因实施违法行为或其他依法应承担责任的行为而导致的责任,皆属职务责任。职务责任首先由职务行为人的所属组织来承担。由于经济法是国家干预经济之法,而国家对经济的干预又主要是通过国家行政机关行使经济职权来实现的,这就决定了职务责任是经济法责任的一种最常见的责任,如不当批准、不当许可、不当禁止均可构成职务责任。行为人的单位在承担了责任之后,还可以追究直接责任人员的行政和刑事责任。非职务责任是指行为人以自己的身份从事活动而发生的责任。国家机关和经济组织的成员因从事非职务行为而产生的责任,应属于非职务责任。非职务责任由行为人个人承担,组织不予承担。

4. 财产责任和非财产责任

这是根据责任是否具备经济内容来划分的。财产责任是指以财产为责任内容的责任,如赔偿损失、经济补偿、补交税款、罚款、没收财产以及罚金等。财产责任的实质是强制责任人用财产来补偿权利人的损害。由于经济法是调整一定经济关系的法,因而,经济法责任中许多都具有财产性质。非财产责任是指不以财产为责任内容的责任,这种责任往往与人格有直接联系,如吊销营业执照或许可证、判处徒刑等。

(三)经济法中的行政责任、民事责任和刑事责任

1. 经济法中的行政责任

在经济法中,行政责任是指国家机关基于特定的原因,对经济法律关系主体依行政程序或者行政诉讼程序所给予的制裁或加予的其他负担。

依责任的确定者和承担者的不同,经济法中的行政责任首先表现为作为国家机关的行政机关依行政程序确定的经济法律关系主体的责任。此种责任,包括上级行政机关依照职权对下级行政机关确定的责任,以及行政机关依职权对公民、法人(非国家机关法人)或者其他经济组织确定的责任。这是通常意义上的行政责任。其次,经济法中的行政责任还表现为司法机关依行政诉讼程序确定的行政机关的责任。依照我国现行法律法规的规定,由于行政机关在行使经济职权和履行经济职责时所实施的具体行政行为违反法律法规,侵犯了公民、法人和其他经济组织的合法权益,作为受害人的公民、法人和其他经济组织可以依照《行政诉讼法》提起行政诉讼,由司法机关追究行政机关的责任。此种责任,在我国学界通常也被视为行政责任。应予注意的是,按照我国现行立法和学界多数人的看法,司法机关不得依诉讼程序对作为行政相对人的公民、法人或者其他经济组织确定行政责任。

依责任的具体形态的不同,经济法中的行政责任可以区分为行政制裁和其他负担。行政制裁包括行政处分和行政处罚。行政制裁只能由行政机关依职权、按照行政程序作出。其中,行政处分是行政机关按行政隶属关系依法对违法个人所给予的一种纪律处分,有警告、记过、记大过、降级、降职、撤职、留用察看、开除等。行政处罚是国家行政机关依法对违法单位和个人给予的非纪律性的制裁,其种类有罚款、责令停业、加收滞纳金、没收非法所得、吊销工商营业执照等。作为经济法中的行政责任的其他负担,在我国现实生活中有多种形式,如行政机关对于因其合法行为而受到损害的自然人、法人或其他经济组织提供补偿、返还财物、消除影响、赔偿损失等。此种意义上的行政责任,视具体情况的不同而由行政机关依职权确定,或由司法机关依行政诉讼程序确定。

2. 经济法中的民事责任

在经济法律法规中规定民事责任,这是我国立法体例的一大特色。经济法中的民事责任,系指经济法律关系主体违反经济法律法规,不履行、不适当履行经济义务,或者基于法律上的其他原因而应承担的否定性后果或其他负担。

在经济法中,经济权利、经济义务是经济法律关系的重要内容,然而从根本上讲,经济权利、经济义务分别具有民事权利和民事义务的性质,为确保经济法律关系主体正确行使经济权利,切实履行经济义务,故设责任制度作为保障机制;与经济权利和经济义务的民事性质相适应,此种责任制度亦可谓民事责任。不过,与通常意义上的民事责任相比,经济法中的民事责任也呈现出一些特色。如在我国的经济法律法规中,无过错责任和公平责任得到了远比民法突出的强调;为保护社会弱者,惩罚性赔偿制度在一定情

况下得到了运用(如《消费者权益保护法》第49条);通常意义上的民事责任以行为违法或者不履行、不适当履行民事义务为构成要件,经济法中的民事责任则不以此为限,行为不违法甚至合法,如经济法律法规有直接规定,或者虽无法律法规的直接规定,但为了体现公平,也可以对行为人科以具有民事责任性质的负担。

3. 经济法中的刑事责任

刑事责任是指人民法院对于触犯国家刑法的个人和单位给予的刑事制裁。

对于违反经济法律法规且构成犯罪的行为即经济犯罪及其刑罚,国外大都采取混合式的立法例,即将经济刑法条款分别规定于刑法以及各种经济法律法规之中。荷兰和联邦德国除采取此混合式立法例之外,另颁布有独立的经济刑法。

在我国,经济犯罪及其刑罚规定,过去同时采取了三种做法:(1)在《刑法》中对经济犯罪及其刑罚作出专门规定;(2)在经济法律法规中,重申《刑法》的规定,或指出应适用的《刑法》条款,有时《刑法》的有关条款列于该法律法规之后,必要时在《刑法》规定的量刑幅度之内,对各种情况下的量刑作出更为具体的规定;(3)根据修订前的《刑法》第89条“本法总则适用于其他有刑罚规定的法律、法令,但是其他法律有特别规定的除外”的规定,在经济法律中另立《刑法》未规定的罪名,并规定其刑事责任。这种做法的一个显著优点就是它可以作为《刑法》未尽罪名的补充。对在经济生活中出现的需要定罪的情形,在经济法律中及时且明确地加以规定,对于及时打击经济犯罪行为,具有重要意义。

今后,我国的任务,一方面要适时地把那些需要运用刑罚的方法才能有效制止的经济犯罪行为,在刑法中加以规定,以发挥刑法的制裁功能;另一方面,要把法律已确立为犯罪的行为,在条件成熟的时候移植到《刑法》中加以规定,以加深人们对这些行为的犯罪性质的认识。我国修订后的《刑法》第101条规定:“本法总则适用于其他有刑罚规定的法律,但是其他法律有特别规定的除外。”这意味着,上述思路是符合现行立法体例的;尽管修订后的《刑法》已将过去经济法中的刑罚规定纳入其中,但通过经济法律规定经济法律关系主体违反经济法的刑事责任,仍将是一种趋势和取向。

(四)经济法责任的认定和实现

1. 经济法责任的认定及其原则

依我国法律规定,民事法律责任由人民法院或仲裁机构认定,也可由当事人依法协商确定;刑事责任只能由人民法院认定;行政责任由具有相应职权的行政机关认定或者由人民法院认定。经济法责任由于综合包括了某些民事、刑事和行政责任,因此,认定经济法责任就成为人民法院、仲裁机构、行政机关的共同职责,当事人在法律规定的范围内,也有一定的认定权。

认定经济法律责任除了遵循经济法责任的构成要件以外,还必须坚持以下几个原则:一是责任法定原则,即严格根据法律的规定确定经济法责任是否存在以及经济法责任的形态;二是责任与行为违法的程度或者行为应加予的负担相适应的原则,即经济法责任的大小与行为的社会危害程度或者其他后果相适应;三是不重复追究责任的原则,即对业已追究经济法律责任的行为,不得适用同种法律规范再追究其经济法责任;对于可以选择适用经济法律法规追究经济法责任的行为,没有法律的特别规定,不得同时适用两种或两种以上的经济法律规范加重其责任;四是法律面前人人平等的原则,即在追究和承担经济法责任方面,不允许有任何特权存在。

2. 经济法责任的实现

经济法律责任的实现是指经济法责任确定后,当事人承担因此而产生的经济职责、经济义务或其他负担。确保经济法律责任的实现是国家对经济法律关系进行保护的最为有效的手段。经济法律责任的实现,一方面取决于当事人的自觉行动,另一方面,一旦当事人怠于或拒不承担经济法责任时,有权机关尤其是法院可以强制执行。

现实中,经济法责任实现方面的最大障碍可概括为"执行难"。由于执行难有多方面的原因,故解决措施亦应从多方面考虑:

(1)当事人的原因。其主要表现是:对不执行法院的判决和裁定也是一种违法行为这一点缺乏足够的认识,因而对执行抱消极态度;有执行能力却故意拖延或者抗拒执行;确因经济困难无力执行。对于这些表现,我们可考虑采取以下措施:一是以金钱为执行标的的,如果逾期不执行,应严格滞纳金等制裁措施;二是对经济效益差,达到破产条件的企业法人,通过破产程序了结执行难的问题;三是运用《刑法》设置的抗拒执行罪,对故意拖延执行,情节严重,由此给债权人或者其他关系人造成严重损失的自然人、法人及其直接责任人员处以刑罚。

(2)法院自身的原因。其主要表现是:审判与执行相脱离,只顾判案,不考虑执行,具体表现是:没有及时采取诉讼保全措施,致使被执行人得以转移财产,造成执行难;执行力量不足,无足够人员投入执行;执行人员素质差,造成被执行人抵触执行;执行人员缺乏执行意识,往往在"执行有度"、"考虑实际情况"的思想指导下执行手软;审判人员由于受不正之风影响或收受贿赂,故意拖延案件审理,从而给当事人转移财产的机会,甚至判决下达之时,败诉人财产已转移殆尽,结果使判决成为一纸"法律白条"。对于在法院环节上解决执行难问题,除了执行人员树立正确的执法意识,加强执行力量,及时采取保全措施以及文明执行以外,还应采取两个重要措施:一是禁止执行人员与被执行人勾结抗拒执行;二是严格执行审限制度,对因收受贿赂而拖延案件审理,造成败诉方转移财产的审判人员要严肃处理,追究其违法责任,并给予相应制裁。

(3)社会原因。这主要表现为:执行方面的立法不健全,法律法规对执行中的具体做法规定过于原则,甚至有许多疏漏;权力干扰执行,干扰者要么是出于地方保护主义的考虑,要么是出于执行结果可能影响自身的考虑,要么是出于受人之托或受人之贿的动机;全社会的执行意识淡薄,不少单位特别是有些金融机构,总是对法院的协助冻结存款通知、协助划拨存款通知采取不支持、不配合甚至对抗的态度。要营造一个良好的执行环境,关键在于:一是在全社会范围内牢固地树立起保障债权人利益的思想,不能让违法者有利可图;二是坚持制止执行过程中的地方保护主义,与执行有关的单位和个人要以积极态度支持法院的执行。就法院之间的委托执行而言,被委托法院一定要从维护国家法制统一和整个人民法院的形象出发,以积极的态度协助其他法院执行,凡是法院以及直接责任人员拒绝委托执行或者对委托执行采取消极态度的,应当作为一项劣迹列入考核内容。

思考题

1. 经济法兴起的原因主要有哪几方面?
2. 如何理解经济法的定义和调整对象?
3. 经济法的基本原则有哪些?
4. 什么是经济法律关系?它由哪些要素构成?
5. 如何理解经济法责任?

第二章 竞争法

[内容提要]在现代市场经济的发展过程中,竞争法发挥着极其重要的推动与保障作用。学习本章,首先需要掌握竞争法的基本原理,然后着重把握素有"经济宪法"之称的《反垄断法》和作为竞争法律制度重要组成部分的《反不正当竞争法》。本章围绕上述内容重点介绍了竞争法的定义、竞争法的调整对象、竞争法的体系、禁止垄断协议、禁止滥用市场支配地位、经营者集中控制以及市场混淆行为、商业贿赂行为、虚假宣传行为、侵犯商业秘密行为、商业毁谤行为、不当有奖销售行为等知识点。

第一节　竞争法概述

一、竞争法的定义

在市场经济条件下,竞争以及旨在促进和保护竞争的法律——竞争法,在社会经济生活中发挥着极其重要的作用。作为经济法的重要组成部分,竞争法以促进和保护市场竞争为主旨,兼顾经济效率与社会公平,引导竞争者的竞争行为朝着高效率的方向发展。虽然竞争法的产生已经有一百余年的历史,[①]然而,关于竞争法的定义,国外尚无统一定论,我国理论界对此也存在着多种不同的认知。例如,有学者认为,竞争法是指调整在反对垄断或限制竞争和反对不正当竞争过程中发生的市场监管关系的法律规范的总称;[②]有学者认为,竞争法是调整竞争关系的法律规范的总称;[③]有学者认为,竞争法是调整竞争关系以及与其密切联系的其他社会关系的法律规范的总称;[④]还有学者认为,竞争法是以市场竞争关系和市场竞争管理关系为调整对象,以保护公平、自由竞

---

① 1890 年由美国参议员谢尔曼提出并由国会通过的《保护贸易和商业免受非法限制与垄断法令》,又称为《谢尔曼法》,被称为世界上第一部成文的反垄断法,也被学者认为是现代竞争法产生的重要标志。

② 杨紫烜主编:《经济法》,北京大学出版社、高等教育出版社 2008 年版,第 216 页。

③ 刘剑文、崔正军:《竞争法要论》,武汉大学出版社 1996 年版,第 5 页。

④ 王全兴主编:《竞争法通论》,中国检察出版社 1997 年版,第 33 页。

争为主旨,以反限制竞争法、反垄断法和反不正当竞争法为核心内容的竞争实体性法律规范与竞争管理程序性法律规范的总和。[1] 本书认为,前述第四种观点更为可取,因为其能够更好地反映出竞争法的内涵与外延,即竞争法是为了维护公平和自由的竞争而由国家制定的调整市场竞争关系和市场竞争管理关系的法律规范的总称。

从形式上看,竞争法有形式意义上和实质意义上的竞争法之分。前者是指调整竞争关系和竞争管理关系的成文法典,是指一国根据本国的法律文化传统和法律体系制定的专门用以调整竞争关系和竞争管理关系的法典,如我国的《反不正当竞争法》《反垄断法》;后者是指以维护正常的市场竞争秩序为目的而对市场主体的自由竞争行为进行规制的各种法律规范的总称,它不仅指系统的成文竞争法律,而且包括散见于其他法律法规之中的规制市场竞争活动的全部法律规范,如我国竞争法体系中一些散见于《商标法》《产品质量法》《价格法》《专利法》等其他法律中的规范竞争行为的规定。

需要说明的是,竞争法尽管是国际上的一个通行说法,但在各国,真正以“竞争法”命名的法典却没有。就一般概念而言,竞争法的称谓常见的有:“反垄断法”“反不正当竞争法”“反托拉斯法”“反限制竞争法”“公平交易法”“卡特尔法”等。例如,在美国,竞争法主要是指 1890 年美国国会通过的《保护贸易和商业免受非法限制与垄断法令》(又称为《谢尔曼法》)及其配套法规,它们重点规范各种垄断和限制竞争行为;对于不正当竞争,美国没有制定专门的法典,这方面的法律规范分散在消费者保护法等相关法规中。在德国,竞争法体现为 1896 年制定的《反不正当竞争法》和 1957 年制定的《反限制竞争法》(又称《卡特尔法》),它们分别对不正当竞争行为和垄断行为予以规制。在日本,竞争立法参照了德国的体例,其竞争法体现为 1934 年制定的《不正当竞争防止法》和 1947 年制定的《关于禁止私人垄断和确保公平交易法》(即《禁止垄断法》)。在我国,竞争法主要体现为 1993 年 9 月 2 日颁布的《反不正当竞争法》以及 2007 年 8 月 30 日颁布的《反垄断法》。我国台湾地区则是以“公平交易法”的方式对垄断和不正当竞争合并进行规制。

二、竞争法的调整对象

关于竞争法的调整对象,在我国存在一定的分歧。本书认为,竞争法的调整对象是指市场竞争活动以及在市场竞争管理活动过程中形成的社会关系。具体而言,竞争法的调整对象包括两个部分:一是竞争关系,二是竞争管理关系。

(一)竞争关系

竞争关系,或称为市场竞争关系,是指两个或两个以上的市场主体在竞争过程中所形成的社会关系。竞争关系是竞争法调整的最基本的社会关系和核心内容,其主要特

---

[1]　种明钊主编:《竞争法》,法律出版社 2008 年版,第 12 页。

点有:第一,竞争关系只发生在营利性的市场主体之间;第二,竞争关系是平等主体之间的经济关系,也就是说,竞争关系属于横向经济关系,即平等主体之间的经济关系;第三,竞争关系必须以获取交易机会或市场份额为目的。如果行为人不是以获取交易机会或市场份额为目的,他们之间的关系就不是一种竞争关系。

在现代市场关系中,竞争关系占据着十分重要的地位。除了法律规定准许国家垄断的极少数市场领域外,竞争关系和竞争活动可谓是无处不在,无时不有。正是从这个意义上讲,竞争关系构成了竞争法调整对象的基础。因此,竞争法主要通过对竞争关系的调整,来实现促进和保护竞争的目的,从而最大限度地发挥竞争的积极功能。

(二)竞争管理关系

竞争管理关系,是指国家职能部门在依照职权监督、管理市场竞争的过程中所形成的社会关系。竞争管理关系属于国家经济管理关系的一部分,与竞争关系不同,竞争管理关系在本质上属于国家行政管理关系的范畴,[①]其主要特点有:第一,竞争管理关系中双方当事人的地位是不平等的,竞争管理机关和市场主体之间是管理与被管理、服从与被服从的关系;第二,竞争管理关系的双方主体,一方是代表国家行使职权的竞争管理机关,另一方则是市场主体;第三,竞争管理关系建立的目的,不是直接参与竞争,而是保护公平竞争,限制或者制裁已经发生的不正当竞争行为和垄断行为,最终实现竞争机制功能和竞争立法的宗旨。

竞争法对竞争管理关系的调整,主要通过以下方式实现:第一,确立监督管理体制,赋予管理部门管理职权,明确管理部门的职责分工;第二,规定监督管理对象的范围与方式;第三,明确管理的实体法律规范依据;第四,确认市场主体在竞争管理关系中的义务及应享有的权利;第五,规定管理活动实施的具体步骤、程序等以及违反竞争管理规定的法律责任。[②]

三、竞争法的体系

竞争法体系是指按照一定的原则和标准,对所有竞争法律规范进行分类组合而形成的具有一定结构和内在联系的有机整体。[③]

从竞争法所规范的行为类型来看,竞争法包括反不正当竞争法和反垄断法两大部分。这一点从各国竞争法的构成展示中可以看出。至于各国法律和理论中出现的诸如限制竞争、卡特尔或托拉斯等诸多提法,其实均是属于广义的垄断的范畴,因此,这方面的法律可以归入反垄断法。需要说明的是,不正当竞争行为与垄断行为都具有破坏市

---

① 吕明瑜:《竞争法教程》,中国人民大学出版社 2008 年版,第 10 页。
② 孟雁北主编:《竞争法》,中国人民大学出版社 2004 年版,第 21 页。
③ 吕明瑜:《竞争法教程》,中国人民大学出版社 2008 年版,第 29 页。

场竞争秩序的危害性,因此,反不正当竞争法与反垄断法都肩负着相同的任务,即维护市场竞争秩序,鼓励和保护公平竞争,保护经营者与消费者的合法权益。但是,不正当竞争行为与垄断行为对市场竞争秩序造成的危害也有明显差异,不正当竞争行为危害的主要是具体的、个体的经营者的正当利益,针对的主要是公平竞争的问题;垄断行为危害的主要是特定市场或特定经济领域的整体利益,针对的主要是自由竞争的问题。因此,反垄断法主要是从控制垄断与限制竞争的状态和行为出发去调整竞争关系,重在从宏观方面对市场竞争结构进行调整;而反不正当竞争法则主要是从控制不正当竞争行为入手来调整竞争关系,重在从微观方面对具体的市场交易行为和竞争行为进行调整。所以,只有反不正当竞争法与反垄断法有机结合,才能建构起完整的竞争法体系。

从竞争法规范的内容属性来看,竞争法包括实体性规范和程序性规范。竞争法的实体性规范主要是指直接规定一定竞争关系中当事人的权利、义务以及法律责任的法律规范,当然也包括一些调整竞争管理关系的实体性规范,如国家管理机关与市场主体在竞争管理活动中的权利(力)和义务。竞争法中的程序性规范是指解决竞争争议的准司法机关查处违反竞争法行为的行政管理程序规范。① 集实体性规定与程序性规定于一体,是竞争法的一大特色。例如,我国《反垄断法》在实体性规定方面,既在总则中对垄断行为的概念和特点进行了基本概括,又在第二、三、四、五章对垄断协议、滥用市场支配地位、经营者集中、滥用行政权力排除和限制竞争等行为进行了较详细规定;在程序性规定方面,不仅专门设置了"对涉嫌垄断行为的调查"一章,而且对具体的调查程序中的主体、措施、行为规范、被调查的经营者、利害关系人的权利义务作了原则性规定。

四、竞争法的基本原则

竞争法的基本原则是贯穿于竞争法始终的根本准则,是对竞争立法、执法、司法和守法具有指导意义和适用价值的根本准则。它是国家竞争政策在法律上的集中体现,是竞争法所追求的多元化目的的高度概括,也是竞争法理论的重要组成部分。竞争法基本原则既是人们从事各项竞争活动的行动指南,也是弥补竞争法具体规范中的漏洞与不足的重要工具。一般认为,竞争法的基本原则主要包括:自由竞争原则、公平竞争原则与公共利益原则。

(一)自由竞争原则

自由竞争原则是指竞争主体在国家法律、法规和政策许可的范围内,有权根据自己的真实意愿自由地参与市场的竞争活动,并有权抵制和拒绝他人所进行的强制与胁迫。

自由竞争是现代市场经济的客观要求。没有经营者之间的自由竞争,就没有市场与市场经济,更没有市场经济的繁荣与进步。市场经济以竞争作为资源配置的重要手

---

① 种明钊主编:《竞争法》,法律出版社 2008 年版,第 14 页。

段,在自由竞争的条件下,竞争主体必须具有独立性,拥有自由竞争权,可以以合法的手段与方式自由地开展各种竞争活动,而无须听从他人的安排与指示。进言之,任何单位或个人都不得非法干预或限制竞争主体的自由竞争权。因此,当竞争实际上处于不自由的状态,例如出现垄断时,国家就需要通过竞争法来调和竞争秩序,恢复市场竞争的自由。

具体而言,自由竞争原则主要包括以下内容:第一,竞争主体可以自由进入或退出竞争市场;第二,竞争主体可以自由选择竞争范围;第三,竞争主体可以自由选择竞争手段;第四,竞争主体可以自愿从事交易活动。[①] 当然,自由不是绝对的,自由竞争同样也不是不受任何限制的。参与竞争的任何市场主体,都必须遵守竞争的共同规则,都必须依靠自身拥有的经营能力与管理水平,与竞争对手进行公平、公正的竞争,不得以自己的竞争自由否定他人的合法权益和社会公共利益。

(二)公平竞争原则

公平竞争原则是指竞争主体在公平的市场条件下,以符合法律和商业道德的手段或方式从事竞争活动,以实现其经济利益。

公平竞争原则是宏观经济和微观经济两方面的共同要求,体现着国家公共利益和竞争主体个体经济权益的兼顾。一方面,它要求竞争主体在从事竞争活动时不得损害国家利益和社会公共利益,不得违反国家法律法规和经济政策;另一方面,它也要求竞争主体在从事竞争活动时要兼顾其他竞争对手的合法权益,不得以不正当的手段或方法进行竞争。[②]

公平竞争原则作为竞争法的基本原则,其内容主要包括:第一,竞争机会公平,即每个竞争者都有均等的机会参与市场竞争活动。当然,竞争机会公平也不是绝对的,有时国家基于社会公共利益的考虑,也可能会给竞争主体设定合理的资格限制,这种资格的合理限制的目的也是建立和维护公平竞争的市场秩序。第二,竞争规则公平,即法律应当赋予各类、各个市场主体同样的法律地位以及同样的权利和义务,而不应当有所偏向。竞争规则公平是市场机制的内在要求,其目的在于确保每个竞争主体在竞争起始时都处于同一条起跑线上。第三,竞争结果公平。在竞争法中,除了注重形式意义上的公平,更要注重保障经济实力强弱不同的竞争对手之间以及个体与社会之间利益分配的平衡,亦即结果公平。换言之,竞争法必须将公平竞争原则提升到结果公平的层面,对竞争活动中的弱者给予支持与宽容,对具有市场支配地位的主体予以限制性规定,从而充分发挥竞争的积极功能,开展有效竞争。

(三)公共利益原则

公共利益原则是指竞争主体参与竞争活动时不得违反公共利益,同时,国家对市场

---

① 单飞跃主编:《经济法教程》,法律出版社 2006 年版,第 44 页。
② 孟雁北主编:《竞争法》,中国人民大学出版社 2004 年版,第 27~28 页。

竞争的管理也应当符合公共利益的需要。

公共利益是全体社会成员的共同的、整体的利益,而不是社会单个成员的个体利益,也不是个体利益的简单相加。公共利益原则既是对自由竞争原则和公平竞争原则的补充,也是对二者的合理限制。在市场经济中,每个竞争主体都是"经济人",都在追求着自身利益的最大化。在自身利益的驱动下,竞争主体除了可能违背商业道德不择手段地进行不正当竞争(如市场混淆、虚假宣传、不正当有奖销售、商业贿赂等)外,还可能会通过单独或联合的行为来限制或排除竞争,谋取垄断利润。这些行为不仅会影响整个经济运行的效率,损害其他竞争者的合法权益,更会严重侵害消费者福利和社会公共利益。保护自由竞争、维护公平竞争的结果,就是实现社会公共利益,反之,不符合或有违社会公共利益的竞争,竞争法则不予保护。因此,国家在激励市场主体追求自身经济利益的同时,也必须用制度对他们的市场行为进行有效的规制与约束。

在竞争法中,公共利益原则的内容主要体现在以下几个方面:第一,在立法目的上,公共利益原则意味着竞争法不仅仅要处理好竞争者之间的私人利益关系,维护竞争者的合法权益,还应当全面考虑广泛的社会利益关系,如消费者的福利、国家经济的整体发展等;第二,在适用范围上,公共利益原则意味着竞争法不能适用于某些产业或某些行为,例如在公共产品、关系国家安全的经济领域,就不能完全适用竞争法的相关规定,而应当适用除外;第三,在适用技术上,公共利益原则可以成为衡量行为合法性的重要标准之一。[1] 例如,根据我国《反垄断法》的规定,如果具有竞争关系的经营者之间为了实现节约能源、保护环境、救灾救助等目的而达成垄断协议,可以除外适用反垄断法。

第二节　反垄断法

一、概述

(一)垄断的界定

1. 垄断的定义

垄断是经济学、法学等诸多学科领域频繁使用的一个概念,但什么是垄断,目前无论是在学术界还是在立法界,都没有对此形成一致公认的通说。

垄断最早是一个经济学概念。经济学主要是从垄断的形式或状态的角度来界定和讨论垄断的,如托拉斯、康采恩、辛迪加、垄断性市场结构等。例如,有学者认为,垄断是指特定经济主体为了特定目的通过构筑市场壁垒从而对目标市场所作的一种排他性控制状态;[2] 有学者认为,垄断是指一家或少数企业直接或通过某种形式排他性地控制生

---

① 种明钊主编:《竞争法》,法律出版社 2008 年版,第 19~20 页。
② 戚聿东:《中国现代垄断经济研究》,经济科学出版社 1999 年版,第 10 页。

产要素和产品市场;① 还有学者认为,垄断主要是指少数企业凭借其雄厚的经济实力对生产和市场进行控制,并在一定的市场领域内从实质上限制竞争的一种市场状态。② 经济学家在考察市场结构时,通常把市场上的竞争状况分为四种:完全竞争、垄断竞争、寡头竞争和垄断。在这里,大多数学者认为垄断应当包括后面三种情况。不过,随着现代经济学的发展,学者们越来越关注垄断概念中的行为要素,对垄断的规制从注重市场结构状态转向注重对优势企业滥用市场控制力的行为的规制,即经营者除了占有较高的市场份额外,还滥用了这种市场优势,实施了反竞争的行为,才被视为垄断。

法律上关于垄断的定义是伴随垄断资本主义的经济矛盾日益激化对市场经济的发展带来严重损害,各国政府通过制定法律对这些占有市场优势的经营者阻碍竞争的行为进行规制而形成的。③ 由于各国经济发展水平不同,对垄断所采取的相应对策也各异,因此,要对垄断作出统一的法学界定是困难的。④ 世界上已有100多个国家和地区制定了反垄断法,但从其具体条文来看,它们对垄断的表述不尽相同。例如,美国《谢尔曼法》第1条规定:"任何以托拉斯或共谋或其他形式联合限制州际或对外贸易或商业活动的协议或合并,均被宣告非法。"第2条规定:"任何从事垄断,企图进行垄断或者与他人联合或共谋垄断的行为均属违法。"日本《禁止垄断法》第2条规定:"本法所称'私人垄断',是指事业者无论是单独地还是采取与其他事业者相结合或合谋等其他任何方式,排除或者支配其他事业者的事业活动,从而违反公共利益,实质性地限制一定交易领域内竞争的行为。"俄罗斯《竞争和垄断法》第4条规定,垄断活动是指经济实体或联邦行政权力机构、俄罗斯各部门的行政权力机构和各市政当局所从事的与反垄断法规相抵触的行动,以及会趋向阻止、限制和排除竞争的行为。虽然各国对垄断的法律规定的侧重点与具体方式不太一样,但其重点都不放在市场结构上,而是放在市场行为上。由此可见,法律上的垄断,是指各国反垄断法中规定的,垄断主体对市场的经济运行过程进行排他性控制,或对市场竞争进行实质性限制,妨碍公平竞争秩序的行为或状态。⑤

2. 垄断的特征

(1)垄断的主体是经营者或其利益代表者

经营者是垄断行为最常见的主体。所谓经营者,就是指从事商品生产、经营或者提供服务的自然人、法人和其他组织。不过,实施垄断行为的,除了经营者外,还有其利益的代表者,如国家机关和国家公务员、行业协会等。只要这些主体实施了限制、排斥竞争的行为,都可以构成垄断行为的主体。

(2)主体实施某种行为时,具有牟取垄断利益的目的

---

① 杨公朴、夏大慰:《产业经济学教程》,上海财经大学出版社1998年版,第207页。
② 刘瑞复主编:《中国经济法律百科全书》,中国政法大学出版社1995年版,第764页。
③ 李昌麒主编:《经济法学》,法律出版社2007年版,第241页。
④ 李昌麒主编:《经济法学》,中国政法大学出版社2011年版,第288页。
⑤ 李昌麒主编:《经济法学》,中国政法大学出版社2011年版,第288页。

主体在实施垄断行为时,往往会采用某种协议或联合组织的方式,共同对付市场上广大的第三者,从而牟取垄断利益,排挤弱小企业,巩固自己的经济统治地位。需要说明的是,这里的垄断利益,是指超过完全竞争状态下所获得的合理利润以上的利润。

(3)垄断行为的后果是排斥或限制了市场竞争

竞争是市场经济的本质特征。然而,垄断主体通过实施单独的或联合的行为,在一定交易领域内实质上排斥或限制了市场竞争。所谓排斥竞争,是指垄断主体在一定的交易领域内,使其他企业和经济组织的经济活动难以正常进行,从而把它们从市场上驱逐出去;所谓限制竞争,是指垄断主体凭借自己的某种优势,对其他企业和经济组织的经济活动从时间、地点、方式、范围等方面加以约束。无论是排斥还是限制竞争,其结果都是妨碍了经济资源的合理配置,影响了市场经济功能的发挥。

(4)垄断是一种具有社会危害性的违法行为

垄断按其本性来讲,违背了市场经济中主体地位平等、自主自愿、诚实信用、公平竞争等基本原则,且这种危害涉及广泛的消费者和竞争者。因此,各国立法者都对此高度警觉并通过立法方式予以规制。

(二)反垄断法概述

反垄断法是规范市场行为、维护竞争秩序的基本法。在许多发达的市场经济国家,反垄断法都具有举足轻重的地位,甚至被称为维护经济自由的"经济宪法"。不过,由于垄断现象的表现方式不同,法制传统、竞争立法模式和经济背景的差异,各国在制定反垄断法时各有侧重,其名称也大不相同。其有以"反垄断法"直接命名的,如波兰的《反垄断法》,也有以其主要适用范围或规制重点来命名的,如美国的《谢尔曼反托拉斯法》、德国的《反对限制竞争法》(《卡特尔法》)、日本的《关于禁止私人垄断和确保公正交易法》(《禁止垄断法》)等。

反垄断法有实质意义和形式意义之分。实质意义上的反垄断法,是指由反垄断法律规范所构成的系统,是部门法意义上的反垄断法。形式意义上的反垄断法,是指一国规范反垄断行为的基本法律。例如,《中华人民共和国反垄断法》(2007 年 8 月 30 日通过,2008 年 8 月 1 日起施行)就是一部形式意义上的反垄断法。

1. 反垄断法的立法目的

反垄断法是现代经济法的重要组成部分,是市场经济发展到一定高度的产物,其立法目的就是保护竞争,追求社会效益,反对任何不合理的、没有法律依据的限制竞争的行为。我国《反垄断法》第 1 条规定,"预防和制止垄断行为,保护市场公平竞争,提高经济运行效率",这是我国《反垄断法》的直接目的,"维护消费者利益和社会公共利益,促进社会主义市场经济健康发展",是我国《反垄断法》的根本目的。

2. 反垄断法的适用范围

反垄断法作为内国法,适用于中华人民共和国境内经济活动中从事的垄断行为;除此之外,考虑到经济全球化的发展以及维护我国的竞争秩序,我国《反垄断法》进一步规定,中华人民共和国境外的垄断行为,对境内市场竞争产生排除、限制影响的,也适用该法。这一规定是在参考了许多国家的竞争法之后作出的符合国际惯例的选择。

3. 垄断行为

垄断行为是指经营者或其他主体单独或与他人结合、合谋或以其他形式,排斥、限制竞争的行为。在实践生活中,尽管各国法律上的归类或表述不同,但现代反垄断法概括而言主要调整三种垄断行为。根据我国《反垄断法》的规定,垄断行为包括经营者达成垄断协议,经营者滥用市场支配地位,具有或者可能具有排除、限制竞争效果的经营者集中。此外,行政机关和法律、法规授权的具有管理公共事务职能的组织不得滥用行政权力,排除、限制竞争。

二、垄断协议的法律规制

(一)垄断协议概述

1. 垄断协议的定义

垄断协议,也称联合限制竞争行为,是指经营者之间达成的排除、限制竞争的协议、决定或者其他协同行为。在市场经济条件下,垄断协议广泛地存在于市场经济发展的各个阶段和各个领域,对自由、公平、公正的市场竞争秩序具有严重的破坏性。垄断协议广泛地存在于人们的生活之中,与滥用市场支配地位、经营者集中等垄断行为相比较,其实际发生的数量和执法机关查处的数量更大。例如,我国民航总局就曾组织各航空公司以所谓"联营"的名义实施价格垄断,人为地损害了正常的航空客运竞争秩序。

各国反垄断法对垄断协议行为的表述不尽相同,如卡特尔、联合限制竞争、联合行为等,但其核心内涵并无太大差别。并且,对垄断协议的禁止性规定也是各国反垄断法的支柱内容之一。例如,德国《反限制竞争法》第 1 条规定:"处于竞争关系之中的企业达成的协议、企业联合组织作出的决议以及联合一致的行为,如以阻碍、限制或者扭曲竞争为目的或使竞争受到阻碍、限制或者扭曲,则是禁止的。"美国《谢尔曼法》第 1 条规定:"任何契约,以托拉斯形式或其他形式的联合、共谋,用来限制州际间或与外国之间的贸易或商业,是非法的。"

2. 垄断协议的特征

(1)具有两个或两个以上的独立经营者。这是垄断协议与单个市场主体利用自身经济优势限制或排除他人竞争的滥用市场支配地位行为的最明显区别。对于垄断协议的主体,通常要求其具有独立性。这种独立性既表现为法律地位上的独立性,也表现为经济决策上的独立性。也就是说,即使是独立的法人,但在事实上不具有独立的经济决策能力,一般也不能被认定为反垄断法意义上的独立主体。例如,处于控制地位的母公司与全资子公司虽然在法律上各自为独立的法律主体,但它们之间达成的限制竞争协议一般不被认为是垄断协议,因为子公司没有独立的决策权,二者完全可能合法地通过协调而限制竞争或不竞争。

（2）采用的方式是协议、决定或者其他协同行为。经营者之间是否存在共谋，具有联合行动的一致意思，是判断垄断协议存在与否的重要标准。不过，判断经营者之间是否存在共谋或共谋的意图在实践中有时比较困难，因此，我国反垄断法同时并列使用"协议"与"决定"两个概念，对经营者之间达成的书面或口头、相互的或共同的合意予以规制。除协议与决定外，垄断协议还可以采取其他协同行为。因此，无论是协议、决定，还是其他协同行为，只要存在限制竞争的后果，反垄断法即可对此类行为予以禁止。

（3）客观上限制或妨害了竞争，或者使其他经营者之间的交易受到限制。由于垄断协议通常是联合各方共同对产品或服务的价格、数量、市场、对象等进行限制，因此，会阻碍、扭曲正常的市场竞争或市场交易。不过，现实生活中，许多当事人常常会基于各自利益的考虑而存在违反协议的倾向，从而使得垄断协议一般难以长久维持。但是，这并不影响垄断协议的反竞争性质与效果。所以，垄断协议和协同一致行为的成立，不以每一个当事人均实际遵守并实现了同盟的意思为条件。[①]

3. 垄断协议的类型

按照不同的标准，可以把垄断协议分为如下几类：

（1）按照主体所处层次划分

按照主体在市场活动中所处的层次，可以把垄断协议划分为横向垄断协议与纵向垄断协议。横向垄断协议是指处于同一生产或流通环节的经营者之间达成的排除、限制或损害竞争的协议。例如，同为生产商或同为销售商之间达成的排斥、限制竞争的协议。纵向垄断协议是指处于不同生产、流通环节的经营者之间达成的排除、限制或损害竞争的协议。例如，生产商与销售商之间达成的排斥、限制竞争的协议。

（2）按照行为主体的性质划分

按照行为主体的性质，可以把垄断协议划分为盈利性经济组织达成的垄断协议和非盈利性组织达成的垄断协议。盈利性经济组织作出的协议主要是指经营者之间达成的排除、限制或损害竞争的协议。例如，生产商之间达成的价格同盟、市场划分协议。非盈利性组织作出的协议主要是指行业协会、企业团体等非盈利性组织之间达成的排除、限制或损害竞争的协议。一般而言，非盈利性组织之间达成的垄断协议具有隐蔽性，较之一般的垄断协议，其危害性更大。

（二）横向垄断协议

横向垄断协议，又称水平垄断协议，是指处于同一生产或流通环节、相互具有竞争关系的经营者之间共同决定价格、产量、技术、产品、设备、交易对象、交易地区等所订立的协议。我国《反垄断法》第13条规定了5类垄断协议，包括横向固定价格协议、限制

---

① 史际春等：《反垄断法理解与适用》，中国法制出版社2007年版，第94页。

数量协议、分割市场协议、联合抵制交易以及限制购买新技术、新设备或者限制开发新技术、新产品的协议。当然,为了有效规制市场经济生活中出现的各种限制竞争行为,避免任何排除、限制或损害竞争的协议脱离反垄断法的规范,《反垄断法》第13条第1款第6项规定"国务院反垄断执法机构认定的其他垄断协议"也受禁止。

1. 横向固定价格协议

横向固定价格协议,也称为价格卡特尔,是指具有竞争关系的处于同一生产或流通环节的经营者通过明示或默示的协议联合制定、维持或变更商品价格的行为。由于价格在竞争机制中的重要作用,消除或限制价格竞争的联合行为也就成为对竞争危害最大的一种反竞争行为,是各国反垄断法严厉打击的对象。理由在于:首先,横向固定价格协议破坏了价格传递供求信息和调节生产的功能。在市场经济下,价格是经营者之间以及经营者与消费者之间互通信息的工具,一旦价格被固定下来,社会生产和需求的调节机制就无法正常运转,其结果是劣质企业很难被淘汰,优势企业也无法获得良好的经济效益。其次,横向固定价格协议损害了消费者的合法权益,因为在一般情况下,被固定的价格都会超过在有效竞争条件下的产品价格。最后,横向固定价格协议阻碍了其他市场主体进入市场。价格竞争是商品生产经营者之间最主要的竞争之一,一旦价格被固定,不仅签订协议的经营者之间无法开展价格竞争,而且对其他市场主体进入市场也会形成严重障碍。[1]

2. 横向限制数量协议

横向限制数量协议,又称数量卡特尔,是指具有竞争关系的两个以上的经营者共谋限定商品的生产数量或者销售数量的协议。这种卡特尔对市场秩序的危害也是相当明显的,因为它不是根据市场的真实需求进行产品的生产和销售,而是制造虚假的卖方市场,人为地减少产品供应,导致消费者难以获得充足的产品,而生产经营者却可以从中获得垄断利润。此外,在市场经济中,横向限制数量协议往往与横向固定价格协议联系在一起,具有强化横向固定价格协议消极影响的作用,损害消费者的合法权益,危害市场竞争秩序。

3. 横向分割市场的协议

横向分割市场的协议,又称分割市场的卡特尔,是指具有竞争关系的两个以上的经营者共谋划分产品的销售市场或原材料采购市场的协议。通常,分割市场包括分割地域市场、分割商品市场和分割客户市场。分割地域市场是指两个以上的经营者划定彼此之间的交易地域或约定在不同地域投放限额的商品的行为;分割商品市场是指两个以上的经营者划定彼此之间的商品类型或约定不生产销售对方产品的行为;分割客户市场是指两个以上的经营者划定彼此之间的交易对象或约定对不同交易对象进行限额交易的行为。由于市场被分割,经营者之间面临的竞争减少,也会引发价格上涨或维持在一定的水平,从而限制生产者之间以及销售者之间的公平竞争。此外,分割市场卡特

---

[1]　种明钊主编:《竞争法》,法律出版社2008年版,第256页。

尔对消费者利益也会造成严重损害,因为分割市场的协议不仅造成产品的单价和价格上的不合理,而且在质量、服务等方面也会损害消费者的福利。

4. 联合抵制交易

联合抵制交易,又称集体拒绝交易,是指一部分经营者共同拒绝与另一个或另一部分经营者交易的限制竞争行为。例如,一部分供应商联合起来,对某个或某些不按自己意图销售产品的零售商实行抵制,不与其从事交易,或一部分销售商共同拒绝从某一个或某些供应商那里进货。[①] 这种联合抵制通常是拒绝某个经营者获取某种必要的产品、设施和资源等。虽然根据合同自由原则,经营者有权选择自己的交易对象,但如果经营者拒绝交易是为了牟取垄断利益,那么,该行为就是违法的。

5. 限制购买新技术、新设备或者限制开发新技术、新产品的协议

这是指具有竞争关系的经营者之间限制购买新技术、新设备或者限制开发新技术、新产品的限制竞争行为。技术、产品、设备是竞争的有力手段。新技术、新产品、新设备有利于降低生产成本,提高生产效率,促进生产力的提高,从而增进社会的整体福利。限制购买新技术、新设备或者限制开发新技术、新产品的行为客观上维护了落后的技术与产品,可能阻碍技术进步乃至经济、社会发展,危害性极大,因此,对于这种垄断协议,应当予以严格规制。

(三)纵向垄断协议

纵向垄断协议,又被称为垂直限制竞争协议,是指两个以上在同一产业中处于不同经济阶段而有买卖关系的经营者通过共谋达成的限制竞争协议。与横向垄断协议不同,纵向垄断协议的参与者是两个以上在同一产业中处于不同经济阶段而有买卖关系的经营者,如生产商与销售商、批发商与零售商等。当然,这里的买卖关系,应作广义的理解,它主要指现实的(已经发生的)和直接的(没有中间商的)买卖关系,但也包括潜在的(未来可能发生的)和间接的(有中间商的)买卖关系。由于纵向垄断行为的主体处于不同的生产经营环节,纵向垄断协议一般不可能出于共同的目的而限制竞争,因而,其对竞争的消极影响没有横向垄断协议那样大,但其有时也会包含一些排斥和限制竞争的条款,并以妨碍竞争者的经营活动为目的。这正是反垄断法对其加以规制的原因。[②]

一般而言,在反垄断法制比较健全的国家,纵向垄断协议以其内容是否涉及价格固定而分为两类:

1. 纵向价格垄断协议

它是指处于同一产业不同环节的交易者约定,就交易标的转售给第三人或由第三人再转售时,应当遵守一定价格约束的限制竞争协议。在美国法中,这种情况被称为"纵向价格固定"(vertical price fixing)或"维持转售价格"(resale price maintenance),

---

① 史际春等:《反垄断法理解与适用》,中国法制出版社 2007 年版,第 102 页。
② 种明钊主编:《竞争法》,法律出版社 2008 年版,第 259 页。

在德国法中被称为"纵向价格约束"(Vertikale Preis-bindungen),在日本法中被称为"维持再销售价格"。

纵向价格垄断协议体现了生产商或经销商在价格方面削弱乃至取消竞争的意图。一旦价格被固定下来,价格的信息传递和调节功能就无法发挥作用,导致销售方之间的价格竞争无法有效开展,相当于在销售中形成了一个横向固定价格协议,从而使得竞争的优胜劣汰效应不能发挥。而且,在纵向价格约束的情况下,消费者被迫接受了被固定的较高价格,无法通过销售方之间的价格竞争获益,也损害了社会公共利益。当然,纵向价格垄断协议在一些情况下也具有其合理性,例如,它可以避免销售者之间存在的"搭便车"现象,有益于维持商品的品牌效应等。

2. 纵向非价格垄断协议

它是指纵向垄断协议中,限制经营者除价格自由外的其他与第三人的合同自由的协议。纵向非价格垄断协议与纵向价格垄断协议的不同主要有两点:其一,在内容上,前者体现为非价格限制,后者体现为价格限制;其二,在法律态度上,前者通常适用合理原则,后者一般适用本身违法原则。

纵向非价格限制协议的具体形式是极其繁多的,人们很难对它加以穷尽。在实践中,纵向非价格垄断协议通常包括独家销售协议、独家交易协议、选择性销售、知识产权中的许可证协议等。

(四)垄断协议的规制原则

在反垄断法中,有本身违法原则与合理原则两大规制原则,这是判断垄断协议是否违法的基本原则。

本身违法原则(illegal per se rule),又称当然违法原则,是指对市场上一些严重损害竞争的行为,反垄断执法机构和法院可不必考虑其具体情况与后果,而直接认定其违法并加以禁止的原则。也就是说,适用本身违法原则时,可以不用对案件进行深入调查,就可直接认定某垄断行为违法,从而节约调查时间与成本。合理原则是指对市场上的一些限制竞争行为,并不当然认定其违法,而要考虑行为及其行为的相关背景,以及是否实质上损害竞争或是否有利于社会公共利益等,以合理性作为认定其是否合法的标准的原则。也就是说,合理原则更强调对具体的合理与非合理因素进行分析与评价,以此来判定某垄断行为是否合法。比较本身违法原则与合理原则,它们有如下区别:第一,本身违法原则偏于严格,而合理原则则更为宽松与公平;第二,本身违法原则具有明显的执法确定性,而合理原则更为灵活;第三,本身违法原则执法简便,执法成本较低,而合理原则执法相对烦琐,执法成本较高。[①]

在美国、德国等国家的立法中,对市场竞争具有重大消极影响的垄断协议适用本身违法原则,例如横向固定价格协议、限制数量协议、分割市场协议、联合抵制交易等。由

---

① 种明钊主编:《竞争法》,法律出版社 2005 年版,第 249～250 页。

于这些垄断协议通常不能得到豁免,因而也可称为不得豁免的垄断协议。适用合理原则的垄断协议,主要针对那些虽然存在着限制竞争的因素,但同时也具有合理性的垄断协议。由于这类垄断协议并不当然被宣布为违法,因此,也可称其为可豁免的垄断协议。在美国、德国等国家,凡适用"本身违法原则"以外的所有垄断协议,都属于这一类。

(五)垄断协议的适用除外

1. 适用除外的含义

垄断协议的适用除外是指由于特定垄断协议在某些方面的有益作用大于其所造成的限制竞争的后果,允许以特定程序使其免受反垄断法规制的法律制度。我国《反垄断法》关于垄断协议适用除外的规定主要集中在第 15 条中。此外,第 56 条关于农民和农产品的联合行为也即垄断协议不适用反垄断法的规定。

2. 适用除外的具体情形

(1)合理化垄断协议

合理化垄断协议是指经营者之间为了改进技术、研究开发新产品、提高产品质量、降低成本或增进效率而达成的垄断协议。显然,这种协议虽然具有限制竞争的性质,但其目的是正当的,对于避免重复研究、节约开发成本、促进技术进步具有积极意义,因此,原则上其不应当为反垄断法所禁止。例如,德国《反限制竞争法》、日本《禁止垄断法》都规定了企业因为合理化目的而从事的共同行为不适用该法。

(2)标准化垄断协议

标准化垄断协议是指约定采用统一的产品标准或者规模型号,也包括约定不涉及价格或价格构成的标准合同条件、共同交货条件、付款条件等的垄断协议。[1] 标准化协议虽然在一定程度上限制了竞争,将不符合标准的产品或服务排除出市场,但是这种协议也有助于改善产品品质,提高经济效率,从而有利于消费者利益,因此可以视情况而豁免。

(3)专业化垄断协议

专业化垄断协议是指经营者之间对各自生产的产品种类进行分配,从而使每一个经营者只负责生产一部分或一定范围的产品的协议。专业化是指经营者在产品制造、经营管理、生产效率以及提供服务等方面进行分工管理,使生产、加工、经营、服务等过程合理化的过程。[2] 由于这种垄断协议在某种程度上有利于改进技术和节约成本,因此,可以视其联合目的而予以豁免。

(4)中小企业垄断协议

中小企业垄断协议是指中小企业为改善经济效益和提高竞争力,在采购、销售或技术标准等方面进行合作的联合限制竞争行为。与大企业相比,中小企业在市场竞争中

---

[1] 史际春等:《反垄断法理解与适用》,中国法制出版社 2007 年版,第 119 页。
[2] 戴奎生等:《竞争法研究》,中国大百科全书出版社 1993 年版,第 88 页。

常常处于弱势地位,竞争力较弱。因此,为了提高中小经营者的竞争效率,法律往往对中小企业之间的合作网开一面,将中小企业的垄断协议纳入适用除外的范围。

(5)为节能、环保、救灾救助等设立的垄断协议

反垄断法体现有利于社会整体效益最大化的价值理念,其对竞争的维护是从社会责任本位出发,通过法律的实施来实现社会整体利益最大化。因此,如果具有竞争关系的经营者之间为了实现节约能源、保护环境、救灾救助等目的而达成的垄断协议,应当除外适用反垄断法。

(6)应对经济不景气的垄断协议

应对经济不景气的垄断协议,是指在市场萧条、经济危机的背景下,为协调行业或部门的生产能力,避免生产过剩而对产品价格或数量进行联合限制的行为。此时,这种形式的垄断协议有助于相关行业平稳地渡过经济危机。因此,大多数国家传统上都允许经济危机时期的应对经济不景气的垄断协议存在。

(7)进出口垄断协议

在进出口交易中,本国进口商或者出口商之间可能会达成限制竞争的协议,这种联合行为往往能够带来一些有利于经济发展的效果。例如,采取出口联合行为可以避免出口商之间的恶性竞争,提高对外议价的能力,从而有利于增强出口商的国际竞争力,增进出口国在国际贸易中的利益。因此,一些国家对于进出口垄断协议行为也予以豁免。

(8)农民和农村经济组织的农产品产供销等垄断协议

农业作为弱质产业,既受市场风险的影响,也受自然风险的影响。特别是在中国,农业产业化程度不高,资金投入不足,技术、营销水平较低,因此,对农业给予特殊的照顾,是确保我国粮食安全与社会稳定的重要手段。因此,我国《反垄断法》明确规定,农业生产者及农村经济组织在农产品生产、加工、销售、运输、储存等经营活动中实施的联合或者协同行为,不适用本法。

(六)行业协会限制竞争行为

1. 行业协会限制竞争概述

关于行业协会的定义,国内外学者虽有较多表述,但就其实质而言并无太大差异。一般认为,行业协会是由单一行业的竞争者所构成的非盈利性组织,其目的在于在促进、提高该行业中的产品销售和雇佣水平方面提供多边性援助服务。[①] 在现代社会,行业协会已经成为对一个国家、地区乃至全世界的经济起着重要作用的权威性的社会中介机构,在维护行业权益、保护竞争性的市场秩序、协调企业与政府间的关系方面发挥了重要作用。虽然行业协会是一种非营利性的组织,但其成员却是由作为竞争者的营利性企业组成。因而,对于由某一个产业的制造商或销售商所组成的行业协会而言,无

---

① 鲁篱:《行业协会经济自治权研究》,法律出版社 2003 年版,第 4 页。

论全国性的还是地区性的,它们客观上都为其成员提供了一个可以讨论价格的天然场所。

从理论上说,行业协会的主要作用应当是在成员之间传播市场信息,促进成员之间利益的扩大。然而,在现实中,行业协会基于成员私益的考虑,往往可能采取集体抵制、统一定价、分割市场、控制生产、标准认证、拒绝同行非成员进入已有市场的竞争等方式来限制竞争。而且,由于行业协会是合法、独立的非营利性组织,由其策划、实施限制竞争行为,相比一般的企业之间的限制竞争行为,更具有隐蔽性,因此,危害性也更大。

2.《反垄断法》关于行业协会限制竞争行为的规定

《反垄断法》第11条规定:"行业协会应当加强行业自律,引导本行业的经营者依法经营,维护市场竞争秩序。"这是《反垄断法》从总体上对行业协会所提出的法律要求,也是对行业协会维护公平竞争义务的法律规定。也就是说,只要行业协会的行为实质上损害了竞争,协会和其他有关行为人就应当依法承担相应的法律责任。此外,考虑到行业协会在实践中限制竞争行为的突出表现形式为垄断协议,因此,《反垄断法》又在"垄断协议"一章中明确规定:"行业协会不得组织本行业的经营者从事本章禁止的垄断行为。"

(六)法律责任

根据我国《反垄断法》的规定,经营者达成并实施垄断协议的,由反垄断执法机构责令停止违法行为,没收违法所得,并处上一年度销售额1%以上10%以下的罚款;尚未实施所达成的垄断协议的,可以处50万元以下的罚款。

经营者主动向反垄断执法机构报告达成垄断协议的有关情况并提供重要证据的,反垄断执法机构可以酌情减轻或者免除对该经营者的处罚。

行业协会违反反垄断法规定,组织本行业的经营者达成垄断协议的,反垄断执法机构可以处50万元以下的罚款;情节严重的,社会团体登记管理机关可以依法撤销登记。

三、滥用市场支配地位行为规制

(一)市场支配地位

市场支配地位在反垄断法的垄断规制制度中是一个关键因素,对于确定垄断行为存在与否起着至关重要的作用。因此,它一直是各国反垄断法的重点关注对象。

1. 市场支配地位的含义

所谓市场支配地位,又称市场优势地位,主要包括独占、准独占、突出的市场地位和寡头分占等样态,是指一个企业或数个彼此不存在实质性竞争的企业在特定市场上单独或共同拥有的,独立的或几乎不受限制的自主决定产品或者服务的价格、产量和销量等经营事项的控制能力,而基本上不需要考虑其竞争者和消费者反应的一种状况或状态。① 对于市场支配地位,各国反垄断法都予以了明确界定。例如,欧洲法院在 United Brands 一案中对"支配地位"作出了传统的界定:支配地位是指一个企业所享有的一种经济力量的地位,即通过给予其相当程度上不受其竞争对手、客户以及最终消费者影响而自行其是的能力,能够使行为人防止或者至少阻碍其他行为人在相关市场上保持有效竞争。② 我国《反垄断法》第 17 条也作出规定:"本法所称的市场支配地位,是指经营者在相关市场内具有能够控制商品价格、数量或者其他交易条件,或者能够阻碍、影响其他经营者进入相关市场能力的市场地位。"该定义将构成市场支配地位的两个条件作为选择性条件:一是企业在市场中的地位,即能够控制商品价格、数量或者其他交易条件;二是对竞争的影响,即能够阻碍、影响其他经营者进入相关市场。

市场支配地位总是针对相关市场而言的,相关市场范围的确定对于判断经营者是否具有市场支配地位有至关重要的意义。正如美国学者指出的,在怀疑可能存在对竞争的限制时,首要的任务是确定谁是实际上的竞争者。③ 所谓相关市场,是指经营者在一定时期内就特定商品或者服务进行竞争的商品范围和地域范围。一般认为,反垄断法上的相关市场包括产品市场、地域市场和时间市场三个维度。相关市场范围认定的宽窄,直接关系到市场支配地位的最后确认。例如,如果相关市场范围认定较宽,则经营者产品的市场占有率就会相对较低,那么,认定经营者具有市场支配地位的可能性就会变小;反之,如果相关市场范围认定较窄,则经营者产品的市场占有率就会相对偏高,那么,认定经营者具有市场支配地位的可能性也就较大。

2. 市场支配地位的认定

根据我国反垄断法的相关规定,对于市场支配地位的认定,主要考虑以下相关因素:

(1)市场份额

对于市场份额的含义,大多数学者赞成的观点是指特定企业的总产量、销售量或者生产能力在特定的相关市场中所占的比例或者百分比,又称为市场占有率。市场份额是经营者的经济实力与市场竞争力的客观反映,因此,很多国家或地区的反垄断法都把市场份额作为判断经营者是否具有市场支配地位的重要标准。可以想象,如果一个经营者在相关市场上长期占有 50% 以上的市场份额,很难证明它不具有市场支配地位;反之,一个经营者仅占 10% 的市场份额,也很难推定其具有市场支配地位。不过,考虑到各国经济发展状况的不同,各国在确定市场份额具体达到多高时才具有市场支配地位也不尽相同。

① 周昀:《反垄断法新论》,中国政法大学出版社 2006 年版,第 170 页。
② 孔祥俊:《反垄断法原理》,中国法制出版社 2001 年版,第 523 页。
③ [美]马歇尔·霍华德:《美国反托拉斯法与贸易法规》,孙南申译,中国社会科学出版社 1991 年版,第 22 页。

我国的《反垄断法》借鉴了德国《反限制竞争法》,在第 19 条作出规定:"有下列情形之一的,可以推定经营者具有市场支配地位:(一)一个经营者在相关市场的市场份额达到二分之一的;(二)两个经营者在相关市场的市场份额达到三分之二的;(三)三个经营者在相关市场的市场份额达到四分之三的。有前款第二项、第三项规定的情形,其中有的经营者市场份额不足十分之一的,不应当推定该经营者具有市场支配地位。被推定具有市场支配地位的经营者,有证据证明不具有市场支配地位的,不应当认定其具有市场支配地位。"相较于德国,我国市场支配地位的推定标准更为宽松,这与我国处于市场经济发展初期,以经济建设为中心,鼓励企业做大做强的大环境是一致的。

(2)经营者自身条件

经营者的自身条件,对于市场支配地位的认定也具有重要的影响。因此,在认定经营者是否具有市场支配地位时,还应当考察经营者控制销售市场或者原材料采购市场的能力以及该经营者的财力、技术等条件。

关于财力,主要应当综合考虑经营者的资产、注册资本、信用能力等,财力雄厚的经营者在同等条件下具有较强的承受能力;关于技术,则应综合考虑包括知识产权、商业秘密等各种能力为其带来经济利益的技术、信息、配方等。[①]

(3)其他经营者进入相关市场的难易程度

其他经营者进入相关市场的难易程度也是判断经营者是否具有市场支配地位的重要标志。其他经营者进入相关市场的障碍越大,经营者对相关市场的支配能力就越强。因此,如果经营者通过控制资源、关键设施或供销渠道等,限制了其他经营者进入相关市场,那么,该经营者就可以被视为具有市场支配地位。

(4)其他经营者对该经营者在交易上的依赖程度

经营者是否具有市场支配地位,是通过与其他经营者之间的关系予以体现的。因此,其他经营者对该经营者行为的反应,可以体现出其他经营者对该经营者的依赖程度,从而反映出经营者的市场支配力量。

(二)滥用市场支配地位行为概述

1. 滥用市场支配地位的定义

滥用市场支配地位,又称滥用市场优势地位,是指具有市场支配地位的经营者利用优势地位,对市场的其他主体进行不公平的交易或者排除、限制竞争对手的行为。反垄断法对滥用市场支配地位行为的规制经历了一个由结构主义到行为主义转变的过程,即从对市场支配地位的状态控制转向对市场支配权力滥用的禁止。换言之,现代反垄断法认为,具有市场支配地位本身并不违法,只有利用了这种优势地位排除或限制竞争才被视为是反垄断法所禁止的行为。

---

① 史际春等:《反垄断法理解与适用》,中国法制出版社 2007 年版,第 148 页。

2. 滥用市场支配地位的特征

一般来讲,滥用市场支配地位行为的特征主要表现在以下几个方面:

(1)滥用市场支配地位的行为主体是具有市场支配地位的经营者。也就是说,在判断垄断力滥用的存在与否中,市场支配地位扮演着至关重要的角色,它就是决定经营者应否承担某种特殊责任的资格证明。[①]

(2)滥用市场支配地位的行为是相关经营者不正当地利用其优势地位,排除或限制竞争的行为。现代反垄断法已不单纯针对市场支配地位本身进行规制,而是将重点放在了经营者是否实施了滥用行为上。

(3)滥用市场支配地位的行为目的是获得垄断利润,即获得比正常竞争条件下更高的利润与收入。

(4)滥用市场支配地位的行为后果是损害了相关市场中其他经营者和广大消费者的合法权益,同时,由于滥用市场支配地位可以对商品的价值与数量构成影响,从而抑制市场机制效应的正常发挥,影响市场资源配置的效率。

3. 滥用市场支配地位的表现形式

纵观各国反垄断法,其所列举的滥用市场支配地位的表现形式不尽相同。根据我国《反垄断法》,滥用市场支配地位包括但不限于以下几种形式:

(1)垄断高价或不当低价购买

即经营者以不公平的高价销售商品或者以不公平的低价购买商品。在市场交易中,具有市场支配地位的经营者,极有可能利用其经济优势向市场交易相对人索取与其生产成本相比相当不合理的垄断高价,从而给消费者利益造成极大损害。在我国目前经济体制转轨的过程中,一些垄断行业以市场力量与行政权力相结合,攫取高额垄断利润的现象非常严重。例如,一些铁路运输单位对车皮随意涨价,以此获取垄断利润的事件就经常发生。

认定垄断高价的难点和关键,在于确定与竞争机制相一致的价格是什么,或者说在于判定占市场支配地位的经营者所提供的产品的价格是否具有合理性。在反垄断实践(主要为德国的反垄断实践)中,大家通常使用空间比较、时间比较和成本与合理利润的比较来予以确认。[②]

除垄断高价外,实践中经营者还常常会采用不当低价购买的行为,这些行为都会阻碍市场机制自发调节功能的发挥,都要接受反垄断法的规制。

《反价格垄断规定》(2010年国家发展改革委令第7号)第11条规定:具有市场支配地位的经营者不得以不公平的高价销售商品或者以不公平的低价购买商品。根据规定,认定"不公平的高价"的法律标尺主要有:第一,销售价格或者购买价格是否明显高于或者低于其他经营者销售或者购买同种商品的价格;第二,在成本基本稳定的情况

---

① 曹士兵:《反垄断法研究》,法律出版社1996年版,第140页。
② 种明钊主编:《竞争法》,法律出版社2008年版,第286页。

下,是否超过正常幅度提高销售价格或者降低购买价格;第三,销售商品的提价幅度是否明显高于成本增长幅度,或者购买商品的降价幅度是否明显高于交易相对人的成本降低幅度。

(2)掠夺性定价

掠夺性定价,是指具有市场支配地位的经营者没有正当理由,以低于成本的价格销售商品的行为。这种行为表面上看来是低价销售,但从经营者的动机来看,其牺牲短期利益的做法却是为了排挤竞争对手,达到独占市场的目的。其特征主要表现为:第一,行为主体是作为卖方的具有市场支配地位的经营者。掠夺性定价是经营者的一种竞争策略,但是,并非所有的经营者都能够实施这一策略。在现实生活中,实施掠夺性定价行为的通常是实力雄厚的卖方。第二,行为主体在主观上存在故意的心理状态,并且具有排挤或限制竞争的目的。实施掠夺性定价的根本目的,在于通过低于成本的价格争夺顾客,将竞争对手排挤出市场,然后凭借其市场支配地位,推行垄断价格,牟取垄断利润。第三,行为主体在客观上实施了以低于成本的价格销售商品的行为。第四,行为侵害的客体是正常的竞争秩序。

当然,在认定掠夺性定价时,各国一般允许经营者以合理的理由进行抗辩。例如,根据国家发改委的《反价格垄断规定》,"正当理由"包括:降价处理鲜活商品、季节性商品、有效期限即将到期的商品和积压商品的;因清偿债务、转产、歇业降价销售商品的;为推广新产品进行促销的;能够证明行为具有正当性的其他理由。只要符合以上理由之一,我们就应认定行为人实施亏本销售不具有排挤竞争对手的目的,从而不能认定为掠夺性定价。

(3)拒绝交易

拒绝交易是指具有市场支配地位的经营者没有正当理由,拒绝与交易相对人进行交易的行为。它实际上是歧视行为的一种特殊表现。在市场经济社会中,根据合同自由原则,经营者有权选择自己的交易对象,但如果经营者拒绝交易是为了加强其市场支配地位,那么,该行为就是违法的;如果经营者有正当理由拒绝交易,该行为也可以得到认可。实践中,拒绝交易的形式有:拒绝供应产品或服务、拒绝提供信息、拒绝提供其他企业已经产生依赖性的必要配件、拒绝知识产权的许可使用等。[①]

具有市场支配地位的经营者也有可能经过讨价还价,但未能达成满意的交易条件而拒绝交易,对此不能一概禁止。要确认其违法性,必须认定该拒绝交易行为使得相关市场的竞争受到损害。具体而言,判断的关键是考虑未能成交的交易条件对该经营者而言是否合理、划算。也就是说,只有排除、限制及损害竞争的拒绝交易行为才为反垄断法所禁止。根据《反价格垄断规定》第13条的规定,具有市场支配地位的经营者没有正当理由,不得通过设定过高的销售价格或者过低的购买价格,变相拒绝与交易相对人进行交易。其中,"正当理由"包括:交易相对人有严重的不良信用记录,或者出现经营

---

① 李昌麒主编:《经济法学》,法律出版社2007年版,第257页。

64 | 经济法学

状况持续恶化等情况,可能会给交易安全造成较大风险的;交易相对人能够以合理的价格向其他经营者购买同种商品、替代商品,或者能够以合理的价格向其他经营者出售商品的;能够证明行为具有正当性的其他理由。

（4）强制交易

强制交易是指具有市场支配地位的经营者违背他人意愿,从事或安排他人从事市场交易的行为。由于强制交易违反市场经济社会的平等自愿的交易原则,损害了交易相对方和其他经营者的合法权益,扰乱了正常的社会经济秩序,因此,这种行为一直是各国反垄断法打击的重点。

从现实经济生活和各国反垄断法的规定看,强制交易有多种表现形式。例如,经营者没有正当理由,限定交易相对人只能与其进行交易或者只能与其指定的经营者进行交易,这种行为不仅侵犯了交易相对人的自主选择权,减少了竞争对手的交易机会,而且严重影响了其他经营者的合法权益。因此,国家发改委在《反价格垄断规定》中明确规定,具有市场支配地位的经营者没有正当理由,不得通过价格折扣等手段限定交易相对人只能与其进行交易或者只能与其指定的经营者进行交易。其中,"正当理由"包括:为了保证产品质量和安全的;为了维护品牌形象或者提高服务水平的;能够显著降低成本、提高效率,并且能够使消费者分享由此产生的利益的;能够证明行为具有正当性的其他理由。

（5）搭售或附加不合理交易条件

搭售或附加不合理交易条件,是指在商品交易中,具有市场支配地位的经营者利用自己的优势地位,在供应某种商品时要求买受人必须同时购买另一种商品或者接受其他不合理交易条件的行为。

搭售的实质是经营者销售一种商品时,捆绑销售其他商品。这种行为违背了交易自由的原则,强迫消费者和用户接受质次价高的产品,侵犯了交易相对人或消费者的公平交易权与选择权,扰乱了正常的社会经济秩序。因此,基于维护市场参与者的进入自由和保护有效竞争的目的,必须对搭售行为进行规制。实践中,除搭售外,其他附加不合理交易条件的行为还有强迫交易相对人交付预付款,在合同责任条款中减轻自己的责任、增加交易相对人的责任,通过限定销售地区、限定转售价格等构成纵向联合限制竞争行为,等等。[①]

（6）差别待遇

差别待遇,也被称为差别对待,是指具有市场支配地位的经营者没有正当理由,对条件相同的交易对象,就其提供的商品的价格或者其他条件给予明显区别对待的行为。在现实中,最常见的歧视行为是价格歧视,即经营者要求购买或销售相同等级、相同质量产品的交易相对人支付不同的价格。从反垄断法的角度来看,差别待遇使处于相同地位的经营者不能享有平等的交易机会,损害了正常的市场竞争秩序;而且,在价格歧

---

① 史际春等:《反垄断法理解与适用》,中国法制出版社 2007 年版,第 182 页。

视的情况下,同一产品的不同批发价也会直接影响其零售价,对经销商之间的公平竞争产生不利影响,进而导致广大消费者的利益遭受损害。

(三)法律责任

滥用市场支配地位作为垄断行为的一种,对市场竞争的损害一般都是相当严重的,因此受到各国反垄断法的严厉制裁。我国反垄断法从行政责任与民事责任两个层面对滥用市场支配地位的行为予以了规制。

就行政责任而言,我国《反垄断法》第47条规定:"经营者违反本法规定,滥用市场支配地位的,由反垄断执法机构责令停止违法行为,没收违法所得,并处上一年度销售额百分之一以上百分之十以下的罚款。"就民事责任而言,《反垄断法》第50条规定:"经营者实施垄断行为,给他人造成损失的,依法承担民事责任。"

除此之外,我国在《反不正当竞争法》、《价格法》、《关于禁止公用企业限制竞争行为的若干规定》、《制止价格垄断行为暂行规定》等法律法规中也有相关法律责任的规定。

四、经营者集中行为的法律规制

(一)概述

1. 定义

在反垄断法中,经营者集中的含义比较宽泛。只要一个经营者通过某种方式取得了对另一个经营者的支配权,反垄断法就认为这两个经营者实现了集中。根据我国《反垄断法》的规定,经营者集中是指下列情形:第一,经营者合并;第二,经营者通过取得股权或者资产的方式取得对其他经营者的控制权;第三,经营者通过合同等方式取得对其他经营者的控制权或者能够对其他经营者施加决定性影响。

在市场经济社会中,经营者集中有利于使存量资产及生产要素的分布得以调整或重新组合,可以实现资源的优化配置,促进产业结构、产品结构和企业结构的合理化和均衡化,从而实现规模经济,推动社会经济的良好发展。但同时,经营者集中也隐含着形成或加强市场支配地位,从而有碍竞争正常开展,或者形成垄断的可能性。这种两面性决定了对经营者集中进行合理规制的必然性。

从反垄断法的层面看,经营者可以通过公平竞争、自愿联合,依法实施集中,扩大经营规模,提高市场竞争能力。反垄断法并不是要控制企业的绝对规模,而是为了维护市场的竞争性,建立有效竞争的市场结构。反垄断法对经营者集中的规制,其主要目标就在于严格控制甚至禁止可能形成或加强市场支配地位的垄断性经营者集中。

2. 表现形式

在实践中,反垄断法意义上的经营者集中主要有以下几种表现形式:

(1)经营者合并。两个以上具有独立实体地位的经营者通过一定的形式归并为一个经营者的集中。经营者合并是财产与组织的完全结合,其结果是资本、资产与价格的合一。根据合并后原经营者的主体资格存续与否,经营者合并通常可分为吸收合并(A＋B＝A)与新设合并(A＋B＝C)两种形式。

(2)取得股权(资产)。这种形式是指在不改变各自法律主体资格的前提下,经营者通过取得股权或者资产的方式取得对其他经营者的控制权的行为。一般而言,一个经营者如果取得另一个经营者50％以上的股权,就可以对其施加支配性的影响。不过,在现代股份公司中,由于股份高度分散,众多小股东怠于行使其表决权,因此,经营者取得未超过半数的股份,就可以对该公司产生支配性影响。而所谓取得资产,就是指一个经营者通过购买、承担债务或者其他方式,取得另一个经营者的全部或大部分的财产。

(3)订立合同。这是指一个经营者通过订立承包合同、租赁合同、管理合同等方式取得其他经营者的经营管理权。在订立合同中,虽然并没有发生股权或资产的转移,经营者在法律上也依然保持着独立的主体地位,但由于被控制的经营者的经营管理受到了约束与限制,因此也就丧失了自主决策权。

(4)人事联合。它是指以经营者人事的安排为内容所形成的集中,它建立在对经营者之间人事及其管理进行交叉安排的基础之上,如干部兼任、董事交叉任职等。

(二)经营者集中控制的主要法律制度

各国关于经营者集中控制的法律制度,并不相同。因此,本部分的介绍主要依据我国《反垄断法》,就我国经营者集中控制的法律制度进行说明:

1. 经营者集中的事先申报

(1)申报。在我国,经营者集中达到国务院规定的申报标准的,经营者应当事先向国务院反垄断执法机构申报,未申报的不得实施集中。这一制度的主要作用在于:首先,它可以使反垄断执法机构及时掌握市场集中的情况,以便决定对一定时期、一定市场的经营者集中所实行的总体政策取向。其次,它可以使经营者及时调整经营策略,以适应新的市场竞争环境。

(2)申报的标准。并非所有的经营者集中的当事人都必须承担向反垄断执法机构事前申报的义务。只有满足一定条件的经营者集中,才要求事先申报。由此可见,经营者集中的申报标准关系到国家对经营者集中控制的程度。根据规定,国务院将从我国的经济发展水平和市场竞争状况出发,既规定适用于一般行业与领域的经营者集中申报的原则性标准,也对不同行业的集中申报标准作出具体规定,以确保国家市场竞争政策的有效实施。

(3)申报的免除。在某些特殊情况下,考虑到参与集中的经营者之间的特殊关系,反垄断法也规定了申报免除的情形。原因在于,这些经营者虽然在形式上发生了集中,但在实质上并不改变所在市场的竞争状况,从某种意义上讲,这样的经营者集中往往还有利于经营者内部资源的整合与效率的提高,因此应予豁免。根据我国《反垄断法》的规定,经营者集中有下列情形之一的,可以不向国务院反垄断执法机构申报:第一,参与集中的一个经营者拥有其他每个经营者50%有表决权的股份或者资产的;第二,参与集中的每个经营者50%以上有表决权的股份或者资产被同一个未参与集中的经营者拥有的。

(4)申报内容。根据我国《反垄断法》第23条的规定,申报文件主要有四种:第一,申报书。申报书上应当载明参与集中的经营者的名称、住所、经营范围,集中的具体形式以及预定实施集中的日期等。第二,影响说明。它是指由经营者就集中对相关市场竞争状况的影响作出的说明。第三,集中协议。这是判断参与集中的经营者相互关系和集中目的的依据。第四,财务报告。它是指参与集中的经营者经会计师事务所审计的上一会计年度财务会计报告。第五,国务院反垄断执法机构规定的其他文件、资料。达到申报条件的经营者负有向反垄断执法机构及时提交完整、正确的申报材料的义务,经营者提交的文件、资料不完备的,应当在国务院反垄断执法机构规定的期限内补交文件、资料。经营者逾期未补交文件、资料的,视为未申报。

2. 经营者集中的审查程序

(1)初步审查。初步审查是指反垄断执法机构在较短期限内对经营者集中行为进行初步的评估,以判断是否有必要进入实质审查的程序。根据我国《反垄断法》的规定,国务院反垄断执法机构应当自收到经营者提交的文件资料之日起30日内,对申报的经营者集中进行初步审查,作出是否实施进一步审查的决定,并书面通知经营者。

(2)实质审查。实质审查是在初步审查的基础上,反垄断执法机构根据一定的标准,就经营者集中是否对竞争构成不良影响进行实质判断,以决定是否同意该项经营者集中。根据我国《反垄断法》的规定,国务院反垄断执法机构决定实施进一步审查的,应当自决定之日起90日内审查完毕,作出是否禁止经营者集中的决定,并书面通知经营者。作出禁止经营者集中的决定,应当说明理由。需要说明的是,有下列情形之一的,国务院反垄断执法机构经书面通知经营者,可以延长实质审查的期限,但最长不得超过60日:第一,经营者同意延长审查期限的;第二,经营者提交的文件、资料不准确,需要进一步核实的;第三,经营者申报后有关情况发生重大变化的。

(3)等待期间。在审查期间,参与集中的经营者自其提出事前申报被受理之日起至法律规定的一定期限内,不得实施集中行为。对此,我国《反垄断法》规定:初步审查期间,经营者不得实施集中;经过初步审查,反垄断执法机构作出不实施进一步审查的决定或者逾期未作出决定的,经营者可以实施集中。实质审查期间,经营者不得实施集中;经过实质审查,反垄断执法机构作出不予禁止的决定后或者逾期未作出决定的,经营者可以实施集中。

(4)调查措施。为了保障审查的顺利进行,反垄断执法机构在实践中也会采取一定的调查措施。因此,我国《反垄断法》第39条规定的反垄断执法机构针对涉嫌垄断行为所采取的调查措施,也可以适用于对经营者集中的审查过程。

3. 经营者集中控制的审查标准与豁免规则

（1）审查标准。反垄断法规制的是可能对市场竞争产生重大影响的经营者集中，因此，只有那些对相关市场结构造成重大改变，构成市场进入障碍，对公平竞争的市场秩序造成重大影响的经营者集中，才可能为反垄断法所禁止。因此，在反垄断法中，对经营者集中进行审查时，主要考虑两个标准：一是市场支配地位标准，即经营者是否通过集中而取得、维持或者加强了其市场支配地位；二是实质损害竞争标准，即经营者集中行为是否发生或者可合理预见其发生实质损害竞争的后果。

当然，判断一项经营者集中是否需要禁止，应当综合各种因素分析与认定。我国《反垄断法》第28条规定，经营者集中如果具有或者可能具有排除、限制竞争效果的，国务院反垄断执法机构应当作出禁止经营者集中的决定。在具体司法实践中，认定一项经营者集中是否应当受到禁止，反垄断法主管机关主要应当考虑以下因素：第一，参与集中的经营者在相关市场的市场份额及其对市场的控制力；第二，相关市场的市场集中度；第三，经营者集中对市场进入、技术进步的影响；第四，经营者集中对消费者和其他有关经营者的影响；第五，经营者集中对国民经济发展的影响；第六，国务院反垄断执法机构认为应当考虑的影响市场竞争的其他因素。

（2）豁免规则。并非所有的经营者集中都会受到反垄断法的禁止，即使这些集中可能产生或者加强市场支配地位。考虑到经营者可能带来的积极效应，反垄断执法机构通常会对集中产生的积极因素和消极因素进行比较，如果其积极因素大于消极因素，集中就可能获得批准。因此，我国《反垄断法》明确规定：经营者能够证明该集中对竞争产生的有利影响明显大于不利影响，或者符合社会公共利益的，国务院反垄断执法机构可以作出对经营者集中不予禁止的决定。对不予禁止的经营者集中，国务院反垄断执法机构可以决定附加减少集中对竞争产生不利影响的限制性条件。

4. 外资并购中的国家安全

为了保护国家经济利益，保障国家经济安全，我国《反垄断法》规定：对外资并购境内企业或者以其他方式参与经营者集中，涉及国家安全的，除依照反垄断法规定进行经营者集中审查外，还应当按照国家有关规定进行国家安全审查。

（三）法律责任

综观世界各国，规制经营者集中的措施主要有三种：罚款、裁定中止、裁定肢解。根据我国《反垄断法》第48条的规定，经营者违反规定实施集中的，由国务院反垄断执法机构责令停止实施集中、限期处分股份或者资产、限期转让营业以及采取其他必要措施恢复到集中前的状态，可以处50万元以下的罚款。

五、行政垄断行为的法律规制

(一)概述

1. 行政垄断的界定

由于经济体制改革的不彻底和政治体制改革的相对滞后,我国地方政府及其所属部门为谋求本地区、本部门的经济利益,常常滥用行政权力,限制经营者的正常经营活动,从而妨碍、扭曲或破坏市场竞争。因此,我国的反垄断法也将行政垄断行为纳入其规制对象的范畴。

不过,关于行政垄断的定义,学者们的认识却并不统一。例如,有学者认为,行政垄断是国家各级各类行政机关(国务院除外)或者依法享有某种行政管理权限的单位滥用行政权力,排斥、限制竞争,破坏市场公平竞争关系的一种违法行为。[①] 有学者认为,行政垄断是和行政权力相联系的垄断,其含义为地方政府、政府经济主管部门或其他政府职能部门,或者是具有政府管理职能的行政性公司凭借行政权力,排斥、限制或妨碍市场竞争,以便对市场控制和操纵。[②] 还有学者认为,行政垄断是指行政机关(包括享有行政权的组织)滥用行政权力,干预市场竞争的行为。它是经济体制转轨国家的特色行为。[③] 我们认为,所谓行政垄断,是指行政机关和法律、法规授权的具有管理公共事务职能的组织滥用行政权力,排除、限制竞争的违法行为。

2. 行政垄断的特征

根据上述定义,我们可以将行政垄断的特征归纳如下:

(1)实施的主体具有特殊性。与市场垄断的主体不同,行政垄断的主体是行政机关和法律、法规授权的具有管理公共事务职能的组织。

(2)垄断力来源是行政权力。一般市场垄断行为的垄断力来源主要是市场地位或者某种经济优势,而行政垄断的垄断力来源则是行政权力。

(3)行为方式具有抽象性、强制性、隐蔽性等特点。行政垄断的限制竞争,往往是以行政机关制定的行业规章、地方规章、命令和决定等为表现形式的,使得滥用行政权力限制竞争具有较强的抽象性、强制性与隐蔽性。

(4)行为性质具有双重违法性。从本质属性上看,行政垄断是一种兼具行政违法与经济违法双重属性的竞争违法行为。[④] 因此,对行政垄断的规制,除了重视竞争法律制度的构建与完善外,还要由国家依法加强与完善对行政权力运行的规范与监督,并通过

---

① 种明钊主编:《竞争法》,法律出版社 2005 年版,第 295 页。

② 钟真真:《反垄断法与中国的行政垄断》,载季晓南主编:《中国反垄断法研究》,人民法院出版社 2001 年版,第 438 页。

③ 孔祥俊:《中国现行反垄断法理解与适用》,人民法院出版社 2001 年版,第 156 页。

④ 郑鹏程:《行政垄断的法律控制研究》,北京大学出版社 2002 年版,第 81 页。

深化改革,转变政府职能。

(二)行政垄断的表现形式

行政垄断涉及生活的各个方面,表现形式复杂多样。针对我国的具体实际,《反垄断法》第五章专章规定了6种行政垄断行为:

1.行政性强制交易

行政性强制交易是指行政机关和法律、法规授权的具有管理公共事务职能的组织滥用行政权力,限定或者变相限定单位或者个人经营、购买、使用其指定的经营者提供的商品的行为。行政性强制交易主要有两个特点:一是必须有强制交易的行为,二是强制交易的目的是排除、限制其他经营者的正常竞争。

2.地区封锁

地区封锁是指行政机关和法律、法规授权的具有管理公共事务职能的组织滥用行政权力,限制经营者进入特定的市场,以排除该市场内竞争的行为。地区封锁,是我国行政垄断中最常见的一种表现形式,其直接后果是妨碍了商品在地区之间的自由流通,割断了本地市场与外地市场的联系。因此,应当予以法律规制。我国《反垄断法》第33条规定,行政机关和法律、法规授权的具有管理公共事务职能的组织不得滥用行政权力,实施下列行为,妨碍商品在地区之间的自由流通:第一,对外地商品设定歧视性收费项目、实行歧视性收费标准,或者规定歧视性价格;第二,对外地商品规定与本地同类商品不同的技术要求、检验标准,或者对外地商品采取重复检验、重复认证等歧视性技术措施,限制外地商品进入本地市场;第三,采取专门针对外地商品的行政许可,限制外地商品进入本地市场;第四,设置关卡或者采取其他手段,阻碍外地商品进入或者本地商品运出;第五,妨碍商品在地区之间自由流通的其他行为。

3.对外地经营者实行差别待遇

对外地经营者实行差别待遇也是行政垄断中限制市场准入的常见形式。为了防止行政权力机关对外地经营者实行差别待遇,我国《反垄断法》第35条规定,行政机关和法律、法规授权的具有管理公共事务职能的组织不得滥用行政权力,采取与本地经营者不平等待遇等方式,排斥或者限制外地经营者在本地投资或者设立分支机构。

4.排斥或限制外地经营者招标投标行为

在实践中,为了保护地方利益,行政机关和法律、法规授权的具有管理公共事务职能的组织还会常常实施排斥或限制外地经营者招标投标活动的行为。因此,为了有效规制这种行政垄断行为,我国《反垄断法》第34条规定,行政机关和法律、法规授权的具有管理公共事务职能的组织不得滥用行政权力,以设定歧视性资质要求、评审标准或者不依法发布信息等方式,排斥或者限制外地经营者参加本地的招标投标活动。

5.行政性强制限制竞争

行政性强制限制竞争,是指行政机关和法律、法规授权的具有管理公共事务职能的组织滥用行政权力,强制经营者从事法律所禁止的排除或者限制市场竞争的行为。为了有效保护市场竞争秩序,我国《反垄断法》第36条规定,行政机关和法律、法规授权的具有管理公共事务职能的组织不得滥用行政权力,强制经营者从事反垄断法规定的垄断行为。

6. 排除或限制竞争的抽象行政行为

排除或限制竞争的抽象行政行为,是指行政机关滥用行政权力,制定含有排除、限制竞争内容的规范性文件的行为。这种行为在实践中隐蔽性强,危害性也最大。因此,我国《反垄断法》第37条规定,行政机关不得滥用行政权力,制定含有排除、限制竞争内容的规定。

(三)法律责任

关于行政垄断的法律规制,主要体现为我国《反垄断法》第51条。该条规定,行政机关和法律、法规授权的具有管理公共事务职能的组织滥用行政权力,实施排除、限制竞争行为的,由上级机关责令改正,对直接负责的主管人员和其他直接责任人员依法给予处分。反垄断执法机构可以向有关上级机关提出依法处理的建议。

法律、行政法规对行政机关和法律、法规授权的具有管理公共事务职能的组织滥用行政权力实施排除、限制竞争行为的处理另有规定的,依照其规定。

六、反垄断法的实施

(一)反垄断法的实施主体

根据《反垄断法》的规定,我国维持了现有的竞争执法格式,多个反垄断执法机构各司其职。因此,为了保证反垄断法的权威性、独立性和统一性,我国专设了国务院反垄断委员会,来协调与监督具体的执法活动。作为反垄断的主管机关,国务院反垄断委员会负责组织、协调、指导反垄断工作。其具体职责包括:第一,研究拟订有关竞争政策;第二,组织调查、评估市场总体竞争状况,发布评估报告;第三,制定、发布反垄断指南;第四,协调反垄断行政执法工作;第五,国务院规定的其他职责。为了有效协调国务院各部委的反垄断执法工作,国务院反垄断委员会的组成和工作规则由国务院规定。

此外,由于反垄断委员会并不具体执法,因此,我国的反垄断执法体系,除设反垄断委员会外,还另设了反垄断执法机构。作为具体的执法机构,反垄断执法机构依法享有处罚权、强制措施权、批准权、行政指导权以及准司法权等权力。同时,根据工作需要,反垄断执法机构还可以授权省、自治区、直辖市人民政府相应的机构,依照《反垄断法》规定负责有关反垄断执法工作。

(二)对涉嫌垄断行为的调查

1. 调查程序的启动
在我国,反垄断执法机构依法对涉嫌垄断的行为进行调查。这种调查程序的启动,除了反垄断执法机构在工作中自行发现外,还可以通过社会举报来进行。对涉嫌垄断的行为,我国《反垄断法》认可任何单位和个人都有权向反垄断执法机构举报。

同时,为了有效保障举报人的利益,我国《反垄断法》还规定了两项举报保障措施:第一,反垄断执法机构应当为举报人保密;第二,举报采用书面形式并提供相关事实和证据的,反垄断执法机构应当进行必要的调查。

2. 调查程序的开展

为了保证调查程序的顺利进行,反垄断执法机构可以依法采取一系列调查措施。对此,我国《反垄断法》第 39 条规定,反垄断执法机构调查涉嫌垄断行为,可以采取下列措施:第一,进入被调查的经营者的营业场所或者其他有关场所进行检查;第二,询问被调查的经营者、利害关系人或者其他有关单位或者个人,要求其说明有关情况;第三,查阅、复制被调查的经营者、利害关系人或者其他有关单位或者个人的有关单证、协议、会计账簿、业务函电、电子数据等文件、资料;第四,查封、扣押相关证据;第五,查询经营者的银行账户。

当然,为了依法保障相对人的利益,我国《反垄断法》对于调查程序展开的程序性规则也进行了规定。首先,执法人员采取调查措施时,应当向反垄断执法机构主要负责人书面报告,并经批准。未经批准,不得擅自实施有关措施。其次,反垄断执法机构调查涉嫌垄断行为,执法人员不得少于两人,并应当出示执法证件。再次,执法人员进行询问和调查,应当制作笔录,并由被询问人或者被调查人签字。最后,反垄断执法机构及其工作人员对执法过程中知悉的商业秘密负有保密义务。

3. 经营者在调查程序中的权利义务

就经营者义务而言,在调查程序中,如果经营者不予以配合调查,反垄断执法机构可以依法采取强制方法或者给予处罚。对此,《反垄断法》第 42 条明确规定:"被调查的经营者、利害关系人或者其他有关单位或者个人应当配合反垄断执法机构依法履行职责,不得拒绝、阻碍反垄断执法机构的调查。"对反垄断执法机构依法实施的审查和调查,经营者拒绝提供有关材料、信息,或者提供虚假材料、信息,或者隐匿、销毁、转移证据,或者有其他拒绝、阻碍调查行为的,由反垄断执法机构责令改正,对个人可以处 2 万元以下的罚款,对单位可以处 20 万元以下的罚款;情节严重的,对个人处 2 万元以上10 万元以下的罚款,对单位处 20 万元以上 100 万元以下的罚款;构成犯罪的,依法追究刑事责任。

就经营者的权利而言,在调查程序中,经营者享有知悉权、陈述权、申辩权等基本权利,以维护自身合法权益。对此,《反垄断法》规定,被调查的经营者、利害关系人有权陈述意见。反垄断执法机构应当对被调查的经营者、利害关系人提出的事实、理由和证据进行核实。

4. 处理决定

反垄断执法机构对涉嫌垄断行为调查核实后,认为构成垄断行为的,应当依法作出处理决定,追究经营者的法律责任,并可以向社会公布。如果查明没有垄断行为或者对实施的垄断行为依法不予追究的,应当裁定经营者的行为不违法或不予追究。

5. 经营者承诺

为了鼓励涉嫌垄断行为的经营者主动认识到自己行为的违法性,节约反垄断执法成本和执法资源,对反垄断执法机构调查的涉嫌垄断行为,如果被调查的经营者承诺在反垄断执法机构认可的期限内采取具体措施消除该行为后果的,反垄断执法机构可以决定中止调查。中止调查的决定应当载明被调查的经营者承诺的具体内容。

为了保证承诺能够得到切实的履行,反垄断执法机构决定中止调查的,应当对经营者履行承诺的情况进行监督。经营者履行承诺的,反垄断执法机构可以决定终止调查。

在决定中止调查后,有下列情形之一的,反垄断执法机构应当恢复调查:第一,经营者未履行承诺的;第二,作出中止调查决定所依据的事实发生重大变化的;第三,中止调查的决定是基于经营者提供的不完整或者不真实的信息作出的。

第三节 反不正当竞争法

一、反不正当竞争法概述

(一)不正当竞争的定义

不正当竞争,也被称为不公平竞争,是随着市场竞争的日益加剧而产生的一种社会现象。在激烈的市场竞争中,经营者为了争取有利的竞争地位与相对优势,必须采取各种竞争手段为自己谋取利益。而不正当竞争就是泛指经营者违反法律法规和商业道德,采用不正当手段扰乱市场经济秩序,损害其他经营者和消费者合法权益的行为。自从 1850 年法国法院在世界上首次使用“不正当竞争”这一概念以后,人们对这一概念的含义作了很多表述。例如,1883 年《保护工业产权巴黎公约》第 10 条规定:“凡在工业商业活动中违反诚实信用的行为即构成不正当竞争行为。”德国 1896 年《反不正当竞争法》则将不正当竞争行为界定为在商业交易中以竞争为目的而采取的违反善良风俗手段的行为。

我国《反不正当竞争法》对不正当竞争的定义,规定在该法第 2 条中。按照规定,不正当竞争,是指经营者违反法律规定,损害其他经营者合法权益,扰乱社会经济秩序的行为。

(二)不正当竞争的特征

一般认为,不正当竞争的特征主要包括以下几点:

1. 不正当竞争的实施主体是经营者。按照《反不正当竞争法》第 2 条的规定,所谓经营者,是指从事商品经营或营利性服务的法人、其他经济组织或者个人。不正当竞争从根本上讲是竞争主体实施的不当行为,而竞争主体只限于经营者,因此,不正当竞争的主体只能是经营者。虽然实践中,非经营者的行为也会妨害经营者的正常经营活动,侵害经营者的合法权益,但这些行为并非不正当竞争行为。

2. 不正当竞争是违法的竞争行为。首先,不正当竞争行为具有竞争性,是经营者以获取交易机会或市场份额为目的的争胜行为。就这点而言,不正当竞争行为既区别于旨在排除或限制竞争的垄断行为,又区别于那些与获取市场竞争利益无直接关系的侵权行为。其次,不正当竞争具有违法性,这里的违法性应作广义的理解,既包括经营者违反《反不正当竞争法》第2章具体罗列的禁止性规范,也包括经营者在市场交易中违背自愿、平等、公平、诚实信用原则,以及违反公认的商业道德的情形。

3. 不正当竞争是损害其他经营者合法权益的行为。它是不正当竞争在危害后果上所表现出的一个特征,反映了不正当竞争的民事侵权性质。应当说,任何不正当竞争都必然直接或间接地侵害其他经营者的合法权益,例如知识产权、名誉权、财产权等,使守法的经营者蒙受物质上和精神上的双重损害。但在竞争法意义上,更为重要的是,不正当竞争还同时侵犯了其他经营者的公平竞争权,扰乱了社会经济秩序。

(三)反不正当竞争法概述

1. 反不正当竞争法的概念

反不正当竞争法作为竞争法的重要组成部分,自19世纪中叶产生以来,在维护国家经济秩序和保障市场公平竞争方面发挥了极其重要的作用。反不正当竞争法有广义与狭义之分。从广义上说,反不正当竞争法是国家为了维护市场竞争在经济运行中的基础性作用,对市场主体的一切偏离公平竞争原则的行为进行规制的法律规范的总称。从狭义上讲,反不正当竞争法是国家对经营者在市场竞争中违反商业道德、扰乱经济秩序的行为进行规制的法律规范的总称。[①] 本书是在狭义上使用反不正当竞争法这一概念的。

2. 反不正当竞争法的立法宗旨

立法宗旨是法律的价值目标所在。对此,我国《反不正当竞争法》第1条明确指出:"为保障社会主义市场经济健康发展,鼓励和保护公平竞争,制止不正当竞争行为,保护经营者和消费者的合法权益,特制定本法。"从这条规定来看,反不正当竞争法的立法宗旨主要包括三个层次,其中,"制止不正当竞争行为,鼓励和保护公平竞争"是反不正当竞争立法的直接目的;"保护经营者和消费者的合法权益"是反不正当竞争立法的间接目的;而"保障社会主义市场经济健康发展",则是反不正当竞争立法的根本目的。

3. 反不正当竞争的立法体例

当前,世界上反不正当竞争的立法体例主要有以下三种:

(1)以民法的侵权行为法作为反不正当竞争法。在这种立法体例下,不正当竞争行

---

① 李昌麒主编:《经济法学》,法律出版社2007年版,第292页。

为被视为民法上的侵权行为,有关反不正当竞争行为的法律规制都来源于侵权行为法。例如,《法国民法典》就长期被视为是反不正当竞争法的母法。时至今日,法国仍然没有制定专门的反不正当竞争法,有关制止不正当竞争的判决,都是根据民法典中关于不法行为的总则条款作出的。

(2)反不正当竞争和反垄断合并立法。在这种立法体例下,反不正当竞争和反垄断被合并规定在同一部法律之中。例如,匈牙利在1990年颁布了《禁止不正当竞争法》。该法除规定禁止不正当竞争行为外,还就禁止欺骗消费者、禁止限制竞争性协议、禁止滥用经济优势以及控制企业合并作了规定。此外,我国台湾地区1991年颁布的"公平交易法"也是将反不正当竞争和反垄断合并规定的。

(3)反不正当竞争单行立法。世界上最早出现的反不正当竞争专项立法是德国1896年颁布的《反不正当竞争法》。该法最初只是为了制止市场竞争中某些特别有害的行为,如,诋毁竞争对手、假冒商标、窃取商业秘密等,而没有总则条款。为了弥补《反不正当竞争法》的不足,自1909年起,德国对《反不正当竞争法》进行了多次修改,增加了总则条款,并在总则和其他条款中拓展了该法的适用范围。此外,其他国家如瑞士、日本和韩国等也分别采用了反不正当竞争单行立法的体例。

我国反不正当竞争和反垄断采取的也是分别立法的体例。1987年8月,国务院法制局成立了反垄断法起草小组,1988年提出了《反垄断和不正当竞争暂行条例草案》。这说明,我国最初是准备将反不正当竞争和反垄断合并立法的。后来,由于反垄断法一时难以出台,1993年9月,全国人大常委会通过了《反不正当竞争法》。这样,反不正当竞争和反垄断分别立法的格局由此形成。

二、主要不正当竞争行为及其法律规制

(一)市场混淆行为及其法律规制

1. 市场混淆行为的界定

市场混淆行为是指经营者使用与他人商业标识相同或者近似的商业标识从事市场交易,使交易相对人产生混淆或误信,从而获得交易机会的行为。例如,他人的商标很有名,就在自己的商品上使用别人的著名商标;他人的商品包装装潢很有特色,对消费者很有吸引力,就在自己的商品上使用他人的包装装潢。市场混淆行为对社会经济具有巨大的破坏作用,已经成为市场经济发展的一大"毒瘤"。

我国《反不正当竞争法》第5条规定了四种市场混淆行为,这四种行为可以归为以

下两大类。①

（1）商业混同行为。这是指经营者不正当地利用他人的商业信誉或商品信誉，使自己的商品与他人的商品相混淆，造成或足以造成购买者误认误购的不正当竞争行为。商业混同行为是一种比较典型的不正当竞争行为，主要通过假冒、仿冒他人商业标识以骗取交易机会，损害其他经营者尤其是商誉被冒用的经营者的合法权益。

商业混同行为具体包括三种，即假冒他人注册商标的行为，仿冒知名商品特有名称、包装、装潢的行为，擅自使用他人的企业名称或者姓名的行为。以下分述之：

第一，假冒他人注册商标的行为。这是指经营者故意或过失地侵犯他人商标专用权的行为。因此，假冒他人注册商标的行为实际上就是指《商标法》上侵犯注册商标专用权的行为。根据我国《商标法》第57条的规定，假冒他人注册商标的行为主要包括以下几种：未经商标注册人的许可，在同一种商品上使用与其注册商标相同的商标的；未经商标注册人的许可，在同一种商品上使用与其注册商标近似的商标，或者在类似商品上使用与其注册商标相同或者近似的商标，容易导致混淆的；销售侵犯注册商标专用权的商品的；伪造、擅自制造他人注册商标标识或者销售伪造、擅自制造的注册商标标识的；未经商标注册人同意，更换其注册商标并将该更换商标的商品又投入市场的；故意为侵犯他人商标专用权行为提供便利条件，帮助他人实施侵犯商标专用权行为的；给他人的注册商标专用权造成其他损害的。

假冒注册商标行为，意在使相关公众对商品来源产生混淆，从而损害合法经营者和消费者的权益。由于《商标法》与《反不正当竞争法》在规制假冒注册商标行为上均有规定，常常造成司法适用上的重叠与冲突。在2016年《中华人民共和国反不正当竞争法（修订草案送审稿）》（以下简称《修订草案送审稿》）中，为了实现与《商标法》的有效对接，《修订草案送审稿》删除了现行《反不正当竞争法》第五条第（一）项的假冒他人注册商标行为。

第二，仿冒知名商品特有名称、包装、装潢的行为。这里是指违反《反不正当竞争法》的规定，擅自将他人知名商品特有的商品名称、包装、装潢作相同或者近似使用，造成或足以造成与他人的知名商品相混淆，从而使购买者误认为是该知名商品的行为。

构成仿冒知名商品特有名称、包装、装潢的行为，应当具备以下条件：其一，被仿冒的商品必须是知名商品。所谓"知名商品"，是指在市场上具有一定知名度，为相关公众所知悉的商品。对于如何认定商品是否知名，《关于审理不正当竞争民事案件应用法律若干问题的解释》（以下简称《不正当竞争司法解释》）规定，原告应当对其商品的市场知

_____

① 在2016年的《反不正当竞争法（修订草案送审稿）》中，修订草案送审稿对第5条进行了大幅修改，采用了"商业标识"这一概念，即经营者不得利用商业标识实施下列市场混淆行为：（一）擅自使用他人知名的商业标识，或者使用与他人知名商业标识近似的商业标识导致市场混淆的；（二）突出使用自己的商业标识，与他人知名的商业标识相同或者近似，误导公众，导致市场混淆的；（三）将他人注册商标、未注册的驰名商标作为企业名称中的字号使用，误导公众，导致市场混淆的；（四）将与知名企业和企业集团名称中的字号或其简称，作为商标中的文字标识或者域名主体部分等使用，误导公众，导致市场混淆的。

名度负举证责任。同时,为便于法院判断和当事人举证,《最高人民法院关于审理不正当竞争民事案件应用法律若干问题的解释》对认定知名商品的具体因素作了规定,即"认定知名商品,应当考虑该商品的销售时间、销售区域、销售额和销售对象,进行任何宣传的持续时间、程度和地域范围,作为知名商品受保护的情况等因素,进行综合判断。"其二,被仿冒的商品名称、包装、装潢必须为知名商品所特有。所谓"特有",是指商品名称、包装、装潢非为相关产品所通用,并具有显著的区别性特征。因此,认定是否为"特有",就必须清楚是否为"相关商品所通用"和是否"具有显著的区别性特征"。其三,经营者的手段必须是"擅自使用"。也就是,经营者未经权利人的许可而自行使用其知名商品特有的名称、包装、装潢。其四,经营者的行为必须造成与他人的知名商品相混淆,从而使购买者产生误认。所谓"使购买者产生误认",按照我国现行规定,包括购买者已经发生的误认和足以使购买者产生误认两种情况。

第三,擅自使用他人的企业名称或者姓名的行为。这里是指经营者未经权利人许可而在市场交易中擅自使用他人的企业名称或者姓名,引人误认为是他人商品或服务的不正当竞争行为。由于企业名称或者姓名与经营者的商品信誉相联系而具有重要的商业价值,因而在实践中也是欺骗性交易侵害的对象。

(2)欺骗性质量标示行为。这里是指经营者在商品上伪造或冒用质量标志、产地,或者对反映商品质量作引人误解的虚假表示,以欺骗购买者,进而获取交易机会的不正当竞争行为。欺骗性质量标示行为与商业混同行为的区别主要在于:欺骗性质量标示行为不像商业混同行为那样侵害某个经营者的合法权益,而是采取虚构或隐瞒商品的质量状况的手法误导购买者,从而获取交易机会或竞争优势的行为。

根据我国《反不正当竞争法》第5条的规定,欺骗性质量标示行为主要包括以下两种形式:

第一,伪造或冒用质量标志的行为。质量标志是有关机构或团体依照法定程序颁发给经营者,以证明其产品质量达到一定水平的标志。质量标志与经营者的产品信誉有密切的关系,也是决定消费者是否购买该产品的重要考虑因素。因此,在商品上伪造或冒用质量标志的行为,不仅使诚实经营者丧失市场份额或交易机会,破坏了公平竞争的行为,同时,也使消费者误认误购,损害了消费者的权益。

第二,伪造产地的行为。这是指经营者违反诚实信用原则,在自己生产或经销的商品上虚假标注产地名称或产地标志的不正当竞争行为。这里的产地一般指产品的最终形成地。由于产地能够反映商品的质量与特性,在一定程度上是商品信誉的标识,因此,国际上对产地名称和产地标志实行严格保护,并赋予其只能由产地范围内的经营者使用的排他性和不可转让性。产地范围以外的经营者使用该产地名称或产地标志,就构成伪造产地的行为。

2.欺骗性交易行为的处理

(1)假冒他人注册商标的处理

经营者假冒他人注册商标属于《商标法》规定的侵犯他人商标专用权的行为。《商标法》对这类行为规定了较为详细的处理办法。根据《商标法》第 60 条的规定，侵犯商标专用权引起纠纷的，由当事人协商解决；不愿协商或者协商不成的，商标注册人或者利害关系人可以向人民法院起诉，也可以请求工商行政管理部门处理。工商行政管理部门处理时，认定侵权行为成立的，责令立即停止侵权行为，没收、销毁侵权商品和主要用于制造侵权商品、伪造注册商标标识的工具，并可处以罚款。

在赔偿责任方面，《商标法》第 63 条规定，侵犯商标专用权的赔偿数额，按照权利人因被侵权所受到的实际损失确定；实际损失难以确定的，可以按照侵权人因侵权所获得的利益确定；权利人的损失或者侵权人获得的利益难以确定的，参照该商标许可使用费的倍数合理确定。对恶意侵犯商标专用权，情节严重的，可以按照上述方法确定数额的一倍以上三倍以下确定赔偿数额。赔偿数额应当包括权利人为制止侵权行为所支付的合理开支。权利人因被侵权所受到的实际损失、侵权人因侵权所获得的利益、注册商标许可使用费难以确定的，由人民法院根据侵权行为的情节判决给予三百万元以下的赔偿。

此外，《商标法》第 61 条规定，对侵犯注册商标专用权的行为，工商行政管理部门有权依法查处；涉嫌犯罪的，应当及时移送司法机关依法处理。

（2）仿冒知名商品特有名称、包装、装潢的行为的处理

根据《反不正当竞争法》的规定，经营者擅自使用知名商品特有的名称、包装、装潢，或者使用与知名商品近似的名称、包装、装潢，造成和他人的知名商品相混淆，使购买者误认为是该知名商品的，监督检查部门（县级以上工商行政管理部门）应当责令停止违法行为，没收违法所得，可以根据情节处以违法所得一倍以上三倍以下的罚款；情节严重的可以吊销营业执照；销售伪劣商品，构成犯罪的，依法追究刑事责任。给被侵害的经营者造成损失的，应当按照《反不正当竞争法》第 20 条的规定承担赔偿责任。

此外，对于这种仿冒行为，工商行政管理机关除依照《反不正当竞争法》的规定予以处罚外，对侵权物品可作如下处理：第一，收缴并销毁或者责令并监督侵权人销毁尚未使用的侵权的包装和装潢；第二，责令并监督侵权人消除现存商品上侵权的商品名称、包装和装潢；第三，收缴直接专门用于印制侵权的商品包装和装潢的模具、印版和其他作案工具；第四，采取前三项措施不足以制止侵权行为的，或者侵权的商品名称、包装和装潢与商品难以分离的，责令并监督侵权人销毁侵权物品。

（3）擅自使用他人的企业名称或者姓名和欺骗性质量标示行为的处理

对这些行为，《反不正当竞争法》规定按照《产品质量法》进行处罚。具体的处罚措施包括：责令改正，没收生产、销售的产品，并处违法生产、销售产品货值金额等值以下的罚款；有违法所得的，并处没收违法所得；情节严重的，吊销营业执照。给被侵害的经营者造成损失的，应当按照《反不正当竞争法》第 20 条的规定承担赔偿责任。

（二）商业贿赂及其法律规制

1. 商业贿赂的界定

（1）定义和特征

商业贿赂是伴随商品经济的发展而自发形成的一种社会现象。商业贿赂是指经营者向交易对方或者可能影响交易的第三方，给付或者承诺给付经济利益，诱使其为经营者谋取交易机会或者竞争优势。商业贿赂是一种典型的不正当竞争行为，其妨碍了公平竞争机制的正常运行，损害了其他经营者和消费者的合法权益，因此成为各国反不正当竞争立法重点规制的对象。

商业贿赂主要有以下几方面的特征：

第一，行为的主体是经营者。商业贿赂包括商业行贿与商业受贿两种形式。因此，商业贿赂的主体既包括经营者中的卖方，也包括经营者中的买方。值得注意的是，在实践中，商业贿赂通常都是由经营者的职工具体实施的，并且在大多数情况下，经营者对此并不知情。但按照规定，经营者的职工采用商业贿赂手段为经营者销售或者购买商品的行为，应当认定为经营者的行为。当然，此时不得免除职工的法律责任。

第二，行为目的是获取商业利益或其他不正当利益。商业行贿的目的是销售或购买更多的商品以获得更多的经营利益或者为了在某一交易或服务领域占领市场以谋求未来的发展，行贿行为的成本远远小于因此而获得的利益。而商业受贿的目的则是获得财物或其他不正当利益。[1]

第三，行为人在客观上实施了秘密地给付财物或提供其他利益给交易对方或者可能影响交易的第三方的行为。根据《关于禁止商业贿赂行为的暂行规定》，这里的"财物"，是指现金和实物，包括经营者为销售或购买商品，假借促销费、宣传费、赞助费、科研费、劳务费、咨询费、佣金等名义，或者以报销费用等方式给付的财物。这里的"其他手段"，是指提供国内外各种名义的旅游、考察等给付财物以外的其他手段。

第四，行为人的行为具有违法性。也就是，行为人给对交易对方或者可能影响交易的第三方以利益的行为违反了法律规定，足以达到认定为贿赂的程度。按照商业惯例赠送小额广告礼品、礼仪性接待开支，等等，都不能作为商业贿赂对待。

（2）商业贿赂的表现形式

关于商业贿赂的表现形式，主要有以下两种划分方法：

第一，根据商业贿赂主体所处地位及其实施行为的不同，可以划分为商业行贿与商业受贿。

商业行贿是指经营者为了销售或者购买商品而以财物或其他利益收买交易对方或者可能影响交易的第三方的行为。商业受贿是指在销售或购买商品时，一方经营者收受对方经营者的财物或其他利益，并向对方经营者提供交易机会或其他经济利益的行

---

① 　种明钊主编：《竞争法》，法律出版社 2008 年版，第 164 页。

为。从严格意义上讲,商业受贿并不具有不正当竞争的性质,因为受贿者的直接目的不是获取交易机会或市场份额,而是为了满足自己的物质和非物质欲望,但由于商业受贿与商业行贿互为依存,破坏市场公平竞争秩序,因此,《反不正当竞争法》将商业受贿作为商业贿赂行为一并进行打击。

第二,以商业贿赂是否采用回扣的方式实施为标准,可以分为回扣行为或回扣以外的其他行为。

回扣行为包括给予和收受回扣的行为,是指经营者为了销售或购买商品,在账外暗中给予或收受交易对方单位或者个人财物的行为。回扣行为是我国法律明确规定的典型的商业贿赂行为的表现形式。其特征是:

首先,收受回扣的人为对方单位或个人。由于回扣本身是交易利益的部分返还,因此,收受回扣的人不能是交易以外的第三人。

其次,回扣体现为一定的财物,且以现金为其主要表现形式。财物以外的非物质利益,不能被称为回扣。

再次,账外暗中进行。这里所谓的"账外暗中",是指未在依法设立的反映其生产经营活动或者行政事业经费收支的财务账上按照财务会计制度规定明确如实记载,包括不入财务账、转入其他财务账或者做假账等。回扣是在账外暗中给予和收受,这是回扣与折扣、佣金的一个最大区别点。这里所称的折扣,即商品购销中的让利,是指经营者在销售商品时,以明示并如实入账的方式给予对方的价格优惠,包括支付价款时对价款总额按一定比例即时予以扣除和支付价款总额后再按一定比例予以退还两种形式。经营者销售商品,可以以明示方式给予对方折扣。经营者给予对方折扣的,必须如实入账;经营者或者其他单位接受折扣的,必须如实入账。这里的佣金,是指经营者在市场交易中给予为其提供服务的具有合法经营资格中间人的劳务报酬。经营者销售或者购买商品,可以以明示方式给中间人佣金。经营者给中间人佣金的,必须如实入账;中间人接受佣金的,必须如实入账。

最后,回扣具有违法性。回扣以秘密的方式给予和收受,违反了商业惯例,破坏了公平竞争秩序,因此应当予以严厉规制。

2. 商业贿赂的处理

根据《反不正当竞争法》的规定,商业贿赂行为由县级以上工商行政管理机关负责监督检查。经营者在销售或购买商品时实施商业贿赂行为的,由工商行政管理机关根据情节,处以1万元以上20万元以下的罚款,有违法所得的,应当予以没收;构成犯罪的,移交司法机关依法追究刑事责任。工商行政管理机关在监督检查商业贿赂行为时,可以对行贿行为和受贿行为一并予以调查处理。实施商业贿赂不正当竞争行为给被侵害的经营者造成损害的,应当依法承担损害赔偿责任。

(三)引人误解的虚假宣传行为及其法律规制

1. 引人误解的虚假宣传行为的界定

(1)引人误解的虚假宣传行为的定义和特征

引人误解的虚假宣传是指经营者在商业活动中利用广告或者其他方法,对商品或服务进行与事实内容不相符的公开宣传,导致或足以导致购买者对商品产生错误认识的不正当竞争行为。这种行为严重违反诚实信用原则,违反公认的商业道德,是一种严重的不正当竞争行为。

一般而言,引人误解的虚假宣传行为的特征主要表现为:

第一,行为的实施主体是经营者。这里的经营者,既可以是广告主、广告经营者和广告发布者,也可以是以广告以外的其他方法宣传商品的其他经营者。

第二,行为人的主观方面表现为故意或过失。一般而言,引人误解的虚假宣传的行为人的主观方面大多具有故意,并且行为人具有获取交易机会或市场份额的动机,具有误导他人购买商品的目的。但在少数场合,过失行为也可以构成虚假宣传。例如,广告主、广告经营者在发布广告前疏于审查,发布了虚假广告,即可以构成引人误解的虚假宣传。

第三,行为在客观方面表现为对商品作了违背事实真相的宣传。也就是行为人针对商品或服务的基本要素的宣传不真实,如商品的质量、制作成分、性能、用途、生产者、有效期限、产地、荣誉或经营者所提供服务的质量、形式、特征等,在客观上导致或足以导致购买者产生错误认识。

第四,行为发生在商业宣传活动中。这里的宣传活动,主要体现为广告活动,当然也包括广告以外的其他宣传活动,如新产品或服务的推介会、商品信息发布会、展销会等。

(2)引人误解的虚假宣传行为的表现形式

根据《最高人民法院关于审理不正当竞争民事案件应用法律若干问题的解释》,引人误解的虚假宣传主要表现为以下三种形式:第一,对商品作片面的宣传或者对比的;第二,将科学上未定论的观点、现象等当作定论的事实用于商品宣传的;第三,以歧义语言或者其他引人误解的方式进行商品宣传的。以明显夸张方式宣传商品,不足以造成相关公众误解的,不属于引人误解的虚假宣传行为。人民法院应当根据日常生活经验、相关公众一般注意力、发生误解的事实和被宣传对象的实际情况等因素,对引人误解的虚假宣传行为进行认定。

2. 引人误解的虚假宣传行为的处理

处理虚假广告,应当依照《反不正当竞争法》并结合《广告法》等法律的规定。《反不正当竞争法》第24条规定:经营者利用广告或者其他方法,对商品作引人误解的虚假宣传的,监督检查部门应当责令停止违法行为,消除影响,可以根据情节处以1万元以上20万元以下的罚款。广告的经营者在明知或者应知的情况下,代理、设计、制作、发布虚假广告的,监督检查部门应当责令停止违法行为,没收违法所得,并依法处以罚款。

《广告法》第 55 条规定:发布虚假广告的,由工商行政管理部门责令停止发布广告,责令广告主在相应范围内消除影响,处广告费用三倍以上五倍以下的罚款,广告费用无法计算或者明显偏低的,处二十万元以上一百万元以下的罚款;两年内有三次以上违法行为或者有其他严重情节的,处广告费用五倍以上十倍以下的罚款,广告费用无法计算或者明显偏低的,处一百万元以上二百万元以下的罚款,可以吊销营业执照,并由广告审查机关撤销广告审查批准文件、一年内不受理其广告审查申请。广告经营者、广告发布者明知或者应知广告虚假仍设计、制作、代理、发布的,由工商行政管理部门没收广告费用,并处广告费用三倍以上五倍以下的罚款,广告费用无法计算或者明显偏低的,处二十万元以上一百万元以下的罚款;两年内有三次以上违法行为或者有其他严重情节的,处广告费用五倍以上十倍以下的罚款,广告费用无法计算或者明显偏低的,处一百万元以上二百万元以下的罚款,并可以由有关部门暂停广告发布业务、吊销营业执照、吊销广告发布登记证件。第 56 条规定:发布虚假广告,欺骗、误导消费者,使购买商品或者接受服务的消费者的合法权益受到损害的,由广告主依法承担民事责任。广告经营者、广告发布者不能提供广告主的真实名称、地址和有效联系方式的,消费者可以要求广告经营者、广告发布者先行赔偿。关系消费者生命健康的商品或者服务的虚假广告,造成消费者损害的,其广告经营者、广告发布者、广告代言人应当与广告主承担连带责任。前述规定以外的商品或者服务的虚假广告,造成消费者损害的,其广告经营者、广告发布者、广告代言人,明知或者应知广告虚假仍设计、制作、代理、发布或者作推荐、证明的,应当与广告主承担连带责任。此外,《刑法》对利用广告对商品或者服务进行虚假宣传的刑事责任也有相关规定。

(四)侵犯商业秘密的行为及其法律规制

1. 商业秘密的定义

在我国,商业秘密作为一个法律术语,最早出现在 1991 年 4 月 9 日颁布的《民事诉讼法》第 66 条和第 120 条之中,但该法并未对商业秘密的含义作出界定。1992 年 7 月 14 日,最高人民法院公布的《关于适用〈中华人民共和国民事诉讼法〉若干问题的意见》首次对商业秘密作了司法解释。《意见》第 154 条规定,商业秘密主要是指技术秘密、商业情报及信息等,如生产工艺、配方、贸易联系、购销渠道等当事人不愿公开的工商业秘密。这一解释明确了商业秘密的大致范围,但并未揭示这一概念的内涵。1993 年颁布的《反不正当竞争法》对商业秘密的构成条件和范围作了比较完整的概括。根据该法规定,所谓商业秘密,是指不为公众所知悉、能为权利人带来经济利益、具有实用性并经权利人采取保密措施的技术信息和经营信息。

2. 商业秘密的特征

商业秘密是一种人类智力劳动成果,既不同于专利、商标、文学艺术和科学作品等传统知识产权客体,也有别于政治秘密、个人隐私等其他秘密。具体而言,其特征主要有以下几点：

（1）秘密性。商业秘密属于不为公众所知悉、处于保密状态、一般人不易通过正当途径或方法获得的信息。秘密性是商业秘密最基本的特征。一旦商业秘密丧失秘密性，就丧失了商业秘密给权利人带来的竞争优势，同时也丧失了法律保护的依据。根据各国立法和理论，对于秘密性的认定可以从主客观两个方面进行考察。只有同时具备这两方面秘密性的信息，才有可能成为商业秘密，从而成为法律保护的对象。

就主观方面而言，信息的持有者具有对该信息予以保密的主观愿望。也就是说，商业秘密的权利人必须意识到自己所掌握的信息不为他人所知悉，并积极采取合理的保密措施。在我国，《反不正当竞争法》关于商业秘密的定义中也含有"经权利人采取保密措施"的要求。至于权利人应采取哪些保密措施，其持有的信息才具有主观保密性，在实践中不能秉持过于严苛的原则，而应当根据合理的原则，视具体情况加以判定。

就客观方面而言，秘密性是指某种信息在客观上没有被公众所知悉或没有进入公有领域。在实践中，对于秘密性客观方面的判断，主要有两种标准：一是可以根据该信息是否确为公众所知悉的事实加以考察，即以该信息的公开行为所造成的实际效果作为判断秘密性客观方面的标准。也就是说，只有当商业秘密不仅存在理论上被公开的可能性，而且客观上已经被他人或公众所知悉，该商业秘密才被视为丧失秘密性。① 不过，实践中知悉商业秘密的人员除了商业秘密的持有人外，通常还包括所有内部为使用商业秘密而合法知悉商业秘密的雇员、因业务关系而接触到商业秘密的交易相对人、根据合同或协议的约定有权使用商业秘密的当事人等，这些人知悉所有人的商业秘密，并不导致商业秘密秘密性的丧失。二是可以根据该信息获取的难易程度来加以判断。换言之，如果某种信息处于一种他人意欲获取便可以通过合法途径获得的状态，即该商业秘密被视为丧失秘密性，而不论该信息是否已确为公众了解，以及了解该信息的公众规模。在我国，《反不正当竞争法》关于商业秘密的定义中也含有"不为公众所知悉"的内涵。由此可以认为，我国也要求商业秘密须具备客观秘密性这一特性方能构成。

（2）无形性。商业秘密的无形性是指商业秘密作为人类智力劳动的产物，其本身不具有特定的物质表现形态，往往通过设计图纸、配方、公式、操作指南、实验报告、技术记录、经营策略、方案、计划等形式表现出来。它们的载体可能是有形的，但其表现出来的思想内容则是无形的，具有非物质属性。商业秘密的这一特性，意味着商业秘密遗失或被窃，虽然可以追回设计图纸、配方、操作指南等载体，但往往难以追回其思想内容。因此，对于商业秘密的保护，必须采取其他一些更有效的救济方法。

（3）价值性。商业秘密的价值性是指商业秘密具有确定的可应用性，能为权利人带来现实的或者潜在的经济利益或者竞争优势。这是商业秘密区别于政治秘密、个人隐私的主要标志。商业秘密的价值性既包括现实的经济利益，也包括通过将来使用而可能获得的潜在的经济利益。商业秘密的持有人通过掌握、使用或转让商业秘密，可以获

---

① 种明钊主编：《竞争法》，法律出版社 2008 年版，第 181 页。

得某种经济利益或竞争优势。此外,商业秘密的价值性还体现为其实用性,即商业秘密能客观、现实地适用于生产经营活动中,并产生经济效益或竞争优势。这是商业秘密区别于理论成果、设想或构思的基本标志。单纯的构想以及抽象的观念,由于无法体现出一种具体的和确定的可应用性,不受竞争法的保护。价值性作为商业秘密的特性和构成要件,在许多国家的立法中均有反映。在我国,《反不正当竞争法》第10条关于商业秘密的定义中也有"能为权利人带来经济利益、具有实用性"的内涵和要求。

(4)专有性。这是指商业秘密应是其持有人在事实上独占的技术信息和经营信息。进言之,如果某种信息是社会成员可以通过合法途径获取并加以利用的信息,则这种信息不具备秘密性,也不具备专有性,当然也就不能称其为商业秘密。

3. 商业秘密的分类

商业秘密是一个内涵广泛的概念,可以从不同的角度进行分类。其中,最为基本的分类法是以其涉及的内容为标准,将其分为以下两类:

(1)技术秘密

根据我国《反不正当竞争法》的规定,技术秘密的定义可作如下表述:技术秘密是指不为公众所知悉、能够为权利人带来经济利益、具有实用性并经权利人采取保密措施的技术信息。技术秘密一般不能独成一体,只能依附于某种专利或公开的技术,作为实施主要技术时必备的经验性技巧而存在。[1] 作为商业秘密的重要范畴,技术秘密除具备商业秘密的基本特征外,还具有技术性的特征,即技术秘密是服务于工业生产目的的、有关产品制造和工艺改造方法的知识、诀窍和经验等技术信息。技术性是技术秘密与经营秘密相区别的重要标志。

(2)经营秘密

根据我国《反不正当竞争法》的规定,经营秘密的定义可作如下表述:经营秘密是指不为公众所知悉、能够为权利人带来经济利益、具有实用性并经权利人采取保密措施的经营信息,如经营计划、客户名单、产品的社会购买力情况、产品的区域性分布情况、经营战略、原材料价格、流通渠道、资信状况、管理模式和方法,等等。作为商业秘密的组成部分,经营秘密同样具有秘密性、无形性、价值性和专有性等特征。此外,经营秘密还具有经营管理性的特征,即经营秘密是经营管理以及与经营管理密切相关的信息。

另外,也有学者根据商业秘密是否能够直接产生商业价值,将商业秘密区分为积极的商业秘密和消极的商业秘密。积极的商业秘密是指能够直接为权利人产生商业价值、带来经济利益或竞争优势的信息;而消极的商业秘密则是指证明按某种特定的方法或设计进行生产经营无法给开发者直接带来经济利益的信息。[2]

---

① 李昌麒主编:《经济法学》,法律出版社2007年版,第304页。
② 李昌麒主编:《经济法》,法律出版社2004年版,第319页。

4. 商业秘密权

保护商业秘密的实质,在于保护商业秘密权。顾名思义,商业秘密权是指商业秘密的持有人基于商业秘密而拥有的权利。具体而言,商业秘密权是指商业秘密的持有人所享有的使用、转让、处置商业秘密并排除他人侵犯等权利。不过,关于商业秘密权是一种什么性质的权利,历来却有不同的观点,并形成了各种不同的学说,如"财产权说"、"人格权说"、"企业权说"、"契约关系说"、"知识产权说"等。近年来,我国学界主流的观点认为商业秘密权是一种无形财产权,主张将其作为一种民事权利加以保护。[①]

一般认为,商业秘密权主要包括以下几方面的内容:

(1)保密权。它是指商业秘密权人有将自己拥有的技术信息或经营信息作为商业秘密加以管理与控制的权利。在实践中,保密权涉及的范围比较广泛,例如,权利人可以建立商业秘密的内部保密制度,可以通过契约行为要求其雇员保守商业秘密,可以要求因业务关系接触到其商业秘密的外部人员不得泄露商业秘密等。

(2)使用权。它是指商业秘密权人有自己使用商业秘密的权利。这是商业秘密能为权利人带来经济利益,具有实用性的前提基础。

(3)转让权。它是指商业秘密权人享有的将自己拥有的商业秘密依法转让或许可他人使用的权利。

(4)放弃权。它是指商业秘密权人有将自己持有的商业秘密公之于众的权利。权利人一旦行使放弃权,就意味着商业秘密进入了公有领域,成为任何人都可以从公开渠道直接获得的信息。此时,商业秘密就不再受法律保护,任何人均可以使用。不过,权利人行使放弃权也要受到一定的限制,例如,两个或两个以上通过合法途径持有同样商业秘密的权利人,如果其相互之间有保密约定,则任何一方均不得行使放弃权而损害另一方的合法权益。

(5)专利申请权。它是指商业秘密权人将自己持有的商业秘密申请为专利的权利。专利权是国家授予专利申请人对发明创造享有的独占、排他垄断权,这种权利的取得,是以公开其发明创造的技术内容为条件的,即专利申请人是通过公开自己的技术,来换取法律上对该技术的专有权的。一旦取得了专利,权利人即可在一定地域和期限内阻止他人随意利用该发明创造,也可以阻止其他在先或同时发明同一技术的人就该发明创造进行转让或随意扩大使用范围。

(6)排除侵害权。它是指商业秘密权人对于侵犯商业秘密的行为有依法排除侵害的权利。这一权利主张,既可以直接向侵权人提出,也可以通过法院等机关向侵权人提出。

5. 侵犯商业秘密行为的表现形式

侵犯商业秘密行为,是指行为人不正当地获取、披露、使用或允许他人使用权利人的商业秘密,从而损害权利人利益,扰乱社会公平竞争秩序,阻碍技术进步和遏制创新

---

① 吕明瑜:《竞争法教程》,中国人民大学出版社 2008 年版,第 350～351 页。

积极性的行为。根据我国《反不正当竞争法》及国家工商行政管理总局《关于禁止侵犯商业秘密的若干规定》的相关规定,侵犯商业秘密的行为主要包括以下几类:

(1)经营者以不正当手段获取权利人商业秘密的行为。这是指经营者以盗窃、利诱、胁迫或者其他不正当手段获取权利人商业秘密的行为。以这些不正当手段违背权利人的意志获取商业秘密的行为本身就是一种违法的侵权行为,其不仅会给商业秘密权人造成直接或间接的经济损失,而且还会极大地破坏整个市场竞争环境和竞争秩序。因此,只要权利人能证明被申请人所使用的信息与自己的商业秘密具有一致性或者相同性,同时能证明被申请人有获取其商业秘密的条件,而被申请人不能提供或者拒不提供其所使用的信息是合法获得或者合法使用的证据的,工商行政管理机关就可以根据有关证据,认定被申请人有侵权行为。

(2)经营者非法披露、使用或允许他人使用以不正当手段获取的商业秘密。这是行为人获取商业秘密后的继续行为。通过这种行为的实施,权利人的商业秘密可能会被更多的民众所获悉,从而进一步扩大权利人所遭受的损害,后果非常严重。因此,只要行为人实施了将不当获取的商业秘密扩散出去的行为,即构成反不正当竞争法上的不当披露。此外,对被申请人违法披露、使用、允许他人使用商业秘密将给权利人造成不可挽回的损失的,应权利人请求并由权利人出具自愿对强制措施后果承担责任的书面保证,工商行政管理机关可以责令被申请人停止销售使用权利人商业秘密生产的产品。

(3)违反约定或违反保密要求,披露、使用或允许他人使用他人的商业秘密。这是一种发生在合同当事人之间的违约行为,也是侵犯他人商业秘密中最常见的行为。在这种行为下,行为人获取商业秘密本身是具有合法基础的,如商业秘密的共同所有人、合法受让人等,但其负有保密义务或承受有保密要求,由于行为人没有遵守保密等约定使用或者允许他人使用其所掌握的权利人的商业秘密,就属于侵犯商业秘密的行为。

(4)第三人恶意获取、使用或者披露权利人商业秘密的行为。这在各国的反不正当竞争立法和实践中均被视为是侵犯商业秘密的行为。在我国,《反不正当竞争法》规定,第三者明知或应知他人获取、披露、许可使用商业秘密系违法行为,则他基于这些违法行为获取商业秘密,以及对获取的商业秘密进行使用或再披露,视为侵犯商业秘密。当然,这里特别强调第三人的主观状态。如果第三人对商业秘密的来源的不正当性并不知情,处于善意的状态,则不属于侵犯商业秘密行为。

(5)商业秘密权利人的职工违反合同约定或者违反权利人保守商业秘密的要求,披露、使用或者允许他人使用其所掌握的权利人的商业秘密的行为,也属于侵犯商业秘密。

6. 侵犯商业秘密的法律责任

现代工业的发展,使世界各国都加强了对商业秘密的保护。为了有效地对侵犯商业秘密行为进行规制,各国立法均从多个层面来追究行为人的法律责任,以达到保护商业秘密的目的。从总体上看,各国立法所确认的侵犯商业秘密的法律责任主要包括:

(1)行政责任。这是一些国家尤其是我国立法所确认的一种责任形式。如我国台湾地区"公平交易法"规定,侵犯他人商业秘密的,处罚新台币50万元。我国《反不正当竞争法》规定,经营者侵犯他人商业秘密的,监督检查部门(即县级以上工商行政管理部门及法律、行政法规规定的其他部门)应责令停止违法行为,可根据情节处1万元以上20万元以下的罚款。

(2)民事责任。第一,责令停止侵权行为。这是各国立法所确认的一种责任形式。例如,在美国,法院可以通过禁令责令停止侵犯商业秘密的行为。我国《反不正当竞争法》实际上并未对"责令停止侵权行为"作出规定,对此,我们可以直接按照《民法通则》的相应规定执行。第二,赔偿损失。这也是各国立法所确认的一种责任形式。商业秘密作为无形财产,被侵害后势必会给权利人带来经济损失,因此,权利人有权要求侵权人赔偿损失。对此,我国《反不正当竞争法》规定,经营者违反本法规定,给被侵害的经营者造成损害的,应当承担赔偿责任。被侵害的经营者的损失难以计算的,赔偿额为侵权人在侵权期间因侵权所获得的利润,并应当承担被侵害的经营者因调查该经营者侵犯其合法权益的不正当竞争行为所支付的合理费用。

(3)刑事责任。它是指对侵犯商业秘密的行为人所给予的刑事制裁。目前,有的国家专门设立了"泄露企业秘密罪"、"泄密罪"等罪名,如日本、墨西哥等。即使没有将侵犯商业秘密作为独立罪名的国家,在司法实践中也是按照其他相关的罪名对行为人实施刑事惩罚的。我国修订后的新《刑法》增加了侵犯商业秘密罪的规定。根据《刑法》第219条的规定,构成侵犯商业秘密罪,给权利人造成重大损失的,处三年以下有期徒刑或者拘役,并处或者单处罚金;造成特别严重后果的,处三年以上七年以下有期徒刑,并处罚金。

(五)商业毁谤及其法律规制

1. 商业毁谤的界定

商业毁谤行为,又称诋毁他人商誉的行为,是指经营者自己或利用他人,通过捏造、散布虚伪事实,恶意评价信息,散布不完整或者无法证实的信息等不正当手段,对竞争对手的商誉进行恶意的诋毁,以削弱其竞争力,由此获取竞争优势的行为。

商誉是经营者通过公平竞争与诚实经营所取得的综合性社会评价。尽管商誉本身不具有财产的实体形态,但是,良好的商誉却可以提升商誉主体的竞争优势,带来潜在的经济利益。因此,它对经营者进行市场竞争具有十分重要的意义。商业毁谤行为通过诋毁竞争对手的商誉以谋取相对竞争优势,不仅侵犯了商誉主体的利益,同时也损害了公平、诚信的竞争秩序。因此,对于这种行为,各国竞争法都进行了相应的规制。

2. 商业毁谤的特征

第一,行为的主体是竞争关系中的经营者。一般而言,为了获取相对竞争优势,竞争关系中的经营者在实践中通常是自己个人实施诋毁竞争对手商誉的行为。但有时候,经营者可能利用他人帮助其实施这种行为。此时,当经营者利用他人实施商业毁谤行为时,被唆使、收买或欺骗的行为人的行为,应当被视为是该经营者的行为。当然,具体实施行为的人不能免除其应承担的法律责任。

第二,行为人的主观上存在故意。根据我国《反不正当竞争法》的第 14 条"经营者不得捏造、散布虚伪事实,损害竞争对手的商业信誉、商品声誉"的规定,表明商业毁谤行为的行为人主观上需存在故意,即行为人实施这一行为的目的在于贬低他人的商誉,从而削弱他人的竞争力,进而谋求自己的竞争优势。需要说明的是,实践中,经营者也可能基于过失而造成竞争对手商誉的损害,此时行为人的行为虽然并不构成商业毁谤行为,但并不能免除其侵权法上的责任承担。

第三,行为侵害的客体是作为竞争对手的特定经营者的商誉和竞争秩序。这里的"商誉",包括商品信誉和商业信誉,是指经营者在生产、流通和与此有直接联系的经济行为中逐渐形成的,反映社会对其在市场竞争中所处地位的总体评价。良好的商誉一旦形成,就会给经营者带来强大的竞争优势,而且还会得到广大消费者的认同,从而促进产品销售。因此,商业毁谤行为侵害的直接客体就是特定经营者的商誉。同时,由于这种侵害行为也伴随着对公平竞争权的损害,因此,竞争秩序也间接成为商业毁谤行为侵害的对象。

第四,行为的客观方面表现为捏造、散布虚伪事实,对竞争对手的商誉进行诋毁。例如,利用召开新闻发布会、刊登比较广告、散发公开信等方式捏造、散布虚伪事实;利用假投诉、产品说明书等方式公开诋毁竞争对手的商誉等。

3. 商业毁谤行为的表现形式

在现实生活中,商业毁谤行为的表现形式多种多样,很难穷尽。因此,本书仅就其主要表现形式做以下划分:

第一,根据行为的具体实施者的不同,可以把商业毁谤行为分为经营者自己实施的商业毁谤行为和利用他人实施的商业毁谤行为。对于利用他人实施的商业毁谤行为,除具体实施者应承担相应责任以外,还要将行为人的行为视为经营者的行为而追究其法律责任。

第二,根据遭受诽谤的经营者的数量,可以分为对少数经营者实施的商业毁谤和对多数经营者实施的商业毁谤。例如,某日用化学品公司在其发布的广告中,采用对比手法,声称其他洗涤用品可能诱发老年痴呆症、组织学骨软化、非缺铁性贫血等多种疾病,而自己的产品则可以放心使用,而事实上并非如此。这就侵害了所有生产其他品牌洗涤用品的经营者的商誉。又如,甲宾馆为了获取更多的经济利益,捏造虚伪事实向有关部门投诉乙宾馆从事赌博行业,有关部门在审查后认定投诉事实不成立,但因有关部门的调查行为却影响了乙宾馆的正常营运。这就是针对少数经营者或特定经营者实施的商业毁谤行为。

第三,根据行为所采取的方式,可以分为召开新闻发布会、刊播广告、散发传单、寄送信函、张贴告示等不同形式实施的商业毁谤行为。

4. 商业毁谤行为的处理

我国《反不正当竞争法》第 14 条规定:"经营者不得捏造、散布虚伪事实,损害竞争对手的商业信誉、商品信誉。"这是我国有关商业毁谤行为最基本、最重要的专项法律规定。但是,该法中,却没有规定商业毁谤行为的法律责任。这不能不说是该法的一大缺憾。因此,我们必须结合其他相关法律规定,追究商业毁谤行为的法律责任。具体而言,根据现行有关规定,对商业毁谤行为,我们应当追究三方面的法律责任:

(1)民事责任。我国主要通过民事途径来实现对商誉权受害人的救济。对于商业毁谤行为,受害人可以依照《民法通则》的规定,要求行为人停止侵害、恢复名誉、消除影响、赔礼道歉,并可要求行为人赔偿损失。此外,《反不正当竞争法》第20条还对包括商业毁谤在内的不正当竞争行为的赔偿数额确定标准作了规定。按照规定,商业毁谤给其他经营者造成损害的,应当承担赔偿责任,被侵害的经营者的损失难以计算的,赔偿额为侵权人在侵权期间因侵权所获得的利润,并应当承担被侵害的经营者因调查该经营者的商业毁谤行为所支付的合理费用。

(2)行政责任。我国反不正当竞争立法对于商业毁谤行为并没有直接的行政责任规定。按照《反不正当竞争法》的规定,商业毁谤由县级以上工商行政管理部门查处。《反不正当竞争法》虽然没有授予工商行政管理部门对实施商业毁谤的行为人进行罚款、吊销营业执照等处罚权,但完全可以责令行为人停止违法行为、消除影响。

(3)刑事责任。1997年的新《刑法》增加了商业毁谤罪,并规定了其刑事责任。按照我国《刑法》第221条的规定,捏造并散布虚伪事实,损害他人的商业信誉、商品信誉,给他人造成重大损失或者有其他严重情节的,处两年以下有期徒刑或者拘役,并处或单处罚金。单位犯本罪,判处罚金,并对负有直接责任的主管人员和其他直接责任人员依照个人犯本罪处罚。

(六)不当有奖销售及其法律规制

1. 有奖销售的定义

根据国家工商行政管理总局《关于禁止有奖销售活动中不正当竞争行为的若干规定》第2条第1款的规定,有奖销售行为是指经营者销售商品或者提供服务,附带性地向购买者提供物品、金钱或者其他经济上利益的行为。有奖销售包括两种:一是奖励所有购买者的附赠式有奖销售;二是奖励部分购买者的抽奖式有奖销售。凡是以抽签或其他带有偶然性的方式确定购买者是否中奖的,均属于抽奖式有奖销售。

有奖销售是各国商业实践中普遍采用的一种促销手段。作为一种行之有效的方式,有奖销售实际上是对购买者的让利,其性质与降价销售基本相同,因此,其确实能够在相当程度上激发人们的消费欲望,刺激消费增长,促使潜在的购买力转变为现实购买力,从而在短期内给从事有奖销售的企业带来可观的经济利益。[①] 但是,有奖销售毕竟不是靠商品的优质低价取胜,而是借助于资金或资金的诱惑力,利用消费者的投机心理进行商品促销,如果运用不当,就可能产生不良的市场导向,甚至破坏公平的竞争秩序,损害消费者的权益。所以,这种利弊二重性的特征,决定了各国竞争法都要对其加以合

---

① 种明钊主编:《竞争法》,法律出版社2005年版,第139页。

理规制。

2. 不当有奖销售的界定

按照我国《反不正当竞争法》的规定,不当有奖销售,是指经营者违反诚实信用和公平竞争的原则,利用物质、金钱或者其他经济利益引诱购买者与之交易,排挤竞争对手的行为。

不当有奖销售在现实生活中具有多种具体表现形式,我国《反不正当竞争法》第13条以及国家工商管理总局的有关规定将其划分为以下三类:

第一,欺骗性有奖销售。它是指经营者在有奖销售活动中隐瞒事实真相,虚构有奖销售相关事实的行为。它包括以下行为:谎称有奖销售或者对所设奖的种类、中奖概率、最高奖金额、总金额、奖品种类、数量、质量、提供方法等作虚假不实的表示;采取不正当的手段故意让内定人员中奖;故意不将设有中奖标志的商品、奖券投放市场或者不与商品、奖券同时投放市场;故意将带有不同奖金金额或者奖品标志的商品、奖券按不同时间投放市场;其他欺骗性有奖销售行为,即上述几种以外的其他欺骗性有奖销售行为。按照规定,这类行为必须由省级以上工商机关认定,省级工商机关做出的认定,应当报国家工商行政管理机关备案。

应当注意的是,为了提高有奖销售的透明度,切实制止欺骗性有奖销售,我国国家工商行政管理总局还要求:经营者举办有奖销售,应当向购买者明示其所设奖的种类、中奖概率、奖金金额或者奖品种类、兑奖时间和方式等事项。属于非现场即时开奖的抽奖式有奖销售,告知事项还应当包括开奖的时间、地点、方式以及通知中奖者的时间和方式。经营者对已经向公众明示的上述事项不得变更。在销售现场即时开奖的有奖销售活动,对超过500元以上奖的兑奖情况,经营者应当随时向购买者明示。如果违反这些规定,隐瞒事实真相的,那么,被视为欺骗性有奖销售而进行处理。

第二,利用有奖销售的手段推销质次价高的商品。这实际上也是一种欺骗性有奖销售,只不过欺骗的客观表现与前一种欺骗行为有所不同。有奖销售的商品是否属于"质次价高",应由工商机关根据同期市场同类商品的价格、质量和购买者的投诉进行认定,必要时会同有关部门认定。质次和价高是相对而言的,即质量价格比悬殊时即可认定为质次价高。例如,有奖销售的商品的价格明显地高于同类并具有相当质量的商品,即可认为属于质次价高。

第三,巨额抽奖式有奖销售。这是指奖金额超过5000元的抽奖式有奖销售。巨额抽奖式有奖销售一般中奖概率低,却能吸引大量存在侥幸心理的顾客,从而严重影响其他经营者的正常经营活动,破坏公平竞争秩序。此外,过度的有奖销售也会助长人们的投机心理,败坏社会风气。为此,法律应当对这种促销方式加以禁止。

3. 不当有奖销售的处理

(1)民事责任

因不当有奖销售行为而受到侵害的经营者,可以按照我国《反不正当竞争法》第20条的规定要求民事损害赔偿,即经营者实施不当有奖销售,给被侵害的经营者造成损害的,应当承担赔偿责任。被侵害的经营者的损失难以计算的,赔偿额为侵权人在侵权期间因侵权所获得的利润,并应当承担被侵害的经营者因调查该经营者侵犯其合法权益的不正当竞争行为所支付的合理费用。

(2)行政责任

按照《反不正当竞争法》第26条的规定,经营者实施不当有奖销售的,由监督检查部门责令停止违法行为,并可以根据情节处以1万元以上10万元以下的罚款。对于利用有奖销售行为来推销质次价高的商品的行为,《产品质量法》规定,生产者、销售者在产品中掺杂、掺假、以假充真、以次充好,或者以不合格产品冒充合格产品的,责令停止生产、销售,没收违法所得,并处违法所得一倍以上五倍以下的罚款,可以吊销营业执照。

(3)刑事责任

就欺骗性有奖销售而言,如果情节严重,可能构成诈骗罪,我们应追究经营者的刑事责任。此外,利用有奖销售行为来推销质次价高的产品,我们可依据《产品质量法》和《刑法》对构成犯罪的经营者追究刑事责任。

思考题

1. 如何理解自由竞争原则?
2. 如何理解公平竞争原则?
3. 垄断行为与限制竞争行为有何区别?
4. 什么是垄断协议? 它有何法律特征?
5. 滥用市场支配地位有哪些表现形式?
6. 什么是经营者集中? 它有哪些表现形式?
7. 行政垄断与经济垄断有何区别?
8. 试论商业贿赂行为及其法律规制。
9. 试论侵犯商业秘密的具体表现形式。
10. 试论市场混淆行为及其法律规制。

第三章 消费者保护法律制度

[内容提要]本章基于消费者主权理念,阐释了消费者的概念及对作为弱者的消费者实施特殊保护的重要意义,在介绍消费者保护立法的历史沿革的基础上,重点阐述了我国构建的消费者法律保护机制,剖析了消费者的权利体系和经营者的义务体系,集中分析了消费争议的解决方式和解决争议的特定规则以及违反消费者权益保护法的法律责任。

第一节 消费者的概念与消费者保护立法

一、消费者的概念

"消费者"一词,按照国际上通行的解释,仅指个体消费者。《布莱克法律词典》认为,"消费者"是相对于制造商、销售商而言的概念,它包括购买、使用、维护各类物品和服务的个人。国际标准化组织消费者政策委员会在 1978 年 5 月 10 日召开的日内瓦年会上,把"消费者"一词定义为"为个人目的的购买或使用商品和服务的个体社会成员"。欧洲共同体理事会通过的《消费者保护宪章》也明确规定:"消费者是使商品和服务供个人使用的那些合法人。"在国外立法中,很少在法律条文中明确"消费者"的含义,从大多数国家保护消费者权益法的内容及实施情况看,"消费者"定义中应含有下列四个层次的意思:其一,就消费的性质来说,消费者的消费指个人的生活消费,不包括生产资料的消费;其二,就消费的主体来说,"消费者"指的是自然人或家庭,一般不包括法人或团体;其三,就获得商品和服务的手段来说,其是通过市场交换有偿购买来实现的;其四,就消费的客体范围来说,不仅指实物,也包括服务。

我国 1994 年 1 月 1 日起施行并于 2013 年 10 月 25 日最新修改的《消费者权益保护法》未对消费者做明确界定,仅在第 2 条规定:"消费者为生活消费需要购买、使用商品或接受服务,其权益受本法保护。"这一表述与国际上通行的解释及大多数国家的消费者权益保护立法的调整范围大体相同,同时又在立法和实务中结合我国的实际情况,在消费的性质以及消费的主体方面,做了相应的变通。

就消费性质方面的变通来说,消费者的消费主要是指生活消费,即人们为满足物质、文化生活需要消耗各种生活资料、劳务和精神产品的过程和行为。这是在一般情况下的一般性规定。但是,从我国现实情况考察,农民的情况较为特殊,农民购买、使用直接用于农业生产的生产资料,是农民进行农业生产活动的必要行为,性质上当属生产消费。但考虑到我国是一个农业大国,农业是国民经济的基础,在目前普遍实行以家庭联产承包为主的农业生产经营责任制的情况下,一方面,农业生产力还很不发达,农民的经济活动能力还不高,经营规模也有限,农业生产较低的社会化程度决定了农民的生产消费与生活消费有着更密切、更直接的联系;另一方面,生产和销售假冒伪劣农资类产品坑农害农的现象相当严重,而农民在遭受损害后又缺少相应的救济途径和方式。据此,为更有效地保护农民的权益,保障农民生活的安全和农业生产的稳定发展,《消费者权益保护法》在"附则"第 62 条规定:"农民购买、使用直接用于农业生产的生产资料,参照本法执行。"

就消费主体方面的变通来说,一般情况下,只把社会个体成员作为消费主体纳入消费者权益保护法的调整范围。但我国目前的实际情况是,单位购买其他日用消费品而用于个人消费的情况普遍存在,比如,单位购买副食品供食堂制作饭菜,单位购买其他日用消费品供职工使用,等等。这类消费活动,存在大量的消费权益争议。是否应当将此类单位消费活动纳入《消费者权益保护法》的调整范围,在《消费者权益保护法》的制定过程中曾经是人们十分关注并且反复讨论的热点之一。当然,单位消费一般不像个人消费那样处于弱者地位,并且当其消费权益受到损害时,有些情况下可以适用《合同法》《产品质量法》等法律获得救济。但是,考虑到我国现实中单位消费的普遍性,以及此类单位消费的性质与社会个体成员的消费具有相似性和共同点,在实务中,也将单位购买生活消费品而最终用于单位成员的消费纳入《消费者权益保护法》的调整范围。不少省、自治区、直辖市已通过地方立法的形式出台了相关的规定,如《云南省消费者权益保护条例》《陕西省消费者权益保护条例》《重庆市消费者权益保护条例》《天津市消费者权益保护条例》等,都明确将此类单位消费纳入消费者特殊保护的范围。

二、消费者保护立法

消费者保护立法是消费者与经营者之间矛盾日益激化的结果。在商品经济形态下,由于价值规律的作用、经营利益的驱使,商品生产者和经营者会采取各种手段,甚至不惜损害消费者的利益,来达到自己追逐利润的终极目的。只要存在商品交换,经营者和消费者之间的利益冲突就必然存在,消费者的权益遭受损害就不可避免。随着生产的社会化、专业化程度的日益提高以及现代科学技术的广泛应用,信息的不对称、交易中地位的不平等愈加明显,消费者的弱势地位愈显突出,消费者随时随地都可能遭受处于强势地位的交易对手的误导、愚弄,甚至掠夺。通过立法保护作为弱者的消费者便成为必由之路。

无论中国还是外国,在封建社会后期,资本主义萌芽之际,对商品交换活动的规制和社会经济秩序的管理还仅仅只有民商法保护的意识,未能形成专门化的消费者保护制度和基本的法律部门。因而,这一阶段只能称为消费者保护立法的萌芽阶段。

现代社会的消费者权益保护立法,是在 19 世纪末 20 世纪初,资本主义进入垄断帝国主义阶段以后开始的,它的产生和世界性的消费者运动互为呼应,紧密联系在一起。最早的消费者权益保护立法,是对已经存在并发展着的传统民商法的平等原则加以修改,从而间接给予消费者权益以特殊保护的立法形式,德国、奥地利、法国分别于 1894 年、1896 年和 1900 年制定的世界上最早的一批"分期付款买卖法"以及德国于 1896 年制定的《反不正当竞争法》,就是这一时期消费者保护立法的典型代表。这些立法的共同点就是通过限制作为强势地位的垄断公司片面地将苛刻条件加入合同来保护作为弱势群体的消费者。

以真实全面地体现国家对消费关系适度干预为特征的现代消费者权益保护法律,是与现代民商事立法同时产生的,典型代表是美国 1890 年通过的《保护贸易和商业不受非法限制与垄断之害法》,它被公认为世界上最早的消费者权益保护立法。当然,限制和维护公平交易的新型民商事立法,也直接或者间接地具有保护消费者权益的作用。

20 世纪初,随着市场经济的进一步发展,消费者问题日益突出并有恶化趋势,西方政府由此采取了保护消费者权益的若干强有力措施,并建立了产品侵权责任制度,以此加重对侵权者的制裁处罚,加大对消费者的保护力度。

第二次世界大战以来,尤其是进入 20 世纪 60—70 年代,随着世界消费者运动的不断深入,不仅发达的资本主义国家,而且第三世界国家和苏联、东欧国家也展开了消费者权益保护立法工作,各个国家相继建立了具有严密结构和完善内容的庞大的消费者权益保护法律体系。

我国消费者保护立法起步较晚。改革开放以前,国家实行高度集中的计划经济体制,长期处于短缺经济型状态,消费者问题突出表现为消费需求得不到满足。缓解这一矛盾的主要手段是计划配置,即便存在消费者权益遭受损害的现象,也是通过行政干预加以解决。随着社会主义市场经济体制的建立和经济体制改革的深化,从 20 世纪 80 年代开始,我国正式启动消费者权益保护立法。

第二节　消费者权益保护法的概念与我国消费者权益保护法

一、消费者权益保护法的概念

消费者权益保护法是指调整因生活消费而发生的各种社会关系并对消费者提供特别保护的法律规范的总称。消费者权益保护法有广义与狭义之分。在我国,狭义的消费者权益保护法仅指作为基本法的由全国人大常委会通过的《中华人民共和国消费者权益保护法》;广义的消费者权益保护法则指国家制定、颁布的具有保护消费者权益功能的各种法律规范,它不仅包括名称为"消费者权益保护法"的法律规范,而且包括其他法律、行政法规中涉及的具有消费者权益保护内容的法律规范。也就是说,广义的消费者权益保护法是以《消费者权益保护法》为基本法,以质量、计量、标准、卫生、商标、标签、广告等方面的法律、行政法规涉及的消费者权益保护法律规范为有机组成部分而形成的一个消费者保护的法律体系。

二、我国的消费者权益保护法

我国《消费者权益保护法》是1993年10月31日经第八届全国人民代表大会常务委员会第四次会议审议通过,自1994年1月1日起施行的。这是新中国成立以来制定的第一部以消费者为本位,以消费者权利为核心,保护消费者权益的专门性法律,2013年10月25日,第十二届全国人民代表大会常务委员会第五次会议通过了最新修订的《消费者权益保护法》,规定自2014年3月15日起实施。新消法在网络购物、个人信息保护、公益诉讼、惩罚性赔偿等方面都做出了明确的规定,增强了保护消费者权益的力度,成为我国迄今为止为保护消费者权益而制定的内容最全面、规定最详尽的综合性法律。

现实生活消费领域通常产生三类社会关系:一是经营者与消费者之间等价有偿的商品交换关系或服务与被服务关系;二是国家与经营者之间的管理与被管理关系;三是国家与消费者之间的指导与被指导关系。我国《消费者权益保护法》正是通过对这三类社会关系的全面调整,着力维护消费者的合法权益。其调整的特点是:其一,专章明确了消费者的权利,也专章设置了经营者的义务,从立法技巧到立法内容都明显"偏向于"作为弱势的消费者,体现了保护消费者权益、规范经营者行为的宗旨;其二,消费者权益保护法多为强制性、禁止性规范,突出体现了国家对市场经济进行干预的"行政"特点;其三,倡导、鼓励全社会为维护消费者权益共同承担责任,并构筑了对损害消费者权益的违法行为的全方位监督机制;其四,重视消费者组织的保护功能,专章规定了消费者组织的法律地位,由此形成了一种较具特色的消费者权益保护模式。

我国《消费者权益保护法》在我国的消费者保护立法中处于基本法的地位,其他法律、行政法规如《产品质量法》《反不正当竞争法》《广告法》《商标法》《食品安全法》《药品管理法》等所涉及的消费者保护法律规范与之呼应、配套,形成了和谐统一的消费者权益保护体系。该体系以对消费者是弱者的认同为视角,构建了在消费生活领域为消费者提供全方位特殊保护的机制,集中地体现了以人为本的价值取向。这些具体体现在:其一,该法赋予消费者享有广泛的权利,使作为弱者的消费者在消费生活领域的基本人权获得了为法律所确认的权利支撑;其二,该法构架了消费者权益的立体化保护模式,使作为弱者的消费者在消费生活领域的基本人权获得了来自国家、社会的全方位保护;

其三,该法确立了消费争议的解决途径和方式,使作为弱者的消费者在消费生活领域的基本人权具有切实有效的制度保障。

第三节 消费者权利与经营者义务

一、消费者权利

消费者权利,是消费者利益在法律上的体现,也是消费者权益保护法的核心。我国《消费者权益保护法》第二章专章规定了消费者权利,赋予消费者享有 9 项权利。

(一)安全保障权

它是指消费者在购买、使用商品和接受服务时享有人身、财产安全不受损害的权利。它包括两个方面的内容:其一,消费者在购买、使用商品或接受服务时,享有保持身体健康及生命不受危害的权利;其二,消费者在购买、使用商品或接受服务时,享有其合法财产不受侵害的权利。安全保障权是消费者权利体系的基础,也是消费者实现其他权利的前提条件。

(二)知悉真情权

它是指消费者享有知悉其购买、使用的商品或接受的服务的真实情况的权利。知悉真情权是消费者明明白白消费,防范经营者欺诈、误导的重要保证。

(三)自主选择权

它是指消费者享有自主选择商品和服务的权利。它包含四个方面的内容:其一,消费者有权自主选择经营者;其二,消费者有权自主选择商品品种或者服务方式;其三,消费者有权自主决定购买或者不购买某种商品、接受或者不接受某种服务;其四,消费者有权比较、鉴别和挑选商品或服务。自主选择权赋予消费者有权根据自己的需要和意愿来选择商品或者服务,是自愿平等的民事活动原则在生活消费领域的具体体现,也是市场竞争规则的客观要求。

(四)公平交易权

它是指消费者享有在平等基础上获得公正结果的权利。其具体内容为:消费者在购买商品或者接受服务时,有权获得质量保障、价格合理、计量正确等公平交易条件,有权拒绝经营者的强制交易行为。公平交易权是诚实信用、等价有偿的民事活动原则在生活消费领域的贯彻,也是满足消费者生活需要的基础。

（五）获取赔偿权

它是指消费者在购买、使用商品或者接受服务受到人身、财产损害的情况下，依法享有的索赔权。

消费者的索赔，依照我国《消费者权益保护法》第11条、第55条的规定，有两种形式：一种是补偿性索赔，一种是惩罚性索赔。

补偿性索赔的条件是：消费者因购买、使用商品或者接受服务受到人身、财产损害，便有权就实际损失主张权利，获得补偿性赔偿。

惩罚性索赔的条件是：经营者提供商品或者服务有欺诈行为，消费者便有权以其购买商品或接受服务的费用为基数主张三倍赔偿；赔偿的金额不足五百元的，为五百元。依据国家工商行政管理总局第73号令通过的《侵害消费者权益行为处罚办法》的规定，经营者实施以下欺诈行为的，消费者有权进行惩罚性索赔：第一，销售掺杂使假、以假充真、以次充好的商品；第二，销售国家明令淘汰并停止销售的商品；第三，采取虚假或其他不正当手段销售的商品分量不足；第四，骗取消费者预付款；第五，不以真实名称、标记提供商品或者服务；第六，以虚假或者引人误解的商品说明、商品标准、实物样品等方式销售商品或者服务；第七，作虚假或者引人误解的现场演示说明；第八，采用虚构交易、雇佣他人等方式进行欺骗性销售诱导；第九，以虚假的"清仓价"、"甩卖价"、"最低价"、"优惠价"或者其他欺骗性价格表示销售商品或服务；第十，以虚假的有奖销售等方式销售商品或者服务；第十一，销售"处理品"、"残次品"、"等外品"等商品而谎称是正品；第十二，夸大或隐瞒所提供的商品或者服务的数量、质量、性能等与消费者有重大利害关系的信息误导消费者；第十三，以其他虚假或者引人误解的宣传方式误导消费者。另外，据《最高人民法院关于审理商品房买卖合同纠纷案件适用法律若干问题的解释》第8条的规定，具有下列情形之一，导致商品房买卖合同目的不能实现的，无法取得房屋的买受人可以请求解除合同、返还已付购房款及利息、赔偿损失，并可以请求出卖人承担不超过已付购房款1倍的赔偿责任：其一，商品房买卖合同订立后，出卖人未告知买受人又将该房屋抵押给第三人；其二，商品房买卖合同订立后，出卖人又将该房屋出卖给第三人。该解释第14条规定，出卖人交付使用的房屋套内建筑面积或者建筑面积与商品房买卖合同约定面积不符，合同有约定的，按约定处理。合同没有约定或者约定不明确的，按照以下原则处理：第一，面积误差比绝对值在3%以内（含3%），按照合同约定的价格据实结算，买受人请求解除合同的，不予支持；第二，面积误差比绝对值超出3%，买受人请求解除合同、返还已付购房款及利息的，应予支持。买受人同意继续履行合同，房屋实际面积大于合同约定面积的，面积误差比在3%以内（含3%）部分的房价款由买受人按照约定的价格补足，面积误差比超出3%部分的房价款由出卖人承担，所有权归买受人；房屋实际面积小于合同约定面积的，面积误差比在3%以内（含3%）部分的房价款及利息由出卖人返还买受人，面积误差比超过3%部分的房价款由出卖人双倍返还买受人。

获取赔偿权是消费者权利的核心,也是消费者权益得以切实维护的根本举措。

(六)依法结社权

它是指消费者享有依法成立维护自身合法权益的社会团体的权利。消费者组织设立的唯一宗旨就是通过对商品和服务的社会监督,维护消费者的合法权益。中国消费者协会以及地方各级消费者协会的维权实践证明:消费者组织在沟通政府和消费者的联系、解决消费争议、推动消费者运动健康发展、维护消费者利益等方面,的确起到了积极有效的作用,通过消费者组织进行维权已成为一种具有中国特色的消费者维权模式。

(七)获得消费知识权

它是指消费者享有获得有关消费和消费者权益保护方面的知识的权利。获得消费知识权是消费者进行正确消费的前提和进行自主选择的基础,也可以说这项权利是知悉真情权和自主选择权的延伸。

(八)受尊重权

它是指消费者在购买、使用商品或者接受服务时,享有其人格尊严、民族风俗习惯得到尊重的权利。它包括两个方面的内容:其一,消费者的人格尊严包括姓名权、名誉权、荣誉权、肖像权等应当受到尊重;其二,消费者的民族风俗习惯包括服饰、饮食、礼节、婚葬、禁忌等应当受到尊重。尊重消费者的人格尊严和民族风俗习惯,既是一个国家和社会文明进步的重要标志,也是法律对人权保障的基本要求。

(九)监督批评权

它是指消费者享有对商品和服务以及保护消费者权益工作进行监督的权利。它包括三个方面的内容:其一,消费者有权检举、控告侵害消费者权益的行为;其二,消费者有权检举、控告国家机关及其工作人员在保护消费者权益工作中的违法失职行为;其三,消费者有权对保护消费者权益工作提出批评、建议。监督批评权是消费者享有的上述八项权利的必然延伸,对于督促和推进消费者权益保护工作具有极其重要的作用。

二、经营者义务

经营者义务与消费者权利相对应,二者既对立又统一。经营者义务以消费者权利为目的,消费者权利的实现有赖于经营者义务的履行,只明确消费者权利而不规定经营者义务,或只规定经营者义务而不明确消费者权利,都不能切实维护消费者的合法权益。

基于此,我国《消费者权益保护法》第三章专章规定了经营者义务,为经营者设立了11项义务。

(一)守法信约的义务

这一义务要求经营者向消费者提供商品或者服务,必须依照本法和其他有关法律、法规的规定以及与消费者之间的约定履行义务。在向消费者提供商品或者服务时,经营者还应当恪守社会公德,诚信经营,保障消费者的合法权益;不得设定不公平、不合理的交易条件,不得强制交易。守法信约是对经营者的基本要求,也是满足消费者生活消费的基本保障。

(二)接受监督的义务

这一义务要求经营者应当听取消费者对其提供的商品或者服务的意见,接受消费者的监督。接受监督的义务是促使经营者改善服务方式,提高商品质量,从而实现消费者自我维权保护,减少消费争议的有效手段。

(三)保证安全的义务

这一义务要求经营者向消费者提供商品或服务,必须保障人身、财产安全。它主要包括两个方面的具体内容:其一,对可能危及人身、财产安全的商品和服务,应当向消费者做出真实的说明和明确的警示,并说明和标明正确使用商品或者接受服务的方法以及防止危害发生的方法;其二,经营者发现其提供的商品或者服务存在缺陷,有危及人身、财产安全危险的,应当立即向有关行政部门报告和告知消费者,并采取停止销售、警示、召回、无害化处理、销毁、停止生产或者服务等措施;其三,宾馆、商场、餐馆、银行、机场、车站、港口、影剧院等经营场所的经营者,应当对消费者尽到安全保障义务。人身、财产安全是消费者的最根本利益所在,保证安全的义务就是为消费者人身、财产安全设立的安全保障屏障。

(四)提供真实信息的义务

这一义务要求经营者应当向消费者提供有关商品或者服务的真实信息,不得作引人误解的虚假宣传。它主要包括三个方面的内容:其一,经营者应当充分、全面地向消费者提供有关商品或者服务的真实信息;其二,经营者对消费者就其提供的商品或者服务的质量和使用方法等问题提出的询问,应当作出真实、明确的答复;其三,经营者提供商品或者服务应当明码标价。提供真实信息的义务,是正确引导消费,实现消费者消费意愿的重要保证。

(五)明晰标注的义务

这一义务要求经营者应当标明自己的真实名称和标记,包括在租赁他人柜台或者场地等特定情况下从事经营,都必须履行该项义务。明晰标注的义务,是诚实守信的民事活动原则对经营者的具体要求,也是保障消费者准确识别经营者及消费产品,充分行使权利的具体措施。

(六)出具凭证的义务

这一义务要求经营者提供商品或者服务,应当按照国家有关规定或商业惯例向消费者出具购货凭证或者服务单据。购货凭证和服务单据是消费者和经营者进行交易活动的基本依据,具有重要的证据学意义,为经营者设立出具凭证的义务,有利于消费者在权益受到损害的情况下获得救济。

(七)品质担保义务

这一义务要求经营者应当保证商品或者服务的质量。它主要包括五个方面的内容:其一,经营者的品质担保义务以消费者正常使用商品或者接受服务为前提,如果消费者非正常使用商品或者接受服务,则不承担此项义务;其二,经营者应当保证消费者在正确使用商品或者接受服务的情况下,其提供的商品或者服务应当具有相应的质量、性能、用途和有效期限;其三,消费者在购买商品或者接受该服务前已经知道该商品或服务存在瑕疵的,经营者不受此项义务约束;其四,经营者以广告、产品说明、实物样品或者其他方式表明商品或者服务的质量状况的,应当保证其提供的商品或者服务的实际质量与表明的质量状况相符;其五,经营者提供的机动车、计算机、电视机、电冰箱、空调器、洗衣机等耐用商品或者装饰装修等服务,消费者自接受商品或者服务之日起六个月内发现瑕疵,发生争议的,由经营者承担有关瑕疵的举证责任。这一规定将民事诉讼法中"谁主张,谁举证"的举证责任进行了倒置,有助于督促经营者在提供商品或服务时履行品质担保义务。品质担保义务既是经营者营利的基础,也是消费者实现生活消费的基础。

(八)"三包"义务

这一义务通常又被称为"三包"责任,它要求在经营者提供不符合质量要求的商品或者服务时,消费者可以依照国家规定、当事人约定退货,或者要求经营者履行更换、修理等义务。2013年新修订的《消费者权益保护法》扩大了"三包"责任的范围,取消了原规定中对"三包"责任适用的范围限制,规定在没有国家规定和买卖双方约定的情况下,消费者可以自收到商品之日起七日内退货;七日后符合法定解除合同条件的,消费者也可以及时退货,不符合法定解除合同条件的,可以要求经营者承担更换、修理等义务。这一规定实际将"三包"责任的适用范围扩大到了所有商品,有助于消费者督促经营者提高产品质量,完善售后服务,切实保护了消费者的人身、财产安全。

需要特别强调的是,基于交易双方信息不对称的现状以及遵循特殊保护弱者的理念,新修订的《消费者权益保护法》顺应国际立法趋势,引入了"后悔权制度"。消费者"后悔权",在英、美等国家被称为"冷静期制度",本意是指买卖合同成立并生效后,消费者有权在一定期间内单方主张解除买卖合同,而无须说明理由且不必承担违约责任。

新修订的《消费者权益保护法》并非全盘引入"后悔权制度",而是结合我国消费者保护的现实需要,根据市场交易的特殊性,在网购、邮购等销售方式中适度地、有条件地引入了"后悔权制度",主要内容体现为以下三个方面:

第一,《消费者权益保护法》第 25 条第 1 款规定:"经营者采用网络、电视、电话、邮购等方式销售商品的,消费者有权自收到商品之日起七日内退货,且无需说明理由。"该条款包括两个内容:其一,《消费者权益保护法》赋予消费者的后悔权是有范围限制的,仅限于通过网络、电视、电话、邮购等远程购物方式购买的商品,主要针对消费者无法真实全面了解商品信息的问题;其二,消费者行使后悔权是有规定期限的,为"自收到商品之日起七日内",这既给消费者行使权利留足时间,又避免了权利滥用。一旦消费者行使了后悔权,合同即恢复到订立之前的状态,消费者应退还商品,经营者则应返还价款。

第二,为兼顾经营者一方的利益,该条款还对后悔权行使的例外情况作了规定。第 25 条第 2 款规定以下四类商品不得无理由退货:消费者定作的;鲜活易腐的;在线下载或者消费者拆封的音像制品、计算机软件等数字化商品;交付的报纸、期刊。除了明确列举的这四种情形外,其他根据商品性质并经消费者在购买时确认不宜退货的商品,也不适用第 1 款规定。

第三,《消费者权益保护法》第 25 条第 3 款规定:"消费者退货的商品应当完好。经营者应当自收到退回商品之日起七日内返还消费者支付的商品价款。退回商品的运费由消费者承担;经营者和消费者另有约定的,按照约定。"这一规定的主要目的是为了促进理性消费观念的普及,避免消费者滥用后悔权而不合理地加重经营者的负担,影响正常的市场交易秩序。

应当明确,消费者的后悔权与经营者"三包"义务中的"退货"义务并不相同,其最明显的区别在于,经营者履行"三包"义务的前提条件是经营者违反了品质担保义务而提供了不符合质量要求的商品,而消费者行使后悔权并不以一方过错为前提,且无须说明理由,在法律规定的期限内行使即可。

《消费者权益保护法》第 25 条不仅倾斜地保护了作为弱势地位的消费者的权益,也在一定程度上兼顾了经营者的利益。但目前其在具体实践中仍存在较多问题,亟须完善后悔权的相关实施细则和配套制度,以保证后悔权制度的落实,营造公平、正义的交易环境。

(九)不得预定不合理交易条件的义务

这一义务要求经营者在经营活动中使用格式条款时,应当以显著方式提请消费者注意商品或者服务的数量和质量、价款或者费用、履行期限和方式、安全注意事项和风险警示、售后服务、民事责任等与消费者有重大利害关系的内容,并按照消费者的要求予以说明;不得以格式合同、通知、声明、店堂告示等方式,作出对消费者不公平、不合理的规定,或者减轻、免除其损害消费者合法权益应当承担的民事责任。格式合同、通知、声明、店堂告示等含有上述内容的,其内容无效。这里所谓的格式合同,是指经营者为了重复使用而预先制定的对于经营者与消费者的权利义务作出规定的合同。这里所谓的通知、声明、店堂告示，是指经营者在其经营场所内悬挂、张贴的告诫消费者的警示性标语、标牌。格式合同、通知、声明、店堂告示的共同点在于，它们均由经营者单方面预先制定，未与消费者协商，未能反映消费者的意愿和要求，因而难免出现对消费者不公平、不合理的规定。为体现自愿公平的交易原则，切实保护消费者，我国《消费者权益保护法》为经营者设立了该项义务，而不是禁止经营者采用格式合同、通知、声明、店堂告示。同时，我国《合同法》还规定，对格式条款的理解发生争议的，应当按照通常理解予以解释；对格式条款有两种以上解释的，应当作出不利于提供格式条款一方的解释；格式条款和非格式条款不一致的，应当采用非格式条款。

(十)尊重消费者人格尊严的义务

这一义务要求经营者不得对消费者进行侮辱、诽谤，不得搜查消费者的身体及其携带的物品，不得侵犯消费者的人身自由。消费者的人格尊严和人身自由受宪法、法律保护，在消费生活领域也理应得到经营者的尊重，经营者若利用自己的强势地位侵犯消费者的人格尊严或者人身自由，应当承担民事侵权责任；构成犯罪的，并应承担刑事责任。

(十一)对消费者个人信息保密的义务

对消费者个人信息保密的义务是新修订的《消费者权益保护法》为保护消费者个人信息而新增的一项义务内容。它要求经营者在收集、使用消费者个人信息时，应当遵循合法、正当、必要的原则，明示收集、使用信息的目的、方式和范围，并经消费者同意。经营者及其工作人员对收集的消费者个人信息必须严格保密，不得泄露、出售或者非法向他人提供。同时，经营者应当采取技术措施和其他必要措施，确保信息安全，防止消费者个人信息泄露、丢失。在发生或者可能发生信息泄露、丢失的情况时，经营者应当立即采取补救措施。经营者未经消费者同意或者请求，或者消费者明确表示拒绝的，不得向其发送商业性信息。

第四节　争议的解决与解决争议的特定规则

一、争议的解决

消费争议是指消费者在购买商品、使用商品或者接受服务过程中与经营者之间发生的消费权益争议。消费争议本质上属于民事权益争议的范畴，为及时解决消费争议，保障消费者在其权益受到损害后能获得救济，我国《消费者权益保护法》第 39 条规定了解决消费争议的五种方式：

(一)和解的方式

这是指消费争议发生后,争议的消费者与经营者在平等、自愿基础上进行协商,就妥善解决双方争议达成一致的方式。和解的方式由于是建立在互谅互让基础上的彼此谦让,对于化解矛盾、平息争议具有重要的实践价值。

(二)调解的方式

这是指消费争议发生后,在作为第三人的消费者协会的主持下,促成争议的消费者与经营者达成妥善解决方案的方式。消费者协会居中主持调解,是我国《消费者权益保护法》赋予消费者组织的职能之一,它要求消费者协会站在公正立场上,基于自愿原则和合法原则进行调解。由于消费者协会在调解中能充分利用其查询、参与行政监督、建议等法定职责权能,因而,成效明显。实践证明,消费者协会居中主持调解已成为解决消费争议的行之有效的方式,深受消费者信任和青睐。

(三)投诉的方式

这是指消费争议发生后,消费者向有关行政部门进行投诉,由行政部门对双方争议予以处理的方式。该部门自收到投诉之日起七个工作日内,应当予以处理并告知消费者。由于消费争议涉及质量、计量、标准、卫生、商标、标签、广告、价格等多个领域,所以,我国《消费者权益保护法》规定,消费争议发生后,消费者有权向有关行政部门投诉。这里所谓的有关行政部门,包括工商行政管理机关、物价管理机关、卫生监督机关、质量技术监督机关等,这些行政部门在自己职权范围内处理消费争议,维护消费者的合法权益。投诉的方式是一种依靠强制性手段解决争议的行政方式,它体现了国家的适度干预,在解决消费争议方面具有高效、快捷的特点。

(四)仲裁的方式

这是指消费争议发生后,根据争议的经营者与消费者达成的仲裁协议,将争议提请仲裁机构居中裁决的方式。仲裁的方式是解决民事权益争议最简便、快捷、有效的方式,特点为:其一,仲裁必须以争议双方自愿为前提,属于协议管辖;其二,仲裁范围以争议双方在仲裁协议中约定的事项为限;其三,仲裁实行一裁终局制;其四,仲裁的民间性质决定了仲裁的协商性质,充分尊重争议双方的意愿。由于仲裁是协议管辖,有合法有效的仲裁协议,就意味着排除了法院的管辖权,因此,选择仲裁便排除了诉讼。

(五)诉讼的方式

这是指消费争议发生后,依法向人民法院提起民事诉讼,通过审判程序解决纠纷的方式。诉讼的方式是解决消费争议的最强有力的、最具权威性的方式。人民法院运用法律赋予的诉讼手段和强制措施,查明案件事实,正确适用法律,能使纠纷得到彻底解决。但诉讼的方式在解决消费争议方面也存在着难以克服的障碍,如审判周期长、诉讼成本高、诉讼程序复杂,等等,弱化了诉讼方式解决消费争议的功能。

在消费争议诉讼中,除了可以由权益受到侵害的消费者个体提起诉讼以外,法律为保护作为弱势群体的消费者的利益,还赋予了中国消费者协会以及省、自治区、直辖市设立的消费者协会在特定条件下的诉讼主体资格,即针对侵害众多消费者合法权益的行为,有权向人民法院提起诉讼。

二、解决争议的特定规则

为体现对消费者的特殊保护,我国《消费者权益保护法》在确立消费争议的解决方式的同时,还确立了几项解决争议的特定规则。

(一)销售者的先行赔付责任

《消费者权益保护法》第40条第1款规定:"消费者在购买、使用商品时,其合法权益受到损害的,可以向销售者要求赔偿。销售者赔偿后,属于生产者的责任或者属于向销售者提供商品的其他销售者的责任的,销售者有权向生产者或者其他销售者追偿。"

(二)生产者与销售者的连带责任

《消费者权益保护法》第40条第2款规定:"消费者或者其他受害人因商品缺陷造成人身、财产损害的,可以向销售者要求赔偿,也可以向生产者要求赔偿。属于生产者责任的,销售者赔偿后,有权向生产者追偿。属于销售者责任的,生产者赔偿后,有权向销售者追偿。"

(三)变更后的企业的承续责任

《消费者权益保护法》第41条规定:"消费者在购买、使用商品或者接受服务时,其合法权益受到损害,原企业分立、合并的,可以向变更后承受其权利义务的企业要求赔偿。"

(四)营业执照持有人与营业执照租借人的连带责任

《消费者权益保护法》第42条规定:"使用他人营业执照的违法经营者提供商品或者服务,损害消费者合法权益的,消费者可以向其要求赔偿,也可以向营业执照的持有人要求赔偿。"

(五)展销会举办者、柜台出租者的特殊责任

《消费者权益保护法》第43条规定:"消费者在展销会、租赁柜台购买商品或者接受服务,其合法权益受到损害的,可以向销售者或者服务者要求赔偿;展销会结束或者柜

台租赁期满后,也可以向展销会的举办者、柜台的出租者要求赔偿;展销会的举办者、柜台的出租者赔偿后,有权向销售者或者服务者追偿。"

(六)网络交易平台提供者的特殊责任

《消费者权益保护法》第44条规定:"消费者通过网络交易平台购买商品或者接受服务,其合法权益受到损害的,可以向销售者或者服务者要求赔偿。网络交易平台提供者不能提供销售者或者服务者的真实名称、地址和有效联系方式的,消费者也可以向网络交易平台提供者要求赔偿;网络交易平台提供者作出更有利于消费者的承诺的,应当履行承诺。网络交易平台提供者赔偿后,有权向销售者或者服务者追偿。网络交易平台提供者明知或者应知销售者或者服务者利用其平台侵害消费者合法权益,未采取必要措施的,依法与该销售者或者服务者承担连带责任。"

(七)虚假广告的广告主、广告经营者与广告发布者的特殊责任

《消费者权益保护法》第45条第1款和第2款规定:"消费者因经营者利用虚假广告或者其他虚假宣传方式提供商品或者服务,其合法权益受到损害的,可以向经营者要求赔偿。广告的经营者、发布者发布虚假广告的,消费者可以请求行政主管部门予以惩处,广告的经营者、发布者不能提供经营者的真实名称、地址和有效联系方式的,应当承担赔偿责任。广告经营者、发布者设计、制作、发布关系消费者生命健康商品或者服务的虚假广告,造成消费者损害的,应当与提供该商品或者服务的经营者承担连带责任。"

(八)社会团体的特殊责任

《消费者权益保护法》第45条第3款规定:"社会团体或者其他组织、个人在关系消费者生命健康商品或者服务的虚假广告或者其他虚假宣传中向消费者推荐商品或者服务,造成消费者损害的,应当与提供该商品或者服务的经营者承担连带责任。"

第五节 违反消费者权益保护法的法律责任

一、违反消费者权益保护法法律责任概述

违反消费者权益保护法的法律责任,是指经营者违反消费者权益保护法设定的义务或者经营者与消费者约定的义务,致消费者权益遭受损害而依法承担的法律后果。我国《消费者权益保护法》第七章专章规定了法律责任,明确规定了经营者在实施不同的违法行为的情况下所应承担的相应法律责任。从整体规定上看,我国《消费者权益保护法》确立的法律责任具有以下特点:其一,多种法律责任并存的综合性特点。对消费者保护实施国家干预的特质,决定了消费者权益保护法必须采用多种调整方法和保护

手段,由此形成了民事责任、行政责任、刑事责任并存,既有私法责任又有公法责任,既有补偿形式的责任又有惩戒形式的责任的综合性特点。其二,法律责任主体以经营者为主的特点。在生活消费领域中,消费者的交易对手主要是经营者,经营者通常以义务主体身份出现,由此反映出法律责任主体以经营者为主的特点。其三,补偿与惩罚并用的特点。经营者违反消费者权益保护法往往既损害了消费者的合法权益,又破坏了正常的市场竞争秩序和社会经济秩序,构成了对消费者个体和社会整体的共同危害,由此这必须通过对经营者适用"补偿"的责任方式来救济消费者,通过对经营者适用"惩罚"的责任方式来维护社会利益。

二、违反消费者权益保护法的民事责任

(一)经营者承担民事责任的法定情形

1.《消费者权益保护法》第48条规定了经营者承担民事责任的一般情形:其一,商品或服务存在缺陷的;其二,不具备商品应当具备的使用性能而出售时未作说明的;其三,不符合在商品或者其包装上注明采用的商品标准的;其四,不符合商品说明、实物样品等方式表明的质量状况的;其五,生产国家明令淘汰的商品或者销售失效、变质的商品的;其六,销售的商品数量不足的;其七,服务的内容和费用违反约定的;其八,对消费者提出的修理、重作、更换、退货、补足商品数量、退还货款和服务费用或者赔偿损失的要求,故意拖延或者无理拒绝的;其九,法律、法规规定的其他损害消费者权益的情形。对消费者未尽到安全保障义务,造成消费者损害的,承担侵权责任。

2.《消费者权益保护法》第52条至第55条规定了经营者承担民事责任的特殊情形:其一,经营者提供商品或者服务,造成消费者财产损害的,应当依照法律规定或者当事人约定承担修理、重作、更换、退货、补足商品数量、退还货款和服务费用或者赔偿损失等民事责任。其二,经营者以预收款方式提供商品或者服务的,应当按照约定提供。未按照约定提供的,应当按照消费者的要求履行约定或者退回预付款,并应当承担预付款的利息、消费者必须支付的合理费用。其三,依法经有关行政部门认定为不合格的商品,消费者要求退货的,经营者应当负责退货。其四,经营者提供商品或者服务有欺诈行为的,应当按照消费者的要求增加赔偿其受到的损害,增加赔偿的金额为消费者购买商品或者接受服务的费用的3倍;增加赔偿的金额不足500元的,为500元。

(二)经营者承担民事责任的具体形式

1. 人身伤害的责任形式。我国《消费者权益保护法》第49条规定:经营者提供商品或者服务,造成消费者或者其他受害人人身伤害的,应当赔偿医疗费、护理费、交通费等为治疗和康复支出的合理费用,以及因误工减少的收入;造成残疾的,还应当赔偿残疾生活辅助具费和残疾赔偿金;造成死亡的,还应当赔偿丧葬费和死亡赔偿金。

2. 人格侵害的责任形式。我国《消费者权益保护法》第 50 条、第 51 条规定：经营者侵害消费者的人格尊严、侵犯消费者人身自由或者侵害消费者个人信息依法得到保护的权利的，应当停止侵害、恢复名誉、消除影响、赔礼道歉，并赔偿损失。经营者有侮辱诽谤、搜查身体、侵犯人身自由等侵害消费者或者其他受害人人身权益的行为，造成严重精神损害的，受害人可以要求精神损害赔偿。

3. 财产损害的责任形式。我国《消费者权益保护法》第 52 条规定：经营者提供商品或者服务，造成消费者财产损害的，应当依照法律规定或当事人约定，以修理、重作、更换、退货、补足商品数量、退还货款和服务费用或者赔偿损失等方式承担民事责任。

三、违反消费者权益保护法的行政责任

(一)经营者承担行政责任的法定情形

《消费者权益保护法》第 56 条规定了经营者承担行政责任的法定情形：其一，提供的商品或者服务不符合保障人身、财产安全要求的；其二，在商品中掺杂、掺假，以假充真，以次充好，或者以不合格商品冒充合格商品的；其三，生产国家明令淘汰的商品或者销售失效、变质的商品的；其四，伪造商品的产地，伪造或者冒用他人的厂名、厂址，篡改生产日期，伪造或者冒用认证标志、名优标志等质量标志的；其五，销售的商品应当检验、检疫而未检验、检疫或者伪造检验、检疫结果的；其六，对商品或者服务作虚假或引人误解的宣传的；其七，对消费者提出的修理、重作、更换、退货、补足商品数量、退还货款和服务费用或者赔偿损失的要求，故意拖延或者无理拒绝的；其八，侵害消费者人格尊严、侵犯消费者人身自由或者侵害消费者个人信息依法得到保护的权利的；其九，拒绝或者拖延有关行政部门责令对缺陷商品或者服务采取停止销售、警示、召回、无害化处理、销毁、停止生产或者服务等措施的；其十，法律、法规规定的对损害消费者权益应当给予处罚的其他情形。

(二)经营者承担行政责任的具体形式

经营者有承担行政责任法定情形之一的，由有关行政部门根据情节予以处罚，处罚形式有：责令改正、警告、没收违法所得、处以违法所得 1 倍以上 10 倍以下的罚款、责令停业整顿、吊销营业执照。上述责任形式由有关行政部门根据情节单处或者并处。除依照法律、法规规定予以处罚外，处罚机关还应当将其记入信用档案，向社会公布。

四、违反消费者权益保护法的刑事责任

《消费者权益保护法》明确规定，经营者实施违反消费者权益保护法的行为构成犯罪的，应当依法追究刑事责任。根据相关条款的规定，经营者违反消费者权益保护法构

成犯罪的情形有:其一,经营者提供商品或者服务,侵害消费者合法权益,构成犯罪的;其二,经营者以暴力、威胁等方法阻碍有关行政部门工作人员依法执行职务的。

思考题

1. 消费者的弱者地位在全球贸易一体化的格局下有哪些新的表现和特点? 如何构建适应新形势的消费者保护机制?

2. 试析惩罚性索赔在保护消费者权益中的特殊功能与作用。

3. 什么是知悉真情权? 如何构建消费者知悉真情权的实施机制?

4. 经营者的品质担保义务在消费者权益保护中起何种作用?

5. 新修订的《消费者权益保护法》有何特色? 你认为还有哪些制度需要进一步完善?

6. 当消费纠纷发生时,消费者有哪些救济途径? 各有何利弊?

第四章 产品质量法律制度

[内容提要]本章立足于我国产品质量的实际和产品质量立法的现状,阐释了产品的范围及与产品质量相关的若干概念,重点分析了生产者和销售者的产品质量义务,详尽阐述了产品违约责任和产品侵权责任,并基于对现实生活中的各种违反产品质量法的具体行为的分析,明确了相应的法律责任。

第一节 产品及产品质量法

一、产品的概念

"产品"这一概念,在不同的法域中有不同的界定。我国《产品质量法》所称产品,是指经过加工、制作,用于销售的产品。同时该法规定,建设工程不属于产品范围,但建设工程使用的建筑材料、建筑构配件和设备,属于经过加工、制作用于销售的产品的,为该法适用的产品范围。由此表明,我国《产品质量法》所调整的产品必须符合四个条件:其一,必须是经过加工、制作的物品。未经加工、制作而天然形成的物品不属于产品的范围。就工业品而言,这些产品主要是指原矿、原煤、石油、天然气,就农产品而言,这些产品主要是指农、林、畜、牧、渔等初级形态的物品。其二,必须是物质形态的物品。产品应当具有物质载体,其中包括以精神产品为内容的外在形式为物质形态的物品,但不包括精神内容本身。其三,必须是动产品范畴。建筑产品以及建筑工程等不动产不包括在产品范围内,因为这些不动产具有很强的整体性,与一般产品相比有着属性的不同、质量要求的不同和监督管理的不同,作为调整一般工业品的产品质量法难以调整,而必须由国家颁布单独的法律进行调整。但建设工程所用的材料,建筑构配件和设备,在其未形成整体的建设工程前,属于产品范围。其四,必须是用于销售的物品。产品应当投入流通以满足用户使用需要,自产自用的物品、军工物品以及纯粹为进行科学试验而研制的物品不包括在产品范围内。

二、我国的产品质量法

产品质量法是调整产品质量监督管理关系和产品质量责任关系的法律规范的总

称。产品质量法有广义与狭义之分。广义的产品质量法不仅包括名称为"产品质量法"的法律规范,还包括相关法律、法规涉及的调整产品质量及产品责任关系的法律规范,如《中华人民共和国标准化法》、《中华人民共和国计量法》、《中华人民共和国食品安全法》、《中华人民共和国药品管理法》、《工业产品生产许可证管理条例》等中的相关法律规范。狭义的产品质量法,在我国仅指第七届全国人民代表大会常务委员会第三十次会议通过,自1993年9月1日起施行,并经2000年7月8日第九届全国人民代表大会常务委员会第十六次会议修正的《中华人民共和国产品质量法》。

在现代社会,产品的高质量已成为生活的主旋律和永恒的话题。对企业来说,质量是效益、是生命;对民族而言,质量是民族素质的反映,是消费者安全的保障;对国家来讲,质量是发达的象征,是强盛的标志。正缘于此,党和国家非常重视产品质量的提高,非常重视全民族质量意识的增强,为此,国务院制定了《质量发展纲要》,确立了"质量兴国"、"质量强国"的发展战略,并提出到2020年实现"质量基础进一步夯实,质量总体水平显著提升,质量发展成果惠及全体人民"的发展目标。近年来,各地区、各部门乃至整个工商企业界,围绕提高产品质量、发展品种这一中心,在加强质量的监督管理、完善企业的质量保证体系、加快采用国际标准和国外先进标准的步伐等方面做了大量艰苦细致的工作,许多产品的质量有了很大提高,品种明显增多,涌现出了一大批名优产品和"质量效益型企业",部分产品的质量和性能已达到或者接近国际先进水平,城乡市场繁荣,商品琳琅满目,扩大了出口创汇,促进了国民经济的发展。但总体上讲,我国产品质量的水平与满足国民经济发展要求以及与国际水平相比,仍然有很大的差距,突出问题有三:一是与国际水平相比,我国许多产品还存在"五低"、"两高"的状况,即技术含量低、市场容量低、附加值低、创汇低、效益低和耗能高、耗物高,产品质量差距较大;二是产品合格率较低,假冒伪劣产品泛滥成灾,质量损失惊人;三是由于质量问题而直接导致的经济损失、环境污染和资源浪费现象十分严重,质量安全事故特别是食品安全事故时有发生,给广大消费者、用户以及国家经济发展都造成了严重危害。这些问题的普遍性和严重性,已危及民族生存和国家发展,而在市场机制没有完全形成,尚不能充分发挥作用的情况下,单靠民事法律难以遏制,必须依靠充分体现国家干预的产品质量法的规制和调控。我国《产品质量法》正是通过赋予行政机关适当介入、通过确立一系列监管制度来达到对产品质量及产品责任关系的有效调控。我国《产品质量法》开宗明义,在第1条明确了立法宗旨:加强质量监督管理,提高产品质量水平;明确产品质量责任,规范生产销售活动;保护消费者合法权益,维护社会经济秩序。

第二节　产品质量及产品质量监督

一、产品质量的概念

在国际标准化组织颁布的 ISO9000-2000 标准中,质量被定义为:一组固有特性满足需求的程度。据此,产品质量是指产品在正常使用条件下,为满足合理的使用要求所必须具备的物质、技术、心理和社会特征的总和。它具有以下特征:其一,产品的适用性。它是指产品应当具有功能上的适用性、使用上的适用性和销售上的适用性,符合使用需要的特征。其二,产品的耐用性。它是指产品的使用寿命或使用期限符合要求。其三,产品的可靠性。它是指产品在规定或预定条件下能够正常发挥功能。其四,产品的安全性。它是指产品在使用过程中不致造成人身和财产的损害。其五,产品的经济性。它是指质量在经济上的总体评价以及质量成本的大小,能够满足用户需要,并实现一定经济效益的能力。其六,产品的时空性。它是指产品在不同的地域和时间以及不同使用上适合需要的特性。其七,产品的维护性。它是部分产品的质量特性要求,是指产品在规定的条件下和规定的时间内,按照规定的程序和方法进行维修时,保持或者恢复到规定状态的能力。产品质量的这些特征反映了现代社会的产品质量观念,其包括的内容远远超出了产品的物质形式及其功能本身,更多地渗透了心理与社会价值的要求,实际上构成了用户评判产品质量的基本尺度。

二、产品质量的监督

(一)产品质量监督概述

产品质量监督,是指国务院产品质量监督部门和县级以上地方产品质量监督部门依法对产品质量进行监管的活动。产品质量监督的实质是行政机关强制介入实施规制的一种行政监督,目的在于规范生产者、销售者的行为,促进企业不断提高产品质量,严禁生产、销售危及人体健康、人身财产安全的假冒伪劣产品。为实现这一目的,我国《产品质量法》确立了产品质量监督体制,该法第 8 条规定:国务院产品质量监督部门主管全国产品质量监督工作。国务院有关部门在各自的职责范围内负责产品质量监督工作。县级以上地方产品质量监督部门主管本行政区域内的产品质量监督工作。县级以上地方人民政府有关部门在各自的职责范围内负责产品质量监督工作。同时其明确了产品质量监督部门的职权,《产品质量法》第 18 条规定:县级以上产品质量监督部门根据已经取得的违法嫌疑证据或者举报,对涉嫌违反本法规定的行为进行查处时,可以行使下列职权:其一,对当事人涉嫌从事违反本法的生产、销售活动的场所实施现场检查;

其二,向当事人的法定代表人、主要负责人和其他有关人员调查、了解与涉嫌从事违反本法的生产、销售活动有关的情况;其三,查阅、复制与当事人有关的合同、发票、账簿以及其他有关资料;其四,对有根据认为不符合保障人体健康和人身财产安全的国家标准、行业标准的产品或者有其他严重质量问题的产品,以及直接用于生产、销售该项产品的原辅材料、包装物、生产工具,予以查封或者扣押。另规定:县级以上工商行政管理部门按照国务院规定的职责范围,对涉嫌违反本法规定的行为进行查处时,可以行使上列职权。

(二)产品质量监督的具体制度

1. 产品质量检验制度。它是指按照特定的标准检测产品质量,以判明产品是否合格的活动。判断产品质量合格与否的依据或尺度有四:其一,产品质量是否符合法律、行政法规对产品质量的要求。对可能危及人体健康和人身财产安全的工业产品,必须符合保障人体健康、人身、财产安全的国家标准、行业标准;未制定国家标准、行业标准的,必须符合保障人体健康、人身、财产安全的要求。其二,产品质量符合合同约定在产品或者其包装上注明采用的产品标准,符合以产品说明、实物样品等方式表明的产品质量状况。其三,产品是否符合标准的要求,包括是否符合国家标准、行业标准、地方标准或企业备案的产品生产标准。其四,产品的生产厂名、厂址与产地是否真实。我国《产品质量法》第 12 条规定:"产品质量应当检验合格,不得以不合格产品冒充合格产品。"这既是对产品质量检验的基本要求,也是对产品生产企业、产品销售者的基本要求,同时也为产品质量检验制度的顺利实施提供了法律保障。

2. 产品质量认证制度。它是指依据具有国际水平的产品标准和技术要求,经过认证机构确认并通过颁发认证证书和认证标志的形式,证明产品符合相应标准和技术要求的活动。我国《产品质量法》确立的产品质量认证有别于西方国家的认证,其特征有四:其一,就认证的性质来讲,我国产品质量认证制度是以政府为代表的第三方认证为特征的,认证机构系经国务院产品质量监督部门认可的或者国务院产品质量监督部门授权的部门认可的机构,代表官方,有浓厚的行政认证色彩;其二,就认证的依据来讲,产品质量认证所依据的标准是具有国际水平的国家标准和行业标准;其三,就认证的对象来讲,产品质量认证的对象仅限于产品,不含服务;其四,就认证的形式来讲,产品质量认证的表现手段是认证证书和认证标志。产品质量认证的目的是提高产品的信誉,增强产品的知名度和竞争力。

3. 企业质量体系认证制度。它是指依据国际通用的质量管理和质量保证标准,经过国务院产品质量监督部门认可或者国务院产品质量监督部门授权的部门认可的认证机构,对企业的质量体系进行审核,通过颁发认证证书的形式,证明企业的质量体系和质量保证能力符合相应要求的活动。企业质量体系认证不同于产品质量认证,其特征有三:其一,企业质量体系认证的对象是企业的质量保证体系和管理水平;其二,企业质量体系认证所依据的标准是国际通用的 ISO 9000 质量管理和质量保证系列标准;其三,企业质量体系认证的结论是证明企业质量体系是否符合质量管理要求。企业质量体系认证的目的在于提高企业管理水平和质量信誉,增强企业在产品市场和国际市场的竞争能力。

4. 国家监督性抽查制度。它是指国务院产品质量监督部门和县级以上产品质量监督部门及其工作人员以抽查为主要方式对产品质量进行监督检查的活动。依《产品质量法》第15条的规定,国家监督性抽查制度重点监督检查三类产品:其一,可能危及人体健康和人身、财产安全的产品;其二,影响国计民生的重要工业产品;其三,用户、消费者、有关组织反映有质量问题的产品。国家监督性抽查的目的是客观地了解和反映产品的质量状况,及时向社会公告检测结果,查处质量低劣的假冒伪劣产品,让用户、消费者掌握真实信息。由于该制度具有权威性、广泛性和计划性的特点,能切实督促企业提高产品质量,正确引导消费。

5. 产品质量状况信息发布制度。它是指国务院产品质量监督部门和省、自治区、直辖市人民政府的产品质量监督部门就其依法实施监督性抽查所了解的产品质量状况的信息予以公告发布的活动。建立这一制度的目的是确保产品质量监督工作的公开、透明,保障用户、消费者及时了解产品质量状况,引导和督促产品生产者、销售者切实提高产品质量,同时也是为了从机制上阻塞假冒伪劣产品的销路,防范地方保护和行业保护。

第三节 生产者与销售者的产品质量义务

产品质量义务是指法律、法规所规定的产品质量法律关系主体必须为一定行为或者不得为一定行为的要求。据此,产品质量义务包括作为的义务与不作为的义务。

一、生产者的产品质量义务

(一)生产者作为的产品质量义务

1.《产品质量法》第26条规定了生产者应当履行对其生产的产品质量负责的义务。这一作为的产品质量义务包括三方面的基本要求:其一,不存在危及人身、财产安全的不合理的危险,有保障人体健康和人身、财产安全的国家标准、行业标准的,应当符合该标准;其二,具备产品应当具备的使用性能,但是对产品存在使用性能的瑕疵作出说明的除外;其三,符合在产品或者其包装上注明采用的产品标准,符合以产品说明、实物样品等方式表明的质量状况。

2.《产品质量法》第27条规定了生产者应当履行的标注义务。这一作为的产品质量义务要求生产者在其产品或者包装上所作标注必须真实,并满足以下条件:其一,有产品质量检验合格证明;其二,有中文标明的产品名称、生产厂厂名和厂址;其三,根据产品的特点和使用要求,需要标明产品规格、等级、所含主要成分的名称和含量的,用中文相应予以标明,需要事先让消费者知晓的,应当在外包装上标明,或者预先向消费者提供有关资料;其四,限期使用的产品,应当在显著位置清晰地标明生产日期和安全使用期或者失效日期;其五,使用不当,容易造成产品本身损坏或者可能危及人身、财产安全的产品,应当有警示标志或者中文警示说明。裸装的食品和其他根据产品的特点难以附加标识的裸装产品,可以不附加产品标识。

3.《产品质量法》第 28 条规定了生产者应当履行的包装义务。这一作为的产品质量义务要求生产者生产易碎、易燃、易爆、有毒、有腐蚀性、有放射性等危险物品以及储运中不能倒置和其他有特殊要求的产品,其包装质量必须符合相应要求,依照国家有关规定作出警示标志或者中文警示说明,标明储运注意事项。

(二)生产者不作为的产品质量义务

《产品质量法》第 29 条至第 32 条规定了生产者的下列不作为义务:(1)不得生产国家明令淘汰的产品;(2)不得伪造产地,不得伪造或者冒用他人的厂名、厂址;(3)不得伪造或者冒用认证标志等质量标志;(4)生产产品不得掺杂、掺假,不得以假充真、以次充好,不得以不合格产品冒充合格产品。

二、销售者的产品质量义务

(一)销售者作为的产品质量义务

1.《产品质量法》第 33 条规定了销售者应当履行的进货验收义务。这一作为的产品质量义务,要求销售者应当建立并执行进货检查验收制度,验明产品合格证明和其他标识,以防止假冒伪劣产品或者不合格产品进入市场。

2.《产品质量法》第 34 条规定了销售者应当履行的保持产品质量的义务。这一作为的产品质量义务,要求销售者应当采取积极措施,保持销售产品的质量,以防止产品变质、腐烂,丧失或者降低使用性能,产生危害人身、财产安全的缺陷。

3.《产品质量法》第 35 条规定了销售者应当履行的产品标识义务。这一作为的产品质量义务,要求销售者销售产品时,应保证产品标识符合产品质量法对产品标识的要求,符合进货验收时的状态,保持产品标识的真实性。

(二)销售者不作为的产品质量义务

《产品质量法》第 35 条、第 37 条至第 39 条规定了销售者的下列不作为义务:(1)不得销售国家明令淘汰并停止销售的产品和失效、变质的产品;(2)不得伪造产地,不得伪造或者冒用他人的厂名、厂址;(3)不得伪造或者冒用认证标志等质量标志;(4)销售产品不得掺杂、掺假,不得以假充真、以次充好,不得以不合格产品冒充合格产品。

第四节　产品违约责任与产品侵权责任

一、产品违约责任

(一)产品违约责任的概念

产品违约责任也称产品合同责任、品质瑕疵担保责任,是指产品的销售者不履行或者不适当履行合同明示的或者合同当事人默示的质量义务而应承担的民事责任。它有以下特征:其一,产品违约责任以合同为基础,无合同,无责任;其二,产品违约责任的当事人只限于建立了交易关系的买卖双方,作为买受人的消费者只能向作为出卖人的销售者主张产品违约责任,销售者则有权向与之建立了交易关系的生产商、供货商进行追偿;其三,产品违约责任的救济措施具有多样性,作为出卖人的销售者不履行产品合同义务或者履行产品合同义务不符合约定条件的,作为买受人的消费者有权要求其履行或者采取补救措施,并有权要求其赔偿损失。

(二)产品违约责任的条件

在产品买卖合同中,作为出卖人的销售者负有担保其销售的产品无质量瑕疵的合同义务。销售者的瑕疵担保义务包含明示担保和默示担保两类。明示担保是指销售者应就其以明示的方式对产品质量所作的说明、确认、允诺承担责任;默示担保是指销售者应就法律认定或者依惯例推定的产品质量承担责任。销售者一旦违反瑕疵担保义务,其销售的产品不符合明示担保或者默示担保的质量要求,就应承担产品违约责任。对此,《产品质量法》第40条作了概括,明确规定销售者有下列情形之一的,应当承担产品违约责任:其一,不具备产品应当具备的使用性能而事先未作说明的;其二,不符合在产品或者其包装上注明采用的产品标准的;其三,不符合以产品说明、实物样品等方式表明的质量状况的。

(三)产品违约责任的形式

《产品质量法》第40条规定了销售者承担产品违约责任的多种责任方式:其一,修理、更换、退货;其二,赔偿损失;其三,销售者承担修理、更换、退货或者赔偿损失的责任后,属于生产者的责任或者属于向销售者提供产品的供货者的责任的,销售者有权向生产者、供货者追偿。

二、产品侵权责任

(一)产品侵权责任的概念

产品侵权责任也称产品责任,是指因产品存在缺陷造成人身、缺陷产品以外的其他财产损害的,产品生产者、销售者应当承担的赔偿责任。它有以下特征:其一,产品侵权责任以缺陷产品致人身、缺陷产品以外的其他财产损害为前提,无损害,无责任;其二,产品侵权责任的当事人不限于产品买卖合同双方,权利主体包括遭受缺陷产品损害的所有人,责任主体则包括生产者、销售者;其三,产品侵权责任的救济方式仅限于损害赔偿;其四,产品侵权责任通常实行举证责任倒置原则。

(二)产品侵权责任的条件

依《产品质量法》有关规定,产品侵权责任的构成条件有三:

1. 产品存在缺陷

《产品质量法》所称缺陷,是指产品存在危及人身、他人财产安全的不合理的危险;产品有保障人体健康和人身、财产安全的国家标准、行业标准的,是指不符合该标准。学理上通常将缺陷分为三类:其一,设计上的缺陷;其二,制造上的缺陷;其三,指示上的缺陷。产品存在缺陷是作为侵权行为人的生产者、销售者违反法律义务的表现,也是造成受害人人身或者财产损害的原因,因而,它是承担产品责任的基础性条件。

2. 存在人身伤害、财产损害的后果

产品侵权责任以受害人遭受人身、财产损害为前提和依据。所谓人身损害,是指缺陷产品导致受害人患病,健康水平下降,人体受到损伤甚至死亡;所谓财产损害,是指缺陷产品导致其他财产损失,而不包括缺陷产品本身的损失。如果没有这一损害后果,即使产品客观上存在缺陷,也不构成产品侵权责任,这就是所谓的"无后果,无责任"。

3. 产品缺陷与损害后果之间存在因果关系

因果关系是客观事物之间前因后果的关联性。产品缺陷与损害后果之间存在因果关系,就是说产品缺陷是引起损害的原因,损害是产品缺陷的结果,二者之间有着内在的必然的联系。如果损害后果不是产品缺陷造成的,缺陷产品的生产者或者销售者就不应承担产品侵权责任。

(三)产品侵权责任的归责原则

产品侵权责任的归责原则,是指产品侵权发生后,确定应当由生产者或销售者承担损害赔偿责任的依据和准则。对此,各国法律规定不一,主要有两种原则:其一,过错责任原则;其二,有限制的无过错责任原则。我国《产品质量法》的第 41 条、第 42 条根据责任主体的不同,分别确立了不同的产品责任归责原则,对生产者而言,适用有限制的无过错责任原则;对销售者而论,则适用过错责任原则。

1. 生产者的有限制的无过错责任

它是指因缺陷产品致人人身、财产损害,不论生产者主观心理状态如何,原则上都应承担损害赔偿责任,只有在生产者能够证明其具备法律规定的免责事由的情况下,其责任才可免除的原则。实质上,这是一种有条件的严格责任。

《产品质量法》规定的生产者的免责事由有三项:其一,未将产品投入流通的;其二,产品投入流通时,引起损害的缺陷尚不存在;其三,产品投入流通时的科学技术尚不能发现缺陷存在的。

2. 销售者的过错责任

它是指由销售者的过错行为导致产品存在缺陷,并造成人身、他人财产损害的,销售者应当承担损害赔偿责任。据此,销售者承担产品侵权责任必须以主观上有过错为前提,通常发生在以下场合:其一,由于销售者操作不当导致产品存在缺陷;其二,由于销售者保管不当导致产品存在指示上的缺陷;其三,由于销售者销售过期、失效的产品导致产品存在缺陷;其四,销售者不能指明缺陷产品的生产者,也不能指明缺陷产品的供货者的,也应当承担损害赔偿责任。

(四)产品侵权责任的赔偿范围

1. 人身损害的赔偿

因缺陷产品致人伤害的赔偿范围:其一,医疗费。这是指受害人受伤后为恢复健康进行医疗所花的费用,包括医药费、治疗费、就医交通费、营养费、住院(或者旅馆)费等项目。医疗费属于直接损失范畴。其二,治疗期间的护理费。这是指受害人受伤后为恢复健康在进行治疗期间请他人进行护理所花费的费用。护理费也属于直接损失。其三,因误工减少的收入。这是指受害人因受伤治疗不能参加劳动而减少的应得收入。因误工减少的收入属于间接损失范畴。

因缺陷产品致人残疾的赔偿范围:因缺陷产品致人残疾的,侵害者不仅应支付医疗费、护理费、误工减少的收入,并应当支付下列费用:其一,残疾者生活自助具费。这是指受害人因造成残疾而部分或全部丧失自理能力,侵害者应当赔偿残疾者为恢复自理能力而购置的各种自助器具的费用。其二,残疾者生活补助费。这是指由于受害人部分或全部丧失劳动能力,收入减少,甚至来源断绝,侵害者应当按照受害人的伤残等级评定和收入减少状况来确定受害人生活补助费的赔偿标准。其三,残疾赔偿金。这是指侵害人由于其缺陷产品致人残疾而给予受害人的一次性惩戒赔付。其四,由残疾人扶养的人所必需的生活费。

因缺陷产品致人死亡的赔偿范围:其一,丧葬费。这是指安葬死者所支付的费用。其二,死者生前扶养的人必需的生活费。其三,死亡赔偿金。这是指侵害者因缺陷产品致受害人死亡而对死者丧失生命权的一次性赔付。

2. 财产损害的赔偿

《产品质量法》第 44 条第 2 款规定了缺陷产品造成受害人财产损失时应承担的责任形式和损害赔偿范围：其一，恢复原状。这是指在财产有修复可能和有修复必要时，将损坏的财产恢复。其二，折价赔偿。这是指侵害者将损坏的财产折合成一定的价款向受害者进行赔偿。折价赔偿是对受害人现有财产直接减少的一种补偿，因而，它是赔偿直接损失的方法。其三，对其他重大损失的赔偿。《产品质量法》规定："受害人因此遭受其他重大损失的，侵害人应当赔偿损失"。这里的其他重大损失属于间接损失范畴，这一规定不仅为受害人主张间接损失提供了明确的法律依据，而且有利于切实保护消费者利益。

第五节　违反产品质量法的法律责任

一、违反产品质量法法律责任概述

违反产品质量法的法律责任，是指负有产品质量义务的市场主体及行使产品质量监督的行政主体违反产品质量法规定所应承担的法律责任。《产品质量法》第五章"罚则"专章规定了产品生产者、销售者、服务业经营者、社会团体、中介机构、各级人民政府工作人员、其他国家机关工作人员、产品质量监督部门及其工作人员实施违反产品质量法的行为所应承担的责任，明确了相应的法律责任形式。《产品质量法》对法律责任的规定，体现出以下特征：其一，行政责任、民事责任和刑事责任并举，而强调行政责任的适用，突出了行政处罚的威慑性和有效性；其二，责任规定明确、具体、全面，具有很强的可操作性；其三，整个法律责任规定贯穿了严厉打击生产、销售假冒伪劣产品的行为，切实保护消费者的主旨。

二、市场主体违反产品质量法的法律责任

（一）生产者、销售者及其他市场主体的行政责任

《产品质量法》相关条款规定了生产者、销售者及其他市场主体承担行政责任的行为：其一，生产、销售不符合保障人体健康和人身、财产安全的国家标准、行业标准的产品的；其二，在产品中掺杂、掺假，以假充真、以次充好，或者以不合格产品冒充合格产品的；其三，生产国家明令淘汰的产品的，销售国家明令淘汰并停止销售的产品的；其四，销售失效、变质的产品的；其五，伪造产品产地的，伪造或者冒用他人厂名、厂址的，伪造或者冒用认证标志等质量标志的；其六，产品标识不符合本法规定的；其七，拒绝接受依法进行的产品质量监督检查的；其八，隐匿、转移、变卖、损坏被产品质量监督部门或者

工商行政管理部门查封、扣押的物品的;其九,知道或者应当知道属于本法规定禁止生产、销售的产品而为其提供运输、保管、仓储等便利条件的,或者为以假充真的产品提供制假生产技术的;其十,服务业的经营者将本法禁止销售的产品用于经营性服务的。

对上述行为,产品质量监督部门有权责令停止违法行为、没收违法生产或者销售的产品、没收违法所得、罚款、吊销营业执照,有权根据情节轻重与法律具体规定单处或者并处。

(二)生产者、销售者及其他市场主体的刑事责任

《产品质量法》相关条款明确规定,生产者、销售者及其他市场主体实施下列行为构成犯罪的,依法追究刑事责任:其一,生产、销售不符合保障人体健康和人身、财产安全的国家标准、行业标准的产品的;其二,在产品中掺杂、掺假,以假充真、以次充好,或者以不合格产品冒充合格产品的;其三,销售失效、变质的产品的;其四,在广告中对产品质量作虚假宣传,欺骗和误导消费者;其五,知道或者应当知道属于本法规定禁止生产、销售的产品而为其提供运输、保管、仓储等便利条件的,或者为以假充真的产品提供假生产技术的;其六,以暴力、威胁方法阻碍产品质量监督部门或者工商行政管理部门的工作人员依法执行职务的。

三、行政主体违反产品质量法的法律责任

(一)地方政府工作人员和国家机关工作人员的责任

《产品质量法》第9条及第65条规定,地方各级人民政府工作人员和其他国家机关工作人员有下列行为之一的,给予行政处分;构成犯罪的,依法追究刑事责任:其一,包庇、放纵产品生产、销售中违反本法规定行为的;其二,向从事违反本法规定的生产、销售活动的当事人通风报信,帮助其逃避查处的;其三,阻挠、干预产品质量监督部门或者工商行政管理部门依法对产品生产、销售中违反本法规定的行为进行查处,造成严重后果的。

(二)产品质量监督部门的法律责任

《产品质量法》第66条至第68条规定了产品质量监督部门实施违反《产品质量法》的行为所应承担的相应责任:其一,产品质量监督部门在产品质量监督抽查中超过规定的数量索取样品或者向被检查人收取检验费用的,由上级产品质量监督部门或者监察机关责令退还;情节严重的,对直接负责的主管人员和其他直接责任人员依法给予行政处分。其二,产品质量监督部门或者其他国家机关违反本法规定,向社会推荐生产者的产品或者以监制、监销等方式参与产品经营活动的,由其上级机关或者监察机关责令改正,消除影响,有违法收入的予以没收;情节严重的,对直接负责的主管人员和其他直接

责任人员依法给予行政处分。产品质量检验机构从事上述违法行为的,由产品质量监督部门责令改正,消除影响,有违法收入的予以没收,可以并处违法收入 1 倍以下的罚款;情节严重的,撤销其质量检验资格。其三,产品质量监督部门或者工商行政管理部门的工作人员滥用职权、玩忽职守、徇私舞弊,构成犯罪的,依法追究刑事责任;尚不构成犯罪的,依法给予行政处分。

思考题

1. 试从产品与商品的比较阐明你对我国《产品质量法》调整范围的理解。
2. 产品质量认证与企业质量体系认证有哪些区别?
3. 什么是缺陷产品? 如何认定产品存在"不合理危险"?
4. 产品侵权责任与产品违约责任有哪些区别?
5. 缺陷产品致人人身伤害的赔偿范围如何确定?
6. 产品侵权责任的归责原则是什么? 如此设定的法律意义何在?

第五章　广告法律制度

[内容提要]本章以我国现行广告立法为基本依据,阐释了广告立法所规制的商业广告的概念和种类,在重点分析广告活动基本准则的基础上,集中介绍了分类广告的法律规制和特殊商品广告的法律规制,详尽地阐述了广告审查的基本内容和违反广告法的法律责任。

第一节　广告法概述

一、广告的概念及其种类

广告法上的广告仅指商业广告,它是由商品经营者或服务提供者承担费用,通过一定的媒介和形式直接或间接地介绍自己所推销的商品或者所提供的服务的宣传方式。

理论上,对商业广告按不同标准可以进行不同的分类,如按广告的地域传播范围,可将其分为地区性广告、全国性广告、国际性广告;按广告的传播对象,可将其分为妇女广告、儿童广告、消费者广告、产业广告等。

实务中,通常按广告的传播媒介,将其分为大众传媒广告、户外广告、直邮广告。大众传媒广告是指通过广播、电视、报纸、杂志等大众传播媒介发布的广告。户外广告是指在露天或公共场所运用一些室外装饰手段向公众传播信息的广告形式。直邮广告又叫邮寄广告,是指通过邮寄方式作为媒介,直接送给预定购买者的广告。

广告法则将商业广告分为商品广告、服务广告、企业形象广告三类予以调整。商品广告是直接传播商品信息,介绍商品的名称、性能、用途、质量、价格,以推销商品为直接目的的广告。服务广告是直接传播服务信息,介绍服务的内容、形式、质量、价格,以推销服务为直接目的的广告。企业形象广告是指直接宣传、介绍生产经营商品,提供服务的企业,以提高企业商业信誉和知名度,树立企业商业形象为直接目的的广告。

广告业在我国是一个新兴产业,1993 年国务院批转国家发展计划委员会《关于全国第三产业发展规划基本思路》,正式将广告业列为第三产业中的一个行业,我国广告业才真正步入发展的轨道。1995 年 2 月 1 日实施的《中华人民共和国广告法》,为我国广告业向法制化、专业化以及符合国际惯例的经营管理方向发展提供了切实保障。2008 年 4 月 23 日,国家工商行政管理总局和国家发展与改革委员会联合发布了《关于促进广告业发展的指导意见》,提出:"在当前和今后的一个时期,广告业要推行现代企业制度,重点培育具有国际竞争力的广告企业,形成大型综合性广告媒体;以创意产业为增长点,促进区域广告创意基地的形成,培育和发展具有特色的优质广告创意产业集群;构建广告业公共服务管理体系,建立广告业人才培养教育机制;壮大公益广告事业,扩大公益广告的社会影响力,以服务社会主义精神文明建设。"我们由此确定了我国在新形势下的广告发展战略。2015 年 9 月 1 日起正式实施了修订后的《中华人民共和国广告法》,对具体的广告规范进行了细化,使其更加适应新形势下的广告业发展,不仅加强了对广告业的监督管理,也为广告业的持续健康发展提供了重要支撑。到目前为止,我国已初步形成了具有一定规模、服务门类和媒介种类比较齐全、能够为社会提供系列化信息服务的广告产业。

二、广告法的概念及其立法意义

广告法是调整广告活动中所发生的各种社会关系的法律规范的总称。这里所谓的"各种社会关系",既包括广告主、广告经营者、广告发布者和广告代言人在广告活动中相互发生的社会关系,也包括广告管理机关与广告主、广告经营者、广告发布者、广告代言人之间因进行广告的监督检查而发生的社会关系。

广告法有广义与狭义之分。广义的广告法不仅包括名称为"广告法"的法律规范,也包括其他法律、行政法规中涉及规制广告活动的法律规范,如《反不正当竞争法》《消费者权益保护法》《食品安全法》《药品管理法》《烟草专卖法》《广告管理条例》及《广告管理条例施行细则》等中的规制广告活动的法律规范;狭义的广告法则仅指《中华人民共和国广告法》。

改革开放以来,我国广告业得到长足的发展,市场经济体制的确立,更为广告业的发展提供了平等竞争的市场环境和前所未有的发展空间,广告业在市场经济活动中也发挥着愈来愈重要的作用。然而,由于我国广告业起步较晚,基础薄弱,发展中又存在一定的盲目性,广告业在迅猛发展的同时,也暴露出许多亟待解决的法律障碍和法律问题。法律障碍如行业结构不尽合理,管理体制不顺畅,宏观规划指导缺失等;法律问题如广告活动中的不正当竞争,欺诈消费者的虚假广告,广告经营活动的不规范等,这些问题的大量存在,破坏了正常的竞争秩序,损害了消费者的合法权益,败坏了我国广告业在国际上的信誉,阻碍了我国广告业的发展进程。制定广告法,对于消除我国广告业发展中的种种法律障碍和法律问题,保障我国广告业按既定的规划目标健康发展,无疑具有重要的立法意义。

首先,制定广告法,确立广告活动的基本准则和基本程序,明确广告主体的基本权利和基本义务,可以有效地规范广告活动,促进广告业在法治轨道上健康发展,从而有效发挥广告在市场经济中特有的积极作用。

其次,制定广告法,强化职能管理机关对广告活动的监管,明确广告主体违规的法律责任,可以有效地推动广告活动主体之间开展正常的市场竞争,维护广告市场秩序和社会经济秩序,保护消费者的合法权益。

最后,制定广告法,以法律的形式弘扬民族传统文化,严密规制广告活动的各个环节,能形成中国特色的广告文化,推动社会主义精神文明建设,从而树立中华民族良好的国际形象。

我国的《广告法》由第八届全国人民代表大会常务委员会第十次会议于 1994 年 10 月 27 日通过,并于 1995 年 2 月 1 日起实施。之后在相当长的一段时间内,《广告法》规范着广告主体的行为活动和广告业的市场秩序,保障着我国广告行业的稳定发展。但是随着我国经济的快速发展,广告行业也出现了诸多的新情况、新问题,需要适时地修改《广告法》以适应新形势下的广告业发展需求,因此,第十二届全国人民代表大会常务委员会第十四次会议于 2015 年 4 月 24 日通过了最新修订的《广告法》,并于 2015 年 9 月 1 日正式实施。此次修订重点新增了互联网广告、公益广告、户外广告、广告代言人行为、大众传播媒介发布广告行为等内容,同时细化了广告内容准则,对烟草广告、保健食品、教育培训、房地产等进行了补充规范,并且明确强调了广告行业中有关未成年人保护等其他问题。此次修改,扩充了内容,细化了规定,完善了监管,对我国广告行业的持续健康发展产生深远的影响。

三、广告活动及其基本规则

广告活动是指广告主、广告经营者、广告发布者在设计、制作、发布广告的过程中所实施的行为,还包括广告代言人在对商品或服务做推荐、证明时所实施的行为。这当中涉及广告主、广告经营者、广告发布者和广告代言人四方主体,四方主体在商业广告活动中所处的地位以及各自的权利与义务是不同的。

广告主即"为推销商品或者提供服务,自行或者委托他人设计、制作、发布广告的自然人、法人或者其他组织"。广告主是广告的所有人,也是广告的受益人和广告责任的主要承担者。

广告经营者是受委托提供广告设计、制作、代理服务的人。广告经营者应具备必要的专业技术人员、制作设备,并依法办理公司登记或者广告经营登记,才能从事广告经营活动。其基本职能是为广告主设计、制作、代理发布广告。

广告发布者是指为广告主或者广告主委托的广告经营者发布广告的法人和其他经济组织。广告发布者通常是利用自身拥有的媒介发布广告的广告媒介单位,主要包括广播、电视、报纸、期刊等大众传媒组织。这些广告发布者多为新闻出版单位,发布广告是其兼营业务。新闻出版业务与广告发布业务性质不尽相同,后者更具营利性,是一种典型的经营活动,因此,其应当向承担工商管理及广告管理职能的工商行政管理机关办理兼营广告的登记,取得发布广告的资格。

广告代言人是指广告主以外的,在广告中以自己的名义或者形象对商品、服务作推荐、证明的自然人、法人或者其他组织。广告代言人通常利用自身所具有的专业知识,或一定的知名度和社会影响力,以自己名义或形象从事广告宣传。此类广告主要利用消费者对广告代言人的信赖或崇拜的心理进行宣传,因此,容易在宣传的真实性、产品的质量、效用等方面产生纠纷,需要国家予以特殊监管。

依我国《广告法》的规定,广告主、广告经营者、广告发布者在广告活动中,须遵从以下基本规则:

1. 广告应当具有真实性

广告的真实性是指广告应当真实、客观地介绍所推销的商品或提供的服务,不得作虚假或引人误解的宣传,不得欺骗或误导消费者。它具体包括两方面的基本要求:其一,广告不能含有杜撰、夸大失实的内容,不能欺骗消费者;其二,广告不能含有含混不清、令人误解的内容,不能误导消费者。广告的真实性是诚实信用的民事活动基本原则的要求和体现,也是广告业生存发展的前提和基础。广告的真实性几乎为各国的广告立法、行业自律规则所确定,是世界各国对广告的最基本的要求。西班牙《广告法》规定,欺骗性广告和不实广告为非法广告。澳大利亚媒介委员会的《广告自律准则》规定,广告内容必须真实,不得使人误解或上当受骗。英国《广告活动准则》规定,所有广告应当合法、正当、可靠、真实。巴西的《广告自律规则》专节对"如实阐述"作了具体规定。国际商会的《广告行为准则》将"诚实和真实"作为一项基本规则,并分别对"诚实"、"如实描述"作了规定。

2. 广告应当具有合法性

广告的合法性是指广告活动主体必须具备相应的资格以及广告的设计、制作、发布必须符合法律、法规的规定。其具体包括两方面的基本要求:其一,广告主体必须合法,即广告经营者须办理公司登记或者广告经营登记,广告发布者须办理兼营广告的登记;其二,广告活动必须合法,即无论广告的形式还是广告的内容都必须符合法律、法规和其他有关规定的要求。广告的合法性是合法性的民事活动基本原则在广告活动中的具体贯彻,也是广告业健康发展的根本保障。

3. 广告应当具有可识别性

广告的可识别性是指广告对其商品或服务的介绍应当清楚、准确、明了,易于为消费者所识别。其具体包括四个方面的基本要求:其一,广告对其商品或服务所作的有关陈述必须清晰明确,不得模棱两可;其二,大众传播媒介不得以新闻报道形式发布广告,通过大众传播媒介发布的广告应当有广告标记,与其他非广告信息相区别,能够使消费者辨明其为广告;其三,广告对其商品或服务进行宣传所使用的数据材料应当准确,并标明出处;其四,广告表明推销商品、提供服务附带赠送礼品的,应当表明赠送的品种和数量,易于为消费者鉴别。广告的可识别性是广告生命力的体现,也是广告主体之间竞争秩序得以维护,消费者权益获得保护的信誉保障。

4. 广告应当具有健康性

广告的健康性是指广告的内容和表现形式应当符合民族传统,积极向上,与社会主义精神文明建设要求相一致。其具体包括两方面的基本要求:其一,不得违背社会善良风俗,不得宣扬民族、种族、宗教、性别歧视;其二,不得传播色情、恐怖、暴力等社会丑恶现象,不得毒害青少年的身心健康。广告的健康性是社会主义精神文明建设的战略方针在广告领域的具体体现,也是塑造中国特色的广告文化的法律保障。

除了对广告主、广告经营者和广告发布者在广告活动中的各项行为准则进行规定以外,我国《广告法》还明确了广告代言人的活动准则,即《广告法》第38条规定的:"广告代言人在广告中对商品、服务作推荐、证明,应当依据事实,符合本法和有关法律、行政法规的规定,并不得为其未使用过的商品或者未接受过的服务作推荐、证明;对在虚假广告中作推荐、证明受到行政处罚未满三年的自然人、法人或者其他组织,不得利用其作为广告代言人。"其即对广告代言人代言商品或服务的真实性和合法性予以要求。

第二节 广告活动的法律规制

一、规制广告活动的一般准则

广告活动的一般准则,是指广告主体在确定广告的内容与形式时所必须遵循的准则,也是判断广告是否具备真实性、合法性、可识别性与健康性的基本依据。我国《广告法》为了有效规制广告活动,专章规定了广告准则,该准则由两部分组成:一部分是提倡的广告内容,即《广告法》第8条规定的"广告内容应当准确、清楚、明白;法律、行政法规规定广告中应当明示的内容,应当显著、清晰表示",并在附则中增加规定"国家鼓励、支持开展公益广告宣传活动,传播社会主义核心价值观,倡导文明风尚。大众传播媒介有义务发布公益广告"的内容;另一部分是禁止的广告内容和广告表现形式,即《广告法》第9条规定的"禁止使用或者变相使用中华人民共和国的国旗、国歌、国徽,军旗、军歌、军徽;禁止使用或变相使用国家机关和国家机关工作人员的名义或者形象;禁止使用国家级、最高级、最佳等用语;禁止损害国家的尊严或者利益,泄露国家秘密;禁止妨碍社会安定,损害社会公共利益;禁止危害人身、财产安全,泄露个人隐私;禁止妨碍社会公共秩序和违背社会良好风尚;禁止含有淫秽、色情、赌博、迷信、恐怖、暴力的内容;禁止含有民族、种族、宗教、性别歧视的内容;禁止妨碍环境、自然资源或者文化遗产保护;法律、行政法规规定禁止的其他情形"。

此外,最新修订的《广告法》还特别为广告活动增加了保护未成年人的要求。即《广告法》第39条和第40条规定:"除了公益广告外,不得在中小学校、幼儿园内开展广告活动;不得利用中小学生和幼儿的教材、教辅材料、练习册、文具、教具、校服、校车等发布或者变相发布广告。"其在针对未成年人的大众传播媒介上禁止发布医疗、药品、保健食品、化妆品等特殊商品广告，以及不利于未成年人身心健康的网络游戏广告；针对不满十四周岁的未成年人的商品或者服务的广告不得含有劝诱其要求家长购买广告商品或者服务的内容，也不得含有可能引发其模仿不安全行为的内容。另外，不得利用不满十周岁的未成年人作为广告代言人。

相关法律、行政法规及行政规章还就如何具体规制广告活动作了配套规定，由此形成了我国广告活动的规制体系。

二、特殊商品广告的法律规制

特殊商品是指关系国计民生和人民生命、财产安全，因而国家需要对其实施特殊管制的商品。其主要包括药品、医疗器械、保健食品、农药、酒类、烟草、房地产、教育、培训等。正是由于特殊商品与人民生命和财产安全息息相关，与国民经济和社会发展紧密相连，广告法予以了特别的规制。

(一)药品、医疗器械广告的法律规制

1. 药品、医疗器械广告不得含有不科学的表示功效、安全性的断言或者保证，不得说明治愈率或者有效率，不得与其他药品、医疗器械的功效和安全性或者其他医疗机构比较，不得利用广告代言人作推荐、证明。

2. 药品广告的内容不得与国务院药品监督管理部门批准的说明书不一致，并应当显著标明禁忌、不良反应。处方药广告应当显著标明"本广告仅供医学药学专业人士阅读"，非处方药广告应当显著标明"请按药品说明书或者在药师指导下购买和使用"。

3. 麻醉药品、精神药品、医疗用毒性药品、放射性药品等特殊药品，不得作广告。

(二)保健食品广告的法律规制

1. 不得含有表示功效、安全性的断言或者保证；

2. 不得涉及疾病预防、治疗功能；

3. 不得声称或者暗示广告商品为保障健康所必需；

4. 不得与药品、其他保健食品进行比较；

5. 不得利用广告代言人作推荐、证明；

6. 法律、行政法规规定禁止的其他内容。

(三)农药广告的法律规制

1. 不得含有表示功效、安全性的断言或者保证；

2. 不得利用科研单位、学术机构、技术推广机构、行业协会或者专业人士、用户的名义或者形象作推荐、证明；

3. 不得说明有效率；

4. 不得含有违反安全使用规程的文字、语言或者画面;

5. 法律、行政法规规定禁止的其他内容。

(四)酒类广告的法律规制

1. 禁止出现诱导、怂恿饮酒或者宣传无节制饮酒的内容;

2. 禁止出现饮酒的动作;

3. 禁止表现驾驶车、船、飞机等活动;

4. 禁止明示或暗示饮酒有消除紧张和焦虑、增加体力等功效。

(五)烟草广告的法律规制

1. 禁止在大众传播媒介或者公共场所、公共交通工具、户外发布烟草广告;禁止向未成年人发送任何形式的烟草广告;

2. 禁止利用其他商品或者服务的广告、公益广告,宣传烟草制品名称、商标、包装、装潢以及类似内容;

3. 烟草制品生产者或者销售者发布的迁址、更名、招聘等启事中,不得含有烟草制品名称、商标、包装、装潢以及类似内容。

(六)房地产广告的法律规制

1. 房源信息应当真实,面积应当表明为建筑面积或者套内建筑面积;

2. 不得含有升值或者投资回报的承诺;

3. 不得以项目到达某一具体参照物的所需时间表示项目位置;

4. 不得违反国家有关价格管理的规定;

5. 不得对规划或者建设中的交通、商业、文化教育设施以及其他市政条件作误导宣传。

(七)教育、培训广告的法律规制

1. 禁止对升学、通过考试、获得学位学历或者合格证书,或者对教育、培训的效果作出明示或默示的保证性承诺;

2. 禁止明示或者暗示有相关考试机构或者其工作人员、考试命题人员参与教育、培训;

3. 禁止利用科研单位、学术机构、教育机构、行业协会、专业人士、受益者的名义或者形象作推荐、证明。

三、户外广告的法律规制

户外广告是指利用户外场所、空间、设施等发布的广告。户外广告包括:利用户外场所、空间、设施设置的展示牌、电子显示装置、灯箱、霓虹灯等广告;利用交通工具、水上漂浮物、升空器具、充气物、模型表面绘制、张贴、悬挂的广告;在地下铁道设施、城市轨道交通设施、地下通道,以及车站、码头、机场候机楼内外设置的广告;以其他形式设置、悬挂、张贴的广告。对户外广告的具体规制内容为:

1. 对户外广告实行登记管理制,由发布地的县级以上工商行政管理机关登记,接受工商行政管理机关的监督管理;

2. 户外广告发布单位应当按照工商行政管理机关核准的登记事项发布户外广告,未经变更登记或者重新登记不得擅自改变;需要改变户外广告发布期限、形式、数量、规格或者内容的,户外广告发布单位应当向原登记机关提交申请材料申请变更登记;

3. 户外广告不得利用交通安全设施、交通标志,不得影响市政公共设施、交通安全设施、交通标志、消防设施、消防安全标志的使用;

4. 户外广告不得妨碍生产或者人民生活,损害市容市貌;

5. 户外广告禁止设置在国家机关、文物保护单位、风景名胜区等的建筑控制地带,或者县级以上地方人民政府禁止设置户外广告的区域。

四、比较广告的法律规制

比较广告是指广告主就其商品或服务在同类商品或同种服务中所具有的特征、特性及其优势进行的比较宣传。广告实务中将比较广告分为自比广告、泛比广告和贬比广告。自比广告是指广告主就其换代的商品或更新的服务所具有的特征、特性及其优势同自己以往生产的同类商品或提供的同种服务进行的纵向比较宣传。泛比广告是指广告主就其商品或服务在同类商品或同种服务中所具有的特征、特性及其优势进行的横向比较宣传。贬比广告是指广告主采用直接或影射方式中伤、贬低其所比较的特定商品或服务,损害同行对手的直接比较宣传。

对比较广告的具体规制内容为:

1. 比较广告应当符合公平、正当竞争的原则。

2. 广告中的比较性内容,不得涉及具体的商品或服务,或采用其他直接的比较方式。对一般性同类商品或服务进行间接比较的广告,必须有科学的依据和证明。

3. 比较广告中使用的数据或调查结果,必须有依据,并应提供国家专门检测机构的证明。

4. 比较广告的内容,应当是相同的商品或可类比的商品,比较之处应当具有可比性。

5. 比较广告使用的语言、文字的描述,应当准确,并且能使消费者理解,不得以直接或影射方式中伤、诽谤其他商品。

6. 比较广告不得以联想方式误导消费者,不得造成若不使用该商品将会造成严重损失或不良后果的感觉(安全或劳保用品除外)。

第三节　广告审查

一、广告审查概述

广告审查是指广告经营者、广告发布者以及广告审查机关在广告发布前,依照法律、行政法规的规定对广告内容的真实性、合法性进行审核的活动。我国《广告法》确立的广告发布前的审查制度,由两种不同性质的审查方式所组成:一种是由广告经营者、广告发布者自主自觉实施的自律性的审查方式,另一种是由广告审查机关依职权所实施的监管性的审查方式。前者适用于各类商品和服务的广告,后者只适用于特殊商品的广告。广告审查的目的在于强化广告市场的管理,确保广告的真实、合法、健康,保证广告发布的质量,保护消费者的利益,防范广告违法行为的发生。

二、自律性审查

《广告法》第34条第2款规定:"广告经营者、广告发布者依据法律、行政法规查验有关证明文件,核实广告内容。对内容不实或者证明文件不全的广告,广告经营者不得提供设计、制作、代理服务,广告发布者不得发布。"该项规定确立了由广告经营者、广告发布者作为广告审查主体的适用于各类商品或服务广告的自律性审查方式。它要求广告经营者、广告发布者对所承揽、发布的广告,必须事先依据法律、行政法规查验有关的证明文件,包括有关广告主体资格的证明文件、质量检验机构对广告中有关商品质量内容出具的证明文件、确认广告内容真实性的其他证明文件等;核实广告的内容,包括借助广告主提供的证明文件对照核实广告内容是否与其一致、广告的语言文字是否真实准确、广告中是否使用绝对化语言或不科学断言等。这种自律性审查方式,充分发挥了广告经营者、广告发布者的自我监督作用和主观能动性,对于减少、杜绝不真实、不合法广告,促进广告业的健康发展具有十分重要的实践意义。

三、监管性审查

《广告法》第46条规定:"发布医疗、药品、医疗器械、农药、兽药和保健食品广告,以及法律、行政法规规定应当进行审查的其他广告,应当在发布前由有关部门对广告内容进行审查;未经审查,不得发布。"该项规定确立了由广告审查机关作为审查主体的适用于特殊商品广告的监管性审查方式。它要求广告审查机关对医疗广告、药品广告、医疗器械广告、农药广告、兽药广告和保健食品广告,以及法律、行政法规规定的食品广告、化妆品广告等,必须于发布前运用监管职权依据法律、行政法规对广告内容进行审查。

审查的重点有两方面：一是对特殊商品广告申请人的资格进行审查，要求申请人提交具有合法经营资格的证明文件及与特殊商品广告内容有关的证明文件，这些证明文件必须真实、合法、有效，且证明形式应当是原件或者经原出证者签章的复印件；二是对特殊商品广告的内容进行审查，包括审查特殊商品的合法性以及特殊商品广告内容是否符合法律、行政法规规定的要求。

由于特殊商品广告的审查是一项专业性、技术性很强的监管活动，《广告法》及相关行政法规规定特殊商品广告的审查机关为有关行政主管部门。医疗广告由工商行政管理机关和卫生行政部门、中医药管理部门审查监管；药品广告由国务院卫生行政主管部门和省、自治区、直辖市卫生行政主管部门审查；医疗器械广告由国家医药局和省、自治区、直辖市医药管理局或者同级医药行政管理部门审查；农药广告由农业行政主管部门审查；在全国性报刊、广播、电视上发布农药广告的，由国务院农业行政主管部门农药检定所审查；利用其他媒介刊播、设置农药广告的，由省、自治区、直辖市农业厅药检或植保部门审查；兽药广告由省、自治区、直辖市农业行政主管部门审查；保健食品广告由国家食品药品监督管理局和省、自治区、直辖市食品药品监督管理部分审查。

对特殊商品实施监管性审查，是我国广告管理工作在法治化进程中的一项重大改革成果。特殊商品与人民生命财产安全紧密相连，尤其是通过大众传媒发布的特殊商品广告，辐射面宽，传播迅捷，其所产生的刺激公众、引导消费的作用非常明显，若不能最大限度地将违法特殊商品广告的危害性消除在发布前，一旦发生危害社会公众的后果，往往难以挽回。特殊商品广告发布前施行严格的监管性审查，就是为了建立特殊商品广告发布前的有效防范机制，防患于未然，这充分体现了这一制度以确保人民生命财产安全为宗旨的人本价值。

第四节　广告违法行为的法律责任

一、广告违法行为法律责任概述

广告违法行为是指广告活动主体在广告活动中违反广告法规定设计、制作、代理、发布广告的行为。广告违法行为按行为方式的不同分为违反广告准则的行为、违反广告管理的行为和广告侵权行为三类。对这三类广告违法行为，《广告法》专章规定了相应的法律责任，首先，确立了广告违法行为的三种责任形式，即行政责任、民事责任和刑事责任，并明确了广告活动主体实施不同的广告违法行为所应当承担的相应责任形式；其次，规定县级以上人民政府工商行政管理部门是广告监督管理机关，依法对广告活动进行监督检查并对广告违法行为行使处罚权；最后，设立了广告处罚争议的处理程序，确保在程序公正的前提下实现广告处罚的实质公正。

二、违反广告准则的法律责任

1. 发布虚假广告的,由工商行政管理部门责令停止发布广告,责令广告主在相应范围内消除影响,处广告费用三倍以上五倍以下的罚款,广告费用无法计算或者明显偏低的,处二十万元以上一百万元以下的罚款;广告经营者、广告发布者明知或者应知广告虚假仍设计、制作、代理、发布的,由工商行政管理部门没收广告费用,并处广告费用三倍以上五倍以下的罚款,广告费用无法计算或者明显偏低的,处二十万元以上一百万元以下的罚款;情节严重的,依法暂停广告发布业务、吊销营业执照、吊销广告发布登记证件;构成犯罪的,依法追究刑事责任。

2. 发布广告违反广告准则之禁止性规定的,由工商行政管理部门责令停止发布广告,对广告主处二十万元以上一百万元以下的罚款,情节严重的,并可以吊销营业执照,由广告审查机关撤销广告审查批准文件、一年内不受理其广告审查申请;对广告经营者、广告发布者,由工商行政管理部门没收广告费用,处二十万元以上一百万元以下的罚款,情节严重的,并可以吊销营业执照、吊销广告发布登记证件。

3. 发布广告违反广告的可识别性规则或采用贬比的,由工商行政管理部门责令停止发布广告,对广告主处十万元以下的罚款;广告经营者、广告发布者明知或者应知有此类违法行为仍设计、制作、代理、发布的,由工商行政管理部门处十万元以下的罚款。

4. 违反特殊商品广告准则发布广告的,由工商行政管理部门责令停止发布广告,责令广告主在相应范围内消除影响,处广告费用一倍以上三倍以下罚款,广告费用无法计算或者明显偏低的,处十万元以上二十万元以下的罚款;情节严重的,处广告费用三倍以上五倍以下的罚款,广告费用无法计算或者明显偏低的,处二十万元以上一百万元以下的罚款,可以吊销营业执照,并由广告审查机关撤销广告审查批准文件,一年内不受理其广告审查申请。

三、违反广告管理的法律责任

1. 广播电台、电视台、报刊出版单位未办理广告发布登记而擅自从事广告发布业务的,由工商行政管理部门责令改正,没收违法所得,违法所得一万元以上的,并处违法所得一倍以上三倍以下的罚款;违法所得不足一万元的,并处五千元以上三万元以下的罚款。

2. 广告主隐瞒真实情况或者提供虚假材料的,广告审查机关不予受理或者不予批准,予以警告,一年内不受理该申请人的广告审查申请;以欺骗、贿赂等不正当手段取得广告审查批准的,广告审查机关予以撤销,处十万元以上二十万元以下的罚款,三年内不受理该申请人的广告审查申请。伪造、变造或者转让广告审查批准文件的,由工商行政管理部门没收违法所得,并处一万元以上十万元以下的罚款。

3. 广告代言人违反广告法律规定,在医疗、药品、医疗器械、保健食品广告中作推荐、证明的,为其未使用过的商品或者为接受过的服务作推荐、证明的,或明知或者应知广告虚假仍对商品、服务作推荐、证明的,由工商行政管理部门没收违法所得,并处违法所得一倍以上两倍以下的罚款。

4. 未经当事人同意或请求,向其住宅、交通工具等发送广告,或以电子信息方式发送广告的,由有关部门责令停止违法行为,对广告主处五千元以上三万元以下的罚款。利用互联网发布广告,未显著表明关闭标志,确保一键关闭的,由工商行政管理部门责令改正,对广告主处五千元以上三万元以下的罚款。

5. 违反广告管理的直接负责的主管人员和其他直接责任人员,由任免机关或者监察机关依法给予处分;构成犯罪的,依法追究刑事责任。

6. 工商行政管理部门和负责广告管理相关工作的有关部门的工作人员玩忽职守、滥用职权、徇私舞弊的,给予行政处分;构成犯罪的,依法追究刑事责任。

四、广告侵权的法律责任

1. 广告主、广告经营者、广告发布者实施下列侵权行为之一的,依法承担民事责任:
(1)在广告中损害未成年人或者残疾人身心健康的;
(2)假冒他人专利的;
(3)贬低其他生产经营者的商品或者服务的;
(4)广告中未经同意使用他人名义、形象的;
(5)其他侵犯他人合法民事权益的。

2. 广告主发布虚假广告,欺骗、误导消费者购买商品或接受服务,并使其合法权益受到侵害的,依法承担民事责任;广告经营者、广告发布者不能提供广告主的真实名称、地址和有效联系方式的,消费者可以要求广告经营者、广告发布者先行赔偿;广告经营者、广告发布者、广告代言人明知或者应知广告虚假仍设计、制作、代理、发布或者作推荐、证明的,依法承担连带责任;关系消费者生命健康的商品或服务的虚假广告,造成消费者损害的,其广告经营者、广告发布者、广告代言人应当与广告主承担连带责任。

思考题

1. 广告活动应当遵从哪些基本准则?广告如何体现真实性?
2. 我国广告立法如何规制烟草广告?
3. 比较分析自律性审查与监督性审查在广告审查中的不同功能和作用。
4. 试述虚假广告的表现形式及其社会危害性。
5. 新修订的《广告法》确立广告代言人的法律责任有何实际意义?

第六章　银行法律制度

[内容提要]本章主要介绍中国人民银行、商业银行以及银行业监督管理委员会的性质、地位、组织机构；中国人民银行的职责、法定货币政策工具以及中国人民银行的金融监管职能；商业银行的基本业务规则，商业银行的设立、变更、接管与终止；银行业监督管理的职责以及银行业监管的措施。

第一节　中国人民银行法

一、中央银行法概述

（一）中央银行

所谓中央银行，是指在一国金融体制中居于核心地位、依法制定和执行国家货币金融政策、实施金融调控与监管的特殊金融机关。1694 年在伦敦成立的股份制的英格兰银行，被认为是历史上最早的中央银行的雏形。关于中央银行的名称，除部分国家直接以"中央银行"命名外，有的国家称其为"国家银行"，如瑞典、荷兰、比利时等；有的称其为"储备银行"，如美国、澳大利亚、南非、新西兰等；有的则冠以国名，如日本、法国、加拿大等；有些国家称其为"人民银行"，如朝鲜。

我国的中央银行是中国人民银行，是在原河北石家庄华北银行、北海银行、西北农民银行合并的基础上，于 1948 年 12 月 1 日正式成立的。

（二）中央银行法

中央银行法是关于中央银行的性质、职能、组织体系、业务范围等方面的法律规范的总称。中央银行法是金融管理法、金融调控法与金融服务法的统一体，融合了公法与私法的特点，在整个法律体系中属于经济法的二级子部门法。

我国的中央银行法是《中国人民银行法》。我国在 1995 年 3 月 18 日正式通过了《中国人民银行法》，随后在 2003 年 12 月 27 日由中华人民共和国第十届全国人民代表大会常务委员会第六次会议通过修正案，并自 2004 年 2 月 1 日起施行。

二、中国人民银行的性质和法律地位

(一)中国人民银行的性质

《中国人民银行法》第2条规定:"中国人民银行是中华人民共和国的中央银行。中国人民银行在国务院领导下,制定和执行货币政策,防范和化解金融风险,维护金融稳定。"即中国人民银行兼具银行与国家机构的双重属性,对这一性质,我们应从以下两个角度加以理解:

1. 中国人民银行是特殊的国家机关。作为国家机关,中国人民银行与其他国家机关相比较,带有银行的性质,执行着金融机构的业务。其主要表现在:

(1)中国人民银行履行金融监管和金融调控职能,主要是通过其金融服务职能来实现的,即中国人民银行主要依赖货币政策等间接手段来实现其管理与调控职能,这与主要依靠行政命令直接管理国家事务的一般政府机关有着显著区别。

(2)中国人民银行具备普通银行的基本属性,实行资产负债,有资本,也有收益,并且同样办理金融业务,如存款、贷款、再贴现、票据清算等,这与完全靠国家财政拨付经费的政府机关有显著不同。

(3)中国人民银行与其他政府机关相比,具有相对独立、超然的法律地位。其在货币政策制定、实施和人事任免上,都有比较特殊的规定,不像一般政府机关那样直接隶属于政府,对政府负责。

2. 中国人民银行又是特殊的金融机构。和普通银行相比,中国人民银行又更多地体现出国家机关的性质,表现在:

(1)特殊的经营目的。中国人民银行从事货币信用活动,不以营利为目的,而是通过货币信用活动来调整货币资金活动,从而达到一定的宏观经济目的。而一般的金融机构作为企业法人,必然是以营利为目的从事经营活动。

(2)特殊的业务对象。中国人民银行以金融机构和政府为业务对象,而一般金融机构则以众多的企业和个人为业务对象。

(3)拥有法定特权。中国人民银行作为一个国家机关,享有法律赋予的、一般金融机构不具备的种种特权,如垄断货币发行、代理国家进行国际金融交流、集中管理存款准备金等权力。

(4)特殊的领导成员组成。中国人民银行的领导成员均是由国家政府任命和推荐,而且有一定的任期。如中国人民银行行长由国务院总理提名,由全国人民代表大会决定。而一般金融机构的领导成员,则是由创立者担任或按股权多少通过股东大会选举产生。

(二)中国人民银行的法律地位

中国人民银行的法律地位,是指人民银行在国家机构体系中的地位。一国中央银行的法律地位如何,直接决定着其权限大小及其在国民经济调节体系中的地位。中国人民银行的性质及我国现行的政治体制结构,决定了人民银行的法律地位,它是中华人民共和国的中央银行,是在国务院领导下的一个主管金融工作的部级政府机关,是依法享有相对独立性的国家宏观调控部门。

三、中国人民银行的职能与职责

(一)中国人民银行的职能

中国人民银行的职能,实质上就是其性质的直接反映。其职能具体表现在以下几个方面:

1. 金融调控职能。中国人民银行主要通过货币供应量的调整来影响社会的总供给和总需求,其调控的手段则表现为各种货币政策工具,如法定存款准备金、再贴现、公开市场业务等。

2. 金融监管职能。随着银监会的成立,中国人民银行的大量监管职能划归银监会,但中国人民银行仍然保留了一部分与执行货币政策相关的金融监管职能。经国务院批准,它有权对银行业金融机构进行检查监督,其监管职能突出表现在对货币政策执行监管以及同业拆借中的监管。

3. 金融服务职能。中国人民银行可以以银行身份提供金融业务,如经理国库、代理国债发行和兑付等,即发行的银行、银行的银行、政府的银行都是其服务职能的体现。

因此,中央银行具有金融调控、金融监管和金融服务三大职能,其中,服务职能是中心,贯穿于管理与调控职能的过程。

(二)中国人民银行的职责

职责实际上是职能的具体表现,依据《中国人民银行法》规定,中国人民银行具有以下职责:①

1. 发布与履行其职责有关的命令和规章;

2. 依法制定和执行货币政策;

3. 发行人民币,管理人民币流通;

4. 监督管理银行间同业拆借市场和银行间债券市场;

---

① 修改后的《中国人民银行法》对人民银行的职责进行了重新调整,将中国人民银行的职责由原来的 11 项调整为 13 项。概括而言,中国人民银行在履行职责方面最大的变化集中体现在:"一个强化、一个转换和两个增加。""一个强化"就是强化了中国人民银行与制定和执行货币政策有关的职责。"一个转换"即由过去主要履行对银行业金融机构直接监管的职能转换为履行金融业宏观调控和防范与化解系统性风险的职能,即维护金融稳定职能。"两个增加"是指增加反洗钱和管理信贷征信业两项职能。

5. 实施外汇管理,监督管理银行间外汇市场;

6. 监督管理黄金市场;

7. 持有、管理、经营国家外汇储备、黄金储备;

8. 经理国库;

9. 维护支付、清算系统的正常运行;

10. 指导、部署金融业反洗钱工作,负责反洗钱的资金监测;

11. 负责金融业的统计、调查、分析和预测;

12. 作为国家的中央银行,从事有关的国际金融活动;

13. 国务院规定的其他职责。

本条规定的人民银行的职责大致可以分为两类,一类为行政管理方面的职责,主要包括1、2、3、4、5、6、9、10、11项,规定的是人民银行作为国家的宏观调控机关所享有的规章制度制定权、制定和执行货币政策权和金融秩序管理权;另一类则是人民银行从事金融业务方面的职责,包括其余各项。这两方面的职责并不是截然分开的,其中仍有许多交叉重合的部分。

四、中国人民银行的组织机构

组织机构是实现人民银行职能、职责的根本保障。《中国人民银行法》就人民银行的领导机构、外部分支机构和咨询机构的设置作了原则规定。

(一)领导机构

人民银行的领导机构是人民银行的决策机构和执行机构,包括行长一人,副行长若干人。行长根据国务院总理提名,由全国人大决定;人大闭会期间,由全国人大常委会决定,由国家主席任免。副行长由国务院总理任免。人民银行实行行长负责制,行长领导人民银行工作,副行长协助行长工作。

(二)分支机构

中国人民银行根据履行职责的需要设立分支机构,作为中国人民银行的派出机构。人民银行对分支机构实行统一领导和管理。分支机构根据总行的授权,维护本辖区的金融稳定,承办有关业务。

1998 年,中国人民银行进行了管理体制的改革,为突出中央银行组织体系的垂直领导,撤销人民银行原按行政区域设在各省、自治区、直辖市的省级分行,根据地域关联性、经济金融总量和金融监管的要求,在全国设 9 大分行(天津、沈阳、上海、南京、济南、武汉、广州、成都、西安分行),并设 2 个人民银行营业管理部(北京、重庆);在不设分行的省、自治区人民政府所在城市,设置 20 个金融监管办事处;不设分行的省会城市及深圳,设置 21 个中心支行。

分支机构是中国人民银行总行的派出机构，不具有法人资格，不享有独立的权力。但中国人民银行的分支机构可以作为民事诉讼的当事人，由分支机构的行长进行诉讼。

(三)咨询议事机构

根据原《中国人民银行法》的规定，经国务院批准，中国人民银行于1997年设立货币政策委员会，作为中国人民银行制定货币政策的咨询议事机构。《中国人民银行法》第12条规定，中国人民银行货币政策委员会应当在国家宏观调控、货币政策制定和调整中发挥重要作用。

货币政策委员会的主要职责是在综合分析宏观经济形势的基础上，根据国家的宏观经济调控目标，对下列货币政策事项进行讨论并提出建议：(1)货币政策的制定、调整；(2)一定时期内的货币政策控制目标；(3)货币政策工具的运用；(4)有关货币政策的重要措施；(5)货币政策与其他宏观经济政策的协调。

五、人民币的管理

(一)人民币的法律地位

1. 人民币是法定货币。凡在中国境内的一切公私债务，均以人民币进行支付，任何债权人在任何时候均不得以任何理由拒绝接收。

2. 人民币发行权属于国家。国家授权中国人民银行统一发行，任何单位和个人无权发行货币或发行变相货币。

3. 人民币是我国唯一的法定货币。国家禁止发行除人民币以外的其他货币或变相货币，禁止金银计价流通和私自买卖。

4. 人民币是信用货币。国家发行人民币是通过国家信贷程序发行的，同时，人民币的发行是以国家信用和相应的商品物资作保证的。

(二)人民币的使用和保护

国家禁止伪造、变造人民币；禁止出售、购买伪造、变造的人民币；禁止运输、持有、使用伪造、变造的人民币；禁止故意毁损人民币；禁止在宣传品、出版物或者其他商品上非法使用人民币图样；残缺、污损的人民币，按照中国人民银行的规定兑换，并由中国人民银行负责收回、销毁。

六、中国人民银行的货币政策

货币政策是中央银行采用各种工具调节货币供求，以实现宏观经济调控目标的方

针和策略的总称,是国家宏观经济政策的重要组成部分,它包括货币政策目标和货币政策工具。

(一)中国人民银行的货币政策目标

货币政策目标是中央银行实施货币政策所预定要对宏观经济产生的明确效果。货币政策目标是一国的中央银行制定和执行货币政策的依据,中央银行的货币政策目标应在中央银行法中作出明确的规定。

《中国人民银行法》第 3 条规定,货币政策目标是保持货币币值的稳定,并以此促进经济增长,即我国实行的是有层次和有主次之分的单一货币政策目标。其中,稳定币值与经济增长之间存在着关联性和依存性,稳定币值是前提,反过来,经济增长的实现又有助于稳定币值,并为稳定币值创造更良好的环境。

(二)货币政策工具

货币政策工具,是中央银行为实现其政策目标而采取的手段。根据《中国人民银行法》第 23 条的规定,我国中央银行可以运用的货币政策工具有以下 6 种:

1. 存款准备金政策。存款准备金政策,是指中央银行依据法律所享有的权力,要求商业银行和其他金融机构按规定的比率在其吸收的存款总额中提取一定的金额缴存中央银行,并借此间接地对社会货币供应量进行控制的制度。提取的金额被称为存款准备金,准备金占存款总额的比率称为存款准备率。1913 年,美国最先适用存款准备金政策,我国于 1984 年开始设置。

存款准备金由两部分组成:一是法定准备金,是指以法律形式规定的缴存于中央银行的存款准备金,其运作的原理是中国人民银行通过调整商业银行上缴的存款准备金的比率,借以扩张或收缩商业银行的信贷能力,从而达到既定的货币政策目标;二是超额准备金,是指银行为应付可能的提款所安排的除法定准备金之外的准备金,它是商业银行在中央银行的一部分资产。

2. 再贴现政策。贴现是指以未到期的票据向金融机构融通资金,银行扣除从提款日到票据贴现日的利息后,以票面余额付给持票人资金的票据转让。通过贴现,持票人得到低于票面金额的资金,贴现银行及其他金融机构获得票据的所有权。再贴现又称重贴现,指金融机构以买入的未到期的贴现票据向中央银行再次办理贴现。再贴现政策,是指中央银行通过制定和调整再贴现率来影响金融机构的融资成本,影响市场利率及货币市场的供求,从而调节货币供应量的一种金融政策。

我国首次于 1986 年公布再贴现率,由于商业票据不发达,因而受到限制。再贴现政策的局限性在于:第一,再贴现率高低有限度,在经济繁荣或经济萧条时期,再贴现率无论高低,都无法限制或阻止商业银行向中央银行再贴现,这也使得中央银行难以有效地控制货币供应量。第二,在再贴现政策中,中央银行处于被动地位。商业银行是否愿意到中央银行申请再贴现,或再贴现多少,取决于商业银行自身。

3. 公开市场业务。公开市场业务,是指中央银行在金融市场上买卖有价证券和外汇的活动,其最主要的优点在于借助市场之手来达到宏观调控的目的。央行买进、卖出有价证券或外汇意味着进行基础货币的吞吐,可以达到增加或减少货币供应量的目的,它被认为是"三大法宝"[①]中最重要的工具。

1994年中国人民银行设立了公开市场操作室,负责公开市场操作业务,并于同年4月在银行间外汇市场开始实际操作。公开市场业务的优点在于:第一,具有主动性和灵活性。公开市场操作实施与否、实施规模等,都由央行根据情况来自行决定和变化。第二,具有弹性和柔和性。因为公开市场业务可采用渐进的方式,逐步将货币政策的意图贯彻下去,还可根据反应随时调整方向、力度。

4. 基准利率政策。所谓基准利率是指中央银行对金融机构的法定存、贷款利率。该利率的变动对其他利率具有引导作用,是整个利率体系的核心,同时也是国家利用利率杠杆影响商业银行等金融机构信贷规模的有效工具。基准利率水平的确定与变动,对整个利率体系中的各项利率具有引导作用,处于利率体系的核心地位,是中央银行利率政策最主要的部分。

中央银行的基准利率体现的是商业银行向中央银行融资的成本。当中央银行提高对商业银行的贷款利率时,各商业银行筹措资金的成本增大,从而在客观上迫使商业银行到市场上去寻求资金,此时的资金市场必然会因需求增加而提高利率;反之,降低法定基准利率,则有助于贷款规模的扩大。中央银行正是通过对法定基准利率的调整,来实现对市场货币量的间接控制。

5. 再贷款政策。再贷款是指中央银行向商业银行贷款。再贷款是中央银行主要资产业务之一,充分体现了中央银行作为"最后贷款人"的职能作用。

再贷款在整个银行贷款中处于总闸门的地位,它的投向和投量可以直接引导和调节整个银行体系贷款的规模和结构。《中国人民银行法》第28条规定,中国人民银行根据执行货币政策的需要,可以决定对商业银行贷款的数额、期限、利率和方式,但贷款的期限不得超过一年。

6. 其他货币政策工具,如贷款限额、信贷收支计划、现金收支计划、特别存款、窗口指导等。

七、中国人民银行的其他业务

中国人民银行依照法律、行政法规的规定经理国库。中国人民银行可以代理国务院财政部门向各金融机构组织发行、兑付国债和其他政府债券。中国人民银行可以根据需要,为银行业金融机构开立账户,但不得对银行业金融机构的账户透支。中国人民银行应当组织或者协助组织银行业金融机构相互之间的清算系统,协调银行业金融机

[①] 存款准备金、公开市场业务以及再贴现被视为中央银行货币政策工具的"三大法宝"。

构相互之间的清算事项,提供清算服务,具体办法由中国人民银行制定。中国人民银行会同国务院银行业监督管理机构制定支付结算规则。

中国人民银行不得对政府财政透支,不得直接认购、包销国债和其他政府债券。中国人民银行不得向地方政府、各级政府部门提供贷款,不得向非银行金融机构以及其他单位和个人提供贷款,但国务院决定中国人民银行可以向特定的非银行金融机构提供贷款的除外。中国人民银行不得向任何单位和个人提供担保。

八、中国人民银行的金融监管

金融监管是指一个国家或地区的中央银行或其他金融监管当局依照法律的授权,对金融业和金融市场实施监督和管理活动的总称。金融监管的对象是金融机构和金融市场。金融监管的目标是控制金融风险,维护金融体系的安全与稳定,保护存款人、投资人和其他社会公众的利益,促进金融体系公平、有序、稳健地发展。

为了强化金融宏观调控、维护金融稳定、提高银行业监管水平,我国于 2003 年 4 月 28 日成立了银行业监督管理委员会,将中国人民银行的一部分监管职能划归银监会行使。人民银行不再直接监管金融机构,而是从服务市场主体、监控整个金融市场出发,实行宏观调控。也就是说,人民银行的职能局限于对金融市场的宏观调控,其监管职能也是为保证其调控职能的实现而实施的必要监管。其监管职权主要表现在:

1. 监督检查权。《中国人民银行法》第 32 条明确了中国人民银行有权对金融机构、其他单位和个人与执行货币政策相关的 9 种行为直接进行检查监督,并规定了对其中违法行为的处罚权。这 9 种行为分别是:执行有关存款准备金管理规定的行为;与中国人民银行特种贷款有关的行为;执行有关人民币管理规定的行为;执行有关银行间同业拆借市场、银行间债券市场管理规定的行为;执行有关外汇管理规定的行为;执行有关黄金管理规定的行为;代理中国人民银行经理国库的行为;执行有关清算管理规定的行为;执行有关反洗钱规定的行为。

2. 建议检查监督权。《中国人民银行法》第 33 条规定,中国人民银行根据执行货币政策和维护金融稳定的需要,可以建议国务院银行业监督管理机构对银行业金融机构进行检查监督。国务院银行业监督管理机构应当自收到建议之日起 30 日内予以回复。这一规定体现了人民银行与银行业监督管理机构之间的分工与配合协作。

3. 直接监督检查权。《中国人民银行法》第 34 条规定,当银行业金融机构出现支付困难,可能引发金融风险时,为了维护金融稳定,中国人民银行经国务院批准,有权对银行业金融机构进行检查监督。

银监会与人民银行的职能必然会存在一定的交叉,人民银行保留的必要的直接监管职责是提高效率的一种制度性安排,也是人民银行与银监会进行高效监管的制度基础。

4. 信息共享

《中国人民银行法》第 35 条规定,中国人民银行根据履行职责的需要,有权要求银行业金融机构报送必要的资产负债表、利润表以及其他财务会计、统计报表和资料。中国人民银行应当和国务院银行业监督管理机构、国务院其他金融监督管理机构建立监督管理信息共享机制。

这是目前我国银监会与中国人民银行在职能协调中最为重要的环节,因为如果各金融管理部门之间协调不好,既容易形成监管真空,又容易形成重复监管,加大金融管理成本,阻碍金融业健康发展。

第二节　商业银行法

一、商业银行法概述

(一)商业银行的概念与性质

商业银行是指以金融资产和负债为经营对象,以利润最大化或股东收益最大化为主要目标,提供多样化服务的综合信用中介机构,是金融企业的一种。按照我国《商业银行法》第 2 条的规定,我国的商业银行,是指依照《商业银行法》和《公司法》设立的吸收公众存款、发放贷款、办理结算等业务的企业法人。从此定义来看,商业银行具有以下性质:

1. 商业银行是企业法人

商业银行和一般的工商企业一样,是以利润最大化为目的,依法自主经营、自负盈亏、自我约束的现代企业,它有别于不以营利为目的的国家机关和事业单位。商业银行作为企业法人,具备以下特征:

(1)须依法设立。商业银行的设立,须遵守《商业银行法》和《公司法》。

(2)须有必要的财产。商业银行设立的最低注册资本金为 10 亿元,城市商业银行为 1 亿元,农村商业银行的注册资本为 5000 万,且均为实缴资本。

(3)承担有限责任。出资人以其出资额为限承担有限责任,商业银行以其全部法人财产承担有限责任。

2. 商业银行是金融企业

商业银行经营的对象是特殊商品(货币和货币资本),是以各种金融资产和金融负债为经营对象。它的成立不仅要符合一般现代企业的行为规范——《公司法》,而且还要符合特殊的行为规范——《商业银行法》。因而,商业银行有别于一般的工商企业:

(1)设立的法律依据和条件不同。商业银行的设立,不仅要符合《公司法》、《商业银行法》的规定,而且需要经国务院银行业监督管理机构审查批准。

(2)经营商品不同。商业银行所经营的是特殊商品,即充当一般等价物的货币。

(3)经营方式不同。一般公司的经营方式,都是将商品的所有权和使用权通过交易同时转让出去,而商业银行经营货币时只转让货币的使用权,保留货币的所有权。

(4)经营商品的权益来源不同。一般公司企业的收益主要来源于经营商品的价值增值,而商业银行的收益主要来源于经营货币所获取的利息。[①]

3.商业银行是特殊的金融企业

现代金融企业包括多种形式,如专业银行、投资银行、储蓄银行、保险公司、财务公司、证券公司、融资租赁公司等,商业银行与这些金融企业相比较,其业务更为综合,其实力更为雄厚。

4.商业银行有别于政策性银行

商业银行以效益性、安全性、流动性为经营原则,它与同是银行的政策性银行有所不同。政策性银行不经营商业性信贷业务,不以营利为目标,实行保本经营,以贯彻和执行政府的社会经济政策为主要宗旨,以追求社会整体效益为依归,通过为国家重点建设工程和国家产业政策重点扶持的产业提供资金融通,服从于国家的政策性发展目标。

(二)商业银行法的概念和性质

商业银行法,是指调整商业银行的组织及其业务经营的法律规范的总称。

商业银行法有广义和狭义之分。广义的商业银行法是指一切关于商业银行的组织及其业务经营的法律、法规、行政规章的总称。除《商业银行法》外,它还包括其他法律、法规、规章中涉及商业银行的组织及其业务经营的规定,如《中国人民银行法》《外汇管理条例》《信贷资金管理暂行办法》等。狭义的商业银行法,仅指我国1995年5月10日第八届全国人民代表大会常务委员会第十三次会议通过,同年7月1日施行,并于2003年12月27日、2015年8月29日两次修订的《中华人民共和国商业银行法》。我国商业银行法在性质上属于企业法,因为它所规范的对象是特殊的金融企业,即以营利为目的,从事货币金融业的金融企业。其特点在于:

1.商业银行法是商事法中的特别法。民法、公司法都是普通法,规范普通之商事行为,而商业银行法是为规范特殊企业的特殊商事行为,应属特别法,因而优于公司法和民法。

2.商业银行法是强行法。由于商业银行对社会大众的利益影响极大,其法律内容多为义务性规范和禁止性规范。

二、商业银行设立、变更、接管和终止的法律规定

(一)商业银行的设立

商业银行的设立,是指商业银行创办人依照法律规定的条件和程序,取得商业银行

[①] 孙国华、冯玉军主编:《银行法律基础知识》,中国金融出版社2004年版,第78页。

合法资格的行为。

1. 商业银行的设立原则

我国商业银行的设立,采取的是行政许可主义的原则。设立商业银行,应当经国务院银行业监督管理机构审查批准。未经国务院银行业监督管理机构批准,任何单位和个人不得从事吸收公众存款等商业银行业务,任何单位不得在名称中使用"银行"字样。

2. 商业银行的设立条件

在我国,设立商业银行必须具备以下条件:

(1)有符合《商业银行法》和《中华人民共和国公司法》规定的章程。商业银行的章程,是商业银行按照法定程序制定的,规范商业银行行为的书面文件,主要内容包括商业银行的宗旨、名称、资金数额、经营范围、内部管理制度以及利润分配等。有限责任制公司和股份有限制的商业银行章程,必须符合《公司法》关于有限责任公司和股份有限公司章程的规定。

(2)须有符合《商业银行法》规定的注册资本最低限额。设立商业银行的注册资本最低限额为 10 亿元人民币。城市合作商业银行的注册资本最低限额为 1 亿元人民币,农村合作商业银行的注册资本最低限额为 5000 万元人民币。注册资本应当是实缴资本。

(3)有具备任职专业知识和业务工作经验的董事、高级管理人员。2000 年 12 月 31 日,中国人民银行发布了《金融机构高级管理人员任职资格管理办法》,对商业银行的高级管理人员的任职资格作了具体的规定。在规定高级管理人员任职资格的积极条件的同时,《商业银行法》还规定了消极条件。按照《商业银行法》第 27 条规定,有下列情形之一的,不得担任商业银行的董事、高级管理人员:第一,因犯有贪污、贿赂、侵占财产、挪用财产罪或者破坏社会经济秩序罪,被判处刑罚,或者因犯罪被剥夺政治权利的;第二,担任因经营不善破产清算的公司、企业的董事或者厂长、经理,并对该公司、企业的破产负有个人责任的;第三,担任因违法被吊销营业执照的公司、企业的法定代表人,并负有个人责任的;第四,个人所负数额较大的债务到期未清偿的。上述条件比《公司法》规定的高级管理人员的任职资格更为严格。

(4)有健全的组织机构和管理制度。

(5)有符合要求的营业场所、安全防范措施和与业务有关的其他设施。

(6)设立商业银行,还应当符合其他审慎性条件。

3. 商业银行的设立程序

商业银行的设立,除了需要符合上述实质性条件之外,还必须履行法定的程序。按照《商业银行法》的规定,向国务院银监会提交相关申请材料,经审查批准设立的商业银行,由国务院银行业监督管理机构颁发经营许可证,并凭该许可证向工商行政管理部门办理登记,领取营业执照。

4. 商业银行分支机构的设立

商业银行的分支机构,是指在它的总行机构之外,依法在境内外各地另设的营业场所或办事处。《商业银行法》第19条明确规定,商业银行根据业务需要可以在中华人民共和国境内外设立分支机构。设立分支机构必须经国务院银行业监督管理机构审查批准。在中华人民共和国境内的分支机构,不按行政区划设立。商业银行分支机构的特点在于:

(1)它是以总行的存在为前提的,其营运资金由总行拨付。按照《商业银行法》的规定,商业银行在中华人民共和国境内设立分支机构,应当按照规定拨付与其经营规模相适应的营运资金额。拨付各分支机构营运资金额的总和,不得超过总行资金总额的60%。

(2)它是依法在中国境内外成立的金融机构。按照《商业银行法》的规定,经批准设立的商业银行分支机构,由国务院银行业监督管理机构颁发经营许可证,并凭该许可证向工商行政管理部门办理登记,领取营业执照,并且由国务院银行业监督管理机构予以公告。商业银行及其分支机构自取得营业执照之日起无正当理由超过6个月未开业的,或者开业后自行停业连续6个月以上的,由国务院银行业监督管理机构吊销其经营许可证,并予以公告。

(3)商业银行的分支机构是一种不具备法人资格的机构,其主要原因是它没有自己独立的财产,不能单独承担民事责任。《商业银行法》第22条规定,商业银行对其分支机构实行全行统一核算、统一调度资金、分级管理的财务制度。商业银行分支机构不具有法人资格,在总行授权范围内依法开展业务,其民事责任由总行承担。

(二)商业银行的变更

商业银行的变更,是指商业银行组织的变更和重大事项的改变,主要包括以下内容:

1. 重大事项变更。按照《商业银行法》的规定,商业银行进行下列行为的变更,应当经国务院银行业监督管理机构批准:(1)变更名称;(2)变更注册资本;(3)变更总行或者分支行所在地;(4)调整业务范围;(5)变更持有资本总额或者股份总额5%以上的股东;(6)修改章程;(7)国务院银行业监督管理机构规定的其他变更事项。更换董事、高级管理人员时,应当报经国务院银行业监督管理机构审查其任职资格。

2. 组织变更。它是指商业银行的分立和合并。商业银行的分立、合并,适用《中华人民共和国公司法》的规定。商业银行的分立、合并,应当经国务院银行业监督管理机构审查批准。

(三)商业银行的接管

商业银行的接管,是指国务院银行业监督管理机构按照法定条件和法定程序,全面控制和管理商业银行的业务活动的行政管理行为,是国务院银行业监督管理机构依法保障商业银行经营安全性、合法性的重要的预防性措施。目的是对被接管的商业银行采取必要的措施,以保护存款人的利益,恢复商业银行的正常经营能力。

1. 接管的条件

国务院银行业监督管理机构决定对商业银行实行接管的条件有以下两种,只需满足其一即可:

(1)该商业银行经营有问题,已经发生信用危机。

(2)该商业银行在其经营活动中已经暴露出某些问题,这些问题有可能发生信用危机。

2. 接管目的

(1)恢复商业银行正常的经营能力,对其进行业务整治,减少或避免因商行的倒闭而引起社会经济的连锁动荡,实现银行业的稳定与繁荣。

(2)保护存款人的利益。

3. 接管的效力

(1)自接管之日起,由接管组织行使商业银行的经营管理权力;

(2)被接管的商业银行的债权债务关系不因接管而变化。

4. 接管期限

按照《商业银行法》的规定,接管期限届满,国务院银行业监督管理机构可以决定延期,但接管期限最长不得超过两年。因为就现代管理知识和经验来看,两年时间足以针对被接管的商业银行采取各种必要措施,若还不能恢复正常经营能力,则只能让其破产或与其他商业银行合并。再则,银监会的接管对被接管商行而言是一种挽救措施,如果接管可以无限期地延长,接管也就失去了本来意义,也违背了市场竞争的自然法则。

5. 接管的终止

按照《商业银行法》的规定,有下列情形之一的,接管终止:

(1)接管决定规定的期限届满或者国务院银行业监督管理机构决定的接管延期届满;

(2)接管期限届满前,该商业银行已恢复正常经营能力;

(3)接管期限届满前,该商业银行被合并或者被依法宣告破产。

(四)商业银行的终止

商业银行的终止,是指商业银行法人资格的丧失。按照《商业银行法》的规定,商业银行因下列原因而终止:

1. 解散。解散是指已经成立的商业银行由于法律规定或章程规定的特定事由的发生,银行停止对外经营活动、清算尚未了结的债权债务,使商业银行法人资格消灭的法律行为。

商业银行因分立、合并或者出现公司章程规定的解散事由需要解散的,应当向国务院银行业监督管理机构提出申请,并附解散的理由和支付存款的本金和利息等债务清偿计划,经国务院银行业监督管理机构批准后解散。

商业银行解散的,应当依法成立清算组,进行清算,按照清偿计划及时偿还存款本金和利息等债务。国务院银行业监督管理机构监督清算过程。

2. 被撤销。被撤销是指已经成立的商业银行因在经营行为中违反法律、法规的,银监会吊销其营业许可证,并撤销该违法经营的商业银行。

商业银行因吊销经营许可证而被撤销的,国务院银行业监督管理机构应当及时成立清算组,进行清算,制订债务清偿计划并按照清偿计划及时偿还存款本金和利息等债务。

3. 破产。破产是指商业银行在不能支付到期债务、信用危机恶化的情况下,经国务院银行业监督管理机构同意,依照法定程序由人民法院参与处理债务清偿事宜、终止商业银行经营资格的一项法律制度。

按照《商业银行法》第71条的规定,商业银行不能支付到期债务,经国务院银行业监督管理机构同意,由人民法院依法宣告其破产。商业银行被宣告破产的,由人民法院组织国务院银行业监督管理机构等有关部门和有关人员成立清算组,进行清算。商业银行破产清算时,在支付清算费用、所欠职工工资和劳动保险费用后,应当优先支付个人储蓄存款的本金和利息。

三、商业银行的组织体制、组织形式和组织机构

(一)商业银行的组织体制

我国的商业银行实行总分行制的组织体制。总分行制源于英国的股份银行,或称"分支行制",是指法律上允许商业银行总行在国内外设立分支机构,所有分支机构由总行领导和管理。

在分支行体制下,由于遍设分支机构于各地,可使业务分散,即易于吸收存款、调剂和转移资本,同时放款分散,有利于避免放款风险。另外,总行与分行之间超额现金准备的调度非常容易,故其资金的流动性较大,现金准备率可以维持相当低的水平。因此,总分行制是目前世界上绝大多数国家商业银行所实行的一种组织体制。我国《商业银行法》第19条规定,商业银行根据业务需要可以在中华人民共和国境内外设立分支机构。

(二)商业银行的组织形式

《商业银行法》第17条第1款规定:"商业银行的组织形式、组织机构适用《中华人民共和国公司法》的规定。"据此,我国的商业银行的组织形式有两种,即有限责任公司和股份有限公司。

(三)商业银行的组织机构

1. 股东大会或股东会。根据《公司法》的规定,有限责任公司形式的商业银行设股

东会,股份有限公司形式的商业银行则设股东大会。股东大会或股东会是商业银行的权力机构。

国有独资商业银行不设股东会,由国家授权投资的机构或者国家授权的部门授权董事会行使股东会的部分职权,决定重大事项,但商业银行的合并、分立、解散、增减资本和发行金融债券,必须由国家授权投资的机构或者国家授权的部门决定。

2. 董事会。根据《公司法》的规定,商业银行设董事会。董事会是商业银行的决策执行机构,对股东会或股东大会负责。

3. 监事会。商业银行应按公司法的规定设立监事会。监事会是商业银行的监督机构。

从《商业银行法》第18条的规定可以看出,国有独资商业银行的监事会比其他商业银行的监事会拥有更大的职权。它一方面监督国有独资商业银行的经营行为是否守法、合规;另一方面当国有独资商业银行的合法经营权受到侵害的时候,监事会又应当采取积极的措施,维护银行的合法权益。

4. 行长或总经理。行长或总经理是商业银行的日常经营管理机关,对董事会负责,由董事会聘任或解聘。

四、商业银行的业务规则

商业银行业务,是指商业银行的经营范围。商业银行也是依法设立的市场主体,在法律规定的范围内从事业务活动,取得合法效益。

根据《商业银行法》的规定,商业银行的业务分为可以从事业务和禁止从事业务。商业银行可以从事的业务有:吸收公众存款;发放短期、中期和长期贷款;办理国内外结算;办理票据承兑与贴现;发行金融债券;代理发行、代理兑付、承销政府债券;买卖政府债券、金融债券;从事同业拆借;买卖、代理买卖外汇;从事银行卡业务;提供信用证服务及担保;代理收付款项及代理保险业务;提供保管箱服务以及经国务院银行业监督管理机构批准的其他业务。上述业务范围,是不同商业银行从事的一般业务,具体业务由各商业银行章程在法定范围内作出规定,并经国务院银行业监督管理机构批准。

根据《商业银行法》第43条的规定,商业银行禁止从事的业务有:信托投资业务,证券经营业务,投资于非自用不动产,向非银行金融机构投资,向企业投资。上述禁止业务,是商业银行不得在中国境内从事的,至于商业银行在境外能否从事上述业务,《商业银行法》未作规定,按照"法无禁止即自由"的法律精神,商业银行可以在境外从事上述业务。

商业银行从事各项业务的基本规则,主要包括:

(一)存款业务基本规则

1. 储蓄存款的基本原则。储蓄存款的基本原则是储蓄存款工作的宗旨和基本准则,是指导储蓄存款工作的基本方针和政策。根据《商业银行法》的规定,储蓄存款的基本原则是:存款自愿原则、取款自由原则、存款有息原则、为存款人保密原则。

2. 存款人的权利。根据《商业银行法》的规定,存款人具有以下权利:(1)利息收益权和本金处分权。(2)保密权。这是存款人享有的很重要的一项权利,是存款人对第三人所享有的权利,商业银行未经存款人的同意,不得向第三人泄露与存款人有关的一切信息。(3)存款人的存款所有权受国家法律保护,除法律另有规定外,任何单位和个人均不得查询、冻结和没收存款人的存款。依照有关法律规定,司法机关在一定条件下可以到银行查询、停止支付和没收个人在银行的存款。

3. 商业银行对存款人的保护责任。商业银行对存款人的存款以及与存款有关的一切权利都有保护的义务。根据《商业银行法》的规定,商业银行对存款的保护义务有:商业银行应当按照中国人民银行规定的存款利率的上下限,确定存款利率,并予以公告;商业银行应当按照中国人民银行的规定,向中国人民银行交存存款准备金,留足备付金;商业银行应当保证存款本金和利息的支付,不得拖延、拒绝支付存款本金和利息;商业银行有为存款保密、确保存款安全的责任;商业银行必须按照法定要求,使其自由资本符合资本充足率和注册资本最低限额的要求;商业银行破产清算时,在支付清算费用、所欠职工工资和劳动保险费用后,应当优先支付储蓄存款的本金和利息。

(二)贷款业务基本规则

所谓贷款,是指商业银行将资产以货币资金的形式,按照一定的贷款利率贷放给客户并约定偿还期限的一种资金运用方式。商业银行的贷款业务,是商业银行最基本的业务,也是最重要的业务。贷款业务的基本规则主要有:

1. 遵守国家产业政策规则。《商业银行法》第34条规定,商业银行根据国民经济和社会发展的需要,在国家产业政策指导下开展贷款业务。

2. 贷款审批规则。我国商业银行在长期的贷款实践中,建立了"三查"、"两分"制度。"三查"分别指的是贷前调查、贷时审查以及贷后检查。"两分"制度分别指的是审贷分离和分级审批。

建立"三查"制度的目的在于,通过调查企业的经营情况、分析企业的财务状况或者总结检查贷款中存在的问题,避免和减少贷款的信用风险,提高信贷业务人员经营和管理贷款的业务素质,从而从整体上提高商业银行的资产质量,切实维护金融业的安全。

建立"两分"制度的目的,也在于保证银行信贷资产的质量,避免人情贷款、以贷谋私等危及贷款安全的行为。

3. 贷款担保规则。我国《商业银行法》第36条规定,商业银行贷款,借款人应当提供担保。商业银行应当对保证人的偿还能力,抵押物、质物的权属和价值以及实现抵押权、质权的可行性进行严格审查。经商业银行审查、评估,确认借款人资信良好,确能偿还贷款的,可以不提供担保。由此可以确定,我国商业银行以担保贷款为原则,以信用贷款为例外。

4. 贷款合同规则。《商业银行法》第 37 条规定,商业银行贷款,应当与借款人订立书面合同。合同应当约定贷款种类、借款用途、金额、利率、还款期限、还款方式、违约责任和双方认为需要约定的其他事项。这一条确立了商业银行发放贷款需订立书面合同的基本规则。

5. 贷款利率规则。贷款利率是指一定时期内利息额与贷出本金的比率,贷款利息是借款人生产或经营成本的重要组成部分。商业银行的贷款利率在我国由中国人民银行规定。《商业银行法》第 38 条规定,商业银行应当按照中国人民银行规定的贷款利率的上下限,确定贷款利率。

目前,我国金融改革中的重点是实现利率市场化。因为,商业银行作为自主经营和自负盈亏的商业机构,自主经营的关键就是利率自主决定权。商业银行的贷款利率就如同市场物价,一定要放开。在市场经济体制下,商业银行的贷款利率应该根据市场货币供应量变化,通过调整中央银行的基础货币贷款利率、调整存款准备金和公开市场运作来间接控制。

6. 遵守资产负债比例管理规则。《商业银行法》第 39 条对商业银行贷款的资产负债比例管理制度的规定引入了《巴塞尔协议》的精神。资产负债管理理论是在资产管理理论和负债管理理论基础上发展起来的,它克服了资产管理和负债管理两种理论在保持商业银行业务经营上各自存在的片面性,强调对商业银行资产与负债的综合、全面管理,即从资产与负债的结合上设法谋求流动性、安全性和盈利性的均衡,而不偏重于某一个方面,从而达到自我调整、自我约束、自我发展的目的。其具体内容是:

(1)资本充足率指标。资本充足率不得低于 8%,其含义是指资本总额与加权风险资产总额的比例不得低于 8%。资本充足率反映商业银行在存款人和债权人的资产遭到损失之前,该行能以自有资本承担损失的程度。规定该项指标的目的在于抑制风险资产的过度膨胀,保护存款人和其他债权人的利益。

(2)资产流动性比例指标。流动性资产余额与流动性负债余额的比例不得低于25%,目的是保证商业银行的短期偿债能力。其理论基础是资产与负债的"对称原则",即商业银行的资产分配应根据负债来源的流动性来确定,使资产和负债保持一定程度的对称关系,使贷款的数额、到期日与存款和借入资金的数额、到期日基本相适应。

所谓流动性资产,是指 1 个月内可变现的资产,包括库存现金、在人民银行存款、存放同业款、国库券、1 个月内到期的同业净拆出款、1 个月内到期的贷款、1 个月内到期的银行承兑汇票、其他经中国人民银行核准的证券。所谓流动性负债,是指 1 个月内到期的存款、同业净拆入款。

(3)单个贷款比例指标。对同一借款人的贷款余额与商业银行资本余额的比例不得超过 10%。这一规定,旨在分散贷款风险,防止贷款投放的过分集中。关于同一借款人的确切含义,我国《商业银行法》未作规定,从理论上讲,应指任何一个自然人或任何一个法人。

(4)国务院银行业监督管理机构对资产负债比例管理的其他规定。资产负债比例管理的其他规定:其一,中长期贷款比例指标,主要用于固定资产投资;其二,贷款质量指标,其目的是保证商业银行提高贷款质量。

7. 关系人贷款规则。《商业银行法》第 40 条规定,商业银行不得向关系人发放信用贷款;向关系人发放担保贷款的条件不得优于其他借款人同类贷款的条件。这一规定实际上是对"内部贷款"的限制性规定,目的是防止发放人情贷款。

商业银行的关系人,是指与商业银行有直接利害关系而且能利用这种利害关系或特殊身份直接影响商业银行经营或管理活动的人。这主要分为两种:其一是具有特殊身份的关系人,如银行的管理人员和经营人员,包括商业银行的董事、监事、管理人员、信贷业务人员及其近亲属;二是具有特殊利益关系的关系人,如银行高级管理人员投资的企业等,包括前项所列人员投资或者担任高级管理职务的公司、企业和其他经济组织。

8. 自主贷款规则。其也就是贷款自主权,是指任何单位和个人不得强令商业银行发放贷款或者提供担保。商业银行有权拒绝任何单位和个人强令要求其发放贷款或者提供担保。

9. 贷款归还规则。借款人应当按期归还贷款的本金和利息。借款人到期不归还担保贷款的,商业银行依法享有要求保证人归还贷款本金和利息或者就该担保物优先受偿的权利。商业银行因行使抵押权、质权而取得的不动产或者股权,应当自取得之日起两年内予以处分。借款人到期不归还信用贷款的,应当按照合同约定承担责任。

我国《商业银行法》在总则第 7 条中确立了商业银行依法收回贷款本息的权利及义务和实行担保贷款的原则,本规则是对这一原则的深化。至于"商业银行因行使抵押权、质权而取得的不动产或者股权,应当自取得之日起两年内予以处分",其主要原因是我国《商业银行法》禁止商业银行从事信托投资和股票业务,禁止投资于非自用不动产。

(三)商业银行的投资规则

我国《商业银行法》第 43 条规定,商业银行在中华人民共和国境内不得从事信托投资和证券经营业务,不得向非自用不动产投资或者向非银行金融机构和企业投资,但国家另有规定的除外。[①]

它是对我国商业银行投资业务的禁止性规定,其原因在于:第一,证券经营业务和房地产都属于高风险业务,风险高,收益率也高;第二,我国目前对各种风险的预测、监督、防范能力相对较弱,业务交叉则会产生许多弊病。这表明与其他西方国家允许商业银行多样化经营不同,我国现阶段实行的是金融分业经营、分业管理,即商业银行与投资银行的业务不能交叉。但是,可以预见,随着我国分业经营的模式向混业经营过渡,将来我国商业银行的投资领域会越来越宽广。

---

① 但书的规定已经为混业经营留下了政策空间。

(四)商业银行的结算规则

银行结算,是指银行作为社会各项资金结算的中介而开展的业务。商业银行的结算方式有两种:现金结算和转账结算。现金结算是指各经济组织直接使用现金的货币收付行为。转账结算也称非现金结算,是指各经济组织通过银行划拨转账来完成的货币收付行为。

我国《商业银行法》第44条规定,商业银行办理票据承兑、汇兑、委托收款等结算业务,应当按照规定的期限兑现,收付入账,不得压单、压票或者违反规定退票。有关兑现、收付入账期限的规定应当公布。《商业银行法》作出这一规定的理由是:结算业务是商业银行的中间业务,是连接资金和经济活动的桥梁,是实现经济正常运行的必要手段。迅速、准确地办理好银行结算,对加快资金周转,提高经济效益,促进商品流通和经济发展具有重要作用。

(五)商业银行发行债券或境外借款规则

《商业银行法》第45条规定:"商业银行发行金融债券或者到境外借款,应当依照法律、行政法规的规定报经批准。"其具体规定表现在:

(1)发行金融债券报经中国人民银行审批。我国的专业银行从1985年开始尝试发行金融债券。由于金融债券的利率高于同期存款利率,并且金融债券可依法转让,流动性比较强,所以商业银行通过这种方式很容易筹集中长期资金,解决特定用途的资金需要。

从近几年我国的实践看,发行金融债券首先要由各专业银行提出发行计划,报送人民银行。人民银行综合平衡全国信贷资金的来源和支出,统一确定金融债券发行总额。经人民银行批准同意后,专业银行才可发行金融债券。

(2)境外借款的审批权集中于中国人民银行。中国人民银行是国际商业贷款的审批机关,中国人民银行授权国家外汇管理局及其分局具体负责对国际商业贷款的审批、监督和管理。境内机构到境外借用中长期国际商业贷款必须向国家外汇管理局申请。借用短期国际商业贷款,则由全国性金融机构提出余额控制额度申请,由国家外汇管理局核定下达。

(六)同业拆借规则

同业拆借,是指商业银行与其他金融机构之间的短期临时借款,是商业银行等为解决短期资金余缺而相互融通资金的重要方式,主要用于支持资金周转。同业拆借的主体必须是经中国人民银行批准,并在工商行政管理机关登记注册的银行和非银行金融机构。

《商业银行法》第46条规定,同业拆借,应当遵守中国人民银行的规定,禁止利用拆入资金发放固定资产贷款或者用于投资。拆出资金限于交足存款准备金、留足备付金

和归还中国人民银行到期贷款之后的闲置资金。拆入资金用于弥补票据结算、联行汇差头寸的不足和解决临时性周转资金的需要。

(七)商业银行的其他业务规则

商业银行还有一些基本的业务规则,如商业银行不得违反规定提高或者降低利率以及采用其他不正当手段吸收存款、发放贷款;企业事业单位可以自主选择一家商业银行的营业场所开立一个办理日常转账结算和现金收付的基本账户,不得开立两个以上基本账户。任何单位和个人不得将单位的资金以个人名义开立账户存储;商业银行的营业时间应当方便客户,并予以公告。商业银行应当在公告的营业时间内营业,不得擅自停止营业或者缩短营业时间;商业银行办理业务,提供服务,按照规定收取手续费。收费项目和标准由国务院银行业监督管理机构、中国人民银行根据职责分工,分别会同国务院价格主管部门制定;商业银行应当按照国家有关规定保存财务会计报表、业务合同以及其他资料。

第三节　银行业监督管理法

一、银行业监督管理机构概述

(一)银监会的产生

银行监管,就是对银行业金融机构的监督管理,是指一国银行监管当局依法对该国银行业金融机构的经营活动进行监督管理的行为,是该国金融监管体系的重要组成部分。

我国目前的银行业监督管理机构,主要是于 2003 年 4 月 28 日正式挂牌成立的中华人民共和国银行业监督管理委员会(以下简称银监会),它直接隶属于国务院,独立行使银行业监管职权。除此之外,中国人民银行和外汇管理局分别执行部分与货币政策执行和宏观调控相关的银行业监督权以及与外汇业务有关的银行业监管权。

在银监会成立之前,我国的银行业监管权集中在中国人民银行手中,但是这种监管权的配置存在制度上的不当。其理由源于"金融监管者俘获理论",即当中央银行一身兼二任,同时享有制定货币政策和进行金融监管职能时,会在制定货币政策时更多地考虑商业银行的承受能力和特殊利益,从而偏离稳健而客观的货币政策轨道,结果央行作为金融监管者反被商业银行所"俘获"。[①] 这实际上是因为,货币政策通常是逆经济周期的,而银行监管通常是顺经济周期的,这两种矛盾的特性在银行体系自然会产生不同的影响。将银行业监管职能从人民银行分离出来,不仅有利于有效的银行监管,而且有

---

① 谷慎主编:《当代金融法》,科学出版社 2004 年版,第 79 页。

助于人民银行独立、专心行使货币政策职能,防止两种职能相互间的不当干扰。

因此,银监会的成立,标志着中国人民银行集宏观调控与银行监管于一身的管理模式正式结束,我国的金融宏观调控和金融监管从此进入了一个新的历史时期。

(二)银监会的法律特征

根据国务院机构设置安排及相关法律法规的规定,银行业监督管理委员会具有以下法律特征:

1. 银监会是接受国家行政授权的事业单位。同证券监督管理委员会、保险业监督管理委员会一样,银监会虽然隶属于国务院,行使国家行政权力,但并不属于国家的行政机关,而属于事业单位。

2. 银监会具有法人资格,可以独立承担法律责任。

3. 银监会可以根据履行职责的需要设立派出机构,并对派出机构实行统一领导的管理。

4. 银监会在行使监管职权时,需要与其他国家机关进行配合与协作,并接受国家有关机关的监督。其具体表现在:

(1)银监会应当建立与中国人民银行和其他金融监管机构的监管信息共享机制,以提高监管的准确性,避免分业监管时由于信息不通畅所造成的监管低效。

(2)地方政府与各级政府部门负有对银监会的监管活动积极配合并协作的义务。银监会在处置银行业金融机构风险、查处有关金融违法行为时,需要各级执法机关的有力配合,各级政府部门无权拒绝,更不能无理阻挠。

(3)银监会作为国家行政权力的行使者,也要受到有关国家机关的制约和监督,包括国务院审计机关的审计监督、中国人民银行的业务监督和国家监察机关的监察监督。

二、银行业监督管理法概述

(一)银行业监督管理法的概念

银行业监督管理法,是调整国家对银行业金融机构及其金融活动进行监督管理过程中产生的经济关系的法律规范的总称。狭义的银行业监督管理法仅指 2003 年 12 月 27 日第十届全国人民代表大会常务委员会通过,并于 2006 年 10 月 31 日修订的《中华人民共和国银行业监督管理法》(以下简称《银行业监督管理法》)。广义的银行业监管法则是包括狭义的监督法在内的,所有涉及银行监管的法律、法规、规章。

我国的《银行业监督管理法》在内容上具有一定的创新性,主要体现在:其一,这部法律充分借鉴了《巴塞尔协议》的国际银行业审慎监管的理念和方法,大大缩短了中国银行业监管与国际先进水平的差距。其二,《银行业监督管理法》赋予了银行业监督管理机构某些准司法权,这是前所未有的,即在接管、机构重组或撤销清算期间,直接负责的董事、高级管理人员和其他直接责任人员出境将对国家利益造成重大损失的,监管机关可以通知出境管理机关依法阻止其出境,还可申请司法机关禁止其转移、转让财产或者对其财产设立其他权利。这种准司法权力的赋予,对强化监督管理权威,提高监督管理效率,打击银行业犯罪活动具有现实意义。[①]

(二)银行业监督管理法的适用范围

《银行业监督管理法》第 2 条规定,国务院银行业监督管理机构负责对全国银行业金融机构及其业务活动监督管理的工作。由此可以看出,银监会对于银行业金融机构的监管包括了两个方面,即机构监管和行为监管。前者是国家在对银行业金融机构的设立、变更和终止进行监管时形成的组织管理关系;后者是国家在对银行业金融机构的经营活动进行监管时形成的行为监管关系。

法律的适用范围,也就是法律的效力范围,包括法律的时间效力、空间效力以及法律对人的效力。

1. 对人的效力

主要涉及银监会的监管对象,具体包括以下几类机构:(1)在中华人民共和国境内设立的商业银行、城市信用合作社、农村信用合作社等吸收公众存款的金融机构;(2)在中国境内设立的政策性银行;(3)在中国境内设立的其他金融机构,包括金融资产管理公司、信托投资公司、财务公司、金融租赁公司以及国务院银行业监督管理机构批准设立的其他金融机构;(4)经银监会批准在境外设立的中资金融机构;(5)在中国境内设立的外资银行业金融机构,包括外资银行业金融机构、中外合资银行业金融机构、外国银行业金融机构的分支机构。

2. 空间效力

《银行业监督管理法》的空间效力,仅及于中华人民共和国境内。其中,中华人民共和国境内,是指中华人民共和国领土范围内,但根据我国有关法律规定,本法不适用于我国香港、澳门和台湾地区。

三、银行业监督管理职责

(一)监管职责的范围

国务院银行业监督管理机构的监督职责包括以下各项:

1. 依照法律、行政法规制定并发布对银行业金融机构及其业务活动监督管理的规章、规则。

2. 依照法律、行政法规规定的条件和程序,审查批准银行业金融机构的设立、变

---

① 谷慎:《当代金融法》,科学出版社 2004 年版,第 71 页。

更、终止以及业务范围。

3. 在受理设立银行业金融机构的申请时,或者银行业金融机构变更持有资本总额或者股份总额达到规定比例以上的股东时,负责对股东的资金来源、财务状况、资本补充能力和诚信状况进行审查。

4. 对于银行业金融机构业务范围内的业务品种,按照规定经国务院银行业监督管理机构审查批准或者备案。需要审查批准或者备案的业务品种,由国务院银行业监督管理机构依照法律、行政法规作出规定并公布。

5. 对银行业市场准入实施管制。未经国务院银行业监督管理机构批准,任何单位或者个人不得设立银行业金融机构或者从事银行业金融机构的业务活动。

6. 对银行业金融机构的董事和高级管理人员实行任职资格管理。

7. 依照法律、行政法规规定银行业金融机构的审慎经营规则。审慎经营规则是银行业金融机构必须严格遵守的行为准则,包括风险管理、内部控制、资本充足率、资产质量、损失准备金、风险集中、关联交易、资产流动性等内容。

8. 对银行业自律组织的活动进行指导和监督。银行业自律组织的章程应当报国务院银行业监督管理机构备案。

9. 开展与银行业监督管理有关的国际交流、合作活动。

(二)监管职责的履行

银监机构在履行监管职责时,应当遵循以下规定:

1. 审批时限规定。国务院银行业监督管理机构应当在规定的期限,对下列申请事项作出批准或者不批准的书面决定;决定不批准的,应当说明理由:(1)银行业金融机构的设立,自收到申请文件之日起6个月内;(2)银行业金融机构的变更、终止,以及业务范围和增加业务范围内的业务品种,自收到申请文件之日起3个月内;(3)审查董事和高级管理人员的任职资格,自收到申请文件之日起30日内。

2. 非现场监督规定。银行业监督管理机构应当对银行业金融机构的业务活动及其风险状况进行非现场监管,建立银行业金融机构监督管理信息系统,分析、评价银行业金融机构的风险状况。

3. 现场检查规定。银行业监督管理机构应当对银行业金融机构的业务活动及其风险状况进行现场检查。国务院银行业监督管理机构应当制定现场检查程序,规范现场检查行为。

4. 并表监管规定。国务院银行业监督管理机构应当对银行业金融机构实行并表监督管理。

5. 接受中国人民银行建议。国务院银行业监督管理机构对中国人民银行提出的检查银行业金融机构的建议,应当自收到建议之日起30日内予以回复。

6. 金融监管评级体系和风险预警机制。国务院银行业监督管理机构应当建立银行业金融机构监督管理评级体系和风险预警机制,根据银行业金融机构的评级情况和风险状况,确定对其现场检查的频率、范围和需要采取的其他措施。

7. 突发事件报告责任制度。国务院银行业监督管理机构应当建立银行业突发事件的发现、报告岗位责任制度。银行业监督管理机构发现可能引发系统性银行业风险、严重影响社会稳定的突发事件的,应当立即向国务院银行业监督管理机构负责人报告;国务院银行业监督管理机构负责人认为需要向国务院报告的,应当立即向国务院报告,并告知中国人民银行、国务院财政部门等有关部门。

8. 突发事件处置制度。国务院银行业监督管理机构应当会同中国人民银行、国务院财政部门等有关部门建立银行业突发事件处置制度,制定银行业突发事件处置预案,明确处置机构和人员及其职责、处置措施和处置程序,及时、有效地处置银行业突发事件。

9. 统一的统计制度。国务院银行业监督管理机构负责统一编制全国银行业金融机构的统计数据、报表,并按照国家有关规定予以公布。

四、银行业监督管理措施

(一)强制信息披露

保持金融机构的充分信息披露是实现银行业有效监督管理的关键环节。为此,《银行业监督管理法》规定了以下强制信息披露的措施:

1. 获取财务资料。银行业监督管理机构根据履行职责的需要,有权要求银行业金融机构按照规定报送资产负债表,利润表和其他财务会计、统计报表,经营管理资料以及注册会计师出具的审计报告。

2. 现场检查。银行业监督管理机构根据审慎监管的要求,可以采取下列措施进行现场检查:(1)进入银行业金融机构进行检查;(2)询问银行业金融机构的工作人员,要求其对有关检查事项做出说明;(3)查阅、复制银行业金融机构与检查事项有关的文件、资料,对可能被转移、隐匿或者毁损的文件、资料予以封存;(4)检查银行业金融机构运用电子计算机管理业务数据的系统。进行现场检查,应当经银行业监督管理机构负责人批准。现场检查时,检查人员不得少于2人,并应当出示合法证件和检查通知书;检查人员少于2人或者未出示合法证件和检查通知书的,银行业金融机构有权拒绝检查。

3. 询问企业高层人员。银行业监督管理机构履行职责的需要,可以与银行业金融机构董事、高级管理人员进行监督管理谈话,要求银行业金融机构董事、高级管理人员就银行业金融机构的业务活动与风险管理的重大事项做出说明。

4. 向公众披露信息。银行业监督管理机构应当责令银行业金融机构按照规定,如实向社会公众披露财务会计报告、风险管理状况、董事和高级管理人员变更以及其他重大事项等信息。

(二)强制整改

《银行业监督管理法》第37条规定,银行业金融机构违反审慎经营规则的,国务院银行业监督管理机构或者其省一级派出机构应当责令限期改正;逾期未改正的,或者其行为严重危及该银行业金融机构的稳健运行、损害存款人和其他客户合法权益的,经国务院银行业监督管理机构或者其省一级派出机构负责人批准,可以区别情形,采取下列措施:(1)责令暂停部分业务、停止批准开办新业务;(2)限制分配红利和其他收入;(3)限制资产转让;(4)责令控股股东转让股权或者限制有关股东的权利;(5)责令调整董事、高级管理人员或者限制其权利;(6)停止批准增设分支机构。

银行业金融机构整改后,应当向国务院银行业监督管理机构或者其省一级派出机构提交报告。国务院银行业监督管理机构或者其省一级派出机构经验收,符合有关审慎经营规则的,应当自验收完毕之日起3日内解除对其采取的前款规定的有关措施。

(三)接管、重组与撤销

1. 接管、重组与撤销的事由。银行业金融机构已经或者可能发生信用危机,严重影响存款人和其他客户合法权益的,国务院银行业监督管理机构可以依法对该银行业金融机构实行接管或者促成机构重组,接管和机构重组依照有关法律和国务院的规定执行。银行业金融机构有违法经营、经营管理不善等情形,不予撤销将严重危害金融秩序、损害公众利益的,国务院银行业监督管理机构有权予以撤销。

2. 接管、重组与撤销的措施。银行业金融机构被接管、重组或者被撤销的,国务院银行业监督管理机构有权要求该银行业金融机构的董事、高级管理人员和其他工作人员,按照国务院银行业监督管理机构的要求履行职责。在接管、机构重组或者撤销清算期间,经国务院银行业监督管理机构负责人批准,对直接负责的董事、高级管理人员和其他直接责任人员,可以采取下列措施:(1)直接负责的董事、高级管理人员和其他直接责任人员出境将对国家利益造成重大损失的,通知出境管理机关依法阻止其出境;(2)申请司法机关禁止其转移、转让财产或者对其财产设定其他权利。

(四)冻结账户

经国务院银行业监督管理机构或其省一级派出机构负责人批准,银行业监督管理机构有权查询涉嫌金融违法的银行业金融机构及其工作人员以及关联行为人的账户;对涉嫌转移或者隐匿违法资金的,经国务院银行业监管机构,可以申请司法机关予以冻结。

思考题

1. 试述中国人民银行的法律地位。
2. 试述中国人民银行的职责。
3. 试述中国人民银行的法定货币政策工具。
4. 试述中国人民银行的监管范围。
5. 试述商业银行与人民银行、政策性银行的区别。
6. 论商业银行接管制度的价值。
7. 试述商业银行的贷款业务规则。
8. 试述商业银行的业务范围。
9. 试述银行业监督管理的对象。

第七章 证券法律制度

[内容提要]本章以证券组织管理制度和证券行为管理制度为主线,系统地介绍了证券市场的各项法律制度。本章围绕着证券行为管理制度,主要介绍了证券发行法律制度、证券承销法律制度、证券交易法律制度、证券上市法律制度以及上市公司收购法律制度;围绕着证券组织管理制度,主要介绍了证券市场上主要机构的管理制度,包括证券监管机构、证券中介机构以及证券承销机构、证券自律机构等。

第一节 证券法概述

一、证券

(一)证券的概念

证券,是证明持有人享有一定权益和表明一定权利义务关系的凭证。在不同领域,证券往往具有不同的含义。一般法律上所称的证券,属于广义的证券,是记载并代表一定权利的法律凭证的统称,如邮票、车船票、购物票证、仓单、股票、支票等。民商法上所称的证券,属于中义的证券,一般是指有价证券,包括资本证券、商品证券①和货币证券②。证券法上所讲的证券一般仅指资本证券,属于狭义的证券,是指证明持有人享有一定的所有权和债权的书面凭证,它表明持券人对一定的本金带来的收益享有请求权。本书所涉及的仅为狭义的证券。

证券具有以下三方面的法律特征:

1. 证券是一种投资凭证。证券是投资者权利的载体,投资者的权利是通过证券记载,并凭借证券获取相应收益的。

2. 证券是一种权益凭证。证券体现一定的权利,如股票体现的是股权,而债券则代表着债权。

---

① 商品证券又称货物证券,指对特定商品享有提取请求权的书据,如提货单、运货单、购货单。
② 货币证券是指对货币享有请求权的证券,其典型形式为票据,如支票、汇票、本票等。

3. 证券是一种可转让的权利凭证。证券具有流通性,其持有者可以随时将证券转让出售,以实现自身权利。[1]

根据我国《证券法》第 2 条的规定,证券主要包括股票、公司债券和国务院依法认定的其他证券、政府债券、证券投资基金份额。

(二)证券的种类

按照不同的标准,可以对证券做多种分类,如按证券发行主体不同,可分为政府证券、金融证券和公司证券;按证券是否上市,可分为上市证券和非上市证券等。依照《证券法》的规定,我国目前证券市场上发行和流通的证券主要有以下几类:

1. 股票。股票是指股份有限公司依照公司法的规定,为筹集公司资本而签发的证明股东所持股份的凭证。股票具有权利性、非返还性、风险性和流通性等特点。目前,我国发行的股票按照投资主体的不同,可以分为国有股、法人股和社会公众股;依上市地点及股票币种不同,可以分为 A 股、B 股、H 股、S 股、N 股等;按照股东权益和风险大小,可以分为普通股、优先股及普通和优先混合股。

2. 债券。债券是发行人依照法定程序发行的、约定在一定期限还本付息的有价证券。债券是一种债权凭证,它具有风险性小和流通性强的特点。债券按发行主体不同可分为:(1)企业、公司债券,是指一般企业和公司发行的债券;(2)金融债券,是指银行和非银行金融机构为筹集资金而发行的债券;(3)政府债券,是指政府或政府授权的代理机构,基于财政或其他目的而发行的债券,包括国库券、财政债券、建设公债、特种国债、保值公债等。

3. 证券投资基金份额。证券投资基金份额是指证券投资基金发起人向社会公众发行的,表明持有人对基金享有资产所有权、收益分配权和其他相关权利,并承担相应义务的有价证券。其通过设立基金,可汇集众多投资者的资金,组成基金并交给专门机构管理,由投资专家具体操作运用。投资专家根据设定的投资目标,将资金分散投资于特定的财产组合,投资收益归属于原投资者所有,基金管理者只收取一定的服务费用。

4. 国务院依法认定的其他证券。经国务院依法认定的其他证券是指立法上尚未规定,但具有证券性质和特点,需将其纳入证券范围调整的证券品种。这是一条弹性规定,用以应对不断发展的证券市场的需要。

二、证 券 市 场

证券市场是股票、公司债券、金融债券、政府债券、外国债券等有价证券及其衍生产品(如期货、期权等)发行和交易的场所,其实质是通过各类证券的发行和交易,以募集和融通资金并取得预期利益。证券市场是金融市场的重要组成部分,我国的证券市场

---

[1]　朱大旗:《金融法》,中国人民大学出版社 2000 年版,第 266 页。

由证券发行市场和证券流通市场构成。

（一）证券发行市场

证券发行市场，又称"初级市场"或"一级市场"，是证券发行活动依赖的市场。它的功能在于：一方面为资本的需求者提供募集资金的渠道，另一方面为资本的供应者提供投资的场所，通过证券发行市场，将投资者的闲散资金转化为生产资本。证券发行市场主要由证券发行人、认购人和中介人组成。其中证券发行人包括政府、金融机构、公司、非公司企业法人和公共机构；认购人即投资者，包括机构和个人两类；中介人指证券公司和为证券发行服务的注册会计师机构、律师机构和资产评估机构。其特点在于：

1. 证券发行是证券发行人将某种证券首次出售给投资者的行为，属于第一次交易。

2. 证券发行人必然是证券发行市场的主体。

3. 证券发行市场主要是无形市场，通常不存在具体形式的固定场所，也无通常的专业设备和设施。

（二）证券流通市场

证券流通市场，又称"次级市场"或"二级市场"，是投资者进行证券买卖和交易的场所。其功能在于为证券持有人提供证券随时变现的机会，同时又为新的投资者提供投资机会。通过证券交易市场，投资者持有的证券实现了流通。

证券交易市场的交易形式主要有两种，即证券交易所和场外交易市场。其中证券交易所在我国特指国家专营的上海证券交易所和深圳证券交易所，它们有固定的交易场所和交易时间，在该市场上市交易的证券必须符合严格的条件和程序，投资者通过证券商在证券交易所进行证券买卖。场外证券交易市场是指依法设立的非上市证券进行交易的市场。在场外交易场所交易的股票，一般为未上市股票，其交易价格不是通过集中竞价方式产生的，而是通过交易双方协商产生的。

证券流通市场的特点在于：

1. 证券交易市场以证券投资者为主要参与者，它主要是证券持有人以及准备购买证券的货币持有人。

2. 证券交易市场主要采取有形市场形式，也存在少数的无形市场。

3. 证券交易市场与证券发行市场相互依赖。发行市场是交易市场的前提。

证券流通市场与发行市场的主要区别，是两者的基本功能与所体现的关系不同。发行市场的基本功能是发行新证券，是一次性行为，它体现的是证券发行人与认购人之间的融资关系。流通市场的基本功能是实现证券的流通性。在二级市场上，同一证券可以反复交易，即使是证券的原发行人也可以参加交易，供求双方体现的是证券交易、证券收益权的转让关系。

三、证券法

(一)证券法的概念

证券法有广义和狭义之分。广义的证券法是指证券募集、发行、交易、服务以及对证券市场进行监督管理的法律规范的总和。证券法所调整的社会关系,既有证券发行人、证券投资人和证券商之间的平等的证券发行关系、交易关系、服务关系,又有证券监督管理机构对证券市场参与者进行领导、组织、协调、监督等活动过程中所发生的纵向监管关系,是两者的统一体。

狭义的证券法是指证券法典,在我国是指 1998 年 12 月 29 日通过,并于 1999 年 7 月 1 日实施的《证券法》。该法于 2004 年 8 月 28 日进行第一次修正,并于 2005 年 10 月 27 日进行修订,其后,2013 年 6 月 29 日进行第二次修正,2014 年 8 月 31 日进行第三次修正。

证券法的调整对象主要包括:

1. 证券发行关系。它是指由证券发行人向证券投资者出售所发行证券的买卖关系。

2. 证券交易关系。证券交易关系是证券投资者采取转让或者其他方式处置证券并与其他投资者发生的交易关系。它以证券买卖关系为典型形式,还可包括证券质押关系、赠与关系、继承关系及其他以证券作为标的的证券交易关系。

3. 证券监管关系。证券监管关系是证券市场监管者因规范、调控证券发行和交易关系而与证券关系参与者形成的社会关系。它既包括政府的监管,也包括证券市场的自律性管理。

4. 证券服务关系。证券服务关系主要指证券投资咨询机构与发行人、投资者之间因证券投资咨询所形成的关系,以及证券专业服务机构向证券发行人、上市公司提供专业服务过程中所形成的关系。

(二)证券法基本原则

证券法的基本原则是规范证券发行和交易行为,调整证券服务和证券监管关系的根本法律准则,其效力贯穿于整个证券法律体系,对证券法律的制定和运用起着指导作用。

根据证券法的规定,我国证券法的基本原则包括以下内容:

1. 公开原则。它是指证券发行者在证券发行前或发行后,根据法定的要求或程序,向监督管理部门和证券投资者提供规定的有关能影响证券价格的信息资料。公开原则要求公开的信息达到真实、全面、及时、易得、易解的要求。

2. 公平原则。它是指在证券募集、发行、交易、服务过程中应当公平合理,照顾各方权益,做到平等、自愿、等价有偿、诚实守信。

3. 公正原则。它是指证券监督管理机构及其他组织或人员应充分运用法律,采取有效措施,对证券市场的违法犯罪活动予以制止与查处,禁止欺诈、内幕交易、操纵证券市场的行为,以确保投资者的利益得到公正对待。

第二节　证券的发行与承销法律制度

一、证券发行法律制度

(一)证券发行的概念

证券发行制度是证券法律制度中的核心内容。广义的证券发行,是指经批准符合发行条件的证券发行人为募集资金,按照一定程序将证券销售给投资者的行为,[①]它包括证券募集行为和狭义的证券发行行为。其中,证券募集是指发行人向投资者发出要约邀请,由投资者进行申购,发行人再根据预先确定的一定条件承诺向投资者销售所形成的合意行为。而狭义的证券发行行为,是指发行人在完成证券募集行为后,制作并向投资者交付证券的行为,属单方法律行为。这两个概念是有差异的,证券募集强调发行人向投资者招募资金,而狭义的证券发行则侧重于描述制作和交付有价证券。

我国《证券法》所调整的证券发行,实际上仅指的是"证券公开发行",[②]即向社会公众发行。我国《证券法》对"公开发行"的认定标准是:(1)向不特定对象发行证券。发行对象的不特定性,是公开发行的特征之一。无论发行对象人数多少,只要是不特定的社会公众,都属于公开发行。(2)向累计超过 200 人的特定对象发行证券。一般情况下,与发行人存在着相对稳定业务关系的机构或者个人,或者在发行人所在机构任职的个人,被视为特定对象。对人数规定为"累计",目的是防止发行人通过多次向不超过 200人的特定对象发行证券,规避国务院证券监督管理机构或者国务院授权的部门的核准和监管。(3)法律、行政法规规定的其他发行行为。这是一种概括性规定,即除前两项关于对公开发行的界定外,其他法律、行政法规规定的属于公开发行的行为。此外,《证券法》还对非公开发行证券作了规范,即非公开发行证券,不得采用广告、公开劝诱和变相公开方式,否则即视为公开发行。

证券发行按照不同标准有不同的分类:

1. 按发行不同品种分类,证券发行可以分为股票发行、债券发行、基金发行和其他

---

① 徐杰主编:《证券法理论与实务》,首都经贸大学出版社 2000 年版,第 31 页。

② 原《证券法》使用了"证券公开发行"的术语,但没有清晰界定其具体含义。现行《证券法》明确采纳了此概念并对该术语的具体范围进行了清晰的界定。在理论上,唯有公开发行证券的行为,才被纳入《证券法》的调整范围。

衍生产品发行。我国的股票发行,目前分为人民币普通股(A 股)发行、人民币特种股(B 股)发行和香港市场 H 股发行。我国的债券发行,分为国债的发行、公司债券的发行、可转换公司债券的发行和金融债券的发行。我国目前的基金发行,主要分为公开式基金和封闭式基金的发行。其他衍生品种发行,如境外证券市场出现的指数基金的发行、认股权证的发行、存托凭证的发行、期权合约的发行等。

2. 按不同的销售方式,证券发行可分为直接发行和间接发行。直接发行是指证券发行人不需要借助证券公司代销或包销,而直接向投资者要约出售证券。间接发行是指证券发行人委托证券承销机构发行有价证券,并由证券承销机构办理有关发行事项并承担相应的发行风险。间接发行又可分为证券包销和证券代销两种方式。

此外,根据发行地点不同,它还可分为国内发行和境外发行;根据是否借助于电子证券交易系统,可将发行方式分为网上发行和网下发行,等等。

(二)证券发行审核制度

证券监管部门对证券发行的监管,主要通过对证券发行的审核得以体现。在不同的证券市场,对不同证券品种的发行与不同投资的对象,其审核制度的宽严也有所不同。一般而言,证券发行审核主要分为注册制、审批制和核准制三种模式。

在成熟发达的证券市场,注册制是证券发行审核的主要模式,只要证券发行者依法全面披露与证券发行相关的资料,就可上市发行证券,而无须政府监管部门的批准。注册制要求发行人通过真实、准确、完整、及时的信息披露,使投资者获得必要的信息,进而对拟发行证券的价值做出有效的判断。

审批制,则是由证券监管部门完全控制证券发行市场,选择发行主体,定发行规模和发行价格,将市场资源实际转换为行政资源的证券发行审核制度。它一般是在证券市场初期的试验阶段,因各方市场主体缺乏经验,为了保证市场的稳定性而采用的制度。

核准制介于注册制和审批制之间,是指证券发行人在遵守信息披露义务时,必须符合证券法规定的发行条件并应当接受证券监管机构的实质监管,政府有权对发行人的资格及所发行证券做出审查和决定。它既要求证券监管部门对发行人主体资格、拟发行证券质量、发行规模进行一定程度的审核,也对发行人的信息披露有严格要求,同时还注意引入市场竞争来推动证券发行市场的成熟。

我国《证券法》第 10 条第 1 款规定:"公开发行证券,必须符合法律、行政法规规定的条件,并依法报经国务院证券监督管理机构或者国务院授权的部门核准;未经依法核准,任何单位和个人不得向社会公开发行证券。"由此可见,我国证券发行采用的是核准制。证券发行核准制具有以下特点:

1. 证券法规定证券发行人的发行资格及证券发行的实质条件。通过确定证券发行人资格及发行条件,尽力排斥劣质证券的发行。

2. 证券监管机构对证券发行享有独立审查权。证券监管机构的职责就是保证法律规则的贯彻与实施,审核期间若发现发行人资格、条件与法律规定不相符合,应禁止其公开发行。

3. 证券监管机构在核准证券发行申请后,如发现存在其他违法情势,有权撤销已做出的核准与批准,且证券监管机构撤销已经做出的核准的,无需承担责任。[①]

(三)证券发行上市保荐制度

保荐人制度源于英国,是指证券发行人申请其证券上市交易,必须聘请依法取得保荐资格的保荐人为其出具保荐意见,确认其证券符合在交易所上市交易的条件。具体而言,它就是指由保荐人(券商)负责发行人的上市推荐和辅导,核实证券发行人发行文件中所载资料的真实、准确和完整,协助发行人建立严格的信息披露制度,不仅承担上市后持续督导的责任,还将责任落实到个人。

中国证监会于 2003 年 12 月制定了《证券发行上市保荐制度暂行办法》(2008 年 8月通过了《证券发行上市保荐业务管理办法》,并于 2009 年 5 月进行了修订),比较全面地规定了我国证券发行上市保荐制度。它在 2005 年《证券法》的修改中,也明确增加了对于保荐制度的规定。在国外,保荐制度只适合于创业板市场,旨在提升创业板市场的透明度并加强对投资者利益的保护,而在我国,保荐制度不仅适用于创业板市场,同时也适用于主板市场。

实施保荐制度的主要目的是通过落实证券公司等中介机构及其从业人员的责任,加强市场诚信建设,培育市场主体,强化市场约束机制,提高上市公司质量,推动我国证券发行制度从核准制向注册制转变。

(四)证券发行条件

证券发行条件是证券发行必须具备的各种法定条件的总和。

1. 股票发行的基本条件

股票发行,是指股份有限公司向投资者出售或者要约出售股票的行为。按照是否附有设立公司的目的为标准,股票发行可分为设立发行和增资发行。设立发行是指发行人以设立股份有限公司为目的而公开发行股票。增资发行是指已设立并合法存续的股份有限公司为了增加公司股本,向原股东配售或者向其他投资者出售或者要约出售股票的行为,除包括新股发行外,还包括配股、分派红利股票、公积金转增股份等多种具体形式。[②]

根据《证券法》的规定,公司发行新股应当符合以下条件:(1)具备健全且运行良好的组织机构;(2)具有持续盈利能力,财务状况良好;(3)最近三年财务会计文件无虚假记载,无其他重大违法行为;(4)经国务院批准的国务院证券监督管理机构规定的其他

---

① 叶林著:《证券法》,中国人民大学出版社 2006 年第 2 版,第 138~139 页。
② 本书在此仅就《证券法》第 13 条的规定,介绍新股发行的条件。

条件。公司对公开发行股票所募集的资金,必须按照招股说明书所列资金用途使用。改变招股说明书所列资金用途,必须经股东大会作出决议。擅自改变用途而未作纠正的,或者未经股东大会认可的,不得公开发行新股,上市公司也不得非公开发行新股。

2. 公司债券发行的基本条件

所谓公司债券是指公司依照法定程序发行的、约定在一定期限还本付息的有价证券。依照公司法设立的股份有限公司和有限责任公司有权依法发行公司债券。公开发行公司债券的条件如下:(1)股份有限公司的净资产额不低于人民币 3000 万元,有限责任公司的净资产额不低于人民币 6000 万元;(2)累计债券余额不超过公司净资产额的40%;(3)最近 3 年平均可分配利润足以支付公司债券 1 年的利息;(4)筹集的资金投向符合国家产业政策;(5)债券的利率不得超过国务院限定的利率水平;(6)国务院规定的其他条件。

同时,《证券法》还规定,有下列情形之一的,不得再次公开发行公司债券:(1)前一次公开发行的公司债券尚未募足;(2)对已公开发行的公司债券或者其他债务有违约或者延迟支付本息的事实,仍处于继续状态;(3)违反本法规定,改变公开发行公司债券所募资金的用途。

二、证券承销法律制度

(一)证券承销的概念

证券承销是指具有经营资格的证券公司,接受证券发行人的委托,代理销售发行人向社会公开发行的证券,并依约定取得一定比例手续费或报酬的行为。证券承销是证券间接发行时所采用的发行方式。根据《证券法》的规定,证券承销的法定方式分为证券代销和证券包销。

1. 证券代销。证券代销是指证券公司代发行人发售证券,在承销期结束时,将未售出的证券全部退还给发行人的承销方式。[①] 其特点是:

(1)发行人与承销商之间是一种委托代理关系;

(2)承销商不垫付资金,对不能售完的证券不负任何责任;

(3)由于承销商不承担风险,因此相对包销来讲,所得收入也较低。

由此可以看出,证券代销方式,对于发行人而言,承担风险较高。因此在实践中,代销证券的方式往往适用于一些信誉好、知名度高、比较易于被社会公众接受的大公司的证券。同时,为了恰当地保护投资者的利益,我国《证券法》还规定,股票发行采用代销方式,代销期限届满,向投资者出售的股票数量未达到拟公开发行股票数量 70% 的,为发行失败。发行人应当按照发行价并加算银行同期存款利息返还股票认购人。证券代

---

① 参见《证券法》第 28 条第 2 款。

销是国外证券发行中广泛采用的承销方式,广泛适用于证券私募发行过程中。在我国,证券代销主要用于发行公司债券,股票公开发行很少采用代销方式。

2. 证券包销。证券包销是指证券公司将发行人的证券按照协议全部购入或者在承销期结束时将售后剩余证券全部自行购入的承销方式。[①] 证券包销的发行风险由证券公司承担,是我国证券承销所采用的主要方式,它不仅适用于股票发行,也适用于公司债券的发行。

证券包销分为全额包销和余额包销两种形式。全额包销是证券公司用自己拥有的资金,一次性全部买进证券发行人发行的证券,再以独立发售人的身份,以市场价格向公众发售的销售方式。全额包销实际分为两个销售阶段。在第一阶段,证券公司全额购买发行人发行的全部证券。发行人是所发行证券的唯一卖方,证券公司是所发行证券的唯一买方。在第二阶段,证券公司以自己的名义并独立承担风险将所购得的证券再次出售给投资者。投资者是所发行证券的买方,证券公司则是该证券的唯一卖方。证券公司同意采取全额包销方式,通常是基于证券公司对成功发行证券有极乐观的预期,并拥有较好的支付能力和风险承担能力。余额包销是指证券公司在承销期结束时,将售后剩余证券全部自行购入的承销方式。在余额包销中,在承销期内证券公司为证券发行人的代理人,承销期结束后若有未售证券,证券公司则成为未售出证券的独立购买人。

3. 承销团承销。承销团承销,又称为联合承销,是指两个以上的证券经营机构组成承销人,为发行人发售证券的一种承销方式。《证券法》第 32 条规定,向不特定对象公开发行的证券票面总值超过人民币 5000 万元的,应当由承销团承销。承销团应当由主承销和参与承销的证券公司组成。采用承销团承销的目的是满足大额证券发行的需要,分担证券发行失败的风险。

承销团成员根据分工以及承担责任的不同,可分为主承销商和分销商。主承销商是承销团的发起人,在承销过程中起组织协调作用,承担主要风险。在承销团承销过程中,其他承销团成员均委托其中一家承销人为承销团负责人,该负责人即为主承销人。主承销人与其他各家承销人的关系属于民法上的委托代理关系,主承销人的行为后果由承销团承担。

(二)证券承销协议

1. 证券承销协议的概念

证券承销协议是指证券发行人与证券承销商之间签订的,调整双方在证券承销过程中所发生的权利义务关系的书面协议。采用代销方式时,证券承销合同性质为委托合同,证券销售者仍为发行人,承销商处于代理人的地位。在证券余额包销方式中,在承销期内,承销商为代理人,而在承销期结束后,承销商与发行人之间的关系为买卖关

---

① 参见《证券法》第 28 条第 3 款。

系。在证券全额包销中,承销商所取得的利润为买进和售出证券之间的差价,承销商与投资者之间的关系具有行纪合同的性质。

我国的证券承销合同具有以下特征:

(1)主体的特定性,即证券承销合同主体一方为经过核准的证券发行人,另一方为具有证券监管机构特别许可和授予承销业务的证券公司。

(2)客体的特定性,即承销合同的客体是依法公开发行的股票和公司债券。

(3)证券承销合同须采用书面形式,而且承销合同是证券发行送审文件的组成部分。

(4)承销合同内容具有法定性因素。《证券法》、《公司法》规定了承销合同的必备条款。

2. 证券承销协议的条款

证券承销合同的条款分为必备条款和任意性条款。根据我国《证券法》的规定,承销合同的必备性条款包括:

(1)当事人的名称、住所及法定代表人姓名;

(2)代销、包销证券的种类、数量、金额及发行价格;

(3)代销、包销的期限及起止日期;

(4)代销、包销的付款方式及日期;

(5)代销、包销的费用和结算办法;

(6)违约责任;

(7)国务院证券监督管理机构规定的其他事项。

(三)证券承销的强制性规则

为规范证券公司的证券承销行为,我国《证券法》规定了证券公司必须遵守的强制性规则。

1. 禁止不正当竞争。证券公司不得以不正当竞争手段招揽证券承销业务,证券发行人有权自主选择承销的证券公司。

2. 核查义务。证券公司承销证券,应当对公开发行募集文件的真实性、准确性、完整性进行核查;发现有虚假记载、误导性陈述或者重大遗漏的,不得进行销售活动;已经销售的,必须立即停止销售活动,并采取纠正措施。

3. 禁止事先预留。证券公司在代销、包销期内,对所代销、包销的证券应当保证先行出售给认购人,证券公司不得为本公司事先预留代销的证券和预先购入并留存所包销的证券。

4. 承销备案制度。公开发行股票,代销、包销期限届满,发行人应当在规定的期限内将股票发行情况报国务院证券监督管理机构备案。

5. 证券销售期限限制。由于销售证券是一种从社会直接融资的活动,对资金市场有可能产生较大的影响。为了减少出现负面影响的机会,我们有必要对证券的销售期限做出合理的规定,从而达到维护证券市场秩序基本稳定的目的。因此,我国《证券法》第 33 条规定:"证券的代销、包销期最长不得超过 90 日。"

第三节　证券的上市与交易法律制度

一、证券上市法律制度

证券上市是指经证券交易所审核,证券获准在证券交易所挂牌交易的过程。某种证券一旦获准上市,即可称为上市证券,发行人即可称为上市公司。在我国,证券上市主要是指证券在证券交易所挂牌上市。我国《证券法》规定,允许依法公开发行的股票、公司债券及其他证券在依法设立的证券交易所上市交易或者在国务院批准的其他证券交易所转让。依据此条款规定,在我国上海和深圳证券交易所上市交易的证券,即为证券交易所上市证券;在其他证券交易场所挂牌的证券,即为场外市场上市证券。随着多层次证券市场的建立,证券上市还包括在场外市场挂牌交易的情况,[①]但我国现行《证券法》主要针对证券交易所上市进行了规定,场外交易市场上市规则相对匮乏。

作为证券法的重要制度设计,证券上市制度是连接证券公开发行和交易的中间制度。证券发行旨在使发行人募集一定量的社会资金,确立公司与投资者之间的股权关系、债权债务关系或者其他法律关系。证券发行成功之后,证券须以适当形式进行流动,证券上市制度旨在筛选符合特定证券交易场所上市条件的证券,并为其提供实现流通的场所。不同的证券交易场所会规定不同的证券上市条件。证券发行是证券上市的前提条件,其主要区别在于:

(1)证券发行与证券上市的条件不同。证券发行的条件通常为法定条件;而证券上市既有法定条件,也有证券交易市场组织者发布的条件。

(2)证券发行与证券上市的审核机构不同。证券发行由证监会核准,证券上市原则上由证券交易市场组织者审核。

(3)证券发行与证券上市的功能不同。证券发行旨在筹集资金,证券上市主要是为了提升证券的流通性。

证券上市制度还是确立证券交易所与上市公司之间自律监管关系的基础。证券上市是通过上市公司与证券交易所之间签署的上市协议完成的,签署上市协议意味着公司自愿接受证券交易所的自律监管。公司必须遵守证券交易所颁布、执行的证券交易和信息披露规则,公司违反证券交易所规则时,证券交易所有权暂停甚至终止其上市。

---

① 　叶林主编:《证券法》,中国人民大学出版社 2006 年第 2 版,第 215 页。

（一）证券上市的条件和程序

我国在证券市场初创时期，原《证券法》和证监会对证券上市采取了比较严格的管制措施，证券上市条件是通过证券法律、法规以及证券监管机构颁布的政府规章做出规定的，证券交易所在确定上市标准上没有核心作用。2005 年《证券法》修改之后，核准证券上市交易的最后决定权赋予了证券交易所，即通过与上市公司签署上市协议，证券交易所也可将其采纳的特殊条件反映出来。① 因此，我国证券上市的条件具有法定性与自律性相结合的特点。

1. 股票上市条件

我国《证券法》第 51 条规定，国家鼓励符合产业政策，同时又符合上市条件的公司股票上市交易。因此，在我国股份有限公司申请股票上市应具备的实质性条件是：(1)股票经国务院证券监督管理机构核准已公开发行。(2)公司股本总额不少于人民币 3000 万元。(3)公开发行的股份达到公司股份总数的 25% 以上；公司股本总额超过人民币 4 亿元的，公开发行股份的比例为 10% 以上。(4)公司最近 3 年无重大违法行为，财务会计报告无虚假记载。而且证券交易所可以规定高于前款规定的上市条件，并报国务院证券监督管理机构批准。

2. 公司债券上市条件

根据我国《证券法》和《公司法》的规定，公司债券可以上市交易。公司申请其发行的公司债券上市交易，必须报经国务院证券监督管理机构核准。

公司申请其公司债券上市交易必须符合如下条件：(1)公司债券的期限为 1 年以上；(2)公司债券实际发行额不少于人民币 5000 万元；(3)公司申请其债券上市时仍符合法定的公司债券的发行条件。

3. 证券上市的程序

公司申请其证券上市不仅应具备上述实质性条件，还必须履行法定的程序。

第一，必须进行上市的申请。与世界上绝大多数国家和地区一样，我国也采取上市的自愿申请制度，由公司自主决定其已发行的证券是否申请在证券交易所上市交易。根据《证券法》的规定，申请证券上市交易，应当向证券交易所提出申请，并按规定向证券交易所报送相关文件。②

第二，由证券交易所对证券上市申请依法审核同意。证券交易所在完成审核程序后，应将审核结果通知申请人，以便申请人及早安排上市事宜。如果证券交易所同意证券上市的，应当与申请人签订上市协议；如果不同意上市申请，亦应尽快通知申请人；如

---

① 见《证券法》第 48 条，这次修改主要是基于证券上市交易本来就是一个市场行为，而证券交易所又是由国务院决定设立的实行会员制管理的独立法人，由其根据各方面情况审核决定证券上市，更加符合市场机制。证券交易所根据此次修改后的证券法还可以制定新的上市规则，提出更新的要求。

② 参见《证券法》第 52 条、第 58 条。

果需要申请人补充文件和资料的,最好采取书面形式告知申请人。

第三,上市申请人与证券交易所签订上市协议。上市协议是上市申请人与证券交易所签订的,用以明确相互之间权利义务关系的协议。其属于格式性条款,是证券交易所对上市公司实施自律监管的基础,是转引证券交易所规则的法律基础。

第四,上市公告。这是指发行人向社会公众告知所发行证券获准上市交易的一系列行为的总和,也是证券上市交易前的重要程序。根据《证券法》第 53 条和第 59 条的规定,股票和公司债券上市交易申请经证券交易所审核同意后,签订上市协议的公司应当在规定的期限内公告股票上市的有关文件,并将该文件备置于指定场所供公众查阅。

第五,挂牌交易。挂牌交易是完成证券上市程序的最终标志,挂牌上市的证券即称"上市证券",发行股票或者公司债券的公司则称为"上市公司",上市公司所发行的证券必须在证券交易所内,按照证券交易所交易规则交易。

(二)上市证券暂停和终止交易

上市证券暂停和终止交易是指当上市公司因社会经济条件变化或自身经营问题而不符合上市条件时,被证券交易所依法定条件和程序停止上市交易或取消上市资格。[①]上市证券暂停和终止交易,主要是为了保护公共利益和投资人的利益。

1. 上市证券暂停交易。上市证券暂停交易又称为停牌,是指证券交易所依照法律法规或证交所业务规则、上市合同,对上市证券实施的停止上市交易的措施。上市证券暂停交易通常分为三类:一是因法定事由,如上市公司不符合上市条件或有其他违法活动等,由证券交易所决定或批准其证券停止交易;二是因上市股票的公司在增发股票或发放股票红利期间、重大信息发布时的自动暂停上市;三是证券交易所在证券市场监管中发现上市证券有异常交易情况,需要调查时,对该证券做技术性暂停上市。上市暂停不超过一定时间,暂停上市的原因消失,可恢复上市。我国《证券法》所规定的是上述第一种情形。[②]

2. 上市终止。上市终止是指上市证券丧失了在证券交易所继续挂牌的资格。上市终止通常有两类:一是自动终止,如债券到期;二是法定事由,如不符合最低上市条件、暂停上市期满而不能消除暂停原因等,由证券交易所决定终止上市。[③]

上市公司对证券交易所做出的不予上市、暂停上市、终止上市决定不服的,可以向证券交易所设立的复核机构申请复核。

---

① 原《证券法》规定由证监会决定暂停交易和终止上市。在修改《证券法》的过程中,考虑到证券上市具有民事法律关系性质,应由证券交易所负责证券上市审核,相应的,暂停交易和终止上市也应由证券交易所决定。

② 参见《证券法》第 55 条、第 60 条。

③ 参见《证券法》第 56 条、第 61 条。

二、证券交易法律制度

(一)证券交易的概念

证券交易即证券买卖,是证券所有者依照交易规则将证券转让给其他投资者的行为。证券买卖是证券转让的主要形式,除证券买卖外,证券转让还包括因赠与、继承、企业合并和设定质押等发生的证券所有权的转移。

证券发行与证券交易有密切的关系:一方面,证券发行是证券交易的前提,证券发行为证券交易提供了交易对象;另一方面,证券交易又为证券发行提供了保证,证券交易使证券的流通性显示出来,吸引投资者认购,有利于证券的顺利发行。随着资本市场的发展,证券交易的方式已从过去的现货交易方式为主,发展到现货交易、信用交易、期货交易并存,最主要表现为以下几种形式:

1. 证券现货交易。证券现货交易是指证券交易双方在成交后,即时清算交割证券和价款的一种交易方式。在现代证券交易中,证券交易的成交和证券交割通常有一定时间间隔,时间间隔长短依证券交易所规定的交割日期加以确定。通行的交割规则为T+1交割,即成交完成后的下一个营业日进行交割。现货交易是最早出现的证券交易方式,同时又是现代证券交易中最普遍采用的交易方式。相对其他证券交易方式,现货交易方式的投机性小,风险也较小。

2. 证券期货交易。证券期货交易是指证券交易双方在成交时,约定在将来某一特定时间,按照成交时合同规定的数量和价格进行清算和交割的证券交易方式。证券期货交易主要包括股价指数期货交易和债券期货交易。证券期货交易必须在证券交易所或商品期货交易所进行。证券期货交易的目的是套期保值或投机获利。

3. 证券信用交易。证券信用交易,又称保证金交易或融资融券交易,是指投资者在买卖证券时,只向证券商交付一定数额的保证金或部分证券,其应支付价款或应支付证券不足时,由证券商垫付的交易形式。证券信用交易包括融资证券交易[①]和融券证券交易[②]。

证券信用交易的正面效应是可刺激投资,活跃证券市场,其消极一面是投机性强,易加剧市场动荡。目前,世界多数证券市场存在信用交易,监管机构在加强监管的前提下允许其存在。我国证券市场发展初期,由于缺乏监管经验,市场投机气氛较浓,曾一度禁止证券信用交易。不过,为了适应市场发展的需要,我国2005年修改《证券法》,不

[①] 融资证券交易,又称保证金买空交易(简称买空),是指投资者在缴纳了部分保证金后,由证券经纪商垫付余额并代为买进证券的活动。买进的证券必须寄存在证券经纪商处,投资者应向经纪商支付全额佣金和贷款利息。

[②] 融券证券交易,又称保证金卖空交易(简称卖空),是指投资者在缴纳了部分保证金后,由证券经纪商贷给证券并代为售出的活动。售出证券的价款作为贷款的抵押寄存在经纪商处。

再将证券交易仅限于现货交易,也允许证券交易以其他方式进行交易。《证券法》规定,证券交易以其他方式进行交易的,必须是国务院规定的方式,任何人不得擅自以国务院没有规定的方式进行证券的交易。这标志着融资融券交易在中国市场中第一次得到了解禁。

其后,证券信用交易试点在我国陆续展开。2008 年 10 月 31 日,证监会发布了《证券公司业务范围审批暂行规定》,为我国融资融券信用交易制度的推出提供了具体的法律依据,并对证券公司开展融资融券业务的多方面做了详细的规定,为我国融资融券推出打下了良好的基础。2010 年 3 月 31 日,中国正式启动融资融券业务,中国证券市场 20 年的"单边市"终于成为历史,这一事件在中国金融市场的发展里具有新的里程碑式的深远意义。如今,越来越多的证券公司都慢慢地采用了融资融券的金融业务模式。

(二)禁止交易行为

1. 禁止内幕交易行为。内幕交易是指内幕人员以获取利益或者减少损失为目的,利用内幕信息进行证券发行、交易的活动。

内幕人员是指知悉证券交易内幕信息的下列知情人:(1)发行人的董事、监事、高级管理人员;(2)持有公司 5%以上股份的股东及其董事、监事、高级管理人员,公司的实际控制人及其董事、监事、高级管理人员;(3)发行人控股的公司及其董事、监事、高级管理人员;(4)由于所任公司职务可以获取公司有关内幕信息的人员;(5)证券监督管理机构工作人员以及由于法定职责对证券的发行、交易进行管理的其他人员;(6)保荐人、承销的证券公司、证券交易所、证券登记结算机构、证券服务机构的有关人员;(7)国务院证券监督管理机构规定的其他人。

内幕信息是指证券交易活动中,涉及公司的经营、财务或者对该公司证券的市场价格有重大影响的尚未公开的信息,具体包括:

第一,具有重大事件性质的内幕信息。根据《证券法》第 67 条第 2 款,具有重大事件性质的内幕信息是指:(1)公司的经营方针和经营范围的重大变化;(2)公司的重大投资行为和重大的购置财产的决定;(3)公司订立重要合同,可能对公司的资产、负债、权益和经营成果产生重要影响;(4)公司发生重大债务和未能清偿到期重大债务的违约情况;(5)公司发生重大亏损或者重大损失;(6)公司生产经营的外部条件发生的重大变化;(7)公司的董事、三分之一以上监事或者经理发生变动;(8)持有公司 5%以上股份的股东或者实际控制人,其持有股份或者控制公司的情况发生较大变化;(9)公司减资、合并、分立、解散及申请破产的决定;(10)涉及公司的重大诉讼,股东大会、董事会决议被依法撤销或者宣告无效;(11)公司涉嫌犯罪被司法机关立案调查,公司董事、监事、高级管理人员涉嫌犯罪被司法机关采取强制措施;(12)国务院证券监督管理机构规定的其他事项。

第二,其他内幕信息。《证券法》第 75 条第 2 款第 1 项至第 8 项规定的其他内幕信息是指:(1)公司分配股利或者增资的计划;(2)公司股权结构的重大变化;(3)公司债务

担保的重大变更;(4)公司营业用主要资产的抵押、出售或者报废一次超过该资产的30%;(5)公司的董事、监事、高级管理人员的行为可能依法承担重大损害赔偿责任;(6)上市公司收购的有关方案;(7)国务院证券监督管理机构认定的对证券交易价格有显著影响的其他重要信息。

证券交易内幕信息的知情人和非法获取内幕信息的人,在内幕信息公开前,不得买卖该公司的证券,或者泄露该信息,或者建议他人买卖该证券。其中,持有或者通过协议、其他安排与他人共同持有公司5%以上股份的自然人、法人、其他组织收购上市公司的股份,适用《证券法》对于上市公司收购的其他专门规定的,不视为内幕交易。

2. 禁止操纵市场。操纵市场的实质是不公平地利用资金、信息、地位等优势,人为影响证券市场价格,诱使投资者买卖证券,扰乱证券市场秩序的行为。操纵市场背离了市场准则,属于不正当交易行为。其具体表现为:

(1)单独或者通过合谋,集中资金优势、持股优势或者利用信息优势联合或者连续买卖,操纵证券交易价格或者证券交易量;

(2)与他人串通,以事先约定的时间、价格和方式相互进行证券交易,影响证券交易价格或者证券交易量;

(3)在自己实际控制的账户之间进行证券交易,影响证券交易价格或者证券交易量;

(4)以其他手段操纵证券市场。

3. 禁止虚假陈述。虚假陈述是指对证券发行、交易及其相关活动的事实、性质、前景、法律等事项作出不实、严重误导或者含有重大遗漏的,任何形式的虚假陈述或者诱导,致使投资者在不了解事实真相的情况下作出证券投资决定的行为。其包括:

(1)发行人、证券经营机构在招募说明书、上市公告书、公司报告及其他文件中作出虚假陈述;

(2)律师事务所、会计师事务所、资产评估机构等专业性证券服务机构在其出具的法律意见书、审计报告、资产评估报告及参与制作的其他文件中作出虚假陈述;

(3)证券交易场所、证券业协会或者其他证券业自律性组织作出对证券市场产生影响的虚假陈述;

(4)发行人、证券经营机构、专业性证券服务机构、证券业自律性组织在向证券监管部门提交的各种文件、报告和说明中作出虚假陈述;

(5)在证券发行、交易及其相关活动中的其他虚假陈述。

4. 禁止欺诈客户。欺诈客户是指证券经营机构、证券登记结算机构及证券发行人或者发行代理人等,在证券发行、交易及其相关活动中,诱使投资者买卖证券以及其他违背客户真实意愿、损害客户利益的行为。其包括:

(1)违背客户的委托为其买卖证券;

(2)不在规定时间内向客户提供交易的书面确认文件;

(3)挪用客户所委托买卖的证券或者客户账户上的资金;

（4）未经客户的委托，擅自为客户买卖证券，或者假借客户的名义买卖证券；

（5）为牟取佣金收入，诱使客户进行不必要的证券买卖；

（6）利用传播媒介或者通过其他方式提供、传播虚假或者误导投资者的信息；

（7）其他违背客户真实意思表示，损害客户利益的行为。

三、证券信息公开法律制度

（一）信息公开制度的概念

信息公开，又称信息披露，是指证券发行人、上市公司按照法定要求将自身财务、经营状况向证券管理部门报告，并向社会公众投资者公告的活动。信息公开制度就是规定信息公开的时间、内容、方式、程序等事项的法律制度。我国《证券法》第 63 条规定，发行人、上市公司依法披露的信息，必须真实、准确、完整，不得有虚假记载、误导性陈述或者重大遗漏。由此可以看出，我国证券信息公开制度的基本要求就是真实、准确、完整、及时和适法。

根据信息披露时间与目的的不同，我们一般将信息公开分为发行信息公开和持续信息公开。发行信息公开又称为初始公开，是证券发行时证券发行人依法所承担的信息公开义务，是旨在向社会公众募集或者发行有价证券而公开信息。持续信息公开，又称继续公开，是指上市公司、公司主要股东和有关当事人公开与证券交易和证券价格有关的一切重大信息。这二者在程序、公开文件以及目的方面存在差异。

（二）信息公开制度的内容

根据法律规定，必须公开的信息主要包括：

1. 证券发行的信息，如招股说明书、公司债券募集办法、公司财务会计文件等。

2. 证券上市的信息，如上市报告书、上市核准文件、公司章程等。

3. 定期报告，主要指中期报告和年度报告。股票或公司债券上市交易的公司，应当在每一会计年度的上半年结束之日起 2 个月内，[①]向国务院证券监督管理机构和证券交易所提交中期报告，并予以公告；在每一会计年度结束之日起 4 个月内，向国务院证券监督管理机构和证券交易所提交年度报告，并予以公告。[②]

4. 临时报告，主要指重大报告。发生可能对上市公司股票交易价格产生较大影响，而投资者尚未得知重大事件时，上市公司应当立即将有关该重大事件的情况向国务院证券监督管理机构和证券交易所提交临时报告，并予以公告，说明事件的实质。《证券法》对"重大事件"的范围作了规定，如公司的经营方针和经营范围发生重大变化，公司订立重要合同，公司的重大投资行为或重大的资产购置行为，公司发生重大债务或者

---

① 参见《证券法》第 65 条。

② 参见《证券法》第 66 条。

重大亏损、重大诉讼,公司减资、合并、分立、解散、申请破产等,均属于重大事件,必须依法报告和公告。

依法必须披露的信息,应当在国务院证券监督管理机构指定的媒体发布,同时将其置备于公司住所、证券交易所,供社会公众查阅。

(三)信息公开不实的法律后果

根据证券法的规定,发行人、上市公司公告的招股说明书、公司债券募集办法、财务会计报告、上市报告文件、年度报告、中期报告、临时报告以及其他信息披露资料,有虚假记载、误导性陈述或者重大遗漏,致使投资者在证券交易中遭受损失的,发行人、上市公司应当承担赔偿责任;发行人、上市公司的董事、监事、高级管理人员和其他直接责任人员以及保荐人、承销的证券公司,应当与发行人、上市公司承担连带赔偿责任,但是能够证明自己没有过错的除外;发行人、上市公司的控股股东、实际控制人有过错的,应当与发行人、上市公司承担连带赔偿责任。

四、上市公司收购法律制度

(一)上市公司收购的概念

上市公司收购,是指投资者公开收购已经依法上市交易的股份有限公司的股份,以获得或者巩固对该股份有限公司控制权的行为。实施收购行为的投资者称为收购人,作为收购目标的上市公司称为被收购公司。

按照证券法的规定,投资者可以采取要约收购、协议收购及其他合法方式收购上市公司。其中,要约收购是指投资者向目标公司的所有股东发出要约,表明愿意以要约中的条件购买目标公司的股票,以期达到对目标公司控制权的获得和巩固。采取要约收购方式的,收购人必须遵守证券法规定的程序和规则,在收购要约期限内,不得采取要约规定以外的形式和超出要约的条件买卖被收购公司的股票。

协议收购是指投资者在证券交易所外与目标公司的股东就股票的价格、数量等方面进行私下协商,购买目标公司的股票,以期达到对目标公司控制权的获得和巩固。依照证券法的规定,以协议方式收购上市公司时,达成协议后,收购人必须在 3 日内将该收购协议向国务院证券监督管理机构及证券交易所作出书面报告,并予以公告,在公告前不得履行收购协议。

其他合法的方式,包括集中竞价交易、裁决转让、大宗交易等法律允许的交易方式。随着社会经济的不断发展,上市公司收购将不断完善,上市公司收购的方式也将不断创新,但上市公司收购方式的创新必须合法,不符合法律、行政法规规定的上市公司收购的方式,不得采用。

(二)上市公司收购的程序和规则

1. 报告和公告持股情况

通过证券交易所的证券交易,投资者持有或者通过协议、其他安排与他人共同持有一个上市公司已发行的股份达到5%时,应当在该事实发生之日起3日内,向国务院证券监督管理机构、证券交易所作出书面报告,通知该上市公司,并予以公告;在上述期限内,不得再行买卖该上市公司的股票。

投资者持有或者通过协议、其他安排与他人共同持有一个上市公司已发行的股份达到5%后,其所持该上市公司已发行的股份比例每增加或者减少5%,应当依照前述规定进行报告和公告。在报告期限内和作出报告、公告后2日内,不得再行买卖该上市公司的股票。

2. 收购要约

所谓收购要约,是指投资者收购已经依法上市交易的股份有限公司的股份的意思表示。根据证券法的规定,通过证券交易所的证券交易,投资者持有或者通过协议、其他安排与他人共同持有一个上市公司已发行的股份达到30%时,继续进行收购的,应当依法向该上市公司所有股东发出收购上市公司全部或者部分股份的要约。收购上市公司部分股份的收购要约应当约定,被收购公司股东承诺出售的股份数额超过预定收购的股份数额的,收购人按比例进行收购。依照规定发出收购要约,收购人必须事先向国务院证券监督管理机构报送上市公司收购报告书,并应将上市公司收购报告书同时提交证券交易所。

收购要约的期限不得少于30日,并不得超过60日。在收购要约确定的承诺期限内,收购人不得撤销其收购要约。收购人需要变更收购要约的,必须事先向国务院证券监督管理机构及证券交易所提出报告,经批准后,予以公告。

3. 临时委托保管股票

采取协议收购方式的,协议双方可以临时委托证券登记结算机构保管协议转让的股票,并将资金存放于指定的银行。

4. 终止上市和应当收购

为了恰当地保护中小股东的利益,证券法规定,收购期限届满,被收购公司股权分布不符合上市条件的,该上市公司的股票应当由证券交易所依法终止上市交易;其余仍持有被收购公司股票的股东,有权向收购人以收购要约的同等条件出售其股票,收购人应当收购。

5. 报告和公告收购情况

收购上市公司的行为结束后,收购人应当在15日内将收购情况报告国务院证券监督管理机构和证券交易所,并予以公告。

（三）上市公司收购的法律后果

上市公司收购结束，依法产生如下法律后果：

1. 在上市公司收购中，收购人持有的被收购的上市公司的股票，在收购行为完成后的 12 个月内不得转让。

2. 收购行为完成后，被收购公司不再具备股份有限公司条件的，应当依法变更企业形式。

3. 收购行为完成后，收购人与被收购公司合并，并将该公司解散的，被解散公司的原有股票由收购人依法更换。

第四节　证券机构

一、证券交易所

（一）证券交易所的概念

证券交易所是为证券集中交易提供场所和设施，组织和监督证券交易，实行自律管理的法人。它是证券市场发展到一定程度的产物，也是在集中交易制度下证券市场的组织者和一线监管者。① 根据《证券法》的规定，我国证券交易所的设立和解散，由国务院决定。目前，我国有两家证券交易所，即 1990 年 12 月设立的上海证券交易所和1991 年 7 月设立的深圳证券交易所。

（二）证券交易所的职能

根据证券法的相关规定，证券交易所具有以下职能：

1. 制定证券交易规则。证券交易所依照证券法律、行政法规制定上市规则、交易规则、会员管理规则和其他有关规则，并报国务院证券监督管理机构批准。

2. 实时监控规则。实时监控，是证券交易所对交易情况及交易秩序进行即时和全面监控。按照《证券法》的规定，证券交易所对证券交易实行实时监控，并按照国务院证券监督管理机构的要求，对异常的交易情况提出报告。证券交易所应当对上市公司及相关信息披露义务人的披露信息进行监督，督促其依法及时、准确地披露信息。

3. 公开证券交易信息。证券交易所为组织公平的集中交易提供保障，即时公布证券交易行情，并按交易日制作证券市场行情表，予以公布。

4. 技术性停牌和临时停市。因突发性事件而影响证券交易的正常进行时，证券交

---

① 孙国华、冯玉军主编：《证券法律基础知识》，中国金融出版社 2004 年版，第 256 页。

易所可以采取技术性停牌的措施;因不可抗力的突发性事件或者为维护证券交易的正常秩序,证券交易所可以决定临时停市。证券交易所采取技术性停牌或者决定临时停市,必须及时报告国务院证券监督管理机构。

5. 限制交易。证券交易所根据需要,可以对出现重大异常交易情况的证券账户限制交易,并报国务院证券监督管理机构备案。

6. 市场管理。在证券交易所内从事证券交易的人员,违反证券交易所有关交易规则的,由证券交易所给予纪律处分;对情节严重的,撤销其资格,禁止其入场进行证券交易。

二、证券公司

(一)证券公司的概念和分类

证券公司即证券商,是指依照公司法和证券法的规定,并经国务院证券监督管理机构审查批准而成立的,专门经营证券业务的有限责任公司或者股份有限公司。

证券公司的设立在我国采取审批制。设立证券公司,必须经国务院证券监督管理机构审查批准。未经国务院证券监督管理机构批准,不得经营证券业务。而且,如果证券公司需要设立、收购或者撤销分支机构,变更业务范围或者注册资本,变更持有5%以上股权的股东、实际控制人,变更公司章程中的重要条款,合并、分立、变更公司形式、停业、解散、破产,证券公司在境外设立、收购或者参股证券经营机构,也必须经国务院证券监督管理机构批准。

根据不同的标准,证券公司可以有不同的分类。根据组织形式,①证券公司可以分为有限责任公司②和股份有限公司③。根据业务范围,证券公司可分为综合类证券公司和经纪类证券公司。④ 所谓综合类证券公司,是指经证券监督管理机构批准,在核定范围内从事证券承销、证券自营业务和证券经纪业务以及其他业务的证券公司。所谓经纪类证券公司是指经证券监督管理机构批准,仅从事证券经纪业务的证券公司。

现行《证券法》取消了原来明确采取的业务分类管理,更多的是为了适应证券公司业务多样化的趋势。现行《证券法》将证券投资咨询、与证券交易和投资活动有关的财

---

① 根据现行《证券法》的规定,我国将证券公司分为有限责任公司和股份有限公司,并且规定证券公司不得采取公司制以外的其他企业组织形式。

② 所谓有限责任公司,是股东以出资额为限对公司承担责任,公司以其全部资产对公司债务负责的公司,也称"有限公司"。有限责任公司由1人以上、50人以下的股东组成,分为普通的有限责任公司、一人有限责任公司和国有独资公司三种。

③ 股份有限公司是全部资本分为等额股份,股东以其所持股份为限对公司承担责任,公司以其全部资产对公司的债务承担责任的公司,也称"股份公司"。

④ 在2005年修改《证券法》以前,我国对证券公司采取分类管理原则,即按照业务范围标准,将证券公司分为综合类证券公司和经纪类证券公司。

务顾问、证券资产管理等明确地纳入证券公司的营业范围,引起证券业内的"混业经营",无法清晰地将证券公司分为经纪类证券公司和综合类证券公司,但从证券公司主要营业活动来看,依然可以相对地划分为主要从事经纪业务的证券公司和主要从事其他业务的证券公司。按照证券公司业务范围分类进行辅助分类,依然具有一定的实际意义。[①]

(二)证券公司的业务范围

根据《证券法》第 125 条的规定,经国务院证券监督管理机构批准,证券公司可以经营下列部分或者全部业务:

1. 证券经纪业务。证券经纪业务,又称证券代理业务,是证券公司根据投资者的委托和授权,以做出委托指令的投资者名义和账户进行的买卖证券业务和其他证券业务。

2. 证券投资咨询业务。它是指为投资人或者客户提供证券投资分析、预测或者建议等直接或者间接有偿咨询服务的活动,包括:接受客户委托,提供证券投资咨询服务;举办有关证券投资咨询的文章、评论、报告,通过电台、电视台等传播媒体提供证券投资咨询服务;通过电话、传真、电脑网络等电信设备系统,提供证券投资咨询服务等。

3. 与证券交易、证券投资活动有关的财务顾问业务。它是指证券公司根据客户需求,为客户的证券投融资、资本运作、证券资产管理等活动提供咨询、分析、方案设计等服务,比如证券投融资顾问,改制、并购、资产重组顾问,债券发行顾问,证券资产管理顾问,企业常年财务顾问等。

4. 证券承销与保荐业务。证券承销业务是指证券公司通过与证券发行人签订证券承销协议,在规定的证券发行期限内协助证券发行人推销其所发行的证券的业务活动。保荐业务则是指证券公司对发行人的发行、上市文件进行实质性核查,保证其真实、准确、完整,推荐发行人证券发行、上市的业务活动。

5. 证券自营业务。它是指证券公司以自己的名义和资金进行证券买卖,并从中获取收益的业务活动。

6. 证券资产管理业务。它是指证券公司依照与客户签订的资产管理合同,根据合同约定的方式、条件及要求,运用客户资产进行证券投资的业务活动。证券资产管理业务分为一般资产管理业务和集合资产管理业务。一般资产管理业务是指证券公司为单一客户运用该客户资产进行证券投资的业务。集合资产管理业务是指证券公司将多个客户的资产集中起来,根据集合资产管理计划,以组合投资方式进行投资的业务活动。

7. 其他证券业务。除上述业务外,证券公司还可以经营经国务院证券监督管理机构核定的其他证券业务,如接受委托代付代收股息红利业务,代销政府债券、证券投资基金份额业务等。

[①] 叶林:《证券法》,中国人民大学出版社 2006 年第 2 版,第 391 页。

(三)对证券公司的监管

1. 证券公司的风险管理。证券市场是一个高风险的市场,证券公司作为证券市场的重要参与者,必须加强风险管理。

(1)设置风险控制指标。根据《证券法》第130条的规定,国务院证券监督管理机构应当对证券公司的净资本,净资本与负债的比例,净资本与净资产的比例,净资本与自营、承销、资产管理等业务规模的比例,负债与净资产的比例,以及流动资产与流动负债的比例等风险控制指标作出规定。由于证券公司的经营风险的来源是多方面的,很难借助单一财务指标做出风险高低的判断,所以在2005年修改的《证券法》中,增加了对证券公司风险控制的考核指标,通过对各项指标的监控,达到控制证券公司风险的目的。

(2)设置交易风险准备金。交易风险准备金也称"营业保证金",是依照营业风险程度和概率标准,由证券公司依照法定标准或者比例提取交纳的、以备其承担法律责任的准备金。《证券法》第135条规定,证券公司从每年的税后利润中提取交易风险准备金,用于弥补证券交易的损失,其提取的具体比例由国务院证券监督管理机构规定。

(3)设立证券投资者保护基金。证券投资者保护基金是指为了补偿证券投资者所遇到的特别损失而设置的基金。其特点是,通过强制证券公司缴纳一定数额的款项而形成一笔资金,当证券公司存在特定违法违规行为并给投资者造成损失时,由该基金在一定范围内直接给予补偿。根据《证券法》的规定,我国证券投资者保护基金由证券公司缴纳的资金及其他依法筹集的资金组成,其筹集、管理和使用的具体办法由国务院规定。

2. 证券公司的业务控制。证券公司的业务控制,主要涉及证券公司在从事各项业务活动中的行为规则,具体表现为:

(1)禁止混合操作。由于证券公司可同时从事自营、承销和经纪等项业务,如果管理规则不明确,出现混合操作,容易加大证券公司运营风险,危及客户资金安全。所以《证券法》第136条规定,证券公司必须将其证券经纪业务、证券承销业务、证券自营业务和证券资产管理业务分开办理,不得混合操作。并且它还规定,证券公司应当建立健全内部控制制度,采取有效隔离措施,防范公司与客户之间、不同客户之间的利益冲突。

(2)禁止全权委托。全权委托是指投资者发出的、由证券公司决定证券买卖、选择证券品种、决定买卖数量或者买卖价格的指令。全权委托可能招致很大的风险和危害,如证券公司通过收集众多全权委托,持有更大规模的资金或证券或者将受托资金集中于某种股票,轮番炒作、操纵市场和证券价格,因此,证券法规定,证券公司办理经纪业务,不得接受客户的全权委托而决定证券买卖、选择证券种类、决定买卖数量或者买卖价格。

(3)禁止利益承诺。证券公司不得以任何方式对客户证券买卖的收益或者赔偿证券买卖的损失做出承诺。这是投资者风险自负原则的体现。

(4)禁止私下受托。依据证券市场公开、公正、公平的原则,证券公司及其从业人员不得未经过其依法设立的营业场所私下接受客户委托买卖证券。

(5)禁止挪用客户交易结算资金。客户交易结算资金,又称"客户保证金",是投资者为了买卖证券而交存给证券公司并用于结算的资金,通常存储于客户的资金账户中。根据《证券法》的规定,证券公司客户的交易结算资金应当存放在商业银行,以每个客户的名义单独立户管理。证券公司不得将客户的交易结算资金和证券归入其自有财产。禁止任何单位或者个人以任何形式挪用客户的交易结算资金和证券。证券公司破产或者清算时,客户的交易结算资金和证券不属于其破产财产或者清算财产。非因客户本身的债务或者法律规定的其他情形,不得查封、冻结、扣划或者强制执行客户的交易结算资金和证券。

(6)不得提供关联担保和融资。证券公司不得为其股东或者股东的关联人提供融资或者担保。证券公司提供关联担保或融资,可能加剧证券公司股东之间的矛盾和利益冲突,加大证券公司的经营风险,最终会影响到投资者的利益。

(7)特定业务由监管部门审批。我国的证券市场虽然正在逐步走向成熟,但与国外发达的证券市场相比,我国的证券市场仍有许多地方需要完善,目前还不能将融资融券完全放开。因此,证券法明确规定,证券公司为客户买卖证券提供融资融券服务,应当按照国务院的规定并经国务院证券监督管理机构批准。

三、证券登记结算机构

证券登记结算机构,是为证券交易提供集中登记、存管与结算业务的,不以营利为目的的法人。证券登记结算机构属于为证券发行和交易提供服务的专门机构,不是证券交易的直接参与者与投资者,也不得以接受委托的证券进行投资或融资,是特许设立的非营利法人。

(一)证券登记结算机构的设立

设立证券登记结算机构必须经国务院证券监督管理机构批准,并且应当具备下列条件:(1)自有资金不少于人民币 2 亿元;(2)具有证券登记、存管和结算服务所必需的场所和设施;(3)主要管理人员和从业人员必须具有证券从业资格;(4)国务院证券监督管理机构规定的其他条件。证券登记结算机构的名称中应当标明证券登记结算字样。

(二)证券登记结算机构的职能

证券登记结算机构履行下列职能:(1)证券账户、结算账户的设立;(2)证券的存管和过户;(3)证券持有人名册登记;(4)证券交易所上市证券交易的清算和交收;(5)受发行人的委托派发证券权益;(6)办理与上述业务有关的查询;(7)国务院证券监督管理机构批准的其他业务。

(三)证券登记结算机构的义务

证券登记结算机构的义务包括:

1. 应当向证券发行人提供证券持有人名册及其有关资料。

2. 应当根据证券登记结算的结果,确认证券持有人持有证券的事实,提供证券持有人登记资料,并且保证证券持有人名册和登记过户记录真实、准确、完整,不得隐匿、伪造、篡改、毁损。

3. 证券登记结算机构不得挪用客户的证券。

4. 应当妥善保存登记、存管和结算的原始凭证及有关文件和资料,其保存期不少于 20 年。

5. 应当采取下列措施保证业务的正常进行:(1)具有必备的服务设备和完善的数据安全保护措施;(2)建立健全的业务、财务和安全防范等管理制度;(3)建立完善的风险管理系统。

6. 证券登记结算机构应当设立结算风险基金,用于垫付或者弥补因违约交收、技术故障、操作失误、不可抗力造成的证券登记结算机构的损失。证券结算风险基金从证券登记结算机构的业务收入和收益中提取,并可以由结算参与人按照证券交易业务量的一定比例缴纳。证券结算风险基金应当存入指定银行的专门账户,实行专项管理。

四、证券服务机构

证券服务机构,是指为证券交易提供证券投资咨询、证券资信评估以及证券发行交易中的会计、审计和法律服务的机构,包括专业的证券服务机构和其他证券服务机构。专业的证券服务机构包括证券投资咨询机构和证券资信评估机构。其他证券服务机构主要是指经过批准可以从事相关证券业务的律师事务所、会计师事务所和资产评估事务所。证券服务机构为证券发行人发行证券和投资者进行证券投资提供必要的中介服务,是证券市场的重要参加者。

(一)专业的证券服务机构

1. 证券投资咨询机构。证券投资咨询机构是指为证券投资人提供证券投资分析、预测和建议等直接或间接有偿咨询服务的机构。目前,我国的证券投资咨询机构有两种:一种是具有独立法人资格的证券投资咨询服务公司,另一种是证券公司下属的证券投资咨询部。

2. 证券资信评估机构。证券资信评估机构是对证券的资信进行评估、分析并划分等级的机构。证券资信评估机构主要是对公开募集发行的有价证券进行信用等级评定,其目的是为证券发行人选定拟发行的证券和证券投资人选定拟投资的证券提供参考。证券资信评估机构是独立的企业法人。

(二)其他证券服务机构

其他证券服务机构主要是指经过批准的可以从事相关证券业务的律师事务所、会计师事务所和资产评估事务所。

我国《证券法》第173条规定,证券服务机构为证券的发行、上市、交易等证券业务活动制作、出具审计报告、资产评估报告、财务顾问报告、资信评级报告或者法律意见书等文件,应当勤勉尽责,对所制作、出具的文件内容的真实性、准确性、完整性进行核查和验证。其制作、出具的文件有虚假记载、误导性陈述或者重大遗漏,给他人造成损失的,应当与发行人、上市公司承担连带赔偿责任,但是能够证明自己没有过错的除外。

1. 会计师事务所。会计师事务所是注册会计师执行业务的工作机构,是依法独立承办注册会计师业务,实行自收自支、独立核算的市场中介组织。

2. 证券资产评估机构。资产评估机构就是主要从事资产评估业务的市场中介机构,包括两类:一类是专门从事资产评估业务的资产评估公司、资产评估事务所;另一类是通过设立资产评估部来开展业务的会计师事务所、审计事务所和财务咨询公司。

3. 律师事务所。律师证券业务主要包括在证券发行、上市中的法律业务,上市公司在配股中的法律业务和上市公司重组、改造、并购以及经营中的法律业务。其中,律师为股票发行人就其股票发行事项出具的法律意见书,为上市公司配股出具的法律意见书,是办理相关事务的必备文件。

五、证券业协会

(一)证券业协会的概念

证券业协会是我国证券业的自律性组织,是社会团体法人。证券业的自律组织在不同国家有不同的称谓,美国称证券商协会,日本称证券业协会,我国台湾地区称证券商同业公会。

我国的证券业协会是1991年8月28日成立的。协会会员分团体会员和个人会员两种,经营证券业务的金融机构与证券市场有关研究人员提出申请,批准后均可成为协会会员。关于是否加入证券业协会,通行做法有两种:一种是自愿入会,即是否加入证券业协会由会员自己决定。美国采取这种做法。另一种是强制入会,即不论会员是否同意,法律规定必须入会。[1] 我国《证券法》采取的是自愿入会与强制入会相结合的办法。证券公司入会属于强制入会,[2]证券公司以外的其他会员属于自愿入会。

---

① 《证券法释义》编写组:《〈中华人民共和国证券法〉释义》,中国法制出版社2005年版,第266页。

② 《证券法》第174条第2款规定,证券公司应当加入证券业协会。

证券业协会的权力机构是全体会员组成的会员大会。证券业协会设理事会,理事会成员依章程的规定由选举产生。证券业协会的章程由会员大会制定,并报国务院证券监督管理机构备案。

(二)证券业协会的职责

根据我国《证券法》第176条的规定,证券业协会履行下列职责:

(1)教育和组织会员遵守证券法律、行政法规;

(2)依法维护会员的合法权益,向证券监督管理机构反映会员的建议和要求;

(3)收集整理证券信息,为会员提供服务;

(4)制定会员应遵守的规则,组织会员单位从业人员的业务培训,开展会员间的业务交流;

(5)对会员之间、会员与客户之间发生的证券业务纠纷进行调解;

(6)组织会员就证券业的发展、运作及有关内容进行研究;

(7)监督、检查会员行为,对违反法律、行政法规或者协会章程的,按照规定给予纪律处分;

(8)证券业协会章程规定的其他职责。

六、证券监督管理机构

(一)证券监督管理机构的性质

按证券法规定,国务院证券监督管理机构依法对我国证券市场实行监督管理。从目前国务院机构设置的情况来看,国务院证券监督管理机构即是中国证券监督管理委员会,属于国务院直属事业单位,是全国证券期货市场的主管部门。它根据国务院的授权履行其行政监管职能,依法对全国证券、期货业务进行集中统一监管。

(二)证券监督管理机构的职责与措施

依照《证券法》第179条的规定,国务院证券监督管理机构在对证券市场实施监督管理中履行下列职责:

(1)依法制定有关证券市场监督管理的规章、规则,并依法行使审批或者核准权;

(2)依法对证券的发行、上市、交易、登记、存管、结算,进行监督管理;

(3)依法对证券发行人、上市公司、证券交易所、证券公司、证券登记结算机构、证券投资基金管理公司、证券服务机构的证券业务活动,进行监督管理;

(4)依法制定从事证券业务人员的资格标准和行为准则,并监督实施;

(5)依法监督检查证券发行、上市和交易的信息公开情况;

(6)依法对证券业协会的活动进行指导和监督;

（7）依法对违反证券市场监督管理法律、行政法规的行为进行查处；

（8）法律、行政法规规定的其他职责。

国务院证券监督管理机构可以和其他国家或者地区的证券监督管理机构建立监督管理合作机制，实施跨境监督管理。

国务院证券监督管理机构依法履行职责时，有权采取下列措施：

（1）现场检查权。现场检查，是指对证券发行人、上市公司、证券公司、证券投资基金管理公司、证券服务机构、证券交易所、证券登记结算机构工作场所进行现场检查。现场检查不得损害企业的经营自主权，其不能对自然人或者其他机构实施现场检查。

（2）调查权。调查权通常是针对有违法行为嫌疑的当事人或者场所进行调查，检查可能采取定期或者不定期方式，既可能针对涉嫌违法行为，也可能是例行检查。调查权是证监会行使监管职权的基础。

（3）询问权。询问权是指询问当事人和与被调查事件有关的单位和个人，要求其对与被调查的有关事项做出说明。

（4）查阅、复制权。证券监管机构有权查阅、复制与被调查事件有关的财产权登记、通讯记录等资料；有权查阅、复制当事人和与被调查事件有关的单位和个人的证券交易记录、登记过户记录、财务会计资料及其他相关文件和资料。

（5）文件资料封存权。证券监管机构在查阅、复制当事人和与被调查事件有关的单位和个人的证券交易记录、登记过户记录、财务会计资料及其他相关文件和资料时，对可能被转移、隐匿或者毁损的文件和资料，可以予以封存。未经证券监管机构允许，任何人不得解除封存。

（6）账户查询权。证券监管机构有权查询当事人和与被调查事件有关的单位和个人的资金账户①、证券账户和银行账户。

（7）限制交易权。证券监管机构在调查操纵证券市场、内幕交易等重大证券违法行为时，经国务院证券监督管理机构主要负责人批准，可以限制被调查事件当事人的证券买卖，但限制的期限不得超过 15 个交易日；案情复杂的，可以延长 15 个交易日。

（8）冻结、查封权。证券监管机构在查询当事人和与被调查事件有关的单位和个人的资金账户、证券账户和银行账户时，对有证据证明已经或者可能转移或者隐匿违法资金、证券等涉案财产或者隐匿、伪造、毁损重要证据的，经国务院证券监督管理机构主要负责人批准，可以冻结或者查封。国务院证券监督管理机构依法履行职责，被检查、调查的单位和个人应当配合，如实提供有关文件和资料，不得拒绝、阻碍和隐瞒。

---

① 这里的资金账户是指与资金账户一体化的银行储蓄账户，不应包括相关机构和人员的其他银行账户。

思考题

1. 试述证券法的调整对象。
2. 试述证券法的基本原则。
3. 试述我国证券发行的审核制度。
4. 试述我国股票和债券发行的条件。
5. 试述证券承销的种类。
6. 试述证券法中的禁止交易行为。
7. 试述证券信息公开法律制度。
8. 试述上市公司收购的程序规则。
9. 试述证券公司的业务范围。
10. 试述证监会的性质与地位。

第八章　财政税收法律制度

[内容提要]本章需要学习财政税收法的一般理论,包括国家预算、财政收入和财政支出方面的法律制度。预算法是财政法的核心,需要掌握预算管理职权、预算收支范围、预算编制、预算执行、预算调整以及预算决算监督等内容。税法具有相对独立的法律制度,需要理解税种的分类、税法的构成要素、税收法律关系等一般性理论,个人所得税法律制度以及税收征收管理法的宗旨和适用范围,纳税人权利、税务管理等内容。

第一节　财政税收法的一般理论

广义的财政法包括税法,故也可以统称为财政税收法,简称财税法,财税法是调整国家财政收支关系的法律规范的总称。狭义的财政法不包括税法,一般是指关于预算、国债和财政支出等方面的法律制度。作为经济法的一个部门法,财政法不仅在实现国家宏观调控目标时不可或缺,而且在调节社会分配、促进经济可持续发展和建设和谐社会等方面发挥着越来越大的作用。

一、财政的含义

财政在英语中称为 public finance(finance 一词的含义有许多,可以译为金融、财务、资金等),也称为公共财政。所谓公共财政,是指为满足社会公共需要而构建的政府收支活动模式或财政运行机制。财政的公共性要求政府的一切收入和一切支出都应当以社会公共需要为出发点和归宿,体现社会的共同意志。财政,是一个经济范畴,它是国家为了实现其职能而参与社会产品的分配和再分配的活动。《现代汉语规范词典》将"财政"解释为"国家对资财的管理活动,包括财政收入和财政支出两个方面,都是国家财政的组成部分"。对于财政(包括税收),有"国家分配论""公共财政论""税收交换论"等理论分别从不同的角度加以解释。

(一)国家分配论

英国古典经济学家大卫·李嘉图在其著作《政治经济学及赋税原理》中说:"赋税是

一个国家的土地和劳动的产品中由政府支配的部分,它最后总是由该国的资本中或是由该国的收入中支付的。"马克思发展了这种观点,认为征税就是国家运用政治权力强制性地占有一部分社会产品,在全社会范围内统一使用,也就是一部分社会产品由生产经营单位和个人所有向国家所有的转移。

国家分配论主要是从价值和剩余价值的生产和分配的角度研究财政税收问题的。它认为生产过程是创造价值的过程,价值创造出来后,要经过一系列分配和再分配的过程,从量上解决归谁占有和占有多少的问题,而税收就是国家参与价值分配的一种特殊形式。但是税收分配并不是对全部社会产品的分配,而只是对剩余产品或剩余价值的分配。

国家分配论认为,财政与国家共存亡,财政分配的主体是国家(由中央政府代表),分配的客体是社会产品或国民收入(表现为役力、实物、货币等),分配的目的是实现国家的统治职能(主要指阶级统治),分配的实现具有强制性和无偿性等。这些观点在国家和社会的实际生活中都可以得到一定的验证。

但是,国家这一庞大的组织不仅是为了实现统治、秩序和安全,而且还承担着社会服务、保障国民生存和发展、推动社会文明进步等职能。在现代民主国家,地方政府与中央政府一样成为财政收支的主体,各国都在积极探索实现中央与地方之间科学、合理的财政收支划分的路径,强化公共财政的理念。同时,财政目标多元化,财政收支活动也并非必然地具有强制性和无偿性,公债、国有资产经营等实践都不同程度地修正了国家分配论坚持的财政收支活动强制、无偿、非盈利的观点。

(二)公共财政论

这一理论是西方财税理论的基础,也称为公共需要说、公共福利说,起源于 17 世纪德国官房学派的奥布利支、克洛克和法国的波丹。它从政府职能出发,认为政府的职能在于满足公共需要,增进公共福利,为此需要费用支出,而税收就是实现这种职能的物质条件,或者说,国家为了满足公共需要,才要求人民纳税。公共财政理论认为,社会公众对公共物品(public goods)的需求以及市场经济条件下存在的市场失灵(market failures)是研究财政问题的两个逻辑起点。

公共财政论认为,财政的职能应该界定在市场失灵的范围内。在市场机制能够完全解决好的领域,政府就没必要再介入,只有当市场失灵时,政府才可以通过财政等手段介入其中。可以说,界定财政的职能就是确定政府职能范围的大小。根据通说,财政的职能主要有三:

第一,资源配置职能。公共物品的非竞争性、不可分割性和非排他性特征,决定了公共物品不能由私人部门通过市场提供,否则就会发生休谟早在 1740 年就指出过的所谓"公共的悲剧"。同时,公共物品具有外部效应,比如环境污染的治理、教育卫生事业的发展,不仅对于生活在该环境中的居民和获得良好教育卫生条件的人具有积极意义,而且也是社会文明进步的反映。但是,如果缺少政府财政的支持,这些公共物品或准公共物品将难以为继。因此有必要通过政府的财政手段对现有资源进行合理配置,以实现效益最大化。

第二,收入分配职能。在市场机制下的初次分配由于资本、个人能力等因素的影响,分配结果极不公平,客观上要求社会有一种有助于实现公平目标的再分配机制。市场机制本身不能解决再分配问题,只有以非市场的方式——财政手段来解决。政府财政是进行再分配的最佳工具。因为,政府拥有强制征税的公共权力,这使得它可以大规模地介入国民收入的分配过程,通过税制设计上的巧妙安排,比如征收累进税率的所得税,把资金从那些应该减少收入的高收入人群手中征集过来,然后通过各种类型的转移支出方式,如医疗保险、住房补贴等,把资金转移给那些应该增加收入的低收入人群。

第三,稳定经济职能。所谓稳定经济,就是指政府运用宏观经济政策和法律手段有意识地影响和调控经济,实现既无失业又无通货膨胀的经济增长,保持经济总量的平衡。当总需求大于总供给时,政府可以通过紧缩的财政政策减少支出或增加税收,或二者兼用,压缩政府部门和非政府部门的需求来抑制社会总需求。当总需求小于总供给时,政府又可以通过积极的财政政策扩大政府投资或提供优惠的税收条件刺激民间投资等,增加政府部门和非政府部门的需求来扩大社会总需求。当然,在这个过程中,财政收支发生不平衡是可能的,也是合理的,这正体现了政府以财政收支的不平衡换取整个社会总供求的平衡的意图。

（三）税收交换论

这一理论也称为买卖交易说、均等说、利益说或代价说,发端于18世纪资本主义经济初期,始由卢梭力倡,后为法国重农学派所接受,并经亚当·斯密发展成英国古典学派的主张。该学说以自由主义的国家观为基础,认为国家和个人是各自独立并且平等的主体,国家的目的在于保护国民的人身和财产安全,而国民因国家的活动得到了利益,理应通过纳税的方式向国家做出回报。因而税收体现的是国家与国民之间的一种交换关系,国民承担税负的多少要按照各自从国家那里所得到的利益的大小进行分配,并与比例税率相联系。

税收交换论随着公共物品论的形成在法学界的影响越来越大。它引入边际价值学说,认为财政支出对每个纳税人的边际效用价值不一,因而不同的纳税人需要为之支付的价格也不一样,税收就是获得这种价值的对价。国家向国民征税,主要是为了解决国家向国民提供公共物品的资金来源的问题。税收与公共物品之间有着本质联系,公共物品是税收的决定性因素。既然税收取决于公共物品,那么税收的量就应当与公共物品提供的量相适应。而公共物品是供全体国民共同享用和消费的产品,因此公共物品的品种和供应量就必须正确地反映公共需要和国民的意愿,国民对于公共物品的品种和供应量有选择和决定的权利,国民对于作为公共物品资金基本来源的税收的项目和额度也有选择和决定的权利,这就决定了税收的征收和财政支出过程实际上是一个公共选择过程。因此,国家与企业、个人之间在税收上的关系类似于市场自愿交换的关系,三者之间并不存在必然的不平等。这在经济学上彻底解决了财政支出与税收征收的等价交换问题,为解释征税的原因提供了较好的理论依据。

二、财政法的含义

(一)财政法的概念和基本原则

财政法是调整国家财政收支关系的法律规范的总称。这里的财政收支关系,不仅包括财政收入活动以及财政支出活动中相关主体之间的关系,而且也包括对财政收支的管理监督关系。在这些关系中,国家(或者政府)都必然是其中的一方主体。

随着财政活动日趋复杂,人们对财政法的研究不断深入,财政法的理念、制度和体系不断丰富和完善,对财政法基本原则的研究就成为一个重要的问题。财政法的基本原则可以说贯穿财政立法、执法、司法和守法活动之始终,是任何财政活动都不得违背的基础性法律规范。有的学者认为,财政法的基本原则有四:一是保障公共需要原则,二是宏观调控原则,三是社会福利原则,四是收支平衡原则。[1] 有的学者认为,财政法基本原则从应然层面可以表述为三条:一是财政民主原则,二是财政法定原则,三是财政公平原则。当然,在财政法体系中还有一些特殊原则,比如预算法中的公开性原则和统一性原则、税法的比例原则等,它们适用于财政法的某一特殊领域内,在各自的范围内具有重要的指导作用。

(二)财政法的地位和体系

财政法的法律地位,是指财政法在法律体系中的位置。有的学者认为,财政法最初不过是行政法的一个分支,财政分配主要是有关国家机关依据法令进行的组织和执行活动,属于行政管理范畴。随着国家职能的扩张,国家开始利用财政手段和财政政策来干预经济以矫正市场失灵,实现经济可持续发展、收入分配公平、反对和消除贫困等宏观调控目标。国家运用财政政策和财政手段调节经济的法律,应当属于经济法的范畴,而传统的一般性财政管理及相应法律,仍然属于国家行政管理活动和行政法。但是在现实生活中,很难区分哪些法律规范具有经济法的性质,哪些法律规范具有行政法的性质,因此没有必要对财政法律规范加以严格区分,财政法的研究者也完全没有必要将财政法硬性归属于其中的部门法。

主流的观点是,财政法是重要的宏观调控法,是经济法体系中的一个重要部门法。经济法是国家为了社会公共的、长远的、整体的利益而干预经济的基本法律形式,财政法在调整对象、宗旨、本质等方面与经济法一致,同时又与竞争法、消费者法、金融法等其他经济法的部门法的调整对象相区别,因此,财政法与经济法的关系从总体上看是个

---

[1] 张守文主编:《财税法教程》,中国政法大学出版社 1996 年版,第 45～47 页。

性与共性、特殊性与普遍性的关系。

财政法的体系本身是开放的而非僵化的。财政法作为一个相对独立的部门法,是由众多的财政法律规范组成的。我国目前尚没有系统的财政法典,缺乏财政基本法,也没有实施分税制的财政体制立法以及国债立法、转移支付立法等,但是已经有了预算法和税收方面的法律制度。

一般认为,广义的财政法主要是由预算法、税法、国债法、转移支付法、政府投资法等法律制度构成,其中,税法和国债法更侧重于财政收入方面,而转移支付法、政府投资法等更侧重于财政支出方面,预算法则不仅调整财政支出关系,而且也调整财政收入关系。不过,狭义的财政法不包括税法,这不仅因为税收对预算和财政支出起着决定性作用,而且因为税法在调整对象、调整手段、原则理念、具体制度等方面与财政法的其他分支都有所不同。实践中,财政部门与税务部门也是相对独立的两个部门。

第二节　预算法律制度

一、预算法概述

(一)预算法的含义

预算法是调整国家在预算资金的筹集和取得、分配和使用、管理和监督等过程中所发生的社会关系的法律规范的总称。各级政府的财权大小可以通过预算收支范围的划分体现出来,而政府的活动范围和方向又受到预算收支规模的制约。根据通说,预算法属于经济法的范畴,是财政法的基本法和核心,甚至可以说预算法就是狭义上的财政法。

各国尤其是发达国家都十分重视预算立法,我国也不例外。1951年,政务院颁布了《预决算暂行条例》,这个条例一直沿用到1991年国务院发布《国家预算管理条例》止。我国现行《预算法》于1994年通过、2014年修正,该法共分11章101条,依次为:总则、预算管理职权、预算收支范围、预算编制、预算审查和批准、预算执行、预算调整、决算、监督、法律责任、附则。此外,国务院于1995年、1996年相继颁布了《预算法实施条例》《关于加强预算外资金管理的决定》,财政部于1996年发布了《预算外资金管理实施办法》。

2002年颁行、2014年修正的《政府采购法》,也对预算作出了相应规定:各级国家机关、事业单位和团体组织,使用财政性资金采购依法制定的集中采购目录以内的或者采购限额标准以上的货物、工程和服务时,应当严格按照批准的预算执行,负有编制部门预算职责的部门在编制下一财政年度部门预算时,应当将该财政年度政府采购的项目及资金预算列出,报本级财政部门汇总。

(二)预算管理体制

在现代社会,各国一般都实行多级预算。我国的国家预算根据国家政权结构和行政区划的不同,可以分为中央预算、地方预算和部门预算。各级预算都要遵循收支平衡原则。《预算法》对中央一般公共预算、地方各级一般公共预算、部门预算的具体内涵作了规定:中央一般公共预算由中央各部门(含直属单位)的预算和中央对地方的税收返还、转移支付预算组成;地方各级一般公共预算由本级各部门(含直属单位)的预算和税收返还、转移支付预算组成;各部门预算由本部门所属各单位预算组成。而县级以上地方政府的派出机关,根据本级政府授权进行预算活动,但不作为一级预算。

(三)分税制与预算法面临的挑战

目前世界上许多国家都通过分税制来实行分级财政管理,因为分税制更适用于市场经济发展的客观需要。

《预算法》关于分税制的规定十分简洁:"国家实行中央和地方分税制。"根据《预算法实施条例》和相关法律规定,我国实行中央税、地方税、中央和地方共享税的分税制,在划分中央与地方事权的基础上,确定中央与地方财政支出范围,并按税种划分中央与地方预算收入。其中,中央税包括消费税,关税,海关代征进口商品的消费税和增值税,中央企业缴纳的企业所得税以及铁道系统、中国人民银行、商业银行总行和保险公司总公司缴纳的营业税,地方银行和外资银行及非银行金融企业(包括信用社)缴纳的企业所得税等。地方税包括营业税(不包括铁道系统、中国人民银行、商业银行总行和保险公司总公司缴纳的营业税)、土地使用税、个人所得税、城市维护建设税(不含铁道部门、各银行总行、各保险公司总公司集中缴纳的部分)、房产税、车船使用税、印花税(不含证券交易印花税)、屠宰税、农(牧)业税、对农业特产收入征收的农业税、耕地占用税、契税、遗产和赠与税、土地增值税、地方企业所得税等。中央和地方共享税则包括增值税、资源税和证券交易税。在比例划分上,增值税中央分享75%,地方分享25%;证券交易税由中央和地方各分享50%;资源税按品种分享,其中海洋石油资源税归中央,其他资源税归地方。在管理权限上,中央税、中央和地方共享税由国家税务局负责征收和管理,地方税则由地方税务局负责征收和管理。

长期以来,我国预算法反映市场经济条件下分税制和公共财政体制的要求不足,有人担心一旦地方政府难以清偿债务,中央政府财政就将不可避免地成为"最后支付人",承担最后的清偿义务。因此,在20世纪80年代末90年代初,财政部确定不允许地方政府融资。但是,随着城市化进程的加快,区域之间的"发展竞争"日益激烈,为了解决日益增长的融资需求与落后的融资体制之间的矛盾,不少地方政府努力探索市场筹资的新渠道,纷纷通过信托投资公司、市政建设公司、政府基金等形式变相发行公债。地方政府利用这些方式不仅为公共事业和公益事业融资,而且也为竞争性领域的一些项目融资,从而进入到可以由市场配置资源的领域。政府替代市场的倾向十分明显,地方政府债券变为政府随意干预市场的工具。同时,地方债券的发行还可能导致宏观调控失效。因此,进一步明确中央和地方分税制体制,合理划分中央与地方的财权与事权,依法规范地方债券和市政债券的发行,就成为一个突出问题。2014年修正的《预算法》对地方债务问题进行了明确,第35条第2、3款规定:"经国务院批准的省、自治区、直辖市的预算中必需的建设投资的部分资金,可以在国务院确定的限额内,通过发行地方政府债券举借债务的方式筹措。举借债务的规模,由国务院报全国人民代表大会或者全国人民代表大会常务委员会批准。省、自治区、直辖市依照国务院下达的限额举借的债务,列入本级预算调整方案,报本级人民代表大会常务委员会批准。举借的债务应当有偿还计划和稳定的偿还资金来源,只能用于公益性资本支出,不得用于经常性支出。除前款规定外,地方政府及其所属部门不得以任何方式举借债务。"

二、预算管理职权、收支范围与预算编制

(一)预算管理职权

明确划分国家各级权力机关、各级政府、各部门、各单位在预算活动中的职权,是实现预算法治的必要措施。

根据《预算法》的规定,中央政府预算由全国人民代表大会审批,地方各级政府预算由本级人民代表大会审批,经本级人民代表大会批准的预算,具有法定效力,非经法定程序,不得改变。而各级政府则负责编制本级预算、决算草案,向本级人民代表大会做关于本级总预算草案的报告,将下一级政府报送备案的预算汇总后报本级人民代表大会常务委员会备案并组织本级总预算的执行,决定本级预算预备费的动用,编制本级预算的调整方案,监督本级各部门和下级政府的预算执行,改变或者撤销本级各部门和下级政府关于预算、决算的不适当的决定、命令,向本级人民代表大会、本级人民代表大会常务委员会报告本级总预算的执行情况。

(二)预算收支范围

根据《预算法》第5条的规定,预算由一般公共预算、政府性基金预算、国有资本经营预算和社会保障基金预算组成。

根据《预算法》第6条的规定,一般公共预算是指对以税收为主体的财政收入,安排用于保障和改善民生、推动经济社会发展、维护国家安全、维持国家机构正常运转等方面的收支预算。

根据《预算法》第27条的规定,一般公共预算收入包括各项税收收入、行政事业性收费收入、国有资源(资产)有偿使用收入、转移性收入和其他收入。

一般公共预算支出按照其功能分类,包括一般公共服务支出,外交、公共安全、国防支出,农业、环境保护支出,教育、科技、文化、卫生、体育支出,社会保障及就业支出和其

他支出。一般公共预算支出按照其经济性质分类,包括工资福利支出、商品和服务支出、资本性支出和其他支出。

根据《预算法》第9、10、11条的规定,政府性基金预算是指对依照法律、行政法规的规定在一定期限内向特定对象征收、收取或者以其他方式筹集的资金,专项用于特定公共事业发展的收支预算。国有资本经营预算是指对国有资本收益做出支出安排的收支预算。社会保险基金预算是指对社会保险缴款、一般公共预算安排和其他方式筹集的资金,专项用于社会保险的收支预算。政府性基金预算、国有资本经营预算和社会保险基金预算的收支范围,按照法律、行政法规和国务院的规定执行。

中央预算与地方预算有关收入和支出项目的划分、地方向中央上缴收入、中央对地方税收返还或者转移支付的具体办法,由国务院规定,报全国人民代表大会常务委员会备案。

(三)预算编制

编制中央预算和地方各级政府预算时,应当在参考上一年预算执行情况并对本年度收支科学预测的基础上进行。无论是一般公共预算,还是政府性基金预算、国有资本经营预算、社会保险基金预算,均应当保持完整、独立。政府性基金预算、国有资本经营预算、社会保险基金预算应当与一般公共预算相衔接。

根据我国《预算法》的规定,预算编制需要坚持三个原则:一是平衡性原则。中央一般公共预算中必需的部分资金,可以通过举借国内和国外债务等方式筹措,举借债务应当控制适当的规模,保持合理的结构;地方各级预算按照量入为出、收支平衡的原则编制,除本法另有规定外,不列赤字。二是真实性原则。各级预算收入的编制,应当与经济社会发展水平相适应,与财政政策相衔接;各级政府、各部门、各单位应当依照本法规定,将所有政府收入全部列入预算,不得隐瞒、少列。三是合理性原则。各级预算支出应当按其功能和经济性质分类编制,严格控制各部门、各单位的机关运行经费和楼堂馆所等基本建设支出;各级一般公共预算支出的编制,应当统筹兼顾,在保证基本公共服务合理需要的前提下,优先安排国家确定的重点支出。

根据《预算法》第39、40、41条的规定,在编制预算时应当:(1)安排必要的资金用于扶助革命老区、民族地区、边疆地区、贫困地区发展经济社会建设事业;(2)按照本级政府预算支出额的1‰~3%设置预备费,用于当年预算执行中的自然灾害等突发事件处理增加的支出及其他难以预见的开支;(3)各级一般公共预算应当按照国务院的规定可以设置预算周转金,用于本级政府调剂预算年度内季节性收支差额。各级一般公共预算按照国务院的规定可以设置预算稳定调节基金,用于弥补以后年度预算资金的不足。

三、预算的执行、调整与决算

(一)预算的执行

预算的执行是预算活动的核心,是指各级政府、各部门、各预算单位在组织实施本级权力机关批准的本级预算中筹措预算收入、拨付预算支出等的活动。

我国预算执行的主体包括各级政府、各级政府财政部门、预算收入征收部门、国家金库、各有关部门和有关单位。

我国目前预算收入的征收部门主要是财政部门、税务部门和海关。这些部门必须依照法律、行政法规的规定,及时、足额征收应征的预算收入,不得违反法律、行政法规规定,擅自减征、免征或者缓征应征的预算收入,不得截留、占用或者挪用预算收入。同时,有预算收入上缴任务的部门和单位,必须依照法律、行政法规和国务院财政部门的规定,将应当上缴的预算资金及时、足额地上缴国家金库(简称国库),不得截留、占用、挪用或者拖欠。县级以上各级预算必须设立国库,具备条件的乡、民族乡、镇也应当设立国库,中央国库业务由中国人民银行经理,地方国库业务依照国务院的有关规定办理。各级国库库款的支配权属于本级政府财政部门,除法律、行政法规另有规定外,未经本级政府财政部门同意,任何部门、单位和个人都无权动用国库库款或者以其他方式支配已入国库的库款。

(二)预算调整

预算调整是指经全国人民代表大会批准的中央预算和经地方各级人民代表大会批准的地方各级预算在执行中出现以下情况时,应当进行预算调整:(一)需要增加或者减少预算总支出的;(二)需要调入预算稳定调节基金的;(三)需要调减预算安排的重点支出数额的;(四)需要增加举借债务数额的。但是,在预算执行中,地方各级政府因上级政府增加不需要本级政府提供配套资金的专项转移支付而引起的预算支出变化,不属于预算调整。

2014年《预算法》第69条规定:在预算执行中,各级政府对于必须进行的预算调整,应当编制预算调整方案。预算调整方案应当说明预算调整的理由、项目和数额。在预算执行中,由于发生自然灾害等突发事件,必须及时增加预算支出的,应当先动支预备费;预备费不足支出的,各级政府可以先安排支出,属于预算调整的,列入预算调整方案。国务院财政部门应当在全国人民代表大会常务委员会举行会议审查和批准预算调整方案的三十日前,将预算调整初步方案送交全国人民代表大会财政经济委员会进行初步审查。省、自治区、直辖市政府财政部门应当在本级人民代表大会常务委员会举行会议审查和批准预算调整方案的三十日前,将预算调整初步方案送交本级人民代表大会有关专门委员会进行初步审查。设区的市、自治州政府财政部门应当在本级人民代表大会常务委员会举行会议审查和批准预算调整方案的三十日前,将预算调整初步方案送交本级人民代表大会有关专门委员会进行初步审查,或者送交本级人民代表大会常务委员会有关工作机构征求意见。县、自治县、不设区的市、市辖区政府财政部门应当在本级人民代表大会常务委员会举行会议审查和批准预算调整方案的三十日前,将预算调整初步方案送交本级人民代表大会常务委员会有关工作机构征求意见。中央和县级以上地方各级预算的调整方案必须提请同级人民代表大会常务委员会审查和批准,乡、民族乡、镇预算的调整方案必须提请本级人民代表大会审查和批准。

同时,地方各级预算的调整方案经批准后,由本级政府报上一级政府备案。

(三)决算

决算是指对年度预算收支执行结果的会计报告,也是国家管理预算活动的最后一道程序。

决算草案由各级政府、各部门、各单位在每一预算年度终了后按照国务院规定的时间编制。各部门对所属各单位的决算草案,应当审核并汇总编制本部门的决算草案,在规定的期限内报本级政府财政部门审核,各级政府财政部门对本级各部门决算草案审核后发现有不符合法律、行政法规规定的,有权予以纠正。除了乡一级政府编制的决算草案提请本级人民代表大会审查和批准外,国务院财政部门和县级以上地方各级政府财政部门编制的本级决算草案,经本级政府审计部门审计后,报本级政府审定,由本级政府提请本级人民代表大会常务委员会审查和批准。

根据我国《预算法》的规定,国务院财政部门应当在全国人民代表大会常务委员会举行会议审查和批准中央决算草案的三十日前,将上一年度中央决算草案提交全国人民代表大会财政经济委员会进行初步审查。省、自治区、直辖市政府财政部门应当在本级人民代表大会常务委员会举行会议审查和批准本级决算草案的三十日前,将上一年度本级决算草案提交本级人民代表大会有关专门委员会进行初步审查。设区的市、自治州政府财政部门应当在本级人民代表大会常务委员会举行会议审查和批准本级决算草案的三十日前,将上一年度本级决算草案提交本级人民代表大会有关专门委员会进行初步审查,或者送交本级人民代表大会常务委员会有关工作机构征求意见。县、自治县、不设区的市、市辖区政府财政部门应当在本级人民代表大会常务委员会举行会议审查和批准本级决算草案的三十日前,将上一年度本级决算草案送交本级人民代表大会常务委员会有关工作机构征求意见。全国人民代表大会财政经济委员会和省、自治区、直辖市、设区的市、自治州人民代表大会有关专门委员会,向本级人民代表大会常务委员会提出关于本级决算草案的审查结果报告。

县级以上各级人民代表大会常务委员会和乡、民族乡、镇人民代表大会对本级决算草案,重点审查下列内容:(1)预算收入情况;(2)支出政策实施情况和重点支出、重大投资项目资金的使用及绩效情况;(3)结转资金的使用情况;(4)资金结余情况;(5)本级预算调整及执行情况;(6)财政转移支付安排执行情况;(7)经批准举借债务的规模、结构、使用、偿还等情况;(8)本级预算周转金规模和使用情况;(9)本级预备费使用情况;(10)超收收入安排情况,预算稳定调节基金的规模和使用情况;(11)本级人民代表大会批准的预算决议落实情况;(12)其他与决算有关的重要情况。县级以上各级人民代表大会常务委员会应当结合本级政府提出的上一年度预算执行和其他财政收支的审计工作报告,对本级决算草案进行审查。

各级政府决算经批准后,财政部门应当在 20 日内向本级各部门批复决算。各部门应当在接到本级政府财政部门批复的本部门决算后十五日内向所属单位批复决算。地方各级政府应当将经批准的决算及下一级政府上报备案的决算汇总,报上一级政府备案。县级以上各级政府应当将下一级政府报送备案的决算汇总后,报本级人民代表大会常务委员会备案。

四、预算决算的监督与法律责任

(一)预算决算监督

预算决算监督是指对预算编制、预算执行、预算调整以及决算等活动的合法性、有效性进行的监督。

按照时间先后划分,预算决算监督可以分为事前监督、日常监督和事后监督。按照监督主体划分,则可以分为各级国家权力机关即各级人民代表大会及其常务委员会对预算、决算进行的监督,各级政府对下一级政府预算执行的监督,各级政府财政部门对本级各部门、各单位和下一级财政部门预算执行的监督检查,以及各级政府审计部门对预算执行情况和决算实行情况实行的审计监督。《预算法》第86条规定:"国务院和县级以上地方各级政府应当在每年六月至九月期间向本级人民代表大会或者其常务委员会做预算执行情况的报告。"

(二)预算法律责任

预算法律责任是预算法主体在预算活动中因为违法失职行为而应承担的法律后果,一般情形下主要是承担行政责任,也可能需要承担刑事责任。

我国于2014年颁布的《预算法》第10章"法律责任"第92条规定:"各级政府及有关部门有下列行为之一的,责令改正,对负有直接责任的主管人员和其他直接责任人员追究行政责任:(一)未依照本法规定编制、报送预算草案、预算调整方案、决算草案和部门预算、决算以及批复预算、决算的;(二)违反本法规定进行预算调整的;(三)未依照本法规定对有关预算事项进行公开和说明的;(四)违反规定设立政府性基金项目和其他财政收入项目的;(五)违反法律、法规规定使用预算预备费、预算周转金、预算稳定调节基金、超收收入的;(六)违反本法规定开设财政专户的。"

第93条规定:"各级政府及有关部门、单位有下列行为之一的,责令改正,对负有直接责任的主管人员和其他直接责任人员依法给予降级、撤职、开除的处分:(一)未将所有政府收入和支出列入预算或者虚列收入和支出的;(二)违反法律、行政法规的规定,多征、提前征收或者减征、免征、缓征应征预算收入的;(三)截留、占用、挪用或者拖欠应当上缴国库的预算收入的;(四)违反本法规定,改变预算支出用途的;(五)擅自改变上级政府专项转移支付资金用途的;(六)违反本法规定拨付预算支出资金,办理预算收入收纳、划分、留解、退付,或者违反本法规定冻结、动用国库库款或者以其他方式支配已入国库库款的。"

第 94 条规定:"各级政府、各部门、各单位违反本法规定举借债务或者为他人债务提供担保,或者挪用重点支出资金,或者在预算之外及超预算标准建设楼堂馆所的,责令改正,对负有直接责任的主管人员和其他直接责任人员给予撤职、开除的处分。"

第 95 条规定:"各级政府有关部门、单位及其工作人员有下列行为之一的,责令改正,追回骗取、使用的资金,有违法所得的没收违法所得,对单位给予警告或者通报批评;对负有直接责任的主管人员和其他直接责任人员依法给予处分:(一)违反法律、法规的规定,改变预算收入上缴方式的;(二)以虚报、冒领等手段骗取预算资金的;(三)违反规定扩大开支范围、提高开支标准的;(四)其他违反财政管理规定的行为。"

此外,第 96 条还规定:"本法第九十二条、第九十三条、第九十四条、第九十五条所列违法行为,其他法律对其处理、处罚另有规定的,依照其规定。违反本法规定,构成犯罪的,依法追究刑事责任。"

第三节 税收法律制度

税法是调整税收关系的法律规范的总称。政府取得财政收入是为了满足公共需要、提供公共物品,在一定程度上缓解公共物品领域的市场失灵问题。在当代各国的财政收入中,税收始终是最主要的部分。相较于其他财政收入[①],税收具有强制性、无偿性、确定性等主要特征。1992 年我国确立了建设社会主义市场经济体制的目标,1994年进行了税制改革,并顺应这次改革,构建了我国现行的税法体系。在此后的十几年间,随着社会主义市场经济的不断完善,结合国内、国外客观经济形势的变化,我国又推行了以"费改税"、内外资企业所得税合并、增值税的转型为主要内容的税制改革。从总体上看,我国的税制改革基本上与国际上 20 世纪 70 年代末进行的税制改革同步,先后进行了取消农业税、合并企业所得税等改革。

一、税收体系与税种

不论是在历史上还是在当代,每一个国家的税收体系都在不断发展变化且各具特点。从理论上说,一个国家的税收体系应当是由各个税种构成的、内在和谐统一的整体,其内在结构和税种的分类应当是科学、合理的。目前,国际上的税收体系有两大类:一是以流转税为核心构成,二是以所得税为核心构成。

(一)直接税与间接税

依据税负能否转嫁,税收可以分为直接税和间接税。凡税负不能转嫁于他人,由纳

---

① 财政收入的取得方式较多,比如增发货币、发行国债、罚没收入、行政收费、国有资产经营、社会捐赠等,但这些方式不宜作为提供公共物品的主要资金来源。

税人直接承担税负的税种,即为直接税,如各类所得税和一般财产税。凡税负可以转嫁于他人,纳税人只是间接承担税负的税种,即为间接税,如各类流转税。

(二)从量税与从价税

依据税收计征标准的不同,税收可分为从量税和从价税。凡以征税对象的数量、重量、容量等为标准从量计征的税种,即为从量税,从量税不受征税对象价格变动的影响,计算简便,如资源税。凡以征税对象的价格为标准从价计征的税种,即为从价税,从价税直接受价格变动的影响,如增值税、营业税等。

(三)对人税与对物税

如果将征税对象划分为人和物,税收可以分为对人税和对物税。凡主要着眼于人身因素而课征的税,即为对人税,如人头税、人丁税、户捐等。凡着眼于物的因素而课征的税,即为对物税,如商品税。早期的对人税一般按人口或按户征收,但是在现代国家,由于人已经成为税收主体而非客体,因而人头税等大多被废除了。

(四)价内税与价外税

依据税收与价格的关系,税收可分为价内税和价外税。凡在征税对象的价格之中包含有税款的税,即为价内税,如消费税。凡税款独立于征税对象的价格之外的税,即为价外税,如增值税。价内税的税款是征税对象的价格的有机组成部分,其形式较为隐蔽,不易为普通人所觉察,并且随着商品的流转还会出现"税上加税"的重复征税问题,而价外税虽然容易在人们心理上产生较大的税负压力,但是其对价格的影响较小,一般不存在重复征税问题,因此,价外税成了流转税的主要形式。

(五)经常税与临时税

依据税收的征收期限和连续性,税收可分为经常税和临时税。凡为保证国家经常性的财政支出而依法长期、连续课征的税,即为经常税。凡为实现某种特殊目的,或因国家处于非常时期而在一个或几个财政年度内临时特别征收的税,即为临时税。

(六)实物税与货币税

依据税收收入形态的不同,税收可以分为实物税和货币税。凡以实物形式缴纳的税,即为实物税。凡以货币形式缴纳的税,即为货币税。实物税主要存在于商品经济不发达的时代和国家,而货币税是当代市场经济国家最普遍、最基本的税收形式。

(七)财政税与调控税

依据课税目的的不同,税收可以分为财政税与调控税。凡侧重于以取得财政收入为目的而课征的税,即为财政税。凡侧重于以实现经济和社会政策、加强宏观调控为目的而课征的税,即为调控税。

(八)流转税、所得税、财产税与行为税

依据征税对象的不同,税收可以分为流转税、所得税、财产税和行为税。凡针对商品或劳务在流通过程中所形成的流转额而课征的税,即为流转税,如增值税、消费税、营业税、关税等。凡针对纳税人一定纳税期限的纯收益而课征的税,即为所得税,如企业所得税、个人所得税、农业税等。凡针对特定的财产本身而课征的税,即为财产税,如物业税、车船税、遗产税等。凡针对纳税人特定行为而课征的税,即为行为税,如印花税、宴席税、屠宰税等。这一分类通常被认为是税收的最重要、最基本的分类,我国税收实体法体系基本上是按照这一分类建立起来的。

除上述分类以外,还有其他一些分类,比如依据税收管理权和税收收入归属的不同,税收可以分为中央税、地方税与共享税;依据课税标准是否具有依附性,税收可分为独立税和附加税;还有学者将税收分为国内税与国际税,工商税、农业税与关税,累进税与累退税等。

二、税法的构成要素

税法的构成要素是指构成税法的必要因素或必不可少的内容。

对于税法的构成要素,学者有不同的分类和概括。譬如,依据某些要素是否具有普遍意义,可以将税法的构成要素分为一般要素和特别要素。一般要素是各类税法都必须具备的共同要素,而特别要素则是某类税法独具的要素,如税收的扣缴义务人。对于一般要素,人们的认识亦不尽相同,但大致可分为人的要素、物的要素和关系要素。其中,人的要素包括征税主体和纳税主体,物的要素包括征税客体、计税依据、税目和税率,关系要素包括征税主体对纳税主体的管辖关系和征税对象对纳税主体的归属关系,但是关系要素常常融于税收实体法和税收程序法中,因而往往不被单独提及。

一般而言,税法的构成要素包括税收征纳主体、征税对象、税目与计税依据、税率、税收特别措施、纳税时间与地点、税务争议以及税收法律责任等。为了表述的方便,我们可以从税收实体法和税收程序法两个方面对税法的构成要素加以分析。

(一)税收实体法的构成要素

税收实体法的构成要素,是构成税收征纳实体法必不可少的内容。由于这些要素是决定征税主体能否征税和纳税主体的纳税义务能否成立的必要条件,因而也称为课税要素。在课税要素中,最为重要的是税收征纳主体、征税对象、计税依据和税率,其他要素如税收特别措施则属于辅助性要素。

1. 税收征纳主体

也称为税法主体,是指在税收征管法律关系中享有权利和承担义务的当事人,包括

征税主体和纳税主体。

从理论上说,征税主体是国家,国家享有征税权,但是在具体征税活动中,国家往往通过立法授权有关的行政机关具体行使征税权。在我国,各级财政机关、税务机关和海关是代表国家行使征税权的具体的、形式上的征税主体。其中,税务机关是最重要的税收征管机关,专门负责工商税征管;海关负责征收关税、船舶吨税,代征进口环节的增值税、消费税;财政机关主要负责农业税征管。①

纳税主体又称纳税义务人、纳税人,是指依照税法规定直接负有纳税义务的自然人、法人或非法人组织。② 对于纳税主体,依据不同的标准可以作不同的分类。比如在所得税法中,纳税主体可分为居民纳税人和非居民纳税人;在增值税法中,纳税主体可分为一般纳税人和小规模纳税人;在税收征管和税收负担方面,纳税主体还可分为单独纳税人和连带纳税人、实质上的纳税人和形式上的纳税人,等等。纳税主体在各个具体的税种法中不尽相同,它直接影响到征税的范围,因而是各个税种法必须首先加以明确的要素。

2. 征税客体

也称征税对象、课税对象,是指税法规定的、征税的直接对象或标的,它说明对什么征税的问题。征税客体在税法的构成要素中居于十分重要的地位,因为它是各税种间相互区别的主要标志,也是进行税收分类和税法分类的最重要的依据,同时,它还是确定征税范围的重要因素。

如前所述,依性质不同,征税对象可以分为流转额、所得额、财产和行为四大类。当然,上述征税对象必须归属于具体的纳税人才可能使纳税义务得以成立,这种征税对象与纳税主体的结合,即为税法的关系要素,也就是"征税对象的归属"。

3. 计税依据与税目

计税依据与税目是征税对象在量与质的方面的具体化。

所谓计税依据,也称计税标准、计税基数(或简称税基),是指根据税法规定所确定的用以计算应纳税额的依据,亦即据以计算应纳税额的基数。由于征税对象只有在量化以后才能据以计税,因此计税依据的确定是必不可少的重要环节。在大多数情况下,计税依据与征税对象一致,比如营业税的计税依据与征税对象都是营业额,但是,有的计税依据需要结合征税对象的具体情况确定,比如企业所得税,征税对象是企业所得额,计税依据是企业收入额减除允许扣除的成本、费用、损失等之后的余额,即应纳税所得额。

---

① 2005 年 12 月 29 日全国人民代表大会常务委员会第十九次会议通过了《全国人民代表大会常务委员会关于废止〈中华人民共和国农业税条例〉的决定》,决定将我国第一届全国人民代表大会常务委员会第九十六次会议于 1958 年 6 月 3 日通过的《中华人民共和国农业税条例》自 2006 年 1 月 1 日起废止。

② 虽然人们习惯上认为纳税人就是纳税义务人的简称,但是,纳税义务人似乎无形中强调了纳税义务而忽略了纳税人应当同时享有的权利,纳税人这一说法更符合现代法治的理念。

所谓税目,也称征税品目,是指税法规定的某种税的征税对象的具体项目。它是征税对象在质的方面的具体化,反映了征税的广度。事实上,征税对象说明的是对什么征税,也是一种质的规定,不过,有的征税对象简单明确,无须进一步划分税目,如房产税,而有的征税对象范围很广、十分复杂,不仅需要进一步划分出税目,而且有的税目之下还可以划分若干细目,如关税。

4. 税率

税率是应纳税额与计税依据之间的比率。它是衡量税负高低的重要指标,是税法的核心要素。它反映了征税的深度,是极为重要的宏观调控手段。

税率可分为比例税率、累进税率和定额税率。所谓比例税率,是指对同一征税对象,不论其数额大小,均按照同一比例计算应纳税额的税率。所谓累进税率,是指随着征税对象的数额由低到高逐级累进,适用的税率也随之逐级提高的税率,征税对象数额越大,适用的税率越高,反之则相反。所谓定额税率,是指按征税对象的一定计量单位直接规定的固定的税额,因而也称固定税额。

5. 税收特别措施

税收特别措施包括两类,即税收优惠措施和税收重课措施。前者以减轻纳税人的税负为主要内容,并往往与一定的经济政策的引导有关,因而也称税收诱因措施;后者是以加重纳税人的税负为内容的税收特别措施,如税款的加成、加倍征收等。

税收特别措施,尤其是税收优惠措施一直受到人们的关注。广义的税收优惠包括优惠税率,而狭义上的税收优惠措施则主要是指税收减免、税收抵免、亏损结转、出口退税等。其中,税收减免在税法中规定得最为普遍。

(二)税收程序法的构成要素

税收程序法的构成要素是指保障税收实体法有效实施的必不可少的程序方面的要件。除了纳税时间和纳税地点外,还包括纳税环节、税务争议、罚则等要素。

1. 纳税时间

也称纳税期限,是指在纳税义务发生后,纳税人依法缴纳税款的期限。纳税期限可分为纳税计算期和税款缴库期两类。纳税计算期是指纳税人应多长时间计缴一次税款,反映了计税的频率。纳税计算期可分为按次计算和按期计算。按次计算是以纳税人从事应税行为的次数作为应纳税额的计算期限,如屠宰税。按期计算是以纳税人发生纳税义务的一定期限作为纳税计算期,通常以日、月、季、年为一个期限,如流转税、财产税。税款缴库期是指纳税人实际缴纳税款的期限,它不仅关系到纳税义务的实际履行,而且也关系到国家能否获取稳定的、及时的财政收入。

2. 纳税地点

纳税地点是纳税人依据税法规定向征税机关申报纳税的具体地点,它说明了纳税人应向何地的征税机关申报纳税以及何地的征税机关有权实施管辖的问题。纳税地点主要有纳税人住所地、经济活动发生地、财产所在地、报关地等。在税法中明确规定纳税地点,不仅体现了行政行为的便民原则,而且有利于防止漏征、重复征税等问题。

3. 纳税环节

纳税环节是指在商品流通、非商品的劳务或其他交易过程中,税收应在哪些环节和多少环节予以课征的点或者"关节"。在解决了对谁课税、对什么标的课税,以及课多少税之后,还要解决在哪一个"点"课税的问题。依据纳税环节的多少和对"点"的选择,可以分为一次课征制、两次/多次课征制。纳税环节的多少以及具体环节的选择,不仅关系到国家财政收入水平,而且还会影响纳税人的经济行为和纳税积极性,影响商品流通和经济运行的轨迹。

4. 税务争议

税务争议是指征税机关与相对人之间因确认或实施税收法律关系而产生的纠纷。这里的"相对人",不仅包括纳税主体,而且还可能涉及非纳税主体,比如征税主体错误地将不负纳税义务的人或扣缴义务人、纳税担保人等直接当成纳税主体。税务纠纷与争议既可能由相对人对征税机关的征税决定不服引起,也可能由相对人对征税机关的强制执行措施或处罚决定不服引起。税务争议一般通过行政复议和行政诉讼两种方式解决,但是,行政复议或行政诉讼一般不影响行政决定的执行,也就是说,当事人应当先按照税收行政决定的要求缴清税款或滞纳金,或提供相应的担保后,才能提起行政复议和行政诉讼。

5. 罚则

也就是税收法律责任,是指税法主体违反税收法律规范应当承担的法律后果。税法是经济法的一个组成部分,其法律责任的表现形式也自然具有经济法的特点。关于税收法律责任的具体规定,我国税收征管法、审计法、会计法、刑法等都有相应规定。

三、税收法律关系

(一)税收关系

税法的调整对象是税收关系。税收关系是指税收利益在各个相关主体之间进行分配时所产生的各种关系的总称,它包括以下几层内容:

其一,国家与税务机关之间的授权关系。只有国家才拥有税收利益的所有权,但具体代表国家履行征税职能的主要是税务机关。换句话说,税务机关的征税权不是与生俱来的,而是由国家授予的。这种授权关系主要包括国家与税务机关之间在税种开征与停征决定权、税率调整与税目增减决定权、减免税决定权和税收监督权等方面的权限分工与责权关系等。

国家授予税务机关的征税权并非国家税收权力的全部,对于某些与征税有关的制裁权,如部分强制执行权、最终裁决权以及税收的使用权等,国家要么自己保留,要么授予其他国家机关。此外,税务机关的征税权是一种权力而非权利,税务机关的征税权非经国家许可不得擅自处分,如随意转让、放弃或赠与他人等,否则,税务机关就要承担相应的法律责任。

其二,税务机关与纳税人之间的税收征纳关系。税务机关与纳税人之间的税收征纳关系是税法最主要的调整对象,是指税务机关与负有纳税义务的自然人、法人或其他组织之间因为征税、纳税而发生的各种关系,如纳税人认定关系、税款缴纳关系、票证管理关系等。一般来说,税务机关在税收征纳关系中处于主动地位,即征纳关系的起始、中止以及终结都由税务机关控制,但是,税收征纳关系中的某些环节是由纳税人自行启动的,比如纳税申报。

其三,其他税收关系。除了上述两种主要的税收关系外,税收关系还包括中央政府与地方政府之间的税权归属关系、税务机关与委托代征人之间的行政委托关系、其他行政机关或机构与税务机关的行政协助关系、代扣代缴义务人与纳税人之间的代扣代缴关系等。

(二)税收法律关系

税法是引起税收法律关系的前提条件,但税法本身并不能产生具体的税收法律关系,税收法律关系的产生、变更与消灭取决于能够引起税收法律关系产生、变更或消灭的客观情况,也就是税收法律事实。同样,税收法律关系与其他法律关系一样,由主体、客体和内容三部分构成,但在内涵上,税收法律关系有其特殊性。对于税法主体与客体,在前面介绍税法的构成要素时已经涉及,因而这里主要介绍税收法律关系的内容,即税法主体的权利和义务。

1. 征税主体的权利(或职权)

如果把征税主体抽象地理解为国家,那么征税主体的职权是较为广泛的,而如果把征税主体具体地理解为负责征税的政府职能部门,征税主体的权利范围会相对狭窄一些。具体说来,征税主体的权利(或职权)主要包括以下几个方面:

(1)税款征收权,这是征税主体最基本的权利,主要包括税款核定权和税款入库权两个方面,并有权依法自行确定税款征收方式、时间、地点等;

(2)税务管理权,主要指税务登记管理权、纳税申报管理权、账簿凭证管理权等;

(3)税务稽查权,税务稽查与纳税申报制度紧密关联,包括税务稽核和税务检查两个方面,比如对纳税人的财务会计核算、发票使用和其他纳税情况,对纳税人的应税商品、货物或其他财产进行查验登记等;

(4)获取信息权,即征税主体有权要求纳税主体提供一切与纳税有关的信息,也有权从其他有关部门获得与纳税人纳税有关的信息;

(5)强制执行权,纳税人逾期不缴纳税款,经催告后仍不缴纳的,征税机关可以依法行使其强制执行权,采取旨在保障税款入库的强制执行措施;

(6)违法处罚权,对于纳税主体违反税法规定的一般违法行为,征税机关有权依法予以处罚,若纳税主体的行为已构成犯罪,则应移交司法机关追究刑事责任;

（7）税收行政立法权，被授权的征税机关有权在授权范围内依照一定程序制定税收行政规章及其他规范性文件，做出行政解释等；

（8）代位权和撤销权，在税收征管法中，为了保证税务机关及时、足额追回由于债务关系造成的、过去难以征收的税款，税务机关在特定情况下有权依法行使代位权和撤销权。

2. 征税主体的义务（或职责）

征税主体的义务（或职责）主要有以下几项：

（1）依法征税的义务，征税主体必须严格依据税收实体法和税收程序法的规定征税，没有法律依据，不得擅自开征、停征、多征或少征税款，或擅自决定税收优惠；

（2）将征收的税款和罚款、滞纳金按时足额并依照预算级次入库，不得截留或挪用；

（3）提供服务的义务，征税主体应当依法办理减税、免税等税收优惠，为纳税人提供必要的信息资料，对纳税人的咨询、请求和申诉做出答复处理或报请上级机关处理；

（4）征税主体对纳税人的经营状况负有保密义务，不得侵犯纳税主体的隐私或商业秘密，纳税主体提供的信息资料只能用于估税、加强税收征管的目的，而不能被滥用；

（5）依法告知的义务，征税主体应依法进行催告或告知，以使纳税人知道其纳税义务的存在和不履行义务的法律后果，在处罚违法纳税人时，还应告知其享有的各项权利；

（6）按照规定付给扣缴义务人代扣、代收税款的手续费，且不得强行要求非扣缴义务人代扣、代收税款；

（7）严格按照法定程序实施和解除税收保全措施，如因征税机关的原因，致使纳税人的合法权益遭受损失的，征税机关应当依法承担赔偿责任。

3. 纳税主体的权利

也就是纳税人的权利。纳税人的权利在国家分配论中很少提及，纳税"义务人"似乎将纳税主体定位于"一个纯粹的、永远的义务承担者"。但是近年来，法学界对纳税人的权利高度关注。从应然的角度看，纳税人应该享有三大类权利：第一类是税法中所规定的具体的权利，如委托代理权、税收优惠权、多缴税款的退还权、知情权、保密权、陈述申辩权、检举控告权、延期申报权、延期纳税权、要求回避权、取得凭证权、拒绝检查权、税收救济权等；第二类主要是税款使用的决定权、税款使用的知情权和监督权等；第三类是享受政府提供的公共物品的权利。

4. 纳税主体的义务

纳税主体的义务主要有以下几项：

（1）依法办理税务登记、变更或注销税务登记；

（2）依法进行账簿、凭证以及发票管理；

（3）按期进行纳税申报，按时足额缴纳税款；

（4）主动接受税务检查。

5. 其他税务当事人的权利和义务

在税收法律关系中,除征税主体和纳税人两个主要的法律关系主体之外,还有扣缴义务人、纳税担保人以及银行、工商、公安等主体,均依法享有一定的权利并承担相应的义务,譬如,银行在税务机关查询存款、执行税收保全措施和强制执行措施过程中,有依法协助的义务,不履行该义务将承担法律责任。

四、税收实体法

1. 流转税法

流转税法是对调整和规范流转税的单行税种法的统称。流转税的征税对象是商品的流转额和非商品流转额(主要指各种劳务收入和服务性收入),因此在国际上也称为"商品和劳务税"。

流转税的各税种之间存在着密切联系,它们共同编织成的"税网"覆盖着商品的生产、交换、分配、消费等各个环节,从而使国家通过流转税的征收,能获得大量的、稳定的税收收入。从商品的生产,到批发、零售、进出口等各个环节,均需要流转税的各个税种密切配合。流转税的征收与商品的销售或消费密不可分,从总体上说,所有的流转税都是广义的销售税或消费税,关税也不过是对进出关境的商品或物品征收的销售税或消费税。

流转税因为其税源稳定、征收便利、税负隐蔽等优点,目前是我国税制的主体。在我国税收体制中影响比较大而且相对成熟的主要是增值税、消费税和营业税。

(1)增值税

增值税是对销售货物或者提供加工、修理修配劳务以及进口货物的单位和个人就其实现的增值额而征收的一个税种。从理论上分析,增值额是指一定时期内劳动者在生产过程中新创造的价值额,从税收征管实际看,增值额是指商品或劳务的销售额扣除法定外购项目金额之后的余额。

增值税制度起源于1918年德国的隆西蒙斯和美国的亚当斯的学说,1954年法国将生产阶段的营业税改为增值税,增值税立法正式诞生。我国国务院于1993年12月13日发布了《增值税暂行条例》,同年12月25日财政部下发了《值税暂行条例实施细则》,该条例及其实施细则从1994年1月1日起施行。此后,国务院于2008年11月第一次修订《增值税暂行条例》,2016年1月第二次对其进行了修订。

增值税具有诸多优点:第一,有利于贯彻公平税负原则;第二,有利于生产经营结构的合理化;第三,有利于扩大国际贸易往来;第四,有利于国家普遍、及时、稳定地取得财政收入。

增值税可分为生产型、消费型和介于两者之间的收入型三种类型。生产型增值税是指在计算增值税时,不允许将外购固定资产的价款(包括年度折旧)从商品和劳务的销售额中抵扣,由于作为增值税课税对象的增值额相当于国民生产总值,因此将这种类型的增值税称作"生产型增值税"。消费型增值税是指在计算增值税额时,允许从商品和劳务销售额中扣除当期购进的固定资产的价款的一种增值税,从全社会的角度看,消费型增值税相当于只对消费品征税,其税基总值与全部消费品总值一致,故称消费型增值税。消费型增值税是国际上普遍实行的征收方式。

生产型增值税和消费型增值税的最大区别是:生产型增值税只能扣除属于非固定资产的那部分生产资料的进项税额,消费型增值税同时允许企业抵扣当年新增固定资产中机器设备投资部分所含的进项税额,也就是说,企业交纳增值税时,可以将购买固定资产所含税款扣除。一般来说,消费型增值税对于企业生产发展较为有利,而生产型增值税则对政府的财政收入更为有利。为了促进高新技术企业、资源开发型企业和国有大中型企业的技术改造和技术进步,我国实现了由生产型增值税向消费型增值税的转型。

至于收入型增值税,则是指对购进的固定资产价款,只准许抵扣当期计入产品成本的折旧部分,就国民经济整体而言,计税依据相当于国民收入,故称为收入型增值税。

(2)消费税

消费税是指以一些特定的消费品或者消费行为作为课征对象而征收的一种税。消费品和消费行为是多种多样的,消费税只是国家在一定时期内,根据需要选择一些必须限制或调节的消费品和消费行为加以课征。具体到我国,消费税则是指对在中华人民共和国境内生产、委托加工和进口的特定消费品所征收的一种税,它和增值税、营业税、关税一样是流转税的一种。

消费税具有如下几个特点:一是征收范围具有选择性;二是征税环节具有单一性;三是征收方法具有选择性;四是税率、税额具有差别性;五是税负具有转嫁性。征收消费税可以体现国家的产业政策、环保政策,实施宏观调控,促进社会主义市场经济的健康发展,这一特点是具有普遍调节功能的增值税无法做到的,消费税可以弥补增值税的功能缺陷,这就形成了增值税的普遍调节和消费税的特殊调节相互配合的流转税格局。

消费税是国际上广泛采用的一大税种,目前有 120 多个国家和地区开征了消费税,其适用范围之广是其他税种无法比拟的。从整体上说,征收消费税的消费品可以分为以下几类:

一是过度消费会对人类健康、社会秩序和生态环境等造成危害的特殊消费品;

二是奢侈品、非生活必需品;

三是高能耗及高档消费品;

四是不可再生的资源类消费品;

五是具有一定财政意义且不影响居民基本生活的消费品。

消费税不但具有财政收入功能,作为增值税的辅助税种它还具有明显的调节功能,历来为包括我国在内的各国所重视。国务院于 1993 年 12 月 13 日颁布了《消费税暂行条例》,财政部同年颁布了《消费税暂行条例实施细则》,该条例和实施细则于 1994 年 1 月 1 日起开始施行。

（3）营业税

营业税是对有偿提供应税劳务、转让无形资产和销售不动产的单位和个人,就其营业收入额征收的一种税。1993年12月13日国务院发布了《营业税暂行条例》,1993年12月27日财政部颁布了《营业税暂行条例实施细则》,该条例和实施细则从1994年1月1日起实行。

营业税具有以下特点:一是征收范围广,税源普遍;二是税收负担轻、税负均衡,较好地体现了公平税负的原则;三是政策明了,适用性强;四是计算简单,操作方便,纳税人容易理解。

依据《营业税条例》第6条的规定,下列项目免征营业税:

①托儿所、幼儿园、养老院、残疾人福利机构提供的育养服务,婚姻介绍,殡葬服务;

②残疾人员个人提供的劳务;

③医院、诊所和其他医疗机构提供的医疗服务;

④学校和其他教育机构提供的教育劳务,学生勤工俭学提供的劳务;

⑤农业机耕、排灌、病虫害防治、植保、农牧保险以及相关技术培训业务,家禽、牲畜、水生动物的配种和疾病防治;

⑥纪念馆、博物馆、文化馆、美术馆、展览馆、书画院、图书馆、文物保护单位举办文化活动的门票收入,宗教场所举办文化、宗教活动的门票收入。

除了上述规定外,营业税的免税、减税项目由国务院规定。任何地区、部门均不得规定免税、减税项目。

2. 所得税法

（1）概述

所得税法是调整和规范在所得税征管过程中产生的社会关系的法律规范的总称。所得税是以"所得"为征税对象,并以获取所得的主体为纳税人的一类税。所得税往往被等同于收益税,因此,所得税法又称为收益税法。

何为"所得"? 一般认为,作为所得税征税对象的所得,并非是指纳税人的任何所得或全部所得,而是一种"应税所得",是纳税人在一定期间内由于劳动、经营、投资或把财产提供给他人使用等而获得的收入扣除为取得收入所花费的合理费用后的余额,这是一种"净所得"。因此,可以认为,我国曾经征收的农业税不是所得税,至少不是严格意义上的所得税,因为其征税对象为"农业收入",而计税依据是各种农产品的"常年产量",没有考虑对必要的生产成本和投入等费用的扣除。同时,应税所得应当是一种合法所得,对于违法所得一般依法予以追缴或退还给受损害的当事人。但是,也有人认为可以从广义上理解应税所得,一切收益,不论其来源,方式,有形的或者无形的,合法的或者非法的,经常性的或者一次性、临时性的,均可以成为所得税的征税对象。

除了征税对象以及纳税人的特定性之外,所得税还有不少区别于流转税的特点。比如,流转税以适用比例税率为主,而所得税更强调公平,以量能纳税为原则,因而在适用比例税率的同时,尤其是在个人所得税等领域还适用累进率;流转税多为间接税,而所得税是典型的直接税,其税负由纳税人直接承担,税负不易转嫁;所得税是直接税,因而需以纳税人的实际能力负担。

所得税一直被人们认为是一种"良税",在一些发达国家甚至成为主体税种。如果说流转税的各税种主要是通过计税依据来区分,那么所得税的各个税种则主要根据纳税主体的不同来构造。因此,国际上通常将所得税分为公司所得税和个人所得税两类,有的国际组织除了将所得税分为上述最主要的两类外,还专门划分出"其他所得税"作为一类,以求尽量包含世界各国不易划分的所得税种类。

我国的所得税包括企业所得税和个人所得税。此外,我国已经取消的农业税和尚未开征的社会保障税,因其与收益或所得密切相关,在基本原理上一致,因而一般也将其归入广义的所得税之中。

(2)企业所得税

企业所得税是以企业为纳税人,以企业一定期间的纯所得额为计税依据而征收的一种税。由于企业的法律形态主要有三种,即独资企业、合伙企业和公司企业,而各国对独资企业和合伙企业一般征收个人所得税,对公司企业则征收企业所得税,因而企业所得税也称为公司所得税。企业所得税直接影响到企业的税后利润及其分配,影响着国家、企业和个人之间的利益分配关系,因而也影响着经济与社会的稳定和发展。

征收企业所得税是否合理?人们对此提出了疑问。因为各国一般对独资企业和合伙企业仅征收个人所得税,而对公司企业则征收企业所得税,但在公司缴纳了所得税后,获取公司股息的股东,还需要再依法缴纳个人所得税,于是便出现了对公司利润和公司分配的股息重复征税问题。同独资企业、合伙企业相比,其税负是不公平、不一致的,因此征收公司所得税是不合理的。但是,在法律人格上,公司与股东是两类不同的、各自独立的主体;在经济上,公司的经济实力较强,而且只承担有限责任,在制度安排上比独资企业、合伙企业更具有特殊优势,因而应当承担更多的税收;在保障财政收入上,公司会计制度健全,纳税能力较强,有助于保障获取稳定的财政收入。因此,征收公司所得税是既必要又合理的。[①]

2008年以前,我国企业所得税分内资和外资两套不同税制。内资企业按照《企业所得税暂行条例》缴纳企业所得税(税率为33%),外商投资企业和外国企业按照《外商投资企业和外国企业所得税法》缴纳企业所得税(税率为30%,地方所得税税率为3%,总体税负也是33%)。

---

① 根据对待重复征税的态度,可以把公司所得税的征收分为两种模式:(1)以美国为代表的古典模式(classical system),它以"法人实在说"为基础,坚持公司所得税和个人所得税是两个独立的税种。(2)以欧洲国家为代表的整体模式(integration system),它以"法人虚拟说"为基础,认为应当把公司和股东作为一个整体来加以考虑,为此,这些国家采取了多种措施来尽量缓解或消除双重征税。比如在税率设计上,对已分配利润适用较低税率,而对保留在公司的利润则适用较高税率。又如,有些国家实行归集抵免制(imputation credit system),即对分配股息征收个人所得税时,允许相应抵扣其在公司环节已征收的公司所得税。

2008年1月1日起开始施行的《企业所得税法》,终结了运行13年的内外资两套企业所得税制的时代。该法规定:在中华人民共和国境内,企业和其他取得收入的组织为企业所得税的纳税人,依照本法的规定缴纳企业所得税。个人独资企业、合伙企业不适用本法。同时,企业所得税法实现了"四个统一",为内外资企业公平竞争创造了条件:第一,统一适用,内资企业和外资企业适用统一的企业所得税法;第二,统一税率,将新税率统一为25%,并对符合规定的小型微利企业实行20%的照顾性税率,国家需要重点扶持的高新技术企业,减按15%的税率征收企业所得税;第三,统一税前扣除办法和标准,就工资、捐赠、研发费用、广告费等费用的扣除进行了统一;第四,统一税收优惠,实行"产业优惠为主、区域优惠为辅"的新税收优惠体系。

3. 个人所得税法

个人所得税是以个人(自然人)取得的各项应税所得为征税对象,并由获取所得的个人缴纳的一种税。个人所得税是各国开征的较为普遍的一种税,尤其是发达国家,因其人均国民生产总值(GNP)较高,个人收入较多,因而个人所得税的收入在整个税收收入中亦占有较高比重,如美国等国家的个人所得税即为第一号税种,在整个税制中占有相当高的地位。

在立法原则上,个人所得税比较特殊。整个税法是采取效率优先、兼顾公平的原则,而个人所得税相反,是公平优先、兼顾效率。

个人所得税一般具有如下特点:一是实行分类征收;二是累进税率与比例税率并用;三是费用扣除额较宽;四是计算简便;五是采用源泉扣缴和自行申报两种征收方法。

我国在1950年由政务院颁布的《全国税政实施要则》中,曾设置薪给报酬所得税,但未能开征。1950年曾开征过利息所得税,主要是对个人的存款利息所得、公债和其他证券利息所得以及其他利息所得征收所得税,但此税于1959年停征。1978年改革开放后,我国经济增长加快,对外联系频繁,个人收入日渐增多,在这种情况下,全国人民代表大会于1980年9月通过并颁布了《个人所得税法》,并于同年12月由财政部公布了该法的《实施细则》。

此后,随着国内个体经济的迅速发展,对个体工商户的课税问题又日益突出。为了稳定国家与个体工商户之间的分配关系,调节个体工商户与其他居民之间的收入差距,国务院于1986年颁布并实施了《个体工商户所得税暂行条例》。同年9月发布了《个人收入调节税暂行条例》,规定从1987年1月1日起对个人收入达到应税标准的中国公民征收个人收入调节税,并且缴纳此税后,不再缴纳个人所得税。

1993年10月,全国人大常委会通过了《关于修改〈个人所得税法〉的决定》。修改后的《个人所得税法》将上述在个人所得税领域里开征的三个税种统一为个人所得税一个税种,并将《个体工商户所得税暂行条例》和《个人收入调节税暂行条例》予以废止。随着我国市场化的推进,高收入人群开始出现,贫富悬殊引起了诸多社会问题,调节个人收入差距,适当减轻中低收入者的税负,加大对高收入者的调节力度,成为当务之急。在这样的背景下,《个人所得税法》又在1999年8月、2005年10月、2007年6月、2007

年 12 月、2011 年 6 月等进行了多次修正。

《个人所得税法》的基本内容包括：

（1）纳税人

我国个人所得税的纳税主体包括两类，即居民纳税人和非居民纳税人。

区分这两类纳税主体的标准有两个：一是住所标准，二是时间标准。

凡在中国境内有住所，或者无住所而在境内居住满 1 年的个人即为居民纳税人，因而应就其源于中国境内、境外的所得，依法缴纳个人所得税。上述的居住满 1 年，是指在一个纳税年度中在中国境内居住 365 日。如果临时离境，即在一个纳税年度中一次离境不超过 30 日或多次离境累计不超过 90 日，亦视同在华居住，不扣减天数。此外，在中国境内，是指在中国大陆地区，不包括香港、澳门、台湾地区。依此规定，符合住所标准和时间标准的即为个人所得税的居民纳税人，应该负有无限纳税义务。但 1994 年 1 月由国务院发布的《个人所得税法实施条例》有特别规定，即在中国境内无住所，但是居住 1 年以上 5 年以下的个人，其来源于中国境外的所得，经主管税务机关批准，可以只就由中国境内公司、企业以及其他经济组织或者个人支付的部分缴纳个人所得税；居住超过 5 年的个人，从第 6 年起，应当就其来源于中国境外的全部所得缴纳个人所得税。

凡在中国境内无住所又不居住或者无住所而在境内居住不满 1 年的个人，为非居民纳税人，因而仅就其来源于中国境内的所得，缴纳个人所得税。对于所得是否属于来源于中国境内，并不以款项的支付地为认定标准，也不以取得者是否居住在中国境内为认定标准，而是以受雇活动的所在地、提供个人劳务的所在地、财产坐落地以及资金、产权的实际运用地等标准来确定。根据规定，下列所得不论支付地点是否在中国境内，均为来源于中国境内的所得：

①因任职、受雇、履约等而在中国境内提供劳务取得的所得；

②将财产出租给承租人在中国境内使用而取得的所得；

③转让中国境内的建筑物、土地使用权等财产或者在中国境内转让其他财产取得的所得；

④许可各种特许权在中国境内使用而取得的所得；

⑤从中国境内的公司、企业以及其他经济组织或者个人取得的利息、股息、红利所得。

尽管如此，凡在中国境内无住所，但在一个纳税年度中在中国境内连续或者累计居住不超过 90 日的个人，其来源于中国境内的所得，由境外雇主支付并且不由该雇主在中国境内的机构、场所负担的部分，免予缴纳个人所得税。

（2）征税对象

个人所得税的征税对象是个人取得的应税所得，主要包括：

①工资、薪金所得；

②个体工商户的生产、经营所得；

③对企事业单位的承包经营、承租经营所得；

④劳务报酬所得；

⑤稿酬所得；

⑥特许权使用费所得；

⑦利息、股息、红利所得；

⑧财产租赁所得；

⑨财产转让所得；

⑩偶然所得；

⑪其他所得。

（3）税率

依据所得的不同项目，税率有两种形式，即超额累进税率和比例税率，主要包括：

①工资、薪金所得适用3％～45％的七级超额累进税率；

②个体工商户的生产、经营所得和对企事业单位的承包、承租经营所得，适用5％～35％的五级超额累进税率；

③稿酬所得，适用比例税率，税率为20％，并按应纳税额减征30％；

④劳务报酬所得，适用比例税率，税率为20％，对劳务报酬所得一次收入畸高的，可以实行加成征收；

⑤特许权使用费所得，利息、股息、红利所得，财产租赁所得，财产转让所得，偶然所得和其他所得，适用比例税率，税率为20％。

（4）税收特别措施

税收特别措施包括税收优惠措施和税收加重措施。《个人所得税法》第3条规定：对劳务报酬所得一次收入畸高的，可以实行加成征收。注意：加成征收与税收优惠相反，是一种税收加重措施，这种规定在税收法律规范中比较少见。

免征个人所得税的情形有：

①省级人民政府、国务院部委和中国人民解放军军以上单位，以及外国组织、国际组织颁发的科学、教育、技术、文化、卫生、体育、环境保护等方面的奖金；

②储蓄存款利息、国债和国家发行的金融债券利息（注意：我国目前对存款利息征收20％的所得税）；

③按照国家统一规定发给的补贴、津贴；

④福利费、抚恤金、救济金；

⑤保险赔款；

⑥军人的转业费、复员费；

⑦按照国家统一规定发给干部、职工的安家费、退职费、退休工资、离休工资、离休生活补助费；

⑧依照我国有关法律规定应予免税的各国驻华使馆、领事馆的外交代表、领事官员和其他人员的所得；

⑨中国政府参加的国际公约、签订的协议中规定免税的所得；

⑩经国务院财政部门批准免税的所得。

经过批准后，可以减征个人所得税，情形有三：

①残疾、孤老人员和烈属的所得；

②因严重自然灾害造成重大损失的；

③其他经国务院财政部门批准减税的，其减征的幅度和期限由省、自治区、直辖市人民政府规定（见《个人所得税法实施细则》第16条）。

（5）应纳税所得额的计算

就工资、薪金而言，以每月收入额减除费用3500元后的余额，为应纳税所得额。而个体工商户的生产、经营所得，以每一纳税年度的收入总额，减除成本、费用以及损失后的余额，为应纳税所得额。劳务报酬所得、稿酬所得、特许权使用费所得、财产租赁所得，每次收入不超过4000元的，减除费用800元；4000元以上的，减除20%的费用，其余额为应纳税所得额。个人将其所得对教育事业和其他公益事业捐赠的部分，按照国务院有关规定从应纳税所得中扣除。

（6）税收抵免

纳税义务人从中国境外取得的所得，准予其在应纳税额中扣除已在境外缴纳的个人所得税税额。但扣除额不得超过该纳税义务人境外所得依照本法规定计算的应纳税额。

（7）征收管理

个人所得税采取源泉扣缴税款和自行申报两种纳税方法。以所得人为纳税义务人，以支付所得的单位或者个人为扣缴义务人。在两处以上取得工资、薪金所得或者没有扣缴义务人的，以及具有国务院规定的其他情形的，纳税义务人应当自行申报纳税。扣缴义务人每月所扣的税，自行申报纳税人每月应纳的税，都应在次月7日内缴入国库，并向税务机关报送纳税申报表。

五、税收征收管理法

（一）税收征管法概述

税收征管法是调整在税收征纳及其管理过程中发生的社会关系的法律规范的总称。我国现行的《税收征收管理法》（以下简称《税收征管法》）颁布于1992年9月，并于1995年、2001年、2013年、2015年进行了修改。2002年9月国务院公布了该法的实施细则，并于2012年、2013年进行了修改。这些法律、行政法规的公布施行，不仅有利于加强税收的征管行为，而且确定了我国税收征管的基本制度框架。按照《税收征管法》及有关法规的规定，我国现在的税收征管制度主要有：税务登记制度、纳税申报制度、账簿凭证管理制度、发票管理制度、税款征收制度、税务检查制度、税务稽查制度以及税务争议处理程序等。

1. 税收征管法的宗旨和适用范围

税收征管法的立法目的主要是对税收征纳活动实施有效的规范和管理,保护征纳双方的权利,从而保障国家的税收收入。《税收征管法》第1条开宗明义地指出:"为了加强税收征收管理,规范税收征收和缴纳行为,保障国家税收收入,保护纳税人的合法权益,促进经济和社会发展,制定本法。"这就是说,从微观的、直接的方面看,该法是要将税收征纳双方在税收管理过程中享有的权利、义务和应遵循的制度,以法律形式固定下来,一方面保护纳税人权利、依法纳税、规范纳税秩序,另一方面规范税务机关及其工作人员依法征税,打击偷税和抗税等不法行为,不断提高政策水平,确保国家税收收入及时足额解缴入库。从宏观的角度看,该法的目的则是通过税收对资源配置的影响、对投资活动的影响、对劳动力供给与需求的影响等,以及通过税收所筹集的财政收入为社会提供公共物品、公共福利等,最终促进经济和社会的健康发展。

就《税收征管法》的适用范围而言,依该法第2条规定,凡依法由税务机关征收的各种税收的征收管理,均适用该法。结合第90条关于该法的适用除外规定:"耕地占用税、契税、农业税、牧业税征收管理的具体办法,由国务院另行制定。关税及海关代征税收的征收管理,依照法律、行政法规的有关规定执行。"可见,《税收征管法》并非完全适用于各类税收的征管,而是由财政机关负责农业税等税种的征管,参照该法有关规定执行;由海关负责关税、船舶吨税及海关代征税收的征管,依照法律、行政法规的有关规定执行。为此,在认识税收征管制度时,应注意区分包括各类税种征管的广义上的税收征管制度和仅适用于税务机关征收的各种税收的狭义上的税收征管制度。

2. 纳税人的权利

前文已经对征税主体(主要是税务机关)的职权与职责、纳税主体(主要是纳税人)的权利与义务进行了比较具体的介绍,试图说明纳税人本质上是依法负有纳税义务的人,只有当因为特定的法律事实的产生而现实地、具体地形成某一项或某一些纳税义务时,潜在的、抽象的纳税人才成为真正的、现实的纳税人。因此,如果没有纳税人的纳税义务的现实存在,就没有征税主体的税收征管权存在的必要,整个税收征管制度也将不复存在。

但是,如果深入地探究税收征纳的过程和前因后果,问题并非如此简单。如前所述,不仅在税收征纳、管理活动过程中,征纳双方均享有一定的权利,同时也都要履行一定的义务,而且,在税收征纳、管理活动发生的前后或这些活动之外,比如在立法、司法活动中,税收征纳主体已经变成了立法参与者或诉讼参与者,只要这些活动与税收有关,他们可以享受的权利或应当承担的义务都会因为税收而带上某些特点。在这个权利本位的法治时代,强调纳税人的义务而忽略其权利,强调征税主体的权利(职权)而忽略其义务(职责),都是与法治的精神不相容的。因此,更多地从权利的角度来审视《税收征管法》,将有利于税收征管机关执法水平的提高,从而保障纳税人的权利,鼓励纳税人依法纳税,化解税收征纳过程中的对抗性。这正是和谐社会的追求。

根据《税收征管法》的相关规定,纳税人(包括扣缴义务人)的权利主要包括以下方面:

其一,税收优惠权。纳税人依法享有申请减税、免税、退税的权利。

其二,税收知情权。纳税人、扣缴义务人有权向税务机关了解国家税收法律、行政法规的规定以及与纳税程序有关的情况。

其三,税收保密权。纳税人、扣缴义务人有权要求税务机关为纳税人、扣缴义务人的情况保密。

其四,陈述申辩权。纳税人、扣缴义务人对税务机关所作出的决定,享有陈述权、申辩权。

其五,检举控告权。纳税人、扣缴义务人有权控告和检举税务机关、税务人员的违法违纪行为。

其六,要求回避权。税务人员征收税款和查处税收违法案件,与纳税人、扣缴义务人或者税收违法案件有利害关系的,应当回避。

其七,延期申报权。纳税人、扣缴义务人不能按期办理纳税申报或者报送代扣代缴、代收代缴税款报告表的,经税务机关核准,可以延期申报。

其八,延期纳税权。纳税人因有特殊困难,不能按期缴纳税款的,经省、自治区、直辖市国家税务局、地方税务局批准,可以延期缴纳税款,但是最长不得超过3个月。

其九,取得凭证权。税务机关征收税款时,必须给纳税人开具完税凭证。扣缴义务人代扣、代收税款时,纳税人要求扣缴义务人开具代扣、代收税款凭证的,扣缴义务人应当开具。

其十,多缴税款退还权。纳税人超过应纳税额缴纳的税款,税务机关发现后应当立即退还;纳税人自结算缴纳税款之日起三年内发现的,可以向税务机关要求退还多缴的税款并加算银行同期存款利息,税务机关及时查实后应当立即退还。

其十一,拒绝检查权。税务机关派出的人员进行税务检查时,应当出示税务检查证和税务检查通知书,未出示税务检查证和税务检查通知书的,被检查人有权拒绝检查。

其十二,税收救济权。纳税人、扣缴义务人依法享有申请行政复议、提起行政诉讼、请求国家赔偿等权利。

其十三,委托代理权。纳税人、扣缴义务人可以委托税务代理人代为办理税务事宜。税务代理是联系纳税主体与征税主体的中介和纽带,通过税务代理制度,纳税主体不仅可以降低因日益繁杂的税制而造成的奉行费用,分享中介机构的专业分工所带来的好处,而且还可以在依法纳税的前提下尽量降低自己的税负;同时,征税主体的征税成本亦会因税务代理活动而降低,税收执法效率提高,从而有利于保障国家的税收利益和税法秩序。

当然,纳税人在税收征纳和税收管理活动中,还应当依法承担相应的义务,其中最重要、最根本的义务是依法纳税。相应地,税务机关及其工作人员的职责和义务是保障纳税人的上述权利,尊重纳税人的人格,主动为纳税人提供纳税的便利条件,并严格依法行使税收征管权。这些内容前面已经做了介绍,此处不再赘述。

(二)税务管理制度

税务管理是整个税收征管的重要组成部分,是税收征纳的基础和前提。主要包括三个方面:税务登记、账簿和凭证管理、纳税申报。

1. 税务登记

从事生产、经营的纳税人必须自领取营业执照之日起 30 日内,持有关证件向税务机关申报办理税务登记,税务机关应当自收到申报之日起 30 日内审核完毕,并向审核合格者发放税务登记证件。税务登记是整个税收征管的首要环节,是纳税人与税务机关建立税务联系的开始。税务登记与工商登记一样,都是从事生产、经营活动的企业和个人的重要义务。同工商登记相一致,税务登记也包括三类:设立税务登记、变更税务登记和注销税务登记。

税务登记证件是纳税人办理相关涉税事务的重要凭证,如纳税人申请税收减免、退税、领购发票、办理外出经营活动税收管理证明等,均需凭借税务登记证件。税务机关对税务登记证件实行定期验证和换证制度。纳税人领取的税务登记证件不得转借、涂改、损毁、买卖或者伪造,遗失税务登记证件应书面报告税务机关并采取相应补救措施,而后再申请补发。

从事生产、经营的纳税人,税务登记内容发生变化的,自工商行政管理机关办理变更登记之日起 30 日内或者在向工商行政管理机关申请办理注销登记之前,持有关证件向税务机关申报办理变更或者注销税务登记。纳税人发生法定代表人易人,生产经营场所改变或解散、破产、撤销等情形,均属于税务登记内容发生变化。由于这些变化可能会引起纳税人所适用的税种、纳税手续、税务会计处理等方面的变化,从而会影响到纳税人的实体税负和在税法上的地位,因而通过及时办理变更税务登记,做出相应的调整,对于保护征纳双方的合法权益都是非常必要的。

2. 账簿和凭证管理

账簿和凭证管理是直接影响到税收征纳的一种基础性管理。由于账簿、凭证所反映出的纳税人的纳税能力会直接影响到计税基数的确定,从而会影响到应纳税额的计算,因而账簿、凭证所反映的会计信息必须真实、准确、可靠,为此就必须加强对账簿、凭证的管理。

从事生产经营的纳税人,应当自领取营业执照或者发生纳税义务之日起 15 日内,按照国务院财政、税务主管部门的规定设置账簿。生产、经营规模小又确无建账能力的纳税人,可以聘请经批准从事会计代理记账业务的专业机构或者经税务机关认可的财会人员代为建账和办理账务。聘请上述机构或者人员有实际困难的,经县以上税务机关批准,可以按照税务机关的规定,建立收支凭证粘贴簿、进货销货登记簿或者使用税控装置。

除纳税人以外,扣缴义务人应当自法律、法规规定的扣缴义务发生之日起 10 日内,按照所代扣、代收的税种,分别设置代扣代缴、代收代缴税款账簿。此外,纳税人、扣缴义务人采用计算机记账的,应当在使用前将其记账软件、程序和使用说明书及有关资料报送主管税务机关备案。同时,纳税人、扣缴义务人会计制度健全,能够通过计算机正确、完整地计算其收入或者所得的,其计算机储存和输出的会计记录,可视同会计账簿,但是应当打印成书面记录并完整保存;否则,应当建立总账和与纳税活动有关的其他账簿。

发票管理与账簿、凭证管理密切相关,并具有相对的独立性。我国对发票管理非常重视。财政部于 1993 年 12 月发布了《发票管理办法》及其《实施细则》,国家税务总局亦于同期发布了《增值税专用发票使用规定》,对发票的印刷、领购、开具、保管等方面的管理做了明确规定,从而确立了我国的发票管理法律制度。根据我国《税收征管法》的规定,增值税专用发票由国务院税务主管部门指定的企业印制;其他发票,按照国务院税务主管部门的规定,分别由省、自治区、直辖市国家税务局、地方税务局指定企业印制。未经规定的税务机关指定,不得印制发票。

3. 纳税申报

纳税申报是在纳税义务发生后,纳税人按期向征税机关申报与纳税有关的各类事项的一种制度。纳税申报的主体是纳税人,也可以是扣缴义务人,他们必须在法律、行政法规规定或者税务机关依照法律、行政法规的规定确定的申报期限内办理纳税申报,报送纳税申报表以及税务机关根据实际需要要求他们报送的其他纳税资料。

纳税人办理纳税申报可以采取直接申报(即由纳税人直接到税务机关报送纳税申报表及有关资料)、邮寄申报、数据电文申报等方式。同时,根据 1997 年由国务院办公厅转发的国家税务总局《关于深化税收征管改革的方案》,纳税人还可以先预缴税款后申报或预储报缴、支票报缴、现金报缴等。

(三)税款征收制度

税款征收是整个税收征管的中心环节,因此围绕税款征收,在税法中还前置了税务管理制度,后置了税务检查、税务代理等制度。从税款开始征收到税款入库这一环节,首先是确定应纳税额,然后才是按照法定的期限进行税款征纳这一关键步骤,问题也常常出现在这一关键步骤上,比如纳税人因为主观或客观的原因可能或已经发生纳税迟延或纳税不能、征税主体实施保全措施或强制执行、税款需要补缴或退还等,直到税款进入国库。

征税机关对于纳税人的应纳税额享有确定权。在申报纳税的方式下,如果申报的应纳税额与依实际情况应缴纳的税额有出入,则征税机关有权依法重新进行核定、调整、更正。纳税人有下列情形之一的,税务机关有权核定其应纳税额:(1)依照法律、行政法规的规定可以不设置账簿的;(2)依照法律、行政法规的规定应当设置账簿但未设置的;(3)擅自销毁账簿或者拒不提供纳税资料的;(4)虽设置账簿,但账目混乱或者成本资料、收入凭证、费用凭证残缺不全,难以查账的;(5)发生纳税义务,未按照规定的期限办理纳税申报,经税务机关责令限期申报,逾期仍不申报的;(6)纳税人申报的计税依据明显偏低,又无正当理由的。同时,对于分支机构与关联企业的业务往来的应纳税额以及未依法办理税务登记的纳税人的应纳税额,征税机关对其都有确定权。

除税务机关、税务人员以及经税务机关依照法律、行政法规委托的单位和人员外,任何单位和个人不得进行税款征收活动。对法律、行政法规没有规定负有代扣、代收税款义务的单位和个人,税务机关不得要求其履行代扣、代收税款义务。扣缴义务人依法履行代扣、代收税款义务时,纳税人不得拒绝。纳税人拒绝的,扣缴义务人应当及时报告税务机关处理。同时,税务机关应当按照规定付给扣缴义务人代扣、代收手续费。

纳税人未按照规定期限缴纳税款的,扣缴义务人未按照规定期限解缴税款的,税务机关除责令限期缴纳外,从滞纳税款之日起,按日加收滞纳税款万分之五的滞纳金。加收滞纳金的起止时间,为法律、行政法规规定或者税务机关依照法律、行政法规的规定确定的税款缴纳期限届满次日起,至纳税人、扣缴义务人实际缴纳或者解缴税款之日止。

纳税人申请税收减免、征税机关采取税收保全措施或强制执行措施,均必须依照法定的程序和权限进行,比如书面申请、上级审批等规定,都是十分重要的。

此外,税款的"多退少补"是税款征收制度不可缺少的内容。其中,究竟是征税主体的过失还是纳税主体的过失造成税款的多征或少征,对于税款的"多退少补"影响很大。比如,《税收征管法》规定,纳税人超过应纳税额缴纳的税款,税务机关发现后应当立即退还;纳税人自结算缴纳税款之日起三年内发现的,可以向税务机关要求退还多缴的税款并加算银行同期存款利息,税务机关及时查实后应当立即退还;涉及从国库中退库的,依照法律、行政法规有关国库管理的规定退还。因税务机关的责任,致使纳税人、扣缴义务人未缴或者少缴税款的,税务机关在三年内可以要求纳税人、扣缴义务人补缴税款,但是不得加收滞纳金。因纳税人、扣缴义务人计算错误等失误,未缴或者少缴税款的,税务机关在三年内可以追征税款、滞纳金;有特殊情况的,追征期可以延长到五年。对偷税、抗税、骗税的,税务机关追征其未缴或者少缴的税款、滞纳金或者所骗取的税款,则不受前述规定期限的限制。

(四)税务检查制度

税务检查是指征税机关根据税法及其他有关法律的规定而对纳税主体履行纳税义务的情况进行检验、核查的活动。在以纳税申报为基础的税收征管模式下,税务检查制度尤其重要。

依据我国《税收征管法》及其《实施细则》的规定,税务机关的税务检查权主要包括以下几个方面:

1. 资料检查权

税务机关有权检查纳税人的账簿、记账凭证、报表和有关资料,检查扣缴义务人代扣代缴、代收代缴税款账簿、记账凭证和有关资料,既可以在纳税人、扣缴义务人的业务场所行使资料检查权,也可以在必要时,经县以上税务局(分局)局长批准,将纳税主体以往会计年度的账簿、记账凭证、报表和其他有关资料调回税务机关检查。

2. 实地检查权

税务机关有权到纳税人的生产、经营场所和货物存放地实地检查纳税人应纳税的商品、货物或者其他财产,检查扣缴义务人与代扣代缴、代收代缴税款有关的经营情况。

3. 单证查核权

税务机关有权到车站、码头、机场、邮政企业及其分支机构检查纳税人托运、邮寄应纳税商品、货物或者其他财产的有关单据、凭证和有关资料。

4. 存款查核权

经县以上税务局(分局)局长批准,凭全国统一格式的检查存款账户许可证明,查询从事生产、经营的纳税人、扣缴义务人在银行或者其他金融机构的存款账户。税务机关在调查税收违法案件时,经设区的市、自治州以上税务局(分局)局长批准,可以查询案件涉嫌人员的储蓄存款。税务机关查询所获得的资料,不得用于税收以外的用途。

5. 资料复制权

税务机关调查税务违法案件时,对与案件有关的情况和资料,可以记录、录音、录像、照相和复制。

为了保障税务机关的上述税务检查权的实现,依据《税收征管法》规定,纳税人、扣缴义务人必须接受税务机关依法进行的税务检查,如实反映情况,提供有关资料,不得拒绝、隐瞒。此外,在税务机关依法进行税务检查时,有关部门和单位应当支持、协助,向税务机关如实反映纳税人、扣缴义务人和其他当事人与纳税或者代扣代缴、代收代缴税款有关的情况,提供有关资料及证明材料。

同时,税务机关在税务检查方面也承担了相应的义务,主要有三:一是资料退还的义务,二是保守秘密的义务,三是持证检查的义务。

(五)法律责任

《税收征管法》规定了征纳双方的相关义务,对于这些义务,征纳双方均必须依法履行,否则即应承担相应的法律责任。我国《税收征管法》《税收征收管理法实施细则》以及《刑法》等法律、法规、规章,对于不同主体的不同违法行为,规定了不同的制裁手段,从而使违法主体相应地承担了不同的法律责任。

对于违反税收征管法的一般违法行为,比如纳税人不办理税务登记、欠税等,扣缴义务人未按照规定设置、保管有关账簿、凭证等,或者开户银行拒绝税务机关依法查询、冻结纳税人的存款账户等,税务机关有权对违法者实施罚款、责令限期改正等行政处罚;而对于违反税收征管法的严重违法行为,如偷税、骗税、抗税、非法印制发票等情节严重构成犯罪的,则可以由国家司法机关对违法者依法追究刑事责任。

同时,税务机关及其工作人员必须秉公执法,忠于职守,不得与纳税人、扣缴义务人勾结实施偷税或骗税,不得索贿、徇私舞弊、玩忽职守、不征或少征应征税款,不得滥用职权多征税款或者故意刁难纳税人和扣缴义务人等,否则将受到行政处分,构成犯罪的,还将受到刑事处罚。

此外,追究税收违法者的责任时,还应注意以下几点:

1. 违反税收法律、行政法规应当给予行政处罚的行为,在五年内未被发现的,不再给予行政处罚。

2. 税务机关对纳税人、扣缴义务人及其他当事人处以罚款或者没收违法所得时,应当出具罚没凭证;未出具罚没凭证的,纳税人、扣缴义务人以及其他当事人有权拒绝给付。

3. 税务机关、税务人员查封、扣押纳税人个人及其所扶养家属维持生活必需的住房和用品的,责令退还,依法给予行政处分;构成犯罪的,依法追究刑事责任。

4. 未经税务机关依法委托征收税款的,责令退还收取的财物,依法给予行政处分或者行政处罚;致使他人合法权益受到损失的,依法承担赔偿责任;构成犯罪的,依法追究刑事责任。

5. 罚款额在 2000 元以下的,可以由税务所决定。

6. 税务机关违反规定擅自改变税收征收管理范围和税款入库预算级次的,责令限期改正,对直接负责的主管人员和其他直接责任人员依法给予降级或者撤职的行政处分。

思考题

1. 法律应当如何监管预算外资金?
2. 税种与税制结构、税收体系之间是什么关系?
3. 举例说明税法的构成要素。
4. 增值税有哪些类型?增值税与消费税、营业税有何区别?
5. 如何理解所得税的征税对象?如果对非法所得征收所得税,利弊各有哪些?
6. 如何理解纳税人的权利?
7. 什么是税收违法行为?税收违法行为应承担什么形式的法律责任?

第九章 会 计 法

[内容提要]本章对会计的概念和基本职能、会计法的适用范围以及违反会计法规定的法律责任特别是单位负责人的法律责任进行了介绍；本章还对会计核算（主要包括会计核算的事项、会计核算记账主要规则、企业会计核算的特别规定）、会计监督（包括会计监督体系、会计监督主要规则）、会计机构的设置规则、会计人员的从业资格及限制性条件等进行分析。

　　会计法是我国经济法体系中一个重要组成部分。它与财税法律制度、审计法律制度、统计法律制度以及正在酝酿中的征信法律制度等都存在着紧密联系。这些法律制度在保障经济信息真实有效、遏制欺诈行为、提高经济效率等方面都起着重要作用。随着市场经济的进一步发展，会计工作所涉及的范围不断扩展，会计业务处理日趋复杂，不仅财政、税务、审计、统计等政府部门关注各单位的会计活动和会计资料，而且投资者、债权人、征信机构、社会公众等对会计信息的需求也日益强烈，对会计信息披露的范围、质量、时效等要求越来越高。虽然会计信息并非是一种完全可以由社会公众自由共享的信息，然而，由于一些单位的会计信息严重失真，账外设账、假造会计票据、乱摊成本、隐瞒收入、偷逃税收、转移资金、搞小金库等违法违纪行为屡屡出现，已经引发了社会的诚信危机，严重干扰了正常的经济秩序，损害了国家和社会公众的利益。对此，《会计法》作出了回应。严格会计核算，强化会计监督，依法披露和使用会计信息，对于维护市场秩序、创造良好的经济环境、加强宏观调控等，是十分重要的。

第一节 会计法概述

一、会计的概念及其基本职能

(一)会计的概念与本质

　　通俗地说，会计（英文为 accounting）就是记账、算账和报账。我国古代"会计"一词产生于西周，主要指对收支活动的记录、计算、考察和监督。清代学者焦循在《孟子正义》一书中,对"会"和"计"做过概括性的解释:"零星算为之计,总合算为之会。"这说明会计既要进行连续的个别核算,又要把个别核算加以综合,进行系统、综合、全面的核算。

首先,会计是一种经济计算。会计需要计量经济过程中的投入和产出,以货币数量来描述经济过程,评价经济上的得失。经济计算既包括对经济的静态的存量计算,也包括对其进行的动态的流量计算,既包括事前的计划计算,也包括事后的实际计算。会计离不开计量,会计记录是数字和文字的结合,而文字说明常常以数量为基础。因此,会计是一种计量技术。

其次,会计是一个信息系统。通过会计来记录、计量某一单位的财产物资或债权债务的增减变化,可以评价企业的生产经营情况,或事业、机关、团体等单位的业务执行情况。信息是会计工作所产生的结果,它可以向某一单位的各个利害关系人传输关于该单位的有价值的信息。比如企业会计,会计记录可以具体说明企业获得利润或发生亏损的来龙去脉。投资人可以通过会计信息了解企业的基本情况,从而做出相应的投资决策。

最后,会计还是一种管理活动。如果说会计是一个信息系统,主要是对单位外部的有关信息使用者而言的,那么会计作为管理活动则主要是对单位内部来说的。可以说,会计的记录、计量、分析和检查本身都不是目的,而是手段。通过这些手段,可以改善一家企业的生产和经营,提高一个事业单位或机关、团体的效率,最终达到提高经济效益的目的。当然,从宏观的角度看,单位的会计信息还为国家的财政、税务、审计、统计等管理活动提供了依据。

总之,会计是以货币作为主要计量单位,运用一系列专门方法,通过对国家机关、企事业单位、社会团体、其他组织等单位的经济活动进行连续、系统、全面和综合的核算和监督,并在此基础上对经济活动进行分析、预测和控制,以提高经济效益的一种管理活动。

(二)会计的基本职能

规范的会计活动不仅可以为单位的利益相关者提供会计信息,提高单位自身的管理水平,而且可以为政府的管理活动提供依据,最终提高经济效益。人们在经济管理工作中建立会计制度、设置会计岗位、雇用会计人员,最直接的目的或者说对会计工作最基本的职责和要求就是:会计核算和会计监督。这就是会计的两项基本职能。

所谓会计核算,主要是从数量上连续、系统和完整地记录、计算和报告各单位的经济活动情况。它具有以下特点:(1)会计主要以货币作为计量单位,从数量上核算各单位的经济活动情况;(2)会计主要核算已经发生或已完成的经济活动;(3)记录只是会计核算的基础,不是会计核算的全部;(4)会计核算具有连续性、系统性和完整性。

所谓会计监督,主要是对各单位经济活动全过程的合法性、合理性、有效性进行监督。它具有以下特点:(1)会计是对经济活动全过程进行监督;(2)会计主要利用货币计

量进行监督,也要进行实物监督;(3)会计监督主要是单位内部的监督,同时还有外部监督,主要是对单位会计工作的合法性进行监督。

二、会计法的调整范围及立法目的

会计法是调整会计关系的法律规范的总称。所谓会计关系,是指对单位的经济活动和财务收支进行记录、计量、核算、分析和监督等过程中发生的各种关系,既可以是单位内部的会计关系,比如单位的定期对账活动中形成的会计与保管、出纳的关系,也可以是对单位的会计工作进行监督管理时所形成的外部关系,比如财政部门对单位的会计人员从业资格的管理关系、会计师事务所对单位的审计关系等。

我国于 1985 年 1 月通过了《会计法》,1993 年 12 月对该法进行了修正,1999 年 10 月又对该法进行了修订,并于 2000 年 7 月 1 日开始实施。修订后的《会计法》之所以在公布后半年多才开始实施,是因为会计工作具有一定的连续性,技术性也较强,特别是该法修订后内容变化较大,在实施前后需要做大量工作。比如,要让会计工作人员充分了解、掌握《会计法》中诸多重大修订内容,必然有一个宣传、理解的过程;又如,《会计法》第 7 条规定由各级财政部门主管相应行政区域内的会计工作,第 8 条指出国家统一的会计制度由国务院财政部门根据该法制定并公布,第 38 条授权财政部制定会计从业资格管理办法并要求与《会计法》同步实施。财政部门要完成上述工作,将上千万的会计人员都纳入会计从业资格管理范围,也需要一个过程。

《会计法》涉及的主体众多,不仅有会计机构和会计人员,有财政部门等,更重要的是,会计活动所针对的是单位。"单位"在《会计法》中具有特定的含义,明确了单位的含义,就明确了《会计法》的适用范围,即其约束的对象。《会计法》第 2 条规定,国家机关、社会团体、公司、企业、事业单位和其他组织(统称为单位)必须依照该法办理会计事务。其中,公司、企业是会计法适用的主要的、特别的对象,因此《会计法》专设了一章,对公司、企业的会计核算作出了专门规定,而个体工商户不是单位,其会计管理的具体办法,由国务院财政部门根据《会计法》的原则另行规定。此外,《会计法》第 8 条还规定:"中国人民解放军总后勤部可以依照本法和国家统一的会计制度制定军队实施国家统一的会计制度的具体办法,报国务院财政部门备案。"可见,《会计法》的原则也适用于军队。

《会计法》第 1 条说明了该法的立法宗旨:为了规范会计行为,保证会计资料真实、完整,加强经济管理和财务管理,提高经济效益,维护社会主义市场经济秩序。也就是说,通过有效的会计核算和会计监督,提供会计信息,为管理者、投资者、债权人以及有关政府部门改善经营管理、做出投资决策、评价财务状况提供信息服务。同时,规范会计行为,依法防范、制止、打击提供虚假会计信息等违法行为,是保护国家和社会公众利益,维护社会经济秩序的客观要求。事实上,该法的大多数条文都体现了"规范会计行为,保证会计资料真实、完整"这一目的。

三、单位负责人的责任

《会计法》强调了单位负责人的责任,强化了会计人员的社会地位。单位负责人是单位的法定代表人,或者法律、行政法规规定代表单位行使职权的主要负责人,应当对本单位的会计行为负责。《会计法》第4条规定:"单位负责人对本单位的会计工作和会计资料的真实性、完整性负责。"第8条规定:"单位负责人应当保证财务会计报告真实、完整。"从实际情况看,编造虚假会计信息等违法行为多是在单位负责人授意、指使、强令下进行的,明确单位负责人为本单位会计行为的责任主体,抓住了矛盾的关键,有利于从根本上解决会计信息失真和假账屡禁不止的问题。

在各单位的工作中,单位负责人可以根据内部管理需要,将其对会计工作的责任在有关人员之间进行适当分解,以在单位内部形成层层制约的会计责任体系。单位负责人既要自己不做或不指使他人去做弄虚作假,如伪造账目、篡改会计资料等违法之事,也要负责防止其他人员为达到某种目的而进行此类活动。同时,还要督促会计人员认真履行职责,严格会计核算和会计监督,一旦发现会计人员或其他人员有伪造、变造会计凭证、账簿、报表等违法行为的,应依法给予行政处分或移交司法机关追究刑事责任。此外,单位负责人应负责单位内各有关机构和人员建立健全原始记录、计量检测、财务收支、款项报销等活动,为本单位会计工作和会计资料的真实完整创造必要的条件。

为了解决会计人员因为担心受到被撤职、调离岗位等打击报复因而无法拒绝办理违法会计事项这一问题,《会计法》赋予了会计机构和会计人员对违法事项依法独立进行处理的权力,不受单位负责人意志的支配,强化了会计人员的社会地位。该法第5条规定,会计机构和会计人员依法进行会计核算、实行会计监督,任何单位或者个人不得以任何方式授意、指使、强令他们伪造、变造会计凭证、会计账簿和其他会计资料,提供虚假财务会计报告,凡是对依法履行职责、抵制违反该法规定行为的会计人员实行打击报复的,将受到行政处分甚至承担刑事责任(另见《会计法》第46条)。此外,第6条规定,对认真执行会计法,忠于职守,坚持原则,作出显著成绩的会计人员,给予精神的或者物质的奖励。

四、违反会计法的法律责任

执法必严,违法必究,是会计工作依法有序进行的重要保证。《会计法》第六章具体列举了各种违法的会计行为,对这些违法行为主要是追究行政责任和刑事责任,比如,对违法单位责令限期改正、予以通报、处以罚款,对违法单位直接负责的主管人员和其他直接责任人员处以罚款,对违法单位的国家工作人员给予行政处分,对违法的会计人员吊销会计从业资格证书等。同时,对触犯刑律的会计行为,依法追究刑事责任。此外,《会计法》第48条规定,将检举人姓名和检举材料转给被检举单位和被检举人个人的,由所在单位或者有关单位依法给予行政处分。

《会计法》中的执法主体主要是县级以上人民政府财政部门、有关单位和司法机关。比如,由县级以上人民政府财政部门吊销违法会计人员的会计从业资格证书。《会计法》第49条规定,违反了该法规定,同时又违反了其他法律规定的,由有关部门在各自职权范围内依法进行处罚。

至于违反《会计法》规定所承担的法律责任的具体情形,将结合会计核算、会计监督等内容进一步说明。

第二节　会计核算

一、会计核算的概念及核算的事项

会计核算是以货币为主要计量单位,以凭证为根据,对单位的生产经营活动、财务收支情况或预算执行活动的过程及结果,进行连续、真实、完整的记录和计算,并据以编制财务会计报表。"各单位必须根据实际发生的经济业务事项进行会计核算,填制会计凭证,登记会计账簿,编制财务会计报告。任何单位不得以虚假的经济业务事项或者资料进行会计核算。"(《会计法》第9条)可见,会计核算包括三项基本内容:填制会计凭证、登记会计账簿、编制财务会计报告。同时,会计核算必须坚持真实性原则。

《会计法》第10条规定,会计核算的经济事项主要包括:

(1)款项和有价证券的收付;

(2)财物的收发、增减和使用;

(3)债权债务的发生和结算;

(4)资本、基金的增减;

(5)收入、支出、费用、成本的计算;

(6)财务成果的计算和处理;

(7)需要办理会计手续、进行会计核算的其他事项。

上述经济业务事项发生时,比如从单位领取钱款或财物,都应当办理会计手续,比如,单位负责人签字、领款人签字等,进行会计核算。对于公司、企业的会计核算,《会计法》还另外提出了核算要求:"公司、企业必须根据实际发生的经济业务事项,按照国家统一的会计制度的规定确认、计量和记录资产、负债、所有者权益、收入、费用、成本和利润。"

此外,还有一些经济活动,比如与其他单位签订买卖合同,虽然不属于会计学上的经济业务,但在签订合同过程中,会计人员也常常参加预测、计算、评价、可行性研究等工作。应当特别注意的是,上述列举事项中的第7项与《会计法》第19条"单位提供的担保、未决诉讼等或有事项,应当按照国家统一的会计制度的规定,在财务会计报告中予以说明"的规定有着一致性。

二、会计核算记账规则

1. 会计年度。自公历 1 月 1 日起至 12 月 31 日止。

2. 会计核算记账本位币。以人民币为记账本位币。业务收支以人民币以外的货币为主的单位，可以选定其中一种货币作为记账本位币，但是编报的财务会计报告应当折算为人民币。

3. 会计记录文字。应当使用中文。在民族自治地方，会计记录可以同时使用当地通用的一种民族文字。在中华人民共和国境内的外商投资企业、外国企业和其他外国组织的会计记录可以同时使用一种外国文字。

4. 会计凭证的填制。会计凭证包括原始凭证和记账凭证。办理《会计法》第 10 条所列的经济业务事项，必须填制或者取得原始凭证并及时送交会计机构。会计机构、会计人员必须按照国家统一的会计制度的规定对原始凭证进行审核，对不真实、不合法的原始凭证有权不予接受，并向单位负责人报告；对记载不准确、不完整的原始凭证予以退回，并要求按照国家统一的会计制度的规定更正、补充。原始凭证记载的各项内容均不得涂改。原始凭证有错误的，应当由出具单位重开或者更正，更正处应当加盖出具单位印章。原始凭证金额有错误的，应当由出具单位重开，不得在原始凭证上更正。记账凭证应当根据经过审核的原始凭证及有关资料编制。

5. 会计账簿的登记。会计账簿登记，必须以经过审核的会计凭证为依据，并符合有关法律、行政法规和国家统一的会计制度的规定。会计账簿包括总账、明细账、日记账和其他辅助性账簿。会计账簿应当按照连续编号的页码顺序登记。会计账簿记录发生错误或者隔页、缺号、跳行的，应当按照国家统一的会计制度规定的方法更正，并由会计人员和会计机构负责人（会计主管人员）在更正处盖章。使用电子计算机进行会计核算的，其会计账簿的登记、更正，应当符合国家统一的会计制度的规定。

6. 财务会计报告的编制。财务会计报告应当根据经过审核的会计账簿记录和有关资料编制，并符合《会计法》和国家统一的会计制度关于财务会计报告的编制要求、提供对象和提供期限的规定；其他法律、行政法规另有规定的，从其规定。财务会计报告由会计报表、会计报表附注和财务情况说明书组成。向不同的会计资料使用者提供的财务会计报告，其编制依据应当一致。有关法律、行政法规规定会计报表、会计报表附注和财务情况说明书须经注册会计师审计的，注册会计师及其所在的会计师事务所出具的审计报告应当随同财务会计报告一并提供。同时，财务会计报告应当由单位负责人和主管会计工作的负责人、会计机构负责人（会计主管人员）签名并盖章；设置总会计师的单位，还须由总会计师签名并盖章。

7. 对账制度。各单位应当定期将会计账簿记录与实物、款项及有关资料相互核对，保证会计账簿记录与实物及款项的实有数额相符、会计账簿记录与会计凭证的有关

内容相符、会计账簿之间相对应的记录相符、会计账簿记录与会计报表的有关内容相符。

8. 会计处理方法的采用。各单位采用的会计处理方法,前后各期应当一致,不得随意变更;确有必要变更的,应当按照国家统一的会计制度的规定变更,并将变更的原因、情况及影响在财务会计报告中说明。

9. 财务会计报告签章及其质量责任。财务会计报告应当由单位负责人和主管会计工作的负责人、会计机构负责人(会计主管人员)签名并盖章;设置总会计师的单位,还须由总会计师签名并盖章。单位负责人应当保证财务会计报告真实、完整。

此外,《会计法》还对单位或有事项的披露、会计资料的建档保管等作出了规定,并在该法第 13 条、第 16 条、第 43 条、第 44 条对伪造、变造会计凭证、会计账簿及其他会计资料,提供虚假的财务会计报告,虚拟经济业务事项,账外设账,随意改变会计确认标准或计量方法,隐匿或者故意销毁依法应当保存的会计凭证、会计账簿、财务会计报告等违法行为作出了禁止性、惩罚性规定。同时,《会计法》第 26 条对随意改变公司、企业所特有的会计基本要素(包括资产、负债、所有者权益、收入、费用、成本和利润)的确认标准或者计量方法,虚列,隐瞒等违法行为作出了禁止性规定。

上述规定为保证会计工作的规范有序和会计资料的真实、完整,防止假账泛滥、信息失真,维护经济秩序等都起到了积极的作用。

第三节　会计监督

一、会计监督概述

前面已经指出,会计监督主要是对各单位经济活动全过程的合法性、合理性、有效性进行监督,既包括单位负责人、总会计师、一般会计人员等的内部监督,也包括社会公众、会计师事务所以及政府有关部门等对单位会计业务的外部监督。同时,现代会计理论认为,会计监督并非是事后补救,而是事前、事中、事后全过程的监督。会计监督不仅是为了发现问题,而且更重要的是为了防止和避免问题的发生,减少损失和浪费。

《会计法》建立起了比较健全的会计监督体系。这一体系包括单位内部监督、社会监督和国家监督。对于单位内部监督,《会计法》突出了内部控制的要求,体现了单位负责人对法律负责、单位其他人员对单位负责人负责的基本精神,这与原来规定的会计人员代表国家监督所在单位经济活动的做法有明显不同。强化单位负责人的会计责任,符合我国实际情况和通行的国际惯例。当然,会计机构、会计人员不仅是单位的机构、员工,应当依法维护单位的合法利益,而且肩负着特定的会计职责,依法进行会计核算和会计监督,抵制或拒绝执行单位负责人的某些违反财政制度、财务制度的决定,也是其应尽的法律义务。

对于社会监督,《会计法》不仅规定了全社会公众包括媒体等组织对单位会计违法行为的检举权利,而且规定了注册会计师审计以及对注册会计师审计质量进行再监督的内容,以保证会计中介机构有效发挥社会监督的作用。

对于国家监督,《会计法》明确了财政部门为会计工作的监督检查部门,并对财政部门与其他政府部门(包括审计、税务、人民银行、证券监管、保险监管等部门)监督检查有关单位会计资料的职责权限作出了规定,既强化了国家监督的力度,又避免了权责交叉、重复查账。

各单位必须保持会计信息的真实准确,依法接受有关监督检查部门实施的监督检查,如实提供会计凭证、会计账簿、财务会计报告和其他会计资料以及有关情况,不得拒绝、隐匿、谎报。但是,会计信息并非完全属于公众自由共享的信息,因此,依法对有关单位的会计资料实施监督检查的部门及其工作人员,对在监督检查中知悉的国家秘密和商业秘密负有保密的义务。

二、会计监督规则

(一)单位内部会计监督制度

单位内部会计监督制度应当符合下列要求:(1)记账人员与经济业务事项和会计事项的审批人员、经办人员、财物保管人员的职责权限应当明确,并相互分离、相互制约;(2)重大对外投资、资产处置、资金调度和其他重要经济业务事项的决策和执行的相互监督、相互制约程序应当明确;(3)财产清查的范围、期限和组织程序应当明确;(4)对会计资料定期进行内部审计的办法和程序应当明确。同时,除了单位负责人的责任外,会计机构、会计人员发现会计账簿记录与实物、款项及有关资料不相符的,按照国家统一的会计制度的规定有权自行处理的,应当及时处理;无权处理的,应当立即向单位负责人报告,请求查明原因,作出处理。

(二)财政部门监督的内容与方式

财政部门对各单位的下列情况实施监督:(1)是否依法设置会计账簿;(2)会计凭证、会计账簿、财务会计报告和其他会计资料是否真实、完整;(3)会计核算是否符合本法和国家统一的会计制度的规定;(4)从事会计工作的人员是否具备从业资格。在对会计资料的真实性、完整性实施监督并发现重大违法嫌疑时,国务院财政部门及其派出机构可以向与被监督单位有经济业务往来的单位和被监督单位开立账户的金融机构查询有关情况,有关单位和金融机构应当给予支持。

(三)注册会计师的审计监督

有关法律、行政法规规定,须经注册会计师进行审计的单位,应当向受委托的会计师事务所如实提供会计凭证、会计账簿、财务会计报告和其他会计资料以及有关情况。任何单位或者个人不得以任何方式要求或者示意注册会计师及其所在的会计师事务所出具不实或者不当的审计报告。财政部门有权对会计师事务所出具审计报告的程序和内容进行监督(《会计法》第31条)。根据《中华人民共和国注册会计师法》第14条的规定,注册会计师承办下列审计业务:(1)审查企业会计报表,出具审计报告;(2)验证企业资本,出具验资报告;(3)办理企业合并、分立、清算事宜中的审计业务,出具有关的报告;(4)法律、行政法规规定的其他审计业务。注册会计师依法执行审计业务出具的报告,具有证明效力。

第四节　会计机构和会计人员

《会计法》授权财政部门对会计核算、会计监督、会计机构、会计人员以及会计工作的管理制度等负责组织和实施。因此,财政部门对于会计机构的设置以及会计人员的从业资格作出了不少具体规定。虽然对所有的企业都应依法进行会计监督,但是我国财政部门对国有企业和外商投资企业关注较多,对乡镇企业和私营企业介入还不够深,在一些乡镇集体企业,一个会计人员兼任十几个企业的会计,或者会计兼任出纳的现象还比较普遍。本节主要介绍《会计法》的相关规定。

一、会计机构的设置规则

(一)会计机构的设置与总会计师

各单位应当根据会计业务的需要,设置会计机构,或者在有关机构中设置会计人员并指定会计主管人员;不具备设置条件的,应当委托经批准设立从事会计代理记账业务的中介机构代理记账。国有的和国有资产占控股地位或者主导地位的大、中型企业必须设置总会计师。另外需要注意:总会计师的任职资格、职责权限等由国务院规定。

(二)机构内部稽核制度与出纳岗位

会计机构内部应当建立稽核制度。出纳人员不得兼任稽核、会计档案保管和收入、支出、费用、债权债务账目的登记工作。

二、会计人员的从业资格及限制性条件

(一)从业资格

从事会计工作的人员,必须取得会计从业资格证书。担任单位会计机构负责人(会计主管人员)的,除取得会计从业资格证书外,还应当具备会计师以上专业技术职务资

格或者从事会计工作三年以上经历。会计人员从业资格管理办法由国务院财政部门规定。针对目前会计队伍整体素质不高、不具备会计业务知识的人员也可担任会计工作的现状，财政部门应当加强对会计人员的培训和管理，促进会计人员不断学习，努力提高业务素质，使会计工作能健康有序地进行。

(二)限制性条件

因提供虚假财务会计报告，做假账，隐匿或者故意销毁会计凭证、会计账簿、财务会计报告，贪污，挪用公款，职务侵占等与会计职务有关的违法行为被依法追究刑事责任的人员，不得取得或者重新取得会计从业资格证书。除前面规定的人员外，因违法违纪行为被吊销会计从业资格证书的人员，自被吊销会计从业资格证书之日起五年内，不得重新取得会计从业资格证书。(《会计法》第40条)需注意的是，此条文规定了两种情形，前一种是终生不得取得或再取得会计从业资格证书，后一种是五年内不得再取得会计从业资格证书。

[案例]①

A服装厂的库房遭受火灾，为了向保险公司索赔，请来会计师事务所的注册会计师对损失情况进行评估。在审计过程中，注册会计师发现，A服装厂生产的产品比较多，既包括牛仔裤这样成本较高的产品，又包括围裙、手套等成本较低的产品。按照有关规定，企业生产多种成本的不同产品，在核算产品成本的时候应该分类计算。但这家服装厂却将牛仔裤、围裙、手套等全部产品的成本都混在一起，然后按照这些产品的平均成本计算。平时A服装厂销售最多的是围裙，围裙的成本当然比牛仔裤低得多，可是在核算的时候，A厂却将卖围裙的钱扣去牛仔裤的成本，然后计算利润，这样计算生产成本当然被虚增了。结果在评估过程中，会计师事务所的工作人员发现，这家服装厂在会计账面上有存货成本余额100多万元，可是实际存货成本只有30多万元。

点评：A服装厂的这种做法是比较典型的以虚增成本的手段冲减销售收入、减少利润，进而达到少纳企业所得税的目的。不过，这种做法通过实物盘点就可以被发现。A服装厂的行为违反了《会计法》第26条第3款关于公司、企业会计核算"不得随意改变费用、成本的确认标准或者计量方法，虚列、多列、不列或者少列费用、成本"的禁止性规定。又根据《会计法》第49条的规定，A服装厂的行为同时违反了《企业所得税法》及《税收征管法》的相关规定，税务机关有权对A服装厂依法进行处罚。

---

① 参见《偷漏税常用6招曝光》，http://www.cwgw.com/index/iframe.php? docid＝3801&class＝％B2％C6％BB％E1％B9％A4％D7％F7，下载日期：2009年7月21日。

思考题

1. 会计的作用和职能是什么？

2. 为什么会计活动中应当特别强调单位负责人的责任？

3. 会计核算包括哪些方面的内容？《会计法》对会计核算规则作出了哪些主要规定？

4. 如何理解会计监督？

5. 谈谈如何对我国会计信息严重失真进行法律规制。

第十章　审计法

[内容提要]本章主要介绍审计的概念、职能和分类；审计法的立法目的、调整范围、基本原则和审计的一般程序；审计机关领导体制、审计机关的派出机构和审计工作人员的任免；审计机关的职责和权限，审计责任与违反审计法的法律责任等。

　　如果说预算是对未来一定时间内的收入与支出进行计划与安排，会计是对单位的经济活动过程或预算执行过程进行记录、计量、分析和检查，那么审计主要就是对已经过去的一段时间内某一单位、组织或者个人的经济活动记录进行审核检查并判定其收入与支出及有关的经济活动是否真实、正确、合法、合规和有效的一种经济监督活动。审计既是一种对经济活动的监督，也是一种对经济活动的评价和鉴证。审计可以大致分为国家审计、社会审计和内部审计三种。审计工作具有一定的独立性，因为独立是确保审计结果客观、公正的基本前提。同时，审计必须依法进行。审计法律制度不仅为审计工作的顺利开展提供了法律依据，而且是维护经济秩序，防止欺诈，治理腐败，提升政府部门、企事业单位等的形象，有效地进行国家治理的制度保障。本章主要以我国现行《审计法》及其实施条例的规定为依据，介绍我国国家审计的法律规定。

第一节　审计法概述

一、审计的概念与分类

(一)审计的概念

　　审计(英文为 audit)，从词义上解释，"审"为审查，"计"为会计账目，审计就是审查会计账目，审计与会计密切相关。但是审计发展至今，已经超出了查账的范围，还包括对有关的经济活动是否合法、合规和有效等做出评价和鉴证。以下是对审计做出的有一定代表性的定义：

　　1973 年美国会计学会的《基础审计概念的说明》中对审计的定义是："审计是为了查明经济活动和经济现象的表现与所定标准之间的一致程度而客观地收集和评价有关

证据,并将其结果传达给有利害关系使用者的有组织的过程。"同年,美国审计总局对审计下的定义是:"审计一语,包括审查会计记录、财务事项和财务报表,但就审计总局的全部工作来说,它还包括如下内容:(1)查核各项工作是否遵守有关的法律和规章制度;(2)查核各项工作是否经济和有效率;(3)查核各项工作的结果,以便评价其是否已有效地达到了预期的结果(包括立法机构规定的目标)。"

日本著名审计学者三泽一教授在《审计基础理论》一书中为审计所下的定义是:"审计是具有公正不伪立场的第三者,就一定的对象的必须查明的事项进行批评性的调查行为,还包含报告调查结果。"

1989 年中国审计学会给审计的定义是:"审计是由专职机构和人员,依法对被审计单位的财政、财务收支及其有关经济活动的真实性、合法性和效益性进行审查,评价经济责任,用以维护财经法纪,改善经营管理,提高经济效益,促进宏观调控的独立性经济监督活动。"

1995 年中国审计署给审计下了一个简单明了的定义:"审计是独立检查会计账目,监督财政、财务收支真实、合法、效益的行为。"

上述定义比较共同的是强调了审计的独立与客观性,指出了审计的三项职能:监督、评价和鉴证。所谓监督,是指监察和督促被审计单位的全部经济活动在规定的范围之内,在正常的轨道上运行。所谓评价,是指在审核检查的基础上,对被审计单位的经济活动是否合法、合规、合理、有效,经济决策、方案等是否可行,有关规章制度是否健全、完备等所做的评价和提出的改进建议。所谓鉴证,亦称审计公证,是指确定被审计单位反映和说明经济情况的会计资料及有关资料是否符合实际,某一经济事项和经济活动的某一方面是否合法、合规,并做出书面证明。

同时,我们可以看出,审计的主体是专职机构或专职人员,是独立的第三者,如国家审计机关、会计师事务所及其工作人员。审计的对象是被审计单位的财政、财务收支及其他经济活动。审计的主要目标,不仅要审查评价会计资料及其反映的财政、财务收支的真实性和合法性,而且还要审查评价有关经济活动的效益性。

事实上,国家与具体的国家机关以及其他使用财政经费或公共资源的企事业单位、社会团体等之间可以视为一种委托关系,国家(或者政府)为了向社会提供高效的管理和服务而将其权力以及其他公共资源依法配置给相关的国家机构、政府部门、企事业单位、社会团体等众多组织及其工作人员。但是,这些组织和人员是否按照国家预定的目标和要求以一个善良管理人的身份忠实地、勤勉地履行了自己的义务,从而充分保障和实现了最初将自己的权利让渡给国家的整个社会公众的利益,这是国家治理中的一个重要课题。国家审计就是国家治理中的一个不可或缺的工具。同样,内部审计以及社会中介组织的审计等在公司治理中也发挥着至关重要的作用。是审计架起了委托人与受托人之间信任的桥梁,审计对于防止受托人欺诈、监督并督促受托人忠实地履行义务十分关键。

（二）审计的分类

根据审计主体的不同,审计包括三种类型,即国家审计、内部审计和社会审计。这是一种最基本也是最重要的分类。我国的审计监督体系就是由这三部分构成的。其中,国家审计又称为政府审计,社会审计又称为民间审计、注册会计师审计、社会中介组织的审计等。

我国《审计法实施条例》第 2 条将国家审计界定为"审计机关依法独立检查被审计单位的会计凭证、会计账簿、财务会计报告以及其他与财政收支、财务收支有关的资料和资产,监督财政收支、财务收支真实、合法和效益的行为"。而内部审计是指部门、单位内部的审计机构和审计人员对本单位及下属单位的财务收支及有关的经济活动,进行内部审查和评价的活动。社会审计是指依法成立的社会审计机构和审计人员接受委托人的委托,对被审计单位的财务收支及有关经济活动,进行公证、评价的服务活动。这三者之间的关系,除了审计的主体不同外,还有以下区别:

第一,设置的法律依据不同。审计机关是根据宪法设置的,而内部审计机构是根据法律(《中华人民共和国审计法》第 29 条)设置的,社会审计的中介组织是依据相关法律、法规或规章等设立的。

第二,组织机构的性质不同。审计机关是各级政府的组成部分,而内部审计机构是各单位的职能部门,社会审计中介组织则是合伙性或取得法人资格的专业化中介服务组织,依法可以提供审计服务。

第三,审计报告提交的对象不同。审计报告,也就是审计的结果或者结论、决定等,一般有项目报告和期间(如年度或几年)报告。政府审计报告主要提交给政府和议会;内部审计报告提交给本单位的管理机构;社会审计报告一般是社会中介组织接受委托所作的项目报告,提交给委托审计的委托方。当然,上述审计报告可以依法向社会公布。

此外,审计还可以有其他分类,如,按审计范围不同,可分为全面审计和局部审计、综合审计和专题审计;按审计组织与被审计单位的关系不同,可分为内部审计与外部审计;按审计实施的地点不同,可分为就地审计和报送审计;按被审计对象是单位还是个人,可以分为对单位审计与对个人审计;按被审计单位接受审计的可选择性,可分为强制审计和任意审计;按审计目的不同,可分为会计报表审计、合规性审计和经营绩效审计等。

由于经济和科技的迅猛发展以及社会的不断进步,现代审计与传统审计比较起来有了很大的发展。传统的审计主要涉及经济活动,现代审计的范围大大拓展,既涉及经济活动,还深入社会领域乃至科技领域。除传统的财政财务审计之外,还出现了绩效审计、管理审计以及社会相关审计等,比如环境审计或者环境影响评价报告,农业问题、老龄化问题、质量安全问题等审计评价制度的建立,对于实现可持续发展和社会公正,维护社会共同利益和整体利益具有重大的现实意义。

二、审计法的立法目的及调整范围

(一)审计法律制度简述

我国的审计监督制度由来已久,源远流长。早在距今3000年前的西周时期,就出现了带有审计职能的官职——宰夫,秦汉时期实行"上计"制度,也是对经济活动的监督。此后,《唐六典》《大明会典》《清会典》等都对审计监督制度做了一些规定。1912年北洋政府公布实施了中国第一部比较完整的专门审计法律《审计条例》,1914年公布实施了《审计法》。1982年《中华人民共和国宪法》规定在国务院设立审计机关,1983年审计署正式成立。1988年11月30日国务院发布了《中华人民共和国审计条例》,1994年全国人民代表大会常务委员会通过了《中华人民共和国审计法》(以下简称《审计法》),2006年2月28日第十届全国人民代表大会常务委员会第二十次会议通过了《关于修改〈中华人民共和国审计法〉的决定》。根据《审计法》第4条规定,国务院和县级以上地方人民政府应当每年向本级人民代表大会常务委员会提交审计机关对预算执行和其他财政收支的审计工作报告,1996年审计署开始向全国人大常委会做审计工作报告。之后,在国务院的支持下,审计公开透明的步伐越走越快。1997年10月21日国务院发布了《中华人民共和国审计法实施条例》,该条例于2010年2月通过修订,并于同年5月1日起施行。

(二)审计法的立法目的

根据《审计法》第1条:"为了加强国家的审计监督,维护国家财政经济秩序,促进廉政建设,保障国民经济健康发展,根据宪法,制定本法。"可见,审计法的立法目的有以下四个方面:

第一,加强国家的审计监督。国家审计监督,是指由专门的国家审计机关,依照法律规定的职责和权限,对财政收支以及与国有资产有关的财务收支所进行的审计监督。通过这种监督,保证财政资金的依法合理使用,防止国有资产的损失浪费。通过制定审计法,对国家审计的重要事项做出法律规定,为国家审计机关和审计人员履行审计监督职责提供法律依据和法律保障,以充分发挥国家审计的作用,这是制定本法的重要目的。

第二,维护国家财政经济秩序。良好的国家财政经济秩序,有赖于财政经济方面的法律、法规和有关规章制度的建立和完善,有赖于有关方面和有关人员的共同遵守,同时,也有赖于强有力的监督系统。通过国家审计,特别是对违反财经制度的专案审计,揭露那些损失、浪费国家资财,隐瞒、截留、挪用应当上交的款项,化公为私、侵占国有财产等违法违纪、破坏国家财政经济秩序的行为,从而为财政、监察、司法等部门依法处理提供依据。

第三,促进廉政建设。从实际情况看,破坏廉政建设的一个突出表现,就是一些国家工作人员利用手中掌握的权力,肆意侵吞、挥霍国家资财,将纳税人缴纳的钱非法装入自己的腰包。通过加强审计监督,发现贪污、浪费、侵占国有资产等不法行为,为依法追究少数腐败分子的法律责任提供证据,对于促进廉政建设、树立政府威信、取信于民具有重要作用。

第四,保障国民经济健康发展。通过制定审计法,加强审计监督工作,维护国家财政经济秩序,监督、保障国家资金的依法合理使用,促进国有资产保值增值,在根本上有利于国家的宏观调控、保障国民经济的健康发展。

(三)审计法的调整范围

《审计法》第2条以及《审计法实施条例》第3条是对国家审计的监督范围的规定,主要包括:(1)国务院各部门和地方各级人民政府及其各部门的财政收支;(2)国有的金融机关和企业事业组织财务收支;(3)其他依照审计法规定应当接受审计的财政收支和财务收支。其中,接受审计监督的财政收支,是指依照《中华人民共和国预算法》和国家其他有关规定,纳入预算管理的收入和支出,以及预算外资金的收入和支出。接受审计监督的财务收支,是指国有的金融机构、企业事业单位以及国家规定应当接受审计监督的其他有关单位,按照国家有关财务会计制度的规定,办理会计事务、进行会计核算、实行会计监督的各种资金的收入和支出。

审计机关在对财政收支和财务收支进行审计的过程中,应当对其是否真实、合法、有效益实施监督,以保障国家财政收支的安全,促进国有资产的保值增值。

审计法的调整范围主要与国家审计有关,包括国家审计机关的设置、国家审计监督的范围、国家审计机关进行审计调查的权限、国家审计监督工作程序、违反该法规定的法律责任等。在《审计法》制定过程中,有些同志曾提出,审计体系包括国家审计、社会审计和内部审计,因此,审计法应当将国家审计、社会审计和内部审计都纳入该法的调整范围,加以规定。立法机关经过研究,没有采纳这一意见。关于社会审计问题,全国人大常委会于1993年10月31日通过,从1994年1月1日起施行的《中华人民共和国注册会计师法》已经做出了规定,而内部审计主要是单位内部的事情,由各单位依照国家的有关规定,结合本单位的具体情况办理。《审计法》第29条、第30条只是从审计机关的工作职责范围的角度提到了内部审计和社会审计,有关内部审计和社会审计的具体内容该法未作规定。

还应注意的是,国家审计的监督范围与审计法的调整范围是两个不同的概念。审计监督范围主要解决哪些单位或哪些事项是审计机关应当进行审计监督的、哪些单位或事项是审计机关不必进行审计监督的问题。审计法的调整范围,是指审计法调整的有关审计的各种社会关系。从审计法的规定看,审计法主要调整审计机关与被审计单位之间的关系,国家与对违法行为负有直接责任的主管人员及其他直接责任人员之间的关系,审计机关与有关主管部门、监察机关和司法机关之间的关系,审计机关与内部审计机构、社会审计机构之间的关系,审计机关内部上下级之间的关系,审计机关与政府之间的关系以及政府与人民代表大会在审计监督有关问题上的关系等。审计法通过对这些关系的法律规范,健全了我国的审计管理体制,完善了审计监督制度。

三、审计法的原则

对于审计法的原则,人们提出了种种不同的表述。比如,有人认为国家审计机关在执行审计公务活动中必须遵循以下五项原则:(1)依法审计原则;(2)独立审计原则;(3)客观公正原则;(4)职业谨慎原则;(5)廉洁奉公原则。较多的意见是将审计法归纳为三条原则:(1)依法审计原则;(2)独立审计原则;(3)客观公正原则。还有人认为,审计法有了独立审计和依法审计两条原则就够了。我们认为第二种主流观点是比较合理的。

(一)依法审计原则

这里的"法"应当理解成广义的法,包括宪法、法律、行政法规、规章等具有法律效力的规范性法律文件。既包括实体法,也包括程序法。《审计法》第 3 条规定:"审计机关依照法律规定的职权和程序,进行审计监督。"这就是说,审计机关既要依照审计法规定的职权和程序进行审计业务事项,也要依照其他法律、法规和国家其他财政收支、财务收支等相关规定,进行审计评价和审计处理与处罚。

依法审计是审计监督的一项基本原则,要求审计机关和审计人员应当依照法律规定行使审计监督权,开展各项审计活动。依法审计原则的内容主要有以下几个方面:

第一,审计机关的职权只能由法定的审计机关行使。《宪法》和《审计法》都规定,国务院和县级以上的地方各级人民政府设立审计机关,审计机关依照法律规定独立行使审计监督权。因此,审计监督权只能由上述法定的审计机关行使。任何其他国家机关、社会团体、组织和个人都无权行使这项权力,否则就不符合法定的主体资格要求,就构成了越权和违法。同时,国家审计机关应直接依据法律规定的职权,对被审计单位主动实施强制审计,既不能超越法定职权活动,也不能不履行法定的职责,其越权行为和失职行为都是违反法律规定的行为。

第二,审计机关必须依照法律规定的职责、权限和程序开展审计监督活动。《审计法》专门用了两章对审计机关的职责范围(第 16 条至第 30 条)和权限范围(第 31 条至第 37 条)做出了明确规定。审计机关必须按照法律规定的程序,进行审计监督。法律规定的审计程序,是审计工作的操作规程。审计机关严格按规定的程序,有利于客观、公正、准确地查明事实真相,有利于及时、有效地完成审计任务,有利于取得被审计单位的支持和配合,同时也有利于维护被审计单位的合法权益。《审计法》在第 5 章"审计程序"中做出了如下程序性规定:

（1）审计准备阶段。审计机关根据审计项目计划确定的审计事项组成审计组，并应当在实施审计3日前，向被审计单位送达审计通知书。被审计单位应当配合审计机关的工作，并提供必要的工作条件。

（2）审计实施阶段。审计人员通过审查会计凭证、会计账簿、会计报表，查阅与审计事项有关的文件、资料，检查现金、实物、有价证券，向有关单位和个人调查等方式进行审计，并取得证明材料。审计人员向有关单位和个人进行调查时，应当出示审计人员的工作证件和审计通知书副本。

（3）审计报告阶段。审计组对审计事项实施审计后，应当向审计机关提出审计报告。审计报告报送审计机关前，应当征求被审计单位的意见。被审计单位应当自接到审计报告之日起10日内，将其书面意见送交审计组或者审计机关。

（4）审计机关审定审计报告，对审计事项作出评价，出具审计意见书；对违反国家规定的财政收支、财务收支行为，需要依法给予处理、处罚的，在法定职权范围内作出审计决定或者向有关主管机关提出处理、处罚意见。审计机关应当自收到审计报告之日起30日内，将审计意见书和审计决定送达被审计单位和有关单位。

第三，审计机关应当对法律规定的有关组织（被审计单位）实施审计监督，对于无法律规定的组织一般不得审计，除非接受了特殊的授权或委托。

第四，除了上级审计机关决定自审或授权下级审的事项以外，各级审计机关应当按照各自的审计管辖范围，对有关单位和事项进行审计监督。

第五，对审计监督中查出的违反国家规定的财政、财务收支的行为，依法进行处理、处罚。

第六，对审计的结果，可以依法向有关政府部门通报或者向社会公开。

（二）独立审计原则

独立性是审计的基本特征，也是保证审计工作顺利进行的必要条件。《宪法》第91条规定，审计机关在国务院总理领导下，依照法律规定独立行使审计监督权，不受其他行政机关、社会团体和个人的干涉。《审计法》第5条规定："审计机关依照法律规定独立行使审计监督权，不受其他行政机关、社会团体和个人的干涉。"这些规定都授权审计机关依法独立行使审计监督权，排除其他行政机关、社会团体和个人的干涉。应当注意的是，这里的"独立"并非绝对的独立，审计工作和审计机构除了要接受同级别的政府行政首长的直接领导以及上级审计机构的领导外，审计机关还要接受全国人民代表大会常务委员会及地方各级人大常委会的监督以及司法机关的监督等。

审计机关独立行使审计监督权，主要指审计机关在组织、人员、经费和工作上的独立性，以保证审计监督的客观性、公正性、权威性和有效性。独立审计原则主要包括：

第一，组织上的独立性。指审计机构单独设置，与被审计单位没有组织上的隶属关系。

第二，人员上的独立性。指审计人员与被审计单位应当不存在经济利害关系，不参与被审计单位的经营管理活动;如果审计人员与被审计单位或者审计事项有利害关系,应当回避。

第三,工作上的独立性。指审计机关及其审计人员依法独立开展审计工作,做出审计判断、提出审计报告、出具审计意见书和做出审计决定,其他行政机关、社会团体和个人不得干涉。

第四,经费上的独立性。指审计机关履行职责所必需的经费,按照审计法的规定单独列入财政预算,以保证有足够的经费独立开展工作。《审计法》第11条规定:"审计机关履行职责所必需的经费,应当列入财政预算,由本级人民政府予以保证。"按照我国立法惯例,行政机关的经费问题,在法律、行政法规中一般不用规定。《审计法》对审计机关经费做出规定,主要考虑到审计机关的主要职责是对政府财政收支进行审计监督,与财政部门存在着直接的监督与被监督的关系,这一点同其他行政机关是不同的。对审计机关的经费做出原则规定,是审计机关依法独立行使审计监督权的重要保证和标志,有利于健全我国的审计监督机制。同时,考虑到我国审计机关隶属于政府的特点,《审计法》对审计机关经费问题做出规定,更具有积极意义。

(三)客观公正原则

审计人员对待被审计单位及被审计事项,应不为自己的好恶所左右,做到客观公正,以保证审计工作的独立性。《审计法》第6条规定:"审计机关和审计人员办理审计事项,应当客观公正,实事求是,廉洁奉公,保守秘密。"

审计的客观公正原则,反映了审计工作的基本要求。审计人员应当站在第三者的立场上,进行实事求是的检查审计,做出不带任何偏见的、符合客观实际的判断,并做出公正的评价和进行公正的处理,以正确地确定或解除被审计对象的经济责任,审计人员只有同时保持独立性、公正性,才能取信于审计授权者或委托者以及社会公众,才能真正树立审计权威的形象。客观公正是审计人员职业道德的重要内容,它主要体现在以下三个方面:

第一,审计机关和审计人员在执行审计公务时,应当对被审计对象保持客观的态度,尤其是在收集证明材料时,应当客观公正、全面收集,防止主观臆断,保证证明材料的客观性。审计报告、审计决定以及审计意见书都应坚持公正和客观的态度。

第二,审计人员在执行公务中应严格遵纪守法,廉洁奉公,对于知悉的国家秘密和被审计单位的商业秘密,负有保密的义务。

第三,审计人员在办理审计事项时,与被审计单位或者审计事项有利害关系的,应当主动回避。以防止审计人员利用职权徇私舞弊,也可避免嫌疑,确保审计执法的客观公正。

第二节　审计工作领导体制

一、审计领导体制概述

前面已经指出,我国的审计可以分为国家审计、内部审计与社会审计。在我国审计体系中,国家审计机关是审计工作的领导管理机关,与内部审计机构是指导与被指导、监督与被监督的关系,与社会审计机构是指导与被指导、监督与被监督、管理与被管理的关系。审计机关在业务上指导内部审计机构,在行政上管理社会审计机构。

世界上已有160多个国家设置了国家审计机关,这些国家的审计机关在国家机构中的隶属体制主要有以下四种:

第一,立法型。即审计机关依法独立行使职权,对各级政府机关的财政经济活动,以及公营企业、事业单位的财务收支及有关经济活动进行审计,只对国会或议会负责,不受行政机关的控制和干涉,如美国审计总署、英国国家审计署等。当今世界上多数国家的审计机关属于这一类型。

第二,司法型。审计机关属于司法体系,兼有审计和经济审判的职能,有权对违法或造成损失的事件进行审查并直接做出处罚或其他处理,如法国的审计法院。

第三,独立型。审计机关独立于立法、行政、司法之外,只对宪法和法律负责,如德国的联邦审计院。

第四,行政型。审计机关根据国家赋予的权限,对政府所属各级、各部门、各单位的财政预算和财务收支活动进行审计,它对政府行政机构负责,保证政府财经政策、法令、计划、预算的正常实施,如瑞典国家审计局和我国的国务院审计署。

二、我国的国家审计工作领导体制

(一)领导体制

审计机关的领导体制,是指审计机关的隶属关系和审计机关内部上下级之间的领导与被领导关系。我国审计机关的领导体制有别于其他行政机关的领导体制,它具有三个显著的特点:一是审计机关直接受本级政府行政首长的直接领导;二是地方审计机关实行双重领导体制,需要同时接受本级政府行政首长和上一级审计机关的领导;三是地方审计机关的审计业务事项以上级审计机关的领导为主。因此,审计署是国家最高审计机关,同时也是国务院的组成部门,审计署在国务院总理的领导下,主管全国的审计工作,对国务院负责并报告工作。地方各级审计机关在本级行政首长和上一级审计机关的领导下,负责本行政区域内的审计工作,对本级人民政府和上一级审计机关负责并报告工作。(《审计法》第7条至第9条)此外,香港、澳门特别行政区政府分别根据其《基本法》设立了特别行政区审计署。

(二)审计机关的派出机构

《审计法》第10条规定:"审计机关根据工作需要,经本级人民政府批准,可以在其审计管辖范围内设立派出机构。派出机构根据审计机关的授权,依法进行审计工作。"依照这一规定,我国目前设立的审计机关派出机构有两种:一是驻地方派出机构,如审计署驻成都特派员办事处;二是驻部门派出机构,如审计署驻财政部审计局。一些地方审计机关根据实际情况也设立了驻部门的派出机构。审计机关驻地方派出机构和驻部门派出机构,都是国家审计机关的组成部分,但在领导关系上有所不同。对驻地方派出机构,实行垂直领导;对驻部门派出机构,实行审计机关和所在部门双重领导,以审计机关领导为主。需要注意的是,审计署的派出机构不是一级独立的审计机关,也不是常设性机关。根据工作需要可以派出,当工作不需要时则可以撤销。审计派出机构以审计署的名义进行审计活动,其职权限于审计署授权的范围之内。

三、审计工作人员

根据宪法和有关规定,审计署设审计长一人、副审计长若干人。审计长由国务院总理提名,全国人民代表大会决定,国家主席任免;副审计长由国务院任免。县级以上各级政府的审计厅、局长由本级人民代表大会决定任免;副局长由本级政府任免。地方各级厅、局长的任免事前应征求上一级审计机关的意见。国家审计机关审计人员实行专业技术资格制度,审计专业技术资格分为初级(审计员、助理审计师)资格、中级(审计师)资格、高级(高级审计师)资格。审计人员的初级、中级审计专业技术资格,通过参加全国统一考试,并达到合格标准后获得;审计人员的高级审计专业技术资格,通过高级审计师评审委员会按照规定评审获得。

审计人员依法执行职务,受法律保护。任何组织和个人不得拒绝、阻碍审计人员依法执行职务,不得打击报复审计人员。(《审计法》第15条)

同时,根据《审计法实施条例》第14条的规定,审计机关负责人在任职期间没有下列情形之一的,不得随意撤换:

1. 因犯罪被追究刑事责任的;
2. 因严重违法失职受到行政处分,不适宜继续担任审计机关负责人的;
3. 因身体健康原因不能履行责任1年以上的;
4. 不符合国家规定的其他任职条件的。

第三节　审计机关的职责与权限

一、审计机关的职责

根据《审计法》和《审计法实施条例》的规定,审计机关的基本职责,也就是审计机关依法应当审计的具体事项范围以及管辖分工,主要如下:

1. 审计署对中央预算执行情况进行审计监督,向国务院总理提出审计结果报告;地方各级审计机关对本级预算执行情况进行审计监督,向本级人民政府和上一级审计机关提出审计结果报告。

2. 各级审计机关每年受本级政府的委托,向本级人民代表大会常务委员会提出本级预算执行情况和其他财政收支的审计工作报告。

3. 对与国家财政收支有关的特定事项进行专项审计调查,并向本级政府和上一级审计机关报告审计调查结果。

4. 指导内部审计,监督社会审计组织的业务。

5. 审计机关对下列事项直接进行审计监督:

(1)本级政府预算执行情况;

(2)本级政府各部门(含直属单位)以及下级政府预算的执行情况和决算,以及预算外资金的管理和使用情况;

(3)国家债务收支;

(4)国家事业组织的财务收支;

(5)中央银行及其分支机构的财务收支(由审计署进行审计);

(6)国有及国有资产占控股或主导地位的金融机构(国家政策性银行,国有商业银行,国有非银行金融机构,国有资产占控股地位或者主导地位的银行或者非银行金融机构)的资产、负债、损益(由审计机关进行审计);

(7)国有企业的资产、负债、损益;

(8)与国计民生有重大关系的国有企业,接受财政补贴较多或者亏损数额较大的国有企业,以及国务院和本级地方人民政府指定的其他国有企业(有计划地定期进行审计);

(9)国有及国有资产占控股或主导地位的企业资产、负债、损益;

(10)国家建设项目预算的执行情况和决算;

(11)政府部门管理的和社会团体受政府委托管理的社会保障基金、社会捐赠资金以及其他有关基金、资金的财务收支;

(12)国际组织和外国政府援助、贷款项目的执行情况及财务收支。

6. 除审计法规定的审计事项外,审计机关对其他法律、行政法规规定应当由审计机关进行审计的事项,依照该法和有关法律、行政法规的规定进行审计监督,比如,根据中共中央办公厅、国务院办公厅关于经济责任审计的"两个暂行规定"(即《县级以下党政领导干部任期经济责任审计暂行规定》和《国有企业及国有控股企业领导人员任期经济责任审计暂行规定》),审计机关受干部管理部门的委托,对党政领导干部和国有企业领导人员进行任期经济责任审计。

7. 审计管辖范围。审计机关根据被审计单位的财政、财务隶属关系或者国有资产监督管理关系,确定审计管辖范围。审计机关之间对审计管辖范围有争议的,由其共同的上级审计机关确定。上级审计机关可以将其审计管辖范围内的审计事项授权下级审计机关进行审计(对于中央银行及其分支机构财务收支的审计只能由审计署进行)。上级审计机关对下级审计机关管辖范围内的重大审计事项,可以直接进行审计,但是应当防止不必要的重复审计。

二、审计机关的权限

根据《审计法》和《审计法实施条例》的相关规定,审计机关的基本职权主要包括:

1. 要求提供资料权。有权要求被审计单位按照规定报送预算或者财务收支计划、预算执行情况、决算、财务报告,社会审计机构出具的审计报告,以及其他与财政收支或者财务收支有关的资料,被审计单位不得拒绝、拖延、谎报。

2. 检查权。有权检查被审计单位的会计凭证、会计账簿、会计报表以及其他与财政收支或者财务收支有关的资料和资产,被审计单位不得拒绝。

3. 采取取证措施权和暂时封存资料权。审计机关有根据认为被审计单位可能转移、隐匿、篡改、毁弃会计凭证、会计账簿、会计报表以及其他与财政收支或财务收支有关资料的,有权采取取证措施。必要时,经审计机关负责人批准,有权暂时封存被审计单位与违反国家规定的财政收支、财务收支有关的账册资料。

4. 调查询问权。有权就审计事项的有关问题向有关单位和个人进行调查,并取得有关证明材料。有关单位和个人应当支持、协助审计机关工作,如实向审计机关反映情况,提供有关证明材料。

5. 通知暂停拨付权和暂停使用权。对被审计单位正在进行的违反国家规定的财政收支、财务收支的行为,审计机关有权予以制止;制止无效的,经县级以上审计机关负责人批准,通知财政部门和有关主管部门暂停拨付与违反国家规定的财政收支、财务收支行为直接有关的款项,已经拨付的,暂停使用。需要注意的是,采取该项措施不得影响被审计单位合法的业务活动和生产经营活动。

6. 建议权和提请处理权。有权建议被审计单位的主管部门纠正与法律、行政法规相抵触的有关财政收支、财务收支的规定,有关主管部门不予纠正的,审计机关有权提请有权处理的机关依法处理。

7. 通报和公布审计结果权。审计机关可以就有关审计事项向政府有关部门通报

审计结果,并可以向社会公布下列审计事项的审计结果:

(1)本级人民政府或者上级审计机关要求向社会公布的;

(2)社会公众关注的;

(3)法律、法规规定向社会公布的其他审计事项的审计结果。

第四节　违反审计法的法律责任

一、审计责任

审计责任与违反审计法的法律责任有一定区别。前者一般是指审计组织及审计人员因为违法行为或欺诈、过失行为等所引起的法律责任,包括民事责任、行政责任和刑事责任等。由于审计风险的存在,只要审计人员严格遵循专业标准的要求依法审计,即使审计结果报告中具有不准确或者错误的事项,审计人员也不会因此承担法律责任。而后者在我国是指国家审计监督活动中发生的相关责任人因为违反了审计法的规定而承担的法律责任,责任承担者既可能是被审计单位及其有关的直接责任人,也可能是审计人员,承担责任的方式以行政责任为主,也可以是刑事责任,但不涉及民事责任。

从审计责任的法律性质看,国家审计人员的责任主要是审计法规定的行政责任,内部审计人员的责任属于单位内部行政责任,社会审计人员的责任主要是民事责任。当然,无论是国家审计、内部审计还是社会审计,如果构成了犯罪,都要承担刑事责任。

我国《审计署关于内部审计工作的规定》第15条要求内部审计人员应当依法审计、忠于职守,不得滥用职权、泄露秘密、玩忽职守等,并在第16条指出,对于违反该规定者,由其主管部门或单位在法定职权范围内,根据情节轻重,给予行政处分、经济处罚,或者提请有关部门处理。

而对于社会审计人员,我国《注册会计师法》第21条规定了注册会计师执行审计业务时的法律义务及禁止行为,如果注册会计师有欺诈、过失等违法行为,如明知委托人的财务会计处理会直接损害报告使用人或者其他利害关系人的利益而予以隐瞒或者做不实的报告,明知委托人对重要事项的财务会计处理与国家有关规定相抵触或者会导致报告使用人或者其他利害关系人产生重大误解而不予指明等,除了会计师事务所要承担民事责任外,会计师事务所和注册会计师还可能承担相应的行政责任或刑事责任。

二、违反审计法的法律责任

前面已经指出,违反我国审计法的规定时,法律责任的承担者只可能有两种:一是被审计单位及其有关的直接责任人,二是审计人员。但是对于审计人员的违法责任,只有《审计法》第52条规定的刑事责任或行政处分以及《审计法实施条例》第55条关于依法予以追缴、没收或者责令退赔的补充规定。其余的法律条文大多是关于被审计单位及其有关的直接责任人因为违反了审计法以及国家规定的财政收支、财务收支行为的法律责任。

根据《审计法》及《审计法实施条例》的相关规定,对于被审计单位的对违法负有直接责任的主管人员和其他直接责任人员,审计机关可以向被审计单位或者其上级机关、监察机关等有关部门、单位提出予以行政处分或者纪律处分的建议,构成犯罪的,可以移送司法机关依法追究刑事责任,下不赘述。对于违法的被审计单位,审计机关可以直接做出处理、处罚的决定,主要规定如下:

1. 被审计单位拒绝或者拖延提供与审计事项有关资料的,或者拒绝、阻碍检查的,审计机关可以责令改正、给予通报批评、警告。如果拒不改正的,审计机关还可以对被审计单位处以5万元以下的罚款。

2. 被审计单位转移、隐匿、篡改、毁弃会计凭证、会计账簿、会计报表以及其他与财政收支或者财务收支有关的资料的,审计机关有权予以制止,责令交出、改正或者采取措施予以补救,并主动采取取证措施或者经审计机关负责人批准暂时封存有关的账册资料。

3. 被审计单位转移、隐匿违法取得的资产的,审计机关、人民政府或者有关主管部门在法定职权范围内有权予以制止,或依法申请法院采取财产保全措施。

4. 对本级各部门(含直属单位)和下级政府违反预算或者其他财政收支的行为,审计机关、人民政府或者有关主管部门在法定职权范围内,依照法律、行政法规的规定做出处理。审计机关可以区别情况对违法取得的资产按照以下规定处理:(1)责令限期缴纳、上缴应当缴纳或者上缴的财政收入;(2)责令限期退还被侵占的国有资产;(3)责令限期退还违法所得;(4)责令冲转或者调整有关会计账目;(5)采取其他纠正措施。

5. 对被审计单位违反国家规定的财务收支行为,审计机关、人民政府或者有关主管部门在法定职权范围内,依照法律、行政法规的规定,责令限期缴纳应当上缴的收入,限期退还违法所得,限期退还被侵占的国有资产,以及采取其他纠正措施,并可依法给予处罚。

6. 被审计单位的财政收支、财务收支违反法律、行政法规的规定,构成犯罪的,依法追究刑事责任。

7. 报复陷害审计人员,构成犯罪的,依法追究刑事责任;不构成犯罪的,给予行政处分。

此外,根据《审计法实施条例》第51条的规定,审计机关提出的对被审计单位处理、处罚的建议或者对被审计单位负有直接责任的主管人员和其他直接责任人员给予行政处分或者纪律处分的建议,有关部门、单位应当依法及时做出决定,并将结果书面通知审计机关。

[案例]①

根据《中华人民共和国审计法》和《中央预算执行情况审计监督暂行办法》的规定,审计署对2003年度中央预算执行和其他财政收支进行了审计,主要审计了财政部具体组织中央预算执行情况,国家发改委及中央其他部门预算执行情况,税务系统税收征管情况,教育、扶贫、救灾等专项资金管理使用情况,工商银行和原中国人寿保险公司资产负债损益情况,以及原国家电力公司领导班子经济责任履行情况。

财政部在中央预算管理中存在的主要问题有:(1)预算外资金清理不够彻底,彩票公益金等财政性资金271.94亿元仍未纳入预算管理。(2)在中央本级支出年初预算中安排补助地方支出502.13亿元,虚增了中央本级支出,同时也使这部分资金的使用脱离了地方政府、人民代表大会的管理和监督。比如,2003年,财政部在批复和追加交通部预算时,同意交通部将车辆购置税435.2亿元直接拨付地方交通部门,用于公路建设。(3)采取退库、退税的方式,解决应由预算安排的支出282亿元。(4)中央部门上年累计结余资金589.38亿元未纳入当年部门预算予以安排。(5)一些省对中央补助地方收入预决算编制不完整。(6)部分专项转移支付管理仍不够规范。审计发现,一是目前中央补助地方基本建设专项资金和其他19项专项转移支付资金,没有具体的管理办法或办法没有公开,涉及金额111.72亿元。二是在采用因素法分配的中央专项转移支付资金中,有11项没有严格按规定进行分配,人为做了调整,调整率达11%,涉及金额33.07亿元。三是有些项目的预算安排与实际情况不符。专项转移支付管理不规范,使资金分配存在一定的随意性,缺乏透明度。

发改委在中央基本建设预算管理和财政收支执行中也存在不少问题,如:(1)中央预算内投资年初预留比例过大。(2)部分中央预算内基本建设投资按基数法分配,不够合理。(3)1994年国务院决定停止征收"国家轿车零部件横向配套基金"后,原国家计委未将此前已收取的基金上缴财政,截至2003年底,该基金本息合计8.58亿元。国家发改委应对这项基金进行清理,上缴中央财政。

审计55个中央部门和单位2003年度预算执行情况,查出的突出问题也较多,如:(1)国家林业局调查规划设计院等4个单位编造、变造7份"林业治沙项目"贷款合同,套取财政贴息资金415万元。(2)1999年以来,国家体育总局动用中国奥委会专项资金1.31亿元,其中用于建设职工住宅小区1.09亿元,用于发放总局机关工作人员职务补贴和借给下属单位投资办企业2204万元。

审计调查17个省(区、市)35个地(市)的税收征管质量,重点抽查了788户企业,发现少征税款问题比较突出。这些企业2002年少缴税款133亿元,2003年1~9月少缴税款118亿元。影响税收征管质量的主要问题是:(1)人为调节税收进度。一些税务

① 本案例选自《关于2003年度中央预算执行和其他财政收支的审计工作报告——2004年6月23日在第十届全国人民代表大会常务委员会第十次会议上》,http://www.people.com.cn/GB/jingji/1037/2598177.html,下载日期:2009年7月21日。

部门在完成税收计划的情况下,有税不征、违规缓征,甚至违规退库或利用税款过渡户人为调节收入。(2)有些税务机关征管不力,造成税收流失。(3)有些税收政策存在漏洞。如现行民政福利企业税收优惠政策虽然在鼓励残疾人就业方面发挥了一定作用,但国家付出的代价过高,残疾人得到的实惠较少。

关于专项资金管理使用,审计署组织对国土出让金、扶贫资金、基础教育经费、社保资金、救灾资金、"大学城"开发建设情况以及武警消防系统财务收支进行了审计和调查,发现并纠正了一些侵害群众切身利益的突出问题,如:(1)东方大学城在 2001 年至 2002 年,与廊坊市和通州区 5 个村委会非法签订协议,大量租用农民土地,并将 6007 亩土地用于建设 5 个标准高尔夫球场。(2)广东化州教育局自 2002 年以来,挪用学杂费等 2561 万元,用于建办公楼和招待费开支,1999 年以来,还将中小学生订阅图书资料回扣款等 1356 万元,用于私分和吃喝。

审计工商银行总行及 21 个分行的资产负债损益情况,查出的主要问题是:违规发放贷款,违规办理票据承兑和贴现。同时发现各类案件线索 30 起,涉案金额 69 亿元。原中国人寿保险公司擅自改变保险费率、超额退保、非法代理保险业务等不正当竞争问题涉及金额 23.74 亿元。同时,将保险资金违规出借、投资和兴建办公楼等 24.82 亿元。

审计原国家电力公司领导班子经济责任履行情况,发现:(1)该公司损益不实比较严重,1998—2002 年,累计少计利润 78 亿元。(2)国有资产流失高达 45 亿元。(3)抽查该公司 6818 个项目,其中,因个别领导擅自决策造成损失或潜在损失 32.8 亿元。这次审计还查出该公司涉嫌个人经济犯罪案件线索 12 起,涉案金额 10 亿元。

此外,审计和调查部分城市基础设施、公路、水利等项目,发现财政资金投资效益不高的问题也非常突出。比如,投资 22.79 亿元的国家重点建设项目河南省煤气化工程,从立项到 2001 年竣工投产历时 16 年,期间燃气市场供求发生重大变化,但项目决策者和建设单位仍坚持按原定规划进行建设,致使项目建成后只能按设计供气能力的一半运行,经营陷入严重困境,仅 2002 年度就亏损 2 亿多元。

这次审计结束后,审计署对查出的问题依法进行了处理。对违反财政财务法规的问题,已下达审计处理决定,要求有关单位予以纠正;对制度规定不完善、管理不规范的问题,有关部门根据审计署的建议,正在建章立制,完善内部管理;对执行国家政策中存在的问题和重要项目的审计情况,审计署及时向国务院做了报告,国务院责成有关部门研究整改;对涉嫌经济犯罪的案件线索,已按有关规定移送司法机关或纪检监察部门立案查处。

点评:这是一个关于审计监督工作的典型案例。在这份审计报告中,既涉及对中央预算执行情况和其他财政收支所进行的审计,也有对公司领导班子任期的经济责任审计,并对相关的审计事项做出了评价和鉴证,对发现的问题依法进行了处理。不难看出,审计工作如果没有坚持依法审计、独立审计、客观公正的原则,缺乏较高的专业性,不仅审计工作难以展开,审计的结论也难以经得起实践的检验。审计署的这份"审计清单"公布后,政府官员、专家学者、社会公众纷纷表示关注、震惊和忧虑,并从不同的角度分析了审计报告中所提到的问题的原因，建言献策，比如严格依法追究责任人的责任、预算公开、完善党政领导干部任期经济责任审计制度、完善政府投资管理和审批体制、改进税收管理机制等。可见，国家审计是国家治理不可或缺的工具，审计法律制度的完善将有利于审计工作充分发挥其功能。

思考题

1. 审计的概念和审计的基本职能是什么？
2. 我国国家审计的监督范围与审计法的调整范围有何区别？
3. 如何理解审计法的三项基本原则？
4. 我国审计工作的领导体制包括哪些主要内容？如何理解审计独立？

第十一章　统 计 法

[内容提要]统计的基本任务是对国民经济和社会发展情况进行统计调查、统计分析,提供统计资料,实行统计监督。统计法是国家统计机关履行统计职能的法律依据,国家机关、社会团体和公民在有关搜集、整理、分析、提供、颁布和管理统计资料的活动中依法享有权利、承担义务。本章首先介绍统计的概念与统计职能,然后分析统计法的立法目的与调整对象,接着对统计管理体制、统计机构和统计人员的职责与权限,统计调查项目管理,统计调查方法,统计资料的管理及公开,违反统计法的法律责任等内容进行阐述。

统计是对某一对象的有关数据和信息进行搜集、整理、分析、推断的活动。统计与会计、审计一样,都需要首先获得关于某一对象的资料、数据、数量等,然后对该对象做定量和定性的分析,并得出一定的结论。无论是企业参与市场博弈还是国家进行宏观调控,或者人们从事科学研究、调查公众对某一社会焦点问题的态度等,统计都是一项重要的基础工作。统计是政府了解国情国力、进行国家治理的重要手段,也可以作为市场主体参与经济活动的工具,因此,政府的官方统计与社会的民间统计活动在现代市场经济中都是普遍存在的。国家如果没有准确的统计资料,就不会有正确的宏观决策;市场主体如果缺乏充足而且可靠的市场信息,就难以做出交易决定。1963年国务院发布了《统计工作试行条例》,该《条例》是新中国的第一个统计法规,1983年全国人大常委会通过了《中华人民共和国统计法》(以下简称《统计法》),并先后于1996年、2009年对该法进行修订。国家制定《统计法》,并根据社会发展和市场经济的需要及时修改《统计法》,目的是通过规范统计调查者和被调查者在政府统计活动中的权利义务关系以及相关的法律关系,为统计工作提供良好的法律制度环境,保证统计工作依法、高效、有序地运行,从而为国家的宏观决策以及相关的信息使用者提供准确及时的资料、数据和信息。

第一节　统计法概述

一、统计的概念与统计职能

(一)统计的概念

统计(英文为 statistics),是人们对某一对象的有关数据和信息进行搜集、整理、分析和推断的活动。统计首先需要人们根据某一特定的目的搜集相关的资料、数据等,然后按一定的标准对数据资料进行分类、整理,最后从总体上分析数据资料之间的数量关系、预测数据的变化趋势,并得出相应的结论。在不严格的意义上,统计资料、统计数据、统计信息可以交替使用。严格地说来,统计资料主要包含的是统计数据,再加上少量的文字材料,而统计信息蕴藏在这些数据和文字之间,正是需要统计调查者和统计资料的使用者去分析、去发现的有价值的部分。企业为了选择经营门店的位置、开拓某种新产品的市场,政府或其他机构为了了解国情国力、预测经济走向、分析人们对某一事件的态度,等等,都需要对相关的客观情况进行调查了解,因此,统计也称为统计调查,统计离不开统计资料和数据。同时,统计还是一项权威性的专业活动,需要由专门机构管理、组织有关人员展开活动。

按照统计行为的主体划分,统计可以分为官方统计和民间统计。官方统计又称为政府统计或国家统计,是一种具有强制性的、高度权威的、涉及的事项较为宏观的统计,而民间统计是自愿的、多角度的、涉及的事项较为微观的统计。本章以下内容所指的统计,若未特别说明,一般是指政府的官方统计(或者称为"政府统计")。

(二)统计的职能

《统计法》第 2 条规定:"统计的基本任务是对经济社会发展情况进行统计调查、统计分析,提供统计资料和统计咨询意见,实行统计监督。"这是《统计法》对政府统计基本任务的法律规定,也是《统计法》对政府统计的信息职能、咨询职能和监督职能这三大职能的法律认可。

统计的信息职能,是指统计机构或统计人员按照规范的统计指标或统计指标体系和科学的统计方法获取全面、系统的统计数据和资料,向相关的信息使用者及时提供了解情况、研究问题和进行科学决策的数量依据。统计信息是社会经济信息的主体,将社会经济现象数量化,是人类认识客观世界、把握客观规律的重要途径,是进行科学决策和管理的重要依据。统计的咨询职能,是指统计机构或统计人员运用统计方法,通过统计数据综合分析社会经济问题,为委托人提供解决某一问题的对策方案或决策建议。统计的监督职能,是指统计的监测和预警功能。统计机构或统计人员通过统计调查分析和统计模型计算,从总体上把握、预测社会经济运行状态或行业发展状况,对所研究的系统进行定量监测,并形成对违背客观规律的状态及时向相关各方发出预警信息的预警机制。统计监督是管理社会和经济系统的基础,是进行宏观决策、采取调控措施的基本依据,对促进社会经济系统的健康、协调、可持续发展有重要作用。

统计的信息、咨询和监督三大职能,是密切联系、相互促进的。信息职能是统计最基本的职能,是保证咨询和监督得以有效发挥作用的基础,而咨询职能和监督职能是信息职能的拓展和延伸,是在充分发挥信息资源作用的基础上,对统计整体效能的提高。在现代社会,领导者要进行科学决策,必须做到"胸中有数":对情况和问题首先要有数量概念,要有基本的数量分析,特别是对于决定事物发展变化的数量界限要掌握准确。因此,准确的统计数据和对统计数据的正确认识是进行科学决策的前提条件。我国宪法第15条规定,"国家实行社会主义市场经济""国家加强经济立法,完善宏观调控"。社会主义市场经济是在国家宏观调控下充分发挥市场对资源配置的基础性作用的经济体制。国家对市场进行宏观调控的各项决策,需要大量准确、及时的经济信息和社会信息作为基础和依据,这就需要通过统计工作取得能够全面反映国民经济和社会发展水平、规模、结构、速度、比例、效益、趋势的资料。如果缺乏准确、及时的统计资料,国家就不会有正确有效的宏观决策。

二、统计法的立法目的与调整对象

(一)统计法的立法目的

《统计法》第1条规定:"为了科学、有效地组织统计工作,保障统计资料的真实性、准确性、完整性和及时性,发挥统计在了解国情国力、服务经济社会发展中的重要作用,促进社会主义现代化建设事业发展,制定本法。"可见,统计法的立法目的有以下四个方面:

1. 保障科学、有效地组织实施统计工作。统计工作涉及统计调查者和众多的被调查者,要保证统计工作的顺利进行,规范统计行为,维护统计秩序,就需要通过法律对统计管理体制、统计机构的设置,统计机构和统计人员的职权和职责,统计调查的开展等做出具体的规定。近年来,统计调查对象对统计调查的配合程度有所降低,统计工作的难度加大。以人口普查为例,人口普查涉及全国每一个人,需要动员大量的人力、物力和财力。我国进行的人口普查,主要依靠的是行政手段,但在2000年进行第五次人口普查时,人们发现,仅仅依靠单纯的行政手段来组织和开展这项工作已经很难了。因此,通过法制手段来组织和实施各项统计工作,既是现实的需要,也是必然的选择。

2. 保障统计资料的真实性、准确性、完整性和及时性。统计资料,主要是一些统计数据,是包含了相关信息的材料,是进行统计分析、得出统计结论、做出决策或预测的依据。统计数据的真实性、准确性是统计工作的生命。统计调查对象依法真实、准确、完整、及时地报送统计资料,是保障统计数据准确可靠的基础。

信息重在及时。统计资料的及时性,就是要加快信息的传递速度,以便政府及时掌握国民经济运行状态和社会的发展情况,从而对市场失灵的部分加以调节和干预,对政府失灵的部分予以补救和矫正。这也正是经济法所努力追求的目标。

近年来,随着我国经济结构的复杂化、利益主体和经济成分的多元化,局部利益与社会整体利益、个人或团体的利益与社会公共利益之间矛盾突出。在一些地方、部门和单位,某些个人或者利益集团为了个人利益或者局部利益的需要,干扰统计工作,篡改统计数据,或者拖延统计资料的上报,出现了在统计上弄虚作假、拒报、迟报统计资料的情况,严重影响了统计数据的准确性和及时性。因此,加强《统计法》的执法力度迫在眉睫。

3. 发挥统计在了解国情国力、服务经济社会发展中的重要作用。现代社会是信息社会,能否准确地、及时地掌握大量的信息,是能否管理好经济和社会事务的关键。统计不仅可以为政府的宏观决策提供事实依据和咨询意见,服务于决策之前,而且可以在决策之后,通过掌握反馈的信息,对决策的执行效果进行监督,修正错误或者作出新的决策。

应当指出的是,统计的资料、数据和信息与基础设施、公共安全、市场秩序、环境保护等一样,都属于公共产品。政府统计信息是市场信息的组成部分。根据统计法的规定,统计调查者对所搜集到的这些公共产品,除依法保密的部分外,都要及时向社会公布,尽量满足社会各界对统计信息的需求,充分发挥统计的信息职能。丰富的统计信息对社会公众了解形势、研究问题、就业、选择消费以及在企业投资和经营决策等方面,具有重要的作用。因此,必须保障统计信息实现社会共享,为推动经济社会发展服务。统计部门为社会和企业提供统计数据以及为宏观经济形势分析、经济景气分析等提供信息服务,是统计部门的法定职责。

4. 促进社会主义现代化事业发展。这是《统计法》的最终目的。

(二)统计法的调整对象

统计法是调整国家统计机关行使统计职能而产生的统计关系的法律规范的总称。统计关系是指国家机关、社会团体和公民在有关搜集、整理、分析、提供、颁布和管理统计资料的统计活动中所产生的社会经济关系。《统计法》规定,国家建立集中统一的统计系统,实行统一领导、分级负责的统计管理体制,国务院和地方各级人民政府、各有关部门应当加强对统计工作的组织领导,为统计工作提供必要的保障,统计机构和统计人员依法独立行使统计调查、统计报告、统计监督的职权,等等。《统计法》第 7 条规定:"国家机关、企业事业单位和其他组织以及个体工商户和个人等统计调查对象,必须依照本法和国家有关规定,真实、准确、完整、及时地提供统计调查所需的资料,不得提供不真实或者不完整的统计资料,不得迟报、拒报统计资料。"可见,统计法不仅调整和规范政府统计管理体制,还主要调整统计机关与其他国家机关、社会团体、企事业单位、个体工商户、个人等在统计活动中所形成的关系。归纳起来,我国统计法主要调整以下几种社会关系:

1. 调整统计调查者与被调查者之间的关系。统计调查者是指国家统计调查、部门统计调查以及地方统计调查的实施者,具体包括国家统计局及其派出的调查队、县级以上地方各级人民政府统计机构及有关统计人员。统计被调查者,亦称统计调查对象,是指履行统计资料报送义务的公民、法人和其他组织。根据《统计法》第7条的规定,统计调查对象包括国家机关、社会团体、企业事业组织、个体工商户、基层群众性自治组织和公民个人。

2. 调整统计调查者之间的关系。也就是政府统计机构内部的关系,即政府统计机构上下级之间及政府统计机构与其工作人员之间的关系。既然统计机构属于政府部门之一,当然它们之间主要是领导、指导或管理的、具有隶属性的关系。本章下一节将对此做进一步的论述分析。

3. 调整统计调查者与统计资料使用者之间的关系。统计资料是通过统计活动获取的反映社会、经济、科技等发展情况的统计数据、统计信息的总称,是进行管理、决策和科学研究的重要依据。在使用统计资料的过程中,必然在资料的搜集者和使用者之间形成各种社会关系,为了保证统计资料发挥效用和有序利用,必须通过法律来明确统计资料的搜集者和使用者的权利和义务,规范双方的行为。

此外,统计可以分为政府统计和非政府统计两类。由于非政府统计活动属于自愿性的,对统计调查对象并无强制性,世界各国一般都将统计法的调整范围确定为政府统计活动。《统计法》第49条规定:"民间统计调查活动的管理办法,由国务院制定。中华人民共和国境外的组织、个人需要在中华人民共和国境内进行统计调查活动的,应当按照国务院的规定报请审批。"可见,统计法的基本原则和制度对非政府统计有一定的制约作用,国务院有权对非政府统计调查活动进行管理。近年来,民间统计调查活动以及境外组织和人员在我国境内进行的统计调查活动有所发展,统计咨询、征信调查等多种形式的信息有偿服务开始出现,对扩大统计信息的数量、加快统计信息市场的培育和发展发挥了一定的积极作用。但是,也出现了一些调查公司、征信机构以调查为名搜集情报、进行欺诈,泄漏国家秘密、商业秘密,侵害个人隐私等违法犯罪行为,损害了国家利益、公司利益以及其他相关主体的合法权益。因此,亟须对非政府统计调查活动加以规范和引导。

第二节　统计管理体制及统计机构的职责权限

一、我国的统计管理体制

《统计法》第 3 条规定:"国家建立集中统一的统计系统,实行统一领导、分级负责的统计管理体制。"《统计法》第 27 条规定:"国务院设立国家统计局,依法组织领导和协调全国的统计工作。国家统计局根据工作需要设立的派出调查机构,承担国家统计局布置的统计调查等任务。县级以上地方人民政府设立独立的统计机构,乡、镇人民政府设置统计工作岗位,配备专职或者兼职统计人员,依法管理、开展统计工作,实施统计调查。"

需要注意的是,国家统计局及其派出的调查队、县级以上地方各级人民政府统计机构都是国家统计系统的重要组成部分,都是政府执行统计法规和统计制度的机关,负责监督检查统计法规和统计制度的实施,维护统计机构和统计人员的职权,依法查处违反统计法规和统计制度的行为。统计调查队和同级统计局根据职能分工,各负其责,互相配合,实行信息共享。

《统计法》规定,县级以上人民政府有关部门可以根据统计任务的需要设立统计机构,或者在有关机构中设置统计人员,并指定统计负责人,依法组织、管理本部门职责范围内的统计工作,实施统计调查,在统计业务上受本级人民政府统计机构的指导。各级人民政府有关部门组织实施的部门统计调查,应当及时向同级人民政府统计机构报送基本统计资料或者综合统计资料。需要注意的是,各级人民政府的综合协调部门原则上不得直接进行统计调查。因为,县级以上各级人民政府的综合协调部门所需的统计资料,一般应当从同级人民政府统计机构和主管部门搜集;如果确实需要直接进行统计调查时,应当做出统计调查计划和调查方案,依照《统计法》的有关规定,经审批后实施。

《统计法》还规定,统计工作应当接受社会公众的监督,任何单位和个人有权检举统计中弄虚作假等违法行为,对检举有功的单位和个人应当给予表彰和奖励。这是关于对统计工作外部监督的规定。统计资料来源于社会,又服务于社会,动员社会公众对统计资料、数据等进行监督,是保证统计质量的有效手段,因此统计机构、统计人员必须自觉地接受社会公众的监督。

二、统计机构和统计人员的职责权限

统计机构和统计人员有权依法独立行使统计调查、统计报告、统计监督等职权。《统计法》第 6 条的规定:"统计机构和统计人员依照本法规定独立行使统计调查、统计报告、统计监督的职权,不受侵犯。地方各级人民政府、政府统计机构和有关部门以及各单位的负责人,不得自行修改统计机构和统计人员依法搜集、整理的统计资料,不得以任何方式要求统计机构、统计人员及其他机构、人员伪造、篡改统计资料,不得对依法履行职责或者拒绝、抵制统计违法行为的统计人员打击报复。"各单位领导人虽然领导和监督统计工作,但是不得借领导和监督之名,自行修改统计数据,否则,就构成了违法。并且,统计机构和统计人员应当坚持实事求是的原则,对所报送的统计资料的真实性负责。如果统计机构、统计人员对领导人强迫或者授意自己篡改统计数据、编造虚假数据等未进行拒绝、抵制,或拒绝、抵制不力,最终按领导的意图篡改了统计资料或者编造了虚假统计数据,则必须承担相应的法律责任。

同时,统计机构和统计人员依法承担统计职责。《统计法》第 29 条规定:"统计机构、统计人员应当依法履行职责,如实搜集、报送统计资料,不得伪造、篡改统计资料,不得以任何方式要求任何单位和个人提供不真实的统计资料,不得有其他违反本法规定的行为。统计人员应当坚持实事求是,恪守职业道德,对其负责搜集、审核、录入的统计资料与统计调查对象报送的统计资料的一致性负责。"此外,第 8 条规定:"统计机构和统计人员对在统计工作中知悉的国家秘密、商业秘密和个人信息,应当予以保密。"可见,统计机构和统计人员的职责主要是:

1. 工作责任制。(1)统计机构、统计人员对本级、本部门以及下级统计机构的统计工作进行组织、管理和协调,并搜集、整理和提供统计资料;(2)对本级、本部门、本单位范围内的经济或社会发展情况进行统计分析,实行统计监督;(3)管理本级、本部门、本单位的统计调查表。同时,国家统计局管理和协调各部门制定的统计标准并管理国家统计信息自动化系统和统计数据库体系,乡、镇统计员会同有关人员负责农村基层统计工作,企事业单位的统计机构和统计人员要负责建立健全本单位的统计台账制度并会同有关机构或人员建立健全本单位的原始记录制度。

2. 如实搜集、报送统计资料,准确、及时完成统计工作任务。统计机构、统计人员作为统计调查对象时,有义务如实提供统计资料,如果因为玩忽职守而使自己调查和整理的统计资料出现错误和迟报现象,就是失职;如果其他有关人员提供的原始记录或其他资料有误,统计机构和统计人员有权利、也有责任检查这些资料的准确性,并要求其核实订正;如果统计机构、统计人员受人指使或自己弄虚作假,虚报、瞒报、伪造、篡改、拒报、迟报统计资料,就构成违法,应承担相应的法律责任。

3. 保守国家秘密、商业秘密和个人信息。统计人员进行统计调查时,有权就与统计有关的问题询问有关人员,要求其如实提供有关情况、资料,并改正不真实、不准确的资料。统计人员进行统计调查时,应当出示县级以上人民政府统计机构或者有关部门颁发的工作证件;未出示的,统计调查对象有权拒绝调查。

此外,根据《统计法》第 31 条的规定,国家实行统计专业技术职务资格考试、评聘制度,提高统计人员的专业素质,保障统计队伍的稳定性;县级以上人民政府统计机构和有关部门应当加强对统计人员的专业培训和职业道德教育。

第三节 统计调查的进行

一、统计调查的项目管理

所谓统计调查项目,是指某一时期为某一调查目的而组织的一项统计调查。一般说来,每一调查项目的计划必须列明:项目名称、调查机关、调查目的、调查范围、调查对象、调查方式、调查时间及调查的主要内容等。根据组织统计调查的机构不同,统计调查项目分为国家统计调查项目、部门统计调查项目、地方统计调查项目三类。

国家统计调查是对全国性的国情、国力等重要情况进行的统计调查,主要项目如国民生产总值统计、国际收支统计、资产负债统计、财政与财务统计、金融与保险统计、社会总需求与总供给统计、基本单位统计、农业统计、工业统计、建筑业统计、服务业统计、固定资产投资统计、人口与就业统计、城乡住户统计、物价统计、城市基本情况统计、科技统计、要素市场及开发区统计、企业集团统计,等等。

部门统计调查是国务院有关部门的专业性统计调查。

地方统计调查是县级以上地方人民政府及其部门的地方性统计调查。

除了上述三种统计调查外,还有一种较特殊的情况,即临时性统计调查。如果发生了重大灾情或者其他不可预料的情况,县级以上地方各级人民政府有权决定在原定计划以外进行临时性统计调查。

确立了统计调查项目后,还要编制相应的统计调查项目计划以及统计调查表。注意,统计调查项目需要经过审批程序,而统计调查项目计划和统计调查表需要经过审查或者备案程序。在上述审批、审查或者备案等程序通过后,才能按照统计标准以及法定的统计调查方法展开统计工作,向被调查者搜集统计资料或统计数据。

《统计法》第12条是关于统计调查项目的制定及审批程序的规定。根据本条的规定,国家统计调查项目由国家统计局制定,或者由国家统计局和国务院有关部门共同制定,报国务院备案;重大的国家统计调查项目报国务院审批。部门统计调查项目由国务院有关部门制定。统计调查对象属于本部门管辖系统的,报国家统计局备案;统计调查对象超出本部门管辖系统的,报国家统计局审批。地方统计调查项目由县级以上地方人民政府统计机构和有关部门分别制定或者共同制定。其中,由省级人民政府统计机构单独制定或者和有关部门共同制定的,报国家统计局审批;由省级以下人民政府统计机构单独制定或者和有关部门共同制定的,报省级人民政府统计机构审批;由县级以上地方人民政府有关部门制定的,报本级人民政府统计机构审批。

需要注意的是,国家统计调查项目、部门统计调查项目、地方统计调查项目应当明确分工,互相衔接,不得重复。统计调查项目的审批机关应当对调查项目的必要性、可行性、科学性进行审查,对符合法定条件的,做出予以批准的书面决定,并公布;对不符合法定条件的,做出不予批准的书面决定,并说明理由。

《统计法》第 14 条规定,制定统计调查项目,应当同时制定该项目的统计调查制度,并依照《统计法》第 12 条的规定一并报经审批或者备案。统计调查制度应当对调查目的、调查内容、调查方法、调查对象、调查组织方式、调查表式、统计资料的报送和公布等做出规定。统计调查应当按照统计调查制度组织实施。变更统计调查制度的内容,应当报经原审批机关批准或者原备案机关备案。

二、统计调查的方法

统计调查方法是保障统计资料准确及时的一个重要因素。我国曾经长期以来主要依靠全面、定期的统计报表方法采集统计数据,不仅投入多、效益差、缺乏灵敏性、基层负担重,而且由于层层汇总,中间环节多,统计信息失真严重,加上受干扰较多,很难保证统计数据的准确性。

《统计法》第 16 条是关于统计调查方法的规定,搜集、整理统计资料,应当以周期性普查为基础,以经常性抽样调查为主体,综合运用全面调查、重点调查等方法,并充分利用行政记录等资料。

全面调查,又叫普查,是对需要调查的对象进行逐个调查。这种方法所得资料较为全面可靠,但调查花费的人力、物力、财力较多,且调查时间较长。我国已建立周期性普查制度。重大的国情国力普查,需要动员各方面力量进行的,依法由国务院和地方各级人民政府统一领导,组织统计机构和有关部门共同实施,所需要的经费由中央和地方财政共同负担。目前,经国务院批准的周期性的普查项目包括:人口、工业、农业、第三产业和基本统计单位等。人口普查、第三产业普查、工业普查和农业普查每隔 10 年进行一次,分别在尾数逢 0、3、5、7 的年份进行。基本统计单位普查每隔 5 年进行一次,在尾数逢 1、6 的年份进行。

抽样调查,或者说重点调查,是指在全体调查对象中选择一部分对象进行调查,以取得统计数据的调查方法。这种方法是根据概率理论,从全体调查对象中随机抽取一部分样本单位进行观察,取得样本统计调查数据,并据以推断总体情况的统计调查方法。以抽样调查为主体,人力、物力、财力的投入与普查相比都比较少,能够以较少的投入取得必要的统计数据。

三、统计标准与统计调查表

(一)统计标准的制定权限

统计标准,是指根据国民经济、社会管理的需要,按照国家有关规定而制定的统计分类。统计标准分为广义统计标准和狭义统计标准。广义的统计标准是指针对各种统计指标的含义、计算方法、分类目录、调查表式和统计编码等方面所做出的统一规范,狭义统计标准仅指统计分类。统计调查方案所规定的指标含义、调查范围、计算方法、分类目录、调查表式、统计编码等,未经批准该统计调查方案的机关同意,任何单位或者个人不得修改。可以说,统计标准是实现信息交流的共同语言。

统计标准可以分为国家统计标准和部门统计标准。国家统计标准是在全国范围内强制执行的标准。根据《统计法》第17条的规定,国家统计标准由国家统计局制定,或者由国家统计局和国务院标准化管理部门共同制定,如国民经济行业分类标准、大中小型工业企业划分标准、基本建设大中小型项目划分标准、职业分类标准、大中小城市划分标准、工农业产品(商品、物资)分类标准、沿海和内地划分标准等。

部门统计标准是在一个部门范围内强制执行的统计标准。国务院有关部门可以根据本部门统计调查的需要制定部门统计标准,如生产部门有产品质量的标准、建设部门有建筑产品的质量标准等。

部门统计标准是一种补充性标准,应报国家统计局审批。部门统计标准不得与国家统计标准相抵触。

(二)统计调查表的制作与填报

统计调查表是统计工作中由统计调查机构制发、需要被调查者如实填报的具有法律约束力的表格类文件。按照规定程序批准的统计调查表,必须在右上角标明表号、制定机关、批准或者备案文号、有效期限等标志。对未标明规定标志或者超过有效期限的统计调查表,统计调查对象有权拒绝填报,县级以上人民政府统计机构应当依法责令停止有关统计调查活动。

凡履行了法定的审查或者备案程序,并标明法定标志的统计调查表,任何统计调查对象均有义务如实提供统计资料,不得虚报、瞒报、拒报、迟报,不得伪造、篡改。凡违反统计法和国家规定,未经国家统计局或者同级地方人民政府统计机构审查或者备案,未标明法定标志的统计调查表,均属非法定统计调查表。制发非法定统计调查表进行统计调查,不仅导致统计调查重复,加重基层统计工作负担,而且造成数出多门、数据失实,影响统计调查工作的正常秩序,因此必须予以禁止。

第四节　统计资料的管理与公布

一、统计资料的管理

统计资料包括统计调查中所取得的原始资料和经过整理汇总的综合统计资料。统计资料的具体表现形式包括以统计数据为主要内容的调查表、综合表、图表、文字说明、统计报告、统计分析以及电子存储系统中的统计数据信息等。

统计资料管理是指对依法搜集、整理、分析的统计资料进行检查、核实、审定、发布、解说、存贮、归档等项工作的总称。不仅原始调查资料需要管理,而且整理加工后的统计数据和统计分析资料也需要管理。

《统计法》规定,县级以上人民政府统计机构和有关部门以及乡、镇人民政府,应当按照国家有关规定建立统计资料的保存、管理制度,建立健全统计信息共享机制。国家机关、企业事业单位和其他组织等统计调查对象,应当按照国家有关规定设置原始记录、统计台账,建立健全统计资料的审核、签署、交接、归档等管理制度。

同时,县级以上人民政府有关部门应当及时向本级人民政府统计机构提供统计所需的行政记录资料和国民经济核算所需的财务资料、财政资料及其他资料,并按照统计调查制度的规定及时向本级人民政府统计机构报送其组织实施统计调查取得的有关资料。县级以上人民政府统计机构应当及时向本级人民政府有关部门提供有关统计资料。

二、统计资料的公布

为了充分发挥统计资料的信息职能,实现信息共享,统计资料可以而且应当按照一定的程序和规则向社会公众、科研工作者、生产经营者、新闻机构等公开。因为各级政府统计机构组织调查形成的统计资料不仅是各级人民政府进行科学决策和管理的依据,也是社会公众行使知情权、了解国民经济和社会发展情况的重要信息来源,因而定期公布统计资料是各级政府统计机构的法定职责和义务。依据《统计法》第 23 条和第 24 条的规定,县级以上人民政府统计机构应当按照国家有关规定定期公布统计资料,国家统计数据以国家统计局公布的数据为准。县级以上人民政府有关部门统计调查取得的统计资料,由本部门按照国家有关规定公布。

但是,根据《统计法》第 25 条的规定,统计调查中获得的能够识别或者推断单个统计调查对象身份的资料,任何单位和个人不得对外提供、泄露,不得用于统计以外的目的。例如,属于私人、家庭的单项调查资料可以反映有关个人和家庭的情况,这些统计资料涉及个人隐私,如果泄露,可能损害被调查者的合法权益。而且,这些调查资料只能用于统计的目的,不能直接利用这些资料中的信息作为征税、银行信贷等的依据。当这些单项调查资料经过汇总成为综合性统计资料时,可以依法予以提供或者公开。《统计法》还规定,县级以上人民政府统计机构和有关部门统计调查取得的统计资料,除依法应当保密的外,应当及时公开,供社会公众查询。

第五节　法律责任

一、违反《统计法》法律责任概述

《统计法》中关于违反统计法规定所应承担的法律责任主要是行政责任,也有可能要求违法主体承担其他法律责任。譬如,《统计法》第 40 条规定:"统计机构、统计人员泄露国家秘密的,依法追究法律责任。"第 47 条明确规定,违反统计法的规定构成犯罪的,依法追究刑事责任。

总体而言,《统计法》中法律责任的规定,主要是为了保障统计资料的真实性、准确性、完整性和及时性。《统计法》第 37 条规定,地方人民政府、政府统计机构或者有关部门、单位的负责人有下列行为之一的,由任免机关或者监察机关依法给予处分,并由县级以上人民政府统计机构予以通报:(1)自行修改统计资料、编造虚假统计数据的;(2)要求统计机构、统计人员或者其他机构、人员伪造、篡改统计资料的;(3)对依法履行职责或者拒绝、抵制统计违法行为的统计人员打击报复的;(4)对本地方、本部门、本单位发生的严重统计违法行为失察的。

此外,在统计工作中,有关领导人、统计机构和统计人员以及统计调查对象,有可能出于私利或局部利益,虚报、篡改统计资料或者编造虚假数据,扰乱国家统计工作秩序,用欺骗手段骗取荣誉、获取物质奖励以及晋升职务等。为此,《统计法》第 45 条规定,利用虚假统计资料骗取荣誉称号、物质利益或者职务晋升的,除对其编造虚假统计资料或者要求他人编造虚假统计资料的行为依法追究法律责任外,由作出有关决定的单位或者其上级单位、监察机关取消其荣誉称号,追缴获得的物质利益,撤销晋升的职务。

《统计法》还规定,当事人对县级以上人民政府统计机构作出的行政处罚决定不服的,可以依法申请行政复议或者提起行政诉讼。其中,对国家统计局在省、自治区、直辖市派出的调查机构作出的行政处罚决定不服的,向国家统计局申请行政复议;对国家统计局派出的其他调查机构作出的行政处罚决定不服的,向国家统计局在该派出机构所在的省、自治区、直辖市派出的调查机构申请行政复议。

二、统计调查者的法律责任

首先是关于统计机构和有关部门的法律责任。《统计法》第 38 条规定,县级以上人民政府统计机构或者有关部门在组织实施统计调查活动中有下列行为之一的,由本级人民政府、上级人民政府统计机构或者本级人民政府统计机构责令改正,予以通报;对直接负责的主管人员和其他直接责任人员,由任免机关或者监察机关依法给予处分:

（1）未经批准擅自组织实施统计调查的；

（2）未经批准擅自变更统计调查制度的内容的；

（3）伪造、篡改统计资料的；

（4）要求统计调查对象或者其他机构、人员提供不真实的统计资料的；

（5）未按照统计调查制度的规定报送有关资料的。

其次是关于直接负责的主管人员和其他直接责任人员的法律责任。《统计法》第39条规定，县级以上人民政府统计机构或者有关部门有下列行为之一的，对直接负责的主管人员和其他直接责任人员由任免机关或者监察机关依法给予处分：

（1）违法公布统计资料的；

（2）泄露统计调查对象的商业秘密、个人信息或者提供、泄露在统计调查中获得的能够识别或者推断单个统计调查对象身份的资料的；

（3）违反国家有关规定，造成统计资料毁损、灭失的。

最后是关于统计人员的法律责任。譬如，统计人员有《统计法》第38条、第39条规定的情形的，依法应当受到行政处分。县级以上人民政府统计机构查处统计违法行为时，认为对有关国家工作人员依法应当给予处分的，应当提出给予处分的建议；该国家工作人员的任免机关或者监察机关应当依法及时作出决定，并将结果书面通知县级以上人民政府统计机构。

三、统计被调查者的法律责任

《统计法》第41条规定，作为统计调查对象的国家机关、企业事业单位或者其他组织有下列行为之一的，由县级以上人民政府统计机构责令改正，给予警告，可以予以通报；其直接负责的主管人员和其他直接责任人员属于国家工作人员的，由任免机关或者监察机关依法给予处分：

（1）拒绝提供统计资料或者经催报后仍未按时提供统计资料的；

（2）提供不真实或者不完整的统计资料的；

（3）拒绝答复或者不如实答复统计检查查询书的；

（4）拒绝、阻碍统计调查、统计检查的；

（5）转移、隐匿、篡改、毁弃或者拒绝提供原始记录和凭证、统计台账、统计调查表及其他相关证明和资料的。

企业事业单位或者其他组织有上述所列行为之一的，可以并处5万元以下的罚款；情节严重的，并处5万元以上20万元以下的罚款。

个体工商户有上述所列行为之一的，由县级以上人民政府统计机构责令改正，给予警告，可以并处1万元以下的罚款。

《统计法》第42条规定，作为统计调查对象的国家机关、企业事业单位或者其他组织迟报统计资料，或者未按照国家有关规定设置原始记录、统计台账的，由县级以上人民政府统计机构责令改正,给予警告。企业事业单位或者其他组织有这些行为之一的,可以并处 1 万元以下的罚款。个体工商户迟报统计资料的,由县级以上人民政府统计机构责令改正,给予警告,可以并处 1000 元以下的罚款。

此外,《统计法》还规定,作为统计调查对象的个人在重大国情国力普查活动中拒绝、阻碍统计调查,或者提供不真实或者不完整的普查资料的,由县级以上人民政府统计机构责令改正,予以批评教育。

[案例 1]

某县政府统计局在 2005 年 5 月份的执法检查中发现,该县化工厂由于统计人员过失造成该厂 2000 年 5 月份工业销售产值多报 100 万元。请问:该厂的做法属于哪一种统计违法行为? 县统计局应当如何处理? 为什么?

分析:该厂的做法属于虚报统计资料的违法行为。根据《统计法》的规定,虚报是指"以少报多",而瞒报是指"以多报少",伪造是指行为人没有任何事实根据而纯粹主观地编造虚假统计数据或者统计资料,篡改是指行为人凭借某种职权或工作上的便利条件擅自修改真实的统计资料。尽管如此,县统计局对县化工厂虚报统计资料的违法行为不应再给予行政处罚。因为根据《行政处罚法》第 29 条的规定,违法行为从发生之日起在两年内未被发现的,不再给予行政处罚。违法行为有连续或者继续状态的,从行为终了之日起计算。

[案例 2]

某市摩托车厂为了扩大该厂产品的知名度,厂长开会决定在该厂所在的市范围内进行一次社会调查,然后向社会公众散发统计调查表,并告知被调查者:主办单位将从返回的调查表中抽出一、二、三等奖若干。不久,该厂将调查结果在全国的媒体上予以公布,称自己的产品市场占有率排行第一、用户投诉率最低。请问:该厂的做法是否合法? 应如何处理?

分析:该厂的做法违反了《统计法》第 14 条和第 15 条的规定,制定统计调查项目,应当同时制定该项目的统计调查制度,并依法报经审批或者备案,统计调查表应当标明表号、制定机关、批准或者备案文号、有效期限等标志,对于未标明规定的标志或者超过有效期限的统计调查表,统计调查对象有权拒绝填报,县级以上人民政府统计机构应当依法责令停止有关统计调查活动。虽然该厂的调查是自愿的社会调查,而非强制性的官方调查,但是,该厂调查行为已经涉嫌构成不正当竞争和对社会公众的欺诈,损害了社会公共利益,是统计法规定的禁止性行为。《统计法》第 49 条规定:"利用统计调查危害国家安全、损害社会公共利益或者进行欺诈活动的,依法追究法律责任。"此外,该厂的调查行为在法律程序上也存在问题,根据有关统计法的规范性法律文件规定,统计调查范围限于省、自治区、直辖市行政区域内的,应当持有关证明文件和统计调查方案,向省、自治区、直辖市人民政府统计机构提出申请,由省、自治区、直辖市人民政府统计机构审批;统计调查范围跨省、自治区、直辖市行政区域的,应当持有关证明文件和统计调查方案,向国家统计局提出申请,由国家统计局审批。

思考题

1. 统计的基本职能是什么？

2. 如何理解统计法的立法目的？在市场经济条件下，民间调查公司、信息服务机构等的调查活动可以由统计法来进行调整吗？

3. 简述我国的统计调查管理制度。

4. 统计资料在公开时，应注意哪些事项？

5. 如何依法解决我国统计数据信息虚假的法律问题？

第十二章 环境保护法

[内容提要]环境保护法学是一门新兴的边缘学科。它既是法学的一个分支学科，又是环境科学的一个分支学科。学习环境保护法，首先需要就其基本的问题进行梳理与认知。本章主要对环境、环境问题、环境保护法的概念与特点，环境保护法的基本原则、基本制度及法律责任进行了介绍，从而为系统学习与研究环境保护法奠定一个坚实的基础。

第一节 环境保护法概述

一、环境和环境问题

(一)环境

1. 环境的概念

立法实践中，各国对环境的定义多采用概括式或列举式方式进行。概括式的环境定义如 1991 年的《保加利亚环境保护法》。列举式的环境定义如 1990 年的《英国环境保护法》。我国的环境立法对环境的概念采用了概括加列举的方式进行规定，《中华人民共和国环境保护法》(以下简称《环境保护法》)把环境定义为"影响人类生存和发展的各种天然的和经过人工改造的自然因素的总体，包括大气、水、海洋、土地、矿藏、森林、草原、湿地、野生生物、自然遗迹、人文遗迹、自然保护区、风景名胜区、城市和乡村等"①。这一规定，既对环境给予了概括性的说明，又列举了当前与人们密切相关的 15

---

① 我国 1989 年的《环境保护法》对环境要素的列举中并未包含"湿地"，鉴于中国在 1992 年加入了《湿地公约》(全称《关于特别是作为水禽栖息地的国际重要湿地公约》)，加之已有部分地方性法规对湿地作出了专门的保护规定，2014 年修订的《环境保护法》第 2 条增列了"湿地"环境要素。

类环境要素,突出了环境的整体性,并为今后扩展具体的环境要素提供了空间。①

2. 环境的分类

人类环境是一个十分复杂的综合体系,目前尚无一个统一的分类方法。在环境科学上,一般是按照环境要素的形成、环境的功能、环境的范围与环境的要素等不同角度加以分类。

(1)根据环境要素形成的不同,可以将环境分为自然环境和人为环境。

所谓自然环境,是指在人类出现之前就已经存在的或非人工培育的自然形成的环境,如海洋、土地、大气、土壤、河流等。这些环境要素构成了相互联系和相互制约的自然环境体系。人为环境,也称为人工环境或人工改造过的环境,是指在天然环境的基础上经过人工改造而形成的环境,其"是人类实践的产物,是人类在天然环境的基础上加工、创造的物质环境,是人工生态系统与自然生态系统的综合"。② 这种分类方式,也是环境科学中最常用的一种分类方法。

(2)根据环境功能的不同,可以将环境分为生活环境和生态环境。

我国宪法就采用了此种分类方法。《中华人民共和国宪法》(以下简称《宪法》)第26条规定:"国家保护和改善生活环境和生态环境,防治污染和其他公害。"其中的"生活环境"是指与人类生活密切相关的各种天然的和经过人工改造的自然因素;"生态环境"是指影响生态系统发展的各种生态因素,即环境条件,包括气候条件、土壤条件、生物条件、地理条件和人为条件等。

(3)根据环境范围大小的不同,可以将环境分为室内环境、村镇环境、城市环境、区域环境、全球环境和宇宙环境。

(4)根据环境要素的不同,可以将环境分为水环境、大气环境、土壤环境、海洋环境、生物环境等。

(二)环境问题

1. 环境问题的概念

人类是环境的产物,人类要依赖环境才能生存与发展,但人类同时又是环境的改造者,通过社会生产活动来利用与改造环境,使其更加适合人类的发展。在人类开发利用自然环境及其中的自然资源时,就必然会产生环境问题(英文为 Environmental Problems)。可以说,环境保护法的产生,就是源自于环境问题的出现以及人们对环境问题认知的不断提升。

---

① 环境与资源的关系,在学界一直存有争议。有人认为二者是并行关系,也有人认为二者是包容与被包容的关系。据此,在环境保护法的命名上,存在"环境资源法学""环境保护法学"等不同的称谓。笔者认为,根据我国现行《环境保护法》的规定,资源是被包括在环境之中的,亦即现行立法采用的是"大环境"概念,笔者亦认同此种观点。因而,本书不再单独对资源问题进行说明,在称谓上也称为"环境保护法"。

② 蔡守秋主编:《环境资源法学》,人民法院出版社 2003 年版,第 2 页。

环境问题,在学理上有广义与狭义两种理解。广义的环境问题也称环境危机(Environmental Crisis)或生态危机(Ecological Crisis),是指由于自然原因或人为原因使环境条件发生不利于人类的变化,以致影响人类的生产和生活的现象。其中,自然原因引起的环境问题,如地震、火山爆发、海啸、洪水泛滥、干旱、泥石流等自然灾害,称为原生环境问题或第一环境问题;而由人为原因引起的环境问题,则称为次生环境问题或第二环境问题。由人为原因引起的环境问题也被我们称为狭义的环境问题。

第一环境问题在人类社会出现以前就已存在于自然界中,其发生是人们无法控制的,人类只能采取预防措施来减少或避免危害后果的发生,但这类环境问题发生的数量与影响的范围是有限的。第二环境问题则主要是由于人类在生产与生活中不当利用环境的行为引起的,能够被人类所预防与控制。由于此类环境问题发生数量多,影响范围广,所以,是环境保护法学中主要研究的对象。当然,我们也不能把第一环境问题与第二环境问题截然分开,因为在许多情况下二者是交织一起,协同作用的。[1] 所以,目前环境保护法的研究对象也由第二环境问题扩及第一环境问题。比如,有些国家、组织已经将防治自然灾害纳入环境保护的范畴,有些国家已经将防治自然灾害的法律纳入环境保护法的领域。[2]

在第二环境问题中,又可以分为两类:一类是投入性损害或污染性损害,简称环境污染,即主要是由于人类在工农业生产和城市生活中,不适当地将大量污染物投入、排入环境,超过环境的自净能力,从而使环境质量下降,以致损害生态环境,危害人体健康,影响工农业生产的现象,如工业"三废"(废气、废水、废渣)污染、大气污染、有毒有害化学品污染等;二是取出性损害或开发性损害,又称非污染性损害,简称环境破坏,即由于人类对环境不合理地开发利用或进行大型工程建设,过量地向环境索取物质和能量,使自然环境的恢复与增殖能力受到破坏的现象,如水土流失、滥伐森林、土壤沙化、盐碱化等。

环境污染与环境破坏尽管内容有所不同,但二者都是会对环境产生危害后果的,并且实践中二者之间又有密切联系,具有复合效应。一方面,生态环境的破坏,会直接或间接影响生活环境,比如江河断流等生态环境的破坏会直接造成城市缺水或者水位下降而减弱对城市废水的稀释、净化能力,从而进一步影响城市人口的生活环境;另一方面,生活环境的污染也会或迟或早地影响生态环境,降低生物生产量,如使一些动植物品质下降,数量减少以致灭绝等。[3] 但是,从总体上讲,环境破坏对人类的危害最大,其造成的后果往往使生态环境需要很长时间才能恢复,有些甚至不可逆转。

---

[1] 研究表明,第一环境问题与第二环境问题并非孤立的,一些表面上看来因天气、气候、地理条件等自然界变化引起的自然灾害,实际上就是长期以来人们对环境不当干预与作用的结果。例如,不适当的水利工程可能会引致生态失衡。

[2] 目前,已有不少环境法学者将研究视角扩展到了如何通过法律防治第一环境问题这一领域上,甚至一些国家已经有了相关立法成果,如日本的《环境六法》,就已包括防治地震等灾害的法律。

[3] 韩德培主编:《环境保护法教程》,法律出版社2015年版,第6页。

2. 环境问题的产生与发展

从人类历史的发展进程中来看,环境问题自古有之,而且随着社会经济的发展而不断变化。不过,不同的历史发展阶段,不同的国家与地区,其环境问题都呈现出了不同的表现形式、内容、程度和性质。概括起来,环境问题大体可分为以下三个阶段:

(1)环境问题的萌发阶段,又称古代环境问题阶段,即从人类诞生至18世纪工业革命之前。

在人类诞生后的漫长岁月中,由于人类对环境的依赖性与盲从性很大,人口数量少,生产力水平不高,人类干预环境的能力十分有限,人类活动对环境的冲击很难超过环境的承载能力与自净能力,不可能出现以后发生的种种环境问题。当时的环境问题最多表现为无知而乱采滥猎,或因用火不慎,而使大片原始森林、草原被毁等。后来,伴随农业与畜牧业的出现,人类利用与改造自然的能力有了很大的提高,人类除了依赖环境外,开始有了改造环境的认知。此时的环境问题,主要是由于缺乏科学知识而大肆砍伐林木、破坏植被、毁林开荒而引起的水土流失,土地沙漠化、盐碱化,因不适当兴修水利而引发土壤沼泽化,再加上战争的肆虐与水旱灾害,使农业较发达的地区,如古代地中海沿岸、中东和非洲北部、印度北部和我国西北部等地区都变成了不毛之地。[①]

(2)环境问题局部发展阶段,又称近代环境问题阶段,即从工业革命开始至20世纪70年代。

工业革命大大提高了社会生产力,增强了人类利用与改造自然环境的能力。人口成倍的增长和向城市集中,加剧了对环境的破坏,同时,伴随工业生产与消费过程,人们不断向环境排放了大量的废气、废水与废渣。人类以自身为中心,全面地妄图征服自然,掠夺资源,主宰环境,人类活动对环境的干预与作用已经远远超过了环境的承载能力与自净能力,从而大规模地改变了环境的组成与结构,引发了种种环境问题。尤其是第二次世界大战以后,工业飞速发展,资源消耗量急剧增加,震惊世界的八大公害事件[②]接连发生,加上农药、化肥、放射性物质的大量使用,出现了农药、放射性污染等。

(3)环境问题全面发展阶段,又称当代环境问题阶段,即从20世纪80年代起至今。

西方国家在经历了工业革命中所带来的环境问题后,开始加强了对环境污染的治理,大量环境方面的法律法规出台,环境条件有所改善。然而,伴随全球物质循环与能量流动,加之世界两极分化现象的加剧,全球性的环境问题逐渐形成,并日益严重地威胁着全人类的生存与发展。这一时期,以1992年召开的联合国环境与发展会议为标志,是全球性环境问题大爆发的阶段。20世纪80年代以来,现代环境问题引起的全球性的环境危机,最为严重的问题有:臭氧层破坏、酸雨、温室效应、突发性环境污染事故

---

① 王翊亭等编:《环境学导论》,清华大学出版社1985年版,第2页。
② 世界八大公害事件是指1930年比利时马斯河谷烟雾事件、1948年美国多诺拉镇烟雾事件、20世纪40年代初美国洛杉矶光化学烟雾事件、1952年伦敦毒雾事件、1961年日本四日市哮喘病事件、20世纪60年代日本水俣病事件、1955—1972年日本痛痛病事件、1958年日本米糠油事件。

和大规模的生态破坏等。

2002 年 5 月,联合国环境规划署发布了 1000 多名科学家联合撰写的 2002 年度《全球环境展望》,对 1972 年以来的全球环境状况给予了评估,并对未来 30 年世界环境与发展趋势进行了预测与判断。由此可见,"环境问题已经从一个无足轻重的小问题变成了全球政治议程中的一个中心问题"。[①] "我们不能再保持漠不关心的态度了,也不能再假设环境可以自己照顾自己,摆在我们面前的是一项艰巨的任务,这就是确保地球和人类社会能够拥有一个可以持续发展的未来。"[②]

二、环境保护法的概念和特点

(一)环境保护法的概念

环境保护法,作为一门新兴的且不断发展变化的学科,在世界各国法学界有着不同的称呼,甚至就算在同一国家的不同时期也有不同的名称。除了大多数国家称为"环境法"或"环境与资源保护法"外,还有许多称谓,比如,在日本被称为"公害法""国土法",在西欧被称为"污染控制法""自然资源法",在苏联被称为"自然保护法",在我国,学界同时流行"环境保护法""环境法""环境与资源保护法""生态法"等名称。本书取我国现行立法的名称,称之为"环境保护法"。

环境保护法是指为了协调人与自然的关系,保护人体健康,实现社会的可持续发展,调整因保护和改善环境,合理利用自然资源,防治污染和其他公害而产生的社会关系的法律规范的总称。

对于这一定义,我们可以从以下几个方面来理解:

1. 环境保护法是调整环境社会关系的法律规范。

作为环境保护法调整对象的"环境社会关系",是我国学者提出的一个新概念,它是"以人类——环境关系为其产生的基础,为区别于其他社会关系"。[③] 实质上,关于环境法的调整对象,学界争论一直较大。其争议的焦点主要集中于这样一个命题:环境保护法是否调整人与自然之间的关系?大多数学者认为,环境保护法与其他部门法一样,只调整人与人之间的社会关系,但又通过人与人之间的关系来防止人类活动造成对环境的损害,从而体现人与自然的关系。自然无法成为法律上的主体,因为其无法承受法律所设定的权利与义务。持此种看法的学者还引证了马克思对此的经典表述:"人们在生产中不仅仅同自然界发生关系。他们如果不以一定方式结合起来共同活动和互相交换其活动,便不能进行生产。为了进行生产,人们便发生一定的联系和关系,只有在这些

---

① 《保护环境 善待生命——环保问题百年回顾》,载《参考消息》1999 年 12 月 28 日第 1 版。
② 转引自《参考消息》1999 年 9 月 26 日第 7 版。
③ 吕忠梅:《环境法》,法律出版社 1997 年版,第 40 页。

社会联系与社会关系的范围内,才会有他们对自然界的关系,才会有生产."[1]也有学者认为:"环境法调整的是一种特定的社会关系,即因环境而产生的社会关系。可以把这种社会关系简称为环境社会关系。这种社会关系始终离不开环境或对环境有影响的人为活动,始终以环境为媒介。因此,环境社会关系是人与人的关系和人与环境关系的综合,调整环境社会关系实际上包括调整人与人的关系和人与环境的关系两个方面."[2]我们赞成第二种观点。理由在于,从总体上看,调整人与自然的关系,是基于环境保护法的目的、任务、作用和功能;调整人与人的关系,是为了调整人与自然的关系的需要,是实现人与自然和谐相处的途径与手段。因而,调整人与人的关系反映了包括环境保护法在内的法的共性,而调整人与自然的关系则映射出环境保护法的特性。

2. 环境保护法调整的社会关系具有特定的范围。

环境保护法调整的是一种特定的社会关系,即人们在保护与改善生活环境与生态环境,合理利用自然资源,防治污染和其他公害而产生的社会关系,即环境社会关系。这种社会关系主要包括两个方面:第一,同保护、合理开发与利用自然环境有关的各种社会关系;第二,同防治各种废弃物对环境的污染和防治各种公害如振动、噪声、电磁辐射等有关的社会关系。然而,值得注意的是,这种社会关系是一种有限的社会关系,并非所有与环境有关的法律都是属于环境保护法的内容。以土地资源为例,与土地有关的法律包括调整土地所有权、使用权、管理权、租赁权、保护权的民法、行政法、刑法等。显然,环境保护法只调整其中的土地资源保护关系,即调整因合理开发利用土地资源,防止破坏与污染资源的社会关系。可以说,环境社会关系始终离不开环境或与环境有关影响的人为活动,始终以环境为其媒介。

3. 环境保护法与经济法在内容上关系密切,是以实现可持续发展,建构和谐社会为其宗旨的。

经济法是克服市场失灵与政府失灵的最优法律部门,通过公权介入与私权介入的调整方法对社会经济生活进行适度干预与有效干预,从而实现资源优化配置。在经济法体系中,可持续发展法律制度是其重要组成部分。所谓可持续发展法律制度,是指"一国以实现人类的共同持续发展为目标,以追求有限资源的代内和代际公平分配为核心而建立起来的具有不同法律效力和立法层次,涉及经济、社会、人口、资源、环境和科技等领域的一系列法律、法规的有机组合体系",[3]其是以一国宪法为基础,以环境保护法为主体,辅之以经济、人口、科技、社会等部门法的有机整体。因而,环境保护法与经济法在内容上关系密切,[4]其目标在于使经济、社会、环境相互协调,实现可持续发展,

---

① 《马克思恩格斯全集》第 6 卷,人民出版社 1961 年版,第 486 页。

② 蔡守秋:《环境法教程》,法律出版社 1995 年版,第 16 页。

③ 李昌麒主编:《经济法学》,中国政法大学出版社 2011 年版,第 414 页。

④ 环境保护法属于一个独立的法律部门,在法学界已属定论。但由于环境保护法在基本理念与具体制度上,仍然与经济法关系密切,因而,国内不少经济法教材都包含了环境保护法的内容。全国司法考试统编教材也持此种观点,将环境保护法相关内容纳入到经济法体系之中。

从而促成人与自然的和谐相处。

4. 环境保护法是指一切调整环境社会关系的法律规范的总称。

环境保护法不是某个法律规范、某项法律规定或者某个环境法规,而是有关调整环境社会关系的一系列法律规范的综合体。它包括由全国人民代表大会制定的《宪法》中有关环境保护的规范,由全国人民代表大会常务委员会制定的《环境保护法》,以及各种污染防治与自然资源保护单行法;也包括国务院制定的环境保护行政法规和国务院各部委(局)发布的环境保护规章;还包括各省级人民代表大会及其常务委员会、省级人民政府所在地的市和经国务院批准的较大的市人民代表大会及其常务委员会,以及经全国人民代表大会授权的经济特区人民代表大会及其常务委员会制定的地方性环境保护法规;还包括地方人民政府依法发布的地方性环境保护规章和具有普遍约束力的环境保护命令和决定等。

(二)环境保护法的特点

环境保护法作为一个独立的法律部门,除具有法律的共性外,还具有自身的一些明显特征。①

1. 综合性

环境问题的综合性、保护对象的广泛性和保护手段的多样性,决定了环境保护法是一个高度综合化的法律;而相关法律的交叉与相关学科的渗透,则为这种综合性奠定了坚实的基础。

其综合性具体表现在:第一,环境保护法保护的对象相当广泛,既包括自然环境要素、人为环境要素,又包括整个地球的生物圈;第二,法律关系主体广泛,不仅包括一般法律主体的公民、法人及其组织,也包括国家乃至全人类,甚至包括尚未出生的后代人;第三,保护手段多样化,存在直接"命令——控制"式、市场调节式、行政指导式等多元机制相结合的多种方式;第四,从法律规范的性质来看,既有行政、民事和刑事等实体法规范,也有与之相对应的行政诉讼、民事诉讼和刑事诉讼等程序法规范;第五,环境保护监督管理机关除了县级以上人民政府环境保护行政主管部门外,还包括诸如海洋、海事、港监、渔业、渔政、军队、公安、交通、铁道、民航以及土地、矿产、农业、林业、水利等多个依法实施环境监督管理权的行政主管部门,涉及的社会关系相当复杂。

2. 技术性

由于环境保护法不仅协调人与人的关系,也协调人与自然的关系,因此环境保护法需要不仅反映社会经济规律与自然生态规律,还反映人与自然相互作用的规律。现代环境问题是经济问题、社会问题,更是生态问题。既然环境保护工作是一项科学技术性很强的工作,那么,作为解决环境问题、为环境保护服务的环境保护法就必须与环境科

---

① 这些特点是与其他法律部门相比较而言的,只是表现更为明显,或者说在具体内容上有所不同而已。

学技术相结合,必须体现自然规律特别是生态科学规律的要求。概言之,环境保护法的技术性,表现在环境保护法的立法中,经常大量直接对技术名词的术语赋予法律定义,并将环境技术规范作为环境法律法规的附件,使其具有法律效力。

3. 社会性

环境保护法立志于解决环境问题,协调人与自然的关系,这是任何社会、任何国家、任何民族都面临的现实,而并非不同阶级、利益集团对立冲突与矛盾调和的结果,它不因阶级性的差异而有所不同。保护好环境,既对发达国家、执政阶级、管理阶层和当代人有利,也对发展中国家、非执政阶级、被管理层和后代人有益。环境保护法所关注和规范的是社会公共利益和保障基本人权,它代表人类的共同利益,侧重于社会领域的法律调整。同时,作为公益性的表现形式与必然结果,各国环境保护法有着许多共同的、可以借鉴的内容,必然符合整个社会和整个人类的利益,可以说,环境保护法就是一部以社会利益、人类利益为本位的法。因此,环境保护法具有比较明显的社会性。

三、环境保护法的体系

在各部门法学中,环境保护法形成独立的法律部门和建立起完备的法律体系,在时间上都晚于其他的法律部门,但由于其涉及的社会关系复杂,调整的对象广泛,因而注定了它的法律文件在数量上要大大多于其他法律部门。可以说,环境保护法就是一个由庞大数量的法律规范所组成的一个部门法。

(一)环境保护法的体系

所谓环境保护法的体系,是指由相互联系、相互补充、相互制约,旨在调整因开发、利用、保护、改善生活环境和生态环境的过程中所发生的社会关系的法律规范和其他法律渊源所组成的系统。它不是现行环境保护法律法规的简单相加,而是按照不同法律文件的层次、级别、内容与功能而进行的系统安排与组合。

实际上,从不同的角度,可以将环境保护法体系分为法律规范体系、法规体系、现行体系、目标体系和学术体系等。其中,环境法律现行体系和目标体系,是从时间角度对环境保护法体系的分类。前者是就目前的环境保护法状况而言的,是指由现有环境保护法律规范或法规所组成的系统;而后者是就将来的环境保护法的状况而言的,是指按照国家的立法规划或计划在一定时期内建成的体系。现行体系一般不够完善,而目标体系仅仅是一种规划与设想。学术体系是指专家学者从学术理论探讨的角度提出的环境保护体系。[1] 本书对环境法的体系分析,主要是从环境保护法律规范体系这一角度展开的。

---

[1] 蔡守秋主编:《环境资源法学》,人民法院出版社 2003 年版,第 35 页。

(二)我国的环境保护法体系

我国环境保护法体系是以宪法关于环境保护的规定为基础,以综合性的环境保护基本法为核心,其他相关部门法关于环境保护的规定为补充,包括污染防治、环境保护、资源管理、纠纷处理、损害救济等内容的法律、法规、制度、标准的完备体系。现分述如下:

1.宪法中有关环境保护的法律规范

现代各国,在根本大法《宪法》中大都设置了环境保护规范,明确规定保护环境和防治污染是国家的根本政策,是国家机关、社会组织和公民个人的义务。我国《宪法》第26条也规定:"国家保护和改善生活环境和生态环境,防治污染和其他公害。"此外,宪法的一些其他条款也有关于环境保护的规定,这些规定是我国环境保护法律、法规的立法依据。

2.综合性环境保护基本法

在环境保护法的体系中,这一层次的法律是适应环境要素的相关性、环境问题的复杂性和环境保护对策的综合性等需要而出现的,是国家对环境保护的方针、政策、原则、制度和措施的基本规定,其特点是原则性和综合性的法律规范。[①] 这类环境保护法在整个环境保护法体系中占有核心地位,其效力仅次于宪法,具有重要的地位和不可替代的意义。我国现行的环境保护法是2014年修订的《中华人民共和国环境保护法》。该法对我国的环境保护的重要问题进行了较为全面的规定,如规定了环境保护法的目的与任务、环境保护的对象、我国环境保护法应当采用的基本原则和基本制度、保护自然环境的基本要求与开发利用环境资源者的法律义务、防治环境污染的基本要求和相应义务、环境保护的监督管理体制、单位和个人的环境权利与义务、违反环境保护法的法律责任等等。新修订的《环境保护法》以法律形式确立了"保护环境是国家的基本国策";首次将"生态保护红线"写入法律;建立公共检测预警机制,出台针对性规定治理雾霾;加大违法排污处罚力度,按日计罚无上限;去除以往限期补办环评手续的规定;明确规定环境公益诉讼制度,并扩大诉讼主体范围;还设立专章规定信息公开与公众参与,加强公众对政府和排污单位的监督。

《环境保护法》的修订与实施,对于促进我国环境资源法体系的完备,推进我国的环境保护工作,意义重大。

3.环境保护单行法律、法规

环境保护单行法律、法规,是相对综合性环境法律而言的,专门对某种环境要素或对合理开发、利用和保护、改善环境的某个方面的问题做出规定的法规。它是综合性环境保护法律基本法的具体化,数量相当多,涉及生活的方方面面,在整个环境保护法律体系中占据着重要的地位。按其调整的环境社会关系的不同可以将其分为以下几类:

---

① 韩德培主编:《环境保护法教程》,法律出版社2015年版,第55页。

（1）环境污染防治单行法律、法规。主要包括《大气污染防治法》《水污染防治法》《海洋环境保护法》《环境噪声污染防治法》《固体废物污染环境防治法》《清洁生产促进法》《环境影响评价法》《防沙治沙法》等。为使这些单行法具体化与便于实施，国务院和有关部委（局）还相应制定了相关实施细则、条例或规章，如《大气污染防治实施细则》《水污染防治实施细则》《淮河流域水污染防治暂行条例》《防治陆源污染物污染损害海洋环境管理条例》《防治海岸工程建设项目污染损害海洋环境管理条例》《海洋石油勘探开发环境保护管理条例》等。

（2）自然资源保护单行法律、法规。这类单行法律、法规，一般都采取了与自然资源管理法律规范合并在一个法律文件中的立法模式。亦即其内容，既包括保护某种自然资源的法律规范，同时又含有对该自然资源的所有权、使用权与经营权的法律规范。①如《森林法》《水法》《土地管理法》《渔业法》《矿产资源法》《草原法》《水土保持法》《野生动物保护法》等。此外，为使这些单行法具体化以便于实施，国务院和有关部委（局）还相应制定了相关实施细则、条例或规章，如《取水许可制度实施办法》《土地管理法实施条例》《土地复垦规定》《基本农田保护条例》《森林法实施细则》《森林和野生动物类型自然保护区管理办法》《水生野生动物保护实施条例》等。

4. 环境标准

在环境保护法体系中，有一个特殊的又是不可缺少的组成部分，就是环境标准。它是指为了防治环境污染，维护生态平衡，保护人体健康和社会物质财富，根据环境保护工作中需要统一的各项技术规范和技术要求，依法制定的各种标准的总称。环境标准是一个庞大的系统，在加强环境监督管理、控制环境污染和破坏、改善环境质量和维护生态平衡等方面具有重要的意义。

我国的环境标准分为国家环境标准、地方环境标准和环境保护部标准（也称环境保护行业标准）三级，由环境质量标准、污染物排放标准、环境监测方法标准、环境标准样品标准和环境基础标准五类所构成，如《环境空气质量标准》《城市区域环境噪声标准》《污水综合排放标准》《农药安全使用标准》《生活饮用水卫生标准》《渔业水质标准》《摩托车和轻便摩托车噪声测量方法》《水质 COD 标准样品》《制定大气污染物排放标准的技术原则和方法》等。

5. 其他部门法中关于环境保护的法律规范

环境保护法涉及的社会关系复杂，尽管专门的环境保护法数量较多，但仍不足以调整所有的环境社会关系。因此，在其他部门法中，也包含有不少关于环境保护的法律规定。这些规定，既体现了环境保护法综合性的特点，同时也反映了法律生态化的趋势。如，《民法通则》中关于相邻关系的规定，关于使用自然资源者有保护、合理利用义务的规定，关于污染环境造成他人损害应当承担侵权责任的规定，关于适用自然资源

---

① 从这个角度上讲，自然资源保护的单行法律法规，既属于环境保护法中的单行法，同时又具有经济法中的自然资源管理法的性质。

破坏的诉讼时效的规定等;《刑法》中关于"破坏环境资源保护罪"的规定;经济法中关于指导外商投资方向与防止污染转嫁的规定;行政法中关于危险物品的管理,关于进出口商品检验的规定等。

6. 我国参加和批准的国际法中的环境保护规范

环境保护是一个全世界的共同话题。目前,世界上已经存在许多有关环境保护的条约与协定。为加强环境保护领域的国际合作,维护全人类的共同利益,我国先后缔结或参加了一系列的国际环境保护规范。这些我们已经参加并已对我国生效的一般性国际条约中的环境保护规范和专门性国际环境保护条约中的环境保护规范,包括我国参加或缔结的有关环境资源保护的双边、多边协定和国际条约及履行这些协定和条约的国内法律等,都属于我国环境保护法体系的组成部分。

目前,我国参加的重要的环境保护国际条约有:《联合国海洋法公约》《控制危险废物越境转移及其处置巴塞尔公约》《保护臭氧层维也纳公约》《联合国气候变化框架公约》《联合国生物多样性公约》《南极条约环境保护议定书》等。值得注意的是,这些国际环境保护条约,只能通过国内法加以规定才能得以贯彻与实施,执法、司法部门也不应当直接引用这些国际条约作为解决环境保护纠纷的依据。

第二节　环境保护法的基本原则

一、概述

环境保护法的基本原则集中体现了环境保护法的根本价值与基本原理,是贯穿整个环境保护法的灵魂之线。确立与贯彻实施环境保护法的基本原则,对于加强环境保护领域的法制建设,增强社会大众环境执法守法意识,实现可持续发展,促进人与自然的和谐相处具有十分重要的意义。因而,只有认真掌握环境保护法的基本原则,才能深刻领悟环境保护法的精神实质,才能进一步认知环境保护法中各项具体法律制度与具体规定的价值所在。同时,环境保护法的基本原则作为环境保护法的目的与环境保护法具体制度、具体规则之间的桥梁,可以有助于防止与消除环境法律制度和规则的内部矛盾,增强环境法制的统一性,立法者也可以通过对环境保护法基本原则的把握,明确环境立法更新与完善的目标、要求和方向,从而有利于环境保护法目的和任务的实现。

二、环境保护优先原则

(一)环境保护优先原则的概念

环境保护优先原则,是指在处理经济建设、社会发展与生态环境保护的关系上,树立环境保护优位的指导思想,当环境利益与其他利益发生冲突时,应当优先考虑环境保护。在先前"环境保护与经济、社会发展相协调原则"的指导下,当环境保护与经济建设、社会发展发生冲突时,往往让位于后者。现实生活中"协调发展原则"异化为"经济优先原则"的代名词,导致环境保护陷入说起来重要、做起来次要的尴尬境地。面对环境保护工作中的困境,2014年修订的《环境保护法》第5条就明确规定:"环境保护坚持保护优先、预防为主、综合治理、公众参与、损害担责的原则。"新环境保护法中有关生态红线制度、环境保护目标责任制和考核评价制度等规定,都体现出了环境保护优先的基本理念。

鉴于我国生态破坏和环境污染的形势愈发严峻,从长远看来,确有必要将协调发展原则调整为环境保护优先原则,而且该原则也是当今世界环境保护法的发展趋势。[1]将"环境保护优先"作为环境保护法的基本原则,把环境保护放在比经济社会发展更加优先的次序,有助于改善以牺牲环境资源发展经济的现状。新《环境保护法》虽然没有明确规定决策的"环境优先"原则,但一改旧法"环境保护工作同经济建设和社会发展相协调"规定中将环境保护置于经济与社会发展次要地位的顺位,体现了决策中将环境保护的考虑置于优先地位的思想。[2]

(二)环境保护优先原则的贯彻

我国贯彻环境保护优先的观念可追溯至2006年国务院通过的《国民经济和社会发展第十一个五年规划纲要》,其中提及限制开发区域发展方向要"坚持保护优先、适度开发、点状发展"。在随后《国民经济和社会发展第十二个五年规划纲要》的第二章也提出"坚持把建设资源节约型、环境友好型社会作为加快转变经济发展方式的重要着力点",制定了环境保护主要目标、加强重点领域环境风险防控、完善环境保护基本公共服务体系等工作框架。除了在这些规范性文件中有所体现,我国的环境立法中也有关于环境保护优先原则的规定。2009年颁布的《海岛保护法》第3条第1款规定:"国家对海岛实行科学规划、保护优先、合理开发、永续利用的原则。"

将环境保护规划纳入国民经济和社会发展计划,是我国贯彻环境保护优先原则的一个重要途径,在环境保护与经济增长的问题上综合平衡、统筹兼顾,全面考虑后做出科学决策。新《环境保护法》第13条对此做了具体规定:"县级以上人民政府应当将环境保护工作纳入国民经济和社会发展规划。国务院环境保护主管部门会同有关部门,根据国民经济和社会发展规划编制国家环境保护规划,报国务院批准并公布实施。县级以上地方人民政府环境保护主管部门会同有关部门,根据国家环境保护规划的要求,

---

[1] 例如《欧盟条约》中确立的"高级保护原则",1969年美国的《国家环境政策法》第1、2条规定,2002年俄罗斯的《俄罗斯联邦环境保护法》第3条规定,都体现出环境保护优先的基本原则。周珂主编:《环境与资源保护法》,中国人民大学出版社2015年版,第29页。

[2] 汪劲主编:《环境法学》,北京大学出版社2014年版,第107页。

编制本行政区域的环境保护规划,报同级人民政府批准并公布实施。环境保护规划的内容应当包括生态保护和污染防治的目标、任务、保障措施等,并与主体功能区规划、土地利用总体规划和城乡规划等相衔接。"从源头上控制生态破坏和环境污染,建立起科学的决策机制,在强化环境管理的过程中坚持环境保护优先,实现经济社会与环境保护的真正协调发展。

三、预防为主、防治结合、综合治理的原则

(一)预防为主、防治结合、综合治理的原则的概念

预防为主、防治结合、综合治理的原则,简称"预防原则",是指采取各种预防措施,对环境问题防患于未然;对已产生的污染积极进行治理;在治理环境问题时,要正确处理防与治、单项治理与区域治理的关系,综合运用各种预防手段治理污染、保护和改善环境。这项原则,充分说明了预防与治理的关系,确定了治理环境问题的途径和方式。

实行预防原则,主要是由环境问题本身的特点决定的。该原则可以说是国内外环境保护事业经验教训的科学总结。从国际上看,西方工业国家大多走过了一条"先污染后治理""先破坏后整治""先开发后保护"的道路,并为此付出了高昂的代价。我国以此为前车之鉴,将预防原则确立为环境保护法的一项基本原则,具有重要意义。

(二)预防为主、防治结合、综合治理的原则的贯彻

预防原则在我国环境保护法的体系中有充分的体现。从 20 世纪 70 年代开始,我国的环境保护工作便将该原则作为防治污染的重要方针,事前预防与事中监督、事后治理相结合,并优先采用防患于未然的措施。[①] 2014 年修订的《环境保护法》进一步体现了该原则的要求,从外部检测到内部管理规定了整套制度,例如,该法第 19 条规定:"编制有关开发利用规划,建设对环境有影响的项目,应当依法进行环境影响评价。未依法进行环境影响评价的开发利用规划,不得组织实施;未依法进行环境影响评价的建设项目,不得开工建设。"此外,各种环境保护单行法中也有相关的规定,如,《水土保持法》以保护和合理利用水土资源、改善生态环境为其重要立法目的,该法第 3 条规定:"水土保持工作实行预防为主、保护优先、全面规划、综合治理、因地制宜、突出重点、科学管理、注重效益的方针。"

预防原则是现代环境保护法的灵魂。贯彻预防原则的具体要求就是要建立以预防为主的环境保护责任制度,对工业和农业、城市和乡村、生产和生活、经济发展与环境保护等各个方面的关系作通盘考虑,进行全面规划,合理布局,并因地制宜,充分发挥各地区的优势,有效利用各种资源;同时,严格执行环境影响评价制度和"三同时"制度,加强

---

① 信春鹰主编:《〈中华人民共和国环境保护法〉学习读本》,中国民主法制出版社 2014 年版,第65 页。

对规划与建设项目的环境保护管理;采取综合措施积极治理已经产生的环境污染和破坏,加强城市与农村环境的综合整治。

四、污染者付费、利用者补偿、开发者养护、破坏者恢复的原则①

(一)污染者付费、利用者补偿、开发者养护、破坏者恢复的原则的概念

污染者付费、利用者补偿、开发者养护、破坏者恢复的原则是确定造成环境污染和环境破坏的危害后果和不利影响的责任归属的基本原则。该原则内容包括:排污者承担污染环境造成的损失及治理污染的费用,而不能转嫁给国家与社会;开发利用资源者应当按照国家有关规定承担经济补偿的责任;开发利用环境资源者不仅有依法开采自然资源的权利,同时也有保护环境资源的义务;因开发环境资源而造成环境资源破坏的单位和个人,对其负有恢复整治的责任。这项原则最充分地体现了环境保护所必须遵循的市场经济原则,是作为环境保护法重要法理学依据的民法原则的延伸。

当前,我国环境形势相当严峻,而管理不严和管理不善是重要的原因之一。这项原则明确了企业、事业单位治理环境污染和生态破坏的责任,有利于提高其防止环境污染和生态破坏的责任感,促使其增强环境管理的自觉性,实现经济增长方式由粗放型向集约型转变,②同时,有利于推动企事业单位积极采取措施治理污染与破坏,促进其对自然资源的合理利用;而且,坚持该原则,体现了社会的公平与正义的理念,并可以有效拓宽资金渠道,从而为环境保护事业筹集到治理环境污染和恢复生态环境的资金。

(二)污染者付费、利用者补偿、开发者养护、破坏者恢复的原则的贯彻

我国《环境保护法》第42条规定:"排放污染物的企业事业单位和其他生产经营者,应当采取措施,防治在生产建设或者其他活动中产生的废气、废水、废渣、医疗废物、粉尘、恶臭气体、放射性物质以及噪声、振动、光辐射、电磁辐射等对环境的污染和危害。排放污染物的企业事业单位,应当建立环境保护责任制度,明确单位负责人和相关人员的责任。"该法第43条规定:"排放污染物的企业事业单位和其他生产经营者,应当按照国家有关规定缴纳排污费。排污费应当全部专项用于环境污染防治,任何单位和个人不得截留、挤占或者挪作他用。依照法律规定征收环境保护税的,不再征收排污费。"第64条还规定:"因污染环境和破坏生态造成损害的,应当依照《中华人民共和国侵权责任法》的有关规定承担侵权责任。"在各环境污染单行法中,该原则也得到了充分的体现。

贯彻污染者付费、利用者补偿、开发者保护、破坏者恢复的原则,就是要建立环境保护责任制度,地方政府切实对环境质量负责,以责任书的形式,具体落实到企业事业单

---

① 2014年新环保法将其确定为损害担责原则。

② 韩德培主编:《环境保护法教程》,法律出版社2015年版,第75页。

位,并相应建立健全单位的环境保护责任制和考核制度;加强对超标排放污染物单位的管理,切实加大限期治理的力度;强化环境保护的监督管理,严格执行环境影响评价制度和"三同时"制度,综合运用经济手段,如征收排污费、资源费、环境保护税、资源税和生态环境补偿费等经济杠杆,促使污染者、破坏者积极治理污染和保护生态环境。

五、公众参与原则

(一)公众参与原则的概念

公众参与原则,是民主主义思想在环境保护领域的体现,它有利于实现环境资源的公共利益,协调多元化主体的利益冲突,是公众参与国家民主管理的表现。环境质量的好坏,直接关系到每个人的生活质量和追求幸福生活的权利。现代文明的发展,肯定了人类有权在能够过有尊严和有福利的生活的环境中,享有自由、平等和良好生活条件的基本愿望。这种保持清洁、舒适、优美环境的愿望,同时也符合人类的共同利益。因而,建立在公众参与基础之上的环境保护民主化,既是实现社会在环境保护领域公平与正义的基本要求,也是充分发扬民主,做好环境保护工作的一条重要途径。环境保护是一项公益事业,广大人民群众中既蕴藏着保护和改善环境的巨大潜力,同时也有保护和改善环境的强烈愿望,有参与环境管理的迫切要求,这是国内外的环境保护实践所证明了的。

(二)公众参与原则的贯彻

在我国,宪法和环境保护法都对公众参与原则做了相关规定。《宪法》规定:"中华人民共和国的一切权力属于人民。……人民依照法律规定,通过各种途径和形式,管理国家事务,管理经济和文化事业,管理社会事务。"由此,我国公民可以广泛参与国家的环境保护事业。2014年修订的《环境保护法》设立了信息公开和公众参与专章,明确公众的知情权、参与权和监督权,规定公民、法人和其他组织依法享有获取环境信息、参与和监督环境保护的权利。同时还完善了建设项目环境影响评价的公众参与,规定对依法应当编制环境影响报告书的建设项目,建设单位应当在编制时向公众说明情况,充分征求意见。《水污染防治法》中还具体规定了公众参与决策的程序:"环境影响报告书中,应当有该建设项目所在地单位和居民的意见"。其他环境保护法中也有类似的规定。这些都是公众参与原则的立法体现。

为了贯彻公众参与原则,一定要加强环境保护宣传教育,提高全民环境意识和增强全民法制观念,使广大群众认识到环境保护的重要性,把保护环境变为全民的自觉行动;定期发布环境状况公报,扩大和保障公众的知情权,切实发挥人民群众监督的作用;建立公众参与环境保护的制度,形成以群众举报制度、信访制度、环境影响评价民主参与制度、听证制度、新闻舆论监督制度为主要内容的公众参与制度,使公众和社会团体能够通过规范化的程序表达意见,对环境重大决策施加影响,从而保证决策的科学性与民主性。

第三节　环境保护法的基本制度

一、环境规划制度

(一)概述

环境规划是指为使环境与社会、经济协调发展,国家把"社会—经济—环境"作为一个复合生态系统,依据社会经济规律、生态规律和地学原理,对其发展变化趋势进行研究而对人类自身活动所做的时间和空间的合理安排。[①] 在环境保护中,规划有着重要作用,通过宏观调控与计划指导,其有利于强化环境管理,推动污染防治与生态保护,促进经济、社会与环境的协调发展。对环境规划的法律化与制度化就形成了一项综合性的先进的环境管理制度——环境规划制度。可以说,环境规划制度是环境规划的具体化与法律化,是通过立法对环境规划的编制、管理与实施等确立的一套规范体系。

我国《环境保护法》第 13 条规定:"县级以上地方人民政府环境保护主管部门会同有关部门,根据国家环境保护规划的要求,编制本行政区域的环境保护规划,报同级人民政府批准并公布实施。"从而,在立法上确定了环境规划制度为我国环境保护法的一项基本制度。

(二)环境规划的分类和内容

环境规划制度作为环境保护法中的一项基本制度,受到了世界各国的充分重视与广泛运用。根据具体情况的不同,各国或地区在环境规划上又都呈现出了差异性。综观各种环境规划,大致可以分为以下几类:

1. 按规划的时间长短来分,可分为短期环境规划、中期环境规划和长期环境规划。通常,短期环境规划是以 5 年为限,是具体落实长期规划、中期规划的行为计划;中期环境规划以 15 年为限;长期环境规划则是以 20 年、30 年、50 年为限。

2. 按规划的法定效力来分,可分为强制性规划和指导性规划。

3. 按规划的性质来分,可分为土地利用规划、污染控制规划和国民经济整体规划。[②]

---

① 全国司法考试统编教材(第一卷),第 368 页。
② 全国司法考试统编教材(第一卷),第 368 页。

(三)环境规划的编制程序

1. 调查研究,摸清情况。要编制一项具有科学性与指导性的规划,首先就需要对所规划对象进行相应的调查研究,只有通过周密细致的调查,摸清规划对象本身现状及与外界事物的联系,才能做出科学的判断与决策。

2. 综合比较,研究规律。在调查的基础上,编制规划者需要对现状与历史进行综合比较,其目的在于总结各方面的经验教训,从中发现规律性并进行相应的研究,从而用以指导规划的制订。

3. 导向预测,科学判断。在基础性工作完成的前提下,编制规划者可以根据自我的认识,预测环境的发展趋势和防治的可能性,并做出科学判断。

4. 拟制方案,指导实践。根据规模预测结果和现实条件,拟定实现目标的不同备选方案,并确定主要污染物的目标削减量。

5. 系统分析,择优决策。根据经济、社会和环境协调发展的原则,进行近期与远期的全面考虑,统一部署,兼顾全局和局部利益,择优选择方案,以保证经济、社会发展和环境保护工作的全面开展。

二、清洁生产制度

(一)概述

清洁生产的概念最早可追溯到 1976 年欧洲共同体在巴黎召开的"无废工艺和无废生产的国际研讨会",提出协调社会和自然的相互关系应主要着眼于消除造成污染的根源,而不仅仅是消除污染引起的后果。后来,许多国家都推行了这一政策。[①] 我国《清洁生产促进法》第 2 条规定:"清洁生产是指不断采取改进设计、使用清洁的能源和原料、采用先进的工艺技术与设备、改善管理、综合利用等措施,从源头削减污染,提高资源利用率,减少或者避免生产、服务和产品使用过程中污染物的产生排放,以减轻或者消除对人类健康和环境的危害。"清洁生产制度则是有关清洁生产各环节、内容和措施的法定化、正规化和制度化。

目前,我国绝大多数省、自治区、直辖市都开展了清洁生产工作,普遍取得了良好的经济效益与环境效益。事实证明,推行清洁生产制度,可以从根本上减轻因经济发展的过快而给环境带来的巨大压力,从而减少与降低生产服务活动中对环境的不良影响,实现经济效益、环境效益与社会效益的有机统一。

---

① 蔡守秋主编:《环境资源法学》,人民法院出版社 2003 年版,第 185 页。

（二）清洁生产的内容

1. 清洁生产的适用对象

我国《清洁生产促进法》第 3 条规定："在中华人民共和国领域内，从事生产和服务活动的单位以及从事相关管理活动的部门依照本法的规定，组织、实施清洁生产。"

2. 清洁生产的推行

在我国，清洁生产的推行实行政府主导模式，主要采取行政指导的方式开展工作。相关内容主要包括：

（1）清洁生产规划制度。国务院应当制定有利于实施清洁生产的财政税收政策。国务院及其有关行政主管部门和省、自治区、直辖市人民政府，应当制定有利于实施清洁生产的产业政策、技术开发和推广政策。县级以上人民政府经济贸易行政主管部门，应当会同环境保护、计划、科学技术、农业、建设、水利等有关行政主管部门制定清洁生产的推行规划。县级以上地方人民政府应当合理规划本行政区域的经济布局，调整产业结构，发展循环经济，促进企业在资源和废物综合利用等领域进行合作，实现资源的高效利用和循环使用。

（2）清洁生产信息制度。国务院和省、自治区、直辖市人民政府的经济贸易、环境保护、计划、科学技术、农业等有关行政主管部门，应当组织和支持建立清洁生产信息系统和技术咨询服务体系，向社会提供有关清洁生产方法和技术、可再生利用的废物供求以及清洁生产政策等方面的信息和服务。

（3）清洁生产技术创新、交流制度。国务院经济贸易行政主管部门会同国务院有关行政主管部门定期发布清洁生产技术、工艺、设备和产品导向目录。国务院和省、自治区、直辖市人民政府的经济贸易行政主管部门和环境保护、农业、建设等有关行政主管部门组织编制有关行业或者地区的清洁生产指南和技术手册，指导实施清洁生产。县级以上人民政府科学技术行政主管部门和其他有关行政主管部门，应当指导和支持清洁生产技术和有利于环境与资源保护的产品的研究、开发以及清洁生产技术的示范和推广工作。国务院教育行政主管部门，应当将清洁生产技术和管理课程纳入有关高等教育、职业教育和技术培训体系。

（4）清洁生产的环境标志制度。国务院有关行政主管部门可以根据需要批准设立节能、节水、废物再生利用等环境与资源保护方面的产品标志，并按照国家规定制定相应标准。

（5）严重污染环境的落后生产技术、工艺、设备和产品的限期淘汰制度。国家对浪费资源和严重污染环境的落后生产技术、工艺、设备和产品实行限期淘汰制度。国务院经济贸易行政主管部门会同国务院有关行政主管部门制定并发布限期淘汰的生产技术、工艺、设备以及产品的名录。

3. 清洁生产的实施

清洁生产的实施以企业为主，主要是通过对企业设置其在清洁生产方面的权利和义务来进行。企业既有依法采取清洁生产措施,提交清洁生产的有关报告、资料的义务,也有依法从政府获得清洁生产信息、资料和资金、技术援助的权利。主要包括两项制度:

(1)清洁生产审计制度。清洁生产审计是企业对生产全过程中每个单元操作的生产和排污情况进行定量审查,找出高消耗和排污的原因,然后提出对策,制订和实施预防方案。它是企业识别清洁生产机会的有效工具,是企业实行清洁生产的起点和核心。

(2)体系认证的制度。企业可以根据自愿原则,按照国家有关环境管理体系认证的规定,向国家认证认可监督管理部门授权的认证机构提出认证申请,通过环境管理体系认证,提高清洁生产水平。

4.清洁生产的经济刺激

国家建立清洁生产表彰奖励制度。对在清洁生产工作中作出显著成绩的单位和个人,由人民政府给予表彰和奖励。对从事清洁生产研究、示范和培训,实施国家清洁生产重点技术改造项目列入国务院和县级以上地方人民政府同级财政安排的有关技术进步专项资金的扶持范围;对利用废物生产产品和从废物中回收原料的,减征或者免征增值税。企业用于清洁生产审核和培训的费用,可以列入企业经营成本。

三、环境影响评价制度

(一)概述

环境影响评价,亦称环境质量评估,是指在环境的开发、利用之前,对该项规划或建设项目的选址、设计、施工和建成后将对周围环境可能产生的影响、拟采取的防范措施和最终不可避免的影响所进行的调查、预测和评价,并制订防止和减少环境损害的最佳方案。环境影响评价制度则是有关环境影响评价的范围、内容、程序、法律后果等事项的法律规则系统。

环境影响评价制度属于环境质量评价的一个类型。一般而言,环境质量评价包括三类:一是对某区域过去的环境质量状况及其演变所作的"回顾评价",另一类是对某区域环境质量现状所作的"现状评价",第三类是对未来环境状况所作的"预断性评价"。显然,环境影响评价属于第三类。

传统的规划或建设项目决策,考虑的主要因素是经济效益与经济增长速度,什么事情都以经济建设为根本考虑。诚然,发展是硬道理,不发展就没有出路,不发展就会落后挨打,对此我国是有沉痛教训的,因此,必须坚持以经济建设为中心。但是,经济增长并不等于发展,经济增长往往忽略了其所产生的外部性,往往未将环境成本纳入核算体系中。2005年1月27日,评估世界各国和地区环境质量的"环境可持续指数"(ESI)在瑞士达沃斯世界经济论坛正式对外发布。在全球144个国家和地区中,中国位居第133位。这从一个侧面说明,中国的经济快速增长在很大程度上是以牺牲生态环境和消耗自然资源为代价而取得的。环境影响评价制度的设计正是对传统经济发展方式的改革,其宗旨是为了实现可持续发展的战略,从而有机地协调经济建设与环境保护。同时,该项制度在环境法律关系的调整中处于最初始的阶段,充分体现了环境保护法中"预防为主"的基本原则,坚持这项制度,就是要预防因规划或建设项目实施后对环境造成的不良影响,从而使规划者与开发建设者不仅要考虑经济效益,同时还要考虑规划或建设项目对周围环境的影响,促进经济、社会与环境的协调发展。

(二)环境影响评价制度的建立和发展

环境影响评价,最早是由美国的柯德尔教授提出的。1969 年,美国《国家环境政策法》把它作为联邦政府在环境管理中必须遵循的一项制度。以后,瑞典、澳大利亚、法国、新西兰、日本等国,也都建立了此项制度。

我国 1979 年颁布的《环境保护法(试行)》借鉴国外的做法,开始在立法上对这一制度做了规定。1989 年颁布的《环境保护法》第 13 条规定,建设项目的环境影响报告书,必须对建设项目产生的污染和对环境的影响做出评价,规定防治措施,经项目主管部门预审并依照规定的程序报环境保护行政主管部门批准。1981 年,我国《基本建设项目环境保护管理办法》颁行,对环境影响评价的基本内容和程序做了规定。1998 年 11 月 18 日,国务院审议通过了《建设项目环境保护管理条例》,根据该制度施行多年的情况,对环境影响评价的范围、内容、管理程序和法律责任等做了相应的修改、补充和更明确的规定,从而在我国确立了比较完整的环境影响评价制度。2002 年 10 月,第九届全国人大常委会第三十次会议通过了《环境影响评价法》,并于 2003 年 9 月 1 日起施行。《环境影响评价法》在规划程序和决策程序中统一考虑环境影响,扩大了公民的环境信息权与参与机会,实现了环境与经济发展的和谐,有利于社会的可持续发展。可以说,该法的颁布与实施是我国环境影响评价发展历史上的一个新的里程碑。

另外,在各种环境保护的专项立法中,如《海洋环境保护法》《大气污染防治法》《水污染防治法》《固体废物污染环境防治法》《环境噪声污染防治法》《野生动物保护法》中,也都对环境影响评价制度做了规定。

(三)环境影响评价的适用范围

根据我国《环境影响评价法》的规定,环境影响评价适用于中华人民共和国领域和中华人民共和国管辖的其他海域内对环境有影响的建设项目、流域开发、开发区建设、城市新区建设和旧区改建等区域性开发;编制建设规划时,应当进行环境影响评价。

国务院有关部门、设区的市级以上地方人民政府及其有关部门,对其组织编制的工业、农业、畜牧业、林业、能源、水利、交通、城市建设、旅游、自然资源开发的有关专项规划(以下简称专项规划),应当在该专项规划草案上报审批前,组织进行环境影响评价,并向审批该专项规划的机关提出环境影响报告书。专项规划的环境影响报告书应当包括下列内容:实施该规划对环境可能造成影响的分析、预测和评估;预防或者减轻不良环境影响的对策和措施;环境影响评价的结论。

同时,国家根据建设项目对环境的影响程度,对建设项目的环境保护实行分类管理:可能造成重大环境影响的,应当编制环境影响报告书,对产生的环境影响进行全面评价;可能造成轻度环境影响的,应当编制环境影响报告表,对产生的环境影响进行分析或者专项评价;对环境影响很小、不需要进行环境影响评价的,应当填报环境影响登记表。建设项目的环境影响报告书应当包括下列内容:建设项目概况;建设项目周围环境现状;建设项目对环境可能造成影响的分析和预测;环境保护措施及经济、技术论证;环境影响经济损益分析;对建设项目实施环境监测的建议;环境影响评价结论。另外,对水环境可能造成影响和可能产生环境噪声污染建设项目的环境影响报告书中,应该有该建设项目所在地单位和居民的意见。

建设项目的环境影响评价,应当避免与规划的环境影响评价相重复。作为一项整体建设项目的规划,按照建设项目进行环境影响评价,不进行规划的环境影响评价。已经进行了环境影响评价的规划所包含的具体建设项目,其环境影响评价内容建设单位可以简化。此外,根据2014年新《环境保护法》第14条的规定:"国务院有关部门和省、自治区、直辖市人民政府组织制定经济、技术政策,应当充分考虑对环境的影响,听取有关方面和专家的意见。"我国的政策环境影响评价开始起步,这对于提高决策的水平、促进可持续发展具有重要意义。

(四)环境影响评价和审批的程序

1. 专项规划的环境影响评价和审批的程序

专项规划的环境影响评价和审批的程序是:(1)编制专项规划的国务院有关部门、设区的市级以上人民政府及其有关部门,应当在该专项规划上报审批前,组织进行环境影响评价草案的编制。(2)专项规划的编制机关对可能造成不良环境影响并直接涉及公众环境权益的规划,应当在该规划草案报送审批前,举行论证会、听证会,或者采取其他形式,征求有关单位、专家和公众对环境影响报告书草案的意见,但是,国家规定需要保密的情形除外。(3)编制机关在报批规划草案时,将环境影响评价报告书一并附送审批机关审查,未附送环境影响报告书的,审批机关不予审批。

2. 建设项目的环境影响评价和审批的程序

建设项目环境影响评价的审批程序为:(1)环境影响评价文件中的环境影响报告书或者环境影响报告表,应当由具有相应环境影响评价资质的机构编制。(2)评价单位通过调查和评价制作环境影响报告书。(3)除国家规定需要保密的情形外,对环境可能造成重大影响、应当编制环境影响报告书的建设项目,建设单位应当在报批建设项目环境影响报告书前,举行论证会、听证会,或者采取其他形式,征求有关单位、专家和公众的意见。(4)建设项目的环境影响评价文件,由建设单位按照国务院的规定报有审批权的环境保护行政主管部门审批。建设项目有行业主管部门的,其环境影响报告书或者环境影响报告表应当经行业主管部门预审后,报有审批权的环境保护行政主管部门审批。

（5）建设项目的环境影响评价文件自批准之日起超过 5 年，方决定该项目开工建设的，其环境影响评价文件应当报原审批部门重新审核；原审批部门应当自收到建设项目环境影响评价文件之日起 10 日内，将审核意见书面通知建设单位。有下列情形的报国家环保总局审批：（1）跨省、自治区、直辖市界区的项目；（2）特殊性质的建设项目，如核设施、绝密工程等；（3）国务院审批的或者国务院授权有关部门审批的建设项目。对环境问题有争议的项目，其报告书（表）提交上一级环保部门审批。

为了严格执行环境影响评价制度，2014 年新《环境保护法》第 61 条规定："建设单位未依法提交建设项目环境影响评价文件或者环境影响评价文件未经批准，擅自开工建设的，由负有环境保护监督管理职责的部门责令停止建设，处以罚款，并可以责令恢复原状。"第 63 条规定："建设项目未依法进行环境影响评价，被责令停止建设，拒不执行的，尚不构成犯罪的，除依照有关法律法规规定予以处罚外，由县级以上人民政府环境保护主管部门或者其他有关部门将案件移送公安机关，对其直接负责的主管人员和其他直接责任人员，处十日以上十五日以下拘留；情节较轻的，处五日以上十日以下拘留。"[①]此外，对于环境保护主管部门或其他行政部门的工作人员，违反法律规定批准建设项目环境影响评价文件的，依法给予行政处分；若构成犯罪则要依法追究刑事责任。

四、"三同时"制度

（一）概述

"三同时"制度是指一切可能对环境有影响的建设项目，其环境保护建设必须与主体工程同时设计、同时施工、同时投产使用的环境法律制度。

"三同时"制度为我国所首创，是在总结我国环境管理实践经验基础上，为法律所确认的控制新污染源产生，实现"预防为主"原则的一项基本法律制度。这项制度在环境法律关系的调整时间顺序中，仅次于环境影响评价制度，与环境影响评价制度相辅相成，一起构成完整的建设项目环境资源管理制度，是贯彻环境资源法预防为主原则的支柱性制度。

"三同时"制度的意义在于：根据"预防为主"的原则，落实建设活动对环境产生影响的防治措施，防止新污染源或者破坏源的产生；并根据"以新带老"的原则，促进老污染或者破坏源的治理，保护建设项目建成后，所排放的污染物符合规定的排放标准，或者不对周围环境造成新的污染和破坏。[②]

---

① 关于承担法律责任的形式主要有：责令停止建设、处以罚款、责令恢复原状和行政拘留，而"责令限期补办手续"则不再适用。

② 韩德培主编：《环境保护法教程》，法律出版社 2015 年版，第 85 页。

(二)"三同时"制度的法律规定

我国的"三同时"制度,经历了一个形成和发展的过程。1972年国务院转批的《国家计委、国家建委关于官厅水库污染情况和解决意见的报告》中,提出"工厂建设与三废利用工程要同时设计、同时施工、同时投产"的要求。1973年经国务院批准的《关于保护和改善环境的若干规定(试行)》中,要求"一切新建、扩建和改建的企业,防治污染项目,必须和主体工程同时设计、同时施工、同时投产"。1979年颁布的《环境保护法(试行)》确认了该项制度。1989年颁布的《环境保护法》第26条规定:"建设项目防治污染的设施,必须与主体工程同时设计、同时施工、同时投产使用。防治污染的设计必须经原审批环境影响报告书的环境保护行政主管部门验收合格后,该建设项目方可投入生产或者使用。防治污染的设施不得擅自拆除或者闲置,确有必要拆除或者闲置的,必须征得所在地的环境保护行政主管部门同意。"1998年,国务院颁布的《建设项目环境保护管理条例》再度对"三同时"制度做了明确规定。2014年修订的《环境保护法》第41条规定:"建设项目中防治污染的设施,应当与主体工程同时设计、同时施工、同时投产使用。防治污染的设施应当符合经批准的环境影响评价文件的要求,不得擅自拆除或者闲置。"

1."三同时"制度的适用范围

中华人民共和国领域和中华人民共和国管辖的其他海域对环境有影响的建设项目需要配置环境保护设施的,必须适用"三同时"制度。具体说来,"三同时"制度的适用范围包括:新建、改建、扩建项目;技术改造项目;一切可能对环境资源造成污染和破坏的开发建设项目;确有经济效益的综合利用项目。

2."三同时"制度的实施程序

(1)设计阶段。建设单位在建设项目投入施工前,应当按照环境保护设计规范的要求,编制环境保护篇章,其内容包括:环境保护的设计依据,主要污染源和主要污染物及排放方式,计划采用的环境标准,环境保护设施及简要工艺流程,对建设项目引起的生态变化所采取的防范措施、绿化设计,环境保护设施投资概算等。依据经批准的建设项目环境影响报告书或者环境影响报告表,在环境保护篇章中具体落实防治环境污染和生态破坏的措施以及环境保护设施投资概算。

(2)施工阶段。建设项目的施工,环境保护设施必须与主体工程同时施工。施工过程中,应当保护施工现场周围的环境,防止造成不应有的环境污染与环境破坏,并接受环境保护行政主管部门的日常监督检查。建设项目竣工后,施工单位应当修正和恢复在建设过程中受到破坏的环境。

(3)竣工验收阶段。建设项目竣工后,建设单位必须按照《建设项目环境保护管理条例》和《建设项目竣工环境保护验收管理办法》的规定,向审批该建设项目环境影响报告书、环境影响报告表或者环境影响登记表的环境保护行政主管部门,申请该建设项目需要配套建设的环境保护设施竣工验收。环境保护设施竣工验收,应当与主体工程同时进行。分期建设、分期投入生产或者使用的建设项目,其相应的环境保护设施应当分期验收。建设项目需要配套建设的环境保护设施经验收合格,该建设项目方可投入生产或者使用。

五、排污收费制度

(一)概述

排污收费制度是指国家环境管理机关根据法律、法规的规定,对向环境排放污染物或者超过国家排放标准排放污染物的排污者,按照污染物的种类、数量和浓度,征收一定数额的费用的一项法律制度。2014 年修订的《环境保护法》第 43 条规定:"排放污染物的企业事业单位和其他生产经营者,应当按照国家有关规定缴纳排污费。排污费应当全部专项用于环境污染防治,任何单位和个人不得截留、挤占或者挪作他用。依照法律规定征收环境保护税的,不再征收排污费。"

这项制度体现了利用经济杠杆的手段调节经济发展与环境保护的关系,可以有效地促进污染治理和新技术的发展,从根本上改变了"污染治理,治理吃亏"的旧观念;同时,这项制度有利于促使排污单位加强经营管理,开展节约和综合利用环境资源,并为治理污染开辟了一条重要的资金积累渠道,从而增强了治理污染的能力。

(二)排污收费制度的法律规定

依据 2003 年 1 月国务院公布的《排污费征收使用管理条例》、国家环保总局等部门公布的《排污费征收标准管理办法》及《排污费资金收缴使用管理办法》,排污收费制度的主要法律规定有:

1. 征收排污费的对象

《排污费征收使用管理条例》规定,直接向环境排放污染物的单位和个体工商户应按条例规定缴纳排污费。其中,向城市污水集中处理设施排放污水、缴纳污水处理费用的,不再缴纳排污费。排污者建成工业固体废物贮存或处置设施、场所并符合环境保护标准,或者原有设施、场所经改造符合环保标准的,自建成或改造完成之日起,不再缴纳排污费。

排污者缴纳了排污费,并不免除其防治污染、赔偿污染损失和法律规定的其他义务和责任。

排污者在规定的期限内,未足额交纳排污费的,收缴部门责令其限期交纳,并从滞纳之时起加收千分之二的滞纳金。

2. 征收排污费的程序和方式

征收排污费按下列程序进行:排污单位向环境保护主管部门申报登记排放污染物的种类、数量和浓度;环境保护主管部门或其指定的监测单位进行核定;环境保护主管部门发出缴费通知单;排污单位在收到缴费通知单后向指定的银行缴付。

在排污单位自身监测的数据与环境保护主管部门监测的数据不一致时,应当以环境保护主管部门监测的数据或其指定单位的监测数据或经他们核准的数据作为收费的依据。

企业单位缴纳的排污费,可以从生产成本中列支。提高征收标准的部分,全民所有制企业在利润留成或企业基金中列支;实行"利改税、独立核算、自负盈亏"的全民所有制企业和集体所有制企业,在缴纳所得税后的利润中列支;事业单位缴纳的排污费,先从单位包干结余和预算外资金中开支,如有不足,可以从单位事业费中列支。

3. 排污费的管理与使用

根据《排污费征收使用管理条例》的规定,征收的排污费,纳入预算内,作为环境保护补助资金,按专项资金管理,不参与体制分成。

排污费的使用,必须坚持专款专用、先收后用、量入为出,不能超支、挪用。如有结余,可以结转下年使用。环境保护专项资金主要的拨款补助或者贷款贴息用于下列项目:重点污染源防治;区域性污染防治;污染防治新技术、新工艺的开发、示范和应用以及国务院规定的其他污染防治项目。

六、环境保护许可证制度

(一)概述

环境保护许可证制度,是指从事可能造成环境不良影响的活动之前,必须向有关环境管理部门提出申请,经审查批准,发放许可证,方可按许可证的规定进行该活动的一系列管理制度。许可证制度广泛适用于环境保护、污染防治等领域。

根据我国现行环境法律的有关规定,许可证的种类大致可以分为以下三类:防止环境污染许可证、防止环境破坏许可证、整体环境保护许可证。本节只介绍属于防止环境污染许可证范围的排污许可证制度。

(二)排污许可证的法律规定

排污许可证制度是有关排污许可证的申请、审查、决定、监督和管理等方面的法律制度。实行排污许可证制度,是"推动我国污染防治工作由末端治理向生产全过程转变,由单一的浓度控制向浓度与总量双轨控制转变,由分散治理向集中控制转变的具体手段,是促进我国的环境管理逐步向科学化、法制化、规范化发展的有效途径"。[1] 2014年修订的《环境保护法》第 45 条规定:"国家依照法律规定实行排污许可管理制度。实行排污许可管理的企业事业单位和其他生产经营者应当按照排污许可证的要求排放污

---

① 韩德培主编:《环境保护法教程》,法律出版社 2015 年版,第 103 页。

染物;未取得排污许可证的,不得排放污染物。"目前国家依照的法律规定主要是《水污染防治法》和《大气污染防治法》。

1. 排污许可证的适用范围

根据相关法律规定,对依法实施重点污染物排放总量控制的水体排放重点水污染物的,以及对大气污染物总量控制区排放主要大气污染物的,实行排污许可证制度。

2. 排污许可证制度的主要内容

(1)排污申报登记。这是排污许可证发放的重要基础,要求排污单位向环境保护主管部门办理排污申报登记手续,填写"排污申报登记表",如实申报排放污染物的种类、数量、浓度、排放的方式和排放去向。

(2)确定本地区污染物排放总量控制目标和分配污染物总量削减目标。地区污染物总量控制目标可以根据水体功能和水域容许纳污量来确定;污染物总量削减指标,可以根据水环境和污染物排放现状来确定。

(3)排污许可证的审核发放。环境保护行政主管部门收到排污单位的"排污申报登记表"后,应当对其申报登记的内容进行审查与核实。对不超过排污总量控制指标的排污单位,颁发"排污许可证";对超出排污总量控制指标的排污单位,颁发"临时排污许可证",并限期削减排放量。

(4)排污许可证的监督管理。排污许可证发放以后,发证单位必须对持证单位进行严格的监督管理,使持证单位按许可证的要求排放污染物。

(三)总量控制制度

总量控制制度是指国家环境管理机关依据所勘定的区域环境容量,决定区域中的污染物质排放总量,根据排放总量削减计划,向区域内的企业分配各自的污染物排放总量额度的一项法律制度。2014年修订的《环境保护法》第44条第1款,首次从环境保护的基本法层面确立了重点污染物排放总量控制制度和区域限批制度:"国家实行重点污染物排放总量控制制度。重点污染物排放总量控制指标由国务院下达,省、自治区、直辖市人民政府分解落实。企业事业单位在执行国家和地方污染物排放标准的同时,应当遵守分解落实到本单位的重点污染物排放总量控制指标。"

总量控制的对象主要是指国家"九五"期间重点污染控制的地区和流域,包括:酸雨控制区和二氧化硫控制区;淮河、海河、辽河流域;太湖、滇池、巢湖流域。随着国家对环境保护的重视,"十一五"期间,国家纳入总量减排考核的污染物为二氧化硫、化学需氧量;"十二五"期间增至四项指标,新增氮氧化物、氨氮(前者为大气污染物,后者为水污染物);"十三五"期间将VOCs(英文全称为 volatile organic compounds,即挥发性有机化合物,是形成臭氧和PM2.5的关键前体物,也是灰霾和光化学烟雾污染的重要来源)纳入总量减排指。

国家环境管理机关在各省、自治区、直辖市申报的基础上,经全国综合平衡,编制全国污染物排放总量控制计划,把主要污染物排放量分解到各省、自治区、直辖市,作为国家控制计划指标;各省、自治区、直辖市把省级控制计划指标分解下达,逐级实施总量控制计划管理。

(四)排污权交易制度

排污权交易,又可以称为"花钱买空间",是指在实施排污许可证管理及排放总量控制的前提下,鼓励企业通过技术进步和污染治理节约污染排放指标,这种指标作为"有价资源",可以"储存"起来以备自身扩大发展之需,也可以在企业之间进行商业交换。[①]作为一种环境管理的手段,排污权交易制度通过运用市场刺激机制,促进环境资源更有效利用,从而实现了"最优化配置"。

排污权交易是 20 世纪 70 年代由美国经济学家戴尔斯提出,并首先被美国联邦环境保护局用于大气污染及水污染治理,特别是 90 年代以来被用于二氧化硫排放总量控制,取得空前成功,获得了巨大的社会效益与经济效益。之后,德国、澳大利亚等国相继进行了排污权交易的实践。我国从 1991 年起就已经开始了排污权交易试点的工作,已经积累了一定的经验。

排污权交易作为当前深受各国关注的环境经济政策,通过赋予环境容量资源价值,确定产权,并允许产权自由转让的方式,从而有效配置污染削减责任,降低了污染控制的社会成本,是环境管理的发展方向。与其他环境管理手段相比,排污权交易制度具有如下优点:第一,排污权交易有利于保护环境,降低企业达标排污的费用;第二,排污权交易有利于促进企业研究开发、采用先进的污染防治技术,从而形成无污染、低污染的工业布局;第三,排污权交易有利于遏制环境行政管理的利己行为,保证公民意愿表达的自由,从而扩大环境保护的群众基础。[②] 排污权交易制度在我国尚处于起步阶段,在法律、政策和操作手段方面还存在很多不足之处,有待我们进一步深入研究与完善。

七、环境标准制度

(一)环境标准制度的概念及特征

环境标准制度是国家为了防治环境污染,维护生态平衡,保护人体健康,按照法定程序制定并实施各种环境技术规范的法律制度,其主要内容为技术要求和各种量值规定。环境标准制度反映一个国家科学环境管理的水平与效率。

我国的环境标准,既是标准体系中的一个分支,又属于环境保护法体系的重要组成部分,其主要特点在于:第一,环境标准具有规范性,环境标准是调整人们行为的规则与尺度,通过一些定量性的数据、指标、技术规范来表示行为规则的界限,从而规范人们的行为;第二,环境标准具有强制性,根据我国颁布的《标准化法》和《标准化法实施条例》

[①] 曹明德主编:《环境资源法》,中信出版社 2004 年版,第 53 页。
[②] 曹明德主编:《环境资源法》,中信出版社 2004 年版,第 54 页。

规定,我国的环境质量标准、污染物排放标准、环境保护基础标准和环境保护方法标准都是强制性标准;第三,环境标准的制定如同法律法规一样,要经授权由有关国家行政机关按照法定程序制定和发布。

(二)环境标准体系

环境标准体系,是指根据环境标准的性质、内容和作用,以及它们之间的相互联系,将其进行分级和分类而共同组成的有机联系的统一体。

我国的环境标准是由国家环境标准、地方环境标准和国家环境保护总局标准(又称环境保护行业标准)三级,以及环境质量标准、污染物排放标准、环境监测方法标准、环境标准样品标准和环境基础标准五类构成的。其中,国家环境标准包括国家环境质量标准、国家污染物排放标准(或控制标准)、国家环境监测方法标准、国家环境样品标准和国家环境基础标准。地方环境标准包括地方环境质量标准和地方污染物排放标准(或控制标准)。需要在全国环境保护工作范围内作统一的技术要求而又没有国家环境标准时,应制定国家环境保护总局标准,国家环境保护总局标准是环境保护行业标准。

环境质量标准,是指在一定的时间和空间范围内,对环境质量的要求所做的规定。环境质量标准是一国环境政策与环境质量目标的具体体现,是确认环境是否被污染以及排污者是否应承担相应民事责任的依据。污染物排放标准,是为了实现环境质量目标,结合技术经济条件和环境特点,对允许污染源排放污染物或有害因素的控制规定。污染物排放标准是认定排污行为是否超标、违法,是否应当让排污者承担相应行政法律责任的根据。环境监测方法标准,简称方法标准,是指对环境保护领域中以采样、分析、测试仪、数据处理等技术所做的统一规定。环境标准样品标准,简称样品标准,是指在环境保护工作和环境标准的具体实施过程中,对环境标准样品所做的一个统一技术规定。环境基础标准,则是指国家对环境标准中具有指导意义的名词术语、符号、代号、图形、指南、导则等所做的统一技术规定。其中,环境质量标准和污染物排放标准是环境标准体系中最重要的两类标准。

国务院环境保护行政主管部门负责制定国家环境标准和国家环境保护总局标准;国家环保总局标准在全国范围内实施,一旦相应的国家环境质量标准发布,国家环保总局标准自行废止;省级人民政府对国家环境质量标准中未做规定的项目,可以制定地方环境质量标准;对国家污染物排放标准中未做规定的项目,可以规定地方污染物排放标准;省级人民政府对国家环境质量标准和国家污染物排放标准中未做规定的项目,可以制定地方环境质量标准和地方污染物排放标准;对国家标准中已做规定的项目,可以制定严于国家标准的地方标准;地方环境质量标准和地方污染物排放标准应当报国务院环境保护主管部门备案。地方环境标准只在其管辖区域内使用,当地方污染物排放标准严于国家污染物排放标准时,地方污染物排放标准优先适用。

第四节　环境法律责任及纠纷处理程序

一、环境行政责任

（一）概述

1. 环境行政责任的概念

所谓环境行政责任,是指违反环境保护法,实施了破坏或者污染环境行为的单位或者个人所应承担的行政方面的法律责任。

上述定义中的"单位",是指法人和其他组织。根据《民法通则》规定,"法人"包括我国法人和在我国境内的外国法人以及我国港、澳、台地区法人;"其他组织"是指未取得法人资格的社会组织。"个人"是指达到法定年龄并具有民事行为能力的自然人,包括我国公民和在我国境内的外国人和无国籍人。

除行政相对人外,承担行政责任者还包括在履行环境保护监督管理职责的环境保护监督管理机构工作人员中的滥用职权、玩忽职守或者徇私舞弊而触犯法律者。环境保护法主要规定了环境行政相对人的环境行政责任。

2. 环境行政责任的构成要件

根据环境保护法的规定,行政责任的构成要件包括:行为违法、行为人的过错、行为的危害后果和违法行为与危害后果之间具有因果关系。

（1）行为违法。即行为人实施了环境保护法禁止的行为或违反了环境保护法规定的义务。行为的违法性是构成行政责任的必要条件,没有违法行为,便不能构成行政责任。

《环境保护法》从第 59 条到第 63 条规定了以下几种行政违法行为,可以根据情节,分别给予不同的行政制裁:违法排放污染物,受到罚款处罚,被责令改正,拒不改正的;超过污染物排放标准或者超过重点污染物排放总量控制指标排放污染物的;建设单位未依法提交建设项目环境影响评价文件或者环境影响评价文件未经批准,擅自开工建设的;违反法律规定,重点排污单位不公开或者不如实公开环境信息的;建设项目未依法进行环境影响评价,被责令停止建设,拒不执行的;违反法律规定,未取得排污许可证排放污染物,被责令停止排污,拒不执行的;通过暗管、渗井、渗坑、灌注或者篡改、伪造监测数据,或者不正常运行防治污染设施等逃避监管的方式违法排放污染物的;生产、使用国家明令禁止生产、使用的农药,被责令改正,拒不改正的。

（2）行为人的过错。行为人主观上具有故意或者过失也是承担行政责任的必要条件。故意的心理状态是行为人明知自己的行为会造成某种后果而实施某种行为的心理,过失则表现为由于疏忽大意或者过于自信而导致某种损害后果发生,并非故意的心理状态。在实践中,环境破坏多表现为故意,而环境污染则多表现为过失。

我国现行环境保护法,对故意实施破坏或者污染环境的行为,一般都规定应当追究其行政责任,但对于过失行为,在一定条件下则不予追究。即使都要追究行政责任,但过错的形式不同,对其惩罚的力度也有所不同。一般而言,在同等损害后果的情景下,对"故意"状态的处罚应当比对"过失"要重。①

(3)行为的危害后果。这主要是指违法行为造成了环境污染或环境破坏的后果。根据我国环境保护法的规定,是否具备危害后果并非是承担行政责任的必要条件。也就是说,在一些情况下,即使行为人没有造成危害后果,也要承担相应的行政责任。比如,行为人如果实施了《环境保护法》第63条规定的四种违法行为,不管有无危害后果,都不影响其行政责任的承担。但在另一些场合,则必须产生了危害后果才承担行政责任,在这种情况下,危害后果的大小,直接影响行政责任承担的轻重。

(4)违法行为与危害后果之间具有因果关系。这主要是指违法行为与危害后果之间是否存在内在的、必然的联系,而不是表面的、偶然的联系。例如,排污单位擅自拆除或者闲置其防治污染的设施,致使排放的污染物超标,从而造成农作物或鱼类死亡。这时,就可以认定,排污单位的这一行为,是造成农作物或鱼类死亡的原因,它们之间存在必然的因果关系。

当然,实践中的因果关系往往比较复杂,多因一果、一因多果、多因多果的情况比较常见。因此,必须要坚持直接的因果关系,正确把握与确定行政责任构成要件中的因果关系。

由此可见,行为违法和行为人有过错,是行为人承担行政责任的必要条件;危害后果和违法行为与危害后果之间的因果关系,在法律明文规定的场合才成为行政责任构成的必要条件。故可将前者称为"必要条件",而将后者称为"选择条件"。

(二)环境行政处罚

行政相对人承担环境行政责任的形式,也就是环境行政主体对违反环境行政法律规范的主体所实施的制裁,即环境行政处罚。②

1. 环境行政处罚的定义

所谓环境行政处罚,是指环境保护行政主管机关对违反环境保护法而污染或者破坏环境者,但又不够刑事惩罚的单位或者个人实施的一种行政惩罚措施。

实施环境行政处罚的机关,除了对环境保护工作实施统一监督管理的各级环境保护部门以外,还包括依照法律规定对环境污染防治实施监督管理的国家海洋局、港务局、渔政渔港监督、军队环保部门和各级公安、交通、铁道、民航等管理部门,还有依法对

---

① 例如《环境保护法》第59条针对故意超标排放污染物的行为设立了按日计罚制度:"企业事业单位和其他生产经营者违法排放污染物,受到罚款处罚,被责令改正,拒不改正的,依法作出处罚决定的行政机关可自责令改正之日的次日起,按照原处罚数额按日连续处罚。"

② 正在履行环境保护公职的国家机关、企业事业单位的工作人员,如果造成环境污染或者污染事故,情节较重的,将受到行政处分,而非行政处罚。

资源保护实施监督管理的县级以上人民政府的土地、矿产、林业、农业、水利等主管部门。

2. 环境行政处罚的种类

我国《环境保护法》规定的行政处罚形式有:罚款;责令限制生产、停产整治;责令停业、关闭、停止建设;责令恢复原状;行政拘留。由于《环境保护法》处于环境保护综合性基本法的地位,因此,上述五种处罚形式实际上是我国对污染环境者实施行政处罚的基本处罚形式。

此外,在防治污染的各种单行法中,如《水污染防治法》《大气污染防治法》《海洋环境保护法》和《固体废物污染环境防治法》等,还分别规定了责令限期治理缴纳排污费、赔偿国家损失、责令限期改正、责令停止违法行为、责令停止施工、责令限期拆除、责令停工整顿等。

3. 环境行政处罚的内容

环境保护法对环境违法行为及相应的环境行政处罚措施做出了如下规定:

(1)违法排放污染物,受到罚款处罚,被责令改正,拒不改正的,依法做出处罚决定的行政机关可以自责令改正之日的次日起,按照原处罚数额按日连续处罚;

(2)超过污染物排放标准或者超过重点污染物排放总量控制指标排放污染物的,责令其采取限制生产、停产整治,情节严重的,报经有批准权的人民政府批准,责令停业、关闭;

(3)建设单位未依法提交建设项目环境影响评价文件或者环境影响评价文件未经批准,擅自开工建设的,处以罚款,并可责令恢复原状。

(4)违反环境保护法规定,重点排污单位不公开或者不如实公开环境信息的,责令公开,处以罚款,并予以公告;

(5)建设项目未依法进行环境影响评价,被责令停止建设却拒不执行,尚不构成犯罪的,对其直接负责的主管人员和其他直接责任人员,根据情节处以五日以上十五日以下拘留;

(6)违反法律规定,未取得排污许可证排放污染物,被责令停止排污却拒不执行,尚不构成犯罪的,对其直接负责的主管人员和其他直接责任人员,根据情节处以五日以上十五日以下拘留;

(7)通过暗管、渗井、渗坑、灌注或者篡改、伪造监测数据,或者不正常运行防治污染设施等逃避监管的方式违法排放污染物,尚不构成犯罪的,对其直接负责的主管人员和其他直接责任人员,根据情节处以五日以上十五日以下拘留;

(8)生产、使用国家明令禁止生产、使用的农药,被责令改正却拒不改正,尚不构成犯罪的,对其直接负责的主管人员和其他直接责任人员,根据情节处以五日以上十五日以下拘留;

二、环境民事责任

(一)环境民事责任的概念

环境民事责任,是指单位或个人因污染或破坏环境而侵害公共财产或他人的人身、财产所应承担的民事方面的法律后果。

环境民事责任表现为违反环境义务的法律后果,没有环境义务,就不可能产生环境民事法律责任。在我国环境保护的立法与司法实践中,这种环境责任主要是违反环境法律规范所规定的一些法定义务的法律后果。一般说来,环境保护法中的民事责任,包括污染环境者的民事责任和破坏环境者的民事责任。虽然同属于环境保护法的民事责任,但二者在承担责任的条件、原则与形式方面有着很大差异。本部分主要介绍污染环境者的民事责任。

(二)环境民事责任的构成要件

环境民事责任的构成要件是指环境民事责任行为人承担法律责任的要件,它是判断环境侵权行为人是否应负民事责任的基本根据。"环境民事责任的构成要件是对环境民事侵权立法和司法实践的高度概括,它不仅提示了环境民事侵权行为的基本内涵,而且对司法审判人员公平合理、准确无误地认定和处理环境民事侵权纠纷案件具有指导意义。"[1]

在各国的立法与司法实践中,对于环境民事责任的构成要件,存在"四要件说"与"三要件说"等不同的观点。[2] 在我国学界,"三要件说"为国内大多数学者所认同,但在表述上差异较大。我们认为,环境民事责任的构成要件包括以下三项:

1. 实施了致害行为

在这一点上,学界曾经发生了较大的争议,不少学者认为"行为的违法性"应当成为环境民事责任的构成要件之一,并将违法行为与致害行为等同。值得注意的是,"致害行为"并非是"违法行为"。比如,出于生产与生活的需要,各国法律都允许将一定浓度和数量的污染物排入环境,而排污者只要依法或依标准排放,就具有合法性。然而,合法排污并不能保证不造成损害。伴随经济发展与人口增长,即便污染物排放都符合标准,但排放环境中的污染物总量仍会继续增加,一旦超过环境容量,损害将不可避免。如果坚持行为的违法性作为责任的构成要件,那么势必造成受害者的救济成为不可能。所以,将"致害行为"作为环境民事责任的构成要件,是合理的。换言之,行为人即使达

---

① 黄锡生主编:《环境与资源保护法学》,重庆大学出版社 2002 年版,第 225 页。

② 所谓"四要件说",即行为的违法性、损害结果、行为人的过错、行为与损害结果之间存在因果联系构成环境民事责任,如德国、日本等国;所谓"三要件说",即过错、损害结果、行为与损害结果的因果联系构成环境民事责任,如法国、意大利等国。

标排污,只要从事排污并发生了危害后果的,也要承担民事责任,行为人不得以达标排放作为免除其民事责任的抗辩理由。

2. 发生的损害后果

环境损害后果,即指污染环境须造成一定的损害事实,这是环境民事责任赖以存在的依据。环境民事责任适用"无过错责任原则",不以过错为责任构成要件,其理由在于:首先,排污行为本身具有一定的合法性,实践中很难说排放废水、倾倒废物是一种无价值或无意义的行为,只要人类生产与生活活动不断进行,这些行为就不会停止;其次,随着社会的不断发展,公害事件急剧增加,其中不少污染损害都不是出于污染者的故意或者过失,且其范围相应广泛,如果考虑过错的因素,对于受害者保护显属不周;最后,污染企业的经营或者营利,在某种程度上是建立在环境污染与给他人造成损害的基础上的,因此,无论加害者有无过错,由加害企业对受害者进行赔偿,才符合公平原则。当然,虽然我们不以过错为其构成要件,我们也必须遵循"无损害、无赔偿"的准则。一般说来,环境污染损害结果主要包括财产损失、人身伤害、精神损害等。按不同的标准,还可以做出不同的分类。比如,按环境污染损害侵害的权利主体的不同,可分为对国家财产权的侵害,对法人、非法人团体财产权的侵害和对公民财产权、生命健康权的侵害三类;按环境污染损害结果的内容,可分为财产损害、人身损害、精神损害以及环境权益的损害等。[①]

3. 致害行为与损害后果之间具有因果关系

所谓因果关系,主要是指损害结果的发生是由于行为人的致害行为所造成的。传统民法的因果关系理论要求证明行为与结果之间存在某种内在的、必然的联系,但是,在现代技术不断发展的情况下,污染物在环境中常常具有潜伏性或积累性,而且许多污染都是诸多因素复合作用的结果,要证明在环境污染中致害行为与损害结果之间存在因果关系则是异常困难,这对受害者的民事救济十分不利,因此,为了减轻受害人的举证负担,更为迅速地救济受害者,许多国家在立法上采用了举证责任倒置、因果关系推定等制度。

(三)环境民事责任的免责事由

环境侵权的免责事由又称抗辩事由,是指环境保护法所规定的,在环境侵权致人损害时,加害人可以不承担民事责任的事由。我国环境保护法规定,即使具备环境民事责任构成要件,在以下三种情形下也免予承担环境民事责任:

1. 由不可抗力造成并且行为人及时采取合理措施

《水污染防治法》第85条第2款规定:"由于不可抗力造成水污染损害的,排污方不承担赔偿责任;法律另有规定的除外。"值得注意的是,不可抗拒的自然灾害有不可预见和不可避免的含义,这意味着凡是能够预见和避免的自然灾害是不能作为免责条件的;

---

① 曹明德主编:《环境资源法》,中信出版社 2004 年版,第 93 页。

同时,即使发生了不可抗拒的自然灾害,加害人必须采取了合理措施,仍不能避免造成环境损害的,才可以免责,如果加害人未及时采取措施,不得免责。

2. 受害者自我致害

污染损失由受害者自身的责任所引起的,排污单位不承担责任。也就是说,受害者对于损害结果的发生具有故意或重大过失,证明受害者与损害结果的发生有着因果联系,此时应当免除排污单位的责任,当然,被告仍需要对受害人的过错承担举证责任。

3. 第三者过错

我国海洋环境保护法等法律中规定,完全由于第三人的故意或者过失造成的污染损害海洋环境的,由第三人承担责任。

(四)承担环境民事责任的方式

民事责任的承担方式是指违反民事义务的人承担法律后果的形式。民事责任承担的方式,是与民事责任负担的功能以及权利被侵害的程度紧密相连的。我国《民法通则》第 134 条规定:"承担民事责任的方式主要有:(1)停止侵害;(2)排除妨碍;(3)消除危险;(4)返还财产;(5)恢复原状;(6)修理、重作、更换;(7)赔偿损失;(8)支付违约金;(9)消除影响、恢复名誉;(10)赔礼道歉。以上承担民事责任的方式,可以单独适用,也可以合并适用。"

关于环境民事责任的承担形式,《环境保护法》第 64 条规定:"因污染环境和破坏生态造成损害的,应当依照《中华人民共和国侵权责任法》的有关规定承担侵权责任。"

虽然环境保护法的环境民事责任主要包括排除危害和赔偿损失两种,但是《民法通则》中规定的十种民事责任形式中的停止侵害、排除妨碍、消除危险、恢复原状等都能适用于环境民事责任。①

1. 赔偿损失

赔偿损失是指行为人因自己的致害行为而给他人的人身或财产造成损失时,致害人依法以其财产赔偿受害人的经济损失的一种责任形式。赔偿损失是环境民事责任中应用最广泛的一种责任形式。我国《环境保护法》《固体废物污染环境防治法》《大气污染防治法》《环境噪声污染防治法》等均做了相应规定。

关于赔偿损失的范围,根据我国现行立法规定既包括财产损害赔偿,也包括对人身损害引起的财产损失赔偿。财产损害的赔偿,既包括直接损失,也包括间接损失。而对于人身损害引起的财产损失,我国《民法通则》第 119 条规定:"侵害公民身体造成损害的,应当赔偿医疗费、因误工减少的收入、残废者生活补助费等费用;造成死亡的,并应

---

① 有学者认为,可以把《民法通则》规定的十种责任方式从性质与作用上分为三类:第一类是防止性的方式,如停止侵害、排除妨碍、消除危险;第二类是补偿性的方式,如返还财物、恢复原状、赔偿损失等;第三类是处罚性的方式,如支付违约金。在环境法领域,为了贯彻预防为主的方针,应当在立法、救济方式上更多采用预防性的责任形式,做到积极预防与避免损害的发生。参见金瑞林:《环境法学》,北京大学出版社 2002 年版,第 149 页。

当支付丧葬费、死者生前扶养的人必要的生活费等费用。"

2. 排除危害

排除危害是指国家强令已造成或可能造成环境危害的行为人,排除可能发生的危害或者停止已经发生的危害,并消除其影响的一种民事责任。在环境保护法中,排除危害的对象,既包括实际发生的污染危害,也包括可能发生但尚未发生的污染危害。

三、环境刑事责任

(一)环境刑事责任的概念

环境刑事责任,是刑事责任的一种,指行为人故意或过失实施了严重危害环境的行为,并造成了人身伤亡或公私财产的严重损失,已经构成了犯罪,需要承担刑事制裁的法律责任。

作为环境法律责任中的一个重要组成部分,环境刑事责任与其他环境责任相比,具有以下几个突出的特点:

第一,环境刑事责任是环境法律责任中最为严厉的责任形式。区别于环境民事责任与行政责任,环境刑事责任不仅可以剥夺犯罪人的财产权,还可以限制与剥夺犯罪人的自由权。

第二,环境刑事责任是一种严格的法定责任。我国《刑法》第 3 条规定:"法律明文规定为犯罪行为的,依照法律定罪处刑;法律没有明文规定为犯罪行为的,不得定罪处刑。"这说明,罪刑法定原则是确认刑事责任的一个基本原则,环境刑事责任也不例外。

第三,环境刑事责任的追究只能由国家司法机关依法进行。

(二)环境刑事责任的构成要件

环境犯罪的构成要件,同一般犯罪构成要件并没有实质上的区别,也包括四个部分:即犯罪主体、犯罪客体、犯罪主观方面、犯罪客观方面。

1. 犯罪主体

环境犯罪的主体是指实施了污染或破坏环境的行为,依法应当承担环境刑事责任的人,包括自然人和单位。

2. 犯罪客体

犯罪客体是指《刑法》所保护的但被犯罪行为所侵犯或威胁的某种社会关系。在环境犯罪中,犯罪客体通常是指人们在保护与改善生活环境与生态环境,合理利用自然资源,防治污染和其他公害而产生的社会关系,即我们讲的环境社会关系。

3. 犯罪的主观方面

犯罪的主观方面是指犯罪主体进行犯罪行为时的故意或过失的主观心理状态。犯罪主体主观上的心理状态,是承担刑事责任的必要条件,是确定犯罪的性质、此罪与彼罪、罪与非罪的重要标准。我国《刑法》第 14 条规定："明知自己的行为会发生危害社会的结果,并且希望或者放任这种结果的发生,因而构成犯罪的,是故意犯罪。故意犯罪,应当负刑事责任。"第 15 条规定："应当预见自己的行为可能发生危害社会的结果,因疏忽大意而没有预见,或者已经预见而轻信能够避免,以致发生这种结果的,是过失犯罪。"过失犯罪,法律有规定的才负刑事责任。一般说来,破坏环境的行为多为故意,而污染环境的行为则多为过失。由于损害环境的行为可能会产生极其严重的危害后果,因而在认定是否构成环境犯罪时,就不能仅仅看社会危害性一个方面,必须强调具备犯罪的故意或过失。

4. 犯罪的客观方面

犯罪的客观方面是指有污染和破坏环境的行为(作为与不作为)及其社会危害性。违反环境保护规定,污染或破坏环境的行为,根据其造成的危害后果可能会适用于不同的环境法律责任。通常来说,对未造成严重后果的环境违法行为通常追究其行政责任,而对造成重大污染事故致使公私财产遭受重大损失或人身伤亡的行为则会追究其刑事责任。所以,危害后果是否严重是区别行政责任和刑事责任的重要依据。

(三)环境刑事责任的形式

环境刑事责任的形式同一般的刑事责任的形式没有区别,主要分为主刑与附加刑。主刑的种类包括管制、拘役、有期徒刑、无期徒刑、死刑;附加刑的种类包括罚金、剥夺政治权利、没收财产。附加刑可以独立适用。

我国《刑法》在第 6 章"妨碍社会管理秩序罪"中专设一节(第 6 节)规定了破坏环境资源保护罪,从第 338 条至第 346 条,共 9 条 16 款 15 个罪名,包括"污染环境罪""非法处置进口的固体废物罪""擅自进口固体废物罪""非法狩猎罪""非法占用农用地罪"等。

四、环境纠纷的处理程序

环境纠纷,是指环境保护法律关系主体之间就其环境权利和义务而产生的争议。根据法律性质不同,环境纠纷分为环境民事纠纷和环境行政纠纷。

(一)环境行政纠纷处理程序

环境行政纠纷,可以通过环境行政复议和环境行政诉讼解决。

环境保护法规定,当事人对行政处罚决定不服的,可以在接到处罚通知之日起 15 日内,向做出处罚决定的机关的上一级机关申请复议;对复议决定不服的,可以在接到复议决定之日起 15 日内,向人民法院起诉。当事人也可以在接到处罚通知之日起 15 日内,直接向人民法院起诉。当事人逾期不申请复议、也不向人民法院起诉、又不履行处罚决定的,由做出处罚决定的机关申请人民法院强制执行。

(二)环境民事纠纷处理程序

1. 环境行政调解处理

环境行政调解处理,是指环境保护行政主管部门或者其他依照法律规定行使环境监督管理权的部门根据当事人的请求,对环境污染危害造成损失引起的赔偿责任和赔偿金额争议进行调解处理的步骤的总称。环境行政调解程序既不是必经程序,也不是最终程序,其适用的基础在于所处理的纠纷属于平等双方当事人民事权益的争议,当事人有对自己的民事权益进行自由处分的权利。环境民事纠纷当事人对行政调解处理决定不服的,可以向人民法院起诉,也可以不经过行政调解处理直接向人民法院起诉。环境行政调解是与人民法院在民事诉讼程序中的法院调解相对应的程序,并不具有强制执行的效力,当事人对调解处理决定不服的,不能提起行政诉讼,而应提起以对方当事人为被告的环境民事诉讼。

2. 环境民事诉讼

环境民事诉讼与环境行政调解处理,作为环境民事纠纷解决适用的两个并行程序,可由当事人任意选择。相比其他民事诉讼程序,环境民事诉讼呈现出了自身的特点:

(1)环境民事诉讼时效为 3 年。《环境保护法》第 66 条规定:"提起环境损害赔偿诉讼的时效期间为三年,从当事人知道或者应当知道其受到损害时起计算。"这表明,环境民事诉讼时效不同于一般的民事诉讼,属于特殊规定。其原因在于,由于环境危害的原因复杂,从环境侵害行为到产生危害后果之间,污染物有一个迁移、转化和作用的过程,即存在一个较长的污染物潜伏期阶段,因此,只有规定较长的诉讼时效,才能充分保护受害者的环境权益。

(2)环境民事诉讼适用举证责任倒置原则。环境民事诉讼中,社会关系复杂,技术要求较高,要求原告证明被告从事排污行为、排污行为与损害后果之间的因果关系,十分困难,如果继续保持这一原则,则可能导致受害者因未能举证而败诉并致使自己的合法权益无法得以维护,因而,世界大多数国家的环境保护法都采用了举证责任倒置的原则,即由被告承担举证责任。2002 年《最高人民法院关于民事诉讼证据的若干规定》第 4 条第 3 款规定:"因环境污染引起的损害赔偿诉讼,由加害人就法律规定的免责事由及其行为与损害结果之间不存在因果关系承担举证责任。"可见,在环境民事诉讼中,原告只需提供被告侵权的基本事实,而被告则负主要的举证责任。

(3)实行因果关系推定原则。在环境诉讼中,由于环境侵害的行为并不是直接作用于受害人,而是以环境为媒介,侵害行为与损害后果之间的因果关系认定要复杂与困难得多,因此,世界不少国家都通过环境立法采用了因果关系推定原则。我国司法实践中,也实行因果关系推定,即被告如果不能证明自己与环境损害无关,就推定因果关系存在。

1. 试述环境保护法的概念和特点。

2. 如何理解公众参与原则？

3. 如何理解预防为主、防治结合、综合治理的原则？

4. 什么是清洁生产制度？有哪些主要内容？

5. 什么是"三同时"制度？这一制度有何意义？

6. 试述排污收费制度的主要法律规定。

7. 什么是环境行政责任？其构成要件是什么？

8. 什么是环境行政处罚？其种类与内容是什么？

9. 什么是环境民事责任？环境民事责任为什么实行无过错责任原则？其免责条件有哪些？

10. 什么是环境纠纷？环境民事诉讼有何特点？

第十三章 土地法和房地产法

> [内容提要]本章着重介绍了我国的土地结构、国家土地所有权、集体土地所有权、国有土地使用权、集体土地使用权等土地基本制度,介绍了房地产开发、房地产交易、房地产登记等房地产基本管理制度,为深入了解房地产法律提供了较为宽广的视野。

第一节 土地管理法

一、我国的土地权利结构

(一)我国土地权利结构的特点

1. 维持土地公有,强化土地使用权。改革开放以来,我国的土地权利格局形成两个重要特点:一是土地"公有公用"转为"公有私用";二是土地使用权进入市场,地产市场开始形成。

2. 土地所有权非市场化,由土地使用权充当市场交易的权利载体。

3. 实行国有土地使用权划拨与出让"双轨制"。依照法律规定,划拨的土地使用权不能进入市场,进入市场的前提是必须转换成出让的土地使用权。但现实中,有相当一部分存量的划拨土地的使用权人是企业,企业由于难以承受转换成本的负担,往往采取一些变相的方式,比如搞联营、出租建筑物、以土地入股等,来规避法律规定,从而使大量划拨土地使用权进入市场。

4. 对集体土地使用权交易限制较大。国家为保护耕地及垄断建设用地一级市场,限制非农业性集体土地使用权交易。农民集体所有的土地的使用权不得出让、转让或者出租用于农业建设,但是符合土地利用总体规划并依法取得建设用地的企业,因破产、兼并等情形致使土地使用权依法发生转移的除外。

5. 土地用益物权。土地用益物权的特点在于,一块土地在已有所有人和使用人的情况下,还有不同的利用基础,如通行权、埋管线权、空中架线路权等,因而它能满足多方面的利用需要,以达到有限土地的充分利用。从理论上说,土地用益物权进一步突出了土地使用权的独立性和特殊性。

(二)土地权利的时代意义

土地权利是人类最古老的一项法律权利。随着时代的演进,其内容和形式也在不断丰富。

1. 土地权利从以所有为中心向以利用为中心发展

在不动产中土地是核心,而土地又是其他自然资源的载体,与其他自然资源共同构成人类赖以生存的基础。[①] 可见,现代意义上的不动产是指以土地为核心的整个自然资源系统。利用自然资源的过程,也是利用土地的过程。现代物权法是将土地利用严格控制在遵守土地规划的范围之内,从以所有为中心向以利用为中心发展使得不动产的概念具有全新的含义。

2. 传统土地权利在立体空间上的分离

长期以来,尽管人们对土地的利用是以地表平面为主,但美国法律却规定土地所有权是下至地心,上至无限的空间。随着经济和社会的发展以及科学技术的提高,人们开发利用土地的广度和深度不断扩展,各种地上物和地下设施迅速增多,航空航天事业日显重要,传统的土地权利制度必须予以限制和重新设置。各国的立法开始限制土地所有权的范围,逐步将土地立体空间各部分的所有权分离开来,土地的所有权仅与地表直接相联系,而对地上物、上空、地下物等部分的权利则不同程度地从土地所有权中分离出来,如空间权。

3. 土地权利的国际化趋势

土地权利国际化趋势最突出的表现,就是一国、一地区土地的开发、利用,由过去排他性、本地化逐步发展为吸收外国、国际组织参与,共同开发利用。这是由当今各国、各地区经济交往日益频繁,经济发展互相依存、互相利用的大趋势使然。近 20 年,许多发展中国家、地区纷纷吸引外资,以其土地作为出资条件或合作方式与外国投资者合资或合作,共同开发本地土地资源,或者将土地使用权有期限、有条件地出让给国外投资者让其独资开发本国、本地的土地资源。通过这种对土地利用的内外结合既极大地促进了发展中国家、地区的经济发展,也使外来投资者扩大了生产规模,赚取了利润。在这种情形下,原有的土地权利模式发生了显著变化,土地权利中的土地占有权、使用权、收益权、部分处分权的权利主体吸收了外国成分。与发展中国家一样,一些发达国家、地区的土地权利也发生了这种显著的变化。少数实行土地私有制的国家、地区甚至将土地卖断给外国投资者,外国投资者成了这块土地的永久所有者,在这种情形下,其土地权利就完全国际化了。

土地权利国际化趋势的另一个表现,就是无主土地的国际共有。突出的事例是南

---

① 崔建远:《土地上的权利群研究》,法律出版社 2004 年版,第 43 页。

极、北极的土地问题。在 20 世纪,经国际社会的多番协商,达成共识:南极、北极土地为国际社会共同拥有,以和平的目的共同开发、利用。由此,形成了一个崭新的南、北极土地权利,土地的权利主体为国际社会,土地的占有、利用、开发出于和平目的,土地权利的法律形式是国际条约。这就打破了"先占为主"的原则。

(三)我国土地所有权的特征

1. 土地所有权人及其代表由法律明确规定。我国实行土地公有制,两类土地所有权主体及其代表均为法定的特殊主体,即国家和国家的代表国务院,农民集体及其代表(分三级乡镇农民集体经济组织、村民委员会、村民小组)。

2. 土地所有权的取得与丧失依法律规定,不得约定。如,集体土地所有权的取得需经县级人民政府登记造册,核发证书,确认所有权;集体土地所有权可因国家征收而丧失。这是我国公有制下土地所有权的一大特征。

3. 土地所有权禁止交易。我国宪法和土地管理法均规定禁止买卖土地。我国实行土地公有制,非公有主体不能通过市场交易取得土地所有权,公有主体之间也不能通过任何方式进行土地所有权交易。我国地产市场的土地交易仅为土地使用权交易。

二、国家土地所有权

(一)国家土地所有权的法律特征

1. 国家土地所有权主体具有唯一性和统一性。唯一性是指除国家以外的任何单位和个人,在任何情况下都不能成为国家土地的所有者。统一性是指由国务院代表国家行使国家土地的所有权,同时,国务院可通过制定行政法规或发布行政命令授权地方人民政府或其职能部门行使国家土地所有权。例如,在国有土地使用权出让法律关系中由市、县人民政府土地管理部门担当国有土地所有者代表与用地者签订出让合同。上述行使国家土地所有权的代表称为国有土地所有者代表。

国有土地所有者代表行使对国有土地的收益权能、处分权能,应依法经有审批权的人民政府审批,下级人民政府应依法向上级人民政府上缴土地收益。

依《宪法》第 10 条、《土地管理法》第 8 条的规定,我国实行国家土地所有权的权利主体是国家,国务院代表国家行使土地所有权这一立法模式。但在实践中,国有土地所有权采取"国家统一所有,政府分级行使"的方法。依国务院 1990 年 5 月 19 日发布的《城镇国有土地使用权出让和转让暂行条例》第 8 条,土地使用权出让是指国家以土地所有者的身份将土地使用权在一定年限内让与土地使用者,并由土地使用者向国家支付土地使用权出让金的行为。依该暂行条例第 11 条,土地使用权出让合同应当按照平等、自愿、有偿的原则,由市、县人民政府土地管理部门与土地使用者签订。依《城市房地产管理法》第 15 条第 2 款,土地使用权出让合同由市、县人民政府土地管理部门与土

地使用者签订。可见,在土地使用权出让这一法律行为中,国有土地所有权由市、县人民政府土地管理部门行使。

2. 国家土地所有权的客体具有广泛性。依照我国《宪法》第9条、《民法通则》第74条及《土地管理法实施条例》第2条的规定,国家土地所有权的客体范围包括城市市区的土地,农村和城市郊区中依法没收、征用、征收、征购、收归国有的土地(但依法划定或者确定为集体所有的除外),国家未确定为集体所有的林地、草地、山岭、荒地、滩涂、河滩地、水域、沙漠、冰川、岛屿以及其他土地,等等。

3. 国家土地所有权行使上的特殊性。由于国家地位的特殊性,它虽拥有土地所有权,但却不直接经营和利用每一块土地,而仅保留最后的处分权。除了未利用的土地以外,占有和使用国有土地的权利一般由具体的单位和个人取得。国有土地的收益权能一部分由土地使用者实现,一部分由国家通过收取土地使用权有偿使用费来实现。由于我国法律禁止土地买卖,因而国家对国有土地的处分权主要是对土地的使用权而言,即划拨、出让或者确认、收回土地使用权的权利。而集体土地所有权主体本身及主体代表却可以亲自行使土地所有权的全部使用权能,例如对未实行承包经营的集体土地,村民可实行集体占有、使用和收益。

4. 国家土地所有权移转的单向性。它是指在土地所有权移转过程中,只可能是集体所有的土地通过征收、兼并①转归国家所有,不可能是国家所有的土地转归集体所有,国有土地所有权客体只增不减。

5. 国有土地所有者代表对土地保有最终的处分权。这是国家土地所有权的一个十分重要的特征。以是否具有最终的处分权来衡量,国家土地所有权更符合所有权的完全性与绝对性特征。国家可以决定国有土地的最终命运,也可以决定集体土地的最终命运,这一点集中体现在国家对土地的用途管制上。可以认为,国家的这种决定土地最终命运的权力超乎土地所有权这一民事财产权利可以包容的范畴,而具有公法上的国家主权与行政权色彩。

(二)国家土地所有权产生的途径

1. 征收征用。在2004年3月修宪以前,国家为了公益事业,依照法定程序,将集体所有的土地收归国家所有的叫土地征收,简称征地。② 2004年3月14日公布实行并生效的《宪法》修正案,将原《宪法》第10条第3款"国家为了公共利益的需要,可以依照法律规定对土地实行征用",修改为"国家为了公共利益的需要,可以依照法律规定对土地实行征收或征用并给予补偿"。第一次从宪法层面上区分了征收和征用这两个概念。征收,强调的是"收",也就是对权利的永久剥夺。在我国,由于土地所有权制度的特殊

---

① 全民所有制单位和城镇集体所有制单位兼并农民集体企业的,办理有关手续后,被兼并的原农民集体企业使用的集体所有土地转为国家所有。

② 蓝金普主编:《民商法学全书》,天津人民出版社1996年版,第185页。

性,土地分为集体所有和国家所有。城市市区的土地属于国家所有。农村和城市郊区的土地,除由法律规定属于国家所有的以外,属于农民集体所有;宅基地和自留山、自留地属于农民集体所有。① 国家收回本属于国有的土地不是土地征收,故土地征收针对的是农民集体所有的土地。所以,土地征收是指国家基于公共利益的需要,以补偿为前提,强制取得农民集体所有土地所有权的行为。征用,强调的是"用",就是只对财产的利用,并没有剥夺权利的意思。"征用是指国家为了公共利益的需要,依法取得公民或是其他社会主体合法财产的使用权,并给财产所有权人合理补偿的一种强制措施。""土地征用是指国家因公共利益需要,以补偿为条件,对他人土地进行利用,待特定公共事业目的实现后,仍将土地归还给土地所有权人的行为。"征收和征用都是国家以公共利益为目的,依靠强制措施,对他人财产权或是财产他项权予以剥夺并给予相应的补偿,使其物权②不完整的行为。同样,无论是土地征收还是土地征用,都是国家凭借公权力对他人土地权或是土地他项权予以强制剥夺,而这种强制性剥夺都必须以存在公共利益为条件。在征收征用中,土地征收征用是常见也是最主要的。两者的区别有:第一,法律后果不同。土地征收实质上是强制收买,是土地所有权发生改变,是对土地所有权的永久剥夺;土地征用是使用权的改变,一般在紧急状态下强制使用,一旦紧急状态结束,被征用的土地要归还给原权利人,是临时用地。第二,对象的范围不同。土地征收,针对的是农民集体土地;土地征用,农村集体土地是主要的征用对象,同时也包括城市市区属于国家所有的土地。第三,补偿标准和范围不同。由于两者剥夺物权的程度不同,既是财产所有人牺牲权利的程度有所不同,国家就其补偿的标准和范围也应该有所区别。土地所有权永久性的丧失明显要比临时用地,给权利人带来的损失要大。所以,土地征收补偿的范围和标准都应该要高于土地征用。

2. 赎买。指 50 年代中后期对城市资本主义工商业、私营房地产公司和私有房地产业主所拥有的城市地产进行社会主义改造,用赎买的办法将其转变为国有土地。

3. 收归国有。指 1982 年宪法规定全部城市土地属于国有,据此,当时城市中少数尚未属于国有的土地全部被收归国家所有。

(三)国家土地所有权的范围

《中华人民共和国宪法》(以下简称《宪法》)第 9 条规定:"矿藏、水流、森林、山岭、草原、荒地、滩涂等自然资源,都属于国家所有,即全民所有;由法律规定属于集体所有的森林和山岭、草原、荒地、滩涂除外。"第 10 条规定:"城市的土地属于国家所有。"国家为了公共利益,可以依照法律规定对集体土地实行征收,依法被征收的土地属于国家所有。《土地管理法》及其实施条例重申了《宪法》关于城市土地的权属,《宪法》第 10 条还规定了部分农村和城市郊区的土地依照法律规定也属国家所有。国家土地管理局

---

① 《中华人民共和国土地管理法》第 8 条。
② 我将土地承包经营权理解为物权而不是债权。

1995 年发布的《确定土地所有权和使用权的若干规定》对此做了详细规定。归纳起来，属于国家所有的土地范围是：

1. 城市市区的土地。在我国，"城市市区"的概念是极其模糊的，而且实际上在人们所一致认可的城市市区范围内，也存在着一些集体所有的土地。因而由此引起的摩擦和争议不可避免。特别是随着城市的不断发展，新设建制市的城市的不断涌现，老城市市区的不断扩大，这种摩擦和矛盾进一步复杂化，比如新设建制市的市区土地是否自然而然随着建制市的成立而使原集体的土地变为国家所有，在我国，建制镇被法律认可为城市范围，而建制镇的土地实际上主要属于集体所有，立法和现实的冲突已不可回避。"城市市区"应当界定为"城市建成区"，所谓"城市建成区"是指"已进行城市配套建设、具备城市功能、基本连片的区域"。①

2. 部分农村和城市郊区的土地。也就是农村和城市郊区中已经依法没收、征收、征购为国有的土地。

3. 国家依法征收的土地。

4. 依法不属于集体所有的林地、草地、荒地、滩涂及其他土地。

5. 农村集体经济组织全部成员转为城镇居民的，原属于其成员集体所有的土地。

6. 因国家组织移民、自然灾害等原因，农民集体迁移后不再使用的原属于迁移农民集体所有的土地。

(四)行使国家土地所有权的限制

1. 禁止买卖或以其他形式非法转让国有土地。我国实行社会主义土地公有制，国有土地使用权可依法出让、转让、出租、抵押，但国有土地的所有权不得买卖，也不得以赠与、破产还债等形式非法转让。

2. 禁止滥用土地。滥用土地是指土地所有权人或土地使用权人超出法律规定的权限范围而使用土地，从而损害社会公共利益和他人合法权益的行为。如擅自改变土地用途，未经合法手续允许他人使用国有土地，任意收回或剥夺土地合法使用权和经营权等行为。

(五)国家土地所有权的保护

国有土地作为国有财产的重要组成部分，它受宪法及其他法律的特殊保护。我国《宪法》《土地管理法》规定，任何组织或个人不得侵占、买卖或者以其他形式非法转让土地。《民法通则》规定："国家财产神圣不可侵犯，禁止任何组织或个人侵占、哄抢、私分、截留、破坏。"《土地管理法》加大了对土地违法行为的处罚力度，非法转让土地、破坏耕地、非法占用土地、非法批准用地、非法侵占挪用征地补偿费及国家工作人员徇私舞弊等行为，其情节严重的，都应依法追究刑事责任。因此，任何组织或个人侵犯了国家土

---

① 王卫国：《中国土地权利研究》，中国政法大学出版社 2003 年版，第 127 页。

地所有权,都应承担相应的法律责任。

三、集体土地所有权

(一)集体土地所有权的概念

集体土地所有权是以符合法律规定的农村集体经济组织的农民集体为所有权人,对归其所有的土地所享有的受法律限制的支配性权利。依据土地管理法的规定,我国集体土地所有权的主体及其代表有三个层次:

1. 农民集体所有的土地依法属于村农民集体所有的,由村集体经济组织或者村民委员会作为所有者代表经营、管理。

2. 在一个村范围内存在两个以上农村集体经济组织,且农民集体所有的土地已经分别属于该两个以上组织的农民集体所有的,由村内各该农村集体经济组织或者村民小组作为所有者代表经营、管理。

3. 农民集体所有的土地,已经属于乡(镇)农民集体所有的,由乡(镇)农村集体经济组织作为所有者代表经营、管理。

农民集体所有的土地,由县级人民政府登记造册,核发证书,确认所有权。

(二)集体土地所有权的特征

1. 集体土地所有权的限制。集体土地所有权是受限制的所有权,其限制表现在两方面。

(1)受国家法律和政府管理的限制。集体土地所有权在收益权和处分权两方面受到限制。在收益权方面,集体所有的土地不能直接用于房地产开发,若用于房地产开发必须先由国家征收转变为国有土地后再由国家出让给开发商,这就使集体土地所有权中的收益权能受到限制。在处分权方面,集体土地不得出让、转让、出租于非农业建设,集体土地所有者非经审批不得擅自改变土地用途,这就使集体土地所有权中的处分权能受到相当大的限制。

(2)受农民集体意志的限制。集体土地所有权经常由所有者代表行使,集体土地所有者代表行使处分权,应受农民集体这一集体土地所有权主体的限制。一般来说,对集体土地的重大处分应当依法经农村集体经济组织成员表决同意。

2. 集体土地所有权权能的残缺性。集体土地所有权是农民集体在法律规定的范围内占有、使用、收益和处分自己所有的土地的权利。但事实上,集体土地所有权中的占有权能、收益权能和处分权能已在很大程度上被弱化或取消了。首先是使用权能,集体所有的土地只能用于农业生产或农民宅基地等与集体密切相关的建设,而对于可产生巨大经济效益的房地产开发等,集体土地是不可有此使用目的的。农民集体所有的耕地要改为非耕地时,要经过有关部门批准,办理转用手续。其次是收益权能,承包经营权和宅基地的使用基本也是无偿的,乡(镇)办企业建设使用村农民集体所有的土地的,虽依《土地管理法》规定,应给被用地单位以适当补偿,但实际上补偿数量极为有限,基本上也是无偿使用,集体土地所有者并无多少收益。而且国家因公共利益需要而征收集体所有土地时,给予农民集体的补偿既不是地租,更不是土地的价格,而仅仅是部分补贴,这实际上也是对集体收益的一种侵占。最后是处分权能,我国法律规定,国家禁止集体土地所有权买卖,农村集体所有的土地不能出让,只有被征收变为国有土地后方可为之。这不仅使集体土地所有者完全失去了土地的出让权,同时也使本应属于集体的土地收益流入国库。即使集体组织的成员使用本集体所有的土地建房,也要由乡级政府或县级政府批准。

上海大学的李凤章认为:"集体土地所有权由于不能转让、不能抵押,而且主体并非实体意义上的民法主体,因此不是一般意义上的土地所有权。"①其更进一步提出:"由于主体模糊不清,集体土地所有权只是一种'空权利',其本质是国家攫取资源的工具,是'反权利'的,集体土地在某种程度上被国有化了。"②还有学者认为,农民集体(以及三级主体)主要是作为基层自治组织的意义存在,尚未成为真正意义上的民事权利主体;国有土地和集体土地的相对静态的对立与城市—农村相对动态的变化不相适应,这种土地类型化的不科学阻碍了土地的集约利用,导致所有权权能严重丧失、集体成员(农民)流动性受阻等问题。集体土地所有权不稳定性增强,产生了由农民与集体分离造成的集体土地所有权行使的各种问题。③

(三)集体土地所有权的范围

《宪法》第10条规定:"农村和城市郊区的土地,除由法律规定属于国家所有的以外,属于集体所有;宅基地和自留地、自留山,也属于集体所有。"《土地管理法》也做了相同的规定。所谓由法律规定属于国家所有的指的是50年代土地改革时被征收、没收的土地中依法被确定为国家的土地部分及国家建设诸如铁路建设、公路建设等的留用地和依法被国家征收的土地。宅基地指的是农村中包括有建筑物和没有建筑物的非耕种所用的空白地。自留地是指农业集体化以后集体经济组织从集体所有的土地中划配给社员个人长期使用的少量土地。自留山也是农业集体化以后集体经济组织从集体所有的山地中划配给社员个人长期使用的少量土地或者山地。

---

① 李凤章:《通过"空权力"来"反权利":集体土地所有权的本质及其变革》,载《法制与社会发展》2010年第5期。

② 李凤章:《通过"空权力"来"反权利":集体土地所有权的本质及其变革》,载《法制与社会发展》2010年第5期。

③ 马俊驹、杨春禧:《论集体土地所有权制度改革的目标》,载《吉林大学社会科学学学报》2007年第3期。

(四)集体土地所有权的行使

1. 行使集体土地所有权的主体

我国法律对"农民集体"的含义没有规定。事实上它是一个集合概念,在所有权行使问题上,它往往只是具有名义和抽象的意义,很难成为真正意义上的市场主体。因此,在这种主体虚位的情况下,集体土地所有权行使时就出现以下弊端:其一,土地名为集体所有,实为少数干部专有,任意摊派、任意处分,导致农民对土地产生疏远感,使大量的耕地流失;其二,给少数人带来了利用土地发财致富的机会,导致大量农用地转化为非农用地;其三,《宪法》和《土地管理法》表面上确定了行使集体土地所有权的代表有乡(镇)农民集体经济组织、村民委员会、村民小组,但事实上乡(镇)农民集体经济组织并不存在,乡(镇)人民政府对土地的管理与土地所有权合二为一,集体土地事实上成了国有土地。依《宪法》第 110 条规定,村民委员会是基层群众性自治组织,不是农村集体经济组织,基层群众性自治组织经营、管理土地,与其性质不符。村民小组也仅仅是集体经济组织的成员,自实行家庭联产承包制后,村民小组基本上解体了。

如何构建作为集体土地所有权主体的农民集体,从而使其更有效地行使土地所有权是我国立法的首要任务。首先,明确农民集体应具备三个条件:第一,必须有一定的组织形式、组织机构,如集体经济组织。第二,应当具有民事主体资格,即被法律承认的,能够依法享受权利和承担义务。第三,集体成员应为长期生活于该集体内的有农业户口的村民。[①] 其次,可考虑在现实的基础上先赋予集体成员以成员权。王利明教授和周友军教授认为《物权法》中"成员集体所有"的规定,开启了建立集体土地成员权的路径。也就是说《物权法》不仅仅是进一步明确了用语,而且有更深的民法学理论在内。作者认为,成员集体所有在性质上类似总有,是区别于《民法通则》中的"劳动群众集体所有"和《土地管理法》中的"农民集体所有"。实际上,作者所主张的成员权,是以法人成员所享有的权利演化而来的新的民法理论解释工具。[②] 赋予集体成员以成员权使之平等地行使权利、分享收益,再由成员自愿组成某一农民集体经济组织,将村民委员会规范为董事会,因为只有经选举产生的村民委员会才能代表集体组织全体成员的意志,从内部组织结构上使农民真正参与,改变"集体所有,人人所有,又人人没有"的局面。吉林大学的邵彦敏认为:"集体土地所有权有内在的基本矛盾,即农民个人作为集体的成员,既是土地的所有者,又不是土地的所有者(农民个人离开集体并不能'带走'土地)。而集体共同行使所有权在经济上也成本过高,因此理论上便需要产生代表机构;此时代表机构才行使所有权职能,而每个集体成员则只是土地的使用者、经营者。另

---

① 梁书文等主编:《房地产法及配套规定新释新解》(上),人民法院出版社 1998 年版,第 807 页。

② 王利明、周友军:《论我国农村土地权利制度的完善》,载《中国法学》2012 年第 1 期。

外,法律规定的'三级主体'会造成权利行使的模糊"。[1]

2.集体土地所有权的行使

集体土地所有权的各项权能可以结合,也可以独立。集体土地所有者有权依法直接使用自己拥有的土地,集占有、使用、收益、处分的权能于一身,集体土地所有者也可以依法将土地划拨给本集体所有制企业联营,使土地所有权与使用权分离。集体所有的土地在国家征收或其他农民集体依法使用时,所有者有依法要求得到补偿的权利。

3.行使集体土地所有权应遵循的基本法律要求

十分珍惜和合理利用土地,切实保护耕地的基本国策是行使集体土地所有权的基本法律要求。土地资源的特殊性和稀缺性决定了必须合理利用土地。为此,《民法通则》《土地管理法》有关条文都规定了土地所有者具有管理、保护和合理利用土地的义务。

(五)集体土地所有权的保护

在保护集体土地所有权时,应注意以下两点:第一,尊重农民集体土地的所有权,不能强行改变其所有权性质;第二,使用集体土地时,必须合法。国家征收农民集体的土地,必须按照法律规定的条件和程序进行;禁止在耕地上挖土、挖砂、采石、采矿等。

四、国有土地使用权

(一)概述

国有土地使用权是用地者依其不同取得方式而享有的,具有不同法定权利内容的,与所有权相分离的,对国有土地所享有的用益性民事财产权利。

1.国有土地使用权的特征

(1)主体的广泛性。在我国,国有土地使用权主体多为一般主体,境内外法人、非法人组织及公民个人都可依法取得国有土地使用权。而集体土地使用权主体多为特殊主体。

(2)取得方式的多样性。国有土地所有者代表可依法通过出让、作价入股、租赁或划拨等方式将国有土地使用权让与土地使用者。据此用地者原始取得国有土地的使用权。用地者也可依法通过市场交易的方式,继受取得国有土地使用权。

(3)内容的差异性。在我国,国有土地使用权可因不同方式而取得,取得方式之不同,导致权利内容具有实质性差异。

2.国有土地使用权的确认

――――――――――

① 邵彦敏:《"主体"的虚拟与"权利"的缺失——中国农村集体土地所有权研究》,载《吉林大学社会科学学报》2007年第4期。

国有土地使用权需经法定登记予以确认。土地管理法规定，单位和个人使用的国有土地，由县级以上人民政府登记造册，核发证书，确认使用权。

3. 国有土地使用权的内容与限制

国有土地使用权人对国有土地享有占有权、使用权，并依权利取得方式之不同享有不同的收益权、处分权。但对于依法律或依约定不属于国有土地使用权客体的土地空间范围及物，不得行使上述权利。国有土地使用权人行使权利不得违反法律、行政法规规定的义务和权利设定时约定的义务。

4. 国有土地使用权的终止

国有土地使用权因法律规定的情形而终止。一般说来，国有土地使用权终止的主要原因是国家依法收回土地使用权。除此之外，使用权人放弃使用或因特定原因停止使用；使用权人为自然人的，使用权人死亡后无人继承，也可导致国有土地使用权的终止。

土地管理法规定，有下列情形之一的，由有关人民政府土地行政主管部门报经原批准用地的人民政府或者有批准权的人民政府批准，可以收回国有土地使用权：(1)为公共利益需要使用土地的；(2)为实施城市规划进行旧城区改建，需要调整使用土地的；(3)土地出让等有偿使用合同约定的使用期限届满，土地使用者未申请续期或者申请而未获批准的；(4)因单位撤销、迁移等原因，停止使用原划拨的国有土地的；(5)公路、铁路、机场、矿场等经核准报废的。其中因上述第 1 项、第 2 项情形收回国有土地使用权的，应当对土地使用权人给予适当补偿。

(二)出让土地使用权

出让土地使用权是土地使用者以向国有土地所有者代表支付出让金为对价而原始取得的有期限限制的国有土地使用权。

1. 出让土地使用权的主体
境内外法人、非法人组织和公民个人可依法取得出让土地使用权。

2. 出让土地使用权的取得
出让土地使用权的合法取得方式为拍卖、招标、协议、挂牌。城市房地产管理法规定，商业、旅游、工业等综合用地，应当采取拍卖、招标、挂牌方式出让土地使用权。2002年 7 月 1 日国土资源部出台《招标拍卖挂牌出让国有土地使用权规定》(第 11 号令)规定："商业、旅游、娱乐和商品住宅等各类经营性用地，必须以招标、拍卖、挂牌等公开的方式出让，禁止以协议方式出让经营性土地"。《物权法》第 137 条规定："设立建设用地使用权，可以采取出让或者划拨等方式。工业、商业、旅游、娱乐和商品住宅等经营性用地以及同一土地有两个以上意向用地者的，应当采取招标、拍卖等公开竞价的方式出让。"

土地使用者应当在签订土地使用权出让合同后 60 日内支付全部土地使用权出让金，领取土地使用权证，取得出让土地使用权。依双方约定采取分期付款方式取得出让土地使用权的,在未付清全部出让金前,土地使用者领取临时土地使用权证。

国家可将出让土地使用权作价出资或入股作为对企业的投资,国家对企业享有相应的投资者权益(股权),企业享有出让土地使用权。

3. 出让土地使用权的年限

根据国务院的现行规定,城镇国有土地使用权出让的最高年限,按土地用途分为以下几种情况:(1)居住用地70年;(2)工业用地50年;(3)教育、科技、文化、卫生、体育用地50年;(4)商业、旅游、娱乐用地40年;(5)综合或者其他用地50年。此外,开发国有荒山、荒地、荒滩从事广义的农业生产的,使用期限最长不得超过50年。

国有土地所有者代表与用地者可在不超过最高出让年限的前提下,在出让合同中约定出让年限。

4. 出让土地使用权的内容与限制

出让土地使用权人在出让使用期限内依法对土地享有占有权、使用权、收益权和部分处分权。分期付款取得出让土地使用权的,在领取临时土地使用权证期间,土地使用者对土地不享有部分处分权。该部分处分权指出让土地使用权人可依法将其享有的土地权利转让、出租、抵押或用于合资、合作经营及其他经济活动。出让土地使用权人对其使用土地上的地上建筑物、其他附着物享有所有权。

土地使用者需要改变土地使用权出让合同约定的土地用途的,必须取得出让方和市、县人民政府城市规划行政主管部门的同意,签订土地使用权出让合同变更协定或者重新签订土地使用权出让合同,相应调整土地使用权出让金。土地使用者必须依土地使用权出让合同的约定开发、利用土地,不得在法定或约定的期限内闲置土地。土地使用者转让土地使用权必须符合法定条件。

5. 土地使用权出让与转让的关系

(1)出让与转让的联系

土地使用权出让作为土地使用权转让的一种形式,它们都是一方将其拥有的土地使用权有偿、有期限地让渡于另一方利用;土地使用权出让与转让行为均不影响国家对出让、转让土地的所有权。这两点体现了二者的共性。同时,土地使用权转让是以土地使用权出让为前提条件的,而土地使用权转让可以促进土地使用权出让市场的发展和繁荣。土地使用权出让是国家将土地使用权作为商品进入流通领域的一种形式,因此,只有实行土地使用权出让制度,才能使受让人有可能将其通过出让行为获得的国有土地使用权进行转让;显然,出让是转让的前提。受让人通过出让方式取得土地使用权后,一个很重要的目的就是进行开发经营,即把取得的土地作为劳动对象,对其进行综合性开发建设,形成工业用地或建设用地的条件后,再行转让,开展房地产经营活动。如不实行土地使用权出让制度,从事房地产开发或土地开发的单位或个人就不会通过协商或其他竞争方式取得土地使用权,土地使用权出让市场也就难以得到发展和繁荣。

(2)出让与转让的区别

土地使用权出让与土地使用权转让的区别主要表现在以下几个方面:

第一,土地使用权出让是创设财产权的行为,而土地使用权转让则是转移财产权的行为。在土地使用权出让之前,土地所有权中所包括的占有、使用、收益与所有权主体相分离,通过出让行为,把这些权能分离出来,成为一种独立的财产权,并让与土地使用者。在土地使用权出让行为之前,该权利在法律上并不存在,出让行为成立之后该权利才得以产生,因此说土地使用权出让是创设财产权的行为。而土地使用权转让则是作为独立财产权的土地使用权在公民或法人之间进行转移,因而该行为是转移财产权的行为。①

第二,法律关系的主体不同。土地使用权出让法律关系的主体,一方是土地所有者,另一方是土地使用者;而土地使用权转让法律关系中的双方当事人均为土地使用者。

第三,出让金与转让费的构成及反映的关系不同。土地使用权出让金除了土地所有者事先投资外,主要指地租。而地租是"土地所有权特有的经济表现"②"是土地所有权借以实现的经济形式"③,它不是劳动(包括经营)的产物。土地使用权转让费除包括出让金和土地使用者的投资及其孳息以外,还包括经营利润。经营利润是土地使用者投资并经营的产物。

(三)划拨土地使用权

划拨国家土地使用权,是指国家通过行政审批程序将土地无偿地拨给使用者使用,使用者只需按照一定的程序向主管机关提出申请,缴纳安置、补偿等费用后,经批准后即取得土地使用权的行为。

1. 土地使用权划拨的特征

通过划拨向社会提供国有土地的使用权,是新中国成立后政府采取的唯一土地供应方式。由于它产生的根据与目标并不像有偿出让那样,是在市场经济条件下实现土地经营的商品化、资源配置的合理化下产生的,因此土地使用权的划拨有其独有的特点:

(1)土地使用权划拨法律关系是一种行政法律关系。土地行政管理部门在划拨中的身份纯粹是行使国家行政职能身份。它是国家通过社会成员行使其占有、使用土地的权能,而不是将土地使用权作为一项财产让与他人,不存在两权分离。申请土地使用权的一方当事人在这一关系中则处于被支配的地位,能否获得土地使用权,不决定于自己的意志。

(2)划拨土地使用权只能由其本人亲自行使。通过划拨取得的土地使用权在权利内容上仅限于使用者对土地的占有权、使用权,有时包括收益权。使用者取得划拨的土

---

① 陈健:《中国土地使用权制度》,机械工业出版社 2005 年版,第 54 页。
② 蔡耀忠:《中国房地产法研究》,法律出版社 2005 年版,第 49 页。
③ 王文革:《城市土地市场供应法律问题》,法律出版社 2005 年版,第 54 页。

地后只能由其本人亲自使用,不得将该使用权转让、出租、抵押、继承等,因此一旦某块土地的使用权经划拨由某一使用者获得,该使用权就固定在该使用人手中。在这种方式下,土地使用权本身不能进入民事流转,不能进入商品流通,也就无所谓土地使用权的商品化。

(3)划拨土地使用权的客体只能是国有土地。划拨是一种行政行为,它只能由享有行政权力的国家去实施。国家可以划拨的土地必须是国有土地,集体土地国家不能划拨。如果需要划拨的土地属于集体所有,则应当先将其征收为国有,然后再依法划拨。

(4)土地使用权的划拨具有无偿性。土地使用者通过划拨取得的土地使用权是无偿的,无须向国家支付任何代价,国家将征收的集体土地划拨给使用人使用,使用者只向被征地单位缴纳补偿、安置等费用,这仅是成本的补偿,不存在地租的支付,除此之外不再向国家承担任何经济上的义务。国有土地仅是一种全民所有的生产资料,不能简单地当作交易中的一项财产来对待,各使用土地的单位在经济核算中一般也不把土地使用权包括在企业的资产之内。当然,现行的土地使用权的划拨已逐步改变了传统体制下纯粹的无偿使用的性质,而与有偿出让制相衔接,表现在:第一,对通过划拨取得土地使用权的土地使用者征收土地使用税,这是我国国有土地划拨制度改革的重要举措,使所有者与使用者之间的利益关系有所调整;第二,法律允许土地使用权的划拨可在法律规定的条件下转化为有偿出让,经过转化的土地使用权可以转让、出租、抵押。

(5)划拨土地使用权的适用面窄。以划拨方式取得土地使用权的适用范围,国家作了规定,主要适用于国家机关用地、军事用地、城市基础设施或公用设施用地、城市公益事业用地,以及国家重点扶持的能源、交通、水利项目用地等方面,而且将来还有缩小的可能。

(6)划拨取得的土地使用权没有期限。通过划拨取得的土地使用权除法律、法规另有规定外,没有使用期限的限制,只要使用者本身存在,并依一定条件使用土地,就可长期占有、使用。国家只在特殊情况下收回。

(7)在取得土地使用权的程序上要经过一系列的行政审批程序。

2. 土地使用权划拨与出让的区别

(1)适用范围不同。从立法要求看,划拨制度在适用范围上受到严格限制,今后主要适用于国家机关用地、军事用地、城市基础设施或公用设施用地、城市公益事业用地,以及国家重点扶持的能源、交通、水利项目用地等方面。出让制度则没有限制,一般情况下,经营性用地基本选用出让方式,非经营性用地则采取划拨方式。

(2)性质不同。划拨的土地使用权实质上是国家赋予用地者行使占有使用土地的权利,而未将土地使用权作为一项独立权利或财产从土地所有权中真正分离出来让渡给用地者,加之用地者多为国家机关或社会公益部门的一部分,由此体现出国家所有与使用的合二为一,因此不能进入市场。出让的土地使用权是国家作为土地所有者把土地使用权从土地所有权中完全分离出来,形成存在于国家土地之上的一种他物权,具有独立性、商品性,可以在市场上流通。

（3）法律属性和实现方式不同。划拨行为由于通过行政程序来完成，基本体现了政府意志，应属行政行为，但是出让行为则并不完全体现政府意志，它通过契约化的形式来实现，需由当事人双方签订书面合同，具有较强的民事性质。

3. 划拨土地使用权的取得

划拨取得土地使用权是无偿无期限的，为节约用地，杜绝土地浪费，国家对划拨土地使用权的取得规定了严格的条件，主要有以下几点：

首先，属于法律规定的适用范围内的土地。根据城市《房地产管理法》第 24 条的规定，下列用地可以采用划拨方式取得土地使用权：

（1）国家机关用地。包括国家权力机关、国家行政机关、国家司法机关和国家军事机关等用地。

（2）军事用地，主要指军事设施用地。包括指挥机关、指挥工程、作战工程用地；军用机场、港口、码头、营区、训练场、试验场用地；军事仓库用地；军事通信、侦察、导航、观测台站和导航标志用地；军用公路、铁路专用线、军用通信线路用地；其他军事设施用地。

（3）国家重点扶持的能源、交通、水利等项目用地。主要是指中央投资、中央和地方共同投资，以及国家采取各种优惠政策重点扶持的煤炭、石油、天然气、电力等能源项目；铁路、公路、港口、机场等交通项目；水库、防洪、江河治理等水利项目用地。

（4）公益事业用地。包括各类学校、医院体育场馆、文化馆、图书馆、幼儿园、托儿所、敬老院、防疫站等文体、卫生、教育、福利事业用地。

（5）城市基础设施用地。包括城市给水、排水、污水处理、供电、通信、煤气、热力、道路、市内公共交通、园林绿化、环保、消防、路标、路灯等设施用地。

（6）法律、法规明确规定的其他建设项目用地。这是一项弹性规定，显然为扩大划拨范围创造了条件。比如，政府计划下进行的安居工程或康居工程用地。

当然，并非凡列入上述范围内的用地，都一律采取划拨的方式。为了进一步推行土地使用的有偿制，缩小土地使用权划拨的范围，依《城市房地产管理法》第 24 条的规定，上述范围内，确属必需的，也就是政府认为应当予以扶持，并给予政策上优惠的建设项目用地，经过批准，可以采用划拨方式取得土地使用权。

其次，必须履行严格的法律程序。划拨土地使用权取得的程序大体上是由以下几个步骤构成：

（1）用地单位提交用地申请。经批准的建设项目，需要使用国有土地的，建设单位应当持法律、法规规定的有关文件，向有批准权的县级以上人民政府土地行政主管部门提出建设用地申请。县级以上人民政府是作为国有土地所有人的国家的代理人而出现在划拨关系之中。

（2）土地行政主管部门审查和报批。县以上人民政府土地管理部门对建设用地申请进行审查后，便划定用地范围，并组织建设单位与被征地单位及有关单位，依法商定征用土地的补偿、安置方案。然后，依照土地管理法规定的审批权限报有批准权的人民政府批准。

建设项目占用土地需要征用农地的,还应依照《土地管理法》第44条的规定办理农用地转用审批手续。其中,经国务院批准农用地转用的,同时办理征地审批手续,不再另行办理征地审批;经省、自治区、直辖市人民政府在征地批准权限内批准农用地转用的,也同时办理征地审批手续,不再另行办理征地审批。

(3)土地划拨。建设用地申请及土地补偿安置方案,经有批准权的人民政府依法批准后,向建设单位颁发建设用地批准书,土地管理机关根据建设用地批准文件和建设进度,一次或分期划拨建设用地,并督促有关单位按时移交土地,尽快落实土地补偿、安置方案。

(4)核发国有土地使用证。建设项目竣工后,建设项目主管部门组织有关部门验收时,县级以上人民政府土地管理部门要到现场核查实际用地情况,经核查无误后,用地单位应到土地行政管理部门办理土地登记,由土地管理机关颁发"国有土地使用证"确认土地使用权。

需要划拨的用地属于集体所有的土地时,由县级以上人民政府依法批准,将集体所有的土地征收,由需要通过划拨方式得到土地使用权的用地单位缴纳土地补偿、安置等费用后,国家将其征收的土地划拨给土地使用者使用。需要划拨的用地属于国有市区内没有收益的空地以及国有荒山、荒地、滩涂的,由县级以上人民政府依法批准,国家将其土地无偿划拨给土地使用者使用。

4. 对行使划拨土地使用权的限制

土地使用者依法取得划拨土地使用权之后,其权利的行使受国家法律的保护,但权利人在行使时,必须遵守国家法律、法规的有关规定。

(1)土地使用权人不得擅自改变土地用途。人民政府在批准土地划拨时,需明确土地的用途。土地使用权人在使用土地过程中不得随意改变土地用途,不得损害社会公共利益,因特殊情况确需改变土地用途的,应得到县级以上人民政府批准,并要依法办理土地用途变更登记手续。

(2)划拨土地使用权未经转化为出让土地使用权并符合其他条件,不得转让、出租、抵押。

(3)因国家公共利益的需要,人民政府要收回划拨的土地使用权时,土地使用权人有义务服从人民政府的决定,而不能以划拨土地的无期限性相对抗。《土地管理法》第58条明确规定,有下列情形之一的,由有关人民政府土地行政主管部门报经原批准用地的人民政府或者有批准权的人民政府批准,可以收回国有土地使用权:(1)为公共利益需要使用土地的;(2)为实施城市规划进行旧城区改造,需要调整使用土地的;(3)公路、铁路、机场、矿场等经核准报废的。

5. 划拨土地使用权的转化

划拨土地使用权的特征决定了它不能进入商品流通领域。但受早期计划经济的影响,我国城市内有大量的划拨土地存在,而其中很大一部分用地者是国有大中型企业,随着对国有企业实行公司制改造,组建企业集团,股份合作制改组,出售、合并、破产的改革,都涉及划拨土地使用权的问题。尽快将存量土地中的经营性用地纳入有偿使用轨道,成了目前的首要任务。因此,我国法律规定了划拨土地使用权向有偿土地使用权转化的条件及程序。

划拨土地使用权转为出让要具备以下条件:土地使用者必须是公司、企业、其他经济组织和个人;领有国有土地使用证;具有地上建筑物、其他附着物的合法的产权证明。

经济组织以外的其他组织需要补办手续,须经过其上级主管部门批准。

根据原国家土地管理局《关于划拨土地使用权补办出让手续及办理土地登记程序的通知》,划拨土地使用权出让的程序如下:

(1)申请。土地使用者持有关证件(国有土地使用证、地上建筑物、其他附着物的合法产权证明)向土地所在地市、县土地管理部门提出划拨土地使用权补办出让手续及土地登记申请,填写"划拨土地使用权补办出让手续及土地登记申请审批表"。

(2)审查。市、县土地管理部门对土地使用者的申请审批表进行审查,签署审核意见,并在15日内以书面形式函告土地使用者。

(3)签订土地使用权出让合同。市、县土地管理部门审查同意补办出让手续后,与土地使用者签订土地使用权出让合同。

(4)缴纳土地使用权出让金。在土地使用权出让合同签订后60日内或在土地使用权出让合同约定付款期限内,土地使用者向土地所在地市、县土地管理部门缴纳土地使用权出让金。

(5)办理土地登记。土地使用者缴纳全部出让金后,土地管理部门直接办理土地使用权出让登记;土地使用者在缴纳出让金前已签订土地使用权转让、租赁、抵押合同的,土地管理部门同时办理土地使用权出让登记与土地使用权转让、出租和抵押登记。

6. 划拨土地使用权市场化

划拨土地使用权的市场化对培育和完善房地产市场,堵塞各种形式的土地隐形市场发挥着积极的作用,也可以充分发挥价值规律对城市土地的分配和调节功能,有利于土地资源适应经济变动状况进行经常灵活的流动和合理配置。

(1)划拨土地使用权市场化的途径

第一,划拨土地使用权先出让后转让,即从土地一级市场开始,由国家将划拨土地使用权转为出让土地使用权,由土地使用者先办理土地使用权出让手续、补交土地使用权出让金,然后该出让土地使用权才可转让。但在企业普遍缺乏资金的情况下,难以操作。

第二,划拨土地使用权先转让后出让,即重点放在土地二级市场上,通过转让市场的活跃,带动出让市场的发展。

第三,采取将划拨土地使用权作为国家对划拨土地使用人的出资,折价入股,然后将划拨土地使用权转为出让土地使用权,为划拨土地使用权的市场化开辟了可行的道路。

（2）保障划拨土地使用权的市场化目标和措施

划拨土地使用权的市场化具有现实的必要性与可能性，但其真正运作却受一些客观条件的限制，比如观念、体制上的惯性影响，同时为保证房地产市场免受大量划拨土地使用权入市的骤然冲击，应采取有效的改革措施：

第一，清理、整顿划拨土地使用权的隐形市场，堵塞非法渠道，保障市场秩序，保证国有土地资产收益不流失。

第二，对经营性划拨土地使用权确定合理地租。国家应以土地所有者的身份，对难以办理或不愿办理出让手续的划拨土地使用权人收取地租，从经济上实现国家土地所有权，改变目前收取土地使用费、土地租金等形式，使地租从调节税、所得税、城市建设费等中间游离出来，建立起正常的土地价格体系。

第三，无论是先出让、后转让，还是直接转让的思路与操作，都要合理分配土地收益，同时国家应做好转让条件的审查和转让总量的控制。

五、集体土地使用权

（一）概述

集体土地使用权是符合法律规定的用地者按照一定土地用途而以一定方式使用集体土地的权利。

1. 集体土地使用权的特征

（1）主体的特定性。农村集体经济组织及其成员，农村集体经济组织投资设立的企业，乡（镇）、村公益性组织及法律、行政法规规定的其他单位和个人，可以依法取得集体土地使用权。集体土地使用权主体一般为特殊主体，对其身份资格多有限制，主要由农村集体经济组织及其成员、集体经济组织设立的企业和公益性组织担当，只有在法律规定允许的个别情况下，才可由农村集体经济组织以外的单位和个人担当。

（2）用途、取得与权利内容的相关性。集体土地使用权按用途划分为农用地使用权、宅基地使用权、非农经营用地使用权和非农公益用地使用权。关于权利的分类，集体土地使用权与国有土地使用权有所不同。后者主要以权利的取得方式进行分类，在分类中土地用途并不起决定性作用；但前者从现行制度来看主要以土地用途做分类基础，不同用途的土地，其使用权采用不同方式取得，进而具有不同的权利内容。

（3）权利交易的受限制性。国家为保护耕地及垄断建设用地一级市场，限制非农业性集体土地使用权交易。土地管理法规定：农民集体所有的土地的使用权不得出让、转让或者出租用于非农业建设，但是符合土地利用总体规划并依法取得建设用地的企业，因破产、兼并等情形致使土地使用权依法发生转移的除外。

2. 集体土地使用权的确认

集体土地使用权经登记确认，分两种情况：

（1）土地承包经营权。农村土地承包法规定：县级以上地方人民政府应当向承包方颁发土地承包经营权证或者林权证等证书，并登记造册，确认土地承包经营权。

（2）农村建设用地使用权。土地管理法规定：农民集体所有的土地依法用于非农业建设的，由县级人民政府登记造册，核发证书，确认建设用地使用权。

3. **集体土地使用权的内容与限制**

集体土地使用权人对土地享有占有权、使用权是不言而喻的。但不同的集体土地使用权人在对土地行使收益权、处分权方面存在很大差异。相比较而言，土地承包经营权人的权利内容最充分；而非农公益用地使用权人的权利内容最欠缺，其对土地只享有占有权、使用权，几乎不拥有收益权、处分权，因此，一般而言，集体土地使用权人对集体土地享有占有权、使用权，依土地用途之不同及权利取得方式之不同享有不同的收益权、处分权。但对依法或依约定不属于集体土地使用权客体的土地空间范围和物，不得行使上述权利。

4. **集体土地使用权的终止**

依据土地管理法的规定，集体土地使用权因下列情形而终止：（1）国家征收集体所有土地；（2）乡（镇）村公共设施和公益事业建设需要收回集体土地使用权的；（3）用地者撤销、迁移等而停止使用集体土地的；（4）用地者违法或违约被集体土地所有者收回土地使用权的。例如，依据《土地管理法》第37条的规定，承包土地的单位或者个人连续两年弃耕抛荒的，原发包单位应当终止承包合同，收回发包的土地。

因上列第一种情形终止集体土地使用权的，集体经济组织应将其获得的征地补偿安置费，按照有关法律、行政法规的规定支付给原集体土地使用权人作为补偿，或者以其他方式对原集体土地使用权人进行补偿安置。因第二种情形终止集体土地使用权的，由农村集体经济组织对原集体土地使用权人给予适当的补偿。

土地承包经营权的终止情形及法律后果，还应依据农村土地承包法的规定予以确定。

（二）土地承包经营权

土地承包经营权是农村集体经济组织成员或者其他单位、个人依法以家庭承包或者其他方式承包取得的，用于农、林、牧、渔等生产经营活动的有期限限制的集体土地使用权。

1. 土地承包经营权的主体。土地承包经营权由本农村集体经济组织成员依法取得，也可由本农村集体经济组织以外的单位和个人依法取得。

2. 土地承包经营权的取得。土地承包经营权通过承包方式取得。

本农村集体经济组织成员通过承包方式取得农用地使用权的，耕地的承包期限为30年，草地的承包期限为30～50年，林地的承包期限为30～70年。

土地承包方案必须经村民会议2/3以上成员或者2/3以上村民代表同意。本农村集体经济组织以外的单位和个人通过承包方式取得农用地使用权的，其权利的取得，必须经村民会议2/3以上成员或者2/3以上村民代表同意，并报乡（镇）人民政府批准。

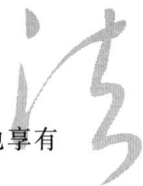

3. 土地承包经营权的内容与限制。土地承包经营权人在承包期限内,对土地享有占有权、使用权、收益权。

土地承包经营权人可将其享有的土地权利转包、出租、互换、入股、转让或以其他方式流转。

当承包地被依法征收、占用时,土地承包经营权人有权依法获得相应的补偿。

土地承包经营权人不得擅自改变权利取得时确定的农业土地用途,不得擅自将农用地转变为非农用地。农、林、牧、渔业用地之间用途的转变,依有关法律规定,并不得违反承包合同的约定。

4. 土地承包经营权的保护。承包期内,发包方一般不得收回承包地。依法收回承包地的,承包方对其在承包地上的投入而提高土地生产能力的,有权获得相应的补偿。

承包期内,发包方一般不得调整承包地。因自然灾害严重毁损承包地等特殊情形,而对承包地做个别调整的,承包土地的调整方案,必须经村民会议 2/3 以上成员或者 2/3 以上村代表同意并须经乡(镇)人民政府和县级人民政府农业行政主管部门批准。承包合同约定不得调整的,按照其约定。

(三)宅基地使用权

宅基地使用权是依法经审批由农村集体经济组织分配给其内部成员用于建造住宅的、没有使用期限限制的集体土地使用权。

1. 宅基地使用权的主体。农村集体经济组织内部成员符合建房申请宅基地条件的,依法享有宅基地使用权。非农村集体经济组织内部成员,不得申请取得宅基地使用权。

2. 宅基地使用权的取得。农村村民申请住宅用地,应经依法审批。经依法审批后,农村集体经济组织向宅基地申请者无偿提供宅基地使用权。

3. 宅基地使用权的内容与限制。宅基地使用权人对宅基地享有占有权、使用权、收益权和有限制的处分权。

农村村民一户只能拥有一处宅基地,其宅基地的面积不得超过省、自治区、直辖市规定的标准。

宅基地使用权人转让、出租房屋及宅基地使用权再申请宅基地的,不予批准。

(四)非农经营用地使用权

非农经营用地使用权是经审批由农村集体经济组织通过投资的方式向符合条件的从事非农生产经营性活动的用地者提供的集体土地使用权。

1. 非农经营用地使用权的主体。农村集体经济组织可设立独资经营的企业,将符合乡(镇)土地利用总体规划的非农经营用地提供给企业从事生产经营活动,土地使用权由该集体经济组织或企业享有。农村集体经济组织可通过以符合乡(镇)土地利用总体规划的非农经营用地使用权作价入股或出资及联营的形式与其他单位、个人设立公司、合伙等企业,土地使用权由该企业享有。但属于非法人联营企业的,土地使用权仍由该集体经济组织享有。

非上述农村集体经济组织投资设立的企业,不得申请取得或者继受取得非农经营用地使用权。其应依法申请取得或者继受取得国有土地使用权。

2. 非农经营用地使用权的取得。申请取得非农经营用地使用权,应经依法审批。土地使用权作价金额参照国家建设征用集体土地的标准确定。

3. 非农经营用地使用权的内容与限制。非农经营用地使用权人对土地享有占有权、使用权,其收益权按照有关公司法、合伙企业法的规定或依约定处置。

非农经营用地使用权不得转让、出租,但因企业破产、兼并等情形致使土地使用依法发生转移的除外。因企业破产、兼并、分立等情形致使土地使用权流转,继受取得土地使用权的企业不属于本农村集体经济组织投资设立的企业的,应办理国家土地征用和国有土地出让手续,向国家上缴土地使用权出让金。破产、兼并、分立后继受取得土地使用权的企业取得国有出让土地使用权。

非农经营用地使用权可与厂房一同设定抵押。设定抵押须经集体土地所有者同意,并出具书面证明。抵押权实现拍卖、变卖抵押物时,须办理国家土地征用和国有土地出让手续。拍卖、变卖所得价款,应先扣除征地补偿安置费付给集体土地所有者(集体土地所有者在同意抵押证明中放弃此项权利的除外),并扣除出让金上缴国家,余额依担保法规定处置。

（五）非农公益用地使用权

非农公益用地使用权是依法经审批由农村集体经济组织或者其依法设立的公益性组织,对用于集体经济组织内部公益事业的非农用地所享有的集体土地使用权。

1. 非农公益用地使用权的主体。农村集体经济组织可依法对用于本集体经济组织公益性活动的非农用地享有土地使用权。农村集体经济组织依法设立的学校等公益性组织也可对用于其从事公益性活动的非农用地享有土地使用权。

2. 非农公益用地使用权的取得。乡（镇）村公共设施、公益事业建设,需要使用集体所有土地的,应经依法审批。依法审批后,经农村集体经济组织拨付,用地申请人取得非农公益性用地使用权。用地申请人为农村集体经济组织的,不经拨付径自取得非农公益用地使用权。

3. 非农公益用地使用权的内容与限制。非农公益用地使用权人对土地享有占有权和使用权。非农公益用地使用权人不得擅自改变土地用途,不得擅自将土地用于经营活动,不得将土地使用权转让、出租或抵押。

六、建设用地管理

（一）概述

建设用地是指用于建造建筑物或构筑物的土地。

1. 建设用地的分类。我国将建设用地分为国家建设用地和乡(镇)村建设用地。

国家建设用地是指国家为进行各种经济、文化、国防建设以及兴办各种社会公益事业进行建设所需要占用的土地。目前对国家建设用地的范围做扩大化解释,一些虽非国家投资,也不具有公益性的建设项目,如城市房地产开发,适用国家建设用地制度。国家建设用地的来源包括三方面:其一,征收农民集体所有土地;其二,使用国有荒山、荒地;其三,收回他人享有使用权的国有土地。

乡(镇)村建设用地是指农村集体经济组织兴办企业、公益事业或农民建设住宅所需占用的农村集体土地。

2. 我国建设用地管理制度的特点。第一,对国家建设用地和乡(镇)、村建设用地实行严格的用地审批制度,特别控制非农建设占用农用地。

第二,严格限制占用集体土地进行非农建设。我国集体非农建设用地使用权尚不能自由流转,因此这类用地使用权人的身份条件需符合法律的特殊规定。依据土地管理法的规定,任何单位和个人进行建设,需要使用土地的,必须依法申请使用国有土地;但是,兴办乡镇企业、村民建设住宅、乡(镇)村公共设施和公益事业建设经依法批准可使用农民集体所有土地。

(二)国家建设用地

1. 国家建设征地的批准权限。国家建设征收农民集体土地,应依法报国务院或省、自治区、直辖市人民政府批准。

征收下列土地由国务院批准:(1)基本农田;(2)基本农田以外的耕地超过 35 公顷的;(3)其他土地超过 70 公顷的。

征收上述规定以外的土地的,由省、自治区、直辖市人民政府批准,并报国务院备案。

2. 国家建设征地的程序。国家征收土地,须依照法定程序经有审批权的人民政府审批,再由县级以上地方人民政府土地管理部门确定征地补偿安置方案,并由同级人民政府予以公告后,听取被征地的农村集体经济组织和农民的意见并组织实施。

被征收土地的所有权人、使用权人应当在公告规定的期限内,持土地权属证书到当地人民政府土地行政主管部门办理征地补偿登记。

对补偿标准有争议的,由县级以上地方人民政府协调,协调不成的,由批准征收土地的人民政府裁决。上述争议的解决不影响征收土地方案的实施。

3. 征地补偿安置标准。征收土地的,按照被征收土地的原有用途给予补偿。征收耕地,用地者需支付、缴纳下列费用:

(1)土地补偿费。为该耕地被征收前 3 年平均产值的 6~10 倍。

(2)安置补助费。按照需要安置的农业人口数计算。需要安置的农业人口数,按照被征收耕地数量除以征地前被征收单位人均耕地的数量计算。每一个需要安置的农业人口的安置补助费,为该耕地被征收前 3 年平均年产值的 4~6 倍。但是每公顷被征收耕地的安置补助费,最高不得超过被征收前 3 年平均年产值 15 倍。

(3)新菜地开发建设基金。征收城市郊区的菜地,用地单位应当按国家有关规定缴纳新菜地开发建设基金。

(4)被征收土地上的附着物和青苗补助费。该项费用的标准由省、自治区、直辖市规定。

安置补助费可以增加,但是,土地补偿费和安置补助费的总和不得超过土地被征收前 3 年平均年产值的 30 倍。

4. 征地补偿安置费的归属或支付对象。土地补偿费归农村集体经济组织所有,地上附着物及青苗补偿费归其所有者所有。安置补助费必须专款专用,一般来说,由谁负责安置即向谁支付安置补助费。

(三)乡(镇)村建设用地

1. 乡(镇)村建设用地的审批权限

(1)乡(镇)村兴办企业需要使用土地的,应当持有关批准文件,向县级以上地方人民政府土地行政主管部门提出申请,按照省、自治区、直辖市规定的批准权限,由县级以上人民政府批准。其中,涉及占用农用地的,依法办理农用地转用审批手续。

(2)乡(镇)村公共设施、公益事业建设,需要使用土地的,先经乡(镇)人民政府审核,其他审批程序同于乡(镇)村兴办企业用地。

(3)农村村民住宅用地,经乡(镇)人民政府审核,由县级人民政府批准,其中,涉及占用农用地的,依法办理农用地转用审批手续。

2. 乡(镇)村建设用地的限制规定

(1)乡(镇)村兴办企业的建设用地,严格控制,其用地面积不得超过省、自治区、直辖市按照乡镇企业的不同行业和经营规模分别规定的控制标准。

(2)农村村民一户只能拥有一处宅基地,其宅基地的面积不得超过省、自治区、直辖市规定的控制标准。

(四)临时建设用地

临时建设用地是指因建设项目施工和地质勘查等需要临时使用国有土地或者集体土地。其与一般建设用地相比,用地时间短,审批手续相对简便。

1. 临时建设用地的审批程序。临时建设用地,由县级以上人民政府审批。其中,在城市规划区内的临时用地,在报批前,应当先经有关城市规划行政主管部门同意。土地使用者应当根据土地权属,与有关土地行政主管部门或者农村集体经济组织、村民委员会签订临时使用土地合同,并按照合同的约定支付临时使用土地补偿费。

2. 临时建设用地的限制。土地管理法对临时建设用地做了以下限制性规定:(1)必须按照临时使用合同约定的用途使用土地;(2)不得修建永久性建筑;(3)临时使用土地的期限不得超过 2 年。

七、土地法律责任与纠纷处理

(一)违反土地管理法的法律责任

1. 非法土地交易的法律责任。在我国,土地所有权禁止交易,土地使用权可以交易,但必须依法进行。土地管理法规定了一系列土地使用权交易的条件和程序规则,有些土地使用权交易为法律所禁止或限制。违反了上述法律规定,即为非法土地交易,违法人应承担相应的法律责任。

(1)买卖或者以其他形式非法转让土地的,由县级以上人民政府土地行政主管部门没收违法所得;对违反土地利用总体规划擅自将农用地改为建设用地的,限期拆除在非法转让的土地上新建的建筑物和其他设施,恢复土地原状;对符合土地利用总体规划的,没收在非法转让的土地上新建的建筑物和其他设施,可以并处罚款;对直接负责的主管人员和其他直接责任人员,依法给予行政处分;构成犯罪的,依法追究刑事责任。

(2)擅自将农民集体所有的土地使用权出让、转让或者出租的,由县级以上人民政府土地行政主管部门责令限期改正,没收违法所得,并处罚款。

2. 非法占用土地的法律责任。在我国,使用土地实行严格审批制度,非经符合法律规定的人民政府审批,或虽经审批但超过批准的数量或法定标准占用土地,均为非法占用土地,违法人均应承担相应的法律责任。

(1)未经批准或者采取欺骗手段骗取批准,非法占用土地的,由县级以上人民政府土地行政主管部门责令退还非法占用的土地,对违反土地利用总体规划擅自将农用地改为建设用地的,限期拆除在非法占用的土地上新建的建筑物和其他设施,恢复土地原状;对符合土地利用总体规划的,没收在非法占用的土地上新建的建筑物和其他设施,可以并处罚款。对非法占用土地单位的直接负责的主管人员和其他直接责任人员,依法给予行政处分。构成犯罪的,依法追究刑事责任。超过批准的数量占用土地,多占的土地以非法占用土地论处。

(2)农村村民未经批准或者采取欺骗手段骗取批准,非法占用土地新建住宅的,由县级以上人民政府土地行政主管部门责令退还非法占用的土地,限期拆除在非法占用的土地上新建的房屋。超过省、自治区、直辖市规定的标准,多占的土地以非法占用土地论处。

(3)责令限期拆除在非法占用的土地上新建的建筑物和其他设施的,建设单位或者个人必须立即停止施工,自行拆除;对继续施工的,做出处罚决定的机关有权制止。建设单位或者个人对责令限期拆除的行政处罚决定不服的,可以在接到责令限期拆除决定之日起 15 日内,向人民法院起诉,期满不起诉又不自行拆除的,做出处罚决定的机关依法申请人民法院强制执行,费用由违法者承担。

3. 非法征收使用土地的法律责任。我国关于批准征收、使用土地的法定审批权限、条件与程序极为严格,违反上述任何一项规定均为非法批准征用、使用土地,违法人均应承担相应的法律责任。

有下列四项违法行为之一,即构成此项违法:(1)无权批准征收、使用土地的单位或者个人非法批准征收、使用土地的;(2)超越批准权限批准征收使用土地的;(3)不按照土地利用总体规划确定的用途批准征收、使用土地的;(4)违反法律规定的程序批准征收、使用土地的。

此项违法可产生四项法律后果:(1)批准文件无效;(2)对非法批准征收、使用土地的直接负责的主管人员和其他直接责任人员,依法给予行政处分,构成犯罪的,依法追究刑事责任;(3)非法批准征收、使用的土地应当收回,有关当事人拒不归还的,以非法占用土地论处;(4)非法批准征收、使用土地,对当事人造成损失的,应当依法承担赔偿责任。

(二)土地纠纷及其解决途径

1. 土地纠纷的分类

(1)土地确权纠纷。此类纠纷是指因不同主体间就土地所有权或土地使用权的归属或界线等问题产生异议而引发的争议纠纷。

(2)土地侵权纠纷。此类纠纷是指因对他人已依法取得的土地所有权或使用权构成侵害,侵权人与被侵权人之间引发的争议纠纷。

(3)土地行政争议。此类纠纷是指因相对人对土地行政主管机关或人民政府作出的土地行政处罚等具体行政行为不服而引起的争议纠纷。

2. 土地纠纷的解决途径

(1)土地确权纠纷,由当事人协商解决,协商不成的,由人民政府处理;单位之间的争议由县级以上人民政府处理;个人之间、个人与单位之间的争议,由乡级政府处理。当事人对有关人民政府的处理决定不服的,可以自接到处理决定通知之日起 30 日内以作出处理决定的人民政府为被告提起行政诉讼。

(2)土地侵权纠纷,由当事人协商解决。协商不成的,可由土地行政主管部门进行行政调处。当事人对行政调处不服的,可以以对方当事人为被告提起民事诉讼,当事人也可不经行政调处直接提起民事诉讼。

(3)土地行政争议,按一般行政复议及行政诉讼程序处理。

第二节　城市房地产管理法

一、房地产开发

(一)概述

房地产开发,一般是对土地和地上建筑物进行的投资开发建设活动。依《中华人民共和国城市房地产管理法》(以下简称《城市房地产管理法》)的规定,房地产开发是指在依法取得土地使用权的国有土地上进行基础设施、房屋建设的行为。所谓基础设施建设,又称土地开发,是指给水、排水、供电、供热、供气、通讯、道路等设施建设和土地的平整,即实现七通一平。通过基础设施建设和土地平整将自然状态的土地变为可建造房屋及其他建筑物的土地。房屋建设即在完成基础设施建设的土地上建设房屋的行为。

1994 年国家颁布了《城市房地产管理法》,对房地产开发企业,房地产开发企业用地,以及房地产交易行为做了明确的规定。1995 年建设部发布的《城市房地产开发管理暂行条例》和 1998 年 7 月 20 日国务院发布的《城市房地产开发经营管理条例》,对房地产开发企业的设立、房地产开发建设行为和房地产经营行为做出了更加明确具体的规定,为我国房地产开发管理法律制度的建立提供了法律依据。

(二)房地产开发的特征

1. 房地产开发的目的是提高土地和房屋的建筑使用功能,也就是通常所说的把生地变熟地,然后形成相应的建筑产品,由此获得经济利益。

2. 房地产开发是一种经营性和投机性相结合的经济活动。开发商首先投入一定的货币资金,然后获得较高的利润回报。这种高投资、高效益的机制具有极强的资金凝聚力,形成所谓"开发热""房地产热",但它却是泡沫经济的重要根源,开发商投机追求的不仅仅是商业利润,而最主要的是土地的增值利益,这种本应属于全社会的巨大经济利益经过房地产开发成为少数人的财富,造成贫富差距悬殊,引发社会矛盾的急速深化,因此,必须对房地产业高度的投机性有所警惕,防止其可能造成的消极后果。[1]

3. 房地产开发是一项周期较长的投资活动。这是由房地产开发的投资量大、回收周期长的特点所决定的。在房地产开发过程中,需要大量的资金投入,开发项目投资回收期长,绝大多数房地产开发项目都要经过立项、可行性研究、取得土地使用权、开发建设和经营销售五大环节。从立项开始就要进行市场调查、规划设计、拟定开发方案、选址、申请贷款、寻求合作伙伴、实施开发计划,这些工作都需要付出时间和资金。

---

[1]　朱征夫:《房地产开发经营中的合同问题》,法律出版社 2004 年版,第 2 页。

4. 房地产开发是一项具有较大风险性的经济活动。房地产一个开发项目的投资回收期一般都长达五六年之久。在此期间,社会需求的变化,市场行情的变化,以及不可抗力的发生都会对房地产开发活动以及开发投资的回收产生一定的影响,因此,房地产开发投资具有很大的风险性。

5. 房地产开发属于一项综合性的生产活动,涉及许多管理部门,并需要相关行业的协作,就所涉及的管理部门来讲,主要有计划、土地管理、规划、房屋管理、建设市政、税收、工商、消防、环保、卫生、园林绿化等。同时,还需要勘测、设计、施工、银行等单位的合作与配合。否则,房地产开发就难以顺利完成。

(三)房地产开发项目管理

1. 执行城市规划。房地产开发必须严格执行城市规划。按照经济效益、社会效益、环境效益相统一的原则,实行全面规划、合理布局、综合开发、配套建设。我国的城市规划分为总体规划和详细规划,其中详细规划又分为控制性详细规划和修建性详细规划。对房地产开发项目产生直接法律约束力的是详细规划。

2. 房地产开发的用途与期限。以出让方式取得土地使用权进行房地产开发的,必须按照土地使用权出让合同约定的土地用途、动工开发期限开发土地。超过出让合同约定的动工开发日期满1年未动工开发的,可以征收相当于土地使用权出让金20%以下的土地闲置费;满2年未动工开发的,可以无偿收回土地使用权。但是,因不可抗力或者政府、政府有关部门的行为或者动工开发必需的前期工作造成动工开发迟延的除外。上述立法的目的有两个,一为防止出让土地使用权人在房地产开发中擅自改变土地用途,侵犯国家利益,扰乱房地产市场秩序;二为禁止或限制出让土地使用权人闲置土地,造成土地资源的浪费。

3. 房地产开发的安全性要求。房地产开发项目的设计、施工,必须符合国家的有关标准化规范;房地产开发项目竣工,经验收合格后,方可交付使用。上述立法的目的系为保障房地产开发过程产品的安全性,使房地产开发企业在追求经济效益的同时,兼顾社会效益和环境效益。取得竣工验收合格证亦是申请取得房产所有权的一个重要条件。

4. 房地产开发中的联建。依法取得的土地使用权,可以将其作价入股,与他人合资合作开发房地产,实践中称之为"联建"。在我国,联建涉及的法律问题较为复杂,特别是合作开发房地产,常易引发纠纷。

(四)房地产开发企业管理

房地产开发企业也即房地产开发商或发展商,按照城市房地产管理法的规定,是以营利为目的,从事房地产开发和经营的企业。

1. 房地产开发企业的分类。房地产企业按不同的标准可以有不同分类,按房地产开发业务在企业经营范围中地位的不同,可将房地产开发企业分为房地产开发专营企

业、兼营企业和项目公司。

(1)房地产开发专营企业是指专门以房地产开发为经营内容或者以房地产开发为主要经营内容的企业,如"房地产综合开发公司"。依照建设部2000年3月发布的《房地产开发企业资质管理规定》,房地产开发企业资质按照企业条件为一级、二级、三级、四级四个资质等级。一级房地产开发企业由省、自治区、直辖市建设行政主管部门初审,报建设部批准,二级以下企业由省、自治区、直辖市建设行政主管部门审批,申请资质等级的房地产开发企业应提供有关的证明文件,经审查合格后,由资质审批部门发给资质证书。一级资质的房地产开发企业承担房地产项目建设规模不受限制,可以在全国范围承揽房地产开发项目。二级及二级以下资质的房地产开发企业只能承担建设面积25万平方米以下的开发建设项目,承担业务的具体范围由省、自治区、直辖市人民政府建设主管部门确定,不得超越资质范围承担开发项目。

(2)房地产开发兼营企业是以其他经营项目为主,兼营房地产开发经营的企业。房地产开发兼营企业不定资质等级,由项目所在地建设行政主管部门根据其项目规模,审定其资金、人员条件,核发一次性资质证书。

(3)房地产开发项目公司是指以房地产开发项目为对象从事单项房地产开发经营的公司。这类公司的经营对象只限于批准的项目,和房地产开发兼营公司一样不定资质等级,经建设行政主管部门审定,核发一次性资质证书后,便可以申请单项房地产开发经营的开业登记。项目开发经营完成后,该类企业应向工商行政管理局办理核销或核减经营范围的变更登记。这类企业经营期限短,经营方式灵活,风险也比较小,许多合资、合作经营的房地产开发企业都属此种类型。

2. 房地产开发企业的设立条件。设立房地产开发企业,应当具备下列条件:

(1)有自己的名称和组织机构。企业的名称是此企业区别于彼企业的重要标志,它代表着企业的资信,是企业无形资产的一部分。组织机构是由企业的决策机构、管理机构、生产经营组织以及相应的分支机构组成的组织体系。房地产开发企业是一个法人组织,应有自己的名称和组织机构。有了自己的名称和健全的组织机构,才能形成法人意志,对内执行法人事务,对外代表法人参加经济活动。企业的名称必须在企业设立登记时,由工商行政主管部门核准。房地产开发企业采取公司形式的,还应在公司名称中标明"有限责任"或"股份有限"的字样。另外房地产有限责任公司和股份有限公司,应设股东(大)会、董事会、监事会和经理等组织机构。

(2)有固定的经营场所。固定的经营场所一般是指企业主要办事机构所在地。固定的经营场所是房地产企业进行开发活动的中心,是对外进行联系,开展经营活动所必需的场所,也是国家对企业进行监督管理的必要条件。

(3)有符合国务院规定的注册资本。房地产开发企业是资金密集性企业,对其注册资金的要求高于一般经营性、劳务性、中介性的企业。目前建设部按房地产开发企业的资质等级不同规定了不同的注册资本要求,这有助于扼制房地产开发领域过于严重的投机态势,降低房地产投资风险,保障交易安全。

（4）有足够的专业技术人员。房地产开发企业除具有资金密集性的特点外,还具有技术密集的特点,因此,专业技术人员是房地产开发企业必不可少的力量,也是企业正常运转的保证。根据《城市房地产开发经营管理条例》的规定,设立房地产开发企业还要有四名以上持有资格证书的房地产专业、建筑工程专业的专职技术人员,两名以上的持有资格证书的专职会计人员。外商投资设立房地产开发企业的也应符合相应的条件。各省、自治区、直辖市人民政府还可以根据本地的实际情况,对设立房地产开发企业的注册资本和专业技术人员的条件提出更高的要求。

（5）法律、行政法规规定的其他条件。

3. 房地产开发企业的设立程序。设立房地产开发企业应经过以下程序：

（1）应当向工商行政管理部门申请设立登记,工商行政管理部门对不符合上述条件的,不予登记。

（2）房地产开发企业在领取营业执照后的1个月内,应当到登记所在地的县级以上地方人民政府规定的部门备案。

4. 房地产开发企业的注册资本与投资总额。房地产开发是一项需要巨额资金投入的经营活动,如果房地产开发企业的注册资本过低而投资总额过大,势必造成其投资风险巨大,给投资者、其他经营者及消费者带来巨大风险隐患。因此,城市房地产管理法规定,房地产开发企业的注册资本与投资总额的比例应当符合国家有关规定。

5. 房地产开发的分期投资额与项目规模。有些房地产开发项目由房地产开发企业分期开发,这时若分期投资额过小而分期项目规模过大,也将给其自身和他人带来巨大风险隐患,往往不能保证开发项目顺利完成。因此,城市房地产管理法规定,房地产开发企业分期开发房地产的,分期投资额应当与项目规模相适应,并按照土地使用权出让合同的约定,按期投入资金,用于项目建设。

二、房地产交易

（一）概述

房地产交易是房地产交易主体之间以房地产这种特殊商品作为交易对象而从事的市场交易活动。

房地产交易是一种极其专业性的交易。房地产交易的形式、种类很多,每一种交易都需要具备不同的条件,遵守不同的程序及办理相关手续。特别是在我国由于处于计划经济向市场经济转轨的特殊时期,许多房地产权利并不规范,有些可以自由流转,有些限制流转,有些禁止流转。因此,房地产交易需要律师在其中发挥重要作用。

1. 房地产交易的分类

按交易形式的不同,可分为房地产转让、房地产抵押、房地产租赁;按交易客体中土地权利的不同,可分为国有土地使用权及其地上房产的交易与集体土地使用权及其地上房产的交易;按交易客体所受限制的程度不同,可分为受限交易和非受限交易;按交易客体存在状况的不同,可分为单纯的土地使用权交易、房地产期权交易和房地产现权交易。

2. 房地产交易的一般规则

(1)房地产转让、抵押时,房屋所有权和该房屋占用范围内的土地使用权同时转让、抵押,这就是"房产权与地产权一同交易规则"。房产权与地产权是不能分割的,同一房地产的房屋所有权与土地使用权只能由同一主体享有,而不能由两个主体分别享有,如果由两个主体分别享有,他们的权利就会发生冲突,各自的权利都无法行使。在房地产交易中只有遵循这一规则,才能保障交易的安全、公平。

(2)实行房地产价格评估。我国的市场机制尚未健全,目前仍未形成合理的完全市场化的房地产价格体系,我国房地产价格构成复杂,非经专业评估难以恰当确定,故法律规定房地产开发交易中实行房地产价格评估制度。房地产价格评估,应当遵循公正、公平、公开的原则,按照国家规定的技术标准和评估程序,以基准地价、标定地价和各类房屋的重置价格为基准,参照当地的市场价格进行评估。

(3)实行房地产成交价格申报。房地产权利人转让房地产,应当向县级以上地方人民政府规定的部门如实申报成交价,不得瞒报或者作不实的申报。实施该制度的意义在于:进行房地产交易要依法缴纳各种税费,要求当事人如实申报成交价格,便于以此作为计算税费的依据。当事人做不实申报时,国家将依法委托有关部门评估,按评估的价格作为计算税费的依据。

(4)房地产转让、抵押的当事人应当依法办理权属变更或抵押登记,房屋租赁当事人应当依法办理租赁登记备案。房地产的特殊性决定了实际占有或签订契约都难以成为判断房地产权利变动的科学公示方式,现代各国多采用登记公示的方法以标示房地产权利的变动。我国法律也确立了这一规则,《中华人民共和国物权法》(以下简称《物权法》)第6条规定:"不动产物权的设立、变更、转让和消灭,应当依照法律规定登记。"第9条规定:"不动产物权的设立、变更、转让和消灭,经依法登记,发生效力;未经登记,不发生效力,但法律另有规定的除外。"

(二)房地产转让

房地产转让是指房地产权利人通过买卖、赠与,或者其他合法方式将其房地产转移给他人的行为。按建设部2001年修正的《房地产转让管理规定》第3条规定,"其他合法方式"主要包括下列行为:(1)以房地产作价入股,与他人成立企业法人,房地产权属发生变更的;(2)一方提供土地使用权,另一方或者多方提供资金,合资、合作开发经营房地产,而使房地产权属发生变更的;(3)因企业被收购、兼并或合并,房地产权属随之转移的;(4)以房地产抵债的;(5)法律、法规规定的其他情形。

1. 房地产转让的一般性禁止。房地产交易客体有合法性,是房地产转让行为合法的基本前提。《城市房地产管理法》规定,下列房地产不得转让:

(1)以出让方式取得土地使用权,不符合法定条件的;

(2)司法机关和行政机关依法裁定、决定查封或者以其他形式限制房地产权利的;

(3)依法收回土地使用权的;

(4)共有房地产,未经其他共有人书面同意的;

(5)权属有争议的;

(6)未依法登记领取权属证书的;

(7)法律、行政法规规定禁止转让的其他情形。

房地产转让,应当签订书面转让合同,合同中应当载明土地使用权取得的方式。

2. 出让土地使用权的转让。为防止用地者单纯实施土地投机、炒卖地皮,哄抬地价,《城市房地产管理法》规定,以出让方式取得土地使用权的,转让房地产时,应当符合下列条件:

(1)按照出让合同约定已经支付全部土地使用权出让金,并取得土地使用权证书;

(2)按照出让合同约定进行投资开发,属房屋建筑工程的,完成开发投资总额的25％以上,属于成片开发土地的,形成工业用地或者其他建设用地条件。

出让合同的效力及于转让后继受取得土地使用权的用地者。出让合同体现了出让方(国家)与受让方(用地者)双方的意志,一经生效具有法律效力,受让方转让其权利,不影响出让合同的继续履行,因此,城市房地产管理法规定,房地产转让时,土地使用权出让合同载明的权利、义务随之转移。

以出让方式取得土地使用权的,转让房产后,其土地使用权的使用年限为原土地使用权出让合同约定的使用年限减去原土地使用权已经使用年限后的剩余年限。

出让合同中约定的土地用途,体现着国家土地规划控制方面的公法意图,基于社会公共利益的考虑必须在整个出让期限内得以实现,不得随意变更。若变更应依法履行相应手续,城市房地产管理法规定:以出让方式取得土地使用权的,转让房地产后,受让人改变原地使用权出让合同约定的土地用途的,必须征得原出让方和市、县人民政府城市规划行政主管部门的同意,签订土地使用权出让合同变更协议或者重新签订土地使用权出让合同,并调整土地使用权出让金。

3. 商品房预售。商品房预售是一种比较特殊的房地产转让行为。预售方具有一定投机性,预购方具有较大风险性,如不加以控制,购权权益易受到侵犯。因此,城市房地产管理法对商品房预售规定了比一般出让土地使用权转让更加严格的限制性条件和程序。

商品房预售,应当符合下列条件:

(1)已支付全部土地使用权出让金,取得土地使用权证书;

(2)持有建设工程规划许可证;

(3)按提供预售的商品房计算,投入开发建设的资金达到工程建设总投资的25％以上,并已经确定施工进度和竣工交付日期;

(4)向县级以上人民政府房产管理部门办理预售登记,取得商品房预售许可证明。

商品房预售人应当按照国家有关规定将预售合同报县级以上人民政府房产管理部门登记备案。商品房预售所得款项,必须用于有关的工程建设。

商品房预购人将购买的未竣工商品房再行转让的问题,由国务院规定。

4.划拨土地使用权的转让。划拨土地使用权人权利内容不充分,其对土地仅有占有权、使用权和部分收益权,而无处分权。其实施房地产转让时,应依法获取国有土地所有者代表同意并与之分享土地收益。因此,城市房地产管理法规定:

(1)以划拨方式取得土地使用权的,转让房地产时,应当按照国务院规定,报有批准权的人民政府审批。有批准权的人民政府准予转让的,应当由转让方办理土地使用权出让手续,并依照国家的有关规定缴纳土地使用权出让金。

(2)以划拨方式取得土地使用权的,转让房地产报批时,有批准权的人民政府按照国务院的规定决定可以不办理土地使用权出让手续的,转让方应当按照国务院规定将转让房地产所获收益中的土地收益上缴国家或者做其他处理。

转让房地产时房屋已经建成的,还应当持有房屋所有权证书。

(三)房地产抵押

房地产抵押,是抵押人以其合法的房地产以不转移占有的方式向抵押权人提供债务履行担保的行为。债务人不履行债务时,抵押权人有权依法以抵押的房地产拍卖所得的价款优先受偿。

1.可抵押的房地产。城市房地产管理法规定,以下列两类房地产可以设定抵押权:

(1)依法取得的房屋所有权连同该房屋所占用范围内的国有土地使用权。该类抵押权客体比较宽泛,其所指的土地使用权,包括出让、划拨等各种国有土地使用权。

(2)以出让方式取得的国有土地使用权。该类土地使用权在无地上房屋或地上房屋未建成时可单独成为抵押权客体,而划拨土地使用权则只能同地上房屋一同成为抵押权客体。

2.程序。设定房地产抵押时,抵押人应持有的土地使用权证书、房屋所有权证书是标志抵押人具备设定抵押资格的书面凭证。因此,城市房地产管理法规定,房地产抵押,应当凭土地使用权证书、房屋所有权证书办理。

房地产抵押,抵押人和抵押权人应当签订书面抵押合同。

3.房地产抵押的形式

我国《城市房屋产权产籍管理暂行办法》第3条规定:"城市房屋的产权与该房屋占用土地的使用权实行权利人一致的原则,除法律法规另有规定外,不得分离。"《城市房地产管理法》第48条规定:"依法取得的房屋所有权连同该房屋占用范围内的土地使用权,可以设定抵押。"《中华人民共和国担保法》(以下简称《担保法》)第36条规定:"以依法取得的国有土地上的房屋抵押的,该房屋占用范围内的国有土地使用权同时抵押。以出让方式取得的国有土地使用权抵押的,应当将抵押时该国有土地上的房屋同时抵押。乡(镇)、村企业的土地使用权不得单独抵押。以乡(镇)、村企业的厂房等建筑物抵押的,其占用范围内的土地使用权同时抵押。"从我国上述法律规定中不难看出我国是将房屋和该房屋占用土地使用权结合为一个统一的房地产作为抵押物的。

(四)房屋租赁

房屋租赁,是房屋所有权人作为出租人将其房屋出租给承租人使用,由承租人向出租人支付租金的行为。

1. 程序。房屋租赁,出租人和承租人应当签订书面租赁合同,约定租赁期限、租赁用途、租赁价格、修缮责任等条款,以及双方的其他权利和义务,并向房产管理部门登记备案。

2. 住宅租赁与非住宅租赁。住宅用房的租赁,特别是公有住房及其他带有福利性的住房租赁应当执行国家和房屋所在城市人民政府规定的租赁政策。租用房屋从事生产、经营活动的,由租赁双方协商议定租金及其他租赁条款。

3. 划拨土地上房屋的租赁。以营利为目的,房屋所有权人将以划拨方式取得使用权的国有土地上建成的房屋出租的,应当将租金中所含土地收益上缴国家。

三、不动产权属登记管理

(一)不动产登记属登记管理

2015 年 3 月 1 日前国家实行土地使用权和房屋所有权登记发证制度。

1. 房产与地产分别登记。我国大部分地区实行两个政府职能部门分管房屋与土地,因而分别向房地产权利人颁发权利证书。

(1)土地使用权初始登记。以出让或者划拨方式取得土地使用权,应当向县级以上地方人民政府土地管理部门申请登记,经县级以上地方人民政府土地管理部门核实,由同级人民政府颁发土地使用权证书。

(2)房屋所有权初始登记。在依法取得的房地产开发用地上建成房屋的,应当凭土地使用权证书向县级以上地方人民政府房产管理部门申请登记,由县级以上地方人民政府房产管理部门核实并颁发房屋所有权证书。

(3)房屋所有权和土地使用权变更登记。房地产转让或者变更时,应当向县级以上地方人民政府房产管理部门申请房产变更登记,并凭变更后的房屋所有权证书向同级人民政府土地管理部门申请土地使用权变更登记,经同级人民政府土地管理部门核实,由同级人民政府变更或者更改土地使用权证书。法律另有规定的,依照有关法律的规定办理。

(4)房地产抵押登记。房地产抵押时,应向县级以上地方人民政府规定的部门办理抵押登记。因处分抵押房地产而取得土地使用权和房屋所有权的,应当依法办理过户登记。

2. 不动产权属统一登记。2014年11月24日,根据物权法第10条规定,不动产实行统一登记。国务院公布的《不动产登记暂行条例》于2015年3月1日起施行,通过立法规范登记行为、明确登记程序、界定查询权限,整合土地、房屋、林地、草原、海域等登记职责,实现不动产登记机构、登记簿册、登记依据和信息平台"四统一"。

不动产登记,是指不动产登记机构依法将不动产权利归属和其他法定事项记载于不动产登记簿的行为。《不动产登记暂行条例》所称的不动产,是指土地、海域以及房屋、林木等定着物。不动产首次登记、变更登记、转移登记、注销登记、更正登记、异议登记、预告登记、查封登记等,适用本条例。

(1)不动产权利登记的范围。下列不动产权利,依照条例的规定办理登记:集体土地所有权;房屋等建筑物、构筑物所有权;森林、林木所有权;耕地、林地、草地等土地承包经营权;建设用地使用权;宅基地使用权;海域使用权;地役权;抵押权;法律规定需要登记的其他不动产权利。

(2)遵循原则,一是统一规范,明确一个部门负责登记,并对机构设置、簿册管理、基本程序、信息共享与保护提出统一要求。二是严格管理,重点规范登记行为,强化政府责任,提高登记质量,增强不动产登记的严肃性、权威性和公信力。三是物权稳定,明确已经发放的权属证书继续有效,已经依法享有的不动产权利不因登记机构和程序的改变而受到影响。四是简明扼要,主要围绕实现"四统一"做出原则规定,对一些操作性规定,在今后的配套实施细则和技术规程中予以细化。

(3)统一登记机构。条例规定:一是明确由国土资源部负责指导、监督全国不动产登记工作,同时要求县级以上地方人民政府确定一个部门负责本行政区域不动产登记工作,并接受上级不动产登记主管部门的指导和监督。二是规定不动产登记原则上由不动产所在地的县级人民政府不动产登记机构办理,直辖市、设区的市人民政府可以确定本级登记机构统一办理所属各区的登记。三是规定跨县级行政区域的不动产登记,由所跨县级行政区域的登记机构分别办理、协商办理,或者由共同的上一级人民政府不动产登记主管部门指定办理。

(4)不动产登记簿。不动产登记簿是不动产权利的载体,登记内容、登记形式、介质保管等与权利人密切相关,条例规定:一是明确登记内容,要求登记机构设立统一的不动产登记簿,将不动产的自然状况、权属状况、权利限制状况等事项准确、完整、清晰地予以记载。二是规范登记形式,要求登记簿原则上要采用电子介质,暂不具备条件的,可以采用纸质介质,登记机构要明确唯一、合法的介质形式。三是细化保管责任,要求登记机构建立健全相应的安全责任制度,永久保存登记簿;纸质登记簿要配备防盗、防火、防渍、防有害生物等安全保护设施;电子登记簿要配备专门的存储设施,采取信息网络安全防护措施。

四、违反城市房地产管理法的法律责任

《城市房地产管理法》所规定的违法行为及相应的法律责任一般均属行政责任。具体包括：

1. 未取得营业执照擅自从事房地产开发的,由县级以上人民政府工商行政管理部门责令停止房地产开发业务活动,没收违法所得,可以并处罚款。

2. 违反该法第38条第1款的规定转让土地使用权的,由县级以上人民政府土地管理门没收违法所得,可以并处罚款。

3. 违反该法第39条第1款的规定转让房地产的,由县级以上人民政府土地管理部门责令缴纳土地使用权出让金,没收违法所得,可以并处罚款。

4. 违反该法第45条第1款的规定预售商品房的,由县级以上人民政府房产管理部门责令停止预售活动,没收违法所得,可以并处罚款。

思考题

1. 我国土地权利结构有哪些特点?
2. 试述出让与转让的联系与区别。
3. 集体土地所有权权能的残缺性表现在哪些方面?
4. 土地纠纷解决的途径有哪些?
5. 什么是商品房预售? 商品房预售应当符合哪些条件?
6. 我国对房地产开发企业的资质等级是如何规定的?

第十四章　劳 动 法

[内容提要]劳动是人类社会最基本的社会活动,劳动关系是最基本的社会关系。劳动法是调整劳动关系以及与劳动关系密切联系的其他社会关系的法律规范总称。本章需要了解调整劳动合同关系和保障劳动者权益的各项主要制度的目标、原则和基本规则,以及劳动纠纷的解决机制。理解劳动法律关系的特殊性及相关制度的政策依据,以及政府和司法机关在劳动者保护中的作用。同时,熟悉并能够运用劳动合同、劳动基准和劳动争议解决的法律规则分析和解决实际问题。

第一节　劳动法概述

一、劳动法的含义

1. 狭义的与广义的劳动法

劳动法(英文为 labor law)是国家为了保护劳动者的合法权益,调整劳动关系,建立和维护适应社会主义市场经济的劳动制度,促进经济发展和社会进步,根据宪法而制定颁布的法律。从狭义上讲,劳动法是指 1994 年 7 月第八届全国人大通过、1995 年 1 月 1 日起施行的《劳动法》;从广义上讲,劳动法是调整劳动关系以及与劳动关系密切相关的其他社会关系的法律规范的总称。

2. 劳动法中劳动的特定含义

"劳动"在字义上具有很普通的含义,也是人们在日常生活中经常使用的。但在劳动法范畴内,"劳动"具有特定的含义:

第一,劳动的主体是职工。这种劳动是建立在劳动合同或雇佣关系的基础上,是从属于一定的用人单位或雇主的。

第二,劳动的目的是谋生。劳动者从事劳动是为了获取劳动报酬,用以满足自身及其家庭成员的生活需求。

第三,劳动的性质是履行劳动法律义务。劳动者进行劳动,是基于劳动法和劳动合同所规定的(或约定的)法律义务,而非助人为乐式的义务劳动。

第四,劳动的形式是用人单位的集体劳动。这一特点使得劳动在形式上带有明显的社会化特征。

二、劳动法的调整对象

我国劳动法的调整对象是劳动关系以及与劳动关系有密切联系的其他社会关系。在这两类关系中,劳动关系是我国劳动法调整的主要对象。

(一)劳动关系

1. 劳动关系的概念

劳动关系是指在实现社会劳动过程中,劳动者与所在单位(即用人单位)之间的社会劳动关系。依据 2008 年 1 月 1 日起开始施行的《劳动合同法》的规定,用人单位自用工之日起即与劳动者建立劳动关系。用人单位应当建立职工名册备查。

劳动过程是人与物、劳动力与生产资料相结合的生产过程。通过这一过程,使得劳动者的活劳动转化为有形或无形的财产。而劳动者的劳动力与用人单位或雇主提供的生产资料相结合,是劳动关系产生的前提条件。在劳动关系中,作为当事人一方的劳动者并不是同自己所有的或自己直接支配的生产资料相结合,劳动力需要接受用人单位的支配和管理。

2. 劳动关系的特征

(1)劳动关系的当事人一方是劳动者,另一方为用人单位。

(2)劳动关系是一种人身关系属性和财产关系属性相结合的社会关系。

劳动关系就其本来意义而言是一种人身关系。劳动力存在于劳动者肌体内不能须臾分离,劳动者向用人单位提供劳动力,就是将其人身在一定限度内交给用人单位支配,因而劳动关系具有人身属性。同时,劳动是人们谋生的一种手段,劳动者通过劳动换取生活资料,因此劳动关系也必须体现为劳动力的让渡与劳动报酬的交换关系。

(3)劳动关系是一种兼有平等关系属性与隶属关系属性的社会关系。

在市场经济条件下,劳动关系是通过双向选择确立的,双方当事人在建立、变更或终止劳动关系时,是依照平等、自愿、协商原则进行的,因而劳动关系具有平等关系的属性。但劳动关系一经确立,劳动者必须把他的劳动力归用人单位支配,由于劳动力与劳动者是不可分割的,用人单位成为劳动力的支配者,也就成为劳动者的管理者,在两者之间必然建立一种以指挥和服从为特征的管理关系,这种属性的管理关系可以说是一种隶属关系。

3. 劳动关系的类型

(1)从所有制角度,可以分为全民所有制劳动关系、集体所有制劳动关系、个体经营劳动关系、联营企业劳动关系,股份制企业劳动关系、外商投资企业劳动关系等。

(2)从职业分类上,可以分为企业劳动关系、国家机关劳动关系、事业单位劳动关系等。

（3）从集体谈判制度上，可以分为个别劳动关系和集体劳动关系。

（二）与劳动关系有密切联系的其他社会关系

这些关系就其本身来讲不是劳动关系，但这些关系与劳动关系发生着直接或间接的联系，有利于建立和维持正常的劳动关系。它们也可称为附随劳动关系。

1. 劳动力管理关系

主要指劳动行政部门、其他业务主管部门与用人单位或职工之间因就业、培训等发生的关系。

2. 社会保险关系

指社会保险机构与用人单位及其职工之间因执行社会保险制度而发生的关系。

3. 劳动纠纷处理关系

指劳动争议调解机构、仲裁机构、人民法院等与用人单位、职工之间由于调处和审理劳动争议而产生的关系。

4. 工会参与关系

指工会代表职工利益与用人单位、社会保障机构等之间发生的关系。

5. 劳动监察关系

指国家劳动行政部门、卫生部门、用人单位主管部门等与用人单位之间因监督检查劳动法律法规的执行而产生的关系。

三、劳动法的适用范围

（一）空间范围

我国劳动法的空间范围即劳动法适用的地域范围，它直接与享有不同立法权限的制定颁布机关所管辖的行政区域相一致。例如，全国人民代表大会及其常务委员会颁布的法律、国务院颁布的行政法规等统一适用于全国；地方法规和规章适用于其管辖区内，但不得与全国性法律法规相冲突；民族自治地方制定的法规只适用于民族自治地方；而香港、澳门特别行政区制定的法律文件只适用该特别行政区。

（二）时间范围

即劳动法的时间效力，包括劳动法的生效时间和失效时间。

《中华人民共和国劳动法》于 1994 年 7 月 5 日公布，1995 年 1 月 1 日起施行。

法律的失效时间分为两种情况：一是法律颁布时即规定了该法的失效时间或当某些特定条件出现时自然失效；二是颁布新法规后，原有法规自动失效。在《中华人民共和国劳动法》颁布后，与其相抵触的先前颁布的其他劳动法律法规自动失效。

(三)对人的适用范围

《劳动法》第 2 条规定了劳动法对人的适用范围:"在中华人民共和国境内的企业、个体经济组织(以下统称用人单位)和与之形成劳动关系的劳动者,适用本法。国家机关、事业组织、社会团体和与之建立劳动合同关系的劳动者,依照本法执行。"

1. 企业、个体经济组织的劳动关系都归劳动法调整。

这是《劳动法》适用主体的本体。作为《劳动法》主体的企业,是指在中华人民共和国境内的一切企业,包括国有企业、集体企业、私营企业、合伙企业、外商投资企业等。所谓个体经济组织,包括城市和农村的个体工商户和承包经营户。

2. 国家机关、事业单位、社会团体的劳动关系中,仅限于劳动合同关系归劳动法调整,如工勤人员、实行企业化管理的事业单位的职工。

国家机关、事业单位和社会团体与企业不同,前三类组织是公益性机构,其活动关系到社会公共利益,其工作人员与单位的关系,不像企业那样是建立在双方自愿的合同基础上的劳动关系,因此,不能适用《劳动法》的规定。但国家机关为了工作需要,可以雇用一些劳动者,与他们签订劳动合同,此时,国家机关与该劳动者的关系,是一种劳动关系。

3. 其他对执行《劳动法》负有职责的国家机关(如劳动监察机关),以及相关中介机构(如职业介绍机构)等。

四、我国劳动法的制度体系

(一)就业促进制度

劳动权是劳动者在劳动法中所享有的其他权利的基础。劳动权是通过就业实现的,因此,就业促进制度是劳动法最重要的内容之一。主要内容包括:职业介绍制度、就业服务制度、就业指导制度、反就业歧视制度和特殊劳动者就业保障制度等。

(二)劳动合同和集体合同制度

一般来说,劳动关系的成立是通过合同实现的。劳动合同制度包括劳动合同的形式、种类、主要条款、效力、订立、变更、解除、终止及违约责任等内容。集体合同是劳动者集体与用人单位之间就改善劳动条件、提高劳动待遇等方面签订的劳动合同,它一般包括集体合同的订立、变更、解除、效力等内容。

(三)工作时间与休息休假制度

主要是为了保障劳动者合理支出劳动力以实现劳动力的再生产。基本内容包括:工作时间、休息时间、法定节假日、公休假、年休假制度等。

(四)工资制度

即保障劳动者能够获得与其提供的劳动数量和质量相适应的劳动报酬。主要内容是最低工资保障制度、工资支付保障制度、禁止非法克扣工资制度等。

(五)劳动安全卫生制度

劳动者的安全和健康直接关系到劳动者的生存和发展,因此劳动保护制度一直是劳动法的基本内容之一。主要包括:各种安全技术规程和劳动卫生规程、劳动安全卫生管理制度、女工和未成年工的特殊保护制度等。

(六)职业培训制度

劳动者必须提高自己的技能以避免劳动过程存在着的各种危险,也必须了解和维护自己的权利,因此接受教育是劳动者的一项基本权利。这一制度的基本内容包括:职业教育制度、安全教育制度、法治教育制度等。

(七)社会保险与福利制度

当劳动者因失去劳动能力或劳动机会而不能取得劳动报酬时,社会有义务使其获得基本的生活保障。社会保险和福利制度的内容主要包括:社会保障的资金来源和管理、社会保障项目、社会保障待遇、劳动福利制度等。

(八)劳动纠纷处理制度

劳动纠纷处理是为了协调劳动关系、化解劳动纠纷。劳动纠纷处理制度主要包括:劳动纠纷处理机构、受案范围、处理程序等。

(九)劳动监察制度

劳动者权益的实现,有赖于用人单位、中介组织和国家相关部门依法履行各自的法律义务和职责。劳动监察制度正是一种保护劳动者权益的有效机制。主要包括劳动监察制度和劳动监督制度等内容。

(十)法律责任

为了维护劳动法的尊严,保护劳动者应当获得的权利和利益,劳动法规定了违反该法的法律责任。其主要内容是关于违反劳动法的规定而应当承担的各种责任。

以上内容,一些国家是以单行法律法规的形式分别规定的,而有的国家以劳动法典的形式集中作出规定。我国《劳动法》对上述内容作了基本规定后,再辅以众多单行劳动法律法规对上述内容加以明确和具体化。

五、劳动法律关系

(一)劳动法律关系的概念

劳动法律关系是指劳动者与用人单位依据劳动法律规范在实现社会劳动过程中形成的权利义务关系。劳动法律关系是劳动关系为劳动法调整的结果。劳动关系是劳动法律关系产生的基础,劳动法律关系是劳动关系的法律表现。

(二)劳动法律关系的特征

1. 主体双方具有平等性和隶属性

劳动法律关系的主体一方是劳动者,另一方是用人单位。在劳动法律关系建立前,劳动者和用人单位是平等的主体,双方是否建立劳动法律关系由其按照平等自愿、协商一致的原则依法确定;劳动法律关系建立后,劳动者是用人单位的职工,处于提供劳动力的被领导地位,而用人单位则成为劳动力使用者,处于管理劳动者的领导地位,双方形成领导与被领导的隶属关系。

2. 体现了国家和当事人的双重意志

劳动法律关系是按照劳动法律规范规定和劳动合同的约定形成的,既体现了国家意志,又体现了双方当事人的合意。劳动法律关系具有较强的国家干预性,因此,劳动法律关系体现的国家意志和当事人意志并不是平等的,当事人的意志虽为劳动法律关系体现的主体意志,但它必须符合国家意志并以国家意志为指导。

3. 其形成和实现有赖于社会劳动过程

劳动法律关系形成的现实基础是劳动关系。只有劳动者的劳动力与用人单位提供的生产资料相结合,实现社会劳动过程,才可以在劳动者与用人单位之间形成劳动法律关系。

(三)劳动法律关系要素

1. 劳动法律关系的主体

劳动法律关系主体是指在实现社会劳动过程中依照劳动法律规范享有权利并承担义务的当事人。广义的劳动法律关系主体包括劳动者、用人单位、工会、劳动服务机构等,而狭义的劳动法律关系主体是指劳动者和用人单位。

(1)劳动者

劳动者是指具有劳动权利能力和行为能力,以从事劳动获取合法劳动报酬,已依法参与劳动法律关系的自然人,包括具有劳动能力的我国公民、外国人和无国籍人。

劳动权利能力是指自然人依法享有劳动权利和承担劳动义务的资格。劳动行为能力是指自然人依法以自己的行为享有劳动权利、履行劳动义务的资格。公民达到法定就业年龄并具有劳动能力,就同时享有劳动权利能力和劳动行为能力,其一旦完全丧失劳动能力,就不再享有劳动权力能力和劳动行为能力。同时,某些劳动者的劳动权利能力和劳动行为能力受到一定的限制。根据劳动法规定,某些职业或工种对劳动者的劳动权利能力和劳动行为能力有一定的限制,如禁忌女职工和未成年工从事某些职业或工种的劳动。

有劳动行为能力的人可以实施有效的劳动法律行为,无劳动行为能力的人不能实施有效的劳动法律行为。自然人的劳动行为能力受以下因素影响:

第一,年龄。我国《劳动法》将就业年龄规定为16周岁,禁止用人单位招用未满16周岁的未成年人;某些特殊职业如文艺、体育和特种工艺单位确需招用未满16周岁的未成年人(如演员、运动员、艺徒等)时,须报县以上劳动行政部门批准,并保障接受义务教育的权利。

第二,健康状况。身有残疾根本不能劳动的,视为无劳动能力人;身有残疾不能提供正常劳动,但又没有完全丧失劳动能力的,视为有部分劳动能力人;身体健康的人则是有完全劳动能力人。只有达到法定年龄、具有完全劳动能力或部分劳动能力的公民,法律才赋予其劳动行为能力。

第三,智力状况。不能辨认自己行为的精神病人,不具有劳动行为能力;不能完全辨认自己行为的精神病人,仅具有相应的行为能力。

第四,行为自由。在更广泛的意义上,劳动者还必须具备行为自由,才能以自己的行为去参加劳动。所以,依法被剥夺人身自由的公民,如被劳动教养、判处有期徒刑的,不能与用人单位建立劳动关系。

务农的农民、家庭保姆、现役军人、在华享有外交特权和豁免权的外国人排除在劳动者之外。

(2)用人单位

用人单位是指依据劳动法律和劳动合同的规定,使用劳动者并向其支付劳动报酬的单位。根据现行法律规定,用人单位包括企业、个体经济组织、国家机关、事业单位、社会团体。不包括农村集体经济组织、农村承包经营户、自然人与家庭。

用人单位作为劳动法律关系的主体也必须具备一定的条件,即必须具备用人权利能力和用人行为能力。一般而言,具有经营资格的独立的经济实体,都具有用人权利能力;依法设立的独立的国家机关也具有用人权利能力;取得经营资格的个人或家庭,也具有用人单位的用人权利能力。没有经营资格的个人、不能以自己的名义进行经营活动的经济组织、机关、事业单位和社会团体的内部机构等,不具有用人权利能力。而用人单位的用人行为能力与其权利能力是一致的,具有用人权利能力的用人单位都具有用人行为能力。

用人单位的用人权利能力和用人行为能力的产生时间通常晚于法人、非法人组织以及个体工商户民事权利能力和民事行为能力的产生时间。同时,用人单位的用人权利能力和用人行为能力受职工编制、地域等因素的制约。用人单位不同,其能力范围也不相同。其制约因素通常表现为国家允许用人单位使用劳动力的限度、要求用人单位提供劳动条件和劳动待遇的限度等。

2. 劳动法律关系的客体

劳动法律关系的客体是指劳动法律关系主体双方的权利义务共同指向的对象,即劳动行为。劳动行为可分为完成一定工作成果的行为和提供一定劳务活动的行为。完成一定工作成果的行为,又可分为产生物质形态工作成果的行为和产生非物质形态智力成果的行为。提供一定劳务的行为,是指不产生新的实物形态的活动。总之,劳动法律关系的客体是劳动行为,具有单一性的特点。

3. 劳动法律关系的内容

劳动法律关系的内容是指劳动法律关系主体双方依法享有的权利和承担的义务。

劳动法律关系主体的权利,是指劳动法律规范确认的劳动法律关系主体享受权利和获得利益的可能性;劳动法律关系主体依法承担的义务,是指负有义务的劳动法律关系主体依照劳动法律规范,为满足权利主体的要求,履行自己应尽的义务的必要性。二者具有统一性和对应性。主体的权利与义务是相辅相成、密切联系的,存在于同一劳动法律关系中,是统一不可分割的整体。

第二节　劳动合同法

2007 年 6 月,我国《劳动合同法》由第十届全国人民代表大会常务委员会审议通过,自 2008 年 1 月 1 日起施行。这是自《劳动法》颁布实施以来,我国劳动和社会保障法制建设中的又一个里程碑。《劳动合同法》的颁布实施,对于更好地保护劳动者合法权益,构建和发展和谐稳定的劳动关系,促进和谐社会的建设,具有十分重要的意义。我国境内的企业、个体经济组织、民办非企业单位等组织(即用人单位)与劳动者建立劳动关系,订立、履行、变更、解除或者终止劳动合同,应当适用该法;国家机关、事业单位、社会团体和与其建立劳动关系的劳动者,订立、履行、变更、解除或者终止劳动合同,依照该法执行。

一、劳动合同的概念、特点与分类

(一)劳动合同的概念与特点

劳动合同,又称劳动契约或劳动协议,是指劳动者与用人单位之间为确立劳动关系、明确双方的权利和义务而依法达成的协议。劳动合同一般为书面形式,也可用口头或者推定等形式。

与民事合同相比,劳动合同有其自身的特点:首先,劳动合同具有一定的从属性,劳动者在身份、组织、经济等方面从属于用人单位;其次,劳动合同的内容受到国家干预,尤其是关于工资、工作与休息休假、劳动保护等内容；再次，劳动合同具有继续性，劳动合同所约定的权利义务一般不是通过当事人之间的一次性给付就可以实现；其次，劳动合同具有不完全性，因为订立劳动合同时很难将当事人各方的权利义务一一明确，因此，劳动合同条款多有一定的弹性；最后，劳动合同是关系性合同，可以说，劳动合同的主要作用在于启动和确立劳动关系，而不在于明确双方当事人的权利和义务。

劳动合同与以提供劳务（或者产品）为标的的劳务合同（包括承揽合同、运输合同、保管合同、技术服务合同、委托合同、信托合同、居间合同等）相比，虽然也涉及劳动力的提供、报酬的支付等内容，二者之间具有一定的相似性，但是，二者之间也有一些区别：

第一，在劳动合同中，劳动者只能是自然人，其作为用人单位的成员应接受用人单位管理，在人格和组织上从属于用人单位；而劳务合同中的劳务提供方可以是自然人，也可以是法人或者其他组织，劳务提供方不是劳务接受方的内部组织成员，在人格和组织上不从属于劳务接受方。

第二，在劳动合同中，劳动者只需要按照用人单位的安排实施一定的劳动行为即可；而劳务合同中劳务提供方需要按照合同约定提供劳务成果。

第三，在劳动合同中，劳动者需要利用用人单位的生产资料、在用人单位的组织管理下从事劳动，劳动成果和劳动风险均由用人单位控制和承担；而劳务合同中劳务提供方一般利用自有生产资料、自行组织安排劳动，并自担风险。

第四，在劳动合同中，劳动报酬的支付是持续性的、定期性的，遵循按劳分配的原则；而劳务合同中的劳务报酬可以是一次性支付，也可以分期支付，遵循市场经济中的等价交换原则。

(二)劳动合同的种类

1. 按用人方式的不同，劳动合同可分为三种：

(1)录用合同

是指用人单位与被录用劳动者之间，为确立劳动关系，明确相互间的权利义务的协议。录用合同的签订应按照招工程序进行。录用合同适用于招收普通劳动者，适用范围最广，最为常见。

(2)聘用合同

是用人单位与被聘用者之间，为确立劳动关系，明确相互间权利义务的协议。它一般适用于招聘有技术业务专长的劳动者，如聘用经理、专家等。其特点有二：一是招聘条件比较高，必须具备较高文化程度和技术业务专长；二是用人单位与受聘者不仅签订聘用合同，通常还颁发聘书。

(3)借调合同

又称借用合同。是指为了将某用人单位职工借调到另一单位从事短期性工作，而由借调单位、被借调单位和被借调职工三方当事人依法签订的约定三方当事人之间权利义务的合同。其特点有三：一是借调合同有三方当事人，即借调单位、被借调单位和被借调职工;二是被借调职工在借调单位提供劳动,但其与被借调单位的劳动关系保留;三是借调单位与被借调单位对被借调职工均应承担相应义务。

2. 按合同期限的不同,可将合同分为三种:

(1)固定期限的劳动合同

是指用人单位与劳动者明确约定了合同终止时间的劳动合同。劳动合同期限届满,合同即行终止。固定期限的劳动合同期限届满未续签,但仍保持劳动关系的,形成事实劳动关系。固定期限的劳动合同适用范围广,应变能力强,既能保持劳动关系的相对稳定,又能促使劳动力合理流动。

(2)无固定期限的劳动合同

是指用人单位与劳动者约定无确定终止时间的劳动合同。这种合同多用于工作保密性强、技术复杂、生产需要长期保持人员稳定的工作岗位。无固定期限的劳动合同的签订,一方面由双方当事人协商选择;另一方面,在一定条件下成为用人单位的一项法定义务。《劳动合同法》第14条第2款规定:"用人单位与劳动者协商一致,可以订立无固定期限劳动合同。有下列情形之一,劳动者提出或者同意续订、订立劳动合同的,除劳动者提出订立固定期限劳动合同外,应当订立无固定期限劳动合同:(一)劳动者在该用人单位连续工作满十年的;(二)用人单位初次实行劳动合同制度或者国有企业改制重新订立劳动合同时,劳动者在该用人单位连续工作满十年且距法定退休年龄不足十年的;(三)连续订立二次固定期限劳动合同,且劳动者没有本法第39条和第40条第一项、第二项规定的情形,续订劳动合同的。用人单位自用工之日起满一年不与劳动者订立书面劳动合同的,视为用人单位与劳动者已订立无固定期限劳动合同。"

(3)以完成一定工作为期限的劳动合同

是指双方当事人将完成某项工作或工程作为合同终止日期的劳动合同。当某项工作完成后,劳动合同自行终止。此种劳动合同一般针对工作范围明确、工作量具体的工作任务而签订。

二、劳动合同的订立与效力

(一)劳动合同订立的概念

劳动合同的订立,是指劳动者与用人单位经过相互选择和平等协商,就劳动合同的各项条款达成一致,明确双方的权利义务,确立劳动关系的法律行为。依据《劳动合同法》第10条的规定,用人单位与劳动者建立劳动关系,应当订立书面劳动合同;已建立劳动关系,未同时订立书面劳动合同的,应当自用工之日起一个月内订立书面劳动合同;用人单位与劳动者在用工前订立劳动合同的,劳动关系自用工之日起建立。

值得注意的是,用人单位自用工之日起超过一个月不满一年未与劳动者订立书面劳动合同的,应当向劳动者每月支付两倍的工资。用人单位违反法律规定不与劳动者订立无固定期限劳动合同的,自应当订立无固定期限劳动合同之日起向劳动者每月支付两倍的工资。

(二)劳动合同的内容

劳动合同的内容分为必备条款和可备条款。劳动合同的必备条款,是指合同成立必须具备的条款。当事人就必备条款达成协议后,合同便宣告成立。可备条款,是指合同当事人选择约定的,其具备与否不影响合同效力的条款。

1. 必备条款

必备条款,是合同成立必须具备的条款。《劳动合同法》第 17 条第 1 款规定:"劳动合同应当具备以下条款:(一)用人单位的名称、住所和法定代表人或者主要负责人;(二)劳动者的姓名、住址和居民身份证或者其他有效身份证件号码;(三)劳动合同期限;(四)工作内容和工作地点;(五)工作时间和休息休假;(六)劳动报酬;(七)社会保险;(八)劳动保护、劳动条件和职业危害防护;(九)法律、法规规定应当纳入劳动合同的其他事项。"

2. 可备条款

可备条款是法律规定劳动合同可以具备的条款,是否约定,由当事人确定。用人单位与劳动者可以就试用期、培训、保守秘密、补充保险和福利待遇等其他事项在劳动合同中作出约定,但是,这些约定仍然不得违反法律的有关强制性规定。

(1)关于试用期条款

《劳动合同法》规定,劳动合同期限三个月以上不满一年的,试用期不得超过一个月;劳动合同期限一年以上不满三年的,试用期不得超过二个月;三年以上固定期限和无固定期限的劳动合同,试用期不得超过六个月。同时,同一用人单位与同一劳动者只能约定一次试用期。以完成一定工作任务为期限的劳动合同或者劳动合同期限不满三个月的,不得约定试用期。试用期包含在劳动合同期限内。劳动合同仅约定试用期的,试用期不成立,该期限为劳动合同期限。劳动者在试用期的工资不得低于本单位相同岗位最低档工资或者劳动合同约定工资的 80%,并不得低于用人单位所在地的最低工资标准。

用人单位违反上述规定与劳动者约定试用期的,由劳动行政部门责令改正;违法约定的试用期已经履行的,由用人单位以劳动者试用期满月工资为标准,按已经履行的超过法定试用期的期间向劳动者支付赔偿金。

《劳动合同法》第 21 条还规定:"在试用期中,除劳动者有本法第三十九条和第四十条第一项、第二项规定的情形外,用人单位不得解除劳动合同。用人单位在试用期解除劳动合同的,应当向劳动者说明理由。"

(2)关于违约金条款

依据《劳动合同法》第 22 条、第 23 条的规定,用人单位与劳动者可以就服务期、保守商业秘密、竞业限制等事项做出约定。

用人单位为劳动者提供专项培训费用,对其进行专业技术培训的,可以与该劳动者订立协议,约定服务期。劳动者违反服务期约定的,应当按照约定向用人单位支付违约金,但违约金的数额不得超过用人单位提供的培训费用。实际支付的违约金不得超过服务期尚未履行部分所应分摊的培训费用。

用人单位与劳动者也可以在劳动合同中约定保守用人单位的商业秘密和与知识产权相关的保密事项,其中可以针对商业秘密的保密期限、保密措施、保密范围、保密义务、违约责任与赔偿责任做出约定,但不能针对保密条款约定违约金。对负有保密义务的劳动者,用人单位可以在劳动合同或者保密协议中与劳动者约定竞业限制条款,并约定在解除或者终止劳动合同后,在竞业限制期限内按月给予劳动者经济补偿。劳动者违反竞业限制约定的,应当按照约定向用人单位支付违约金。

除了服务期以及竞业限制这两种情形,用人单位不得就其他事项与劳动者约定由劳动者承担违约金。

关于竞业限制还应当注意:竞业限制的人员限于用人单位的高级管理人员、高级技术人员和其他负有保密义务的人员;竞业限制的范围、地域、期限可以由用人单位与劳动者约定,但竞业限制的约定不得违反法律、法规的规定,譬如,在解除或者终止劳动合同后,承担竞业禁止义务的劳动者到与本单位生产或者经营同类产品、从事同类业务的有竞争关系的其他用人单位,或者自己开业生产或者经营同类产品、从事同类业务的竞业限制期限,不得超过二年。劳动者违反法律规定解除劳动合同,或者违反劳动合同中约定的保密义务或者竞业限制,给用人单位造成损失的,应当承担赔偿责任。同时,用人单位招用与其他用人单位尚未解除或者终止劳动合同的劳动者,给其他用人单位造成损失的,应当承担连带赔偿责任。

(三)订立劳动合同的程序

劳动合同的订立程序,是指劳动者和用人单位订立劳动合同时所遵循的步骤或环节。比较典型的劳动合同的订立程序通常包括以下几个步骤:

1. 招工。招工是用人单位提出招工简章,并向社会公布,吸引劳动者报名应招的行为。招工在订立劳动合同的程序中,具有要约邀请的性质。

2. 报名。报名是劳动者根据自己的意愿,按照招工简章或招工广告的要求,到指定地点报名应招的行为。报名应当自愿进行,任何单位或个人不得强迫。报名具有要约的性质。

3. 考核。考核是用人单位对报名应招的劳动者进行考试、考查、检验,核实该劳动者是否具有从事某一工作岗位的工作能力的行为。

4. 录用。录用是用人单位根据考核的成绩录取劳动者的行为。公开招收合同制工人的,应当根据考核的成绩公开、择优录取。录用具有承诺的性质。

5. 签约。签约是在企业录用后,由用人单位提出劳动合同草案,由被录用劳动者与用人单位就该合同草案进行协商、谈判,并在达成一致意见后,签订劳动合同的行为。

签约行为在劳动合同中具有合同确认的性质。

6. 鉴证。劳动合同的鉴证，是指劳动行政管理部门为监督劳动合同的履行，而对劳动合同的真实性和合法性进行证明的活动。鉴证是劳动行政管理机关管理劳动合同的一种形式，与合同的公证具有本质的区别。

(四)劳动合同的效力

劳动合同的效力，即劳动法律法规赋予劳动合同对双方当事人及相关第三人的法律约束力。

1. 劳动合同的生效

指劳动合同产生法律效力。劳动合同由用人单位与劳动者协商一致，并经用人单位与劳动者在劳动合同文本上签字或者盖章，即行生效。实际上，合同生效包含了以下三项基本内涵：第一，合同成立的同时也就意味着合同生效。第二，合同的生效要求合同内容与法律要求吻合，从而使当事人意思产生法律上的效力。第三，合同生效的结果是对当事人发生约束力，当事人双方必须履行合同规定的义务，否则便应承担违约责任。

2. 劳动合同的无效

劳动合同的无效，是指当事人所订立的劳动合同因不符合法定条件而不具有法律效力。合同无效意味着当事人的意思不能发生效力，合同不能在当事人之间发生设定权利义务关系的效果。

《劳动合同法》第 26 条规定："下列劳动合同无效或者部分无效：(一)以欺诈、胁迫的手段或者乘人之危，使对方在违背真实意思的情况下订立或者变更劳动合同的；(二)用人单位免除自己的法定责任、排除劳动者权利的；(三)违反法律、行政法规强制性规定的。"

如果劳动合同依照《劳动合同法》第 26 条的规定被确认无效，给对方造成损害的，有过错的一方应当承担赔偿责任。

当事人对劳动合同无效或者部分无效有争议的，必须将该争议提交劳动争议仲裁委员会或人民法院确认，其他任何组织和个人均无权确认劳动合同无效。由于我国劳动争议的司法处理实行仲裁前置原则，因此，关于劳动合同效力的争议应先由仲裁机关裁决，当事人对仲裁机关的裁决不服的，可以向人民法院提起诉讼，由人民法院确认。

当然，如果劳动合同部分无效，不影响其他部分效力的，其他部分仍然有效。劳动合同被确认无效，劳动者已付出劳动的，用人单位仍然应当向劳动者支付劳动报酬。劳动报酬的数额，参照本单位相同或者相近岗位劳动者的劳动报酬确定。

三、劳动合同的履行与变更

(一)劳动合同的履行

无论是用人单位还是劳动者，都应当按照劳动合同的约定全面履行各自的义务。

劳动者履行劳动合同最重要的就是"劳动"。劳动者在用人单位的组织、指挥下从事劳动,并按照用人单位的劳动规章制度要求接受用人单位的管理。但是,如果用人单位的管理人员违章指挥、强令冒险作业的,劳动者有权拒绝执行而不视为违反劳动合同;对危害生命安全和身体健康的行为,有权提出批评、检举和控告。

　　用人单位则应当按照劳动合同约定和国家规定,向劳动者及时足额支付劳动报酬。如果用人单位拖欠或者未足额支付劳动报酬,劳动者可以依法向当地人民法院申请支付令。同时,用人单位应当严格执行劳动定额标准,不得强迫或者变相强迫劳动者加班。用人单位安排加班的,应当按照国家有关规定向劳动者支付加班费。

　　劳动合同对劳动报酬和劳动条件等标准约定不明确,引发争议的,用人单位与劳动者可以重新协商;协商不成的,适用集体合同规定;没有集体合同或者集体合同未规定劳动报酬的,实行同工同酬;没有集体合同或者集体合同未规定劳动条件等标准的,适用国家有关规定。

　　用人单位变更名称、法定代表人、主要负责人或者投资人等事项,不影响劳动合同的履行。用人单位发生合并或者分立等情况,原劳动合同继续有效,劳动合同由承继其权利和义务的用人单位继续履行。用人单位和劳动者不需因此重新签订劳动合同。

(二)劳动合同的变更

　　劳动合同变更,是指劳动合同订立后,尚未履行或尚未完全履行前,因订立合同所依据的主客观情况的变化,双方当事人依法协商一致而修改或补充劳动合同内容的行为。劳动合同的变更,只限于劳动合同条款内容的变更,不包括当事人的变更。

　　例如,劳动者因发生车祸而导致伤残,不能胜任原工作岗位上的劳动,此时,用人单位和劳动者都可以提出变更劳动合同中有关工作岗位方面的约定,将劳动者调整到适合他的工作岗位上。又如,因物价上涨或者发生金融危机,使得原劳动合同约定的劳动报酬明显不合理时,一方可以向对方提出变更劳动报酬的要求,说明变更的理由、内容、条件以及请求对方答复的期限等,经过协商,取得一致意见后,双方可以达成变更劳动报酬的书面协议。

四、劳动合同的解除与终止

　　劳动合同的解除,是指当事人双方提前终止劳动合同的法律效力,解除双方的权利义务关系。劳动合同的解除分为协商解除和单方解除两种。在单方解除时,除了需要考虑对方(用人单位或者劳动者)有无过错以及过错的大小等情形外,用人单位单方解除劳动合同时,还应当事先将理由通知工会,用人单位违反法律、行政法规规定或者劳动合同约定的,工会有权要求用人单位纠正,用人单位应当研究工会的意见,并将处理结果书面通知工会。

　　解除劳动合同时,应当注意解除条件、程序、经济补偿等。譬如,依据《劳动合同法》

第47条的规定,劳动者在用人单位工作每满一年,用人单位应向劳动者支付一个月工资的经济补偿;六个月以上不满一年的,按一年计算;不满六个月的,向劳动者支付半个月工资的经济补偿。这一标准适用于劳动合同解除以及终止时应予经济补偿的情形。但是,劳动者月工资高于用人单位所在直辖市、设区的市级人民政府公布的本地区上年度职工月平均工资3倍的,向其支付经济补偿的标准按职工月平均工资3倍的数额支付,向其支付经济补偿的年限最高不超过12年。其中,月工资是指劳动者在劳动合同解除或者终止前十二个月的平均工资。

(一)劳动合同的解除

1. 协商解除劳动合同

只要不违背法律的强制性规定,不损害国家、社会和他人的合法权益,经当事人协商一致,便可以解除劳动合同。用人单位如果主动向劳动者提出解除劳动合同,劳动者接受的,应当向劳动者支付经济补偿金。

2. 劳动者单方解除劳动合同

(1)一般性辞职

依据《劳动合同法》第37条的规定,劳动者解除劳动合同无须征得用人单位的同意,但是,为防止劳动者任意提出解除劳动合同而可能损害用人单位的利益,劳动者在提前30日以书面形式通知用人单位的前提下,可以解除劳动合同。如果在试用期内,劳动者只需提前3日通知用人单位,即可解除劳动合同。在此情形下,用人单位无须向劳动者进行经济补偿。

(2)特殊性辞职

用人单位有下列情形之一的,劳动者可以随时通知用人单位解除劳动合同,而且,用人单位应当向劳动者支付经济补偿金:

①未按照劳动合同约定提供劳动保护或者劳动条件的;

②未及时足额支付劳动报酬的;

③未依法为劳动者缴纳社会保险费的;

④用人单位的规章制度违反法律、法规的规定,损害劳动者权益的;

⑤以欺诈、胁迫的手段或者乘人之危,使劳动者在违背真实意思的情况下订立或者变更劳动合同,致使劳动合同无效的;

⑥法律、行政法规规定劳动者可以解除劳动合同的其他情形。

用人单位以暴力、威胁或者非法限制人身自由的手段强迫劳动者劳动的,或者用人单位违章指挥、强令冒险作业危及劳动者人身安全的,劳动者可以立即解除劳动合同,不需事先告知用人单位。

3. 用人单位单方解除劳动合同

(1)过错性辞退

劳动者有下列情形之一的,用人单位可以解除劳动合同,无须征询对方意见,不必履行特别程序,也不存在经济补偿问题。

①在试用期间被证明不符合录用条件的;

②严重违反用人单位的规章制度的;

③严重失职,营私舞弊,给用人单位造成重大损害的;

④劳动者同时与其他用人单位建立劳动关系,对完成本单位的工作任务造成严重影响,或者经用人单位提出,拒不改正的;

⑤以欺诈、胁迫的手段或者乘人之危,使用人单位在违背真实意思的情况下订立或者变更劳动合同,致使劳动合同无效的;

⑥被依法追究刑事责任的。

(2)非过错性辞退

依据《劳动合同法》第40条的规定,有下列情形之一的,用人单位提前30日以书面形式通知劳动者本人或者额外支付劳动者一个月工资后,可以解除劳动合同:

①劳动者患病或者非因工负伤,在规定的医疗期满后不能从事原工作,也不能从事由用人单位另行安排的工作的;

②劳动者不能胜任工作,经过培训或者调整工作岗位,仍不能胜任工作的;

③劳动合同订立时所依据的客观情况发生重大变化,致使劳动合同无法履行,经用人单位与劳动者协商,未能就变更劳动合同内容达成协议的。

根据这一规定,用人单位解除劳动合同应当提前30天以书面形式通知劳动者本人。这是因为解除劳动合同的原因并非劳动者个人过错,提前通知可以使得劳动者有所准备,以便于寻找合适的劳动岗位。在上述情形下,用人单位应当向劳动者支付经济补偿。

(3)经济性裁员

依据《劳动合同法》的规定,有下列情形之一,需要裁减人员20人以上或者裁减不足20人但占企业职工总数10%以上的,用人单位提前30日向工会或者全体职工说明情况,听取工会或者职工的意见后,裁减人员方案经向劳动行政部门报告,可以裁减人员。

①依照企业破产法规定进行重整的;

②生产经营发生严重困难的;

③企业转产、重大技术革新或者经营方式调整,经变更劳动合同后,仍需裁减人员的;

④其他因劳动合同订立时所依据的客观经济情况发生重大变化,致使劳动合同无法履行的。

裁减人员时,应当优先留用下列人员:

①与本单位订立较长期限的固定期限劳动合同的;

②与本单位订立无固定期限劳动合同的;

③家庭无其他就业人员,有需要扶养的老人或者未成年人的。

用人单位依照上述规定裁减人员,在六个月内重新招用人员的,应当通知被裁减的人员,并在同等条件下优先招用被裁减的人员。

对于经济性裁员,用人单位应依法向劳动者支付经济补偿。

(4)不得解除劳动合同的情形

为了保护劳动者的利益,对特殊情况下劳动合同的解除,法律做了禁止性规定。根据《劳动合同法》第42条的规定,有下列情形之一的,用人单位不得按照非过错性辞退方式或者经济性裁员方式要求劳动者解除劳动合同:

①从事接触职业病危害作业的劳动者未进行离岗前职业健康检查,或者疑似职业病病人在诊断或者医学观察期间的;

②在本单位患职业病或者因工负伤并被确认丧失或者部分丧失劳动能力的;

③患病或者非因工负伤,在规定的医疗期内的;

④女职工在孕期、产期、哺乳期的;

⑤在本单位连续工作满15年,且距法定退休年龄不足5年的;

⑥法律、行政法规规定的其他情形。

(二)劳动合同的终止

《劳动合同法》第44条规定:"有下列情形之一的,劳动合同终止:(一)劳动合同期满的;(二)劳动者开始依法享受基本养老保险待遇的;(三)劳动者死亡,或者被人民法院宣告死亡或者宣告失踪的;(四)用人单位被依法宣告破产的;(五)用人单位被吊销营业执照、责令关闭、撤销或者用人单位决定提前解散的;(六)法律、行政法规规定的其他情形。"

在上述情形中,除了第(二)、第(三)两种情形用人单位不提供经济补偿,以及固定期限的劳动合同期限届满时,用人单位维持或者提高劳动合同的约定条件要求续订劳动合同而劳动者不同意续订的,用人单位也无须提供经济补偿外,其他情形均应依法对劳动者进行经济补偿。

在解除或者终止劳动合同时,用人单位应当向劳动者出具解除或者终止劳动合同的证明,并在15日内为劳动者办理档案和社会保险关系转移手续。劳动者应当按照双方约定,办理工作交接。

用人单位违反法律规定解除或者终止劳动合同的,应当依照《劳动合同法》规定的经济补偿标准的两倍向劳动者支付赔偿金。

五、劳动合同的特殊情形

(一)集体合同

1. 集体合同的概念

集体合同,又称集体协议、团体合约等,是指全体劳动者作为一方(一般由工会代表劳动者一方），用人单位或者用人单位团体作为另一方，为规范劳动关系而订立的，以全体劳动者的共同利益为中心内容的书面协议。在我国县级以下区域内，建筑业、采矿业、餐饮服务业等行业可以由工会与企业方面代表订立行业性集体合同，或者订立区域性集体合同。

与劳动合同相比，集体合同有其特殊性：

第一，目的。如果说订立劳动合同的主要目的是确立劳动关系的话，那么，订立集体合同的目的主要就是为劳动法律关系中用人单位和劳动者的具体权利义务设定一些基本标准。

第二，合同当事人。劳动合同的当事人为劳动者（单个）和用人单位，而集体合同的当事人为工会（即劳动者团体）和用人单位（或用人单位团体）。

第三，合同形式。劳动合同可以表现为书面、口头等形式，而集体合同一般为书面形式。

第四，合同内容。劳动合同的内容包括用人单位和劳动者依法和依约定确立的各个方面的具体内容，而集体合同以全体劳动者的共同权利和义务为内容，我国《劳动合同法》第51条规定："企业职工一方与用人单位通过平等协商，可以就劳动报酬、工作时间、休息休假、劳动安全卫生、保险福利等事项订立集体合同。"当然，企业职工一方与用人单位也可以就劳动安全卫生、女职工权益保护、工资调整机制等订立专项集体合同。

第五，效力。劳动合同对单个劳动者和用人单位具有法律效力，而集体合同对签订合同的用人单位和工会所代表的全体劳动者，都有法律效力。而且，集体合同的效力高于劳动合同的效力，劳动合同中所约定的劳动者权益水平不得低于集体合同中确立的标准。

2. 集体合同的成立和生效

依据我国《劳动合同法》的规定，由工会（或者职工代表）与用人单位（或者用人单位团体）及有关方面提出的集体合同草案，应当提交职工代表大会或者全体职工讨论、通过。集体合同订立后，还应当报送劳动行政部门；如果劳动行政部门自收到集体合同文本之日起15日内没有提出异议，那么，集体合同依法即行生效。依法订立的集体合同对用人单位和劳动者具有约束力。

值得注意的是，集体合同中劳动报酬和劳动条件等标准不得低于当地人民政府规定的最低标准，用人单位与劳动者订立的劳动合同中劳动报酬和劳动条件等标准不得低于集体合同规定的标准。行业性、区域性集体合同对当地本行业、本区域的用人单位和劳动者具有约束力。

3. 集体合同争议处理

我国《劳动合同法》第56条规定："用人单位违反集体合同，侵犯职工劳动权益的，工会可以依法要求用人单位承担责任；因履行集体合同发生争议，经协商解决不成的，工会可以依法申请仲裁、提起诉讼。"

（二）劳务派遣

劳务派遣，又称劳动派遣，是指劳务派遣单位按照其与用工单位订立的劳务派遣协议将劳动者派遣到用工单位劳动的一种特殊的用工形式，是我国企业用工的补充形式。劳务派遣一般在临时性、辅助性或者替代性的工作岗位上实施。

1. 劳务派遣单位

虽然劳务派遣单位并不真正使用劳动力，但是，依据《劳动合同法》第58条规定："劳务派遣单位是本法所称用人单位，应当履行用人单位对劳动者的义务。劳务派遣单位与被派遣劳动者订立的劳动合同，除应当载明本法第十七条规定的事项外，还应当载明被派遣劳动者的用工单位以及派遣期限、工作岗位等情况。"可见，劳务派遣单位也是"雇主"，是劳动合同的当事人。劳务派遣合同必须是2年以上的固定期限劳动合同。被派遣者在无工作期间，劳务派遣单位应当按照当地所在地人民政府规定的最低工资标准，向其按月支付报酬。

劳务派遣单位是独立的市场主体，必须依法取得相应的主体资格，根据劳动合同法第57条规定，即经营劳动派遣业务，应向劳动行政部门依法申请行政许可，经许可的，依法办理相应的公司登记，有开展业务相适应的经营场所和设施等，注册资本不得少于200万元。

劳务派遣单位到劳动力市场招录劳动者，并与劳动者签订劳动合同，依据劳务派遣协议派出劳动者，对劳动者承担相应的法律义务。如果劳务派遣单位违反劳动合同法有关劳务派遣的规定，劳动行政部门可以责令限期改正；逾期不改正的，以每人5000元以上10000元以下的标准处以罚款，对于劳务派遣单位，吊销其劳务派遣业务经营许可证；给被派遣劳动者造成损害的，劳务派遣单位与用工单位承担连带赔偿责任。

2. 劳务派遣协议

劳务派遣协议是派遣单位与用工单位（即劳动力的真正使用单位，又称"要派单位"）之间就劳动力的使用、管理等事项所订立的一种协议。在劳务派遣协议中，双方还应当就派遣岗位和人员数量、派遣期限、劳动报酬和社会保险费的数额与支付方式以及违反协议的责任等作出约定。

值得注意的是，劳务派遣单位应当将劳务派遣协议的内容告知被派遣劳动者，不得克扣用工单位按照劳务派遣协议支付给被派遣劳动者的劳动报酬。劳务派遣单位和用工单位不得向被派遣劳动者收取费用，用人单位不得设立劳务派遣单位向本单位或者所属单位派遣劳动者。

3. 用工单位的义务

用工单位虽然不是劳动合同的缔约人，但却是劳动力的使用人和劳动合同的履约人，其依法应当对劳动者履行以下义务：（1）执行国家劳动标准，提供相应的劳动条件和劳动保护；（2）告知被派遣劳动者的工作要求和劳动报酬；（3）支付加班费、绩效奖金，提供与工作岗位相关的福利待遇;(4)对在岗被派遣劳动者进行工作岗位所必需的培训;(5)连续用工的,实行正常的工资调整机制。

除了上述义务外,用工单位还不得将被派遣劳动者再派遣到其他用人单位,也不得违反法律规定将派遣期限未满的劳动者退回派遣单位。

4. 被派遣劳动者的权利

被派遣劳动者享有与用工单位的劳动者同工同酬的权利。用工单位无同类岗位劳动者的,参照用工单位所在地相同或者相近岗位劳动者的劳动报酬确定。被派遣劳动者享有团结权,可以依法在劳务派遣单位或者用工单位参加或者组织工会,维护自身的合法权益。被派遣劳动者还可以通过协商,或者在用工单位存在过错的情形下,依法与劳务派遣单位解除劳动合同。

(三)非全日制用工

非全日制用工是针对全日制用工而言的,一般以小时计酬,劳动者在同一用人单位只提供非全日制工时劳动的用工形式。非全日制用工与全日制用工之间的区别主要是:(1)非全日制用工是特殊的用工形式,而全日制用工是一般形式;(2)非全日制用工的劳动时间少于全日制用工;(3)非全日制用工具有临时性,而全日制用工具有相对的稳定性;(4)非全日制用工的劳动者可以与两个以上的用人单位同时建立两重以上的劳动关系,而全日制用工一般只有一重劳动关系。

《劳动合同法》规定,非全日制用工的劳动者在同一用人单位一般平均每日工作时间不超过4小时,每周工作时间累计不超过24小时。当存在多重劳动关系时,后订立的劳动合同不得影响先订立的劳动合同的履行。

非全日制用工双方当事人不得约定试用期。非全日制用工双方当事人任何一方都可以随时通知对方终止用工;终止用工,用人单位不向劳动者支付经济补偿。

在劳动报酬的支付方面,非全日制用工小时计酬标准不得低于用人单位所在地人民政府规定的最低小时工资标准,而且,劳动报酬结算支付周期最长不得超过15日。

从事非全日制工作的劳动者与用人单位因履行劳动合同发生劳动纠纷时,按照国家劳动争议处理规定执行。

第三节　劳动基准法

一、工作时间和休息休假法律制度

(一)工作时间制度

1. 工作时间的概念

工作时间,是指国家法律规定劳动者在一昼夜之内和一周之内完成所从事劳动的时间。我国关于工作时间的法律规定,既有标准工作日的规定,又有标准工作周的规定,还有其他工作时间的规定。

标准工作日制度的主要作用在于保证劳动者的劳动消耗和支出不超出生理上能够承受的限度,并保障劳动者休息权的实现;同时,为克服仅仅规定标准工作日的不足与不便,又在立法上规定了标准工作周,使得工作时间具有灵活性。法定工作时间制度仅仅确立了用人单位对劳动者在工作时间上不得突破的上限标准,用人单位可以根据自己生产经营的具体情况,确立低于标准工作日和工作周的工作时间制度。而标准工作日和标准工作周制度是工作时间制度的基础,法律允许实行的其他工时制度,都必须依据上述两项标准测定相关的定额和因素。

关于工作时间还应明确以下几点:

第一,工作时间是参加社会劳动的劳动者的劳动时间。

第二,工作时间是劳动者为用人单位进行劳动的时间。

第三,工作时间通常是劳动者直接进行实际工作的时间,但是,劳动者准备工作时间、结束工作时间以及法定非劳动消耗时间(如劳动者因喝水、上厕所等自然需要而中断的时间、工艺需要中断时间、停工待活时间、女职工哺乳婴儿时间等)也应计算在工作时间范围内。

2. 我国现行工作时间立法的基本内容

(1)标准工时制

我国《劳动法》第36条规定,国家实行劳动者每日工作时间不超过8小时,平均每周工作时间不超过44小时的工时制度。1995年,国务院发布了《关于职工工作时间的规定》,日标准工时为8小时,周标准工时为40小时。该《规定》于1996年1月1日开始实施。到1997年5月1日前,所有用人单位都已开始实行这一新的标准工时制度。

在通常情况下,劳动者每日工作时间不得超过8小时,每周工作时间不得超过40小时。用人单位或国家管理部门可以根据本单位和本行业的特点,规定短于上述规定的工作时间。但是,在一般情况下,不能规定超过标准工时的工作时间。特定行业可以在坚持40小时工作周的基础上,对每日的工作时间进行灵活安排。

用人单位实行上述工时制度,不得减少劳动者的劳动报酬。实行计时工资制的单位,不得因上述标准工时的缩短而减低劳动者的工资标准。实行计件工资制的劳动者,用人单位应当根据标准工时的规定,合理确定其劳动定额和计件报酬的标准,以保证对实行计件工资制的劳动者能够适用上述标准工时制度。

用人单位在标准工时以外延长劳动时间的,应当按照加班加点处理,用人单位应当支付劳动者的额外劳动报酬。

(2)特殊工时制

特殊工时是特定工作岗位上的劳动者适用的工时。《劳动法》第39条规定,企业因生产特点不能实行本法第36条规定的工时的,报劳动行政部门批准,可以实行其他工作和休息办法。主要包括以下四种:

第一,计件工时制。是指以劳动者完成的劳动定额为标准而转换的工作时间。根据《劳动法》第37条的规定,对实行计件工作的劳动者,用人单位应当根据本法第36条的工时制度合理确定其劳动定额和计件报酬标准。

第二,缩短工时制。根据有关法律规定,对特殊岗位上的劳动者实行短于标准工作日的工作时间。譬如,纺织业普遍实行"四班三运转"制度,每周工作5天;矿山井下实行"四班6小时工作日";化工行业对于从事接触有毒、有害物质的职工,实行"三工一休"制度,即工作三天休息一天,每天工作时间为6~7小时,并定期轮流脱离接触一个半月至两个月;哺乳期女职工享有每日一般为一小时的哺乳时间,女职工正在哺乳不满1周岁的婴儿的,每日可以享受两次哺乳时间,每次30分钟,多哺乳一个,每次可增加30分钟。

第三,无定时工作时间。是指由于工作性质决定其工作时间不能固定的劳动者的工作时间。无定时工作时间的基本特点是劳动者每日工作时间没有固定的限制,有时长于标准工作日,有时短于标准工作日。一般适用于企业中的高管人员,技术工作人员,推销人员,长途运输人员,铁路、港口的部分装卸人员和其他无法按标准工作时间衡量的职工。

值得注意的是,此类人员的工作时间长于标准工时,不按加班加点处理;短于标准工时,也不扣发劳动报酬。但是,无定时工作时间并不意味着没有工作时间限制,也不意味着劳动者不能享受公休假日和法定节假日。

第四,其他工时制。《劳动法》第39条规定,企业因生产特点不能实行本法第36条、第38条规定的,经劳动行政部门批准,可以实行其他工作和休息办法。《国务院关于职工工作时间的规定》也规定,因工作性质或者生产特点的限制,不能实行8小时工作日或40小时工作周的,按国家有关规定,可以实行其他工作和休息办法。这里所谓的其他工作时间,是指上述规定以外的工作时间,如弹性工作时间。

不论采用何种工时制度,都应当以标准工时制度为基准,不得使劳动者进行过长时间的劳动而侵害劳动者的休息权,影响劳动者的身体健康。

（二）休息休假制度

1. 休息时间

（1）日休息时间

日休息时间是劳动者在一昼夜中脱离用人单位而自由支配的时间。实行标准工作日的用人单位,劳动者的休息时间便是16小时。实行轮班制的企业,不得安排同一劳动者连续工作两个工作日。

（2）周休息时间

周休息时间是劳动者连续工作一周后应当享有的自由支配的时间,通常称为公休假。目前,根据国务院《关于职工工作时间的规定》,用人单位一般都实行每周休息两天的公休假制度。

（3）工作间的休息

这是劳动者在一个工作日的工作时间中享有的休息时间。通常有以下两种情况:第一,实行一、两班制的用人单位,连续工作4小时后,应当至少享有间歇休息时间半小时;第二,实行三班制的用人单位,白班工作时间均为8小时,夜班工作时间为7小时,每班间歇时间为20分钟。

2. 法定节假日

法定节假日是指劳动者脱离职业劳动用于欢度节日,开展纪念、庆祝活动的节假日。《劳动法》第40条规定,用人单位在元旦、春节、国际劳动节、国庆节和法律、法规规定的其他休假节日,应当依法安排劳动者休假。

根据2013年12月11日国务院公布实施的《关于修改〈全国年节及纪念日放假办法〉的决定》第三次修订,我国全体公民放假的节日有:（1）元旦节,放假1天;（2）春节,放假3天;（3）清明节,放假1天;（4）劳动节,放假1天;（5）端午节,放假1天;（6）中秋节,放假1天;（7）国庆节,放假3天。部分公民放假的节日及纪念日:（1）妇女节,妇女放假半天;（2）青年节,14周岁以上的青年放假半天;（3）儿童节,不满14周岁的少年儿童放假1天;（4）中国人民解放军建军纪念日,现役军人放假半天。

此外,少数民族习惯的节日,由各少数民族聚居地区的地方人民政府按照各该民族习惯规定放假日期。二七纪念日、五卅纪念日、七七抗战纪念日、九三抗战胜利纪念日、九一八纪念日、教师节、护士节、记者节、植树节等其他节日、纪念日,均不放假。

3. 探亲假

探亲假是与父母或配偶分居两地的劳动者在一定时间内享有的探望父母、配偶的带薪假日。根据现行法律规定,凡在国家机关、人民团体、国有企事业单位工作满一年的职工(包括合同制职工)与父母、配偶分居两地,又不能在公休假日团聚的,享受探亲假待遇。

（1）探望父母

未婚职工每年一次,假期20天。可两年合并享受,假期45天。已婚职工每4年一次,假期为 20 天。

（2）探望配偶

职工探望配偶,每年给予一方探亲假一次,假期为 30 天。

（3）待遇

探亲假期间工资按本人标准工资照发;职工探望配偶、未婚职工探望父母的往返路费由用人单位负担;已婚职工探望父母的往返路费,超过本人工资 30% 的部分,由单位承担。

4. 年休假

年休假是特定劳动者每年享有的连续带薪休息假日。实行劳动者带薪年休假制度,是世界各国劳动制度的普遍做法。我国《劳动法》第 45 条规定,国家实行年休假制度,劳动者连续工作一年以上的,享受带薪年休假。

为了平等保护各类劳动者的休息休假权利,充分调动劳动者的工作积极性,2007 年 12 月 7 日国务院第 198 次常务会议通过,并自 2008 年 1 月 1 日起施行的《职工带薪年休假条例》规定:机关、团体、企业、事业单位、民办非企业单位、有雇工的个体工商户等单位的职工连续工作 1 年以上的,享受带薪年休假。单位应当保证职工享受年休假。职工在年休假期间享受与正常工作期间相同的工资收入。

至于年休假的天数,《职工带薪年休假条例》规定:职工累计工作已满 1 年不满 10 年的,年休假 5 天;已满 10 年不满 20 年的,年休假 10 天;已满 20 年的,年休假 15 天。国家法定休假日、休息日不计入年休假的假期。

职工因工作原因未能享受年休假的,单位除正常支付工资收入外,还要支付相应的补偿。《职工带薪年休假条例》规定:单位确因工作需要不能安排职工休年休假的,经职工本人同意,可以不安排职工休年休假。对职工应休未休的年休假天数,单位应当按照该职工日工资收入的 300% 支付年休假工资报酬。

目前,我国劳动者可以享受的其他休假主要有:寒暑假、探亲假、病假、事假等。根据《职工带薪年休假条例》的规定,职工依法享受寒暑假,其休假天数多于年休假天数的,不享受当年的年休假。譬如,在我国,学校一直实行寒暑假制度,教职员工享受的寒暑假天数(寒假 2～3 周,暑假 5～6 周)远远超过条例规定的年休假天数,因此,教职员工一般不享受年休假。此外,职工请事假累计 20 天以上且单位按照规定不扣工资的,不享受当年的年休假;累计工作满 1 年不满 10 年的职工请病假累计 2 个月以上的,累计工作满 10 年不满 20 年的职工请病假累计 3 个月以上的,累计工作满 20 年以上的职工请病假累计 4 个月以上的,不享受当年的年休假。还需要注意,探亲假与年休假是两种功能不同的休假制度,二者不应互相冲抵。

（三）加班加点制度

1. 加班加点的概念

劳动者在法定节假日和公休日进行工作,称作加班;超过日标准工作时间进行工作,称为加点。按照法律规定,加班、加点实际上是对劳动者法定休息权的侵害,对劳动者的健康不利;同时,公休假和节假日是劳动者与家人团聚或做其他私事的时间,如果被用人单位剥夺,对劳动者的生活质量也会产生不良的影响。因此,劳动法对用人单位的加班、加点进行了一定的限制。

2. 加班加点的限制

依据劳动法的规定,加班加点必须符合以下条件:(1)必须为用人单位生产经营所需要;(2)必须由用人单位与工会和劳动者协商达成协议;(3)延长工作时间不得超过法定最高界限。一般情况下,每日加点时间不得超过一小时;因特殊原因需要延长的,每日最多不超过3小时,每月延长的工作时间不得超过36小时。

但是,上述规定也有例外。根据《劳动法》第42条的规定,在下列情况下,延长工作时间不受上述条件的限制:(1)发生自然灾害、事故或者其他原因威胁劳动者生命健康和财产安全,需要紧急处理的;(2)生产设备、交通运输线路、公共设施发生故障,影响生产和公众利益,必须紧急处理的;(3)法律、行政法规规定的其他情形。

3. 加班加点的工资支付

根据《劳动法》第44条的规定,用人单位必须对加班、加点的劳动者支付更高的劳动报酬。具体标准如下:安排劳动者加点的,应支付劳动者不低于其工资150%的劳动报酬。在休息日安排劳动者工作,应尽量安排补休;不能安排补休的,应支付劳动者不低于其工资200%的劳动报酬。在法定节假日安排劳动者工作的,应支付劳动者不低于其工资300%的劳动报酬。

二、工资法律制度

(一)工资概述

1. 工资的概念

工资,又称"薪金""薪水",是指基于劳动关系,用人单位根据劳动者提供的劳动数量和质量,按照法律规定或劳动合同约定,以货币形式直接支付给劳动者的劳动报酬。一般包括计时工资、计件工资、奖金、津贴和补贴、延长工作时间的工资报酬以及特殊情况下支付的工资等。

2. 工资分配原则

工资分配主要应遵循以下原则:

(1)按劳分配原则

即以劳动者提供的劳动数量和质量为标准确立个人工资额。它意味着每一个劳动者都应按照其提供的劳动来决定劳动报酬,多劳多得,少劳少得。

(2)同工同酬原则

同工同酬原则实际上是按劳分配原则的具体延伸。根据按劳分配原则,劳动者获得劳动报酬的多少只能根据其提供的劳动的数量和质量来决定,因此,对于同一用人单位的劳动者来说,不论男女、老少、民族、党派等,任何人只要提供了与他人相同数量和质量的劳动,就应当获得相同的劳动报酬。

(3)工资水平与经济协调发展原则

《劳动法》第 46 条第 2 款规定,工资水平在经济发展的基础上逐步提高。根据这一原则,一方面,劳动者的工资水平的提高应当以经济发展为前提,不能违背经济规律而盲目提高工资水平。另一方面,社会经济的发展是全体劳动者共同努力的结果,经济得到了发展,就应当提高劳动者的报酬,使每一个劳动者都能分享社会经济发展所带来的利益。

(4)国家对工资总量的宏观调控原则

《劳动法》第 46 条第 2 款规定,国家对工资实行宏观调控。工资总量的宏观调控有利于防止因工资水平增长过快而导致的物价飞涨和通货膨胀,防止因工资总量大幅度增加而引起的社会生产资金的不足,妨碍社会经济持续、稳定的发展。

3. 工资形式

(1)计时工资

计时工资是指按照劳动者技术熟练程度、劳动繁重程度和工作时间的长短支付工资的一种形式。劳动者用于特定岗位的工作时间越多,劳动者支出的劳动也就越多。计时工资是一种最基本的工资类型,具有计算简单的特点,但也会带来一些问题。例如,有些职工出工不出力,这在计时工资中不能准确地反映出来。

(2)计件工资

计件工资是指按照合格产品的数量和预先规定的计件单位来计算工资的形式。计件工资将劳动报酬与劳动成果的数量联系起来,能比较准确地反映劳动者对工作的投入程度。但是,计件工资的实施需要较高的管理成本,而且,大量的社会劳动并没有产生有形的劳动成果,因此,其适用范围必然要受到限制。计件工资一般较多地适用于生产岗位上的劳动者。

(3)奖金

奖金是有效超额劳动报酬,是职工工资的补充形式,是对在工作和生产建设中取得卓越成效的职工的一种奖励,其实质是对劳动者额外的劳动支出而支付的劳动报酬。

(4)津贴

津贴是对在特殊情况下工作的职工所付出的额外劳动消耗和生活费用进行合理补偿的附加劳动报酬和物质鼓励,是劳动报酬的一种补充形式。在劳动过程中,由于劳动者所处的条件不同,在相同时间的劳动中,劳动者实际的劳动支出往往并不相同。这时,为了补偿劳动者特殊的劳动消耗,便产生各种津贴,大致有以下几类:第一,与特殊工作岗位相关的津贴,如野外津贴、矿山井下津贴、流动施工津贴等;第二,为保障特殊工作条件下劳动者的身体健康而支付的津贴,如高温津贴等;第三,为补偿劳动者额外的物质消耗而支付的津贴,如交通津贴等;第四,为维持劳动者的正常生活水平而给予的津贴,如各种物价补贴等。

(5)特殊情况下支付的工资

在特定情况下,劳动者虽未实际参加劳动,但用人单位仍有义务应依法支付劳动者工资或工资的一部分。关于特殊情况下的工资支付制度主要有以下几项:

第一,参加社会活动期间的工资支付。劳动者在法定工作时间内依法参加社会活动的,用人单位应视劳动者正常提供了劳动而支付工资。社会活动包括:选举活动、人民代表出席政府或党派等组织的活动、出庭作证、出席先进工作者表彰大会等。

第二,依法享受假期的工资支付。年休假、探亲假、婚假、丧假、产假期间,用人单位应当按合同规定的工资标准支付工资。

第三,非因劳动者的原因造成的停工期间的工资支付。非因劳动者的原因造成单位停工停产的期间,若在一个工资支付周期内的,用人单位应当按合同标准支付工资;若超过一个工资支付周期,而劳动者又提供了正常劳动的,则应支付给劳动者不低于当地最低工资标准的工资。

第四,加班加点工资的支付。

(二)最低工资制度

1. 最低工资的概念

最低工资,是指劳动者在法定工作时间提供了正常劳动的前提下,其所在用人单位必须按法定最低标准支付的劳动报酬。最低工资是法律规定的劳动者获得劳动报酬的最低界限,用人单位不得违反,否则会受到法律的制裁。确立最低工资制度的目的在于使每一个劳动者都能通过自己的劳动养活自己,因此最低工资制度不仅是一种工资制度,同时也是一种社会保障制度。

2. 最低工资的特点

(1)最低工资保障范围,不仅包括劳动者本人的基本生活需要,而且也包括劳动者赡养的家庭成员的生活需要。

(2)最低工资数额由最低工资率确定。最低工资率是指单位时间的最低工资数额。单位时间,在我国一般以月为标准,也可以日、小时为标准。

(3)最低工资只是确定了劳动者的最低工资标准,所有用人单位均不得低于此标准。

(4)最低工资率并非一成不变,如确定最低工资率的各项因素发生变化,或本地区职工生活费用价格指数累计变动较大时,应当适当调整。

3. 最低工资标准的确定

《劳动法》第 49 条规定,确定和调整最低工资标准应当综合考虑以下因素:(1)维持劳动者本人最低生活的费用;(2)劳动者平均赡养人口的最低生活费;(3)社会平均工资水平;(4)就业状况。

《最低工资规定》第 6 条,确定和调整月最低工资标准,应参考当地就业者及其赡养人口的最低生活费用、城镇居民消费价格指数、职工个人缴纳的社会保险费和住房公积金、职工平均工资、经济发展水平、就业状况等因素。确定和调整小时最低工资标准,应在颁布的月最低工资标准的基础上,考虑单位应缴纳的基本养老保险费和基本医疗保险费因素,同时还应适当考虑非全日制劳动者在工作稳定性、劳动条件和劳动强度、福利等方面与全日制就业人员之间的差异。

只有综合考虑这些因素,才能把劳动者的需要同当前社会生产水平和劳动生产率状况结合起来,使其具有可行性。

值得注意的是,在劳动者提供正常劳动的情况下,用人单位应支付给劳动者的工资在剔除下列各项以后,不得低于当地最低工资标准:(一)延长工作时间工资;(二)中班、夜班、高温、低温、井下、有毒有害等特殊工作环境、条件下的津贴;(三)法律、法规和国家规定的劳动者福利待遇等。另外,实行计件工资或提成工资等工资形式的用人单位,在科学合理的劳动定额基础上,其支付劳动者的工资不得低于相应的最低工资标准。劳动者由于本人原因造成在法定工作时间内或依法签订的劳动合同约定的工作时间内未提供正常劳动的,不适用于这项规定。

(三)工资支付保障制度

1. 工资支付准则

(1)现金支付原则

在通常情况下,用人单位只能采用现金的形式支付劳动者的工资,而不得以其生产的产品或其他实物替代。

(2)直接支付原则

即将劳动报酬直接支付给劳动者本人,在劳动者出国在外或因其他原因不能领取工资时,工资应当由劳动者指定的人领取。

(3)足额支付原则

用人单位应当按照劳动合同的约定,支付劳动者应当获得的全部工资,不得扣减劳动者的工资。

(4)及时支付原则

即按照劳动合同或用人单位预先确定的工资支付时间支付劳动者的工资,不得随意拖延工资的支付时间。

(5)特殊情况下紧急支付原则

在劳动者或其亲属生病、生育、遭受灾害等特殊情况下,应根据情况允许劳动者预先支取工资。

(6)工资债权优先原则

工资债权即单位欠付职工的工资。工资债权有优于一般债权的效力,在企业破产时,工资债权应预先从破产财产中扣除。

2. 禁止克扣工资的法律规定

根据《工资支付暂行规定》的规定,用人单位不得克扣劳动者的工资。有下列情况之一的,可以代扣劳动者的工资:

(1)用人单位代扣代缴个人所得税;

(2)用人单位代扣代缴应由劳动者负担的各项社会保险费用;

(3)法院判决、裁定中要求代扣的抚养费、赡养费;

(4)法律、法规规定可以从劳动者工资中扣除的其他费用。

劳动者因自己的过失给用人单位造成经济损失的,可以扣除劳动者的工资,以赔偿用人单位的经济损失;但是,每月扣除的工资不得超过劳动者当月工资的20%。若扣除后的剩余部分低于当地当月的最低工资的,则应当按最低工资支付。

3. 禁止非法拖欠工资的法律规定

(1)工资必须在用人单位和劳动者约定的日期支付给劳动者,遇节假日和休息日,应当提前在最近的工作日支付。

(2)工资每月至少支付一次,实行周、日、小时工资支付制度的,可以按周、日、小时支付。完成一项工作应当支付工资的,应当按合同约定在工作完成后及时支付。解除或终止劳动合同的,用人单位应当在解除或终止劳动合同时一次付清劳动者的工资。

(3)用人单位克扣或者无故拖欠劳动者工资的,以及拒不支付劳动者延长工作时间工资报酬的,除在规定的时间内全额支付劳动者工资报酬外,还需加发相当于工资报酬25%的经济补偿金。

三、劳动安全卫生法律制度

(一)劳动保护概述

劳动保护,是指为了维护和保障劳动者在劳动过程中的安全和健康,改善劳动条件而采取的各种措施。劳动者在职业劳动中享有人身安全和身心健康获得保障,从而免遭职业危害的权利,这就是劳动者的劳动保护权,亦称"职业安全卫生权"。劳动保护权的基础是人的生命和健康权利,是基本人权的体现。

劳动保护的对象是劳动者的人身安全和身心健康,而不包括劳动者的其他权益。劳动保护的目的是使劳动者在劳动过程中的生命安全能得以保障,劳动者的健康状况不致因劳动或者劳动过程中的不安全、不卫生的因素而受不良影响。在此基础上,还应创造各种条件,改善劳动者的健康状况,不断增进劳动者的健康。

我国十分重视劳动保护工作。在政策层面,早在1952年,党中央就提出了"安全生产"的劳动保护方针。近年来,党和国家又提出了"安全第一、预防为主"的劳动保护方针。"安全第一"要求有关部门、用人单位和劳动者都必须首先树立安全意识,其次是在现有的物质条件允许的情况下,尽可能地采取各种安全保护措施,创造安全、卫生的劳动工作环境。"预防为主"则强调"预防"是落实劳动保护工作的主要手段,但预防不是搞好劳动保护的唯一途径,还必须做好其他方面的劳动保护工作。

在法律层面,全国人民代表大会常务委员会已于 2006 年 10 月 31 日批准了 1981 年《职业安全卫生及工作环境公约》。从 20 世纪 50 年代起,我国颁布了大量的劳动安全方面的法规和规章。我国《宪法》明确规定:"国家通过各种途径,创造劳动就业条件,加强劳动保护,改善劳动条件。"1979 年和 1997 年《刑法》均专门规定了对于违反规章制度、玩忽职守等造成重大伤亡事故的犯罪行为的量刑标准和有关罪名。1992 年的《矿山安全法》、1992 年的《工会法》(2001 年修改)、1994 年的《劳动法》、2001 年的《职业病防治法》(2011 年修改)、2002 年的《安全生产法》(2014 年修改)等一系列重要法律,国务院及其劳动行政主管部门、各地方颁布的大量行政法规、行政规章、地方法规、规章,等等,都从不同角度具体规定了劳动安全卫生权利保护的内容和实施程序。此外,国家还先后颁布了《工业企业噪声卫生标准》《工业设计卫生标准》等 100 多项劳动安全卫生国家标准。

(二)安全生产法律制度

1. 安全生产管理体制

根据我国 2014 年修订的 2002 年《安全生产法》的规定,国务院和地方各级人民政府应当加强对安全生产工作的领导,支持、督促各有关部门依法履行安全生产监督管理职责。

国务院负责安全生产监督管理的部门依法对全国安全生产工作实施综合监督管理。国务院有关部门依法在各自的职责范围内对有关的安全生产工作实施监督管理,应当按照保障安全生产的要求,依法、及时制定有关的国家标准或者行业标准,并根据科技进步和经济发展适时修订。

县级以上地方各级人民政府负责安全生产监督管理的部门依法对本行政区域内安全生产工作实施综合监督管理。县级以上地方各级人民政府有关部门依法在各自的职责范围内对有关的安全生产工作实施监督管理。县级以上人民政府对安全生产监督管理中存在的重大问题应当及时予以协调、解决。

乡、镇人民政府以及街道办事处、开发区管理机构等地方人民政府的派出机关应当按照职责,加强对本行政区域内生产经营单位安全生产状况的监督检查,协助上级人民政府有关部门依法履行安全生产监督管理职责。

2. 用人单位的安全生产保障

(1)安全生产条件保障

生产经营单位应当具备法律、行政法规和国家标准或行业标准规定的安全生产条件;不具备安全生产条件的,不得从事生产经营活动。

(2)主要负责人负责制

生产经营单位主要负责人承担以下职责:建立、健全本单位安全生产责任制;组织制定本单位安全生产规章制度和操作规程;组织制定并实施本单位安全生产教育和培

训计划;保证本单位安全生产投入的有效实施;督促、检查本单位安全生产工作,及时消除生产安全事故隐患;组织制定并实施本单位的生产安全事故应急救援预案;及时如实报告生产安全事故。

危险物品的生产、经营、储存单位以及矿山、金属冶炼、建筑施工、道路运输单位的主要负责人和安全生产管理人员,应当由有关主管部门对其安全生产知识和管理能力考核,考核合格后方可任职。考核不得收费。

(3)安全生产管理机构或安全生产管理人员的设置和配备

矿山、金属冶炼、建筑施工、道路运输单位和危险品的生产、经营、储存单位应当设置安全生产管理机构或配备专职安全生产管理人员。其他生产经营单位的从业人员超过100人的,也应当设置安全生产管理机构或配备专职安全生产管理人员;从业人员在100人以下的,应当配备专职或兼职的安全生产管理人员。

(4)从业人员的安全生产教育和培训

生产经营单位应当对从业人员进行安全生产教育和培训,保证从业人员具备必要的安全生产知识,熟悉有关安全生产规章制度和安全操作规程,掌握本岗位的安全操作技能,了解事故应急处理措施,知悉自身在安全生产方面的权利和义务。未经安全生产教育和培训合格的从业人员,不得上岗作业。

生产经营单位使用被派遣劳动者的,应当将被派遣劳动者纳入本单位从业人员统一管理,对被派遣劳动者进行岗位安全操作规程和安全操作技能的教育和培训。劳务派遣单位应当对被派遣劳动者进行必要的安全生产教育和培训。

生产经营单位接收中等职业学校、高等学校学生实习的,应当对实习学生进行相应的安全生产教育和培训,提供必要的劳动防护用品。学校应当协助生产经营单位对实习学生进行安全生产教育和培训。

生产经营单位应当建立安全生产教育和培训档案,如实记录安全生产教育和培训的时间、内容、参加人员以及考核结果等情况。

生产经营单位采用新工艺、新技术、新材料或者使用新设备,必须了解、掌握其安全技术特性,采取有效的安全防护措施,并对从业人员进行专门的安全生产教育和培训

(5)建设项目的安全管理

主要包括:第一,"三同时"制度。生产经营单位新建、改建、扩建工程项目的安全设施必须与主体工程同时设计、同时施工、同时投入生产和使用。第二,安全条件论证和安全评价制度。矿山建设项目、金属冶炼建设项目和用于生产、储存危险品的建设项目,应当分别按照国家有关规定进行安全条件论证和安全评价。第三,安全资质管理。生产经营单位不得将生产经营项目、场所、设备发包或出租给不具备安全生产条件和相应资质的单位或者个人。第四,建设项目的安全责任制。

(6)安全设备、设施的管理

主要包括:第一,安全警示。生产经营单位应当在有较大危险因素的生产经营场所和有关设施、设备上设置明显的安全警示标志。第二,安全设备标准化管理制度。安全

设备的设计、制造、安装、使用、检测、维修、改造和报废,均应当符合国家标准或行业标准。第三,安全设备日常维修、保养和检测制度。第四,特种危险设备生产、检测的资质管理制度。第五,对严重危及生产安全的工艺、设备的淘汰制度。

(7)危险品、废弃物及危险作业的安全管理

主要包括:第一,危险品及其废弃物处理的审批监督。生产、经营、运输、储存、使用危险物品或处置废弃危险物品的,由有关主管部门依法审批并实施监督管理。第二,重大危险源管理。生产经营单位对重大危险源应当登记建档,进行定期检测、评估、监控,并制订应急预案,告知从业人员和相关人员在紧急情况下应当采取的应急措施。第三,安全隔离与紧急疏散保障。生产、经营、储存、使用危险物品的车间、商店、仓库应当与员工宿舍保持安全距离。生产经营场所和员工宿舍应当设有符合紧急疏散要求的出口。第四,危险作业的现场管理。生产经营单位进行爆破、吊装等危险作业,应当安排专门人员进行现场安全管理,确保操作规程的遵守和安全措施的落实。

(8)防护用品的提供与劳动保险

生产经营单位必须为从业人员提供符合国家标准或者行业标准的劳动防护用品,并监督、教育从业人员按照使用规则佩戴、使用。生产经营单位必须依法参与工伤社会保险,为本单位从业人员缴纳保险费。

(9)监督检查与事故处理

生产经营单位的安全生产管理人员应当对安全生产状况进行经常性检查。对检查中发现的安全问题,应当立即处理,不能处理的,应当及时报告本单位有关负责人。检查及处理的情况应当记录在案。发生重大生产安全事故时,单位主要负责人应当立即组织抢救,并不得在事故调查处理期间擅离职守。

3. 劳动者的安全生产权利义务

(1)劳动者的安全生产权

根据《安全生产法》第3章的规定,劳动者享有以下安全生产方面的权利:

第一,知情权。劳动者有权了解其作业场所和工作岗位存在的危险因素、防范措施及事故应急措施。

第二,建议、批评和控告权。劳动者有权对本单位的安全生产工作提出建议,有权对本单位安全生产工作中存在的问题提出批评、检举、控告。

第三,拒绝权。劳动者有权拒绝违章指挥和强令冒险作业。生产经营单位不得因此而降低其工资、福利等待遇或者解除与其订立的劳动合同。

第四,撤离权。劳动者发现直接危及人身安全的紧急情况时,有权停止作业或者采取可能的应急措施后撤离作业场所。

第五,索赔权。因生产安全事故受到损害的劳动者,除依法享有工伤保险外,依照有关民事法律享有获得赔偿的权利的,有权向本单位提出赔偿要求。

(2)劳动者的安全生产义务

根据《安全生产法》的规定,劳动者在享受上述权利的同时,也负有以下安全生产方

面的义务：

第一，遵守规章制度和操作规程的义务。劳动者在作业过程中，应当严格遵守本单位的安全生产规章制度和操作规程，服从管理，正确佩戴和使用劳动防护用品。

第二，接受安全教育和培训的义务。劳动者应当接受安全生产教育和培训，掌握本职工作所需的安全生产知识，提高安全生产技能，增强事故预防和应急处理能力。

第三，对安全隐患的报告义务。劳动者发现事故隐患或者其他不安全因素，应当立即向现场安全生产管理人员或者本单位负责人报告；接到报告的人员应当及时予以处理。

(三)职业卫生与职业病防治法律制度

职业卫生就是为了防止和消除职业危害，保护劳动者的身心健康而采取的各种保护性措施。职业危害产生的最典型后果是职业病。所谓职业病，是指用人单位的劳动者在职业活动中因接触粉尘、放射性物质和其他有毒、有害物质等因素而引起的疾病。新中国成立以来，国务院及其所属部门为防止职业病，制定了大量的行政法规、规章和标准，譬如，1956年国务院发布的《工厂安全卫生规程》《关于防止厂矿企业中矽尘危害的决定》，1980年国务院卫生部、原劳动部制定的《工业企业噪声卫生标准》，1992年国务院原劳动部发布的《矿山个体呼吸性粉尘测定方法》(2008年修改)等四个标准，等等。2001年10月27日第九届全国人民代表大会常务委员会通过了《中华人民共和国职业病防治法》，并于2011年12月31日第十一届全国人大常委会第24次会议通过了《关于修改〈中华人民共和国职业病防治法〉的决定》，对职业病防治工作做了系统、全面的规定：

1. 职业病的前期预防

(1)产生职业病危害企业的特殊准入制度

设立产生职业病危害的企业，除应当符合法律、行政法规规定的设立条件外，其工作场所还应当符合下列职业卫生要求：

第一，职业病危害因素的强度或者浓度符合国家职业卫生标准；

第二，有与职业病危害防护相适应的设施；

第三，生产布局合理，符合有害与无害作业分开的原则；

第四，有配套的更衣间、洗浴间、孕妇休息间等卫生设施；

第五，设备、工具、用具等设施符合保护劳动者生理、心理健康的要求；

第六，法律、行政法规和国务院卫生行政部门、安全生产监督管理部门关于保护劳动者健康的其他要求。

(2)职业病危害项目申报制度

用人单位工作场所存在职业病目录所列职业病的危害因素的，应当及时、如实向所在地安全生产监督管理部门申报危害项目，接受监督。

职业病危害因素分类目录由国务院卫生行政部门会同国务院安全生产监督管理部

门制定、调整并公布。职业病危害项目申报的具体办法由国务院安全生产监督管理部门制定。

（3）职业病危害预评价制度

新建、扩建、改建项目和技术改造、技术引进项目可能产生职业病危害的,建设单位在可行性论证阶段应当向安全生产监督管理部门提交职业病危害预评价报告。安全生产监督管理部门应当自收到职业病危害预评价报告之日起三十日内,做出审核决定并书面通知建设单位。未提交预评价报告或者预评价报告未经安全生产监督管理部门审核同意的,有关部门不得批准该建设项目。

（4）职业病防护设施建设"三同时"制度

建设项目的职业病防护设施所需费用应当纳入建设项目工程预算,并与主体工程同时设计、同时施工、同时投入生产和使用。职业病危害严重的建设项目的防护设施设计应当经安全生产监督管理部门进行卫生审查,符合国家职业卫生标准和卫生要求的,方可施工。

（5）放射、高毒、高危粉尘等作业的特殊管理制度

根据《职业病防治法》的规定,国家对从事放射、高毒、高危粉尘等作业实行特殊管理,具体管理办法由国务院制定。2002 年 4 月 30 日,国务院根据《职业病防治法》的规定,发布了《使用有毒物品作业场所劳动保护条例》,对使用有毒物品作业场所中的劳动保护问题,尤其就高毒作业场所的特殊管理进行了详细的规定。

2. 劳动过程中的职业病防护与管理

（1）劳动过程中职业病防治的组织与制度建设

主要包括:设置或者指定职业卫生管理机构或者组织、配备专职或者兼职的职业卫生专业人员;制定职业病防治计划和实施方案;建立、健全职业卫生管理制度和操作规程、职业卫生档案和劳动者健康监护档案、工作场所职业病危害因素监测及评价制度、职业病危害事故应急救援预案,等等。

（2）物质保障

主要是指提供有效的职业病防护设施和用品。用人单位必须采用有效的职业病防护设施,为劳动者提供个人使用的职业病防护用品,且职业病防护用品必须符合防治职业病的要求,不符合要求的,不得使用。优先采用有利于防治职业病和保护劳动者健康的新技术、新工艺、新材料,逐步替代职业病危害严重的技术、工艺、材料。

（3）公告、警示与标识

是指产生职业病危害的用人单位,应当在醒目位置设置公告栏,公布有关职业病防治的规章制度、操作规程、职业病危害事故应急救援措施和工作场所职业病危害因素检测结果。对产生严重职业病危害的作业岗位,应当在其醒目位置设置警示标识和中文警示说明,警示说明应当载明产生职业病危害的种类、后果、预防以及应急救治措施等内容。

（4）专门检测

用人单位应当按规定定期对工作场所进行职业病危害因素检测、评价。检测、评价

结果存入用人单位职业卫生档案,定期向所在地安全生产监督管理部门报告并向劳动者公布。检测、评价由依法设立的取得国务院安全生产监督管理部门或者设区的市级以上地方人民政府安全生产监督管理部门按照职责分工给予资质认可的职业卫生技术服务机构进行。职业卫生技术服务机构所作检测、评价应当客观、真实。

(5)特别限制

任何单位和个人不得生产、经营、进口和使用国家明令禁止使用的可能产生职业病危害的设备或者材料。

(6)告知义务

用人单位与劳动者订立劳动合同时,应当将工作过程中可能产生的职业病危害及其后果、职业病防护措施和待遇等如实告知劳动者,并在劳动合同中写明,不得隐瞒或者欺骗。

(7)劳动者培训与教育

用人单位应当对劳动者进行岗前职业卫生培训和在岗期间的定期职业卫生培训,普及职业卫生知识,督促劳动者遵守职业病防治法律法规和操作规程,指导劳动者正确使用职业病防护设备和个人使用的职业病防护用品。

(8)定期健康检查

对从事接触职业病危害作业的劳动者,用人单位应当按照国务院安全生产监督管理部门、卫生行政部门的规定组织上岗前、在岗期间和离岗时的职业健康检查,并将检查结果书面告知劳动者。职业健康检查费用由用人单位承担。

(9)紧急措施

发生或者可能发生急性职业病危害事故时,用人单位应当立即采取应急救援和控制措施,并及时报告所在地安全生产监督管理部门和有关部门。安全生产监督管理部门接到报告后,应当及时会同有关部门组织调查处理;必要时,可以采取临时控制措施。卫生行政部门应当组织做好医疗救治工作。对遭受或者可能遭受急性职业病危害的劳动者,用人单位应当及时组织救治、进行健康检查。

3. 劳动者的职业卫生保护权利

(1)获得职业卫生教育、培训;

(2)获得职业健康检查、职业病诊疗、康复等职业病防治服务;

(3)了解工作场所产生或者可能产生的职业病危害因素、危害后果和应当采取的职业病防护措施;

(4)要求用人单位提供符合防治职业病要求的职业病防护设施和个人使用的职业病防护用品,改善工作条件;

(5)对违反职业病防治法律、法规以及危及生命健康的行为提出批评、检举和控告;

(6)拒绝违章指挥和强令进行没有职业病防护措施的作业;

(7)参与用人单位职业卫生工作的民主管理,对职业病防治工作提出意见和建议。

四、女职工特殊保护法律规定

虽然在现代社会中女性的社会地位发生了重大变化,但由于受封建社会男尊女卑思想的影响,仍然存在对女职工的偏见,进而影响到女职工不能获得平等的劳动权和劳动就业机会。劳动法规定对女职工给予特殊保护,是宪法中男女平权原则的具体体现,因为女职工不仅在身体结构上与男性有很大差别,而且还存在男性所没有的怀孕、生育、哺乳等生理现象,如果对男女职工给予同样的保护,就不可能有真正的男女平等。同时,女职工承担着生育、哺乳和抚养孩子的责任,母亲的健康状况与孩子的成长有着更为直接的联系,法律对女职工给予特殊的保护,有利于下一代的健康成长。1993年11月卫生部、劳动人事部、全国总工会、全国妇联联合颁布的《女职工保健工作规定》,2012年4月国务院发布的《女职工劳动保护特别规定》,1992年4月全国人大第五次会议通过的《妇女权益保障法》(2005年修改)等法律、法规和规章,对女职工保护问题做了全面的规定。

1. 女职工劳动权的保护

妇女享有与男子平等的劳动权利,除不适合妇女的工种或者岗位外,用人单位不得以性别为由拒绝录用妇女或提高对妇女的录用标准;必须对男女实行同工同酬;在晋职、晋级、评定专业技术职务等方面,应坚持男女平等的原则;不得在妇女怀孕期、产期、哺乳期降低其基本工资或者解除劳动合同。

2. 女职工在劳动过程中的健康、安全保护

用人单位应依法保护女职工工作时的健康和安全,禁止安排女职工从事矿山井下以及国家规定的第四级体力劳动强度的劳动和其他女职工禁忌从事的劳动。

具体而言,女职工禁忌从事的劳动主要有:

(1)矿山井下作业;

(2)森林业伐木、归楞及流放作业;

(3)国家规定的第四级体力劳动强度的作业;

(4)建筑业脚手架的组装和拆除作业;

(5)电力、电信行业的高处架线作业;

(6)连续负重每次超20公斤、间断负重每次超25公斤的作业。

3. 女职工生理机能变化过程中的"五期"保护

(1)经期保护。根据法律规定,女职工在月经期间不得从事装卸、搬运等国家规定的第三级重体力劳动及高处、低温、冷水、野外作业。

(2)孕期保护。女职工在怀孕期间,所在单位不得安排其从事国家规定的第三级劳动强度的劳动和孕期禁忌从事的劳动;不得在正常劳动日以外延长劳动时间;对不能胜任原劳动的,应根据医务部门的证明予以减轻劳动量或安排其他劳动。

(3)产期保护。女职工生育享受98天产假,其中产前可以休假15天;难产的,增加

产假 15 天;生育多胞胎的,每多生育 1 个婴儿,增加产假 15 天。女职工怀孕未满 4 个月流产的,享受 15 天产假;怀孕满 4 个月流产的,享受 42 天产假。

(4)哺乳期保护。有不满一周岁婴儿的女职工,其所在单位应在每班劳动时间内给予其两次哺乳时间,每次哺乳 30 分钟。多胞胎生育的,每多哺乳一个婴儿,每次哺乳时间增加 30 分钟。

4. 女职工劳动保护设施的规定

在女职工较多的单位,应设置女职工卫生室、孕妇休息室、哺乳室、托儿所、幼儿园等设施,妥善解决女职工在生理卫生、冲洗、哺乳等方面的实际困难。

5. 女职工的申诉权

《女职工劳动保护特别规定》第 14 条规定:用人单位违反本规定,侵害女职工合法权益的,女职工可以依法投诉、举报、申诉,依法向劳动人事争议调解仲裁机构申请调解仲裁,对仲裁裁决不服的,依法向人民法院提起诉讼。

五、未成年工的劳动保护

未成年工,是指已满 16 周岁不满 18 周岁的劳动者。未成年工正处于生长发育阶段,其身体发育尚未完全定型,过重的体力劳动、不良的工作体位等对其正常发育都会产生不良影响;而且,未成年工在心理素质、工作经验等方面与成年职工也有一定的差异,在劳动过程中遇到特殊情况往往难以应付。因此,必须在劳动过程中给予特殊的保护。

1. 缩短工作时间

对未成年人应实行缩短工作日,禁止安排未成年工加班、加点及从事夜班工作。未成年工所在单位应根据自身条件尽量安排未成年工进行文化补习。

2. 限制工作范围

禁止未成年工从事矿山井下劳动、繁重体力劳动、深水或高空作业以及有毒、有害作业,不得安排未成年工进行机械危险部分的检修工作。未成年工使用的劳动工具应考虑未成年人的身体发育特点而定。

3. 定期进行身体检查

企业单位在录用未成年工时要进行体格检查,录用后,也要定期进行检查。经检查,如未成年工所从事的工作有害其健康的,用人单位应安排适合其健康状况的其他工作。

4. 实行同工同酬

未成年工提供与成年工同等的劳动,应该获得同等的劳动报酬,对未成年工一般不得因实行缩短工作日而扣减其工资。

第四节　劳动争议

一、劳动争议概述

(一)劳动争议的概念、种类

1. 概念

劳动争议,亦称劳资纠纷,是指劳动关系双方当事人之间因劳动权利受到侵犯或劳动权利义务关系发生分歧而产生的争议。

2. 劳动争议的种类

根据争议当事人中劳动者一方人数的不同,可将劳动争议分为个别劳动争议和集体劳动争议。

(1)个别劳动争议

一般指 2 人以下的劳动者与用人单位之间发生的争议。

(2)集体劳动争议

是指超过法定人数的劳动者因共同的权益受到侵犯或与用人单位发生分歧而引起的劳动争议。集体劳动争议有两个特点:第一,争议中的劳动者一方人数在法定人数以上,以前一般指 3 人以上,但根据《劳动争议仲裁法》第七条的规定,发生劳动争议的劳动者一方在 10 人以上,并有共同请求的,可以推举代表参加调解、仲裁或者诉讼活动。第二,在集体劳动争议中,多数劳动者与用人单位之间争议的标的是共同的,即多数劳动者都是基于同一理由而与用人单位发生争议。

(二)劳动争议的处理方式

《劳动法》第 77 条规定:用人单位与劳动者发生劳动争议,当事人可以依法申请调解、仲裁、提起诉讼,也可以协商解决。

根据 2007 年十届全国人民代表大会常务委员会通过并于 2008 年 5 月开始实施的《劳动争议调解仲裁法》的规定:发生劳动争议,劳动者可以与用人单位协商,也可以请工会或者第三方共同与用人单位协商,达成和解协议;当事人不愿协商、协商不成或者达成和解协议后不履行的,可以向调解组织申请调解;不愿调解、调解不成或者达成调解协议后不履行的,可以向劳动争议仲裁委员会申请仲裁;对仲裁裁决不服的,除该法另有规定的外,可以向人民法院提起诉讼。

可见,根据法律规定,劳动争议有四种处理方式,即和解、调解、仲裁和诉讼。和解与调解是当事人可以选择的劳动争议处理方式,仲裁则是诉讼的前置程序。

(三)劳动争议调解仲裁的受案范围

《劳动争议调解仲裁法》第 2 条规定:"中华人民共和国境内的用人单位与劳动者发生的下列劳动争议,适用本法:(一)因确认劳动关系发生的争议;(二)因订立、履行、变更、解除和终止劳动合同发生的争议;(三)因除名、辞退和辞职、离职发生的争议;(四)因工作时间、休息休假、社会保险、福利、培训以及劳动保护发生的争议;(五)因劳动报酬、工伤医疗费、经济补偿或者赔偿金等发生的争议;(六)法律、法规规定的其他劳动争议。"

二、劳动争议调解

(一)劳动争议调解组织

1. 劳动争议调解组织的设置

《劳动争议调解仲裁法》第 10 条规定,发生劳动争议,当事人可以到下列调解组织申请调解:

(1)企业劳动争议调解委员会;

(2)依法设立的基层人民调解组织;

(3)在乡镇、街道设立的具有劳动争议调解职能的组织。

2. 劳动争议调解组织的组成

企业劳动争议调解委员会由职工代表和企业代表组成。职工代表由工会成员担任或者由全体职工推举产生,企业代表由企业负责人指定。企业劳动争议调解委员会主任由工会成员或者双方推举的人员担任。

(二)劳动争议调解程序

1. 申请

劳动争议发生后,当事人申请劳动争议调解的,可以书面申请,也可以口头申请。口头申请的,调解组织应当当场记录申请人基本情况、申请调解的争议事项、理由和时间。

2. 受理

符合《劳动争议调解仲裁法》规定的受案范围的,劳动争议调解组织应当受理,并将受理决定及时告知当事人。

3. 调解前的准备

劳动争议调解组织在正式调解前应做好必要的准备工作,告之双方当事人参加调解,指定专门调解人员,调查取证,了解案情,熟悉有关法律法规、政策等。

4. 调解

在弄清基本事实及各项准备工作就绪的情况下,应及时进行调解。调解劳动争议,应当充分听取双方当事人对事实和理由的陈述,耐心疏导,帮助其达成协议。

5. 达成调解协议

经调解达成协议的,应当制作调解协议书。调解协议书由双方当事人签名或者盖章,经调解员签名并加盖调解组织印章后生效,对双方当事人具有约束力,当事人应当履行。

自劳动争议调解组织收到调解申请之日起 15 日内未达成调解协议的,当事人可以依法申请仲裁。

6. 调解协议的履行

达成调解协议后,一方当事人在协议约定期限内不履行调解协议的,另一方当事人可以依法申请仲裁。

因支付拖欠劳动报酬、工伤医疗费、经济补偿或者赔偿金事项达成调解协议,用人单位在协议约定期限内不履行的,劳动者可以持调解协议书依法向人民法院申请支付令。人民法院应当依法发出支付令。

三、劳动争议仲裁

(一)一般规定

1. 仲裁机构

在我国,劳动争议仲裁机构是劳动争议仲裁委员会。

根据《劳动争议调解仲裁法》的规定,劳动争议仲裁委员会按照统筹规划、合理布局和适应实际需要的原则设立。省、自治区人民政府可以决定在市、县设立;直辖市人民政府可以决定在区、县设立。直辖市、设区的市也可以设立一个或者若干个劳动争议仲裁委员会。劳动争议仲裁委员会不按行政区划层层设立。

2. 仲裁管辖

劳动争议仲裁委员会负责管辖本区域内发生的劳动争议。

劳动争议由劳动合同履行地或者用人单位所在地的劳动争议仲裁委员会管辖。双方当事人分别向劳动合同履行地和用人单位所在地的劳动争议仲裁委员会申请仲裁的,由劳动合同履行地的劳动争议仲裁委员会管辖。

3. 仲裁当事人

发生劳动争议的劳动者和用人单位为劳动争议仲裁案件的双方当事人。

劳务派遣单位或者用工单位与劳动者发生劳动争议的,劳务派遣单位和用工单位为共同当事人。丧失或者部分丧失民事行为能力的劳动者,由其法定代理人代为参加仲裁活动;无法定代理人的,由劳动争议仲裁委员会为其指定代理人。劳动者死亡的,由其近亲属或者代理人参加仲裁活动。

与劳动争议案件的处理结果有利害关系的第三人,可以申请参加仲裁活动或者由劳动争议仲裁委员会通知其参加仲裁活动。

4. 劳动争议仲裁不收费。

(二)劳动争议仲裁程序

1. 申请和受理

劳动争议申请仲裁的时效期间为一年。应当提交书面申请,书写仲裁申请确有困难的,可以口头申请,由劳动争议仲裁委员会记入笔录,并告知对方当事人。仲裁时效期间从当事人知道或者应当知道其权利被侵害之日起计算。

劳动关系存续期间因拖欠劳动报酬发生争议的,劳动者申请仲裁不受本条第一款规定的仲裁时效期间的限制;但是,劳动关系终止的,应当自劳动关系终止之日起一年内提出。

劳动争议仲裁委员会收到仲裁申请之日起5日内,认为符合受理条件的,应当受理,并通知申请人;认为不符合受理条件的,应当书面通知申请人不予受理,并说明理由。对劳动争议仲裁委员会不予受理或者逾期未作出决定的,申请人可以就该劳动争议事项向人民法院提起诉讼。

2. 开庭与裁决

劳动争议仲裁委员会裁决劳动争议案件实行仲裁庭制。仲裁庭由三名仲裁员组成,设首席仲裁员。简单劳动争议案件可以由一名仲裁员独任仲裁。

劳动争议仲裁委员会应当在受理仲裁申请之日起5日内将仲裁庭的组成情况书面通知当事人。

仲裁庭应当在开庭5日前,将开庭日期、地点书面通知双方当事人。当事人有正当理由的,可以在开庭3日前请求延期开庭。是否延期,由劳动争议仲裁委员会决定。

当事人提供的证据经查证属实的,仲裁庭应当将其作为认定事实的根据。劳动者无法提供由用人单位掌握管理的与仲裁请求有关的证据,仲裁庭可以要求用人单位在指定期限内提供。用人单位在指定期限内不提供的,应当承担不利后果。

仲裁庭在作出裁决前,应当先行调解。调解达成协议的,仲裁庭应当制作调解书。调解书应当写明仲裁请求和当事人协议的结果。调解书由仲裁员签名,加盖劳动争议仲裁委员会印章,送达双方当事人。调解书经双方当事人签收后,发生法律效力。调解不成或者调解书送达前,一方当事人反悔的,仲裁庭应当及时作出裁决。

仲裁庭裁决劳动争议案件,应当自劳动争议仲裁委员会受理仲裁申请之日起45日内结束。案情复杂需要延期的,经劳动争议仲裁委员会主任批准,可以延期并书面通知当事人,但是延长期限不得超过15日。逾期未作出仲裁裁决的,当事人可以就该劳动争议事项向人民法院提起诉讼。

3. 仲裁裁决的效力

(1)仲裁庭对追索劳动报酬、工伤医疗费、经济补偿或者赔偿金的案件,根据当事人的申请,可以裁决先予执行,移送人民法院执行。

（2）《劳动争议调解仲裁法》第 47 条规定："下列劳动争议，除本法另有规定的外，仲裁裁决为终局裁决，裁决书自作出之日起发生法律效力：（一）追索劳动报酬、工伤医疗费、经济补偿或者赔偿金，不超过当地月最低工资标准 12 个月金额的争议；（二）因执行国家的劳动标准在工作时间、休息休假、社会保险等方面发生的争议。"需要指出的是，对于这两类终局仲裁裁决，劳动者不服的，可以自收到仲裁裁决书之日起 15 日内向人民法院提起诉讼；而用人单位有证据证明仲裁裁决适用法律法规错误或者违反法定程序、无管辖权、裁决所根据的证据是伪造的、仲裁员在仲裁该案时有索贿受贿、徇私舞弊、枉法裁决行为等，可以自收到仲裁裁决书之日起 30 日内向劳动争议仲裁委员会所在地的中级人民法院申请撤销裁决。

（3）当事人对《劳动争议调解仲裁法》第 47 条规定以外的其他劳动争议案件的仲裁裁决不服的，可以自收到仲裁裁决书之日起 15 日内向人民法院提起诉讼；期满不起诉的，裁决书发生法律效力。

四、劳动争议诉讼

1. 法律适用

劳动争议诉讼是人民法院在当事人和诉讼参与人的参加下解决劳动争议的活动。劳动争议诉讼是解决劳动纠纷的最后方式。

在程序上，劳动争议诉讼适用民事诉讼法规定的程序。我国目前尚未制定专门的劳动争议诉讼法，而劳动争议案件与民事案件具有很多共同性，因而适用民事诉讼法，有利于劳动争议得到及时、妥善的处理。

在实体法方面，人民法院在审理劳动纠纷案件时，除适用全国人大及其常委会制定的各种有关劳动方面的法律以外，还可以适用国务院及其有关部门制定的行政法规和部门规章。

2. 判决

人民法院不仅应对仲裁机关的裁决是否维护或撤销作出判决，还应就当事人的实体权利义务关系作出判决。对一审人民法院作出的判决，当事人不服的，可以在收到判决书之日起 15 日内向上级人民法院提起上诉，二审法院作出的判决是生效判决，当事人必须执行。

在受理劳动争议案件后，人民法院也可以在自愿、合法的基础上进行调解，经调解双方达成协议的，人民法院应当制作调解书予以确认，调解书送达并经双方当事人签字后即发生法律效力，不得上诉。

3. 执行

对劳动争议调解仲裁组织作出的调解书、仲裁决定书和人民法院作出的生效的调解书、判决书，当事人应自觉履行。一方当事人拒绝履行的，人民法院可以根据对方当事人的申请强制执行。申请劳动争议法律文书执行的期限是 1 年，自法律文书规定的履行期间的最后一日起算。

思考题

1. 如何理解劳动法的调整对象?
2. 简述订立劳动合同应当遵循的法律规则。
3. 简述解除劳动合同的条件、程序与经济补偿规则。
4. 简述劳务派遣中派遣单位与用工单位的法律义务。
5. 简述关于工作时间与工资报酬的法律规则。
6. 我国法律关于女职工特殊保护的规定主要包括哪些内容?
7. 简述劳动争议的法律处理方式。

第十五章　社会保障法

[内容提要]社会保障是指国家和社会在社会成员由于年老、疾病、伤残、失业、灾害、战争等原因而发生生活困难的情况下,向社会成员提供物质帮助,以满足其基本生活需要,实现社会安全。社会保障具有强制性、社会性、福利性、互助性等特征。社会保障法的宗旨是保障基本人权、实现社会公平和社会安全。我国的社会保障制度由社会保险制度、社会救助制度、社会福利制度和社会优抚制度构成,其中,社会保险制度是社会保障制度的核心。

第一节　社会保障法概述

一、社会保障的概念和特征

(一)社会保障的概念

自美国 1935 年在《社会保障法》中将社会保障(英文为 Social Security)作为法律概念使用以来,许多国家立法以及国际劳动公约和建议书也都沿用了此概念。我国在1985 年的《国民经济和社会发展第七个五年计划》中首次使用"社会保障"这一概念,提出了"我国将逐步建立起有中国特色的社会主义保障制度雏形"的构想,自此以后,"社会保障"一词在我国开始被广泛使用。

社会保障的含义,在不同国家的立法中不尽相同,一般是指国家为了保障社会安全和经济发展而依法建立的,在公民由于年老、疾病、伤残、失业、灾害、战争等原因而发生生活困难的情况下,由国家和社会通过国民收入分配和再分配,提供物质帮助等,以满足公民基本生活需要的制度。[①]

社会保障主要包括以下几方面内容:

1. 社会保障的责任主体是国家和社会,即有责任向全体公民提供社会保障的主体有两个:一是国家。作为全社会的管理者、全民利益的代表者和国民收入的分配者,国

---

　①　杨紫烜:《经济法》,北京大学出版社 1999 年版,第 495 页。

家有责任组织社会力量向公民提供基本生活保障。二是企事业单位等社会组织。作为社会劳动力资源的使用者和社会经济活动的获利者,企事业单位等社会组织有责任将部分利益通过政府和非政府公共机构向公民提供基本生活保障。

2. 社会保障的权利主体是由于年老、疾病、伤残、失业、灾害、战争等原因发生生活困难的公民。

3. 社会保障的方式是通过国民收入分配和再分配(表现为货币、实物、劳务等)为公民提供基本生活保障或健康保障。

4. 社会保障的目标是确保公民基本生存权的实现,使其不因特定事件的发生而陷入生存危机。

5. 社会保障的依据是相应的法律规范。社会保障的范围、资金来源、享受条件及支付标准、保障措施等都由相关的立法来规定。

6. 社会保障的功能在于稳定社会,促进整个社会经济的协调发展,实现社会的公平和正义。

(二)社会保障的特征

1. 强制性

社会保障是国家以强制性规范予以确立和推行的制度。世界各国都用法律将社会保障的项目、体制、基金、标准、监管等固定下来,无论市场发生何种变化,政府、社会保障机构和企事业单位都必须向公民履行提供社会保障的法定责任,不得以任何形式限制或取消法律赋予公民的社会保障权利。

2. 社会性

首先,社会保障的对象具有社会性。社会保障制度的覆盖面是全体公民,不分男女老少,不论职业、工种等,只要其生存权利受到威胁,都可享受社会保障的权利。其次,社会保障的运作具有社会性。社会保障业务不是由公民所属的各个企事业单位分散或封闭进行,而是主要由专门的社会公共机构面向全体公民统一提供社会保障服务。再次,社会保障基金的来源具有社会性。社会保障基金的来源呈现多元化格局,或者由国家以征税方式,或者由专门机构以收费等方式向全社会筹集,体现了社会事业社会办的原则。

3. 福利性

社会保障是造福于全体公民的社会公益事业,绝不能营利或商业化。因此,社会保障被认为是保障国民基本生活需要的社会政策的一个重要组成部分。在社会总产品的分配中,用于应付不幸事故、自然灾害等保障基金的扣除,以及社会保险基金的建立,都体现了国家福利政策和福利分配,使每一个公民在年老、疾病、伤残、失业、灾害等情况下都能实现从国家和社会获得物质帮助的权利。

4. 互助性

社会保障所遵循的是"集聚众多资金,分散危险损失"的互助共济准则。社会保障基金的筹集、分配和使用的过程,是全体公民之间有组织的互助过程。社会保障实际是借助于国家力量对国民收入进行分配和再分配的一种方式,使国民收入在不同群体之间发生转移。这种转移既有横向的转移,也有纵向的转移。横向转移,是收入在富裕者和贫困者之间、健康者和病残者之间、在职者和退休者以及失业者之间的转移,它体现为一种"横向互助"。纵向转移则是一种"代际互助",如在现收现付的养老体制下,在职人员缴纳的养老保险费需即时支付给退休人员作为养老金,这就体现了后代人与前代人的互助。

二、社会保障法的概念和特征

(一)社会保障法的概念和调整对象

社会保障法,是调整社会保障关系的法律规范的总称。这里的社会保障关系,是指国家在保障公民生存权、健康权过程中所形成的各种社会关系。从内容来看,社会保障关系主要包括以下关系:

1. 社会保障给付关系。社会保障给付是国家通过宪法和具体法律规定的有关部门的支付,给付关系即政府部门与公民之间形成的支付与受付关系。政府部门在给付关系中扮演义务主体,履行法定给付义务;而公民则是权利主体,享有给付请求权和受给权。给付有直接给付和间接给付两种,直接给付通常表现为政府有关部门或社会保障经办机构直接向公民发放一定的货币或实物;间接给付通常表现为政府有关部门或社会保障经办机构通过有关服务机构向公民提供一定的服务。

2. 社会保障基金形成和管理关系。社会保障基金形成关系是指政府和社会保障经办机构通过各种法定渠道向社会保障基金供给主体筹集社会保障基金的关系,具体表现为特定的税收关系、财政补贴关系、缴费关系、捐赠关系等。社会保障基金管理关系,是指在社会保障基金筹集、分配、使用过程中所发生的预算、决算、核算、结算、审计等管理关系。

3. 社会保障行政关系。社会保障行政关系主要是指社会保障行政部门与行政管理相对人之间、社会保障行政部门之间所形成的行政关系。社会保障实施范围广、内容多,必须建立全国性的行政系统,从中央政府、地方政府,到最基层的街道、乡镇办事处,形成了宝塔型的管理体系;而其内部又有主管部门和经办部门之分。

4. 社会保障争议关系。社会保障争议的范围包括:公民与主管部门之间就受付资格、水准、期限等所发生的争议;公民与用人单位在参加社会保险、缴费等问题上的纠纷;公民与业务机构间的纠纷;用人单位与主管部门之间就缴费等发生的争议。不同的争议主体,适用不同的法律,按不同的法律程序解决。

5. 社会保障监管关系,即政府机关、其他社会组织及公民对社会保障业务活动实施监督管理的关系。其中,社会保障行政部门的监督管理占有重要地位。

社会保障关系可从不同角度作出多种分类。如：依社会保障项目不同，可分为社会保险关系、社会福利关系、社会救助关系、社会优抚关系；依社会保障对象的不同，可分为城镇社会保障关系、农村社会保障关系和军人社会保障关系等。

（二）社会保障法的特征

1. 明显的强制性

社会保障法依靠国家的行政权力来保证施行，强制法的色彩非常浓厚，可以说除了补充项目中的一些任意性规定，都是强制性规定。

2. 实体规范和程序规范的统一性

社会保障法具有实体法和程序法的统一性，既有主体权利和义务的实体规定，又有资格认定与受给手续等程序性规定，实务性很强。

3. 广泛的社会性

社会保障法体现了社会本位的立法思想，保护弱势群体的倾向明显，以保障公民的社会权为目的，具有广泛的社会性。

三、社会保障法的宗旨和原则

（一）社会保障法的宗旨

1. 保障基本人权

人权具有多方面、多层次的内容，其中最基本的是生存权，即获得最低限度生活条件的权利。生存权是人权的基础，现代社会保障法的首要目的，就是要保障公民的生存权。由于在市场经济中，优胜劣汰的竞争机制必然导致贫困阶层的出现，每个公民都有可能遇到生存障碍，陷入生活困境，因此，社会保障法应当以每个人的生存作为保障的客体。相对而言，公民中的弱者、贫困者、患病者、残疾者的生存障碍更多，更有可能遇到生存威胁，所以，社会保障法应当以保障弱者、贫困者和残疾者等的生存权为重点。

2. 保障社会公平

社会公平是人类社会发展中客观产生的一种共同需要，是人类向往和追求的一种伦理目标。在生存条件方面，社会公平的主要体现和要求是没有过度的贫富差别。而在市场经济体制下，市场竞争机制所决定的收入分配机制，必然导致公民的收入分配不均等，甚至出现过度的贫富差别。为了解决这一社会问题，就需要运用国家和社会的力量对经济活动进行干预，将社会共同创造的价值和社会共同负担的责任在全体公民中合理分配。其主要方式就是强制推行社会保障制度，调节收入分配机制，将高收入者的一部分收入适当转移给低收入者，形成高、低收入阶层之间的互助，节制贫富差别的程度。因此，社会保障法应是以实现社会公平为目的的收入分配调节法，是贫富差别节制法。

3. 保障社会安全

众所周知,导致社会不安全的因素很多,其中,公民的生存无保障是重要原因。社会保障制度是维护社会安全的重要防线,是各国社会安全体系中最普遍、最常用、效果最好的制度。它通过对没有生活来源者、贫困者、遭遇不幸者和失业者等提供帮助,保障其生活需要,消除其不安全感,从而实现整个社会乃至统治秩序的稳定。因此,西方国家把社会保障制度誉为"社会安全网"和"社会减震器"。社会保障法通过立法来确认公民获得社会保障的权利及途径,通过执法来保障公民能真正享有社会保障的权利,从而达到保障社会安全的宗旨。

社会保障法的三个宗旨是相互联系的一个整体,保障基本人权和社会公平是保障社会安全的需要,而保障社会安全是保障基本人权和社会公平的条件。

(二)社会保障法的原则

1. 基本保障原则

基本保障原则,是指国家和社会给予公民的保障首先是满足基本生活需要的保障,是提供基本生存条件的保障。生存权,是为了维护人的生存必不可少的权利,是人权保障的重要内容,是享受其他权利的基础。在现代社会,一定的、必需的物质基础是人们生存的基础,也是个人享有人格的基础,否则,将无法生活并展开各种社会活动,将无法成为社会的人。但是,一个社会中总会有一些人由于种种原因出现生存危机,为了使生存权落到实处,必须通过法律的形式将保障公民的生存权确立下来。因此,满足人们基本的生活需要,就成为社会保障法的基本原则。

2. 普遍保障原则

普遍保障原则,是指社会保障的实施范围应包括所有公民,强调一切公民都享有社会保障的权利。对公民实行普遍的社会保障,是各国社会保障立法所共同遵循的一条基本原则。《世界人权宣言》和《社会、经济、文化权利国际公约》等都规定,人人有权享受社会保障。我国《宪法》第 45 条规定的获得物质帮助的权利,享受的主体也是指全体公民。

需要说明的是,我国是一个发展中国家,由于经济发展水平、经济体制、理论认识等多方面的原因,导致我国目前的社会保障覆盖范围还比较狭窄,广大农村还没有建立起相应的社会保障制度。随着社会主义政治体制和经济体制的逐渐完善,我国已把扩大社会保障实施范围作为社会保障制度改革的一项重要内容,全民普遍享有社会保障权和共同分享经济发展利益,将逐步成为现实。

3. 平等保障原则

平等保障原则,是指人人平等享有社会保障权利,要求给予条件相同者以平等的社会保障待遇。平等权作为公民的基本权利在许多国家的宪法以及国际公约中均有体现。我国《宪法》第 35 条规定:"公民在法律面前一律平等……任何公民享有宪法和法律规定的权利,同时必须履行宪法和法律规定的义务。"因此,平等保障原则是法律面前人人平等的宪法原则在社会保障法中的体现。平等保障的基本要求包括：（1）每个公民都具有平等地成为社会保障权利主体的资格，不受民族、种族、性别、宗教、政治、财产等因素的影响；（2）纳入特定社会保障项目范围的每个公民都有权在具备法定条件时享受社会保障待遇；（3）作为特定社会保障项目之保障对象的每个公民，只要法定条件相同，都有权享受同样的社会保障待遇。

4. 保障水平与经济发展水平相适应的原则

社会保障的水平必须与本国的经济发展水平相适应。高于经济发展水平的社会保障，势必给经济的发展背上沉重的包袱，阻碍经济的发展；而低于经济发展水平的社会保障，则不能真正起到预期的保障作用，还会引发一些社会矛盾。因此，各国的社会保障制度都呈现出随着本国经济的发展，社会保障对象的范围由窄到宽、项目由少到多、待遇水平由低到高的特点。我国目前仍处于社会主义初级阶段，我们必须充分考虑到我国现阶段的经济发展状况和基本国情，对社会保障项目设置不能过多，范围不能过宽，标准不能过高，保障水平必须与社会主义初级阶段的经济发展水平相适应，并逐渐随着经济发展水平的提高而提高。

四、我国社会保障的立法现状

新中国成立以后，国家对社会保障工作给予了高度重视，在社会保险、社会福利、社会救济、优抚安置、农村社会救济、合作医疗和扶贫救灾等方面，颁布了大量法律规范，建立了社会保障基本制度。我国的社会保障立法是从社会保险立法开始的。1951年颁布的《劳动保险条例》，是新中国第一部综合性的社会保险法规。1978年以来，为适应经济体制改革的需要，社会保障立法的步伐不断加快。1985年9月通过的《中共中央关于制定国民经济和社会发展第七个五年计划的建议》首次明确提出要建立包括社会保险、社会福利、社会救助、社会优抚等制度在内的"社会保障制度"。1986年国务院发布的《国营企业实行劳动合同暂行规定》确立了劳动合同制工人的养老保险制度。与此同时，国务院还发布了《国营企业职工待业保险暂行规定》，初步确立了中国的失业保险制度。进入20世纪90年代以后，随着我国经济体制改革的发展，国务院制定了一系列社会保障方面的行政法规：1991年发布了《关于企业职工养老保险制度改革的决定》，1993年发布了《国有企业职工待业保险规定》，1997年发布了《建立城市居民最低生活保障制度的通知》，1998年出台了《国务院关于建立城镇职工基本医疗保险制度的决定》（征求意见稿），1999年发布了《失业保险条例》和《社会保险费征缴条例》，2003年颁布了《工伤保险条例》，2004年制定了《军人抚恤优待条例》。2010年10月28日，全国人民代表大会常务委员会通过了《社会保险法》，该部法律第一次将社会保险的内容统一规定起来，并将规范层级上升到法律层面。《社会保险法》确立了中国社会保险体系的总体框架，标志着我国社会保险制度发展迈入法制化轨道。接着，我国加快了立法步伐，2011年修订了《工伤保险条例》，2012年施行了《女职工劳动保护特别规定》，2014

年公布了《社会救助暂行办法》,2016 年公布了《慈善法》……经过几十年的努力,我国已建立起了具有中国特色的社会保障立法体系,但从整体来看,社会保障立法的规模不大,规格不高,尚不能给国家解决社会保障问题提供充分有效的法律依据,不能完全满足市场经济和社会保障事业发展的需求,主要表现在以下几个方面:

1. 立法工作严重滞后。纵观世界各国社会保障事业建立和发展的历史,绝大多数国家遵循的是立法在先的模式,非常重视社会保障的立法工作。比如开创社会保障事业先河的德国,早在 1883 年就颁布了《劳工疾病保险法》,此法堪称世界第一部社会保险法。而后又于 1884 年和 1889 年分别颁布了《劳工伤害保险法》和《残废和老年保险法》,奠定了社会保险立法的基础,一时间成为各国立法效仿的楷模。然而,我国《社会保险法》直到 2010 年才面世,且这是迄今为止,唯一一部社会保障制度方面的综合性法律。在许多已经颁布的社会保障法规中,其内容也滞后于经济和社会的发展。社会保障立法的滞后,导致仲裁机构和人民法院对社会保障争议案件的处理,很多时候处于"无法可依"的状态。

2. 立法体系不健全。我国的社会保障立法不仅严重滞后和非常缺乏,而且现行的各种条例、决定、通知和规定相互之间缺少必要衔接,不能形成有机统一的法律体系。由于中央集中立法严重欠缺,地方立法畸形繁荣发展。而地方立法的主体包括劳动、卫生、财政、民政、银行、保险公司乃至工会等多个主体,导致"法出多门,各行其是",甚至相互冲突,使实践中"有法难依"。

3. 立法层次不高。社会保障法是我国市场经济法律体系中一个独立的法律部门,由全国人民代表大会及其常务委员会制定,其效力仅低于宪法。但现实情况是人民代表大会立法少,行政法规多,立法层次低。据统计,到目前为止,涉及社会保障的法律仅有几部是全国人民代表大会及其常务委员会制定的,而由国务院及相关部委颁布的各种行政法规至少在 100 件以上。这些行政法规大多以"规定""试行""暂行""决定""意见""通知"的形式出现。这种现状显然与社会保障法的地位不相符合,它带来的后果是社会保障立法缺乏权威性和稳定性。

4. 法律适用范围窄。从我国社会保障法的适用范围来看,社会保障的覆盖面主要为城镇人口,占中国总人口近 70% 的农民不能和城镇居民平等享受社会保障权。社会保障法规定的享受社会保障对象的有限性与世界各国"社会保障实施对象均是全体公民"的标准相比,适用范围显得过窄。社会保障实施范围的有限性,带来的后果是劳动力盲目流动,不利于市场经济多层次竞争主体的培育。

5. 法律实施机制弱化。虽然我国社会保障法的实施机制包括行政执法、司法、争议解决的仲裁活动及法律监督程序等,但我国存在实施机制弱化的问题。其主要原因是社会保障法缺乏法律责任和制裁措施的规定,因此很难追究违法者的法律责任,使社会保障法缺乏权威性和可操作性。

第二节　社会保险法

一、社会保险概述

(一)社会保险的含义

我国《劳动法》第79条规定:"国家发展社会保险事业,建立社会保险制度,设立社会保险基金,使劳动者在年老、患病、工伤、失业、生育等情况下获得帮助和补偿。"社会保险是根据立法,由劳动者及劳动者所在的工作单位或社区以及国家三方面共同筹资,帮助劳动者及其亲属在遭遇年老、疾病、工伤、生育、失业等风险时,防止收入的中断、减少和丧失,以保障其基本生活需求的社会保障制度。社会保险包括以下四层含义:

1. 参加社会保险的成员资格通过立法确定。哪些成员必须参加社会保险由立法规定,因此,社会保险带有一定的强制性。

2. 社会保险强调个人缴费。这种缴费在形式上与商业保险的缴费有相似之处,但是,社会保险的缴费建立在自助自保和互助互济基础上。参加社会保险制度的劳动者通过缴费,获得成员资格,因此有"先尽义务,后享权利"一说。同时,这种权利和义务对等,在机会上均等,在遭遇法定范围内的各种风险时,参加社会保险制度的成员都可得到保障基本生活需求的津贴。

3. 社会保险强调劳动者、劳动者所在工作单位以及国家三方共同筹资。这体现了国家和社会对劳动者提供基本生活保障的责任。劳动者所在工作单位的缴费,使社会保险资金来源避免了渠道的单一化,增加了社会保险制度本身的保险系数。而国家的参与,更使社会保险有了强大后盾。

4. 社会保险的"保险"具有积极预防的作用。它对法定范围之内的风险起到了未雨绸缪的效用,使参加社会保险制度的成员获得心理上的安全感,彰显了社会保障稳定社会的机能。

(二)社会保险的特征

1. 社会性。社会保险的社会性主要体现在三个方面:一是保险范围的社会性。享受保险的对象范围广泛,包括社会上不同层次、不同行业、不同所有制形式和不同身份的各种劳动者。二是保险目的的社会性。建立社会保险的目的不仅是个人获得基本的生活保障,而且也有稳定社会、促进社会经济发展的目的。三是保险组织和管理的社会性。社会保险的保险基金的筹集、发放、调剂、管理等方面都是由政府来组织实施的,不是私人的行为。

2. 强制性。社会保险由国家立法加以确认,并强制实施。它的强制性可以体现在多个方面,比如保险当事人无权决定是否参加保险以及选择所参加的保险项目、保险法律关系的建立无须订立保险合同等。社会保险的强制性特点,使其与以自愿为特征的商业保险区别开来。

3. 互济性。社会保险的互济性表现在保险基金实行社会统筹,并依据调剂的原则集中使用资金。它是通过多方筹集资金后进行平衡调剂,将个别劳动者在特定情况下的损失和负担,在缴纳保险费的多数主体间进行分摊。

4. 补偿性。社会保险的补偿性主要体现在两个方面:一是劳动者通过劳动创造的价值或者财富,除了一部分表现为劳动报酬返回给劳动者之外,另一部分作为社会的各项扣除,纳入了政府收入的范畴。在社会保险基金的来源中,国家负担部分,最初来源于劳动者的劳动。国家通过社会保险将这部分再返回给劳动者,其实质是对劳动者过去劳动的一种补偿。二是劳动者在向社会提供劳动能力,并因此获取劳动报酬的期间,按照国家规定标准将报酬的一定比例,作为劳动保险基金缴纳,待年老、患病、工伤等时候,又依照国家规定标准领回,是社会保险报酬性的具体体现。[1]

(三)社会保险的基本项目

社会保险项目是指社会保险的险种。按照国际劳工组织于 1952 年通过的第 102 号国际公约——《社会保障最低标准公约》的规定,社会保险项目有九个,分别是医疗、疾病、失业、老年、工伤、家庭补助、生育、伤残和遗属。各国立法可以根据情况选择保险项目的多少,可以是全部项目,也可以是其中几个项目。但批准该公约的国家必须至少实行上述九项中的三项,并逐步实行全部项目。我国在社会保险项目的选择上,包括了除家庭补助以外的八个项目。早在 1951 年的《劳动保险条例》中,就对养老、工伤、医疗、伤残、遗属、生育七个项目做了具体规定。1986 年《国营企业职工待业保险暂行规定》又建立了失业保险。我国没有实行家庭补助制度,因为家庭补助是为了补助多子女家庭,是一种刺激人口增长的政策,与我国计划生育的基本国策不符。

我国《社会保险法》沿用了这些法律的有关规定,将八个项目的内容都纳入了社会保险的体系中,但对分类做了科学合并,把社会保险分为基本养老保险、基本医疗保险、工伤保险、失业保险和生育保险。

二、社会保险法概述

(一)社会保险法的概念

社会保险法,是调整在参加、组织、管理、经办、监督社会保险的过程中所发生的社会关系的法律规范的总称。

社会保险法所调整的社会关系主要包括以下几方面:

---

① 王益英:《社会保障法》,中国人民大学出版社 2000 年版,第 27~28 页。

1. 社会保险行政管理关系,即社会保险行政管理机关在进行社会保险行政管理的过程中,与管理相对人之间形成的社会关系。主要包括与社会保险经办机构的行政管理关系、与用人单位的行政管理关系、与被保险人的行政管理关系。

2. 社会保险经办关系,即社会保险经办机构在经办社会保险的过程中,与用人单位和被保险人之间发生的社会关系。社会保险的基础工作是由社会保险经办机构来完成的,如社会保险费的收缴、基金的管理、待遇的发放以及退休、失业人员的服务管理等方面的工作,都是由社会保险经办机构从事或由其组织的。社会保险经办关系是社会保险关系中最为普遍和经常的社会关系。

3. 社会保险监督关系,即指社会保险监督机构在监督社会保险管理、经办工作过程中所发生的社会关系。社会保险监督的对象主要是社会保险行政部门和经办机构,监督的重点是有关社会保险的法律、法规的执行情况和社会保险基金的管理。

4. 社会保险合同关系,即用人单位与劳动者签订劳动合同时,应当根据国家有关社会保险的规定,明确企业的社会保险责任和劳动者的社会保险权利。劳动合同不得约定免除企业的社会保险责任,也不得做出与社会保险法律、法规、规章和政策不一致的约定。

(二)社会保险法的基本原则

我国《社会保险法》第3条规定:"社会保险制度坚持广覆盖、保基本、多层次、可持续的方针,社会保险水平应当与经济社会发展水平相适应。"该条确立了以下社会保险法的基本原则:

1. 保障基本生活、与经济发展水平相适应原则

《劳动法》第71条规定:"社会保险水平应当与社会经济发展水平和社会承受能力相适应。"因此,我国的社会保险水平必须与我国社会主义初级阶段的国情相适应,既要让劳动者充分享有社会保险的权利,同时又不能超过我国目前的经济发展水平,否则将会给国家和社会带来过重的负担,影响经济和社会的发展。

2. 公平与效率相结合原则

社会保险待遇水平既要体现社会公平,又要体现个体之间的差别,在维护社会公平的同时,强调社会保险对效率的促进作用。

3. 权利与义务相对应原则

目前大多数国家在社会保险制度中都实行权利与义务相对应的原则,即要求参保人员只有履行了规定的义务,才能享受规定的社会保险待遇。

4. 社会化原则

社会保险的社会化,要求扩大社会保险的覆盖面,并且社会保险基金要逐步实行社会统筹,加强社会对社会保险基金的管理与监督。

三、养老保险法律制度

(一)养老保险的概念和形式

养老保险又称为老年保险或年金保险,是劳动者在已达到国家规定的解除劳动义务的劳动年龄界限,或因年老丧失劳动能力的情况下,能够依法获得经济收入、物质帮助和生活服务的社会保险项目。我国职工养老保险有三种形式:

1. 退休。指职工因年老或病残而丧失劳动能力,退出生产或工作岗位养老休息时获得一定物质帮助的养老保险形式。它是养老保险的基本形式,其适用范围具有普遍性。

2. 离休。是指新中国成立前参加革命工作的老干部到达一定年龄后离职休养的养老保险形式。它既是一种特殊的干部安置措施,又是一种特殊的退休形式。

3. 退职。指职工不符合退休条件但完全丧失劳动能力而退出职务或工作岗位进行休养的养老保险形式。在养老保险体系中,它作为退休的一种补充形式而存在,目的是补充退休在适用范围上的不足。

(二)养老保险的类型

养老保险的产生与发展,与国家的政治、经济和社会文化紧密结合在一起,它是社会化大生产的产物,也是社会进步的标志。目前,世界上实行养老保险制度的国家主要可分为三种类型,即投保资助型(也叫传统型)养老保险、强制储蓄型养老保险(也称公积金模式)和国家统筹型养老保险。根据具体国情,我国创造性地实施了"社会统筹与个人账户相结合"的基本养老保险模式,经过近20年的探索与完善,该模式已逐步走向成熟。

(三)养老保险待遇的享受条件

1. 退休条件

职工退休必须达到一定年龄。根据目前的规定,我国职工的退休年龄包括:

(1)一般退休年龄。男60岁,女50岁(工人)或55岁(职员)。

(2)提前退休年龄。国家公务员的提前退休年龄为,男55岁,女50岁。因从事有害身体健康工作或工伤(职业病)致残而完全丧失劳动能力的职工和连续工龄满30年的国家公务员,退休不受年龄限制。

(3)延迟退休年龄。例如,高级专家经批准可延迟退休,但正高职不超过70岁,副高职不超过65岁。

享受退休待遇,除达到退休年龄外,一般还应同时达到一定的工龄。在我国,职工退休一般须工龄满10年;国家公务员提前退休一般须连续工龄满20年;因工伤(职业病)致残而完全丧失劳动能力的职工,退休不以连续工龄为条件,但有缴费的要求。对实行缴费制度以后才初次就业的劳动者,应要求其缴纳养老保险费年限累计达到法定最低年限。

除年龄和工龄条件外,个别情况还须具备其他特殊条件。如提前和延迟退休,都应经有关部门或机构批准;从事有害身体健康工作的职工和因工伤(职业病)致残的职工提前退休,须是经依法证明完全丧失劳动能力者。

2. 离休条件

我国现行法律中规定的离休条件,包括年龄条件和身份条件两种。离休年龄与国家公务员退休年龄相同,即男 60 岁,女 55 岁。身份条件是指离休者必须是新中国成立前参加革命工作的老干部。国务院有关法规中对"建国前参加革命工作"作了具体界定,主要包括:

(1)1949 年 9 月 30 日前,参加中国共产党领导的革命军队的干部,在解放区参加革命工作并脱产享受供给制待遇的干部,在敌占区从事地下革命工作的干部。

(2)1948 年以前,在解放区参加革命工作并享受薪金制待遇的干部。

(3)"政协"第一次全会召开前加入各民主党派,一直拥护中国共产党、坚持革命工作的干部。

3. 退职条件

我国现行法律规定的退职条件包括:

(1)经依法证明完全丧失劳动能力。

(2)不具备某项退休条件的,如未达到规定的退休年龄或连续工龄等。

(四)养老保险待遇的内容

养老保险待遇因劳动者退出劳动领域的原因分为退休、离休和退职而有所不同。

1. 退休待遇的内容。一般包括:(1)退休金。从退休的第二个月起停发工资,每月按规定标准发给退休金,直至去世为止。退休金标准的确定,以保持退休人员的生活水平同其在职时已享受到的合理生活水平具有可比性为指导思想。因此,退休金一般以在职时的工资收入为基础,再辅之以缴费年限或工龄和退休年龄,进行计算。(2)医疗待遇和死亡待遇与在职职工相同。(3)按规定享受其他待遇,如易地安家补助费、易地安置车旅费、住房补贴、冬季取暖补贴等。

2. 离休待遇,遵循"基本政治待遇不变,生活待遇从优"的原则,其水平高于退休待遇。主要包括:(1)基本政治待遇与在职位时相同。(2)原工资照发,并享受规定标准的生活补助费和补贴。(3)享受公费医疗和司局级以上干部的保健医疗。(4)按规定标准发给安置补助费和护理费。(5)其他各项生活待遇,都与所在地区同级在职干部相同。

3. 退职待遇,其水平低于退休待遇。主要包括:(1)按月发给相当于本职工退休之前基本工资一定比例的退职生活费,其数额不得低于国家规定的最低标准。(2)医疗待遇、死亡待遇与在职职工相同。

（五）养老保险待遇的给付

养老保险待遇的给付包括用人单位给付和保险机构给付两种形式。养老保险制度改革之前,我国一直采取用人单位给付的形式,给用人单位造成了相当沉重的负担。按照改革的目标和模式,养老保险待遇的给付将逐渐发展为以社会保险机构给付为主,以用人单位给付为辅。其主要内容如下:

1. 养老金由社会保险经办机构从养老保险统筹基金和个人账户储存额中开支,一般按月发给,直至死亡;但对于连续工龄较短者,宜在退休时一次性发给。被保险人死亡后,其个人账户中的余额,可由其供养的亲属或其他法定继承人依法继承。

2. 医疗保险待遇所需费用的支付,按医疗保险的有关规定执行。按照医疗保险制度改革的目标模式,应当按规定比例从医疗保险统筹基金和个人账户中支付,其余部分由个人负担,但个人负担部分应低于未退休者。

3. 其他养老保险待遇,一般由用人单位给付。

四、失业保险法律制度

（一）失业保险概述

失业保险,我国曾称待业保险,是指劳动者在失业期间,由国家和社会给予一定物质帮助,以保障其基本生活并促进其再就业的社会保险项目。失业保险具有以下三个特征:

1. 失业保险的保险事故仅限于职工的非自愿失业,而不包括职工的自愿失业和未曾就业者的失业。

2. 失业保险中的物质帮助,不仅指失业保险金,还包括组织生产自救、转业训练等其他物质帮助形式。

3. 失业保险具有双重功能,既保障失业者的基本生活,又促进失业者实现再就业,从而减少失业。

1986年,国务院颁布了《国营企业职工待业保险暂行规定》,明确规定对国营企业职工实行职工待业保险制度,初步建立起了我国的失业保险制度。国务院于1999年1月22日颁布了《失业保险条例》。《失业保险条例》吸取了我国失业保险制度建立和发展的实践经验,借鉴了国外的有益做法,在许多方面做了重大调整,体现了社会主义市场经济对失业保险制度的要求,也体现了失业保险制度服务改革和稳定大局的精神,为形成具有中国特色的基本完善的失业保险制度打下了坚实基础。2010年《社会保险法》通过专章对失业保险进行了全面规定,推动了我国失业保险制度进一步完善。

（二）失业保险待遇的享受条件

1. 必备条件

失业人员完全具备下列条件才可享受失业保险待遇：（1）按照规定参加失业保险，所在单位和本人已按照规定履行缴费义务满 1 年的；（2）非因本人意愿中断就业的；（3）已办理失业登记，并有求职要求的。

2. 停止条件

失业人员在领取失业保险金期间有下列情形之一的，停止领取失业保险金，并同时停止享受其他失业保险待遇：（1）重新就业的；（2）应征服兵役的；（3）移居境外的；（4）享受基本养老保险待遇的；（5）无正当理由，拒不接受当地人民政府指定的部门或者机构介绍的工作的。

3. 期限条件

失业人员只能在法定期间内享受失业保险待遇，该期限因失业前用人单位和劳动者本人累计缴纳失业保险费的时间不同而有所区别。失业人员失业前所在单位和本人按照规定累计缴费时间满 1 年不足 5 年的，领取失业保险金的期限最长为 12 个月；累计缴费时间满 5 年不足 10 年的，领取失业保险金的期限最长为 18 个月；累计缴费时间10 年以上的，领取失业保险金的期限最长为 24 个月。重新就业后，再次失业的，缴费时间重新计算。再次失业领取失业保险金的期限可以与前次失业应领取而尚未领取的失业保险金的期限合并计算，但是最长不得超过 24 个月。

（三）失业保险基金的来源

失业保险基金来源于以下四个部分：

1. 失业保险费，包括单位缴纳和个人缴纳两部分，这是失业保险基金的主要来源。失业保险费由城镇企业事业单位按照本单位工资总额的 2% 缴纳，城镇企业事业单位职工按照本人工资的 1% 缴纳失业保险费。城镇企业事业单位招用的农民合同制工人本人不缴纳失业保险费。

2. 财政补贴，这是政府负担的一部分。

3. 基金利息，这是基金存入银行和购买国债的收益部分。

4. 其他资金，主要是指对不按期缴纳失业保险费的单位征收的滞纳金等。

失业保险基金在直辖市和设区的市实行全市统筹；其他地区的统筹层次由省、自治区人民政府规定。

（四）失业保险待遇的内容和给付

1. 失业保险待遇的内容

失业保险待遇的内容，由多个项目所组成。就其功能看，有的项目以保障失业者基本生活为主要功能，有的项目以促进失业者再就业为主要功能；就其形式看，有的项表现为直接支付给失业者一定数额的货币,有的项目表现为给失业者提供一定的就业服务。我国现行立法所规定的失业保险待遇的主要内容有:

(1)失业保险金,即失业者在规定失业期间领取的生活费,其标准低于当地最低工资,高于城市居民最低生活保障标准的水平。

(2)医疗补助金,即失业者在领取失业保险金期间因患病就医而领取的补助金。

(3)丧葬补助金和抚恤金,即失业者在领取失业保险金期间死亡的,参照当地在职职工的规定,对其供养的配偶和直系亲属一次性发给丧葬补助金和抚恤金。

(4)接受职业培训、职业介绍的补贴,即为失业人员在领取失业保险金期间开展职业培训、职业介绍的机构或接受职业培训、职业介绍的本人给予补贴,以帮助失业人员实现再就业,减轻失业人员的经济负担。

(5)国务院规定或者批准的与失业保险有关的其他费用,如农民合同制工人终止劳动关系时根据工作时间长短领取一次性生活补贴。

此外,《社会保险法》规定,失业人员在领取失业保险期间,参加职工基本医疗保险,享受基本医疗保险待遇。失业人员应当缴纳的基本医疗保险费从失业保险基金中支付,个人不缴纳基本医疗保险费。

2. 失业保险待遇的给付

失业保险待遇的给付分为货币给付和非货币给付。货币给付是由失业保险经办机构从失业保险基金中直接支付给失业者一定数额的货币。非货币给付,一般是由某些就业服务机构或职业培训机构向失业者提供特定的非货币的失业保险待遇(如培训),其费用由失业保险经办机构从失业保险基金中开支。

五、工伤保险法律制度

(一)工伤保险的概念和特征

工伤保险,又称职工伤害赔偿保险,是指职工因工致伤、致死或病死,依法获得经济赔偿和物质帮助的一种社会保险项目。它通过对工伤职工及其亲属提供医疗救治、生活保障、经济补偿,以减轻工伤职工所遭受的经济损害,并减轻用人单位的负担。其特征有:

1. 它是基于对工伤职工的赔偿责任而设立的一种社会保险,其他社会保险则是基于对职工生活困难的帮助和补偿责任而设立的。

2. 它是由用人单位承担全部责任的一种社会保险,职工不负缴纳保险费的义务。

3. 其赔偿责任实行无过错责任原则,而不同于一般民事赔偿责任。

4. 其被保险人范围包括全体职工,不论何种用工形式的职工,也不论是正式职工还是临时工、学徒工或试用期职工,都平等享受工伤保险待遇。

5. 其目的不仅在于对受伤害者的事后救济,而且还注重对职业伤害的预防。因此,在许多国家,特别重视把强制雇主加入工伤保险同强制雇主改善劳动安全、卫生条件相结合。

(二)工伤保险事故的界定

工伤保险中的保险事故属于广义的工伤,包括狭义工伤和职业病。

1. 工伤的概念和范围

工伤,即因工负伤。其中的"工",就其本质而言,是指职工在劳动过程中执行职务(业务)的行为,既可能实施于工伤地点和工伤时间之内,也可能发生于其他地点或时间;其中的"伤",是指职工在劳动过程中所受到的各种急性伤害(即伤亡),包括负伤、致残、死亡。根据国务院 2010 年修订的《工伤保险条例》的规定,职工有下列情形之一的,应当认定为工伤:(1)在工作时间和工作场所内,因工作原因受到事故伤害的;(2)工作时间前后在工作场所内,从事与工作有关的预备性或者收尾性工作受到事故伤害的;(3)在工作时间和工作场所内,因履行工作职责受到暴力等意外伤害的;(4)患职业病的;(5)因工外出期间,由于工作原因受到伤害或者发生事故下落不明的;(6)在上下班途中,受到非本人主要责任的交通事故或者城市轨道交通、客运轮渡、火车事故伤害的;(7)法律、行政法规规定应当认定为工伤的其他情形。

职工有下列情形之一的,视同工伤:(1)在工作时间和工作岗位,突发疾病死亡或者在 48 小时之内经抢救无效死亡的;(2)在抢险救灾等维护国家利益、公共利益活动中受到伤害的;(3)职工原在军队服役,因战、因公负伤致残,已取得革命伤残军人证,到用人单位后旧伤复发的。属于第(1)种和第(2)种情形的,按有关规定享受工伤保险待遇;属于第(3)种情形的,按照有关规定享受除一次性伤残补助金以外的工伤保险待遇。

职工有下列情形之一的,不得认定为工伤和视同工伤:(1)故意犯罪的;(2)醉酒或者吸毒的;(3)自残或者自杀的。

2. 职业病的概念和范围

职业病是指企业、事业单位和个体组织的劳动者在职业活动中,因接触粉尘、放射性物质和其他有毒、有害物质等而引起的疾病。它同特定职业密切联系,属于职业性有害因素对劳动者健康的慢性伤害。关于职业病的范围,各国均由有关法规直接规定或者授权政府特定部门具体确定。只有被列入法规或法定部门所规定职业病名单的疾病,才是法律上承认的职业病。依据 2013 年我国发布的《职业病分类和目录》中所规定的职业病名单,我国职业病的具体范围包括职业性尘肺病及其他呼吸系统疾病、职业性皮肤病、职业性眼病、职业性耳鼻喉口腔疾病、职业性化学中毒、物理因素所致职业病、职业性放射性疾病、职业性传染病、职业性肿瘤、其他职业病,共 10 类 132 种。随着经济的发展和科技的进步,职业病的范围将逐步扩大。

3. 劳动能力鉴定

职工发生工伤,经治疗伤情相对稳定后存在残疾、影响劳动能力的,应当进行劳动能力鉴定。劳动能力鉴定是指劳动功能障碍程度和生活自理障碍程度的等级鉴定。劳动功能障碍分为十个伤残等级,最重的为一级,最轻的为十级。生活自理障碍分为三个等级:生活完全不能自理、生活大部分不能自理和生活部分不能自理。劳动能力鉴定标准由国务院劳动保障行政部门会同国务院卫生行政部门等部门制定。劳动能力鉴定由用人单位、工伤职工或者其直系亲属向设区的市级劳动能力鉴定委员会提出申请,并提供工伤认定决定和职工工伤医疗的有关资料。劳动能力的鉴定工作应当客观、公正。

(三)工伤保险待遇

1. 工伤医疗待遇。根据《工伤保险条例》的规定,职工因工作遭受事故伤害或者患职业病进行治疗,享受工伤医疗待遇。

(1)医疗待遇。职工治疗工伤应当在签订服务协议的医疗机构就医,情况紧急时可以先到就近的医疗机构急救。治疗工伤所需费用符合工伤保险诊疗项目目录、工伤保险药品目录、工伤保险住院服务标准的,从工伤保险基金支付。职工住院治疗工伤的,由所在单位按照本单位因公出差伙食补助标准的70%发给住院伙食补助费;经医疗机构出具证明,报经办机构同意,工伤职工到统筹地区以外就医的,所需交通、食宿费用由所在单位按照本单位职工因公出差标准报销。

工伤职工因日常生活或者就业需要,经劳动能力鉴定委员会确认,可以安装假肢、矫形器、义眼、假牙和配置轮椅等辅助器具,所需费用按照国家规定的标准从工伤保险基金支付。

(2)福利待遇。职工因工作遭受事故伤害或者患职业病需要暂停工作接受工伤医疗的,在停工留薪期内,原工资福利待遇不变,由所在单位按月支付。停工留薪期一般不超过12个月。伤情严重或者情况特殊,经设区的市级劳动能力鉴定委员会确认,可以适当延长,但延长不得超过12个月。

(3)护理。生活不能自理的工伤职工在停工留薪期需要护理的,由所在单位负责。工伤职工已经评定伤残等级并经劳动能力鉴定委员会确认需要生活护理的,从工伤保险基金中按月支付生活护理费。生活护理费按照生活完全不能自理、生活大部分不能自理和生活部分不能自理三个不同等级支付,其标准分别为统筹地区上年度职工月平均工资的50%、40%和30%。

2. 工伤致残待遇

职工因工致残被鉴定为一级至四级伤残的,保留劳动关系,退出工作岗位,享受以下待遇:

(1)从工伤保险基金按伤残等级支付一次性伤残补助金,标准为:一级伤残为27个月的本人工资,二级伤残为25个月的本人工资,三级伤残为23个月的本人工资,四级伤残为21个月的本人工资。

(2)从工伤保险基金按月支付伤残津贴,标准为:一级伤残为本人工资的90%,二级伤残为本人工资的85%,三级伤残为本人工资的80%,四级伤残为本人工资的75%。伤残津贴实际金额低于当地最低工资标准的,由工伤保险基金补足差额。

（3）工伤职工达到退休年龄并办理退休手续后,停发伤残津贴,按照国家有关规定享受基本养老保险待遇。基本养老保险待遇低于伤残津贴的,由工伤保险基金补足差额。

职工因工致残被鉴定为五级、六级伤残的,享受以下待遇:

（1）从工伤保险基金按伤残等级支付一次性伤残补助金,标准为:五级伤残为 18 个月的本人工资,六级伤残为 16 个月的本人工资。

（2）保留与用人单位的劳动关系,由用人单位安排适当工作。难以安排工作的,由用人单位按月发给伤残津贴,标准为:五级伤残为本人工资的 70%,六级伤残为本人工资的 60%,并由用人单位按照规定为其缴纳应缴纳的各项社会保险费。伤残津贴实际金额低于当地最低工资标准的,由用人单位补足差额。

经工伤职工本人提出,该职工可以与用人单位解除或者终止劳动关系,由工伤保险基金支付一次性工伤医疗补助金,由用人单位支付一次性伤残就业补助金。

职工因工致残被鉴定为七级至十级伤残的,享受以下待遇:

（1）从工伤保险基金按伤残等级支付一次性伤残补助金,标准为:七级伤残为 13 个月的本人工资,八级伤残为 11 个月的本人工资,九级伤残为 9 个月的本人工资,十级伤残为 7 个月的本人工资。

（2）劳动、聘用合同期满终止,或者职工本人提出解除劳动、聘用合同的,由工伤保险基金支付一次性工伤医疗补助金,由用人单位支付一次性伤残就业补助金。

3. 因工死亡待遇

职工因工死亡,其直系亲属按照下列规定从工伤保险基金领取丧葬补助金、供养亲属抚恤金和一次性工亡补助金:

（1）丧葬补助金为 6 个月的统筹地区上年度职工月平均工资。

（2）供养亲属抚恤金按照职工本人工资的一定比例发给由因工死亡职工生前提供主要生活来源、无劳动能力的亲属。标准为:配偶每月 40%,其他亲属每人每月 30%,孤寡老人或者孤儿每人每月在上述标准的基础上增加 10%。核定的各供养亲属的抚恤金之和不应高于因工死亡职工生前的工资。

（3）一次性工亡补助金标准为上一年度全国城镇居民人均可支配收入的 20 倍。

工伤职工如果有丧失享受待遇条件的,拒不接受劳动能力鉴定的,拒绝治疗的,停止享受工伤保险待遇。

六、医疗保险法律制度

(一)医疗保险概述

医疗保险,是指保障劳动者及其供养亲属非因工伤病后从国家和社会获得医疗帮助的社会保险项目。其主要包括以下内容:

1. 医疗保险以职业病以外普遍疾病和工伤以外负伤为保险事故；

2. 医疗保险除了以劳动者为被保险人以外，还以与劳动者有义务供养的亲属为受益人；

3. 医疗保险以提供医疗服务为基本内容。

我国自 20 世纪 50 年代起就在企业实行劳保医疗，在机关、事业单位和社会团体实行公费医疗。20 世纪 80 年代，我国开始了医疗保险制度改革。2007 年，我国基本形成以城镇职工基本医疗保险、新型农村合作医疗、城镇居民基本医疗保险为支柱的基本医疗保险体系框架。2007 年，我国城镇居民医疗保险启动试点，新型农村合作医疗制度也实现了全面覆盖。2011 年 7 月 1 日开始施行的《社会保险法》进一步明确了基本医疗保险制度。历经九年发展，我国基本医疗保险得到了进一步完善，城乡基本医疗保险基本覆盖全民，保障项目和范围不断拓宽，保障水平逐渐提升。本章着重介绍城镇职工基本医疗保险制度。

(二)基本医疗保险的覆盖范围

根据《社会保险法》的规定，职工应当参加职工基本医疗保险，由用人单位和职工按照国家规定共同缴纳基本医疗保险费。无雇工的个体工商户、未在用人单位参加职工基本医疗保险的非全日制从业人员以及其他灵活就业人员可以参加职工基本医疗保险，由个人按照国家规定缴纳基本医疗保险费。《社会保险法》对职工基本医疗保险的覆盖范围，不再对职工进行区分，私营企业及其职工、个体劳动者等都纳入职工基本医疗保险范围。基本医疗保险原则上以属地行政区为统筹地区，北京市、天津市、上海市等地原则上在全市范围内实行统筹。所有用人单位及其职工都应当按照属地管理原则参加所在统筹地区的基本医疗保险；铁路、电力、远洋运输等跨地区、生产流动性较大的企业及其职工，可以相对集中的方式异地参加统筹地区的基本医疗保险。

(三)基本医疗保险基金的构成

基本医疗保险基金主要来源于用人单位和职工共同缴纳的基本医疗保险费，由统筹基金和个人账户所构成。用人单位缴费率控制在职工工资总额的 6% 左右，职工缴费率一般为本人工资收入的 2%。退休人员参加基本医疗保险，个人不缴纳基本医疗保险费。职工个人的缴费，全部计入个人账户。用人单位的缴费，一部分用于建立统筹基金，一部分划入个人账户，划入个人账户的部分一般为缴费的 30% 左右，具体比例由统筹地区根据个人账户的支付范围和职工年龄等因素确定。

统筹基金和个人账户各有特定的支付范围，应当分别结算，不得互助挤占。从统筹基金中支付医疗费用，受起付标准和最高支付限额的限制。起付标准以下的医疗费用，从个人账户中支付或由个人自付；起付标准以上、最高支付限额以下的医疗费用，主要从统筹基金中支付，个人也负担一定比例。超过最高支付限额的医疗费用，可通过用人单位补充医疗保险、商业医疗保险等途径解决。统筹基金的具体起付标准、最高支付限

额以及在起付标准以上、最高支付限额以下医疗费用的个人负担比例,由统筹地区根据以收定支、收支平衡的原则确定。

(四)医疗保险待遇的内容和给付

医疗保险待遇主要表现为医疗服务,其中包括药品、诊疗、住院等项目。提供基本医疗服务的定点医疗机构和定点药店,由医疗保险经办机构根据中西医并举,基层、专科和综合医疗机构兼顾,方便职工就医的原则具体确定,并与其签订合同,允许被保险人选择若干定点医疗机构就医、购药,也允许被保险人持处方在若干定点药店购药。基本医疗保险的药品目录、诊疗项目、医疗服务设施标准及相应管理办法都由劳动和社会保障部会同卫生部、财政部等有关部门制定,只有符合规定的基本医疗服务,其医疗费用才可在医疗保险基金中支付。

七、生育保险

(一)生育保险的含义

生育保险是通过国家立法,在女职工因生育子女而暂时中断劳动时由国家和社会及时给予生活保障和物质帮助的一种社会保险项目。根据目前的做法,生育保险包括以下内容:

1. 生育保险仅以女职工为被保险人;
2. 生育保险的保险事故包括怀孕、分娩和流产等;
3. 生育保险待遇险包括生育医疗待遇和生育产假待遇。

2012 年的《生育保险办法(征求意见稿)》将生育保险覆盖范围扩大到所有用人单位及其职工,因此将来我国的生育保险覆盖范围有所扩大。

(二)生育保险待遇的享受条件

我国现行立法所规定的女职工享受生育保险待遇的条件有:

1. 女职工生育必须符合国家计划生育法规、政策的规定,领取生育津贴和报销生育医疗费前必须由当地计划生育部门签发相应的证明。
2. 女职工所在企业必须按照规定向社会保险经办机构缴纳生育保险费。

(三)生育保险待遇的内容和给付

生育保险待遇的主要项目有:

1. 产假。产假是指女职工在分娩前和分娩后的一定时间内所享有的假期。法定正常产假为 98 天,难产者增加产假 15 天。多胞胎生育者,每多生育一个婴儿增加产假 15 天。流产产假以怀孕 4 个月划界,其中不满 4 个月流产的,根据医务部门的证明给予 15～30 天的产假;满 4 个月以上流产的,产假为 42 天。

2. 生育津贴。在法定产假期间,停发工资,按月领取生育津贴,其标准是以所属统筹地区上年度在岗职工月平均工资为基数,生育津贴低于本人工资标准的,由用人单位补足。

3. 生育医疗待遇。指为女职工支付因怀孕、分娩、流产所发生的检查费、接生费、手术费、住院费和药费;因生育引起疾病的医疗费以及避孕措施控制生育的费用由生育保险基金支付。女职工生育出院后非因生育引起的疾病的治疗、产假期满后的休息治疗,则按照医疗保险规定办理。

上述生育津贴和生育医疗费,女职工所在用人单位凡已参加生育保险基金统筹的,由社会保险经办机构从生育保险基金中支付;凡未参加生育保险基金统筹的,则由用人单位支付。

八、死亡保险

(一)死亡保险的含义

死亡保险,又称为遗属保险,是指社会保险的被保险人的供养亲属在被保险人死亡后,或者被保险人在其供养亲属死亡后,从社会上获得物质帮助的一种社会保险项目。这里的被保险人,包括职工和已享受养老保险待遇者。在社会保险体系中,死亡保险与养老保险、工伤保险、医疗保险有一定的交叉关系,因而,关于死亡保险的法律规定多见于养老、工伤、医疗保险立法和综合性社会保险立法中。

(二)死亡保险的待遇

在我国,死亡保险待遇会因职工死亡或职工供养亲属死亡、职工因工或非因工死亡而有所不同。关于死亡保险待遇的现行规定,有下述主要内容:

1. 职工非因工死亡(包括职工非因工伤病死亡和退休、离休、退职后死亡)的,向死者生前供养亲属按国家规定标准发给丧葬费,并按供养亲属人数依国家规定标准按月发给抚恤金直至失去受供养条件为止。供养亲属生活困难的,还可以在最高不超过当地社会救济标准的限度内给予定期或不定期生活补助费。

2. 职工因工死亡的,保险待遇项目与非因工死亡相同,但待遇标准高于非因工死亡,获得烈士称号的则按烈士待遇标准执行。

3. 职工供养亲属死亡待遇的项目,仅限于发给职工丧葬费,其标准低于职工非因工死亡丧葬费标准,且因死者年龄在 10 周岁以下或以上而有所不同,不足周岁者不发给。

4. 死亡保险待遇标准的确定,应当考虑遗属所在地区居民收入和生活水平,可因地区差别、城乡差别而有高低之分。

5. 死亡保险待遇的支付。退休后死亡的,由养老保险基金支付;因工死亡或因工致残后死亡的由工伤保险基金支付,其他情况由用人单位支付。

九、社会保险基金法律制度

(一)社会保险基金的概念和特征

社会保险基金是指根据法律的规定,通过向劳动者及其所在用人单位征缴社会保险费,或由国家财政直接拨款和社会捐助而集中起来的用于社会保险的资金。社会保险基金不同于一般的社会基金,它具有强制性、风险防范性、权利和义务对应性、储备性和集中性等特征。

(二)社会保险基金的分类

社会保险基金按不同标准,可有不同的分类:

1. 按社会保险的项目,社会保险基金可分为养老保险基金、失业保险基金、医疗保险基金、工伤保险基金和生育保险基金等。

2. 按基金调剂范围(分为社会统筹模式和个人账户模式)和是否有基金积累(可分为现收现付制和基金积累制),社会保险基金可分为现收现付社会统筹制形成的社会保险基金、个人账户储存基金制形成的社会保险基金、社会统筹部分基金积累制形成的社会保险基金以及社会统筹和个人账户相结合的社会保险基金。

我国社会保险基金目前采取的是社会统筹和个人账户相结合的模式。

(三)社会保险基金的筹集

目前,我国社会保险基金的筹集实行的是国家、企业和个人三方共同负担的原则,即国家、用人单位及劳动者个人按照一定的方式和比例承担社会保险基金的筹集。具体来说,包括以下几部分:

1. 用人单位按本单位工资总额的一定百分比定期缴纳的保险费;

2. 劳动者按本人工资的一定百分比或按规定的数额定期缴纳的保险费;

3. 政府的财政补贴;

4. 社会保险基金的增值性收入,如社会保险基金购买国债或存入银行的利息收入;

5. 社会保险基金所获得的捐赠和其他收入。

在社会保险基金的来源构成中,社会保险费占比最大,是社会保险基金筹集的主要渠道。

此外,一些学者建议我国应开征社会保险税,即凡是参加工作的人都应按其个人收入的一定比例交纳社会保障税,因为税收具有固定性和强制性,因此征收社会保险税往往比征收社会保险费更能促进社会保险基金的稳定增长。

(四)社会保险基金的支付

社会保险基金的法定支付项目一般有：

1. 按法定项目和标准支付被保险人的社会保险金(如养老保险金、失业保险金等)和其他社会保险待遇(如医疗补助金和丧葬补助费等)。

2. 按法定方法和比例提取社会保险服务费用和管理费用。

3. 在失业保险基金中依法定标准支出再就业服务费用。

4. 法定其他支出,如在社会保险基金中按一定比例提取的专项特别调剂金。

(五)社会保险基金管理

1. 社会保险基金管理的概念和目标

社会保险基金管理是为实现社会保险的基本目标,保证社会保险制度的稳定运行,对社会保险基金的征缴、支付、投资营运、监督管理等进行全面规划和系统管理的总称,是社会保险制度运行的核心环节。社会保险基金管理的目标在于:确保基金的完整和安全;防止基金贬值,实现基金保值,争取基金增值;满足给付的需要,避免支付危机发生;保持高效率。其中,维护基金安全是最重要也是最基本的目标。

2. 社会保险基金管理的原则

(1)依法管理,规范运行。管理社会保险基金必须以法律法规为依据,按法定的程序和方式来管理。

(2)坚持收支两条线,征收和支出适当分离。实践中既可以是两个部门(如财政税务系统与社会保障系统)分别承担筹资和给付的职能,也可以是一个部门中的两个相互独立的机构(如英国社会保障系统就分设有征收机构与待遇支付机构)各司其职。

(3)分账核算管理。社会保险基金管理中,要求按险种分别建账,分别核算,专款专用,自求平衡,不得相互挤占和调剂。

(4)实行统一管理。社会保险基金统一由社会保险经办机构管理,设立单独的社会保险基金财政专户,专用于社会保险的各项开支,任何单位和个人不得挤占、挪用社会保险基金,也不得用于平衡财政预算。

3. 社会保险基金管理的主要模式

(1)财政集中型基金管理模式,即以建立社会保险预算或直接列入国家财政预算的方式管理社会保险基金,体现国家财政对社会保险基金管理的最后责任。

(2)多元分散型基金管理模式,即社会保险专门机构委托银行、信托、投资公司、基金管理公司等金融机构对社会保险基金在法律允许的范围内进行信托投资,并规定最低投资收益率的基金管理途径。

(3)专门机构的集中基金管理模式,即由相对独立和集中的社会保险银行、社会保险基金管理公司或基金会等专门机构负责社会保险基金的管理和投资营运。社会保险

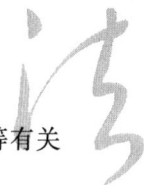

基金管理专门机构的董事会由财政、金融、劳动保障、工会、审计和社会保险机构等有关方面代表组成。

目前我国采取的是财政总监督下的部门分管体制,由劳动和社会保障部管理各项社会保险基金,该部不仅设置有专门的社会保险事业管理中心作为基金管理组织,而且专门设置有基金监察司来监管基金的运作。

第三节　社会救助法

一、社会救助概述

(一)社会救助的概念和特征

社会救助,在我国又称为社会救济,是指国家和社会对因为各种原因而陷入生存困境的公民,给予财物救济和生活援助,以保障其最低生活需要。

社会救助作为社会保障体系的一个重要组成部分,具有不同于社会保险和社会福利的社会保障目标。社会保险的目标是预防劳动风险,社会福利的目标是提高生活质量,社会救助的目标是缓解生活困难。因此与社会保险和社会福利相比较,社会救助具有以下特征:

1. 救助对象具有选择性和动态性。即公民只有在基本生活发生困难并经调查认定的情况下,才可成为社会救助的对象。因而,在一定时期,社会救助的对象具有选择性,在不同时期,社会救助对象的范围是变动的。原享受救助的公民一旦解除困难就不再成为救助的对象。

2. 社会救助的权利义务具有单向性。在社会救助法律关系中,公民只是享受救助的权利主体,国家和社会只是提供救助的义务主体。也就是说,公民只要符合社会救助的条件就有权申请和得到救助而无须承担与此对应的义务,国家和社会对符合社会救助条件的公民必须提供救助。

3. 社会救助的保障标准具有低层次性和地域差别性。社会救助保障的是公民的最低生活需要,主要针对的是贫困人群,因此它具有低层次性。在不同地区,由于社会经济发展水平的不同,维持最低生活需要的标准也就不同,社会救助的具体标准也就不一样,因此社会救助的保障标准又具有地域差别性。

(二)社会救助的主要模式

1. 民间救助

民间救助又称为慈善机构救助,它是以社会捐赠的财产为来源,由民间公益团体或机构对生存困难者提供的救助。它最早表现为宗教慈善机构的救助,后来又出现了非宗教慈善机构的救助。在这种救助中,政府并不直接参与整个救助过程,所选择的救助对象和救助资金去向也不由政府决定,而由慈善机构自主决定。

2. 官方救助

官方救助又称为政府救助,是以政府直接组织并以财政支出为主要财产来源的,对生存困难者提供的救助。其救助对象和标准都由法律规定,救助活动纳入政府的社会发展规划。

3. 官方与民间相结合的救助

官方与民间相结合的救助,是指由官方救助与民间救助相互补充而构成的对生存困难者提供的救助。在这种救助模式中,既有政府组织的救济机构,也有民间慈善机构,由他们分别以一些单位的财政支出和民间的捐赠来帮助生存困难者。

在我国,长期以来实施的是政府救助模式,但随着市场经济体制的改革,更多地选择了官方与民间相结合的救助模式。这样,既可以减轻国家财政的负担,又可以充分调动民间救助的积极性,吸收更多的民间资本投入到社会救助事业中来。

二、社会救助的基本法律问题

(一)社会救助当事人

1. 社会救助供给主体

社会救助供给主体,仅指直接向有生存困难的公民提供社会救助待遇的主体。在我国的社会救助实践中,可作为社会救助供给主体的,一般包括政府特定部门(如民政部门)、有关社会团体(如中华慈善总会、红十字会等)以及它们出资举办的或委托的社会救助机构。在特定场合,根据政府有关部门或社会保障机构的安排,企事业单位和公民个人可直接向特定的救助对象提供救助待遇,因此,企事业单位和公民个人也可成为社会救助供给主体。

社会救助供给主体的主要职责是:筹集和安排使用社会救助基金,确认社会救助对象,向社会救助对象提供社会救助待遇。

2. 社会救助享受主体

社会救助享受主体,又称为社会救助对象,是指按照统一标准确定的实际生活长期或暂时处在法定最低生活水平线或以下状态的公民。根据发生贫困的原因的不同,可大致分为三类:(1)无依无靠,完全没有生活来源的公民,如孤儿、无社会保险待遇的失业者、孤寡老人等,此类公民为长期救助对象。(2)有劳动能力,也有生活来源,但自然灾害、社会灾祸意外降临,遭受沉重损失,一时生活困难的公民,此类公民为短期救助对象。(3)有收入来源,但生活水平低于或仅相当于法定最低生活标准的公民。对这类公民的救助可长期,也可短期,其收入一旦脱离贫困状态即可不再救助。

（二）社会救助标准

社会救助标准，是指国家制定的界定社会救助对象并确定社会救助待遇水平的标准。社会救助的目标是对生存发生困难的贫困公民给予最低生活保障。因此，只有难以维持最低生活水平的公民，才有必要列为社会救助对象，而提供的社会救助待遇，只需让社会救助对象达到最低生活水平即可。

公民的最低生活水平，一般表现为国家公布的最低生活标准（亦称为贫困线），是指在社会发展的某一时期内，由国家制定的，与社会经济发展水平相适应的，在衣食住行等方面维持一个人生存的最低限度的基本生活标准。它具有地域性、时间性和综合性，要受到物价水平、经济发展水平、居民生活形态、恩格尔系数、贫困人口范围、政府财力状况等因素的影响。

（三）社会救助基金

1. 社会救助基金的来源

社会救助基金是国家和社会为了进行社会救助而提供的资金集合。社会救助基金的来源主要有以下四个渠道：

（1）财政拨款。这是社会救助基金的主要来源，包括中央财政拨款和地方财政拨款。其中，中央财政拨款所占的比例较大。

（2）社会筹集。包括社会各界无偿的捐助、农村由乡镇统一筹集的供养"五保户"的粮款、扶贫经济实体和社会福利企业的利润分成、救灾扶贫互储经费的储金。

（3）信贷扶贫。即通过金融机构筹集融通资金，发放支持贫困地区经济开发、扶持贫困户发展生产的低息或者贴息优惠贷款。

（4）国际援助。主要是国际社会的救灾援助款项。

2. 社会救助基金的使用

社会救助基金的使用必须坚持以下三项原则：

（1）专款专用和重点使用相结合的原则。专款专用，是指各种项目的救助基金只能用于特定救助项目，不得改变用途。重点使用，是指在扶贫工作中，将资金用于最困难的、最需要救助的灾区或公民，重点用于衣、食、住等方面的救助。

（2）无偿使用和有偿使用相结合的原则。无偿使用，是指将救助款项无偿地发放给接受救助者。有偿使用，是指将社会救助款项低息或者无息地放贷给接受救助者，扶持其发展生产。

（3）分散使用和集中使用相结合的原则。分散使用，是指将社会救助基金直接发放给被救助的个人或家庭，由其单独使用。集中使用，是指将达到一定数量规模的社会救助款项集中扶持能产生整体效益的经济项目。

(四)社会救助待遇享受资格管理

社会救助待遇享受资格管理,是指社会救助管理部门和有关机构依法对公民是否具备享受社会救助待遇的条件,予以认定。其主要内容是实行社会救助申请制和社会救助调查制。社会救助申请制,是指需要救助的公民个人或家庭应当向有关机构递交申请书,表明请求救助的理由和相应事实。社会救助调查制,是指有关机构对申请救助者,应当派出专业人员向申请救助者所在社区和单位进行详细调查,并将调查结果作为是否批准救助的根据。

按照社会救助申请制和调查制的要求,社会救助待遇享受资格认定程序应当包括以下环节:

1. 个人申请,即公民个人向所在社区基层管理机构或工作单位提出救助申请。

2. 社区证明,即由社会基层管理机构(村民委员会或居民委员会)在个人申请报告上签署意见、证明情况属实后,上报乡镇政府或街道办事处。

3. 基层审核,即乡镇政府或街道办事处经调查审核,然后上报县级民政部门。

4. 上级批准,即县级民政部门根据事实和法规予以批准并确定救助标准。

三、灾害救助法律制度

(一)灾害救助的概念

灾害救助,简称救灾,是指国家和社会对因自然灾害而造成生存危机的公民进行抢救与援助,以维持其最低生活水平并帮助其脱离灾害和危险的一种社会救助制度。灾害救助有广义和狭义之分。广义的救灾包括灾害发生前的预防、减灾,灾害发生时的查灾、报灾、核灾及救助和灾后重建。狭义的救灾仅指灾害发生时或发生后对灾民进行生活救助,以维持其基本生活水平。

(二)灾害救助的对象

灾害救助的对象,是指在自然灾害事故中遭受人身和财产损害的公民。在界定灾害救助的对象时,要根据灾害事故、灾区和灾民的范围加以具体确定。

1. 对灾害事故的界定

灾害事故,是指自然灾害事故,包括火灾、水灾、地质灾害、生物灾害等,不包括战争等社会灾害。

2. 对灾区的界定

灾区,即受灾区域,指遭受自然灾害侵袭而导致财产和人身伤害的地区。根据受灾区域的财产损失或工农业生产的减产减收情况,灾区划分为轻灾区、重灾区、特重灾区和插花灾区。

（1）轻灾区，指遭受自然灾害袭击，但财产损失或者工农业生产减产减收在三到五成之间的地区。

（2）重灾区，指遭受严重自然灾害袭击，财产损失或者工农业生产减产减收在五到八成之间及人畜伤亡较大的地区。

（3）特重灾区，指遭受毁灭性自然灾害袭击，财产损失或者工农业生产减产减收在八成以上，并且造成人畜重大伤亡的地区。

3. 对灾民的界定

灾民是指因自然灾害造成生活困难的灾区民众。根据灾区受灾状况和灾民的损害程度，可以划分为轻灾民、重灾民和特重灾民。

（三）救灾的责任主体

灾害具有突然发生、损害面广、损失量大等特点，救灾需要在短时间内动员、组织和投入大量财力、物力和人力，因此决定了救灾的主要责任主体只能由政府来充当。就救灾的财产来源来讲，主要来自国家财政。由于我国实行中央和地方各级政府分级财政的体制，所以地方政府应当是灾害救助的直接责任主体，而中央政府是最后的责任主体。即当灾害发生时，先由地方财政负担，只能当灾害后果超出了本级政府的财政承受能力时，才由上一级政府负担，中央政府及其财政只能充当最后的责任负担主体。

（四）灾害救助的资金来源

根据我国目前的救灾实际，救灾资金主要有以下几个来源：

1. 政府财政预算与拨款，分中央财政拨款与地方预算。救灾的政府责任决定了政府应承担救灾所需的经费。我国救灾实行的是地方为主、中央辅助的政策，因此救灾款项一般来自于地方政府预算，由地方政府结合本地实际，将救灾款项纳入财政预算。

2. 社会捐赠。这是社会各界自发地向灾区人民捐赠款物以用于救灾，包括定向捐赠和非定向捐赠。定向捐赠是指捐赠者指定接受捐赠的地区和灾民，非定向捐赠是指捐赠者未指定接受捐赠的地区和灾民。对于定向捐赠，救灾机构应当按照捐赠者的意愿转交，对于非定向捐赠，则将捐赠款物统一集中起来安排使用。从近几年的情况来看，社会捐赠款物在救灾款物中所占比重越来越大。

3. 国际援助。在救灾上，国际援助资金也是救灾资金的来源之一。通过国际援助，可以为救灾起一些补充作用。我国政府欢迎国际社会向中国灾区提供人道主义援助，如遇重大灾害还可通过联合国救灾署向国际社会争取援助。

（五）灾害救助的项目和形式

救灾的项目，从时间上看有灾中抢险救援项目和灾后救助项目，从内容上看有口粮、衣被、建房、医疗等项目。救灾的形式，应当是生活救济和生产扶助相结合，力争在维护灾民最低生活需要的同时，加强灾区和灾民的抗灾能力。

四、最低生活保障制度

(一)最低生活保障制度概述

最低生活保障制度,是政府对陷入贫困的人口实施最低生活保障的一项社会救济制度,是社会保障体系的一项重要内容,有的国家称之为"贫困线"制度。早在中华人民共和国成立初期,中国政府就建立了针对城乡贫困居民的社会救济制度。1999年,我国颁布了《城市居民最低生活保障条例》,为城市所有居民提供最基本的生活保障。城市居民最低生活保障制度,是政府对家庭人均收入低于最低生活保障标准的城市贫困人口进行救助的一种新型社会救助制度。城市居民最低生活保障制度的确立,是对我国传统救济制度的重大改革,与原有社会救助制度相比,保障范围更广,保障功能更强,保障效率更高。2014年,国务院发布《社会救助暂行办法》,对最低生活保障制度内容作了进一步完善,将农村居民也纳入最低生活保障的范围。

(二)最低生活保障的对象

最低生活保障制度的保障对象是家庭人均收入低于当地最低生活保障标准,且符合当地最低生活保障家庭财产状况规定的家庭。

(三)申请最低生活保障待遇的程序

申请最低生活保障,按照下列程序办理:

1. 由共同生活的家庭成员向户籍所在地的乡镇人民政府、街道办事处提出书面申请;家庭成员申请有困难的,可以委托居民委员会代为提出申请。

2. 乡镇人民政府、街道办事处应当通过入户调查、邻里访问、信函索证、群众评议、信息核查等方式,对申请人的家庭收入状况、财产状况进行调查核实,提出初审意见,在申请人所在社区公示后报县级人民政府民政部门审批。

3. 县级人民政府民政部门经审查,对符合条件的申请予以批准,并在申请人所在社区公布;对不符合条件的申请不予批准,并书面向申请人说明理由。

(四)最低生活保障待遇的发放

1. 对批准获得最低生活保障的家庭,县级人民政府民政部门按照共同生活的家庭成员人均收入低于当地最低生活保障标准的差额,按月发给最低生活保障金。

2. 对获得最低生活保障后生活仍有困难的老年人、未成年人、重度残疾人和重病患者,县级以上地方人民政府应当采取必要措施给予生活保障。

(五)最低生活保障待遇的变更

最低生活保障家庭的人口状况、收入状况、财产状况发生变化的,应当及时告知乡镇人民政府、街道办事处。

县级人民政府民政部门以及乡镇人民政府、街道办事处应当对获得最低生活保障家庭的人口状况、收入状况、财产状况定期核查。

最低生活保障家庭的人口状况、收入状况、财产状况发生变化的,县级人民政府民政部门应当及时决定增发、减发或者停发最低生活保障金;决定停发最低生活保障金的,应当书面说明理由。

五、农村"五保户"制度

"五保户"制度始于农村合作化时期,它是指对农村无劳动能力、无依无靠和无生活来源的老人、残疾人和孤儿提供物质帮助和服务的一种社会救助制度,其具体内容为保吃、保穿、保烧、保教、保葬。由于缺少法律保护,"五保户"制度在"文革"中受到很大冲击。改革开放以后,"五保户"制度得到了恢复和发展,为了将"五保户"制度规范化、法制化,1994 年,国务院颁布了《农村五保供养工作条例》。2006 年新《农村五保供养工作条例》出台,标志着与社会主义市场经济体制相适应的新型农村五保供养制度基本确立。新条例规定了以下内容:

(一)五保供养对象

五保供养的对象(以下简称五保对象)是指村民中符合下列条件的老年人、残疾人和未满 16 周岁的未成年人:(1)无法定赡养、抚养、扶养义务人,或者其法定赡养、抚养、扶养义务人无赡养、抚养、扶养能力的;(2)无劳动能力的;(3)无生活来源的。其中,法定扶养义务人,是指依照婚姻法规定负有赡养、抚养和扶养义务的人。

如果五保对象具有法定扶养义务人,且法定扶养义务人具有扶养能力;或者重新获得生活来源;或者已满 16 周岁且具有劳动能力,经村民委员会审核,报乡级政府批准,停止其五保供养。

(二)五保供养的内容

五保供养的内容是:供给粮油、副食品和生活用燃料;供给服装、被褥等用品和零用钱;提供符合基本居住条件的住房;提供疾病治疗,对生活不能自理的给予照料;妥善办理丧葬事宜。五保对象如果是未满 16 周岁,或者已满 16 周岁仍在接受义务教育的未成年人,还应当保障他们依法接受义务教育费用。

五保供养的实际标准,不应低于当地村民的平均生活水平。五保供养所需经费在地方人民政府财政预算中安排,有农村集体经营等收入的地方,可以从农村集体经营等收入中安排资金,用于补助和改善农村五保供养对象的生活。农村五保供养对象将承包土地交由他人代耕的,其收益归该农村五保供养对象所有。中央财政对财政困难地区的农村五保供养,在资金上给予适当补助。

(三)五保供养的形式

对五保对象可以根据当地的经济条件,自行选择实行集中供养或者分散供养。集中供养的农村五保供养对象,由农村五保供养服务机构(村委会或者敬老院等)提供供养服务;分散供养的农村五保供养对象,可以由村民委员会提供照料,也可以由农村五保供养服务机构提供有关供养服务,村民委员会可以委托村民对分散供养的农村五保供养对象提供照料。农村五保供养服务机构可以开展以改善农村五保供养对象生活条件为目的的农副业生产。地方各级人民政府及其有关部门应当对农村五保供养服务机构开展农副业生产给予必要的扶持。

乡、民族乡、镇人民政府应当与村民委员会或者农村五保供养服务机构签订供养服务协议,保证农村五保供养对象享受符合要求的供养。

六、贫困地区扶助法律制度

(一)贫困地区扶助概述

贫困地区扶助,又称为扶贫,是指国家和社会为帮助贫困地区人口脱离贫困而采取的各项财政投入、信贷补贴、政策优惠等扶助措施。消除贫困是当前国际社会普遍关注的焦点之一,许多社会问题追根溯源与贫困有关,消除贫困也是实现可持续发展的必要条件之一,因此我国一贯重视扶贫工作,并从实际出发,不断加大对贫困地区的扶助力度。

贫困地区,一般是指深山区、石山区、荒漠区、高寒地区、黄土高原区、地方病高发区以及水库地区,而且多为革命老区和少数民族地区。其分布相对集中成片,呈现出明显的地域特征,主要分布于我国的中西部,少数分布于东部。

(二)扶贫的原则

1. 开发式扶贫为主,开发式扶贫与救济式扶贫相结合的原则

救济式扶贫是传统的扶贫方式,指仅从生活方面给予物质救助,使其维持基本生活水平。这种扶贫方式也被称为"输血式"扶贫。开发式扶贫,是从发展贫困地区的经济、文化、教育等方面入手,加快这些地区的生产发展,使其从根本上摆脱贫困,走上致富之路,因此这种扶贫方式又被称为"造血式"扶贫。救济式扶贫虽然可以缓解贫困地区急需解决的生活困难,但实质上是治标不治本,不能从根本上使贫困地区人民摆脱贫困,而开发式扶贫则能够消除导致贫困的原因,增强脱贫致富的能力,可治贫困之本。所以,扶贫应当标本兼治,以治本为主。

2. 政府扶贫为主,政府扶贫与社会扶贫相结合的原则

政府扶贫是指政府运用财政、金融、投资等经济手段和相应的政策、法律扶持贫困

地区。社会扶贫是指社会各界以自己的人力、物力和财力扶持贫困地区。在市场经济的竞争机制下,贫困地区必然处于劣势地位,因而,政府应当承担扶贫的主要责任,同时调动社会各界扶贫的积极性,逐步形成有利于贫困地区发展的经济机制和社会环境。

第四节　社会福利法

一、社会福利概述

(一)社会福利的概念和特征

社会福利有广义和狭义之分。广义的社会福利是指国家和社会对全体公民在生命过程中所需要的生活、卫生、住房、教育、就业等方面提供的各种公共服务。狭义的社会福利是指国家和社会为维持和提高公民的一定生活质量而提供一定物质帮助,以满足公民的共同和特殊生活需要的一种社会保障项目。与社会保障的其他形式相比较,社会福利具有以下特征:

1. 社会福利具有单向性,即国家和社会向公民提供的物质帮助是单向的,无须公民对国家和社会履行相应的义务。

2. 社会福利具有普惠性,即社会福利在一定范围内人人有份,有的福利项目可以在一定地区范围内人人有份,有的福利项目可以在特殊群体范围内人人有份,有的福利项目可以在特定单位内人人有份。

3. 福利分配标准具有统一性,即社会福利待遇在一定范围内按统一的标准进行分配,而不考虑享受福利者的贫富差别和贡献大小。

4. 保障水平具有较高层次性,即社会福利的保障目标,不是为了济贫,而是通过提供物质帮助使公民的生活质量不断得以改善和提高。

(二)社会福利的分类

社会福利按照不同的标准有着不同的分类:

1. 按照社会福利的表现形式的不同,可分为设施性福利、物质性福利和服务性福利三种。

(1)设施性福利,指通过各种福利设施的建设而向公民提供的福利,如政府、社区、单位修建的文化娱乐和教育设施。

(2)物质性福利,指通过提供一定数额的资金或者实物而实现的福利,如单位给职工发放的各种福利用品或者福利费用等。

(3)服务性福利,指通过提供一定的社会服务而向公民提供的福利,如全民免疫计划的实施等。

2. 按照社会福利发放的对象不同,可分为开放式福利和封闭式福利。

(1)开放式福利,指对所有人提供的福利,如公共场所的文化娱乐设施、休闲设施等。

(2)封闭式福利,指对特定人所提供的福利,如单位向本单位职工发放福利用品和福利费用。这种福利的享用必须符合一定的条件。

3. 按照社会福利资金来源的不同,可分为财政福利与自筹资金兴办的福利两种。

(1)财政福利,指通过国家财政筹集福利事业的经费,并以此作为各种社会福利项目的资金来源。

(2)自筹资金兴办的福利,指特定的社区通过捐款和集资而兴办的福利。

4. 按照社会福利发放的主体范围和对象的不同,可分为全民性福利、社区性福利和职业福利三种。

(1)全民性福利,指国家和社会向全体人民提供的福利。

(2)社区性福利,指地方政府和社区基层组织向特定社区的成员提供的福利。

(3)职业福利,指各用人单位对其职工提供的福利。

(三)社会福利的主要模式

1. 城乡一体型社会福利和城乡分立型社会福利

城乡一体型社会福利,指统一适用于城镇和乡村的福利。其主要特点是对城镇居民和乡村居民实行统一的社会福利制度,社会福利的水平、内容没有城乡差别,设立覆盖城乡的社会福利供给系统和社会福利基金。在发达国家,大多实行城乡一体化社会福利。

城乡分立型社会福利,指在城镇和乡村分别实行不同的社会福利。其主要特点是,城镇居民和乡村居民分别适用不同的社会福利制度,福利的水平和内容在城乡之间有一定的差别,建立两种不同的社会福利供给系统和社会基金。发展中国家一般采用城乡分立型社会福利。

2. 宏观为主型社会福利和微观为主型社会福利

宏观为主型社会福利,是指以政府为直接责任主体,面向全社会的福利。其福利基金主要来源于财政支出,并由政府组织,福利待遇的提供具有社会化,是由政府或社会公共团体设立公共机构,直接向公民提供福利待遇,其享受者不受所属单位的影响。宏观为主型社会福利主要被市场经济国家所采用。

微观为主型社会福利,指以企业等微观单位为责任主体,仅面向本单位劳动者及其家庭的福利,福利基金主要从本单位的收入或经费中提取。微观为主型社会福利主要为计划经济国家所采用。

3. 我国应选择的社会福利模式

我国传统的社会福利模式是建立在城乡二元经济结构和计划经济体制基础上,因此采用的是城乡分立型和微观为主型社会福利模式。这种福利模式具有不公平、社会化程度低以及效率低等缺点。为适应市场经济的发展需要,结合我国国情,在社会福利制度改革中,应该在保持城乡福利分立格局的同时,通过加大政府对乡村福利的投入和组织,促进农村经济的发展,逐步缩小城乡之间的福利差距。另外,在保持微观福利的同时,逐步增大宏观福利的比重,更好地体现社会福利的普惠性。

二、公共福利法律制度

(一)公共福利的概念和特征

公共福利是社会福利的重要项目,它是国家和社会为满足全体公民的物质及精神生活基本需要而兴办公益性设施和提供相关服务的福利。公共福利的提供通常采用以下三种形式:(1)通过公共服务而使全体公民享受某种利益;(2)通过福利设施的建设为公民开展各项文化、体育、娱乐活动创造条件;(3)通过一定的补贴,保障公民的生活质量得到提高。

公共福利具有以下特征:

(1)宏观性,即公共福利是由政府在全社会范围内统一规划和组织的福利。

(2)社会化,即公共福利突破微观单位界限,是面向全社会和特殊人群的福利。

(3)多样化,即公共福利具有多方面的内容,按不同的社会群体设置众多的福利项目。

公共福利的内容十分广泛,涉及人民生活的诸多方面,教育福利、卫生福利、文化康乐福利以及住房福利等都属于公共福利。公共福利按照不同的标准,可以做不同的分类,如按照地域范围,可分为城镇公共福利和农村公共福利;按福利对象,可分为全民性公共福利和特殊群体福利。下面主要介绍全民性公共福利和特殊群体福利。

(二)全民性公共福利

全民性公共福利,是针对全体公民的福利。具体包括以下几种:

1. 住房福利

随着住房制度的改革,我国住房福利也相应改革,其追求的目标模式是:分配货币化、产权自有化、经营社会化的住房福利。其内容如下:

(1)住房分配货币化,即停止住房实物分配,而代之以按规定分配住房补贴用于购买或租用住房。

(2)提供经济适用住房,即供中低收入家庭购买自住的优惠商品房。它由政府出资、扶持和组织建设,并按照保本、微利的原则确定政府指导价,使之与中低收入家庭的承受能力相适应。

(3)提供廉租住房,即由政府或单位以低廉的租金向最低收入家庭出租。廉租住房可以从腾退的旧公有住房中调剂解决,也可以由政府或单位出资兴建,其租金实行政府定价。

（4）提供住房金融扶持，即发展住房公积金贷款和商业银行贷款相结合的组合住房贷款业务，优先发放经济适用住房开发建设贷款，并为符合条件的购房者发放个人住房贷款。

2. 卫生福利

卫生福利是指国家和社会以保障公民身体健康为目的所提供的以医疗和保健为内容的公共福利。包括医疗福利和保健福利。医疗福利，是在为公民提供医疗方面的社会救助和社会保险的同时，为病患者恢复健康提供必要的医疗场所、医疗设施和医疗照顾。保健福利即初级卫生保健，是国家卫生系统和社会福利机构向全社会提供预防性、治疗性和综合性的促进健康的服务，如主要传染病的预防接种、妇幼保健、计划生育、地方病的防治、普及健康教育等。

3. 教育和文化康乐福利

教育福利，是指国家和社会以提高国民素质为目的所提供的兴办和扶持教育，以实现全体公民的受教育权利为内容的公共福利。教育福利最主要的表现是中小学的义务教育，国家对各类学校的教育制度也是教育福利的一种表现。

文化康乐福利，是指国家和社会为满足公民文化娱乐的精神生活需要而提供的，以非商业性经营文化康乐设施和服务为内容的公共福利，包括公园、图书馆、博物馆、体育馆、艺术馆等文化康乐设施以及相应的服务。

（三）特殊群体福利

特殊群体福利，是针对一定范围内的特殊社会群体的福利。具体包括以下几种：

1. 残疾人福利

残疾人福利是指对全社会的残疾人实施的福利。残疾人福利的目标是充分保障残疾人的生活、教育、医疗、康复和就业权益，为残疾人创造良好的物质和精神条件，使残疾人在事实上成为全社会平等的一员。残疾人福利的主要内容有：对残疾人就业采取集中安置和分散安置的特别措施，发展残疾人特殊教育，发展残疾人康复事业，举办福利院和其他安置收养机构等。

2. 老年人福利

老年人福利是指对全社会的老年人实施的福利。老年人福利的目标是安定老年人生活，维护老年人健康，充实老年人精神文化生活，实现"老有所养、老有所依、老有所为、老有所乐"。老年人福利的主要内容有：兴办养老院；建立以医疗机构为基础，以社区为依托的医疗保健组织，配备专门的医疗技术人员，为老年人提供充分的保健服务；建立专门的老年文化、教育、体育等机构，丰富老年人的文化生活；要求社会公共服务机构发扬敬老爱老的传统美德，在本行业服务过程中，尽可能为老年人提供照顾和方便。

3. 儿童福利

儿童福利是指对全社会的儿童实施的福利。儿童福利的目标，是解除家庭养育儿童方面的后顾之忧,实现优生、优育、优教,保障儿童身心健康和全面发展。儿童福利的主要内容有:兴办儿童收养机构;兴办儿童医院或者在医疗机构设立儿科;建立托儿所、幼儿园、儿童活动中心、少年宫等儿童活动场所;普及义务教育等。

4. 妇女福利

妇女福利是指对全社会妇女实施的福利。妇女福利的目标是保障妇女实现其基于生理特征和生育负担的特殊权益。妇女福利的主要内容有:建立妇女保健机构,为妇女提供保健服务;为育龄妇女提供孕产福利津贴和孕产医疗服务;为妇女提供职业培训和职业介绍服务等。

三、职业福利法律制度

(一)职业福利的概念和特征

职业福利,又称为职工福利或劳动福利,是指用人单位和有关社会服务机构为满足劳动者生活的共同需要和特殊需要,在工资和社会保险之外向职工及其亲属提供一定货币、实物、服务等形式的物质帮助。职业福利主要包括:为减少劳动者生活费用开支和减轻职工家务负担而提供的各种生活设施和服务,为活跃劳动者文化生活而提供的各种文化设施和服务。职业福利具有以下特征:

1. 补偿性,即它是对劳动者所提供的劳动的一种物质补偿,享受职工福利须以履行劳动义务为前提。

2. 均等性,即它在职工之间的分配和享受具有一定程度的机会均等和利益均占的特点,每位职工享受职业福利的权利是完全平等的。

3. 补充性,即它的实施可以在一定程度上缓解由于实行按劳分配所导致的收入差别和贫富差别。

4. 集体性,即职工主要通过使用公共设施或者通过集体消费的方式分享职工福利。

5. 差别性,即在不同的用人单位之间,职业福利由于经济效益的不同而有所差别,在同一单位的职工也会因职务、劳动贡献的不同而在享受职业福利上有所差别。

(二)职业福利基金

职业福利基金,即用人单位依法筹集的专门用于职业福利的资金。它是职业福利事业的财力基础,其来源渠道主要有:按国家规定从企业的税后利润中提取、企业自筹、向职工征收、福利服务收入等。在我国,职业福利基金主要由单位在税后利润中按一定比例提取。职业福利基金由职工福利委员会保管,专款专用,任何部门不得没收、擅自使用。在企业破产清算时,职工对职业福利基金享有优先受偿权。

(三)职业福利的主要内容

职业福利主要由职工个人福利补贴和职工集体福利两部分构成:

1. 职工个人福利补贴

职工个人福利补贴,是指由职工福利基金或者其他有关经费开支的,主要以货币形式向职工发放的福利。它对于减轻职工的生活负担和提高职工的生活水平具有重要意义。我国立法中关于职工个人福利补贴的项目和标准的规定,对国家机关、事业单位和社会团体而言,属于强行性规范,对于企业而言,属于任意性规范。根据我国现行法律规定,职工个人福利补贴的方式主要有:职工探亲补贴、职工上下班交通费补贴、生活消费品价格补贴、独生子女补贴、休假制度等。

2. 职工集体福利

职工集体福利,是指用人单位兴办或者通过社会福利机构举办的供职工集体享用的福利性设施和服务。其内容包括物质性生活福利和精神性生活福利,如职工住宅、职工食堂、托儿设施、子弟学校、卫生设施等。职工福利的发展方向表明,职工集体福利应成为职工福利的主要形式。

第五节　社会优抚法

一、社会优抚概述

(一)社会优抚的概念和特征

社会优抚是政府和社会按照相关规定,对法定的优抚对象,为保证其一定生活水平而提供的资助和服务,它是一种带有褒扬、优待和抚恤性质的特殊的社会保障项目。社会优抚具有以下特征:

1. 社会优抚的对象是法定特殊群体。社会优抚是国家和社会对特殊的公民实施的一项制度,优抚对象具有身份的特定性,即对国家和社会有特殊贡献的个人及其家庭。

2. 社会优抚的直接责任主体是政府和社区组织,即社会优抚的工作以政府有关部门实施为主,社区组织实施为辅,社会优抚的资金来源以财政支出为主,以社会统筹为辅。

3. 社会优抚具有褒扬性,即社会优抚表明国家和社会对做出特殊贡献者的赞扬和奖励,对自我牺牲和无私奉献精神的表彰和倡导,使优抚对象成为社会尊敬和效仿的榜样。

4. 社会优抚具有优待性,即社会优抚是向优抚对象提供比较优厚的待遇,以保障优抚对象的生活稍高于或者不低于当地群众的平均生活水平。

(二)社会优抚的主要模式

1. 社会保险式优抚、社会福利式优抚和社会救助式优抚

社会保险式优抚,是指以社会保险方式实行社会优抚,将社会优抚纳入社会保险系统。社会福利式优抚,是指以社会福利的方式实施社会优抚,即向优抚对象给付货币形态福利和服务形态福利。社会救助式优抚,是指以社会救助的方式实施社会优抚,主要表现为由国家和社会对退役军人和现役军人的家属提供救济和服务。由于社会保障水平的不断提高,社会福利式优抚已成为当代社会优抚的主要形式。

2. 政府优抚和非政府优抚

政府优抚,是指由政府和军队直接向优抚对象提供优抚待遇,其经费来源主要是国家的财政支出。非政府优抚,是指由非政府机构,包括社会组织和企事业单位,直接向优抚对象提供优抚待遇,其资金主要来源于社会筹集或由企事业单位自行负担。

我国的优抚制度采用的是政府优抚为主,非政府优抚为辅,政府优抚和非政府优抚相结合的模式。这种模式有利于筹集更多的社会资金,减轻国家的财政压力,增加对优抚的投入,更好地实现优抚的目的。

(三)社会优抚的当事人

社会优抚的当事人包括社会优抚的发放人和社会优抚的对象。

1. 社会优抚的发放人

当前,我国社会优抚的发放人主要为政府和军队。二者各有分工,又互相协调。政府作为社会优抚的发放人主要是各级政府民政部门,而军队作为社会优抚的发放人主要是军队政治部门和后勤部门。

2. 社会优抚的对象

社会优抚对象在各国都是由政府依法认定的,由于各国政治背景和社会发展水平不同,社会优抚对象的范围也不尽相同。根据我国现行法律规定,社会优抚对象主要包括以下几类:

(1)现役军人,包括中国人民解放军现役军官、文职干部、士兵和具有军籍的学员。

(2)革命伤残人员,包括伤残军人、伤残民兵、伤残民警。

(3)退役军人,即复员退伍军人。

(4)烈属,即革命烈士的家属,指为革命事业牺牲并取得革命烈士称号的人员的遗属。

(5)病故军人的家属,指在各个时间病故的革命军人的遗属。

(6)军属,即现役军人和实行义务兵制的人民警察的家属。

(7)见义勇为人员,即非履行职务而为保护国家利益、公共利益和公民的人身、财产安全,不顾个人安危,同违法犯罪行为作斗争或者在灾害事故中勇于救助的人员。

(四)社会优抚资金

1. 社会优抚资金的分类

社会优抚资金按其来源不同,可分为预算内优抚资金和预算外优抚资金。

(1)预算内优抚资金

预算内优抚资金,是指中央和地方财政拨给的用于优抚的专项资金。它包括国家在收支平稳、略有节余的原则下,结合社会优抚事业发展情况,根据历年优抚收支规律而编制的预算所拨给的资金,以及根据形势变化,由中央和地方财政所追加的资金。其使用范围包括:死亡军人抚恤费,伤残军人抚恤费,复员、退伍、转业、离退休军人的安置费,生活补助费,优抚事业单位经费,烈士纪念建筑物管理维修费等。

(2)预算外优抚资金

预算外优抚资金,是指由社会优抚管理机构根据党的方针、政策和国家财政制度,按照国家指定的收支范围,自收自支,单独结算,自行管理的资金。其主要包括:统筹资金、社会资助资金、优抚事业单位上缴资金。

2. 社会优抚资金的使用管理原则

无论是预算内优抚资金还是预算外优抚资金,在使用管理上都应当遵循以下原则:

(1)专款专用原则,即各项社会优抚资金都只能用于规定的专项用途。

(2)集中使用原则,即社会优抚资金应当按照社会需要进行安排,除了专项资金外,其他的都应当用于社会最需要的地方。

(3)群众路线原则,即社会优抚资金的分配要履行个人申请、群众评议、基层政府批准的手续,并提高透明度,接受群众的广泛监督。

二、社会抚恤法律制度

社会抚恤,是指国家负责对符合法定条件的伤残人员或死者遗属予以抚慰,并为保障其生活而提供具有褒扬意义和补偿性质的抚恤金。

按照抚恤的事由和对象的不同,可将社会抚恤分为死亡抚恤和伤残抚恤。

(一)死亡抚恤

1. 死亡抚恤的对象

死亡抚恤的对象是指符合法定条件的死者遗属。按照现行立法规定,符合条件的死者主要包括:革命烈士,因公牺牲和病故的现役军人、人民警察、中国人民解放军(包括武装警察部队)序列编制内无军籍的正式职工(不含企事业单位的职工),参战伤亡的民兵、民工和参加军事训练的民兵(不含企事业单位的民兵),见义勇为者。遗属包括:死亡人员的父母、配偶、子女、未满18周岁的弟妹以及从死亡人员出生至18周岁期间,曾连续抚养逾7年以上者(即抚养人)。

2. 死亡抚恤的分类及待遇

死亡抚恤是指国家对死者亲属采取的物质抚慰形式,分一次性抚恤和定期抚恤两种。

(1)一次性抚恤,是指主要用于帮助解决符合法定条件的死者遗属的突发性生活困难的社会津贴,具有褒扬和补偿性质。

一次性抚恤金标准分为烈士抚恤、因公牺牲抚恤和病故抚恤三种。标准是:因公牺牲的,为上一年度全国城镇居民人均可支配收入的 20 倍加本人 40 个月的工资;病故的,为上一年度全国城镇居民人均可支配收入的 2 倍加本人 40 个月的工资。月工资或者津贴低于排职少尉军官工资标准的,按照排职少尉军官工资标准计算。以上抚恤金由县级人民政府民政部门发放。

获得荣誉称号或者立功的烈士、因公牺牲军人、病故军人,其遗属在应当享受的一次性抚恤金的基础上,由县级人民政府民政部门按照下列比例增发一次性抚恤金:获得中央军事委员会授予荣誉称号的,增发 35%;获得军队军区级单位授予荣誉称号的,增发 30%;立一等功的,增发 25%;立二等功的,增发 15%;立三等功的,增发 5%。多次获得荣誉称号或者立功的烈士、因公牺牲军人、病故军人,其遗属由县级人民政府民政部门按照其中最高等级奖励的增发比例,增发一次性抚恤金。生前做出特殊贡献的烈士、因公牺牲军人、病故军人,除按规定发给其遗属一次性抚恤金外,军队可以按照有关规定发给其遗属一次性特别抚恤金。

一次性抚恤金发给家属的顺序是:有父母(或抚养人)无配偶的,发给父母(或抚养人);有配偶无父母(或抚养人)的,发给配偶;既有父母(或抚养人)又有配偶的,各发半数;无父母(或抚养人)和配偶的,发给子女;无父母(或抚养人)、配偶、子女的,发给未满18 周岁的兄弟姐妹和已满 18 周岁但无生活费来源且由死者生前供养的兄弟姐妹;无上述亲属的,不发。

(3)定期死亡抚恤,是指为了帮助解决符合法定条件的死者遗属的长期生活困难而发给的国家补助,它具有救助性质。

领取定期抚恤金的条件是:死者的父母(抚养人)、配偶无劳动能力、无生活费来源,或者收入水平低于当地居民平均生活水平的;死者的子女未满 18 周岁或者已满 18 周岁但因上学或者残疾无生活费来源的;死者的兄弟姐妹未满 18 周岁或者已满 18 周岁但因上学无生活费来源且由死者生前供养的。

定期抚恤金标准应当参照全国城乡居民家庭人均收入水平确定。定期抚恤金的标准及其调整办法,由国务院民政部门会同国务院财政部门规定。县级以上地方人民政府对依靠定期抚恤金生活仍有困难的抚恤对象,可以增发抚恤金或者采取其他方式予以补助,保障其生活不低于当地的平均生活水平。享受定期抚恤金的人死亡的,增发 6 个月其原享受的定期抚恤金,作为丧葬补助费,同时注销其领取定期抚恤金的证件。

（二）伤残抚恤

伤残抚恤是国家为了保障符合法定条件的伤残人员及其家属的生活达到当时社会的一定水平，而按法定项目和标准提供一定资金和服务的特殊保障。

1. 伤残抚恤的对象

伤残抚恤的对象主要是：在部队负伤致残退出现役的军人（包括人民武装警察部队官兵）、伤残人民警察（不包括企事业单位享受劳保待遇的伤残人民警察）、国家机关伤残工作人员（包括国家权力机关、行政机关的工作人员，由国家补贴的民主党派、人民团体的工作人员，人民解放军、人民武装警察部队列入编制内无军籍的工作人员）、参战伤残民兵民工、参加军事训练的民兵（指无工作单位的农民、城市居民、学生）、因维护社会治安负伤致残无工作单位的人民群众等。

2. 伤残抚恤金的标准

伤残抚恤金的标准，应当参照全国职工平均工资水平由国务院民政部门会同国务院财政部门规定。县级以上地方人民政府对依靠残疾抚恤金生活仍有困难的伤残人员，可以增发残疾抚恤金或者采取其他方式予以补助，保障其生活不低于当地的平均生活水平。另外，享受伤残抚恤金的伤残人员死亡的，其遗属可按规定享受死亡抚恤待遇。

三、社会优待法律制度

社会优待，是指国家和社会按照法律规定和社会习俗，对军人及其亲属提供保证其一定生活水平和生活质量的资金和服务的社会保障项目。根据 2011 年修订的《军人抚恤优待条例》，我国的社会优待主要包括以下几种情况：

（一）现役军人享受的优待

现役军人享受的优待有以下方面：

义务兵和初级士官入伍前的承包地（山、林）等，应当保留，不能没收；服现役期间，除依照国家有关规定和承包合同的约定缴纳有关税费外，免除其他负担；义务兵从部队发出的平信，免费邮递。

现役军人凭有效证件优先购票乘坐境内运行的火车、轮船、长途公共汽车以及民航班机；乘坐市内公共汽车、电车和轨道交通工具，参观游览公园、博物馆、名胜古迹享受优待。

（二）伤残军人享受的优待

1. 医疗优待

国家对一级至六级残疾军人的医疗费用按照规定予以保障，由所在医疗保险统筹地区社会保险经办机构单独列账管理。残疾军人享受医疗优惠待遇。

七级至十级残疾军人旧伤复发的医疗费用,已经参加工伤保险的,由工伤保险基金支付,未参加工伤保险,有工作的由工作单位解决,没有工作的由当地县级以上地方人民政府负责解决;七级至十级残疾军人旧伤复发以外的医疗费用,未参加医疗保险且本人支付有困难的,由当地县级以上地方人民政府酌情给予补助。

2. 劳动优待

在国家机关、社会团体、企业事业单位工作的残疾军人,享受与所在单位工伤人员同等的生活福利和医疗待遇。所在单位不得因其残疾将其辞退、解聘或者解除劳动关系。

3. 生活优待

残疾军人凭"残疾军人证"优先购票乘坐境内运行的火车、轮船、长途公共汽车以及民航班机,享受减收正常票价 50％的优待;凭证免费乘坐市内公共汽车、电车和轨道交通工具;凭有效证件参观游览公园、博物馆、名胜古迹享受优待;承租、购买住房依照有关规定享受优先、优惠待遇。

(三)复员、退役军人享受的优待

义务兵和初级士官入伍前是国家机关、社会团体、企业事业单位职工(含合同制人员)的,退出现役后,允许复工复职,并享受不低于本单位同岗位(工种)、同工龄职工的各项待遇。

义务兵和初级士官退出现役后,报考国家公务员、高等学校和中等职业学校,在与其他考生同等条件下优先录取。

复员军人、带病回乡退伍军人享受医疗优惠待遇,其承租、购买住房依照有关规定享受优先、优惠待遇。

复员军人生活困难的,按照规定的条件,由当地人民政府民政部门给予定期定量补助,逐步改善其生活条件。

(四)军人家属享受的优待

义务兵服现役期间,其家庭由当地人民政府发给优待金或者给予其他优待,优待标准不低于当地平均生活水平,如果其入伍前是国家机关、社会团体、企业事业单位职工(含合同制人员)的,服现役期间,其家属继续享受该单位职工家属的有关福利待遇。

现役军人子女的入学、入托,在同等条件下优先接收。残疾军人、烈士子女、因公牺牲军人子女、一级至四级残疾军人的子女,驻边远艰苦地区的现役军人的子女报考普通高中、中等职业学校、高等学校,在与其他考生同等条件下优先录取;接受学历教育的,在同等条件下优先享受国家规定的各项助学政策。

残疾军人、复员军人、带病回乡退伍军人、因公牺牲军人遗属、病故军人遗属承租、购买住房依照有关规定享受优先、优惠待遇。因公牺牲军人、病故军人的子女、兄弟姐妹,本人自愿应征并且符合征兵条件的,优先批准服现役。

经军队师(旅)级以上单位政治机关批准,驻军所在地的有关机关应妥善安置随军家属。对在一些边远艰苦地区服役的军人的符合随军条件无法随军的家属,所在地人民政府应当妥善安置,保障其生活不低于当地的平均生活水平。

四、军人退役安置和离退休安置法律制度

(一)军人退役安置

军人退役安置,是指国家和社会依法向退出现役的军人提供资金和服务保障,使其适应社会生活的一种优抚保障制度。退役安置是为了给军人退役后的生活方式和职业能力的"再社会化"创造必要的条件。因此,退役安置对退役军人既提供资金保障,又提供服务保障。资金保障包括退役安置费、各种临时性生活津贴和生产性贷款,服务保障包括就业安置、就学安置、落户安置、职业培训、技术培训等项目。

退役军人的安置对象包括退役义务兵、志愿兵和军官等。

1. 退役义务兵安置

义务兵退出现役后,按照从哪里来、回哪里去的原则,由原征集地的县、自治县、市、市辖区的人民政府接收安置:

(1)家居农村的义务兵退出现役后,由乡、民族乡、镇的人民政府妥善安排他们的生产和生活。机关、团体、企业事业单位在农村招收员工时,在同等条件下,应当优先录用退伍军人。

(2)荣获二等功以上奖励的来自农村的义务兵、家居城镇的义务兵退出现役后,由政府安排工作。机关、团体、企业事业单位,不分所有制性质和组织形式,都有按照国家有关规定安置退伍军人的义务。入伍前是机关、团体、企业事业单位职工的,允许复工、复职。

(3)城镇退伍军人待安置期间,由当地人民政府按照不低于当地最低生活水平的原则发给生活补助费。

(4)城镇退伍军人自谋职业的,由当地人民政府给予一次性经济补助,并给予政策上的优惠。

2. 退役志愿兵安置

志愿兵退出现役后,服现役不满十年的,按照义务兵的规定安置;满十年的,由原征集地政府安排工作;自愿回乡参加农业生产或者自谋职业的,给予鼓励,由当地人民政府增发安家补助费;服现役满三十年或者年满五十五岁的做退休安置,根据地方需要和本人自愿也可以作转业安置。志愿兵在服现役期间,参战或者因公致残、积劳成疾基本丧失工作能力的,办理退休手续,由原征集地的县政府或者其直系亲属所在地的县级政府接收安置。

3. 转业军官安置

军队转业干部的安置方式,以前主要是实行指令性计划分配,由政府安排工作和职务。随着社会主义市场经济的发展和国家人事制度改革的深化,地方党政机关调整精简后干部编制位置减少,这种安置方式出现了一些矛盾和问题。为适应这一形势,拓宽军队干部退役安置渠道,党中央、国务院、中央军委批准实施的《部队转业干部安置暂行办法》,对军官转业安置政策进行了调整,明确实行计划分配和自主择业相结合的方式安置。计划分配的军队转业干部,由政府安排工作和职务;自主择业的军队转业干部,由政府协助就业、发给退役金。团职干部和军龄满 20 年的营职干部,可以根据自身的条件,选择计划分配或者自主择业的方式安置。对自主择业的军队转业干部,由安置地政府提供择业指导和政策咨询,向用人单位推荐介绍,或者纳入人才就业市场优先安排,及时提供就业机会;按照规定的标准逐月发给退役金,并享受规定的政治和生活待遇。这样,使转业干部的安置增加了一条渠道,较好地解决了转业安置上的突出矛盾。1994 年颁布的《现役军官法》对军官退役安置方式做出原则规定,并将"由政府协助就业、发给退役金"的安置方式在法律上明确下来,使军官退役后的安置、就业和生活待遇有了法律保障。

(二)军人离退休安置

军人离退休安置,是指向直接从军队现役中离退休的军人提供的养老保障。其对象包括:离休、退休的军队干部,落实政策改退休的原军队干部,退休的志愿兵,退休的军队无军籍职工。其中,离休干部一部分由军队安置外,其余全部由民政部门安置。根据军队退休干部的实际情况,有的可以就地安置,有的可以易地安置,有的可以回本人或配偶的原籍安置,有的可以到配偶、子女、父母居住的地区安置,愿意回农村的应给予鼓励。为了加强对军队离退休人员的接收和服务管理工作,各县(市)在军队离退休干部居住点应设立干休所,直接为军队离退休干部服务。

思考题

1. 什么是社会保障?什么是社会保障法?
2. 我国社会保障法的宗旨是什么?
3. 我国社会保险制度具体包括哪些内容?
4. 社会救助有哪些特点?
5. 与社会保障的其他项目相比,社会福利有何特点?
6. 社会优抚的对象有哪些?